U0674158

中国唐宋时期的战争

指文烽火工作室

著

吉林文史出版社

JILINWENSHICHUBANSHE

版权所有，翻版必究

发现印装质量问题，请与承印厂联系退换

图书在版编目（CIP）数据

中国唐宋时期的战争 / 指文烽火工作室著. -- 长春:
吉林文史出版社, 2019.10
ISBN 978-7-5472-6678-6

Ⅰ.①中… Ⅱ.①指… Ⅲ.①战争史－中国－唐宋时
期 Ⅳ.①E294

中国版本图书馆CIP数据核字(2019)第238601号

ZHONGGUO TANGSONG SHIQI DE ZHANZHENG

中国唐宋时期的战争

著 / 指文烽火工作室

责任编辑 / 吴枫　特约编辑 / 朱章凤　王雨涵

装帧设计 / 王星

策划制作 / 指文图书　出版发行 / 吉林文史出版社

地址 / 长春市福祉大路 5788 号　邮编 / 130117

印刷 / 重庆共创印务有限公司

版次 / 2019 年 12 月第 1 版　2019 年 12 月第 1 次印刷

开本 / 787mm×1092mm　1/16

印张 / 32　字数 / 516 千

书号 / ISBN 978-7-5472-6678-6

定价 / 139.80 元

目录/CONTENTS

兵者

国之大事

死生之地

存亡之道

不可不察也

秦王玄甲破阵乐

定鼎李唐江山的虎牢关之战

作者 / 范永青

李唐在夺取天下的过程中进行了无数次大型战役，其中以攻灭王世充、窦建德的洛阳虎牢关之战最为艰难凶险。这是一场以少胜多、以弱胜强、围点打援的经典战役。在这场战役中，李唐最高军事指挥官秦王（日后的唐太宗李世民）高超的指挥能力及其组建的骑兵玄甲军的凶悍战力，成为决定战役胜负的关键。明代学者冯梦龙的《智囊》一书曾引用了李世民自述的用兵之要："吾

▲ 李世民

自少经略四方，颇知用兵之要。每观敌阵，则知其强弱，常以吾弱当其强，强当其弱。彼乘吾弱，奔逐不过数百步，吾乘其弱，必出其阵后，反而击之，无不溃败。用孙子之术也。"李世民卓越的军事指挥艺术，我们不妨通过中国历史上堪称军事奇迹的虎牢关之战一窥端倪。

兵发洛阳城

唐武德三年（620年）七月初一（秋七月壬戌），唐高祖李渊下诏，以秦王李世民为总指挥，率领诸州联军攻伐郑帝王世充。

早在武德元年，高祖李渊已就伐郑之事询议群臣，农圃监（主管宫中粮食和蔬菜等日用食品供应和安全的监察官员）韦云起上言："长安刚刚平定，民心尚未坚附，百姓流离失所，没有一天休息。长安周边地区盗贼横行，即使长安城内也是剽窃频仍。更有梁师都勾结突厥阴谋内侵，此为心腹大患。如果不能将突厥人的问题解决好，贸然举兵东向，一旦被奸人乘虚而入，其时为祸不小。当务之急是息兵务农，等到关中稳定，将士们吃饱穿暖，士气高涨，然后再议东讨，即可一战而天下定。"高祖李渊采纳了他的意见，因此一直等到武

德三年才正式下令伐郑。

在决定讨伐王世充的这一天，李渊还下达了让太子李建成前往唐突（东突厥）前线加强边防守备的命令。行军总管段德操和幽州总管罗艺等将受太子节制。其实，李渊起兵叛隋、进军长安时，为太原留守，是隋炀帝用来防备突厥的屏障之臣。为了减少背后压力，当时他就力排众议，与许多反隋的野心家一样，对突厥称臣。李渊还向突厥借了 500 名士兵和 2000 匹马，他在对突厥的行文中用了下对上的"启"。

但此后，随着李唐王朝在中原地区的逐渐壮大，突厥人感受到了李唐的威胁。突厥人并不需要中原地区出现一个统一且稳定的强大政权，他们需要的是一个四分五裂、军阀割据的混乱中原，因为只有这样，他们的利益才能得到最大化。因此，突厥人扶植盘踞在陕西北部、鄂尔多斯沙漠的梁师都以及甘肃的薛举等部，对草创的李唐王朝进行了多次或大或小的攻击。幸运的是，李唐王朝通过经济上贿赂突厥、军事上打击顽伪、政治上低调绥靖的方式，屡次化险为夷。不过，这也导致李唐王朝被牵制得无暇东顾。

此次太子李建成亲赴前线坐镇，就是为了巩固这种应对方式，以处理好微妙而又多变的唐、突关系。当时，32 岁的李建成已具备一个成熟政治家应有的灵活和包容。对此，陈寅恪先生评价道："高祖起兵太原，李建成即与太宗各领一军。及为太子，其所用官僚如王珪、

▲ 持刀仪卫图（唐）

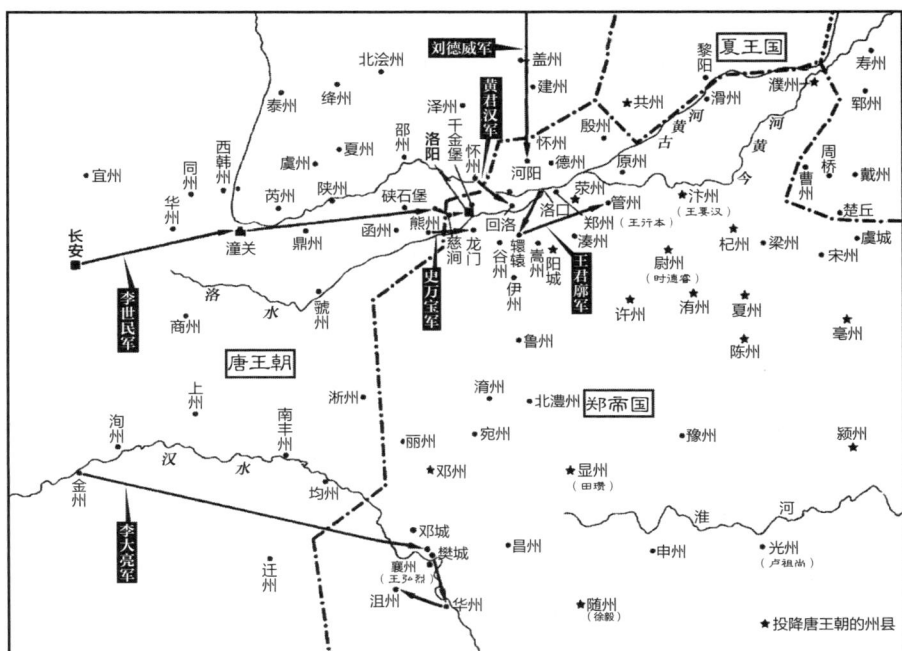

▲ 李唐进攻王世充路线图

魏征之流即后来佐成贞观之治的名臣，可知李建成亦为才智之人。"黄永年先生也说："其实从太原起兵到高祖进入长安称帝建唐，建成的功业并不亚于李世民；至于政事上，'高祖忧其不娴政书，每令习时事，自非军国大务，悉委决之'，用今天的话来说，就是让建成主持日常工作，学习做皇帝。"李渊派李建成来处理唐突关系，可谓用对了人。由此可见，李建成守卫边疆是李渊能够放手让李世民东下的关键所在。

不过，王世充遍布各地、发达有效的情报系统很快就侦知了唐军即将东下的消息。于是，他优选辖属州镇的骁勇之士齐集洛阳，设置四镇将军，招募兵丁分守四城。王世充的防御策略为结集重兵扼守军事要点。他传檄各地地方武装节节抵抗，以拖延唐军进攻速度，耗疲唐军军事资源，为长期坚守洛阳做准备，甚至为最后的大决战和大反攻赢得时间。

王世充派遣魏王王弘烈镇守襄阳①，荆王王行本镇守虎牢关②，宋王王泰镇守怀州③；齐王王世恽检校④洛阳南城，楚王王世伟守卫宝城，太子王玄应守卫东城，汉王王玄恕守卫含嘉城，鲁王王道徇守卫曜仪城。王世充自任战时总指挥，居中调度。左辅大将军杨公卿率领左龙骧 28 府骑兵，右游击大将军郭善才率内军 28 府步兵，左游击大将军跋野纲率外军 28 府步兵，共 3 万人，以备唐军。

李唐此次东伐洛阳，朝中仍有不少持重的反对者。他们陈述种种困难，欲阻大军东下。秦王李世民力持己见，强烈要求率兵攻郑。虽然李世民高超的军事和指挥才能有目共睹，但东伐洛阳毕竟关系国运，李渊不能不慎重考虑。当时，前隋旧臣封德彝对李世民的支持成为李渊决定东进的主要原因。封德彝见识过人，城府极深，能见人所不能见，常以旁人意想不到的角度看问题，进而解决问题。因此，他是李渊的重要智囊，担任内史令一职。隋时，内史令是专门负责草拟和颁发皇帝诏令的中书省最高负责人。

另外，李渊下定决心攻伐洛阳，也有经济上的考虑。隋炀帝在征伐高句丽和开凿运河的一系列行动中，将隋朝的国库和仓储耗费得所剩无几。所以，唐军在攻克隋都后，财政极为困难，连颁发公文的纸都是前隋和北周用过的文卷。再加上李渊父子喜欢（或无奈）用钱和物资犒赏支持者，经济变得更加吃紧。王世充占据的河南地区和窦建德占据的河北地区，是当时中原最富庶的地方，养活了中原一半以上的人。因此，夺取这些地区是必须的。

李渊任命秦王李世民为陕东道大行台。不过，为了防止年轻的李世民⑤犯军事冒险主义错误，李渊为他配备了老成持重的屈突通当行台右仆射，刘文静为行台左仆射。陕东道是武德元年设置的，是专门负责经略洛阳的战时行政区域。行台是代表朝廷的机动政务机构，主要协调地方行政、落实朝廷的决策，台本意为位

---

① 襄阳地处湖北省西北部，北接河南省南阳市，素有"华夏第一城池"、"铁打的襄阳"、"兵家必争之地"之称。
② 虎牢关在今河南省荥阳市区西北部汜水镇，为洛阳东部门户和重要关隘，因西周穆王在此蓄养猛虎而得名。城关筑在大伾山上，自成天险，有"一夫当关，万夫莫开"之势。
③ 焦作古称，西与洛阳毗邻。
④ 检校有勾稽查核之意，隋时以他官派办某事，习惯于官职前面加"检校"二字，相当于现在的"代理"。
⑤ 李世民的出生日期有两种说法，一说开皇十七年（598年），一说开皇十八年（599年），当时 21 岁或 22 岁。

高显要的人。

屈突通前隋时为左武卫将军，以刚强正直和不徇私情闻名，时人对他有"宁食三斗葱，不逢屈突通"之誉语。他曾跟随秦王平定薛仁杲，薛仁杲库房里金银珠宝堆积如山，众将纷纷抢掠，只有他什么也不拿。李渊闻后感叹："一个人能够清廉奉国，这种人的名声不是白来的。"于是特赐金银 600 两、绸缎 1000 匹。

▲ 屯堡模型

此次，屈突通辅佐秦王李世民东讨王世充，可他的两个儿子还在洛阳作人质。李渊很为他们的安危担忧，专门就此事咨询他的意见。屈突通说："我当年被陛下俘虏，您能尽释前嫌，委我重任，此恩堪比再生父母。当时我就发誓，要以死许国。今日之行，正当作为先驱。如果二子因为此战而被王世充所害，那是他们命桀福薄，我不会以私害义。"高祖闻言叹息良久："烈士殉节，我今天算是见到了。"

七月初二，突厥派遣使者偷偷结交王世充，被潞州总管①李袭誉半路截击，俘获牛羊数万头。李袭誉是一位严肃的军事将领，酷爱读书，见识通达。当时，突厥人已与李唐和亲，却又派使者与王世充结交，此举严重影响了突厥与李唐的关系，因此，李袭誉斩杀突厥使者，以示国威。但是，此举却给本来微妙复杂的唐突关系增加了变数，李渊于是调李袭誉专门负责陕东道行军的后勤给养。李袭誉能担任此重要职务也是因为他天生不爱钱财，居家俭约，俸禄无论多少皆散与宗亲，只留下零余用来写书。

七月二十一日，李世民率主力进至新安郡②，派精兵扫荡了郑军外围的"屯堡"。屯堡是一种在战乱中出现的兵农合一的社会经济组织，多是当地人和逃

---

① 潞州，今山西上党。总管，唐初在沿边重要地区设置的军事长官。
② 今河南省新安县，现为洛阳市辖县，东距洛阳市 20 公里。新安历来是洛阳畿地和西方门户，地扼函关古道，东连郑汴、西通长安，为中原军事要塞。

亡流民为了抵御掳掠，据险割据而成。陈寅恪先生曾说："凡聚众据险者，欲久支岁月，及给养能自足之故，必择险阻而又可以耕种及有水源之处。其具备此二者之地，必为山顶平原及溪之间水源之地，此又自然之理。"

屯堡最初始于汉末黄巾之乱。隋文帝杨坚一统天下，结束了三百多年的分裂局面后，才铲除屯堡这种地方自卫武力。但隋炀帝末年群雄逐鹿，又使屯堡再度兴起。屯堡成员既要御敌作战，又要从事生产劳动。屯堡往往采取彭越挠楚式的战术，通过运动于敌后，有效牵制敌军前线战场的战斗进程，使其不得不分兵解决。由于各堡大都没有统属关系，敌人往往必须攻陷所有屯堡才能占领整个地区，这样一来，敌人战斗成本大大增加。

不过，除却个别与洛阳城关系紧密的屯堡，大多堡主都只是被王世充授予荣誉性职务，既无财政上的支持，又无行政上的统属。所以，大多屯堡只为能在乱世自保，并没有要与唐军殊死拼杀的战斗意志。只要唐军不主动攻击他们，他们很少主动出击。唐军之所以主动攻击屯堡，军事上主要是想解除后顾之忧、增加兵源；经济上是想增加财政收入、补充给养。因此，唐军对这些屯堡剿抚并用，以抚为主。

围困王世充

经过数天的集中扫荡，洛阳周边的大多数屯堡被唐军解决。于是，李世民派遣猛将罗士信率领前锋围攻素有"洛阳西大门"之称的慈涧。王世充率3万精兵前来救援。七月二十八日，李世民亲自带领几个轻骑兵深入一线侦察地形，不想与郑军遭遇。李世民寡不敌众，只能且战且走。由于不熟悉慈涧地形，加上道路险阻，李世民被郑军重重包围。眼看退无可退，李世民左右驰射，追兵应弦而倒，郑军方才退却。李世民回到军营，尘埃覆面，把守城门的将士甚至没有认出他来，拒绝放他入营。李世民摘下头盔，大声呼喊，表明身份方才被放进营。

二十九日早晨，已经侦知地形的李世民亲率步骑兵5万大举进攻慈涧。王世充一看来势汹汹，自知不能坚守，遂将慈涧守军后撤，一起回到洛阳城。李世民兵不血刃占领慈涧，马上部署攻城部队。

李世民大军屯集于北邙[①]，连营直逼洛阳。行军总管史万宝从宜阳南据龙门[②]，将军刘德威从太行东围河内县，怀州总管黄君汉从河阴攻击回洛城（今河南孟津县东，与洛阳市区毗邻）。值得一提的是，上谷公王君廓从洛口[③]截断郑军粮道，凿沉郑军运粮船30余艘。在后来的拉锯中，这一战绩显现出非常重要的作用，因此李世民战后特别表扬了王君廓："王长先龙门下米之功，出诸人之右也。"

王君廓出生于山西太原（并州）的一个贫苦家庭，早年是个投机取巧、阴险狡诈的市场经济人（驵侩、无行）。后来，他加入瓦岗军，再后来，投降了李唐。唐郑洛阳之战前，王世充所部郭士衡就曾派人扰掠李唐边境，被王君廓设计击退，李渊亲自嘉奖他："你能以十三人击破郭士衡部上万人，自古以来以少胜多的战役，没有这样的先例。"还给了他上百匹彩色的布料作为物质奖励。

八月十三日，黄君汉派遣校尉张夜叉率领舟师偷袭回洛城，攻克后派兵驻守，又拆断河阳县南桥，攻降附近坞堡20余座。卧床之榻不容他人酣睡，王世充派太子王玄应率领杨公卿等人反攻回洛城，无奈久攻不下，于是在回洛城西修筑月城一座，留兵戍卫。月城又称"瓮城"，是古代修在城门外，但与城墙连为一体的附属防御设施，多呈半圆形，少数呈方形或矩形，视地形而定。圆者似瓮，故称"瓮城"；方的又称"方城"。当敌军攻入瓮城时，关闭主城门和瓮城门，守军即可"瓮中捉鳖"。瓮城两侧与城墙连在一起，设有箭楼、门闸、雉堞等防御设施。另外，瓮城城门通常与所保护的城门不在同一直线上，以防大型投射攻城武器的进攻。不过，王世充修筑月城是为攻克回洛城，故此月城应与上述月城的功能相反，不可能与回洛城墙连为一体，应为与回洛城墙相隔不远的防御性建筑，防备城内唐军冲出并偷袭洛阳。

八月二十三日，王世充陈兵于青城宫（今洛阳市西北）下，李世民也率精兵在青城宫护城河对岸布阵，双方隔河而望。王世充先对唐军大举东侵表示了强烈

---

① 又称"邙山"，为洛阳北面天然屏障，乃军事战略要地。

② 位于洛阳城南10公里处，古称"伊阙"，隋炀帝都洛阳，因伊阙正对皇宫正大门，遂改称"龙门"。

③ 洛口位于今河南省巩县东南，公元606年隋曾在这里兴建洛口仓，把从江南经大运河运来的粮食囤积于此。李密攻破洛口仓后，将此处扩建。洛口仓位于洛河与黄河汇流处，与东都洛阳咫尺相望，自洛河逆水而上即可到达，其能通过洛河迅速满足洛阳的调运需要，具有重要的战略价值。

谴责："隋失其国，天下分崩，东都长安和西都洛阳各有所属，我一直守防郑国辖地，从未西顾半步。大唐熊州和毂州离我郑国很近，我若取之易如反掌。但我为了表示和平诚意，从未动过二州分毫。现在唐军千里迢迢，侵我领土，意欲何为？"

李世民派宇文士及阐明此次出兵的正义性："现在四海之内都以我李唐为正朔，只有你王郑政权执迷不悟。洛阳人民于是给我大唐写了求助信，要求出兵讨逆。我父年高，又嫌路远，故派我前来解民于倒悬。你如果放下武器早点投降，我可以保你富贵。如果负隅顽抗，请你好自为之，认清形势，多言无益！"

王世充不死心："我们两国现在息兵讲好，不是皆大欢喜吗？"宇文士及代表李世民，严词拒绝王世充的求和意愿："我是奉命而来，没有接到讲和的命令！"王世充又以割地为条件请求李世民退兵，李世民不许。双方谈判破裂，各引兵而还。

九月十三日，王世充的颍州总管田瓒将龙门山南25郡献给唐军。他的投降导致洛阳与襄阳之间的联系被唐军完全掐断。十七日，李世民派遣王君廓攻占轩辕。王世充派将军魏隐还击王君廓，王君廓假装败退，沿途设下埋伏，大破魏隐军，并乘势攻下洛阳周边各地，至管城县（位于今河南郑州市）而还。

此后，王世充的尉州刺史时德叡率所部七州来降。李世民并不派遣官员易权（战事在即，也无闲暇），一切依王世充旧政，毫无扰民之举，只是象征性地将尉州改名为"南汴州"，以示这些地方已经易帜。于是，河南州县闻之大悦，纷纷前来归降，李世民均妥善处置。这种情况的出现，都是因为王世充的战略决策为集中精锐困守孤城，将各州县的精锐力量全部调往洛阳，各州县几乎没有有效的抵抗力量。在唐军节节胜利，郑军屡战不利的情势下，这些州县的机会主义倾向日益明显，所以前来投降的州县络绎不绝。尽管好多地方都只是名义上投降，但对郑军士气的影响之大不言而喻。而李世民在这些反正者中间也树立了一个宽容、大度和值得信赖的领导者形象。

九月二十一日，李世民再次率500骑兵登魏宣武陵[①]侦察战场。结果，他又被包围，而且这次是王世充率领的万余名步骑兵。这次比上次更凶险，王世充部

---

① 位于洛阳北郊八公里处邙山之巅，为北魏宣武帝元恪之景陵。

下悍将单雄信持槊直奔李世民，唐军猛将尉迟敬德望见，立刻跃马前来相救，边走边喊，横刺单雄信致其落马。王世充所部抢救单雄信回营修整，尉迟敬德护卫李世民出围。李世民回营重整兵马，带领尉迟敬德出阵再战，入王世充阵如无物，往返无人敢阻。随后屈突通率领大军继至，大败王世充军。王世充差点被活捉，仓皇逃回洛阳城。此战，唐军斩首千余级，俘获郑军精锐排矟（"矟"，通"槊"，即长矛）兵6000人。

此战立了大功的尉迟敬德战斗力强，尤其擅长躲避长矛。他常单枪匹马冲入敌军阵营，面对敌军蜂拥而至的长矛能毫发无伤，甚至还能夺取对方的长矛将其反刺于马下。他之前是隋将领宋金刚的属下，宋金刚战败后他投降唐军，被任命为右一府统军，随军东征洛阳。此战救主前夕，尉迟敬德曾经

▲ 尉迟敬德

由于随同反正的将领叛逃，遭屈突通等老将强烈要求处死，以除后患。但李世民否决了这些保守派将领的意见。他不仅将尉迟敬德释放出狱，还请他入卧室，明白告诉他可以来去自由："大丈夫当以义气相许，细小的误会不必放在心上。我绝不会听信谗言残害忠良。如果你想离开，我可以给你一笔可观的遣散费。"当时，尉迟敬德不置可否，如今却以实际行动证明了自己的忠心。于是，李世民欣喜地对他说："他们都说你会叛逃，只有我不信。但你报答的速度也有点太快了吧！"随即赏了他一箱子金银。

十月十四日，唐军行军总管罗士信攻陷洛阳城外的硙石堡，随后又围攻千金堡。硙石堡为山式坞堡，这种坞堡依山而建，关口深险，一夫当关，万夫莫开，山内为平原，可耕可织。千金堡则是城式坞堡。这种坞堡四周有高墙，门上有望楼，四隅有角楼，各楼都有执杖瞭望、警鼓和击鼓的人，楼中还设有楼梯以供上下。

罗士信围攻千金堡后，千金堡守军辱骂他，使他恼羞成怒。半夜，他派百余人假扮百姓，怀抱几十个婴儿来到千金堡下，并使用各种方法让孩子们哭声一片。

▲ 以罗士信为原型的演义人物罗成

这些人谎称他们是从东都洛阳跑出来投靠罗士信的，后来发现罗士信走了，就想离开。堡中人信了他们的话，放松了警惕，以为罗士信真的撤兵走了，于是打开堡门出兵去追。结果，这支追兵在返回途中，被罗士信军尾随，开堡门的瞬间罗士信的军队突然杀入，将坞堡中的人屠戮殆尽。

罗士信年少勇武，十四岁想参加隋军，隋将张须陀以他貌不出众，尚未成年为由拒绝了他。罗士信被激怒，愤然跑入军营，穿上两套盔甲上马耀武，以示可用。在之后的战斗中，他的勇武甚至得到了隋炀帝的表扬，后者还命令画工将罗士信在战斗中的英勇形象汇成图册，藏在国家档案馆内。后世民间传奇小说《说唐》中的虚构人物"罗成"的历史原型就是罗士信。《大唐秦王词话》也提到"罗成，字士信"，认为罗成就是罗士信。

罗士信于大业十三年（617年）归顺王世充，武德元年（618年）归顺李唐。归顺李唐的原因说来可笑。罗士信有一匹战马被王世充的侄儿王道询看中，后者向他索要无果就报告了王世充。王世充作为一国之主，居然勒令罗士信将战马转让给王道询。罗士信为此感到耻辱，于是转投唐军。但是，罗士信的叛逃后果极为严重，直接导致王世充对任何人都不信任。此后王世充常常觉得他的臣民随时可能叛逃李唐，于是决定靠严刑峻法立威。他规定：如有一人出逃，家里无论老少皆连坐。父子兄弟夫妇如果有人相互告发，告发者可以免罪；伍伍相保，有一家反叛，五家皆诛；樵牧出去打柴放马必须到当地基层组织备案，而且人数有限制。遣台省官（中央各部门工作人员）督查十二郡营田（士兵耕种用来发军饷的军田），有逃跑士兵，就对外谎称上天成仙了。更厉害的是，王世充将宫城作为大狱。每有大将出征，其妻女就会被接入宫中当作人质。由于外派将领很多，宫里人质高达 1 万多人。由于粮食不够，每天饿死的都有数十人。

在此背景下，王世充手下管州总管郭庆的叛逃触发了其他各州县将领叛逃的连锁反应。郭庆本为李密部将，被王世充收编后委以重任，还把侄女嫁给他。唐军逼近洛阳，郭庆派人与李世民洽谈投降事宜。李世民派遣行军总管李世勣（即徐茂公）带兵接收管州城。郭庆想妻子也跟着一起来，但他妻子说："皇上之所以把我嫁给你，就是想让你一心为郑国效忠。现在你辜负了他的重托，见利忘义，我能把你怎么办呢？如果我跟你去长安，我最多是你家的一个婢女，你还要我做什么？如果你能看在夫妻一场的分上把我送到洛阳城，我会永远感激你的。"可是郭庆不敢冒这个险，没有答应妻子的请求。他出门后，他妻子跟婢女说："如果唐军赢了，那么我们王家必然灭族；如果郑军赢了，那么我丈夫必死。人生至此，活着何益？"于是自杀。

十月二十日，郭庆投降李唐，改名"杨庆"。

郭庆叛逃时，王世充的太子王玄应正镇守虎牢关，军队驻扎在荥州和汴州之间。他听闻此事，立刻率军赴援管州，却被李世勣半路击退。此后，李世民又派郭孝恪写信劝降荥州刺史魏陆，魏陆秘密派人请降。王玄应不知有变，派大将军张志接手魏陆辖属兵马，一起攻伐李世勣，却被魏陆将张志等四人生擒。

十月二十六日，魏陆举州来降。随后，阳城令王雄率领辖属各坞堡来降。汴州刺史王要汉也斩杀郑军大将张慈宝，投降了唐军。王玄应一看诸州纷纷叛变，心中大惧，率领残部奔还洛阳。

当王玄应率领数千残部从虎牢关携带粮车想返回洛阳时，李世民派遣将军李君羡半路截击，大败郑军，王玄应孤身一人逃回洛阳。至此，洛阳陆路粮道被隔绝。

到了武德四年正月二十七，前隋楚王杜伏威派遣手下大将率精兵 2000 来助秦王李世民征伐王世充，并一举攻克梁州①。梁州为重要的物资集散地，战略位置显要，京杭大运河贯穿全境。控制了梁州，就掐断了洛阳城的水运粮道。

———————————

① 今河南商丘，本名"宋州"，王世充称帝后，改为"梁州"。

杜伏威年少放荡，亡命为盗。当盗贼时，他行事很有特色，事先总会充分谋划，行动时在前冲锋，撤退时在后，合理分配所得赃物，不轻易放弃任何一个同伴，他还与下属同甘共苦。每次战斗后，他都要查看将士们的伤口，伤口在背者一律杀无赦，因为他们有逃跑嫌疑。虽然这种简单粗暴的鉴定方法显得无情冷酷，然而在生死相搏的战场上其激励效果却甚为显著。更可怕的是，战死的人的妻子会被杜伏威斩杀殉葬。这种惨无人道的杀妻殉葬使下属明白，即使自己战死，妻子也不会转嫁他人，因而作战时能够勇往直前。抛开这些不谈，杜伏威的归顺对正处于洛阳攻坚阶段的唐军来说无异于雪中送炭。因此李渊非常高兴，封杜伏威为李唐的吴王，赐姓"李"，还准备把他的籍贯列入李唐的陇西成纪。在当时甚为重视豪门望族的世风下，此举无疑是极高的荣誉。此外，李唐王朝还赏赐了他丝绸 5000 段、马 300 匹。

当时，唐军已将洛阳外围州县的正规军及民兵彻底扫清了。再加上陆路和水陆粮道被切断，洛阳已彻底沦为一座与外界隔绝的孤城。李世民知道决战时刻要到了，于是派遣宇文士及入长安奏请李渊批准合围洛阳。李渊让宇文士及转告李世民："我们之所以攻取洛阳，目的是止息兵戈。攻破洛阳后，洛阳城内的车马服饰、印章文物、书籍兵器，只要不是私家所用物品，一律交予秦王保管，收归国库。其余美女玉帛，合理分给将士。"这条命令既限制了李世民染指公器的妄心，又给了他处理私物的权力。

彪悍的玄甲军

二月十四日，李世民将军队移到青城宫。唐军还未修筑壁垒，王世充就在早上 7 时亲率 2 万人从洛阳禁苑方诸门出来，凭借门东旧马坊的垣堑，在谷水前摆开阵势抵抗唐兵。

壁垒为大军列阵时修筑的临时军事建筑，目的是防止对方机动部队的突袭，一般为土筑墙垣。唐军诸将见王世充军被长时间围困后军容依旧，并能在唐军毫无防备的情况下列阵，而己方壁垒未成，因此脸上皆有惧色。当时，李世民正率领精锐骑兵在北邙山宣武陵观察阵势，他向左右亲信说："这是王世充最后的家底了。他妄想这次能侥幸获胜，苟延残喘。如果今日将其击破，他以后再无力也无胆出城作战了。"

李世民之所以如此有信心，一方面是由于他对自己的指挥能力有自信，另一方面是对麾下精锐玄甲军的信赖。

之前，为了适应机动作战的需要，李世民曾优选1000多名精锐骑兵，分为左、右队，因其皆着黑袍、黑甲，所以得名"玄甲军"。玄甲军由秦叔宝、程知节、尉迟敬德、翟长孙四名队长统领。"千军易得，一将难求"，玄甲军能有卓越的战斗力，很大程度上多亏这四位猛将。其中，秦叔宝最初是王世充的龙骧大将军，见王世充没有皇帝的样子，便向程知节说道："王世充此人狡猾多诈，总是喜欢与部下赌咒发誓，这是巫婆的作为，不是明主。"

▲ 秦叔宝

于是二人共约西奔李唐，一起骑马向王世充告别："我们觉得自己能力有限，不能干好您吩咐的工作，特来向您辞行。"值得称道的是，王世充并没有为难他们，认为人各有志，就放他们走了。

其实，秦叔宝不能接受王世充的领导方式，很可能与其文化水平和做事方法有关系。王世充祖上为西域胡人。胡人文化水平不高，擅长占卜和经商。因此，王世充虽然通读兵书战策，但骨子里更喜欢用龟策占卜吉凶以及观看天象来做决策。王世充所部皆为楚人，而卜筮之术在楚地尤为盛行。是以王世充很喜欢装神弄鬼、故弄玄虚，以此为御下之道。

在击破李密的战役中，王世充先令门卫张永通假言梦到有人对他说："我是周公，能降兵帮助你们讨伐李密。"接着，王世充给周公立了祠堂，让人宣言："周公命令我们赶紧攻击李密，如果不听他的话，军中马上就会起瘟疫。"军中楚人大恐，纷纷请战。接着，王世充又派人抓到一个貌似李密的人，在战争处于白热化状态时忽然抛出，大喊："李密被抓到了！"于是郑军士卒奋勇，李密军被击破，李密仅以身免。

此外，立国后，王世充每天上朝就会给大臣讲话，常常一句话重复好多遍，以示重要，大臣们非常疲倦。有人劝他只抓大事，细节没必要全部亲自过问。王世充口头答应，却屡屡再犯。他还常常微服私访，轻车简从，不带警卫，游历衙门和市场，人民见了他只要立正就好，无须跪拜。王世充还喜欢跟百姓拉家常："以前的皇帝深居九重，不懂体察下情。我不是贪图权位的人，只是充当救世主。我就如一个州刺史，事必躬亲，很想听听你们的宝贵意见。就怕衙门规矩多，你们的意见不能尽情上达。我决定在顺天门外设立接待处。西朝堂判案听冤，东朝堂接见谏者。"结果，此后上书如雪片般飞来，王世充根本看不过来，于是一段时间后他就把这项政策废了。

但是秦叔宝为齐州历城（今山东省济南市历城区）人。齐人自古以来争强好胜，侠义豪爽，而且能随时变通，与时俱进。管仲说齐人"贪粗而好勇，不慕古，不留今，与时变，与俗化"。齐鲁文化也讲究从"神道治人"转为人治，尊重鬼神，但认为世俗领导者的个人意志是一切决策的最高指示。用孔子的话说就是"敬鬼神而远之"。因此，秦叔宝看王世充装神弄鬼不顺眼。

司马迁曾说："（齐人）足智好议论，豁达开朗，不轻易表达内心真实想法。"这或许也是秦叔宝不能接受王世充领导方式的一个原因。

大抵一个领导者的领导能力由两部分组成：一为领导者所处的位置，也就是孔子所说的"名"；一为领导者本身所具有的影响力和执行力，也就是韩非所言的"势"。卓越的领导者应二者兼备，李氏父子便是其中的佼佼者。秦叔宝从唐后战功显赫，李渊赐他黄金瓶，授予他秦王府右三统军的职位，并说道："你能不顾妻子安危前来投靠我，而且立了这么多功劳。如果我的肉可以吃的话，我都会割下给你，何况子女玉帛之类的身外物？"此后，每次敌方有骁将锐卒出阵耀武扬威，李世民就让秦叔宝出阵。秦叔宝跃马挺枪，刺敌将于万军丛中，鲜有失手。他所用为特制的长枪，其直径与长度皆是加大号。秦叔宝曾于两军阵前将长枪插在阵地上，郑军数十人骑马出来分别拔枪，结果长枪纹丝不动。秦叔宝复骑马出阵，单手将枪拔起而归。李唐平定天下后，每逢国家重大庆典节日，李世民就让手下把这支枪从兵器库中取出来陈列在殿廷上，以示嘉奖。

秦叔宝的好友程知节也擅长马上使枪。他初为李密"内军"（近卫军）四统

▲ 唐军骑兵冲锋

▲ 唐军步兵冲锋

领之一。李密曾自豪地说："我的内军可以当百万兵。"程知节从唐后，为秦王府左三统军，并领左一马军总管。至于翟长孙，他初为薛举的内史令，于李唐与薛举决战前夕，率领部众归降李唐。出于统战考虑，也由于唐初军事人才紧缺，他也成了玄甲军统领。

优选的精兵，再加上如此猛将担任统领，无怪李世民将玄甲军作为倚重的力量，甚至他也喜欢穿着黑衣、披着黑甲为前锋，率领玄甲军。有一次，行台仆射屈突通与赞皇公窦轨带兵巡行营屯，突然与王世充率领的郑军相遇。战斗初期形势不利于唐军，唐军损失较大。李世民闻讯，率玄甲军来救，一举俘虏、斩杀6000余人，王世充逃回城内。

有此精兵悍将在手，李世民自然对此次谷水之战充满了信心。他令屈突通率领步兵5000人先行渡水攻击郑军阵营，并告诫屈突通，双方一旦交战，马上施放狼烟。

▲ 程知节，程咬金的原型

屈突通搭建浮桥渡河，占领滩头阵地后，第一时间放起了狼烟。李世民遂率玄甲军南下，双方马上展开混战。李世民为了探察王世充军阵的虚实，带领几十个骑兵绕到郑军之后。当他在一道长堤前折返时，他发现除丘行恭外，其他从骑已经走丢。继而郑军望见李世民，数名骑兵来追，李世民坐骑被流矢射中而亡，丘行恭张弓搭箭回射追兵，追兵应弦落马，不敢靠得太近。接着，丘行恭将坐骑给李世民，自己走在马前手执大刀开路，终于突出郑军阵营，回到唐军阵内。此战，唐军骠骑将军段志玄由于深入敌后、马匹倒毙而被郑军生擒，两名郑军骑兵抓着他的头发押送回城，渡洛水时，段志玄趁二骑不备，将二人拉到马下，并夺了一匹马跑回唐军阵营，他身后的数百追兵始终不敢太靠近他。

李世民回到本营，双方正式的决战开始了。李世民率玄甲军前锋冲击，王世充亲率兵马殊死抵抗。双方经过四轮血腥的战斗，从上午9点一直战到下午3点，郑军军阵被突破，撤兵回城，唐军纵兵杀敌，俘虏、斩杀7000余人，大军直抵洛阳城下。

二月十五日，王世充出右掖门，背靠洛水列阵，并观察唐军动静。唐降将王怀文忽然持槊直刺王世充，但刺在王世充衷甲（外衣里面穿的护胸甲）上，长槊矛头折断，王世充有惊无险。王世充左右卫兵被这突如其来的一幕惊呆了，个个不知所措。王怀文趁此工夫快马加鞭直奔唐营，却在写口（"写"通"泻"，"写口"也作"泻口"）被追兵擒获斩杀。写口为洛城水入洛河的入口。可见王怀文是被追到河边等待渡河船只时被追击的。王世充回去后，解去衷甲，露出小衣（以示他并未穿衷甲），并向群臣炫耀："王怀文以长槊刺我而不能伤，这就是我们常说的天命吧。"王世充此举对信奉鬼神的楚人部众无异于打了一针强心剂，其鼓舞人心的作用是不言而喻的。大家纷纷相信他有神明护身，刀枪不入，增强了以后坚守城池的决心。

此时，王世充的御史大夫郑颋上言："我听说佛有金刚不坏之身，陛下您就是真佛。我有幸生在佛的世界，愿削去头发当一和尚，日夜诵经念佛，资助陛下神武之力。"王世充否决了他这个荒唐的建议："你是国家重臣，声望一向很重，如果此时遁入空门，我怕影响军心。等战争结束了，我会如你所愿的。"郑颋执着请求，王世充坚决不许。郑颋回去跟妻子说："我自幼通晓经史，本为报效国家，不幸遭遇乱世，流离伪郑朝中，智力浅薄，无以自全。人生会当有死，早晚有何区别。如果从我所好，死而无憾。"于是削发披僧服。王世充闻之大怒："你以为我肯定会战败，就想苟免一死吗？不杀你如何服众？！"遂斩郑颋于闹市以立威。郑颋临刑，谈笑自若，围观者皆壮其志气。

郑颋被杀与洛阳岌岌可危息息相关。自从郑国各地通往洛阳的水陆粮道被唐军截断后，唐军重重围困洛阳城，挖掘壕沟修筑堡垒以防郑军突围。洛阳城极度缺粮，一匹绢价值三升带壳小米，一匹布价值一升盐，服饰珍玩如粪土。洛阳城居民吃尽草根、树叶后，纷纷在护城河取细泥沙掺和米屑做成饼吃。很多人由于营养不良都生了病，身体浮肿，浑身乏力，死者相枕于路。城内居民从最初的3万家锐减到3000家。就连朝廷高级官员都饿死不少。其实，郑颋也是饿得无法，想出家为僧托钵行乞，以维持生命之需，不想却引来杀身之祸。

从二月十五日起，唐军开始四面攻城，昼夜不息。不过，城中守卫甚严，城中想越城而逃的郑军将领多达13人，但最后都死了。郑军所造投石机飞石重50

▲ 虎牢关石碑

斤，能掷 200 步远；八弓弩的箭杆如车轮辐条，箭头如斧，能射 500 步。因此，半个多月后，洛阳还是没被攻下。唐军将士也疲惫思归，总管刘宏基等呈请班师。李世民不同意："我们大举前来，正当一劳永逸。现在郑国诸州已经望风降服，唯剩洛阳一座孤城。攻下洛阳指日可下，我们为何要放弃？"他还下令："洛阳未破，师必不还。再有上言班师者斩。"

李渊在长安听说士卒疲惫，令李世民班师回朝。李世民一边上表说洛阳不日可克，一边派遣参谋军事封德彝入朝汇报战况。封德彝再次说服李渊："王世充虽然占领的土地较多，但大部分都已投降。现在他的命令已出不了洛阳城，而洛阳城朝夕可下。如果现在班师，必然功亏一篑，让他缓过气来，以后再要胜郑，就没有这么好的机会了。"其实，更严重的问题是，如果李世民此时班师，洛阳周边的屯垒就会随时反叛，届时唐军能否安全撤回长安都是问题。因为这些屯垒为了防止王世充秋后报复，肯定会不遗余力地攻击撤退中的唐军，以为投名状。所幸，李渊最终同意了李世民继续围攻洛阳的建议。此期间，李世民给王世充写信，要他认清形势，出城投降，不要顽抗到底，王世充留书不报。

二月二十八日，唐军左卫将军王君廓在王世充郑州司兵①沈悦做内应的情况下，半夜率兵袭取虎牢关，擒获郑荆王王行本与长史戴胄。占领虎牢关一役，成为日后唐军取胜的关键。如果没有占领虎牢关，唐军就会进退失据，无险可守，处于两线夹击的危险态势。

---

① 兵为兵器库负责人，负责州府武装力量的兵器保管、发放、维修等事宜。

窦建德来援

不过，继续支持李世民围困洛阳的李渊，所背负的压力也是巨大的。唐高祖李渊，字叔德。从名字来看，他排行老三。他年少神勇，精于骑射，曾经在龙门率领 12 人击破以毋端儿为首的数万农民造反军。大业十七年，51 岁的李渊起兵反隋。他并非传统文学里那个暮气沉沉、胸无大志的碌碌之辈，而是一位勇敢的领袖、刚烈的对手和足智多谋的战略家。

当时，他最大的压力来自东突厥。东突厥领导人颉利可汗，凭借父兄创下的基业，兵强马壮，常有侵略中原的野心。恰好其妻前隋义成公主也想为隋炀帝报仇。由于李渊是诸多叛乱者中，最早攻入隋都长安并称帝的人，从某种程度上讲，是他灭亡了隋朝，因此义成公主对其恨之入骨。她与王世充的使者王文素一起劝说颉利可汗："当年启民可汗（颉利可汗之父）被兄弟逼迫，避走隋地，幸赖隋文帝帮助，方才重新掌权。现在的李唐天子并非隋文帝子孙，不能代表中原王朝正统，可汗应该以杨政道①的名义讨伐他，以报隋文帝的恩德。"颉利可汗听从了他们的建议，开始对李唐政权寻衅滋事，"求请无厌，言辞骄慢"。李渊为了避免两线作战，常常委曲求全，以待时机。

即使如此，李渊也平复不了颉利可汗蠢蠢欲动的雄心。三月十六日，突厥出兵入侵汾阴（今山西省万荣县）。跟以往东突厥只是扶植傀儡军队同唐军对抗不同，此次突厥人亲自南下，对李唐在洛阳方向的战局形成了巨大的压力。所幸，东突厥并未倾巢而出。

不过，在突厥人出兵的同一天，王世充获得了另一强援——称雄河北、建立夏国的窦建德。

窦建德出生于贝州漳南（今河北故城县东北），家里世代务农。不过，他经常对外宣称自己是汉代窦太后之父安成侯窦充的后人。窦建德勇力过人，从小言出必行。隋末大乱，窦建德以一个小军官起家，他礼贤下士，与弟兄同甘共苦，

---

① 隋炀帝之孙，被颉利可汗奉为隋帝，所建立的政权史称"后隋"。

将士们因此愿意为他卖命。窦建德勤俭节约，每餐只食几盘蔬菜加脱壳小米，妻子和身边随侍人员都是荆钗布裙。每攻下一城，窦建德就将财物全部分给属下将士，自己分文不取。因此，其势力逐渐壮大。

武德三年年底，见王世充已落入四面楚歌、众叛亲离的境地，窦建德——这个王世充曾经的敌人、夏国皇帝，却向他伸出了橄榄枝，遣使与其交好。

窦建德本对是否支援郑军摇摆不定，是中书侍郎刘彬让他下定了决心。刘彬说："方今天下大乱，唐国得到关西地区，郑国得到河南地区，夏国得到河北地区，形成三足鼎立之势。现在唐军攻伐郑国，从秋天打到冬天，唐军日益增加，郑地日益缩小。从现在的形势看，郑国灭亡只在朝夕之间。郑国如果灭亡，那么夏国必然不能独存。所谓唇亡则齿寒，不如我们与郑国化敌为友，发兵救郑。夏击其外，郑攻其内，破唐易如反掌。唐军退后，我们再静观其变，如果郑国可取则顺势取之，并二国之兵直驱长安，那么天下指掌可取。"

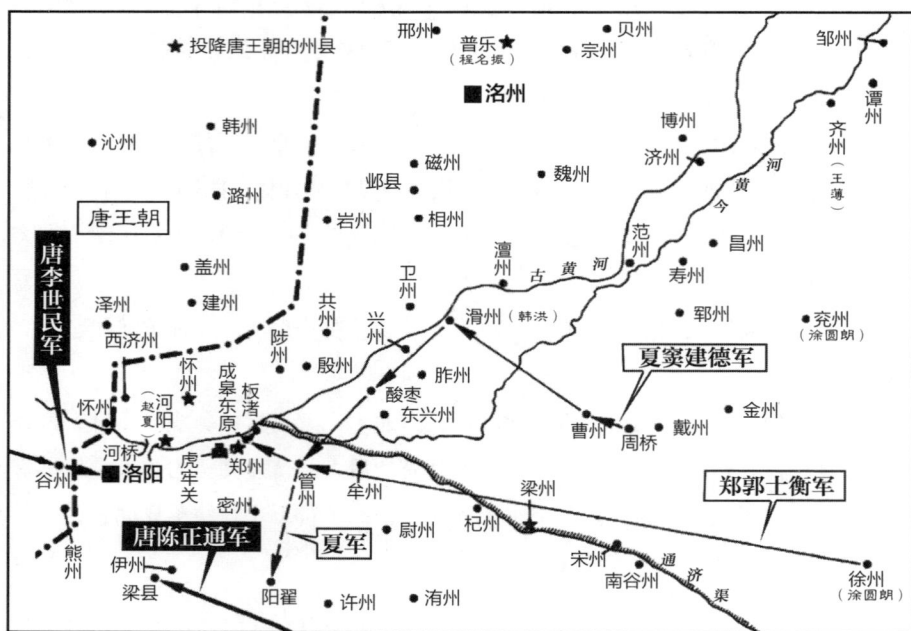

▲ 窦建德援助王世充路线路

窦建德听取了刘彬的建议，决定解郑国之围。他派遣礼部侍郎李大师到秦王阵营，要求唐军罢兵。李世民扣留来使，不给回复，因为此时的唐军还不想，或最怕两线作战。

武德三年十二月中旬，王世充派遣哥哥的儿子王琬与内史令长孙安世去窦建德处报聘，并提出出兵请求。报聘为当时的外交惯例，意为派使臣回访他国。

到了武德四年三月十六日，窦建德正式出兵。此后，窦建德的援军攻陷唐属滑州、管州等地，大军水陆并进，泛舟运粮，溯河而上。郑军徐州行台王世充之弟王世辩派遣郭士衡率领数千人与夏军会合。会合后的联军共 10 多万人，号称 30 万人。之后，窦建德在虎牢关东部平原驻军，在板渚（虎牢关东北渡口）修筑宫殿，派使者与王世充报信；又给李世民写信，要求唐军退守潼关，归还侵占的郑国土地，唐郑两国重修旧好。

李世民收到窦建德的劝和信后，立刻召集将佐商议。多数老成持重的将领表示应避其锋锐，徐图进取。只有宋州刺史郭孝恪说："王世充已穷途末路，力尽计穷，悬首面缚，翘足可待。窦建德远来助逆，这是上天要让他们一起灭亡。我们可以据守虎牢关，屯兵汜水，相机而动，定可一举击破二伪。"郭孝恪少有志节，曾追随李密。李密称赞他说："人们都说汝颍地区多出奇人异士，今日看来果然不假。"他从唐后，与李世勣一起经营虎牢东部地区，任命官员，征收粮税，建立了良好的群众基础。日后，李世民在洛阳城宴请诸位高级将领时，高度表扬了郭孝恪："郭孝恪谋擒建德之策，出诸人之右也。"

记室参军[①]薛收也进言："王世充据守府库充实的东都，率领战斗力顽强的江淮精锐，唯一的致命弱点就是缺粮。因此他们才被我们围困，求战不得，守则难久。窦建德远来赴援，所率必定也是强兵劲卒，想一下置我军于死地。如果把夏军放过来，二伪合流，将河北之粮运入洛阳，那么战争将会无休无止地进行下去，天下统一的日子遥遥无期。现在我军可以兵分两路，一路围困洛阳，深沟高垒，不与郑军交锋；另一路由秦王您亲自带队，据守成皋，以逸待劳，待夏军远道而

---

① 军队里专门负责起草文书、记录表彰等重要工作的文职人员。

来，就可一鼓作气将其击败。只要战胜窦建德，王世充将不战自降。不出两个月，我们即可生擒夏郑二主。"薛收言辞敏捷，任何文书他都可当场书写，就如早已打好草稿一样，甚至常常一挥而就，再不圈点修改。因此，李世民帐下的檄书、露布都出自其手。

但是这些少壮派的冒险建议遭到了持重派老将们的坚决反对。以萧瑀、屈突通、封德彝为首的前隋老臣一起进谏："我军疲劳，王世充据城坚守，不能在短时间内攻克。窦建德乘胜而来，锐气正盛，我军到时腹背受敌，胜算很小。不如退保新安郡①。"然而，李世民否定了他们的保守意见："王世充的军队战斗力日渐下降，粮食即将吃完，上下离心，不需强力进攻，只需围困即可。窦建德将骄兵惰，远道而来。我们只要据守虎牢关，如果夏军冒险争锋，我军可一战将其擒获。如果夏军狐疑不决，不出半月，王世充不战自溃。只要攻破洛阳，再与夏军决战，即可毕其功于一役。可如果窦建德占领虎牢关，新降的郑国城池必然叛降，两贼并力，势力必然增强，我们哪里还有机会抓到他们的弱点？此事不需再议，我意已决！"屈突通等人又请求解围洛阳屏据险要以观其变，李世民不许。

最后，李世民决定兵分两路，围点打援。他留下屈突通等老将辅佐齐王李元吉继续围困洛阳，自己则带领以玄甲军为首的3500名精锐骑兵前去虎牢关阻击夏军。队伍从北邙山出发，绵延数里。王世充登城望见，不知唐军有何谋动，因此并没有派兵出城追赶。

三月二十四日，李世民率兵进入虎牢关。二十五日，李世民率500骁锐骑兵，前往虎牢关东20多里处的窦建德军营旁，窥探夏军虚实。当时，他做了对全军统帅而言，极为出格的军事冒险行动。李世民留程知节、秦叔宝等将分别率四个骑兵分队埋伏在道路两侧，自己只带领尉迟敬德等三名骁勇骑兵前去侦察敌情。李世民边行边与尉迟敬德说："有我弓箭在前，你持长槊在后，虽百万众能奈我何？"又说："夏军看到我能识时务回去，这是他们的运气！"前文已经提及尉迟敬德善于用槊，也简要提过李世民善射。玄武门事变后，李世民曾与萧瑀说："我从

---

① 位于洛阳西部，距洛阳20多公里。

小喜欢弓箭，以弓箭平定四方，用过的弓不计其数。"李世民所用箭杆比寻常箭杆长一扶①，配有四支大号白色箭羽，能把城门射出一大洞，因此号为"大白羽"。

李世民带尉迟敬德驰入窦建德营壁前，拍门大喊："我是秦王李世民，把你们军中能打的派出来，赶紧与我决战！"然后，他引弓搭箭，射中了夏军一名将领。夏军本以为李世民只是唐军的一名侦察军官，并不在意。听闻李世民自报家门，又惊又喜，立即派出五六千名骑兵。李世民所带的另两名骑兵见之失色。李世民说："你

▲ 根据壁画和雕塑复原的唐军骑兵

们先行回去报信，我与尉迟敬德殿后。"随后，李世民与尉迟敬德不慌不忙，按辔徐行，只要有追兵逼迫太近，李世民就张弓搭箭将其射杀。追兵且追且止，二人且战且退，直将夏军诱入唐军埋伏圈。一时间，唐军伏兵四起，斩杀夏军300多人，擒获二将。

此时，李世民方才给窦建德回信。信中写道："唐夏两国虽然屡有争端，但是大唐看在夏国能将前隋公主交予我们的分上，两国释怨交好。王世充也曾与你交好，但此人反复无常。此刻他危在旦夕，仅仅对你虚言相诱，你就以三军之众受制于人，千金之资坐供外费。依我看来，这对你而言并非一个明智的决策。我今天与你的部队接触，他们一触即溃，损伤惨重，王世充却连基本的慰问都没有，他难道不感到愧疚吗？我现在暂不进攻，希望你择善而从。如果你不听我劝言，以后恐怕追悔不及。"

----

① "扶"为古代长度计算单位，一扶相当于正常成人四指并列的宽度。

这封信有两个用意：第一，强调唐夏两国还是盟友，稳住夏军；第二，离间郑夏两国关系，希望夏军撤离退走。事实上，李世民并无战胜夏军的把握，毕竟唐军与夏军相比，处于劣势地位。当时，李世民据守虎牢关，主要是为了给李元吉围困洛阳赢得时间，因此他并不想过分刺激窦建德。不过，窦建德没有表态。

四月初一，唐军益州行台左仆射窦轨率领巴蜀精兵会合秦王军，共击郑军。这支生力军的到来对久战疲惫的唐军而言无疑是雪中送炭。

李世民与窦建德斗智斗勇之际，洛阳城内的王世充也蠢蠢欲动。他侦知围困郑军的唐军最高统帅为齐王李元吉后，觉得李元吉的军事统率能力并不强，容易战胜，于是派兵出城突围。结果，郑军被李元吉设伏截杀，被斩首800余级。首战失利让王世充意识到自己轻敌了，首战告捷却让年轻的李元吉生了轻敌之心。

李元吉猜忌好兵，常训练家奴与侍妾数百人演习攻战，死伤甚众，本人也常常因此受伤。他还酷爱游猎，常与人说："我可以三天不吃饭，但不能一天不打猎。"李元吉擅长马上使槊，而且战斗能力不弱，能敌十夫。只不过，他与尉迟敬德这样的猛将相比，还有差距。他与后者比试数次，均失败，甚至被尉迟敬德三次夺去手中的长槊。四月十五日，王世充派遣属下骁将单雄信和杨公卿再次引兵出战。李元吉此次没有伏击，而是与二将正面对战。王世充让单雄信单挑李元吉，行前用金碗给他倒了一碗壮行酒。单雄信一饮而尽，驰马而出，很快将李元吉逼入绝境。李世勣望见惊遽，阵前高呼："大哥大哥，他是我家主公！"

单雄信早年与李世勣同事李密，二人交情匪浅，是生死之交。日后李世民要斩杀单雄信，李世勣替其求情，极言单雄信骁勇绝伦，可为李唐所用，并愿意用自己的官爵换单雄信一命。但李世民对单雄信成见极深，坚决不许，李世勣只好涕泣而退。单雄信怨恨地说："我就知道你办不了这事！"李世勣说："我不惜余生，愿与兄共死。但我已以身许国，忠义不能两全。况且我死之后，谁来照顾你的妻子儿女？"他

▲ 李世勣

引刀割下大腿肉一块，给单雄信吃下，说："就让这块肉先随兄入土为安，勉强算是我没有忘却兄弟之义的见证。"单雄信吃下此肉，引颈就戮。后来，李世勣果然抚育其子单道真成人。

再说此时，单雄信听到，揽辔而止，回头笑着对李世勣说："胡儿（李元吉，小字三胡）要不是有你，今日就被我干掉了。"唐军此役损伤不小，行军总管卢君谔战死。此役过后，李元吉认识到自己并无其兄李世民的独立战斗能力，遂听取屈突通等人的建议，深沟固守，不再出战迎敌。

四月三十日，李世民派王君廓率领1000多名轻骑兵抄掠窦建德军粮，擒获夏国大将军张青特。此役使夏军与唐军相持下去的可能性变小，窦建德必须在退兵与决战之间抉择。而且夏军将士屯垒日久，尽皆思归。祭酒（隋时学官）凌敬给窦建德进言："大王此时应该率领全军翻越太行山，深入敌后之三晋地区展开运动战。这样一来有三大好处：一是不遇强敌，容易取胜；二可开疆拓土，增强国势；三能震动关中，解郑之围。您现在最好的决策莫过于此。"但夏军诸将在王世充使者王琬等人的金钱攻势下，纷纷表示不愿远道西上。他们一起上书："凌敬只是一介书生，根本不懂战争，他的话怎么能听？"窦建德一看众心难违，就跟凌敬说："现在我军声势正锐，此乃上天助我，趁时决战，必将大捷。我不能听你的。"凌敬力争，建德大怒，令人将其扶出。

窦建德妻子曹氏听闻，也说："凌祭酒说的话不能不听。夏军如果能从唐军背后突进，然后联合突厥人西面包抄长安，李世民部必然回师自救，郑国之围不战可解。如果大军在此长久相持，费钱费力，想要成功，何日可待？"窦建德说："这不是你们女人该操心的事。此番我远道前来救郑，是因郑国此刻危在倒悬，生死存亡只在朝夕。如果舍之而去，是背信弃义，这种事我不能做。"

一般认为，窦建德的这个决定表示他还没有从一个合格的农民领袖成长为一个成熟的政治家。因为成熟的政治家看重的是利害，而不是对错。不过，也有学者认为，"背信弃义"只是说辞，击败李世民，趁机入主洛阳吞并王世充，可能才是窦建德的真实目的。英国战史学者格拉夫还有另一个看法，他认为：窦建德不愿意转移攻击方向是因为他做不到。他那支庞大的军队是由大量被吞并的割据武装拼凑出来的，他要时刻保证军中士气。

虎牢定乾坤

决战时刻很快到来了。窦建德的情报人员侦察到唐军马草已尽，每天都要将战马赶到洛河以北的河滩上放牧以补充体力，就想趁唐军再次牧马时突袭虎牢关。由于唐军最精锐的部队就是李世民的玄甲军骑兵，若是没有了战马，玄甲军自然威风不起来。可惜，这个计划被李世民得知。于是，李世民将计就计。五月初八，李世民故意将千匹战马赶至一个河滩上放牧，让夏军看见。第二天早上，夏军果然敲着鼓来了，队伍从板渚列到牛口渚，长达20余里，旌旗蔽日。唐军诸将见了，都心生恐惧。李世民率领几个骑兵登高远眺，然后对诸将说："夏军起自山东，从未见过大敌。现在度险喧嚣，可见没有军纪。逼近我们城池列阵，可见有轻视我军之心。只要我军按甲不出，等到他们士气衰竭，士兵饥饿难耐，肯定会自己退兵。到时候我们出兵追击，无不克者。现在，我可以跟你们打个赌，不出中午，敌人必破。"

窦建德先对唐军进行了试探性的攻击。他以两军比武的名义派遣300骑兵渡过汜水，在距离唐营一里处安营扎寨，请求李世民出动精锐士卒数百名与夏军对战。李世民派王君廓率领200名长槊骑兵出战，双方鏖战一番，不分胜负，各回本阵。之后，窦建德方的将军王琬骑着隋炀帝的青骢马，穿上鲜亮的铠甲，在两军阵前耀武扬威。尉迟敬德为了取悦李世民，不顾自身安危，毅然请缨带领两个骑兵直入夏军阵营，擒获王琬与战马。夏军居然无人敢追。李世民为了表彰尉迟敬德的英勇，将这匹马送给了他。

就这样，夏军从早上7点列阵到中午12点，又饿又累，纷纷坐在阵前，并争着去河边喝水。夏军的各支警戒部队也开始往来穿梭巡逻，准备退兵了。李世民看到时机已经成熟，遂派宇文士及率领300骑兵从夏军阵营西侧向南急驰，而且下令："如果夏军不动，你就回来。如果他们动了，你就引兵从东面攻击。"宇文士及极其机敏。一次，李世民请他吃羊肉大饼，他割完羊肉后用饼来擦拭割肉的刀，李世民见之不悦，认为其要将饼丢弃，浪费粮食。但宇文士及假装没看见李世民的不悦，放慢擦拭动作，然后将擦完刀的饼送入口中。李世民派他当游兵佯动诱惑夏军轻动，就是看中了他的机敏。

▲ 李世民虎牢关破窦建德示意图

　　宇文士及率军来到夏军阵前，夏军果然轻动。此时放牧在河滩的战马也恰好赶回。于是，李世民率玄甲军为前锋先进，大军紧跟其后，全军渡过汜水，直冲夏军阵营。

　　当时，窦建德正召集群臣举行战时会议，唐军猝然而来，朝臣猝不及防，纷纷向窦建德靠拢，窦建德传令骑兵上阵对敌，骑兵却被朝臣阻隔，不能马上进入战斗。进退之间，唐军已经逼近，窦建德窘迫，退至东坡整军防御。李世民骑兵所向披靡，如入无人之境。淮阳王李道玄几次冲入夏军阵营，又几次杀出，浑身被夏军射成刺猬，依然勇气不减。在鏖战中，李世民率领秦叔宝、程知节、史大奈、宇文歆等将冲入夏军阵，张开唐军旗帜。夏军见了，以为后路已被掐断，遂大败。唐军追奔30多里，斩首3000余级。

　　窦建德身中长槊，一路逃到牛口渚。唐军将军白士让、杨武威紧追不舍，窦建德落马。白士让持槊欲刺之，窦建德急忙表明身份："不要杀我，我是夏王，我能让你荣华富贵。"杨武威于是下马将其擒获，押到李世民面前。李世民见之责备道："我来讨伐王世充，与你有什么关系呢？你为何越境而来，犯我兵锋？"窦建德回答："我今日不来，以后恐怕要烦劳您远取。"谄媚求生之情溢于言表。唐军此役俘获夏军 5 万余人，一律遣回乡里为民。窦建德军队开拔到牛口渚时，有童谣曰："豆入牛口，势不得久。"此语果然应验。封德彝等人听闻虎牢关大捷，纷纷入贺。李世民笑道："我当初没有听你的话，所以才有今日的成功。这就是智者千虑，必有一失吧。"封德彝闻之甚为惭愧。

李世民将窦建德等人带至洛阳城下，王世充看见后，希望顿时破灭。王世充与窦建德相对而望，数次凝噎。王世充回去后召集诸将商议突围，诸将道："我们已经将全部希望寄托到夏王身上。现在夏王已被生擒，我们且不说难以突围，就是侥幸突围出去，终究也是失败。"于是，五月初十，王世充身穿白衣，率领太子群臣 2000 余人投降。李世民以军礼相见，王世充俯伏流汗。李世民说："你常与别人说我还是个孩子，现在见了我这个孩子，为何如此恭敬呢？"王世充只能磕头谢罪。李世民派遣军纪严明的部分军队先行入城，维护城内秩序，禁止侵掠，无人敢犯。

五月十一日，李世民入宫城，派记室房玄龄收取隋朝的图籍制诏等文书档案时，方知已被王世充毁坏，房玄龄一无所获。但是，李世民却意外发现李唐朝臣与王世充互相勾结、诽谤李唐的书信上百封。这些信大多为李世民率军与窦建德相持时所写。李世民让杜如晦把这些书信保管好。杜如晦请示下一步该怎么办时，李世民明确表示，要把这些人依法处理。不料这个消息泄露后，好多大臣窘迫不已，欲要自杀。李世民意识到自己处理此事太草率了，于是改变主意，将这些书信绑上重物，并重重包裹，派身边亲信太监将其沉入洛河中，从此再不过问此事。

此后，李世民又命萧瑀、窦轨等封藏府库，赏赐将士。李世民还命人于洛水旁斩杀了十余名王世充的臣子。其中，薛德音因为在檄文中轻侮悖逆被杀。薛德音为薛收族兄，王世充之军书羽檄，皆出其手。崔弘丹因为督造弓弩多伤唐军士卒而被杀。单雄信因差点杀死李世民和李元吉被杀。罪大恶极的朱粲也被处决了。隋末，朱粲趁乱起事，当时大旱，一斛米值上万钱。朱粲于是杀人来吃。他还恬不知耻地对部下说："没有比人肉更好吃的食物，只要其他城镇里还有人，我们何必为挨饿发愁呢？"因此他被处决后，洛阳民众纷纷向其尸体投掷石块，片刻之间石头堆积如山。

七月十五日，王世充行台右仆射苏世长等人投降。苏世长与李渊是微时故交，于是李渊责备苏世长："你为何来得这么晚？"苏世长说："隋失其鹿，天下共逐之。您现在既然已经把这头鹿逮住了，怎么还恼恨那些与你一起追捕猎物的人，追问他们争肉的罪过呢？"李渊笑着放了他，给了他谏议大夫的职位。

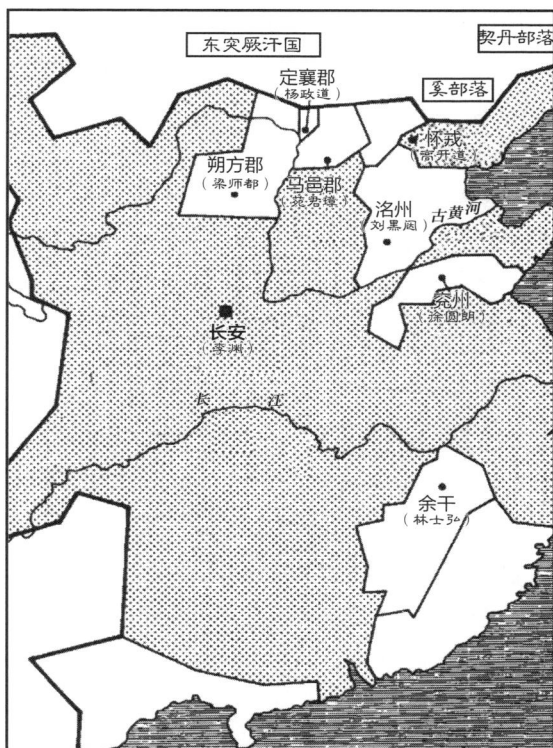

▲ 公元621年底的割据形势图

七月二十日，李世民进入长安。他身披黄金甲，率领齐王李元吉等25将、重骑兵1万名、轻骑兵3万名，献王世充、窦建德二俘于太庙。

献俘属于军礼，即报告胜利、献上虏获的战利品。此礼古已有之，周代的一些铜器铭文中早就有战争胜利后献俘之事。《小盂鼎》铭文记载，盂将捉获的敌人首领献于周王后，周王下令审讯敌酋，然后将他们处死。隋唐的献俘仪式为：将被俘敌酋以白练捆缚带往太庙、太社做象征性的告礼，然后在玄武门行献俘礼。皇帝在门楼前楹当中设帐幄座位，文武百官及献俘将校在楼下左右班立，楼前稍南设献俘之位。百官到齐后，侍臣将班齐牌用红丝绳袋提升上楼，报知皇帝。皇帝就座，百官三呼万岁行礼。侍臣宣布"引献俘"，将校把被俘者带到献俘位。

侍臣当众宣读战胜敌军的露布①。刑部尚书奏告，将某处所俘执献，请交付所司处置。这时，如果皇帝下令处以极刑，就由大理卿带往法场；如果皇帝下令开释，侍臣便传旨先释缚，随即宣布释放。被俘者三呼万岁，再拜谢恩。文武百官也都把笏板插在腰间，鞠躬舞蹈，三呼万岁。

献俘礼上，李渊历数王世充罪过，王世充说："我也知道我罪孽深重，但是秦王答应过免我一死。"于是，李渊大笑，赦免其罪，将其贬为庶人，与其家族一起迁到成都居住，并命人监视。可是临行前夕，王世充被大唐羽林将军独孤修德杀死。独孤修德的父亲独孤机曾经为越王杨侗僚属，王世充称帝后，独孤机想逃往李唐，却被王世充杀害，独孤修德因此为父报仇。王世充的哥哥王世伟和儿子王玄应在去四川的路上，因图谋造反，伏诛。

窦建德则被斩首。当时，窦建德余党提议立其养子为主，继续与李唐对抗，但被其妻否决："夏王威震河朔，却一出不复，这就是天命啊！不如诚心请降，以免生灵涂炭。"于是举众投降。

虎牢关之战作为李唐立国的定鼎之战，意义深远，甚至影响了李唐的国运和历史走向。因李渊祖父名"李虎"，为了避讳，虎牢改名"武牢"。此战，李世民功劳巨大，李渊不得不给了他无上的荣耀，使他居于一切臣属之上，甚至能够与太子李建成平起平坐，结果激发了其觊觎皇位的野心。此后，李世民与太子交恶。玄武门之变、贞观之治和唐朝三百年的盛世宏图，其实都可以说源自虎牢关之战。

---

① "露布"制度，始于后魏。东汉时，没缄封的官文书称为"露布"，后魏以"露布"发表战胜消息。每当攻城克捷，欲使天下知，便以漆竿上张缣帛，写上捷报。这种办法后来被广泛采用，露布成为"布于四海、露之耳目"的"献捷之书"。隋代从文帝起，便有宣露布之仪。当时，百官及四方客使集中在广阳门外听露布宣读。宣读完毕后，百官舞蹈再拜行礼。

参考文献

[1] 司马光.资治通鉴 [M].长沙：岳麓书社,1990.

[2] 陈寅恪.唐代政治史述论稿 [M].北京：商务印书馆,2011.

[3] 钱穆.中国历史精神 [M].北京：九州出版社,2012.

[4] 许倬云.从历史看人物 [M].桂林：广西师范大学出版社,2011.

[5] 崔瑞德.剑桥中国隋唐史 [M].北京：中国社会科学出版社,1990.

[6] 吕思勉.大中国史 [M].长春：吉林出版集团有限责任公司,2011.

[7] 欧阳修.宋祁.新唐书 [M].北京：中华书局,1975.

[8] 具聖姬.两汉魏晋南北朝的坞堡 [M].北京：民族出版社,2004.

[9] 范永青.历史真有故事：大唐盛世 [M].长春：时代文艺出版社,2015.

双雄的第一次碰撞

唐朝与阿拉伯帝国的怛罗斯之战

作者 / 郭晔旻、原廓

在今天的哈萨克斯坦与吉尔吉斯斯坦的交界带，有一条古老的河流由东向西北横穿而过，这便是塔拉斯河（Talas River）。即使在中亚，这条全长不过 500 余公里的小河也似乎显得有些微不足道，在一般的中亚地图上，人们甚至很难找到它的身影。不过在河谷中游左岸的平原地带，却坐落着一座以它的名字命名、拥有 2000 多年历史的古城——塔拉斯（唐代译名为"怛罗斯"）。公元 751 年（唐天宝十年），这里发生了一场激烈的会战，交战一方为镇守西域的高仙芝率领的唐军，另一方则是将领齐雅德统率的大食（阿拉伯帝国）军队……

帝国夹缝中的中亚

塔拉斯所在的中亚细亚腹地，距离大海十分遥远。它在地理上最显著的特征是气候几乎不受海洋的影响，这一特点使中亚降水稀少。由于缺乏雨水，这里大部分地区异常干燥，皆为一片浩瀚无垠的沙漠和草原。沿着锡尔河与天山一线，中亚北部地区虽然有部分地区干旱，但大部分地区相对比较湿润，从而提供了广袤的牧场供游牧民族生活；这一线的南部地区非常干燥，大部分都是沙漠。这里的居民大多被限制在绿洲和大河流域。由于对水利技术的熟练应用，这里从很早的时候起就有了精耕细作的农业。但是，除了一些富庶城市的诱惑之外，这里对游牧民族也没有什么吸引力。

中亚地区另一显著特点是高山林立，帕米尔山脉、天山山脉、阿尔泰山脉、厄尔布尔士山脉等等，海拔都在 4000 米以上，在这些大山脉之间又分布着一系列较小的山脉。这些山脉中环抱着一些河谷，一条东北—西南走向的山链又将中亚细亚劈为两半。独特的自然地理条件把中亚大地分割成一些独立的绿洲与谷地，相互间或有终年积雪的高山，或有干旱不毛的沙漠戈壁隔开。在中世纪的条件下穿越其间非常困难，所以在这些绿洲上建立的国家规模都很小。统治这些绿洲国家的王朝虽然长期内争不已，但王族却很少被替代。它们对外随时准备根据国际形势的变化归降某个大国做附庸，以保存王统，但也随时准备摆脱附庸地位而独立自主。

在生产力没有达到一定水平前，这种政治格局很难被打破。所以在中亚历史上没有出现过统治时间上百年、疆域横跨几个大绿洲的国家，这可以说是近代以前中亚历史的一个突出特点。即使那些外来征服者，依据其本土雄厚的人力、物力、财力征服了中亚，但也都很快丧失了对其的控制，这一地区也就重新回到了四分五裂的状态。这是因为，这些外来征服者在中亚当时的经济条件下，无法在他们的帝国内构建统一的国内市场。帝国中央与地方之间的联系仅仅只是建立在军事征服基础上的政治隶属和赋税榨取，而各个基层政权之间缺乏横向联系。中亚的任何一块大绿洲，也都没有能力供养一支足以长期威慑附庸国，使之俯首听命的军队。

中亚最重要的两条河流是阿姆河与锡尔河，两者注入咸海，明显地将中亚西部区分为几个地理区域。阿姆河（汉籍古称"乌浒河"）以南，向西南一直延伸到伊朗卡维尔盐漠，历史上称为"呼罗珊"，大致相当于今伊朗东北部、土库曼斯坦地区。呼罗珊地区的主要城市有内沙布尔、图斯、木鹿等。锡尔河（汉籍古称"药杀水"）和阿姆河中游之间的地区称为"河中"（以日后西辽在这里建立

▼ 7世纪左右的萨珊波斯帝国疆域

河中府得名），相当于今乌兹别克斯坦大部、哈萨克斯坦南部和塔吉克斯坦西北部草原地带。布哈拉、撒马尔罕和玉龙杰赤是这里的著名城市。

与中原不同，地中海世界的学者对中亚的认知非常早。波斯帝国从伊朗高原向东扩张，将疆界一直推进到了锡尔河，亚历山大东征后也基本沿袭了波斯帝国在中亚的疆域。因此，古希腊时期的地理书将河中地区称为"乌浒河外地"（Transoxiane）。据希腊学者解释，该地包括阿姆河与锡尔河之间的全部地区。而被波斯地理学者称为"索格底安那"的地方，则只限于阿姆河以北的泽拉夫善河流域。

在经历了波斯帝国的长期统治之后，古代中亚带有鲜明的波斯文化特征，西方学者干脆将其称为"东伊朗"。属于伊朗语族东伊朗语支的粟特语曾经是中亚各民族的通用语，在新疆的吐鲁番绿洲也作为商业和文学语言广泛使用，甚至曾是位于鄂尔浑（Orkhan）河地区的第一突厥汗国的官方语言。它在语法与词汇上与其他东部伊朗语，如曾在中亚使用的花剌子模语（Khwarazmian）、在塔里木盆地使用的土木舒克语（Tumushuqese）与和田塞语（Khotanese Saka）有亲缘关系，而与属于西伊朗语支的波斯语（在中亚称为"塔吉克语"，在阿富汗称为"达利语"）不同。

虽然粟特语今天已经消逝，但其对后世的影响仍然存在。粟特字母源自西亚的阿拉米语，日后被用来拼写古突厥文（畏兀儿文）。而畏兀儿字母又在 13 世纪被成吉思汗当作创制蒙古文字母的范本，蒙古文字本身又是 17 世纪努尔哈赤下令创制的满文字母的原形。直到今天，这种字母仍在中国的蒙古语与锡伯语中使用。这恰是一个缩影，体现出中亚在东西方之间的桥梁作用。

这一桥梁作用在张骞通西域开通丝绸之路后变得日益突出：汉地商人从长安（或洛阳）出发，经过河西走廊，穿越西域并跨越葱岭（帕米尔山脉）后继续西行，便进入了粟特人居住的河中地区。这里成为欧亚大陆东西贸易的重要地段。

这里地势平坦并有很多绿洲，有最古老的绿洲城市，是索格底亚纳与波斯地区之间的贸易中转站。从河中地区的名城撒马尔罕向西南行，出卡拉库姆沙漠便到达了呼罗珊最东部的城市木鹿，经由此地继续向西穿越伊朗高原，便可直抵"新罗马"君士坦丁堡，将地中海世界与中原王朝连接在一起。

368 年左右，在幼发拉底河岸的巴达尼亚（Batnae）每年举行一次的集会上，已有赛里斯人带来的中原货物出售。来自中国的丝绸纺织品，经由波斯远销到拜占庭帝国，进而转销欧洲各地。与此同时，地中海沿岸的特产，诸如玻璃制品、纺织品、金银器皿、装饰品、手工艺品，以及中亚的黄金、宝石、皮革，印度的香料、纺织品等，从四面八方汇聚到波斯境内，再经过丝绸之路运往东方销售。索格底亚纳的粟特商人当时主宰了从中亚到印度河谷地的商路。来自商路的巨额利润不仅让商人们富裕起来，粟特的普通居民也变得富足。生活方式的改变甚至反映在制陶这样的家庭手工业中：6世纪比较原始的碗到了7世纪，已经被富有艺术性的器皿和银制雕刻品取代；7世纪下半叶和8世纪初，粟特平民的餐用陶器的设计也全盘改变，其形状和装饰开始模仿贵族的银器。

滚滚而来的财富引来了强邻的觊觎。在西方，丝绸的短缺和丝价的暴涨带给罗马帝国的社会经济压力，促使罗马帝国和帕提亚帝国（即安息帝国），以及之后的萨珊波斯帝国之间发生了长期的战争，以夺取通向中国的商路的控制权。罗马帝国在106年控制了皮特纳，216年占领了埃德萨，273年夺取了且兰。但总体而言，罗马人也只是推进到小亚细亚和巴勒斯坦，红海的大门和陆路商道依然控制在帕提亚人和之后的波斯人手里。罗马帝国不得不与他们妥协，仍然从其手里购买中国丝绸。

291年，罗马皇帝戴克里先与萨珊波斯帝国签订贸易条约，指定尼西比纳为两国丝绸贸易的中心，尼西比纳从此成为中国丝绸进入地中海地区的关税之城。408年、409年，拜占庭帝国（东罗马帝国）同萨珊波斯帝国的伊嗣埃一世又签订了丝绸贸易协定，将贸易中心扩大到幼发拉底河畔的卡利尼克、阿拉斯河畔的阿尔塔萨城，但这些条约是在萨珊波斯帝国自沙普尔二世在位时起与拜占庭帝国进行了长达将近40年的战争后才达成的。562年，萨珊波斯帝国的库思老一世国王与拜占庭的查士丁尼皇帝又签订了为期50年的和平条约，将贸易中心又扩大到达卢城，而这也是又一次战争的结果。

在东方，6世纪后期，突厥可汗建立起了幅员辽阔的游牧国家——突厥汗国，其疆域从黑海一直延伸到中原王朝的边境；自玉门关以西，丝绸之路的所有道路均被它控制，所有的绿洲城邦国家都是它的属国。但是作为草原游牧民族的国家，它既不是丝路贸易的商品产地国，又不是贸易的集散地，它仅仅通过"切税商胡""督

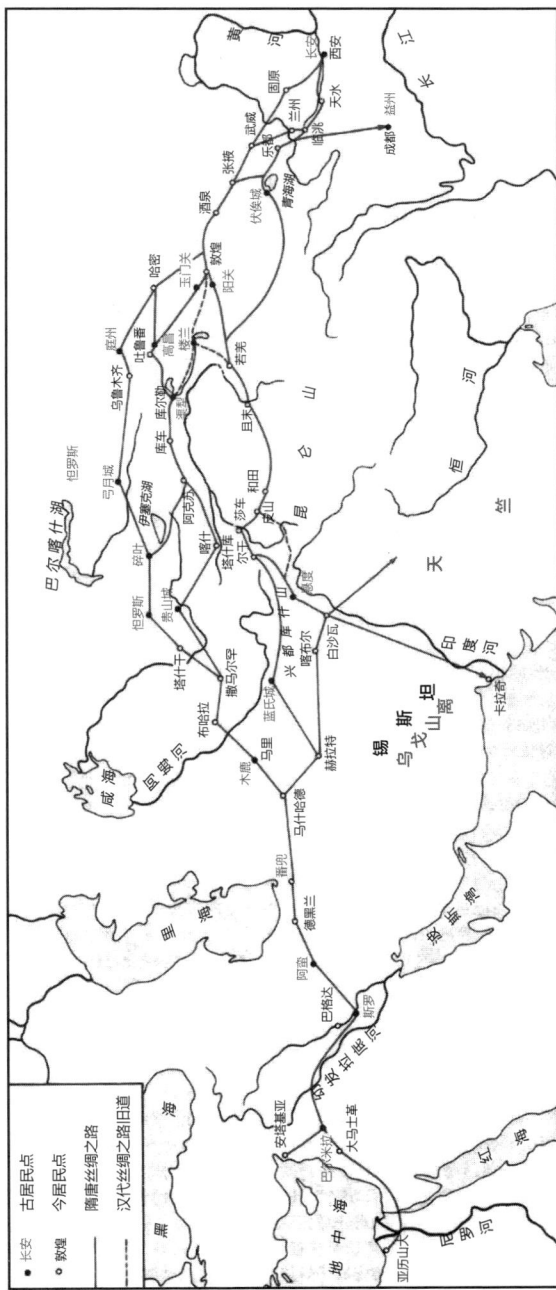

▲ 丝绸之路示意图

其征赋",榨取中亚绿洲诸国和贸易商队的财富来养活自己。不过粟特人的商业倒没有受到什么影响,因为突厥人希望这些道路安全以获取稳定的财富。譬如,突厥可汗与撒马尔罕统治者的关系更像同盟者,而不像宗主国和属国:突厥可汗的女儿嫁给了撒马尔罕王。虽然如此,突厥汗国作为亚洲内陆主宰力量的两个世纪标志着一个转折点。因为在书面史料中,这是第一次一个真正的游牧政权同时与三个主要定居文明政权为邻:中原王朝、"万王之王"萨珊波斯帝国和拜占庭帝国。

安西都护府的经略

突厥人控制中亚,对中原政权而言并不是一个好消息。崛起的突厥、吐谷浑诸族阻断贸易路线,将对中原政权在政治、经济上造成严重损害。同时,盘踞丝绸之路的游牧诸族与中原的关系是极不稳定的:"亲疏因其强弱,服叛在其盛衰。衰则款塞顿颡,盛则弯弓寇掠,屈申异态,强弱相反。正朔所不及,冠带所不加,唯利是视,不顾盟誓。"(《隋书·卷八十四》)他们既可能成为沟通丝绸之路贸易的力量,也可能危害丝路贸易。

因此,隋唐两代皆在中原(及江南)稳定后积极经略西北。尤其是唐代,在政治和经济两方面都需要牢固地控制西域。一方面,当时"天下称富庶者无如陇右",而河陇地区的畜牧业更是在当时唐代的畜牧业中占支配地位。西域则是保卫繁荣河陇地区的第一道屏障,所谓"西域既动,自然威临南羌,南羌乐祸,必以封豕助虐,蛇豕交连,则河西危,河西危,则不得救"(《全唐文·卷二百一十九》)。

另一方面,控制西域、保障丝绸之路的畅通也关系着唐朝的切身经济利益。这种经济收益体现在三个方面。其一是直接的税收。唐律规定行人过水陆关,需有公文("军防、丁夫有总历,自余各请过所而度")。唐朝通过丝绸之路对过往胡商征税,从中获得巨额的经济收益,以致"开元盛时,税西域商胡以供四镇,出北道者纳赋轮台"。也就是说,唐朝对西域胡商征收的税,竟然可以满足数以万计的军队的供给,其数额之巨可想而知。其二,由于丝绸之路的繁盛,各种服务业随之兴盛。著名边塞诗人岑参曾作诗《题金城临河驿楼》:"古戍依重险,高楼见五凉。山根盘驿道，河水浸城墙。"由此可知当时丝绸之路上有着大量的驿站、驿道。玄奘取经时，"遇凉州人送官马归，又随去至彼。停月余日……凉州为河西都会，襟带西蕃葱右诸国，商侣往来，无有停绝"。有如此之多的外商过往凉州，可以想象当时丝绸之路上客栈之多。其三，随着丝绸之路的繁荣，"关已西诸国与贩往来不绝"，大量西方货币与奇珍进入唐朝，这给沿途的西域以及河陇地区的商人进行中间贸易提供了有利的条件。

唐朝以太宗、高宗两代之力终于消灭了东、西两个突厥汗国，取代了他们在亚洲内陆的霸权，建立起了其对西域的统治。除了东部的伊州（伊吾，今哈密）、西州（高昌，今吐鲁番）和庭州（轮台）实行与内地相同的州县制外，西域大部分地区都处于安西都护府的节制之下。

显庆三年（658 年），唐朝移安西大都护府于龟兹，以龟兹地区作为统辖西域的中心，管辖着龟兹、焉耆、于阗、疏勒四大军事重镇，其范围包括今整个塔里木盆地和帕米尔以西的广大地域。安西都护府治所在龟兹国都伊罗卢城，即今天

▲ 唐代安西都护府所在的交河故城

库车县皮朗古城遗址。四镇中，龟兹镇置于拨换，焉耆镇置于博格达沁古城，于阗镇置于于阗城东（今洛浦县阿克斯比尔古城），疏勒镇置于今阿西克阗干附近的托卜沁古城。从地理位置来看，四镇对安西都护府形成环卫。

最初统治西域，唐朝并未派驻大批军队，防御力量薄弱，以至在与西突厥、突骑施、吐蕃的争夺中，安西四镇时废时设，安西都护府一度退至西州。直到长寿元年（692 年）十月，王孝杰大破吐蕃军队，收复四镇后，向朝廷奏言增兵西域，长期屯戍留守，以固西陲边防。武则天"用汉兵三万以镇之"，建筑城池、关戍、烽燧，将西域地区纳入唐朝统一军政体制。

唐朝在西域的驻军主要集中于安西都护府所在地龟兹。8 世纪初，新罗僧人慧超自印度东归，途经龟兹。他在游记中写道："又经疏勒东行一月，至龟兹国，即是安西都护府，汉国兵马大都集处。"

除驻守都护府和四镇外，一些重要的关隘还有守捉兵和烽戍兵戍防。

守捉是唐在边境地区的交通要道上设立的军事检查机构，驻兵守卫盘查，其统兵长官称"守捉使"，兵员数百至千人不等。安西大都护府辖境共有兰城、坎城、葱岭、张三城、于术、榆林、龙泉、东夷辟、赤岸十守捉，有粟楼烽、碎卜戍、移杜、彭怀四戍堡。

唐朝每 30 里置一烽，每烽建于边塞山险要隘处，内有烽戍兵。烽有烽帅，管烽卒 3—5 人，平时防烽屯田，准备积薪，有警则举火，烽卒由卫士充任，无卫士则以乡兵充任。

至于安西都护府控制的兵力构成主要分为三部分：唐朝中央直属军、羁縻都督军和小国地方军。中央直属军主要指唐朝派驻到西域各地的驻防兵，如唐朝在龟兹的驻军。中央直属军的兵力来源在 737 年之前，主要是从内地征召来的府兵，以雍、蒲、坊等州府兵居多，这些府兵隔几年（按规定不超过 4 年）换防一次。"自开西镇，列诸军，戍有定区，军有常额。"（《新唐书·列传第五十八》）738 年之后，由于均田制的破坏，府兵制随之废止，西域的驻兵主要变成征发招募而来的镇军。《旧唐书·地理志》记载，唐玄宗时，"安西都护府镇兵二万四千人，马二千七百匹"，加上四镇兵力共约 4.4 万人。

为了维持这支军队，"自开元中及于天宝……每岁军用日增，其费衆米粟则三百六十万匹段（'……伊西、北庭八万，安西十二万……'）"。这就是说，仅仅是采购粟麦，即供应军粮的经费，朝廷便需每年给西域拨解缣帛20万匹。《通典·食货六》还记载："给衣则五百二十万（'……伊西、北庭四十万，安西五十万……'）"。这就是说，为了备办军装，朝廷每年需给西域拨解绢帛90万匹。这自然只有大一统的中原王朝能够承受。

羁縻都督府指归附唐朝的各地方势力，如唐朝在西突厥境内设置的各个都督府。作为朝廷为控制边疆而设立的军政机构，安西都护府与"缘边及襟带之地"设置的都督府互相配合、互相补充，管理边境地区。都督府的大都督一般由羁縻国首领担任，如龟兹国都督白素稽即是龟兹王。都督府一般都屯有一定数量的军队，兵力来自本地方民族征召。

小国地方军指在唐中央军实际控制地区的农耕小国的军队，如于阗国，不仅有唐朝中央军在此驻防，亦有于阗本国军队的存在。这些小国地方军的兵力同样来自本国。

阿拉伯人的东进

当然，唐朝在内陆的统治地位并不是没有挑战者。7世纪后期，曾被太宗皇帝灭亡的（东）突厥汗国在蒙古高原故地复起。历史上唯一一个从青藏高原崛起的强盛势力吐蕃也北上东进，成为唐朝的劲敌。与此同时，另一个从远方兴起的帝国也将触角伸到了中亚，这就是阿拉伯帝国，唐代称之为"大食"。这其实是一个张冠李戴的错误。"大食"（Tazik）在今天通常翻译成"塔吉克"，是突厥人对中亚地区说波斯语的阿拉伯人的称呼。但当时的阿拉伯人恐怕不会乐于接受这个称呼，因为阿拉伯帝国正是萨珊波斯帝国的毁灭者。

阿拉伯人征服战争的冲击波，实际上也是几个世纪以来闪语部族向阿拉伯半岛以外迁徙的总爆发。阿拉伯帝国大规模扩张的序幕在第二任哈里发欧默尔（634—644年在位）时代拉开，不到30年，萨珊波斯帝国便已宣告灭亡，而拜占庭帝国也丢掉了一半的土地。两大帝国崩溃之迅速可能都超出了阿拉伯人自己的意料，正如当代伊朗学者所说，"在阿拉伯人的心目中，伊朗民族和罗马民族是政权、外交、庄严、雄伟的完美象征，在阿拉伯人战胜了伊朗和罗马这两个大国之后，这种形象就坍塌了"。

在当时，阿拉伯人的扩张还在继续。根据《中亚塔吉克史》的记载："阿拉伯侵略者从侵入伊朗那时起，就提出了征服阿姆河以北的中亚地区，即马瓦拉痕那儿（阿语'河那边的地方'）的任务。"

同时，唐朝对西突厥汗国的毁灭性打击给阿拉伯人进入中亚以可乘之机。"西突厥汗国的崩溃，极有利于阿拉伯人进驻玛瓦郎那尔（粟特）。阿拉伯的编年史家也不得不承认这一点。"

自 661 年起，阿拉伯帝国进入了倭马亚王朝时期。这一王朝的创立者穆阿威

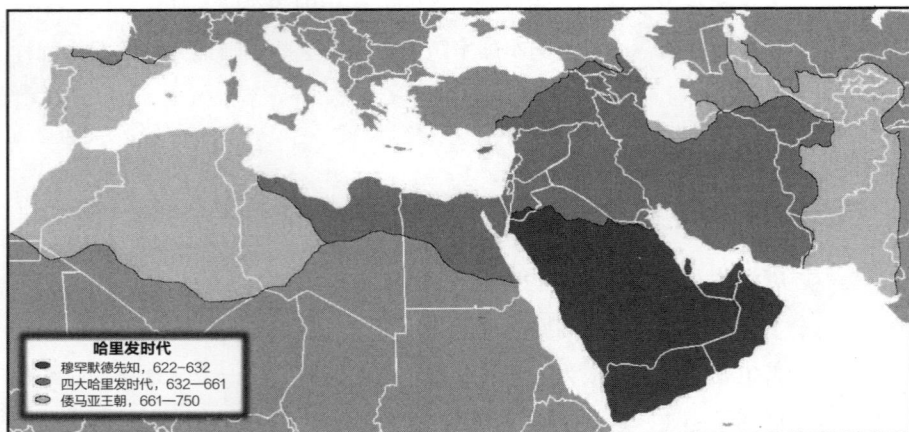

哈里发时代
● 穆罕默德先知，622—632
● 四大哈里发时代，632—661
○ 倭马亚王朝，661—750

▲ 阿拉伯扩张形势图

▼ 阿拉伯剑

▲ 倭马亚王朝战士。1.倭马亚王朝巴尔赫总督；2.倭马亚王朝的阿拉伯精锐重骑兵；3.倭马亚王朝埃及轻骑兵

叶将向中亚阿姆河外地区扩张看成是其首要事业。从663年起，穆阿威叶以巴士拉为基地，花了近8年时间（663—671年）彻底征服了呼罗珊地区（今伊朗东北部与中亚南部）——萨珊波斯帝国最后的残存势力。673年以后，阿拉伯帝国以呼罗珊为基地，开始了对中亚的初期征服。

脱离了西突厥的保护伞，粟特国家无力对抗阿拉伯铁骑，何况这些国家彼此之间还在勾心斗角。"当地政权多而分散"，"河中地区各统治者之间的不和，使中亚各民族难以团结一致抵抗外来侵略者"。这些国家，即使在抵抗还是妥协的重大选择上都不能达成共识，"那时，阿拉伯征服者多次渡过阿姆河，袭击河中地区，每次，布哈拉王都向阿拉伯人纳贡或送其他礼物，以便缔结和约，从入侵的危机中解救自己的国家。"结果，681年，阿拉伯军队进入粟特并占领了撒马尔罕。弘道元年（683年），呼罗珊新总督萨勒木已在布哈拉驻军。

不过在此后很长一段时间里，阿拉伯人的扩张止步于锡尔河。统治集团的内讧（30年内更换了9任呼罗珊总督）、复兴的后突厥势力进入中亚，都影响了阿拉伯人的征服事业。直到哈里发阿卜杜勒·麦立克统治时期（685—705年），在结束了国内争夺政权的内讧，镇压了被征服国家的起义后，阿拉伯贵族才下定决心夺取河中地区，开启阿拉伯征服史上的第二个时期。705年，彻底征服河中的任务被交给了呼罗珊总督屈底波（705—715年在位）。在不到10年的时间里，屈底波连续攻占了吐火罗斯坦的首府巴里黑及撒马尔罕、布哈拉、塔什干及花剌子模等大片土地。714年，屈底波出兵费尔干纳，阿拉伯人的兵锋几乎抵达喀什，将阿拉伯帝国在东方的扩张活动推到了顶峰。

可惜好景不长，次年，苏莱曼（715—717年在位）继位为哈里发。屈底波知道苏莱曼对他的敌意，遂与其家族一起迁往费尔干纳，意在脱离哈里发国家。但是对10年之久的持续血战感到厌倦的阿拉伯军队不再服从屈底波，杀了他及其家人。屈底波死后，他的"伟业"并未被苏莱曼派来的东方将领继承。可以说，屈底波的死，不但标志着阿拉伯在中亚25年的征服的结束，也标志着其衰退的开始。

之后，屈底波的继任者再没有超出他的征服范围。突骑施（"异姓突厥"）政权的兴起更使阿拉伯人面前出现了一个劲敌。724年，阿拉伯军队攻拔汗那，围渴塞城，突骑施可汗苏禄之子尔微特勤驰袭，阿拉伯军队狂退，在锡尔河又遭粟特人军队进攻，伤亡重大。这实际上是阿拉伯人15年中对河中的最后一次入侵，西方史籍上把此事称为阿拉伯人蒙受灾难的"渴水日"，这次灾难在阿拉伯征服史上是一个划时代的事件，严重打击了阿拉伯人的威望。从此以后，阿拉伯人发现自己成了防守的一方，并且逐渐地从阿姆河外的所有地区被驱逐出去了。

727—729年间，河中爆发反阿拉伯人起义，苏禄又一次入援，"把阿拉伯人赶过了阿姆河，甚至布哈拉也被其攻下"，"突厥人甚至攻掠到了呼罗珊"。在一次战役中，阿拉伯人安排了两名神箭手对苏禄进行狙击，两箭射中苏禄的面部，却没能取其性命——苏禄身上穿着当时负有盛名的只露出两只眼睛的吐蕃锁子甲。

731年年初，呼罗珊总督居纳德（Junayd）率军渡过阿姆河，向撒马尔罕进军。阿拉伯军队受到突厥（即突骑施）可汗军队的阻击。突厥军中有当地的粟特国家军队。突厥人采用火攻，阿拉伯军队饥渴交加，一败涂地，居纳德仅率千余人逃脱。

▲ 粟特文钱币

阿拉伯历史学家塔巴里（Tabarī）将是役称为"关隘之战"。

此后，盛极一时的突骑施改变了对唐朝的恭顺态度。734 年夏，苏禄率军围攻疏勒，大有吞并西域之势。这对唐朝在西域的统治构成了威胁，于是出现了"唐朝与大食计会连兵"，两国在东西两面几乎同时对突骑施实施军事打击。

734 年秋，唐玄宗密诏安西节度使，征募万名胡汉士卒，防备突骑施。按其诏令，河西节度使派兵 2 万往取瓜州北部，以便开道西域，又令朔方军于瓜州征募士卒 2 万，选定十二月上旬联合安西各县发起进攻。但由于种种原因，这个作战计划未能付诸实践。

737 年，阿拉伯呼罗珊总督阿萨德发兵进攻河中的撒马尔罕，但未能占有其地。同年，阿萨德征集大批军队，在哈里斯坦（Kharistan）附近的会战中，大破苏禄与粟特人的联军。这一战役关系重大，它"不仅是阿拉伯在中亚命运的转折点，而且预示着突骑施的衰落"。738 年夏，苏禄死后，突骑施内乱频发，最终走向崩溃与灭亡。到 740 年左右，阿拉伯帝国重又控制了河中各地。

高仙芝的进击

这一时期的河中国家通称为"昭武九姓"，包括康国、石国、米国、何国、史国等众多粟特人小国，"昭武"可能是"城主"的意思，用来称呼其部族首领。对他们来说，新来的阿拉伯人实在算不上是一个仁慈的主人，阿拉伯人对榨取河中的财富远比传播信仰更感兴趣。阿拉伯帝国向来对各中亚属国横征暴敛，实行竭泽而渔的

▲ 彩绘胡人骑卧骆驼俑，藏于西安博物院

政策。据 10 世纪中叶波斯历史学家纳尔沙喜记载，呼罗珊总督逼迫布哈拉（唐称"安国"）赔款 100 万迪拉姆，其数额相当于布哈拉 5 年的税入；又强令撒马尔罕（"康国"）一次缴纳 200 万迪拉姆，以后每年交纳 20 万迪拉姆以及 3000 "头"奴隶（每名奴隶折价 200 迪拉姆）。各国负担十分沉重，有国王向唐朝上表，国内库藏宝物及部落百姓，并被大食征去。

在这样的背景下，720—722 年间，河中地区爆发了大规模的反阿拉伯人起义。在竭尽全力镇压了这次反抗之后，呼罗珊总督试图减轻人民的不满，下令只要改宗就可以免除人头税（728 年）。这一次，许多人热烈地做出回应，人们纷纷改宗，几乎没有人再需要缴税了——这与阿拉伯人的利益相冲突，呼罗珊总督当年就自食其言，结果又引发了以布哈拉绿洲为中心的大规模起义。这也使得河中地区"被认为是阿拉伯哈里发国家最靠不住的边陲之一"。

到了 750 年，阿拉伯帝国经历了改朝换代的剧烈动荡。747 年，一个获释奴隶阿布·穆斯林率众在呼罗珊起义。到了两年后的 749 年，倭马亚王朝军队已经被打得溃不成军。起义者占领库法城后，于 749 年年底在库法宣誓拥戴阿布·阿拔斯，是为阿拔斯王朝的第一任哈里发。由于这个新王朝的旗帜为黑色，其在中国史籍上被称作"黑衣大食"。750 年 1 月，倭马亚王朝的军队在底格里斯河上游支流扎布河畔覆没，末代哈里发麦尔旺二世西逃，8 月他在埃及遭阿拔斯军队追杀而死，倭马亚王朝宣告灭亡。

代之而起的阿拔斯王朝建立之初局势不稳，自称"萨法赫"（意为"屠夫"或"仁慈、慷慨的人"，双关语）的阿布·阿拔斯致力于扑灭和铲除前朝余孽，残忍地设计屠杀了倭马亚家族 80 余人；倭马亚王朝历代哈里发的陵墓也遭到破坏，尸体或被鞭打，或被焚毁。由此引发的国内动荡也波及了并不驯服的中亚河中地区，布哈达的驻军发生了哗变，"昭武九姓"也趁机响应。

▼ 阿拔斯王朝的军队。1.阿拔斯王朝的呼罗珊卫士；2. 呼罗珊重弓骑兵；3. 费尔干纳骑兵

为应对帝国东部的边疆变乱，阿布·阿拔斯委派阿布·穆斯林出任呼罗珊总督。这位开国元勋位高权重，驻节木鹿（今土库曼斯坦马雷州境内的一个古代绿洲城市），号令一方，颇具势力。他命令手下大将齐雅德·萨里率领新王朝的统治支柱——精锐的呼罗珊军队进入河中地区，镇压了布哈拉等地的叛乱。

另一方面，唐朝也企图利用阿拉伯国内的混乱形势，"重新规图河中"，全面恢复阿拉伯人进入中亚前唐朝在葱岭外的势力范围。作为安西节度使的大唐名将高仙芝刚刚在帕米尔高原"深入万里，立奇功"，面对吐蕃势力取得了一系列惊人的胜利，这为他在西方赢得了"山地之主"（阿拉伯语：Sāhib jibāl al-sīn）的美誉。高仙芝衣被铠甲、身跨青海骢（一种古代宝马）的飒爽英姿，也令"诗圣"杜甫赋诗一首《高都护骢马行》，以表敬意。

高仙芝率兵首先进攻在河中地位最重要的石国（波斯语"chach"，意为"石"）。这个国家位于今塔什干，这里农业发达，地处中亚商贸中心，同时也是交通枢纽，

·49

不是一般的西域小国。658 年，该国曾为安西四镇之一的大宛都督府，唐朝授其王为都督。713 年，唐朝正式册封其统治者为石国王。但石国很可能实行双王制，虽然其中一位国王亲唐，并得到唐朝册封，但另一位则亲阿拉伯人，或直接说亲呼罗珊。而后者在该国占据优势，所以导致了高仙芝的攻伐。

750 年，唐军攻陷石国都城。第二年初，高仙芝将前石国国王一行带入长安，献捷之后斩于阙下。诗人薛能在《拓枝词》中写道："悬军征拓羯（即石国），内地隔萧关。日色昆仑上，风声朔漠间。何当千万骑，飒飒贰师还。"对此役赞赏有加。

不料，唐朝凯旋盛典余音未终，边关警报已千里传驿，飞报长安。此前，高仙芝贸然擒获石国国王，掠夺石国财富，"伪与石国约和，引兵袭之，虏其王及部众以归，悉杀其老弱。仙芝性贪，掠得瑟瑟（宝石）十余斛，黄金五六橐驼"（《资治通鉴·卷二百一十六》）。但史书又在后面跟了一句"然亦不甚爱惜，人有求辄与，不问几何"（《新唐书·列传第六十》）。这就说明，高仙芝原本不是一个贪财的人，实在是破石国之役赢来轻而易举，故而有些得意忘形了。但高仙芝背信弃义、掳掠杀伐的行为，本已使大唐在舆论上处于不利。侥幸脱逃的石国王子奔走于"昭武九姓"，极言唐军之残暴，更使"诸胡（这里指粟特人）皆怒"，而后其又前往康国（撒马尔罕），投奔率军驻扎在那里的阿拉伯将领齐雅德·萨里。最终传到安西的消息是：大食兵有可能与诸国连谋进攻四镇。为争取主动，高仙芝决定先发制人，御来敌于国门之外。但也有观点认为，高仙芝的一系列军事行动是唐朝清除突骑施残余势力整体战略的一部分，并未预料到阿拉伯军队的来袭，导致其措手不及。

兵进怛罗斯

751 年初夏，高仙芝征召安西各镇军队主力，向西进发。据郭沫若先生的考证，出生在碎叶城（位于今吉尔吉斯斯坦楚河州托克马克市西南）的大诗人李白，当时曾以"汉家兵马乘北风，鼓行而西破犬戎"的豪迈诗句，为从征的族弟李绾壮行。作为安西都护府下的一名幕僚，著名边塞诗人岑参在大军临行前也赋诗"都护新出师，五月发军装。甲兵二百万，错落黄金光"（《武威送刘单判官赴安西行营，便呈高开府》），极言唐朝军容之胜。

"甲兵二百万"自然是艺术上的夸张，安西大都护府总兵力不过 2.4 万。除去留守部队，高仙芝率领的唐兵恐怕不过 2 万。[1]

如前面所说，天宝年间，唐朝已经由府兵制转为募兵制。之前在府兵制时，军府分为内府和外府。前者即中郎将府，成员为勋贵子弟；后者即折冲府，成员为普通士兵，21 岁入军，60 岁出军。唐初最多时，折冲府共有 657 个，一般以其所在地为名，并分为上、中、下三等，分别有 1200 人、1000 人和 800 人。府下 200 人为团，设校尉；100 人为旅，设旅帅；50 人为队，设队正；10 人为火，设火长。他们平时进行农业生产，农闲时进行军事训练。

值得一提的是，府兵是兵役制度而不是军队编制。根据相关出土文书显示，遇到军事行动，唐朝是根据具体情况，从各军府中抽调不同比例的士兵，而不是整体调动。其中善于骑射的会被选入骑兵，其他人为步兵。

总体上，被征发的府兵每火备 6 匹驮马，驮载大家公用的炊具、工具和寝具。每士卒则要携带 1 张弓、30 支箭、1 个胡禄（箭筒）、1 把横刀与砺石、衣物等随身物品，以及麦饭 9 斗、米 2 升。至于其他的甲胄武器，则由国家统一生产制造、统一储备，临战分发。

至于天宝年间，军队的主力已经是"兵募"了。兵募由各州县乡里征发募集而来，并带有一定强制性质。不过兵募的装备主要由国家出资负担，不足部分由个人承担。兵募服役期限在安西这样的西北地区是 4 年，其他地区为 3 年或 2 年。

此外，当时的唐军还拥有如义征、健儿这样的"志愿兵"，以及内迁的城傍蕃兵等兵力来源。基本上，这些兵募、健儿、城傍蕃兵会被编入当时如安西四镇的唐朝边防军——镇军。

唐朝前期的军事制度其实分为两个层次，即平时的兵役体制与战时的行军体制。如前面所说，兵役层次下的府兵或兵募，会被按比例抽调组成行军，也就是

---

[1] 吐鲁番文书中有一件《唐天宝十载七月交河郡长行坊牒为补充缺人事》文书，里面记载了"天威健儿赴碎叶"一事，据此有人认为高仙芝所部还有天威军的加入。不过从时间和距离上考量，天威军赴碎叶为的是在高仙芝军远征怛罗斯时，稳定后方，对付碎叶一带的突骑施人，并未参与怛罗斯之战。另外有观点认为，此次出征是安西与北庭联合出兵，所以两个都护府都没有倾巢而动，大约各出兵 1 万人。

机动野战军团，执行作战任务。行军指挥官如果是皇室成员，则为行军元帅；如果是朝臣，则为行军总管或行军大总管（节制诸总管，相当于前线战区司令）。军事行动结束后，除留下少部分士兵用于镇守外，行军会解散。唐初李靖平突厥、侯君集覆高昌等军事行动，都是采用行军制度。自唐高宗仪凤年间以后，为了应对越来越频繁的边境作战，唐朝在行军留镇的基础上，结合之前的镇、戎边防体系，形成了平时担任边防卫戍，战时组成野战兵团的镇军。到了唐玄宗时期，节度使领兵的镇军制度已经确立，镇军既是常备军又是野战军。

镇军大致分为军，城、镇，以及前文提及的守捉三级编制。一般来说，军为最高一级，多者数万，少者数千，一般平均在万人左右。城、镇作为第二级编制，一般为数千人，比如三受降城，兵力约有 6000—7000 人；安西四镇，每镇兵力在6000 人左右。至于守捉，一般为几百人，但也有几千人的大编制守捉。

值得一提的是，安西四镇的唐军有其特殊之处。西域地区是优质马匹的重要产地，能够通过与游牧民族进行绢马贸易，获取大批优质马匹。玄宗天宝六年（747年），当时还是安西副都护的高仙芝率军讨伐小勃律时，就已经"步兵皆有私马相随"。当时安西唐军虽然有步兵、骑兵之分，实际上行军时，马匹的数量大大超过骑兵人数。如果按步兵皆有私马来看，这支军队是清一色行动迅疾的骑马机动军团。不过步兵的私马可能只用于骑行，不用于作战。普通骑兵皆备两匹马，而步兵仅备一匹私马。这也使得安西都护府的唐军成为全国行军速度最快的部队。另外，由于唐朝内部承平日久，中央禁军和内地唐军已经战斗力大减，甚至不堪作战，而如安西唐军这样的边防军则成为当时唐朝的精锐力量。甚至有种说法，安史之乱其实就是唐朝东北边防军（叛军方）与西北边防军的较量。

这支精锐的唐军部队从安西都护所在的库车出发，长途跋涉 2000 余里，在碎叶会合了附属国的军队。按照杜佑《通典》的记载，此时

▲ 唐代骑兵俑

唐军总计约7万。但是,《通典》在记载唐军军事行动时,对兵力和损失经常有夸大数据之举。比如天宝八年,哥舒翰与吐蕃的青海之役,"谪卒二千"的损失被记载成了2万;天宝十一年,安禄山率五六万人败于契丹,结果被记载成了"十万众尽没"。另外,此时不仅阿姆河水域诸国早附大食,河中粟特诸国也几乎全都改臣于大食。其中包括康、安、米、史、曹、何、火寻、石汗那,而唐军方面能征调的属国、属部兵只有拔汗那和葛逻禄两国(部)兵,其中葛逻禄(异姓突厥部落)还属于新附部落,与唐渊源不深。这些属国能提供多少兵力也有待推敲。

总之,结合《段秀实别传》的6万、《旧唐书·李嗣业传》的2万、《通鉴》的3万、《唐历》的3万来看,唐军此次或为了扫清突骑施的残余势力,或为了对抗咄咄逼人的阿拉伯帝国,动员了安西都护府、北庭都护府、天威军的本土唐军,以及附属的城傍蕃兵,还有属国军队一共6万余人的兵力。而这6万余人到底有多少聚集在碎叶,又有多少投入到怛罗斯战场,就很值得推敲了。

首先唐军在其他方向上也有军事行动,比如"天威健儿"就留在了碎叶防备突骑施人。其次,后勤也成为制约兵力投放数量的关键因素。从开元三年和开元二十二年,唐将郭虔瓘与牛仙客各自的军事筹划和作战行动来看,安西都护府在执行长途西征任务时,后勤所能承受的最高兵力为1万人。因此,就算高仙芝做了充分的准备,他也不会更不可能将动员的力量全都投入到怛罗斯战场。

总体上,综合考虑,唐军投入怛罗斯战场的总兵力不会超过3万人,而其中真正的唐军最多也就是在2万人上下。

751年七月末,唐军抵达了石国大镇怛罗斯。此地西距石国都城225公里,东行250公里则至碎叶。玄奘曾经到过这里,《大唐西域记·卷一》记载:"南行十余里有小孤城,三百余户,本中国人也。昔为突厥所掠,后遂鸠集同国,共保此城。于中宅居衣服去就遂同突厥,言辞仪范犹存本国。"石国可能是在突骑施衰落后,将疆域扩张到此处的。这里也成为继汉代李广利远征大宛(今费尔干纳盆地)及陈汤击灭郅支单于康居(今哈萨克斯坦东部)之后,古代中原王朝军队所达最远的地区。不过,这其实并不是唐朝军队第一次到达这里。开元二十七年(739年)八月,高仙芝的前上司——唐将夫蒙灵察曾率军一举攻克突骑施人据守的怛罗斯城,威震西域!

当时，高仙芝或许渴望重复前辈的辉煌，或许更想用一个胜利向那位曾经用被载入史书的脏话臭骂过自己的前上司证明自己。因此，他很快就展开了攻势。然而，怛罗斯城里的石国守军和阿拉伯军队在赛义德·本·侯梅德的指挥下，一直坚持到齐雅德·萨里统领的阿拉伯与河中各国联军到来。

援军的到来，使战场局势立即逆转，唐军退至塔拉克——一个距离怛罗斯城数英里远的集镇列阵，迎战阿拉伯人的主力部队。此处是一个山下河床中的小平原高地，正是东西两军会战的好战场。

双雄的对决

在当时的怛罗斯战场上，对峙双方的军队服饰迥异，语言不通，武器装备亦大不相同。这是蒙古人崛起之前，亚洲东西两端最强盛帝国军队间的首次遭遇。

根据推演，高仙芝应该是将步军部署在怛罗斯河边以抵御敌人进攻；自己则率领骑兵驻扎在步兵阵地之后，作为机动部队；战斗力较弱的属国军队被部署在两翼充当警戒部队。

虽然因为史料的匮乏，我们已经很难知道怛罗斯之战双方军队的具体作战过程，但是借助历史记载、考古发掘，以及绘画等艺术作品，我们依然能很好地还原当时对战的唐朝军队与阿拉伯帝国军队各自的特点。

如前文所说，唐玄宗时期，镇军已经取代了行军制度，但根据唐代对行军制度的记载，再配合其他文献，我们依然可以勾勒唐朝中前期的战术体系和作战模式。

根据《通典》与《李靖兵法》的记载，唐军以 2 万人为一军，此即唐军战役行动的标准基数编制，也正对应之前高仙芝所率的 2 万唐军。

唐军的一军，下分为 4000 人的中军，各 2800 人的左、右虞侯军，各 2600 人的右厢前军、右厢右军、左厢左军、左厢后军，共七军，即"七军"制。此七军组成以中军在中间，其他六军环绕的"六花阵"。六花阵还分为圆阵、方阵、曲阵、直（纵）阵、锐阵五个基本阵形，以应对不同的敌情、地形与攻防需求。

查阅相关典籍和敦煌文书，可以知道，军的指挥官为大总管，并直辖中军；其他六军设总管。七军之下为营，其中中军为一个 4000 人的大总管营，其他六军总管各下辖一个千人的营，另下辖两个800人或900人的子营，设子总管。也就是说，唐代一军下辖19个营。另外，在唐高宗时期，营下面还有四五百人级别的押官营，设押官。

营下面的队，则是唐军最基本的编制单位。队的编制源自府兵制下的队，也是50人为队（设队正），10人为火（设火长）。在实际作战中，各军与各营的编制数常常有所变动，但队这一级却一直相对稳定。根据记载，每队据地20步，也就是占地大约45平方米。唐代计算兵力、进行战术配置和进行作战，其实都是基于队这一编制而言的。所以讨论唐军的战术与装备还是要着眼于队这个层面。

结合前面所说，理论上，唐一军共有400队，2万人。其中战兵1.4万人，280队；辎重兵6000人，120队。战兵中，步兵1万人，200队；骑兵4000人，80队。步兵中，弩手40队，弓手44队，跳荡58队，奇兵58队。

临阵作战时，200队步兵中会有30队被抽调出来，组成15个大队，"居当军中心"，负责警卫和充当最后的预备队。其他170队则被分为相等的前后两阵，前阵为战队，后阵为驻队。前后阵均包含弩手、弓手、跳荡和奇兵队。

前阵与后阵其实就构成了唐军"六花阵"中最基本的步兵横阵。根据《太白阴经》的相应记载，唐军全员装备长枪、弓箭与横刀，而铠甲装备率在六成以上。可见，唐军步兵是一支多功能、复合型、拥有良好防护的精锐兵团。其全员兼顾组成重装步兵坚阵与实行远程打击的能力。作战时，还会各有两成唐军步兵另外装备强弩与陌刀，以强化远程打击与陷阵突击的力量。

具体说来，作战时，战队与驻队按照弩手、弓手、跳荡、奇兵队的梯次布置。而在战队之前，唐军还会抽调精锐力量，组成战锋队，很可能装备陌刀，作为肉搏陷阵的先锋。

战斗开始后，唐军会先进行远程打击。古代中国军队一直重视弩这种远程打击武器，唐军自然也不例外。唐玄宗开元十三年（725年），诸军招收弩手，"凡伏远弩自能施张，纵矢三百步（约540米），四发而二中；擘张弩二百三十步（约414米），四发而二中；角弓弩二百步（约360米），四发而三中；单弓弩百六十步（约288米），四发而二中"（《新唐书·志第四十》），达到以上标准才为合格。当然在实战中，考虑到敌人拥有防护，出于保证杀伤力的考虑，弓弩的射程不会过远。《李靖兵法》规定，敌距150步（约225米）时，弩手开始射击；敌距60步（约90米）时，弓手开始射击。当敌距20步（约30米）时，弓弩手要丢下弓弩，手持刀棒，与战锋队一起投入肉搏。随后手持长枪的跳荡队与奇兵队也相应投入肉搏战斗。[1]

如果战事不利，唐军则采取隔队抽队撤退的做法，即隔一队抽一队后撤。后撤的队撤至阵后百步（约150米）休整，之后接替前队，掩护其后撤休整。这种战术与罗马军团的交替撤退掩护战术有异曲同工之妙。

在激战过程中，驻队不会轻易投入战斗，以维护阵线的稳固和保卫辎重。如果战队有人退缩不前，驻队将执行战场纪律，将其斩杀；如果战队击败敌人，驻队将抽调人员参与追击；战队陷入胶着，驻队将投入战斗，加强战队；如果战队被击败，驻队将接替战队，掩护其重整。

如前所说，唐一军中，骑兵有80队，约占战兵的28.5%。根据之后安史之乱时期，上元元年（760年）对唐军名将郭子仪麾下各路兵马的统计，其中骑兵平均占总额的23.3%。考虑到安史之乱使得唐朝国力大耗，骑兵的比例必然降低。安史之乱前的安西四镇唐军，如前所说，拥有大量优质战马，所以其骑兵比例不会低于30%。根据记载，唐军骑兵或集中布置，或与弩手、弓手、跳荡、奇兵队混编入六花阵中。

这里特别要提到的是，在记载中，唐朝骑兵的战马不披马铠的情况出现得较多，所以出现了所谓"重骑兵在唐朝开始衰落，轻骑兵逐步取代了重骑兵"之类的错误观点。

中国古代经常将人马俱甲的重装骑兵称作"甲骑"，也就是甲骑具装。结果，国内现代一些学者就根据这些古称，只将"甲骑"作为重骑兵，其余就统统归为轻骑兵，从而得到了前面的错误观点。但这种观点在军事装备研究上是不太严谨的。

其实根据国外较为普及的定义，拥有突击力量、较强的近战装备、相较于同时代良好的防护，以及强壮的战马，即可视为重骑兵。而并非以是否使用马铠作

---

[1] 跳荡与奇兵的作用与区别说法很多，一般认为前者类似前锋部队，后者类似预备队，此处不做详解。

为判断依据。与唐朝同时代的法兰克重骑兵——墨洛温王朝或加洛林王朝骑兵，都是马匹不披铠甲的重骑兵，甚至欧洲骑兵一直到 14 世纪才开始大量装备马铠。

要知道，7 世纪左右的唐朝初期，是中国金属札甲发展的一个高峰。身甲方面，唐军在胸前、背后或腹部加强有圆形金属甲板的重型铁制札甲——明光铠大量装备。骑兵的全套重札甲，有作为头盔的兜鍪、护颈的巨大护项、作为肩甲的披膊、保护前臂的护臂，腿甲保护则一直延伸至脚踝，可谓非常齐全。这样的盔甲和同时代的欧洲、西亚、中亚相比，也算是拥有极强的防护力。穿着这样的盔甲作战的骑兵，肯定不能算

▲ 身着明光铠的武士形象

是轻骑兵。并且当时也不缺乏唐朝骑兵装备全套马铠投入战斗的记载。

至于为什么唐代骑兵不太装备马铠，则主要是由其统一中国后的周边战场决定的。当时，唐朝的骑兵较少碰上需要"披坚执锐冲坚阵"的场合。唐朝在西边与北边主要的对手，诸如西突厥、东突厥、吐谷浑、薛延陀、铁勒、契丹等，均为使用高速骑兵、拥有较大战略纵深的游牧民族，不适合具装状态的唐军重骑兵作战。毕竟比起对战马的防护，唐朝更重视其骑兵的长途奔袭能力。远赴千里，攻击至怛罗斯战场的唐朝骑兵，自然也是如此。

总体而言，唐玄宗时代的唐军，虽然可能略逊于唐太宗、唐高宗时期的前辈，但其在装备水准、战术体系上仍是当时世界上第一流的强军。

那么，怛罗斯战场上，唐军的敌人——阿拉伯军队又是如何呢？

在不同的历史书里，对于怛罗斯之战中阿拉伯军队的人数，有 2 万、3 万，甚至 10 万、15 万、20 万等说法。

如果仔细考量一下，当时阿拔斯王朝正忙于整合内部力量，并与拜占庭帝国较量，所以此次怛罗斯之战，阿拉伯帝国方面主要投入的是呼罗珊总督区的军事力量。甚至可以说，此战是呼罗珊总督阿布·穆斯林的"独走"。

作为之前萨珊波斯帝国的重要总督区和阿拔斯王朝的起家根本，呼罗珊地区拥有雄厚和精锐的军力。阿拉伯人在崛起之初，实行的是部落军制，之后学习了拜占庭帝国的军区制，创造了混合有部落军制元素的封建军区制。阿布·穆斯林在帮助阿拔斯王朝崛起，取代倭马亚王朝时，更多地依靠前萨珊波斯帝国的军事体系，从下到上改革了军制。起码就呼罗珊总督区而言，其军制可以视作萨珊波斯帝国"迪赫干"（dihqan）军制的复兴。简单地说，就是统治者为小贵族们提供报酬和装备，让其服重骑兵役。但因为现金报酬还不足以武装这些具装骑兵，政府还要为其提供诸如村庄和小庄园的封地，以封地贡金的形式作为其服役的补偿。领地里的普通农民则服普通的步兵役。这种体制类似于欧洲的封建骑士制与唐初府兵制的结合。

阿布·穆斯林在担任总督时期，因功高盖主，受到了阿拔斯王朝哈里发的猜忌。此后他开始拥兵自重，但其实力不会超过此前屈底波时代的 5 万人级别[①]。

当然，如前所说，阿拉伯帝国当时已经征服了大部分河中地区，所以能征调诸多属国的军队。这也是之前 10 万乃至 20 万兵力说法的来源。

具体到高仙芝深入怛罗斯战场时，根据《布哈拉史》的记载，阿布·穆斯林正派两路人马扫荡河中。一路由达乌德带队，攻打史国周边，兵力估计起码 1 万；另一路是齐雅德·萨里率领的阿拉伯与河中诸国联军。其中，齐雅德·萨里掌握着本部精锐 1 万人，同行的安国与康国军队各自实力大约为数千到 1 万人。鉴于齐雅德·萨里此前还可能收编了叛乱的什叶派军队，所以此次阿拉伯方的援军实力不会少于 3 万人。至于城内赛义德·本·侯梅德所率领的守军数量，已经不可考。

说到这里，特别要提一下阿拉伯军队的具体情况。提及阿拉伯军队，很多人甚至一些学者都有一些传统的认识误区，即认为阿拉伯军队是以轻刀快马的"阿

---

① 在屈底波时代，其军队实力为 4.7 万人。

▲ 早期阿拉伯军队。1.阿拉伯将领；2.阿拉伯步兵弓箭手 ；3.贝都因骆驼部队

拉伯轻骑兵"为主。其实在阿拉伯帝国早期，根据现代诸多历史学家的研究，阿拉伯军队的主力既非轻甲，也非骑兵。阿拉伯军队真正的主力是步兵，其中包括步兵弓箭手和重装步兵。骑兵数量急剧增多则是阿拉伯帝国征服了北非及西班牙地区大片领土之后的事了。

阿拉伯军队的步兵最出色的当属其步兵弓箭手。阿拉伯弓箭手的箭头是重型箭头，其沉重的箭矢往往在一定距离内可以射穿较重的铠甲。阿拉伯人之前在拜占庭帝国与波斯萨珊帝国的战争中，经常充当佣兵，所以拥有丰富的重装步兵作战经验。阿拉伯重步兵的作战方式更接近拜占庭帝国的方式，以密集队形作战，使用矛与大盾作为主要作战武器。因此，复合弓箭雨与密集矛阵算得上是阿拉伯军队的看家本领。

此时的阿拉伯骑兵也不像10世纪之后突厥化的阿拉伯骑兵那样擅长骑射，他们更擅长于近战搏杀。骑矛被阿拉伯人认为是最重要的骑兵武器。阿拉伯骑矛非常长，达5.5米。阿拉伯人当时并不使用弯刀，而是更喜欢长剑。虽然杜甫在《荆南兵马使太常卿赵公大食刀歌》中曾盛赞"吁嗟光禄英雄弭，大食宝刀聊可比"，但对于阿拉伯军队来说，弯刀的大量装备则是10世纪之后骑兵武器逐步突厥化与波斯化的事，这也是容易被人误解的。

在阿拉伯帝国倭马亚王朝阶段，受萨珊波斯重装骑兵传统的影响，阿拉伯骑兵也开始了重装化。之前的阿拉伯骑兵大多是马匹不披挂铠甲，人披挂铁甲的"快速重骑兵"。这与唐军有些类似，不过当时阿拉伯骑兵主要装备西式的锁子甲，防护力要弱于唐军的重型札甲。同时，随着前萨珊波斯的"迪赫干"贵族进入阿拉伯军队服役，重型具装骑兵开始成为阿拉伯军队的支柱力量。

阿拔斯王朝崛起后，由于以呼罗珊总督区的前萨珊波斯势力为基本盘，这种重装化的情况进一步加强，甚至连骑兵射手也更加重装化。同时，东方的札甲也开始被阿拉伯军队大量装备。身穿札甲，使用长矛、盾牌、弓的呼罗珊重步兵，也成为阿拔斯王朝的步兵精英。总之，呼罗珊的军队，无论是骑兵还是步兵，相对于其王朝的西部军队，都显得更为精锐。而且根据当时阿拉伯历史学家的记载，他们的装备也较其他部队更好。

由此可见，当时阿拉伯帝国军队拥有重装步兵、步兵射手、重装骑兵与骑射

▲ 与突厥骑兵作战的呼罗珊重骑兵。1 呼罗珊重骑兵，
2 突厥雇佣军，3 阿拉伯步兵，4 波斯骑弓手

手，兵种完备、战术体系健全，同时装备精良、纪律严明，确实是与唐朝军队相匹敌的强军。而呼罗珊总督麾下的阿拉伯军队与高仙芝麾下的安西四镇唐军一样，都是帝国军队最为精锐的力量。

相对而言，唐军在弓弩上略占优势，而阿拉伯军队在重装骑兵上略占优势。不过，阿拉伯军队在军队载具方面的优势最为明显。但这个优势不是贝都因人所称赞的拥有"活跃的北风、力量的南风、高速的东风及智慧的西风"之力的阿拉伯马。呼罗珊总督区的阿拉伯军队，更多骑乘的是以不亚于阿拉伯马的阿哈尔捷金马为代表的中亚优良骑乘马，阿拉伯马必然有，但不会是主要战马种类。阿拉伯军队的真正优势其实在于其貌不扬的骆驼。在沙漠地区，骆驼的战略机动性远好于马匹，这使得阿拉伯军队拥有更强的后勤补给能力。同时，骆驼也能帮助阿拉伯人穿越部分沙漠地区，在对方意想不到的地方出现。这可能是阿拉伯军队能够出乎高仙芝的预料、快速驰援怛罗斯的根本原因。

▼ 复原唐军士兵形象（杨翌绘）

很明显，面对坚城，同时兵力不弱于己方的敌方新锐援军已至，高仙芝所率领的唐军在战略上陷入了相当不利的态势中，所以他才会选择后退对峙。此后，高仙芝率领远征唐军仍与阿拉伯军队在怛罗斯苦战了五日之久，不分胜负。

在一般的记载中，到了第五天傍晚，形势突变：唐军不可靠的盟军葛逻禄部队突然叛变，从东北方向高仙芝军队的后方发动了袭击。阿拉伯军队趁唐军阵脚已乱之机，以具装重骑兵突击唐军阵线中央，致使唐军全线溃败；是夜，唐军撤离阵地。右威卫将军李嗣业劝高仙芝驰守白石岭，而高仙芝欲收拾残部于次日再战，李嗣业答曰："智者千虑，或有一失，势危若此，不至胶柱。"

在撤退的路上，唐军遇到了刚刚赶到的另一支盟军——拔汗那的部众（"拔汗那在怛罗斯南千里"），结果撤退的唐军与拔汗那的部众发生了拥挤，人畜塞路，令撤退的唐军不能通过。李嗣业解决这个问题的办法简单粗暴："前驱，奋力挺击之，人马俱毙，胡等遁，路开。"就这样，高仙芝只率领数千残部，踏着友军的尸体回到安西都护府驻地。这个情况其实也证明了之前的推论，高仙芝动员的6万军队并没有全部投入怛罗斯战场。

总体而言，现在一般的说法认为，葛逻禄部队的叛变导致了唐军的惜败。不过也有观点认为，葛逻禄当时正面临回鹘的军事压力，他们出兵多少，甚至有没有出兵都存在争议。所以唐军的战败，很可能与日后1683年围攻维也纳的奥斯曼帝国军队类似，即面对坚城，又遭遇敌军新锐援军的突袭，围攻部队师老兵疲而被击败。

怛罗斯之战可以说令唐朝的安西都护府精锐部队损失惨重。高仙芝只剩数千残部，其损失可能在2万人左右，其中阵亡和被俘各约一半。但在阿拉伯史家笔下，怛罗斯的胜利被夸张到了匪夷所思的地步。麦格迪西的《肇始与历史》记载："他们分几次将他们（唐军）各个击败，共杀死4.5万人，俘获2.5万人，其余纷纷败逃。阿拉伯人占领了他们的军事要地，进军布哈拉，降服河外地区的国王和首领们，将他们斩首，并虏走他们的子孙，抢去他们的全部财产。他们不止一次将俘虏5万人5万人地渡过河去。"另一位阿拉伯历史学家艾西尔的《历史大全》则记载："两军大战于怛罗斯河，阿拉伯人最终战胜了他们，消灭近5万人，俘获约2万人，残部逃回中国。"

俄国近代历史学家巴托尔德甚至认为，怛罗斯之战"决定了中亚细亚的命运"，"中亚细亚应该是中国的，但它却变成了阿拉伯人的"。这种说法实在言过其实。唐军虽然败得比较狼狈，但其实核心唐军一共就投入了2万人，主要将领也都安全撤回，所以算不上伤筋动骨；唐朝在中亚的势力也并没因在怛罗斯的战败而受到严重损伤。怛罗斯之战两年后，唐将封常青即再次远征克什米尔，又一次取得辉煌的胜利。

怛罗斯之战后，阿布·穆斯林用火与剑征服了粟特；阿拉伯将领阿布·达乌德曾进攻石国，并杀死其亲唐的国王。阿拉伯势力深入河中地区，已经对"昭武九姓"继续保持独立，特别是独立的商业活动，构成致命的威胁。结果，到了754年，"昭武九姓"又一次周期性地倒向唐朝，集体上表请求长安出兵驱逐大食。这也是中亚各国最大规模地请求唐朝出兵中亚，足见怛罗斯之战并未对当时西域政治军事格局造成实质性影响。

正因如此，高仙芝虽然兵败怛罗斯，但并未以败军之将受到处罚。他虽然离开了安西，却出任权力较大的河西节度使一职，而后被召回长安，进一步加官晋爵为右羽林大将军；天宝十四年（755年），高仙芝进封密云郡公。这一切无疑表明了唐玄宗和朝廷的态度。

英雄末路

可惜的是，这位"山地之主"最后却死于安史之乱，而且不是死于叛军之手。安史之乱爆发后，高仙芝以天武军副帅之职统军东向讨叛，屯于陕州，遇屡败于叛军的安西节度使封常清，了解到贼兵势锐、潼关无兵、恐危京师，遂与之退保潼关。这一举动使得"朝野大骇"，唐玄宗怒不可遏，监军边令诚又进谗言，"常清以贼摇众，而仙芝弃陕地数百里，朘盗禀赐"（《新唐书·列传第六十》），于是高仙芝、封常清殒命。而这位宦官监军边令诚，747年出征小勃律时即随高仙芝，高仙芝能代夫蒙灵察为安西节度使，他有举荐之功。东征讨叛，边令诚又为监军，《旧唐书·卷108》记载："监军边令诚每事干之，仙芝多不从。"《新唐书》记载："令诚数私于仙芝，仙芝不应。"不论怎样，高仙芝的死都与他和此人不睦有关，还另外被加上了"盗减军士粮赐"的罪名。

实际上，就像20世纪初期的英国学者吉布（H. A. R. Gibb）所说："对中国统治中亚这一传统的真正致命打击，不是来自怛罗斯之战那样的偶发事件，而是来自757年中亚军队东去助唐平叛一事。这些来自远方的人曾认为中国是个无比强大、无法战胜的帝国，而他们现在亲眼看到了它的彻底衰落……中国的威信再也没有从这个打击之中恢复过来。"

至于阿拉伯方面，怛罗斯战场上的英雄的下场也好不到哪里去，阿拉伯人对内部争权夺利的兴趣远比征服东方大。在怛罗斯之战获胜后，齐雅德·萨里向他的上司阿布·穆斯林进献了战利品——一枚举世无双的宝珠。作为奖赏，阿布·穆斯林任命齐雅德为不花剌（布哈拉）和粟特总督。但好景不长，一年后，阿布·穆斯林成为呼罗珊和河中的绝对统治者，甚至连军队也只听命于他，哈里发也无能为力。这使得他从哈里发的威胁变成了其"眼中钉、肉中刺"。

于是，远在两河流域的哈里发鼓动齐雅德起事，但大多数将领仍然忠于阿布·穆斯林。齐雅德只能逃走，但在藏身之地被人杀死，他的首级被砍下献给哈里发。又过了一年，新任哈里发曼苏尔即位，命运迫使阿布·穆斯林此时必须镇压新哈里发叔叔的叛乱，以再次表示自己的忠诚。曼苏尔命令阿布·穆斯林将战斗中缴获的战利品上缴，当后者前去弄清缘由时，被哈里发下令处死。

哈里发朝廷谋害帝国东部的实权人物阿布·穆斯林是有风险的。虽然阿布·穆斯林的军队每人得到1000迪尔罕（dirham，钱币），接受了本军统帅被处死的消息，但在呼罗珊地区出现了不同的反应：孙巴德（Sunbadh）起兵为阿布·穆斯林报仇。起义军占据了波斯北部从你沙不儿到剌夷的大片地区。但70天以后，起义被残酷镇压，男女老幼全部被杀。这说明起义不仅仅是军队的作为，在当地也深得民心。阿拉伯帝国为这次镇压使用了大量兵力，以致同年按惯例要对拜占庭统治的安纳托利亚发起的夏季攻势也被迫放弃。

实际上，如前所说，在怛罗斯与唐军发生冲突的并不是哈里发朝廷派遣的远征军，而只是呼罗珊总督区自己的军力。此时的阿拔斯朝廷正忙于解决内政，而后又跟永恒的敌人拜占庭展开战争，并未留意到遥远的东部边疆有什么战争发生。因此，这次对决不影响阿拉伯帝国

▲ 8世纪的巴格达

与唐朝的关系。怛罗斯之战后第二年，黑衣大食即遣使来唐，这是阿拔斯王朝正式与唐朝通好之始；仅在753年一年里，三月、四月、七月和十二月，阿拔斯王朝使节就四次进入长安。根据日本方面的资料记载：753年元旦在蓬莱宫，大食使节于东排首席向玄宗皇帝致贺，吐蕃使节居西排第二位，日本使节紧挨在大食使节之后。总之，阿拉伯帝国在唐朝对西域的政治考虑中，无可争辩地居于首位。作为西方的一大强国，唐朝已经无法忽视它的存在。

永恒的影响

比起在政治军事方面的微不足道，怛罗斯对中世纪文化与科技传播的影响显然更大。在历史上，虽然怛罗斯之战前，撒马尔罕人就掌握了造纸技术，但在怛罗斯之战中被俘的唐军士兵无疑推进了造纸技术的传播。平滑柔和、适于书写的中国纸张很快取代了此前广泛使用的埃及纸草、羊皮、树皮等书写载体，"造纸业发展后，不仅供应需用，且能销行各地，为撒马尔罕对外贸易的一种出口品。造纸既盛，抄写便利，不仅利济一方，实亦全世界人类的福利"。

另一个传奇也是这场战役的衍生产物。唐代著名历史学家杜佑的族侄杜环是战败被俘的唐军一员，他作为文官参加了怛罗斯之战。杜环被俘后被带至康国（撒马尔罕），再到阿拔斯王朝首都亚俱罗（Akula，即库法），之后又随哈里发使团考察非洲。他先后在中亚、西亚、非洲十余国游历和生活过，总计流离大食12年，遍游黑衣大食全境，最后于762年附商船从海路回到广州。他将十余年间在异域耳闻目睹、亲身经历的生活真实地记入所著《经行记》中，该书成为研究中国与西方文化交流，以及中世纪中亚、西亚、北非风物情貌的重要文献。这是一本足以与当时另一位杰出的旅行家玄奘的《大唐西域记》相提并论的游历专著。可惜的是，《经行记》早已散佚，并没能全部留下来；我们所能看到的，是杜佑在自己的著作《通典》中保留的片段，只有1511字。

杜环在库法城里发现当地已有来自中国的绫绢机杼，还亲眼看见一些唐朝工匠（金银匠、画匠及纺织技术人员）在当地工作。例如京兆（长安）人樊淑、刘泚为"汉匠起作画者"，河东（今山西西南部）人乐陵、吕礼为"织络者"。当然，这些人也可能是怛罗斯之战的战俘。

杜环的足迹所到之处，已经跟"拂菻"（拜占庭帝国，一说"拂菻"即希腊语对首都的称呼"Bolin"的唐译）十分接近了。这些地方的文化，或多或少也沾染了拜占庭人的文化气息。而且当时阿拉伯和拜占庭征战连年，在阿拉伯也一定会有拜占庭战俘，而且更有可能和杜环有所接触。杜环的《经行记》里的拂菻国，"亦曰大秦。其人颜色红白，男子悉着素衣，妇人皆服珠锦。好饮酒，尚干饼……其俗每七日一假，不买卖，不出纳，唯饮酒谑浪终日"。如实记载了拜占庭人肤色白里透红，男人穿单色衣服，妇女爱好服饰，喜欢喝酒，吃面包，每七天有一天（礼拜天）休息娱乐的实际情况。

▲ 阿拉伯商船

虽然杜环未曾进入拜占庭帝国，也未亲身踏上欧洲的土地，但他却是历史上可考的第一个到达过非洲的中国人。根据《经行记》的记载，杜环到过的"摩邻国，在勃萨罗国西南，渡大碛，行二千里至其国，其人黑，其俗犷，少米麦，无草木，马食干鱼，人沧鹘莽。鹘莽即波斯枣也。瘴疠特甚"。

这个摩邻国究竟在哪里，长期以来一直是争论不休的话题。笔者认为比较靠谱的一种说法是，"摩邻"即阿拉伯语"马格里布"（意为"日落之地"）的唐代译音，"摩邻国"就是今天的摩洛哥。杜环是从巴士拉（即"勃萨罗"）出发，经过苏伊士地峡到达埃及，随后跨越撒哈拉沙漠到达摩洛哥的。在同时代的阿拉伯旅行家笔下，这条道路既有"荒无人烟的沙漠"，也有"沙石遍布的荒野，或怪石嶙峋的高地"。在这条路上虽然"少米麦"，但"枣椰林立"之区不少。椰枣产地"实际上包括（自西向东）一条展开的大腹带"，恰与杜环的说法相合。整个北非，尤其是利比亚，是基本没有河流的。不过其紧靠地中海以产沙丁鱼、海青鱼为盛，杜环讲的"马食干鱼"之情形，也只能靠地中海边的渔人捕捞。

杜环所在的 8 世纪的摩洛哥，被阿拉伯人征服的时间尚不足百年。因此，当地在人种上的阿拉伯化是几乎不存在或是不明显的。那里是柏柏尔人、黑人的家园，尤其是在广大的村镇，居民肤色是黝黑的，比较大的海港城市中才住有白色皮肤的拜占庭人。因此，杜环才有"其人黑"的说法。

除"摩洛哥说"之外，亦有人考证"摩邻国"在今天红海西岸的东非厄立特里亚、埃塞俄比亚，甚至肯尼亚的著名港口马林迪，这一争论迄今并未有定论。但有一点是肯定的，即上述地方都位于非洲大陆。在杜环之前，中国还没有任何对非洲进行描述的书籍出现，足见杜环做到了前无古人的伟大成就。他的人生经历和他编撰的《经行记》，在不知不觉间创造了中国历史之最，他的游历人生直到今天仍能让人感觉到其伟大之处。

而文化技术的传播，才是怛罗斯之战真正的影响与意义所在。毕竟从军事和政治角度来看，这场当时世界双雄的第一次碰撞，其实并不值得一提……

参考文献

[1] 白桂思 . 吐蕃在中亚：中古早期吐蕃、突厥、大食、唐朝争夺史 [M]. 付建河 , 译 . 乌鲁木齐：新疆人民出版社 ,2012.

[2] 张日铭 . 唐代中国与大食穆斯林 [M]. 姚继德 沙德珍 , 译 . 宁夏：宁夏人民出版社 ,2002.

[3] 李特文斯基 . 中亚文明史 第三卷 [M]. 马小鹤 , 译 . 北京：中国对外翻译出版公司 ,2003.

[4] 王小甫 . 唐、吐蕃、大食政治关系史 [M]. 北京：中国人民大学出版社 ,2009.

[5] Б．Г．加富罗夫 . 中亚塔吉克史 [M]. 肖之兴 , 译 . 北京：中国社会科学出版社 ,1985.

[6] 杜环. 经行记笺注 [M]. 张一纯, 笺注. 北京: 中华书局,1963.

[7] 阿宝斯·艾克巴尔·奥希梯扬尼. 伊朗通史 [M]. 叶奕良, 译. 北京: 经济日报出版社,1997.

[8] 孙继民. 唐代行军制度研究 [M]. 台北: 文津出版社,1995.

[9] 希提. 阿拉伯通史 [M]. 马坚, 译. 北京: 商务印书馆,1979.

[10] 李明伟. 丝绸之路贸易史 [M]. 兰州: 甘肃人民出版社,1997.

[11] 周保明. 大食东扩与唐前期西北边防研究 [D]. 兰州: 西北师范大学,2003.

[12] 威廉·穆尔. 阿拉伯帝国 [M]. 周术情, 等, 译. 西宁: 青海人民出版社,2006.

[13] Beate Dignas, Engelbert Winter. *Rome and Persia in Late Antiquity: Neighbours and Rivals*[M]. London:Cambridge University Press,2007.

[14] Dr.Aaron Ralby. *Roman-Parthian War, 55-36 BCE: The Beginnings of War. Atlas of Military History*[M]. New York:Parragon,2013.

[15] Ammianus Marcellinus. *The Later Roman Empire*[M]. New York:Penguin Classics,1985.

[16] Mauricius. *The Strategikon*[M]. Philadelphia:University of Pennsylvania press,1984.

[17] A. Karasulas. *Mounted Archers of the Steppe, 600 BC-AD 1300 (Elite)*[M]. Oxford:Osprey,2004.

[18] Hugh Elton. *Warfare in Roman Europe, AD 350-425*[M]. Oxford:Oxford University Press,1996.

[19] John Haldon. *Byzantium in the Seventh Century: the Transformation of a Culture*[M]. London:Cambridge press,1997.

[20] Fred McGraw Donner. *The Early Islamic Conquests*[M]. Princeton:Princeton University Press, 1981.

[21] Walter Emil Kaegi. *Byzantium and the Early Islamic Conquests*[M]. London:Cambridge press,1995.

[22] Moshe Gil,Ethel Broido. *A History of Palestine: 634-1099*[M]. London:Cambridge University Press,1997.

[23] David Graff. *NEW Medieval Chinese Warfare 300-900*[M]. Exeter:University of Exeter,2002.

"三吏三别"之前的故事

灵宝惨败与潼关陷落

作者：廉震

很多年前的一个暮春，"诗圣"杜甫孤身一人逃离战火不绝的河北，沿着官道赶路，打算先借道关中，再越秦岭、大巴山，与避祸蜀中的家人团聚。在某个阴沉的下午，诗人的内心也同天空中的层层乌云一般沉重。昔日商旅繁茂的大道上已经罕见行人，几支急匆匆驶过的车队也是为前线送粮饷或甲仗的。道旁本为路人遮阴避暑的杨柳，因被饥民剥去树皮充饥而全部枯死。

夜晚的集镇，万家灯火为森森鬼火所代替，杜甫想起前年从这条路上经过时，客商往来不绝，道旁人口繁密，而现在呈现在眼前的却是一片废墟。造成这一切的是胡人将领安禄山，他发起叛乱，将战火烧遍了帝国北部，中国的经济文化重心也因此转移至南方。

战乱不仅毁了无数斗升小民的平静生活，更让帝王家蒙难——唐明皇最宠爱的杨贵妃命丧马嵬驿，玄宗与肃宗父子反目，正所谓"双悬日月照乾坤"。数年后，李隆基再次返回他所居住的大明宫时，亭台楼阁还是那样雄伟壮美，然而身为太上皇的他，却不见往年的意气风发，只剩下苍老与孤独。

当然，此时的杜甫并不知道这些帝王事。他在考虑的是，如何平安完成旅途。身上的鱼符和公文可以应付征夫拉丁的官吏，但孤身一人的诗人，必须躲避那些被打散的匪兵劫道。日暮时分，杜甫终于找到了可以借宿的人家——一户老夫妻，家中除了夫妻二人外，只有小孙儿与儿媳。入夜不深，官吏又来捉人服役。老翁虽然逃脱，但老妇却被抓去急应军役。

　　一男附书至，二男新战死。

　　存者且偷生，死者长已矣！

　　……

　　天明登前途，独与老翁别。

在杜甫作这首《石壕吏》的前一年，也就是公元758年，郭子仪、李光弼等九位节度使为平息安史之乱，率兵20万围攻安庆绪（安禄山的儿子）所占的邺郡（今河南安阳），最终却惨遭败绩。邺城的大败让唐王朝慌不择路：将老人孩子送上战场，卑躬屈膝求回纥出兵平叛。此时的唐王朝再也无法恢复以前的强盛；藩镇割据之势已成，朝廷不但丧失了颜面与震慑四方的威仪，也丧失了至关重要的军事与经济实力。而这一切，都始于潼关失守。

可以说，潼关的陷落让唐朝几代皇帝呕心沥血守护了上百年的盛世就此烟消云散，也让那个时代最伟大的城市——大唐京师长安首次为战火所蹂躏。潼关的陷落，或许也注定了长安将被数次攻破的命运。

潼关之险

> 士卒何草草，筑城潼关道。
> 大城铁不如，小城万丈余。
> 借问潼关吏，修关还备胡，
> ……
> 哀哉桃林战，百万化为鱼。
> 请嘱防关将，慎勿学哥舒！

潼关，号称"关中平原的西大门"，古为桃林塞，相传夸父追日时，弃手杖于此地遂成百里桃林高地。汉末三国时期，为西制关中、抵挡来自凉州的马超，曹操特在关中平原东口营建了关城。

在此之前，秦汉只能东出函谷关才能沟通关中与中原。然而汉末时，马超起兵攻伐曹操势力所占之关中，曹操嫌函谷旧道狭窄，为满足日益增加的军需，故发动人员在秦函谷关侧面凿山开路，导致秦函谷关失去了控制道路的基本功能；再加上千百年来黄河流水对河岸的侵蚀，河岸滑坡形成新的通路，秦函谷关逐渐被废弃。在这样的背景下，为控制崤山道和钳制马超（控制崤山道最西端出口），曹操营建了在之后两千年间作为关中东大门的潼关。

南北朝末年，北周军队就是多次从潼关东征中原，攻灭北齐的；隋末统一战争中，秦王李世民亲率大军东出潼关，战胜窦建德、王世充两大势力，一举克定崤山以东。潼关对关中本位政治势力来说，不但是安全的屏障，更是武勋的象征。

因此，我们可以清楚看到，潼关在军事上对唐王朝的意义有多么重大，唐王朝一定会尽全力增强潼关的防御力。三百里崤山最西端是潼关，其后便是毫无防备能力的关中八百里沃野。如果不能在潼关彻底阻挡住敌军的脚步，整个关中就会陷入战火，而关中核心——长安城自然也不能幸免。如果真的遇到潼关被破的局面，大唐朝廷只能紧急转移。渭水之盟之所以被李世民视作奇耻大辱，其根本原因就在于：城下之盟使关中变成了突厥兵锋下的鱼肉。卧榻之侧岂容他人鼾睡！

然而，单从防御角度看，潼关关城所处位置并非三百里崤山中最适合营建关隘的地方。秦代函谷关的位置可谓最好的防卫地点：背靠虢州（今河南灵宝市），以此为后盾，前有山河之险（由于黄河流水对河岸的侵蚀，造就了新的道路，秦代函谷关已失去作为关隘的作用，无法控制交通要道）。甚至坐落在新安的汉函谷关的位置都比潼关好，它能为关中地区争取更大的防御纵深，将整个崤山山地彻底变为防御后方。

但只看到关隘"塞"的一面是远远不够的，还应看到其"途"的一面。潼关修建之初最为重要的一个任务，便是在交通与后勤上支持曹操军在关中的战事。三国到北朝的数百年间，潼关不但完全控制了陆上道路，还控制了渭河—黄河水运。

潼关关城的存在，不但扼守住了陆路交通，同时也有效控制了风陵渡这个重要渡口。对金庸小说《神雕侠侣》比较熟悉的读者，应该不会对"风陵渡"这一

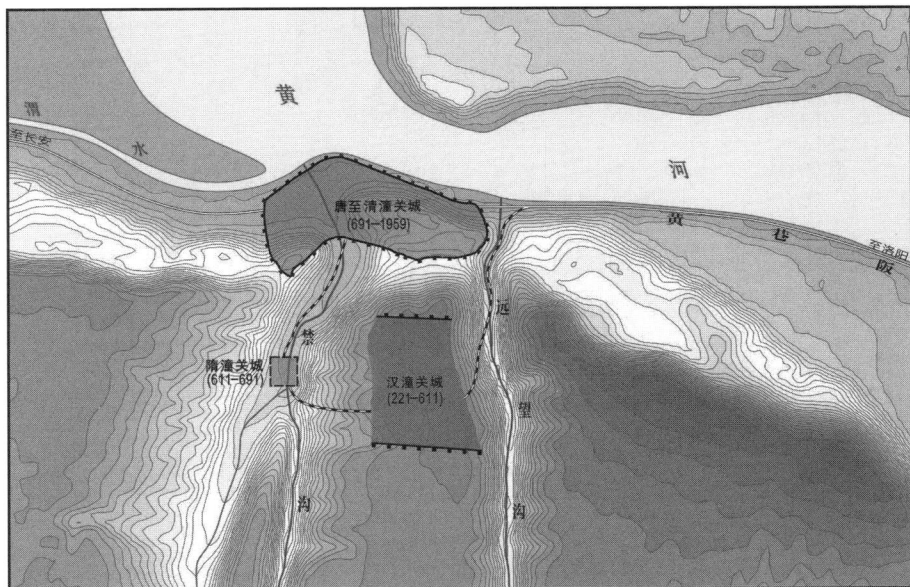

▲ 潼关地形图

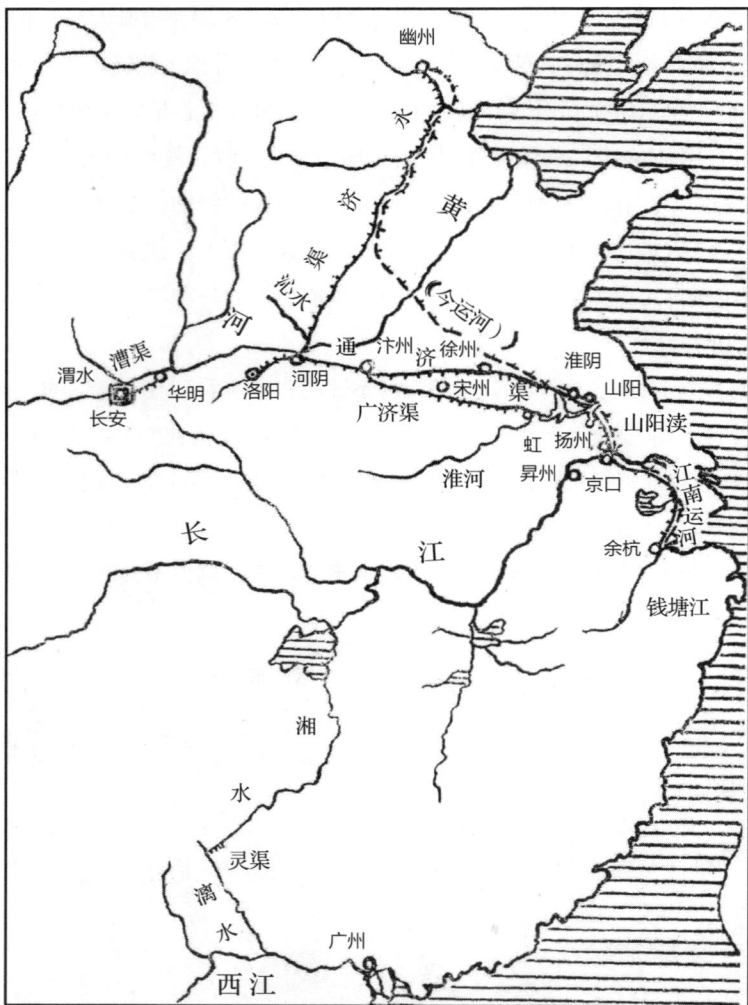

▲ 唐代运河图

名词感到陌生，它在历史上同样赫赫有名。高欢攻伐关中利用过风陵渡，北周在晋南地区与北齐的一系列战役，更有赖于风陵渡作为重要的后勤节点。当然，无论是潼关还是风陵渡，在隋末大乱和唐统一战争中都发挥了巨大的作用。如果我们把视线再推向更加久远的时代，可以发现春秋五霸之一的秦穆公也与风陵渡有着不解之缘。泛舟之役中，风陵渡所在地是重要的转运中心；孟明视一洗前耻的王官之战，秦军也是在风陵渡一带渡河的。

隋唐开凿的大运河与今日的线路大有不同，其主要的目的是向长安输送物资。首先，江南各地生产的物资被调集至扬州，在扬州进行编组后发出，沿着运河北上，过睢阳而后可以走汉水或继续北上汴梁。一般来说，通常走汴梁转运较方便，而后再逆流西行，将粮食物资储存在洛阳附近的含嘉仓（当时天下第一粮仓）。这也是隋炀帝比较重视东都洛阳的原因。后来，武则天时期的"就食洛阳"多半也是出于这个原因。含嘉仓的物资可选择陆路或水路过崤山之地进入关中。沿汉水输送的物资则在汉中暂时储存，与蜀地益州出产的物资调配，一起翻越秦岭再输送到关中。由此可见，除军事意义外，潼关对唐朝还有重要的政治和经济意义。

然而，唐天宝十四年，却有一个人试图撼动潼关这块"帝国之锁"。他就是——安禄山！史册对其出身的记载是"杂胡"，只知其母是突厥人，不知其父是何人。安禄山号称"盛唐时最会跳胡旋舞的胖子"。天宝十四年十一月以前，谁要对唐玄宗说"安禄山有谋反的野心和迹象"，肯定会被当作笑谈。最受宠信的杨国忠出于私心，数次进言"安禄山必反"，玄宗认为这是将相不和，不予理睬。结果弄得所有"安禄山要造反"的话，对李隆基而言都是"狼来了"。

所以，安禄山叛乱的消息初到长安，唐玄宗还一度当是谣言。直到十一月十五日，确知安禄山已向南进军时，唐玄宗才从太平盛世的迷梦中惊醒，仓促部署防御安禄山。他先让名将封常清、高仙芝领兵御敌，无奈双方实力相差太大，唐军一路败退，洛阳失守，只得退守潼关坚壁不出。

安禄山叛军初期为何能摧枯拉朽？

当时，唐朝募兵总数约为49万人，号称"中国古代扩张转折点"的怛罗斯之战，唐军参战兵力也不过"蕃汉三万"，即加上从当地强征的外族兵力，唐军总兵力也不过3万人，其中正规唐军不到2万人。考虑到唐军编制，远征怛罗斯的唐军应该是一个相对满编的"军"（12500人），以及一些辅助部队。而整个西域与北庭都护府仅各有兵力24000人。参考唐军编制方式，24000人是两个不满编"军"的野战军（由于西域战争频发，各部队难以达到满编）编制外加一定数量的驻守部队。在西域方向，唐军共有四个军，48000人。

而安禄山则有 15 万人以上，占了唐王朝正规军总兵力的三分之一，还有半数的战马在他控制下。在兵力上，能与安禄山抗衡的只有河西陇右节度使，其部队是对付吐蕃人的主力，总兵力在 16 万以上，但王忠嗣死后没有统一领导，安禄山充分利用了唐军布局的弱点打了个时间差。大唐最为精锐的安西军远在西域。剑南和岭南道的唐军实际上由于距离因素也是很难回防的。关中本身更是因府兵制度的瓦解，募兵困难，无兵可用。

　　叛乱前，安禄山做了大量准备，其准备之充分堪称"前无古人，后无来者"。安禄山先利用唐玄宗的信任，兼任了范阳、平卢、河东（遥领）三处节度使（由于东北边患较为严重，这三个地方不但兵力雄厚，士卒久习战事，有很强的战斗力，还招募了契丹、同罗、奚族等胡族士兵）。后来，安禄山又利用制度和唐玄宗的

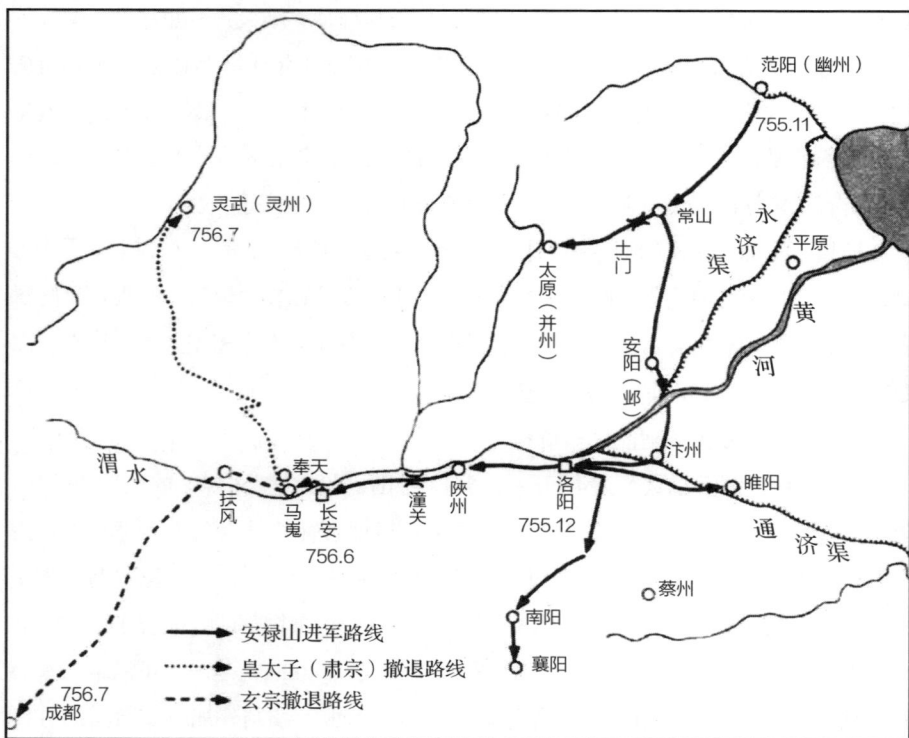

范阳（幽州）
755.11

灵武（灵州）
756.7

常山
平原

太原（并州）
土门

安阳（邺）

汴州

睢阳

渭水

奉天
扶风
马嵬
长安
756.6
潼关
陕州
洛阳
755.12

永济渠

黄河

通济渠

蔡州

南阳

襄阳

756.7
成都

→ 安禄山进军路线
⋯⋯ 皇太子（肃宗）撤退路线
- - 玄宗撤退路线

▲ 安史之乱叛军进攻路线图

盲目信任，掌握了地方财权，更利用篡取的人事权将麾下统兵将领换为自己亲信，牢固掌握了统领下的军队指挥权。

安禄山掌握的唐王朝正规军如下：范阳 91000 人、平卢 37500 人、河东大同军 9500 人，共 138000 人。另外，尚有部分或可能全部掌握的正规军：河东天兵军、大同军以外兵力，约 25500 人。可见，安禄山掌握的唐王朝正规边军在 15 万人以上。仅从这方面来看，历来造反者，无人可与安禄山相比。

那么，唐代节度使为何具有如此强大的实力？

节度使正式设置于睿宗时期，初期只是将之前不常设的"行军总管"之职与"都督州"建制固定化。节度使最初的任务是提高边境地区的军队战斗力，唐朝进入全面扩张期后，由于长征之兵日益增多，节度使的职权也逐渐发生了变化。

节度使本来设置于边境地区，目的是防御外来强敌，保障边陲安全。玄宗开元年间，全国亦只有安西（驻地在今新疆维吾尔自治区库车）、北庭（驻地在今新疆吉木萨尔破城子）、河西（驻地在今甘肃武威）、朔方（驻地在今宁夏回族自治区灵武）、河东（驻地在今山西太原西南）、范阳（驻地在今北京）、平卢（驻地在今辽宁朝阳）、陇右（驻地在今青海乐都）、剑南（驻地在今四川成都）等节度使和岭南五府经略使（驻地在今广东广州）。

单从表面看来，节度使制度与拜占庭帝国鼎盛时期实行的总督军区制有相似之处。两者都是在边疆地区加强军事长官权力，划分边境军区，地方军依靠地方财力支持，兵员也均在当地征募。

总之，节度使不但拥有战时直接指挥部队的军令权；更掌握着包括自主征兵、扩充编制、打造兵器、补充后勤、调集物资等权力。宋朝吸取前朝藩镇割据的教训，以枢密院统军令，兵部掌兵政；明代则以大都督府（后因大都督府权力过盛，皇帝自觉难以统御，遂被分化为五军都督府）执掌军令，兵部负责兵政；而现代国家，兵政掌于文官负责的国防部，军令则由军人组成的总参谋部掌握。

节度使制度最大的弊端在于，他不仅掌握着地方的军事权，还掌握着地方行政、财政、司法、人事等本应属于地方政府的权力。可以说，节度使治下的基本是一个独立王国。当然，这些权力也是节度使们在一个比较长的时期内逐渐合法或非法取得的。

但真正使节度使失去控制的原因是，李隆基破坏了原可制衡节度使的制度。节度使的任期由固定年限逐渐变成了终身任职，导致节度使可在地方经营自己的势力，掌握军权、财权、政权。

在有较大边防压力的边境州府中，这套方法能有效抵御外敌入侵。边疆军事长官权力集中，有能力加强边防军团的战斗力（兵力、武器装备方面）。地方军事实力较强，可以随时应对外敌的大举入侵。藩镇在其发挥作用的百年内，一直能够有效对付边疆民族的入侵。但随着募兵制的产生，问题也就出现了。因为在征召士兵看来，军饷是节度使发的，节度使是他们的衣食父母，是他们效忠的对象，他们自然会毫不犹豫执行节度使的命令。

然而，一旦藩镇节度使权力过大，朝廷就很难制约他们。而且，权力滋生腐败和野心，虽然节度使起先都是绝对的忠臣，但在政治斗争中并无忠臣一说！再忠于朝廷的人，也会变为只知维护自己利益之徒。一旦节度使认为自己有能力和朝廷对抗，往往都会反叛！在封建社会，造反这件事不是看将领有没有想法，而是看将领有没有这个能力。即使将领自己不想造反，也很有可能为形势所迫而造反。其实，制度缺陷才是安史之乱的根本原因！

从节度使的设置上，我们也能看出唐代的军事布局和用兵方向：

▲ 唐代穿绢甲的武士陶俑

天宝十节度使

范阳节度使，临制奚、契丹，治幽州（天宝时为范阳郡），统辖经略军、静塞军、威武军、清夷军、横海军、高阳军、唐兴军、恒阳军、北平军，管兵91400人。天宝时，节度使为裴宽、安禄山。

平卢节度使镇抚室韦、靺鞨，治营州（柳城郡，今辽宁朝阳），统辖平卢军、卢龙军、榆关守捉、安东都护府，管兵37500人。天宝时，节度使为安禄山。

河东节度使防御突厥，治太原府（今山西太原西南晋源镇），统辖天兵军、大同军、横野军、岢岚军、云中守捉及忻州（定襄郡，今山西忻州）、代州（雁门郡，今山西代县）、岚州（楼烦郡，今山西岚县北）三州郡兵，管兵55000人。天宝时，节度使为田仁琬、王忠嗣、韩休琳、安禄山。

朔方节度使捍御突厥，治灵州（灵武郡，今宁夏灵武西南），统辖经略军、丰安军、定远军、东受降城、中受降城、西受降城、安北都护府、单于都护府，管兵64700人。天宝时，节度使为王忠嗣、张齐丘、安思顺。

河西节度使断隔吐蕃、突厥，治凉州（武威郡，今甘肃武威），统辖赤水军、大斗军、建康军、宁寇军、玉门军、墨离军、豆卢军、新泉军、张掖守捉、交城守捉、白亭守捉，管兵73000人。天宝时，节度使为王倕、皇甫惟明、王忠嗣、安思顺、哥舒翰。

安西节度使，又称四镇节度使、安西四镇节度使，抚宁西域，治龟兹城（今新疆库车），统辖龟兹、

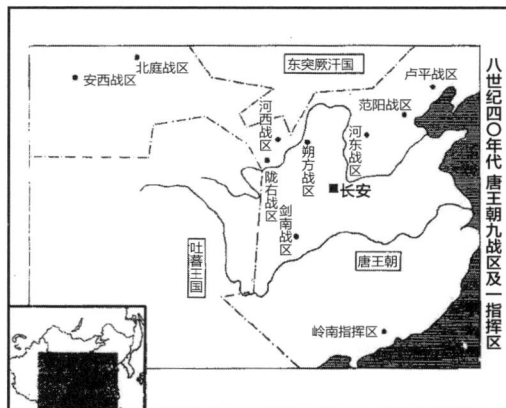

▲ 天宝十节度使

·79

焉耆、于阗、疏勒四镇，管兵24000人。天宝时，节度使为夫蒙灵曜、高仙芝、王正见、封常清。

北庭节度使，防御突骑施、坚昆（黠戛斯），治北庭都护府（治庭州，今新疆吉木萨尔北破城子），统辖瀚海军、天山军、伊吾军，管兵20000人。天宝时，节度使为来曜、王安见、程千里、封常清。

陇右节度使备御吐蕃，治鄯州（西平郡，治今青海乐都），统辖临洮军、河源军、白水军、安人军、振武军、威戎军、莫门军、宁塞军、积石军、镇西军、绥和守捉、合川守捉、平夷守捉，管兵75000人。天宝十三载又于鄯、廓、洮、河四州之西增置宁边、威胜、天成、振威（吐蕃雕窠城）、神策、金天、武宁、曜武八军。天宝时，节度使为皇甫惟明、王忠嗣、哥舒翰。

剑南节度使西抗吐蕃，南抚蛮僚，治益州（蜀郡，今四川成都），统辖团结营、天宝军、平戎军、昆明军、宁远军、澄川守捉、南江军及翼州、茂州、维州、柘州、松州、当州、雅州、黎州、姚州、悉州等州郡兵，管兵30900人。天宝时，节度使为章仇兼琼、郭虚己、鲜于仲通、杨国忠。

岭南五府经略使绥静夷僚，治广州（南海郡，今广东广州），统辖经略军、清海军，直辖广管诸州、兼领桂、容、邕、安南诸州郡兵，管兵15400人。天宝时，裴敦复为五府经略使，至德元载改为节度使。

第一个要点，是由平卢、范阳、河东三镇连接起来的北方东线。其设立初期是为了应对东突厥与高句丽，太宗与高宗击破它们后，该方向的主要任务逐渐变成应对新兴的契丹势力。顺便提一句，契丹在唐朝已十分兴盛，武周时代曾给过唐军重击，安禄山的"第一桶金"也是从契丹人身上获得的，契丹人后来还差点在战场上杀死安禄山。

第二个要点，是由北庭、安西、河西、陇右四镇连接起来的北方西线。其存在的最基本任务是守卫长安这一关中以西的战略要地，同时争夺对西域贸易要道的控制。前期主要敌人是突厥，后期为吐蕃。某种意义上讲，唐建都长安，是由扩张规划决定的——建都长安才能方便争雄西域。值得注意的是，河西与陇右两镇兵力十分雄厚，远强于安西、北庭（当然，这也与补给难度有关，陇右背靠关中，人员与物资调运方便；安西只能依靠当地的产出，想从关中千里转运是非常不现实的）。可以推断，天宝年间，唐朝西方战线的主要思想是防御，而不是进攻。

第三个要点，是由剑南、岭南构成的西南战线。其主要任务是防御吐蕃从高原直下蜀地，由此可见此时的吐蕃何等兴盛，竟然需要大唐从两个方向上防备。吐蕃能如此兴盛与"圣君"李世民不无关系——文成公主进藏时带去的大量先进技术，让吐蕃的技术发生了巨大变化。似乎事情总是这样，中原王朝将先进技术输送给四方少数民族，以为可以依靠文明教化四方，但他们掌握了先进生产与军事技术后的第一件事就是入侵中原。对于中原王朝极力推广的儒家思想，他们只学习了如何加强自身集权统治，而没学习"恭、俭、礼、让"，更不会做到儒生们所期盼的"知恩图报"。

第四个要点，是朔方这一关中北大门。从秦国设九原郡防备匈奴到汉武帝在"河南地"营建朔方，定都长安的中原王朝都极力维持自己在河套平原的统治，盖因此处对守卫关中地区有

▲ 吐蕃甲胄

重要的军事意义。汉初时匈奴骑兵就是从这里出发，"一日奔驰三百里"突袭关中，甚至焚烧了皇家园林甘泉宫。守卫住朔方，中原王朝就等于在草原插进了一把刀子，强盛时，这里是征伐草原的出发点；衰落时，这里是守卫中原（燕云以西战线）的第一线。

因此，从某种意义上来说，安史之乱就是唐朝东北边防军和西北边防军的对决。

老将哥舒翰

面对叛军咄咄逼人的攻势，"帝国之锁"的防卫工作却是由一位因中风而半身不遂的老将负责，他就是哥舒翰。

哥舒翰作为一名老将，在指挥上有着丰富的经验，曾有"北斗七星高，哥舒夜带刀"的美誉。但哥舒翰好饮酒，且饮酒无度，醇酒美人时时相伴，以至身体虚弱。天宝十四年二月，在入朝面圣的路上，行至土门军的哥舒翰因为洗澡突然中风，昏迷很久方才苏醒。之后，他落下半身不遂的后遗症，回京以后，只好闭门不出。

唐玄宗为何选择一位已经半瘫痪的老将来守卫重中之重的潼关，甚至还让他出征攻击叛军呢？莫非武功赫赫的大唐再无可用之将了？

安禄山突然举起反旗，一举占领河北之地。此时，唐朝军事部署的特点是"守外虚内"，内地根本没有一支可以阻挡叛军的部队。唐玄宗仓促布置防御，由于均田制败坏，常年对外征战，关中府兵早已被破坏；彍骑等募兵制中央军，由于兵员素质问题，战斗力早已衰落。

此前，高仙芝得到皇帝赐予的禁中钱，招募了关辅新兵，外加原有飞骑、彍骑及朔方、河西、陇右等兵，计5万人，出镇陕县。但封常清洛阳失守，高仙芝撤往潼关后，李隆基接受不了这样严重的挫折，听信宦官边令诚的诬陷，派人将封常清、高仙芝斩首示众。就这样，朝廷丧失了两员经验丰富的大将，为后面的惊天祸患埋下了伏笔。而新一辈名将郭子仪等人，要么陷入与叛军的死战，要么必须防守要地（晋阳），根本无法抽身。

从这里我们可以看到：李隆基非常计较城池土地的得失，并不关心军队的损失情况。伟人曾经说过："不在一城一地的得失，而在于消灭敌人的有生力量。

存人失地，人地皆存；存地失人，人地皆失。"这么浅显的道理，边关将领都懂，为何唐明皇不懂？

个中原因，其实上文已经提过。安禄山的 15 万精锐大军，一路所向披靡尽得河北州郡，而唐王朝此时在内地却没有多少可用的军队。岭南的部队无法回调中原；安西、河西的精锐兵力薄弱，外加路途遥远更是难以指望。而且，当时谁都没有想到战争会持续八年之久。之后，西域唐军被尽数调回，这在一定程度上造成西域力量真空，导致唐朝失去了对西域和中亚的控制。由于缺乏兵力，唐明皇对丧失城池变得十分敏感。

在如此局面下，哥舒翰接受了皇帝的任命。同时，唐玄宗还命令以田良丘充任行军司马，马军指挥王思礼、步兵指挥李承光等人担任副将，领军 20 万，赴潼关拒敌。因身体原因难以处理日常军务，哥舒翰遂委任行军司马田良丘主持大局。田良丘不敢独断专行，就让王思礼主管骑兵、李承光主管步兵。偏偏王思礼和李承光素来不和，常常争执不下，不肯好好配合，致使军中号令不一。哥舒翰忧心战事，为了尽快增强新军战斗力，不得已加大训练力度，但统军"严而不恤"，导致唐军士卒不满，士气低落无斗志。幸运的是，依托潼关天险，唐军尚可一战。

从军事地理的角度来讲，古代的首都很难防守，最好不要使都城面临守城战。

▲ 敦煌壁画《张议潮统军出行图》

最佳的方案是拒敌于门外，即利用关隘地形，将敌军彻底阻挡在京畿重地外。因为封建王朝的都城所在地需地势开阔、土地肥沃、农业发达，能够承载一定人口；同时，水陆交通要方便，利于人员和物资的流通。所以，古代都城多地处某一平原的中心地带，又多临近河流，水陆道路网密集。封建国家京畿之地的一个重要功能便是作为统治根基，以相对优势的经济、军事、政治实力"压服"地方。

李唐王朝的统治根基为：以长安为核心的关中沃野和以晋阳为核心的河东之地。一处是关陇军事贵族集团（李家正是其中最重要的一支力量）的根基，一处是李渊起兵前就苦心经营的大本营。从军事上看，关中同时是北方防线和西方战线（与吐蕃等势力争夺西域要道）的大本营；晋阳则是唐王朝北方防线的两大关键支撑点之一（另一个关键支持点就是安禄山所盘踞的范阳，即今天的北京），更是关中势力插入山（崤山）东的一支楔子。从军事地理的角度来讲，关中与河东两地也是互为表里的：失去关中的河东势力难以独支，还会多面御敌；失去河东的关中不但东出无门，还要防备黄河沿线，疲于奔命。

虽然中宗以后唐王朝在财政上越来越依赖南方，然而，作为财赋重地的江南却不能称为其根基——江南的财赋有赖运河漕运，易被切断，且不能动员强大且忠心的军队支援中央。更何况李唐王朝没有设立足够强大的行政中心统御江南。世上虽有"扬一益二"之说，却是根据商业繁华程度而言的，而不是政治地位。

这里值得详细说明的是：很多封建王朝均源自乱世中的某个割据势力，历经残酷的统一战争后从诸多势力中脱颖而出。对成功的割据势力而言，其根据地必须满足以下几个要求：粮食产量充足、人口充足、手工业发达。这三者的关系不但是递进的，更是互补的。这几个要求反映在地理上，就是一个适合农业发展的平原地区：农业发达，就能支撑足够多的人口，组建用于统一战争的军队；剩余劳动力充足，手工业才能发达，才能为军队提供兵器装备；经济发达后才能发展文化，为国家提供人才。但仅拥有一个平原是不够的，还需要一定的地利：保证该政权的兵力不会为漫长的防线羁绊，面临外敌时疲于奔命；能够将更多的军力投入统一战争。

这个根据地也就是封建王朝统一后的京畿之地。就认同感与忠诚度而言，京畿之地才是其最大的依仗。比如，刘邦建都长安是因为关中之地，朱棣迁都北京不只是出于"天子守国门"①，更多还是因为北京作为自己的封地，经过多年经营后已心腹遍地。

战国七雄中的秦国就是典型的例子——依山河之险且有强兵。而齐国与韩、魏则是一个先天条件不足的反面例子——国境线缺少地利可用。孙膑曾言，齐国的战略应为"必攻不守"，正是针对这一情况——攻势防御，将战争限定在己方可以接受的地域。

俗话说"得中原者得天下"，这句话从军事角度来解读应该是这样的：如果有足够的军事实力控制中原之地，就有了战胜其他割据势力的军力。要知道，中原地势平广，乃四战之地，民力充足、物产丰富。得中原者得天下——"得中原"并不是"得天下"的必要条件（反面的例子比如王世充、朱温、李存勖），而是某一割据势力自身有能力"得天下"的充分条件（比如隋末李唐灭王世充）。

因此，当敌人兵临都城时，帝国中央机动军团往往已遭重创。无论是皇帝、朝廷官员，还是一般百姓们，内心都充满了恐惧，很容易在敌方武力恫吓下丧失坚守的信心，或弃城逃跑，或投降以避免遭到屠城。从经济的角度来看，如果敌人已至京师城下，则京畿富庶之地将遭到严重破坏。比如西周末年犬戎入侵，因为丰镐王畿已彻底成为战区，无法给予中央政权在财力与人力上的支持，周平王不得以东迁洛邑。

要想守住这样的政治经济要地，核心在于守住周边作为防卫支撑点的城市与关隘。且守城的核心思想不是闷守——守城要诀是使敌人丧失继续围攻下去的能力与决心。这就需要大量杀伤敌方人员、消耗敌方物资、破坏敌方士气；同时也要减少己方在这方面的损耗。因此，守城的一切安排与行动都必须围绕这个任务来进行。消耗敌方物资最好的办法就是，主动寻找和破坏敌方的储备。

出城逆袭的目的是主动去破坏敌方营地中的军需储备，限制敌方在己方领地中的抄略行动。与多数人的印象相反，除非深入不毛之地，进攻方在战区内

---

① "天子守国门"并非明朝独有，汉唐定都长安实际上也采用了这一策略。对封建国家而言，必须维持一个中央重兵集团和若干边境重兵集团。"天子守国门"的核心是将中央重兵集团和某一支边境重兵集团合一，这样既节省省了很大一部分军费，还能强化中央兵力，震慑地方。

消耗的物资大多依靠抄略获得，而非依靠后方输送。当进攻方大部分物资需要依靠后方输送时，则到达了军事上的"进攻顶点"。铁路公路运输发达的现代，大部分人均难以理解古代在技术条件的制约下，物资（尤其是粮食）在转运途中的消耗是多么巨大。随着运输距离的增长，运输效率会急剧降低，十八日行程需要的运粮民夫和士兵比为 1：1，二十六日行程是 2：1，三十一日行程则是 3：1。《秦汉军队后勤保障问题研究》一书中对陆路转运粮食的情况做了比较清楚的论述：正常情况下，路途中消耗的粮食与运抵粮食的比例在 30：1 左右，而在某些情况下——汉武帝远征漠北，这一比例甚至达到 190：1！如此巨大的消耗，使得几乎所有兵书都有同样一句教导："因粮于敌。"

杀伤敌军人员最好的办法就是引诱对方进入己军陷阱——发挥己方的有利地形，例如城中的瓮城或者城外适合伏击作战的地域。进攻方遭受极大损失后军心动摇，不得不放弃围攻。南北朝时代的玉璧之战就强有力地证明了这一点，战国时代墨子和公输班的攻防演示也是这种态势的模拟。冷兵器时代，首都通常无法坚守的一个重要原因就是防守方没有信心对进攻方造成足够的损失——中央重兵集团已被歼灭，无可战之兵——且自身在经济、政治上的损失过大。

同时，守城成功也依仗野战部队的存在。短促反击需要有能野战的精锐部队，敌军围攻失败后撤退之际也需要野战部队追击敌军。攻守结合才能立于不败之地——"大抵战兵在外，守军乃敢坚壁"。守城最初的目的就是节省守备所需兵力，充实野战军团，使之可以运用在关键场合；利用地利的目的也在于此。

综上之言，守卫封建帝国都城的重任，必须交给位于都城纵深之前、处于防卫线上重点、享有地利的军事重镇。位于首都之前的军事重镇在历史上有很多，而且一个首都对应的军事重镇并不只有一个：函谷关之于咸阳，潼关之于长安，大同、山海关之于北京，京口、采石之于建康，河阳、虎牢、新安函谷关之于洛阳，扬州之于南京。这些军事重镇都需要重兵固守。如果没有这些重镇，则需要许多机动兵来防卫京畿地区，北齐、北宋国防失败就在于此。

这里不得不提到日后发生的一个特例，明正统十四年（1449 年）的北京保卫战。当时，作为中央直属机动军团的三大营精锐尽数葬送于土木堡，文人出身的兵部尚书——于谦临危受命，他以北京城中留守的守备兵力和各地陆续赶到的援兵，成功守卫了大明京师北京，阻止了"靖康之耻"再度上演。

己方精锐尽丧，敌方得胜之师凭锐气直抵京师城下。纵观历史，这样的形势可以被称作无法挽回的危局，但于谦和他背后的明朝做到了。我们需要认真分析其中的原因。

从战略上来看，北京外围长城防线据点的坚守，虽然未能阻止瓦剌骑兵的进攻——也先大军绕过宣府、大同防线，紫荆关失陷，但为于谦调集兵力、组织北京保卫战争取了宝贵的时间。于谦利用这段时间整顿来自土木堡的溃兵，征募新兵，部分重建了在土木之变中被歼灭的三大营，转运了通州的粮食（这一点相当重要），在北京城内外均建立了防守阵地；同时在全国范围内，紧急征调援军勤王。

从战术角度而言，北京保卫战也体现了于谦对兵法的灵活运用：在德胜门外，利用民居建立以火力陷阱为主的防御工事。于谦先派遣小股骑兵佯败诱敌。也先中计，亲率大批部队穷追不舍。等也先军进入埋伏圈后，于谦一声令下，明军开始反击。神机营火器齐发，铅弹和羽箭如飞蝗般地射向敌军，明军前后夹击，也先部队大败而归。也先的弟弟孛罗、平章卯那孩等将中弹身死。

之后，也先转攻西直门，明军利用城墙上的火力奋力将其击退。瓦剌军又改为进攻彰义门（又名"广安门"）。于谦命令守军堵塞城外的街巷，在重要的地带埋伏火铳手、短枪手，又派兵在彰义门外迎战。明军前队用火器轰击敌军，后队由弓弩压阵跟进，击退了瓦剌军的进攻。

于谦的守城思想是消灭敌人有生力量；主动派出小队精锐骑兵阻止瓦剌骑兵在京师劫掠物资，同时重视新式武器的作用。在防御布置上方便火器发挥优势，强化了火器的作用。更重要的是，于谦在防卫北京城时，并没有采用死守城池的策略，而是重视城下野战，在火力配合下，以野战大量杀伤敌军。总体上，这极大地消耗了敌军的人员与物资，并在士气上打击敌军，深刻揭示了守城作战的原则。

还有一点很容易被大家忽略——北京城本身就是作为长城防线东线重要据点而建立的，城市建设也是围绕防御展开的，即"天子守国门"。当然，在林立的城楼与厚实的城墙下，北京城防不是没有缺陷的。通州顺义是防御整个京畿之地的"羽翼"，羽翼一去，北京则成一座孤城。

相对而言，瓦剌大军虽然兵临城下，但他们并没有彻底瓦解京畿地区的防御体系，通州等地尚在明军的控制下。这里提一个反例，山海关大战后的李自成立即放弃北京、逃回陕西最重要的原因就是丧失了野战集团，京畿之地并未归心，自然不敢守城而战。

至于天宝十五年的潼关之战，其前期战略态势更类似北京保卫战。当时，安庆绪攻潼关不克，叛军被哥舒翰困在潼关数月，不能西进。安禄山见强攻不行，便命崔乾佑将老弱病残屯于陕郡，欲诱唐军出关弃险野战。五月，玄宗听闻叛将崔乾佑传出的谣言——"兵不满四千，皆羸弱无备"，于是遣哥舒翰出兵收复陕洛。

哥舒翰上书表奏，劝诫道："贼既始为凶逆，禄山久习用兵，必不肯无备，是阴计也。且贼兵远来，利在速战。今王师自战其地，利在坚守，不利轻出；若轻出关，是入其算。乞更观事势。"所要表达的意思只有两个：敌军兵力空虚的消息是虚假的；潼关的唐军现在战斗力很差，只能防守，无法进攻。

郭子仪、李光弼也认为潼关只宜坚守，不可轻出。他们主张引朔方军北取范阳，覆叛军巢穴，促使叛军内部溃散。

数月后唐肃宗在灵武即位时，他的重要谋臣李泌也曾给出过类似的研判：叛军猖獗必不久，其原因有二，一是参与叛乱的多是异族人，华人寥寥，这说明安史叛乱没有得到中原人的支持；二是叛军把掠夺到的财物全部送回自己偏居一隅的老巢范阳，可见叛军根本没有一统天下的雄心。因此，平叛的方略应该"诏李光弼守太原、出井陉，郭子仪取冯翊、入河东，则史思明、张忠志不敢离范阳、常山，安守忠、田乾真不敢离长安，是以三地禁其四将也"。他反复告诫肃宗"无欲速"，要着眼于长久，目的是要把叛军赶出老巢，一网打尽，不留后患。

这一判断与潼关失陷前李光弼、郭子仪谏言中的策略不谋而合。实际上，出潼关收复洛阳等地这一战略，还有非常重要的军事和政治意义。首先，如果能收复洛阳，关中则会安全很多，不用担心叛军会随时破门而入。其次，收复洛阳可以将战线拉平，震慑不安分者。但问题是，当时的战略态势和军事基础无法实现以上两个目标，这也是哥舒翰、郭子仪、李光弼乃至李泌一直强调的。

可哥舒翰、郭子仪、李光弼这些富有建设性的意见却被宰相杨国忠否定了。因为杨国忠怀疑哥舒翰坐拥大军于潼关，想联合太子的势力一起对自己发难。杨国忠的这一判断，可能来自于他与军队系统势如水火的自我认知。被叛军势力和朝廷将领共同嫉恨的臣子，杨国忠算第一人。

安禄山起兵造反的原因之一，就是与杨国忠有尖锐的政治矛盾，他们是打着"诛杀杨国忠"的名号攻城略地的。唐王朝平叛军将领也对杨国忠充满怨恨，不止因为其主政时期削弱军方势力，大肆插手军队内部，也因为他是导致高仙芝、封常清之死的间接凶手。最后，哗变的大唐禁军完成了叛军和朝廷将领们一直以来的愿望——杀掉杨国忠。马嵬驿之变，表面上是一场士兵哗变，实质上是太子李亨、宦官李辅国、高力士等策划的一场争权斗争。李亨自天宝五年（746年）遭到李林甫和杨国忠打击后，极为孤立。杨国忠任宰相后，太子又连遭倾轧。安禄山叛乱时，玄宗本想让太子李亨接替皇位，由于杨国忠及其姐妹反对而未成。后来，朝廷打算"弃京幸蜀"。如果到了蜀中，李亨在杨国忠势力的控制下就更无出头之日了。因此，太子李亨主谋除掉了杨国忠。

在潼关失陷前的那段时间里，与太子李亨的政斗，也使杨国忠非常担心哥舒翰会与太子联合。其实，杨国忠一直与哥舒翰非常要好。可哥舒翰在驻守潼关之初，以假书信使安思顺获罪被杀，家人流放岭南。哥舒翰的这种阴狠毒辣，让素以为了解其行事作风的杨国忠，感到前所未有的意外和惊恐，生怕自己成为其下一个目标，导致两个人关系破裂。杨国忠的恐惧不是无中生有，因为哥舒翰的部将个个做梦都想杀掉杨国忠，经常劝哥舒翰除掉他。比如，哥舒翰的部将王思礼就曾计划在潼关诱杀杨国忠，甚至劝哥舒翰效仿七国之乱时汉景帝诛杀晁错，直接以潼关大军勤王长安，要求唐明皇下诏诛杀杨国忠。只是，哥舒翰认为这样做会成为安禄山第二，并不答应罢了。

因此，杨国忠出于自保，决定误导唐玄宗，强令哥舒翰出关。他劝说唐玄宗："哥舒翰按兵不动，会坐失良机。"玄宗轻信谗言，便连续派遣中使催促哥舒翰出战。史书称唐玄宗多次下诏，"使者项背相望"，与宋高宗赵构发十二道金牌召回岳飞的行为颇有异曲同工之妙。

以上这些都是史书交待了的原因。各方势力逼迫唐军轻出潼关，背后还有十分深刻的经济原因。我们来看一组数字：唐太宗时，高级文武官员仅642人，唐高宗初增至13465人，唐玄宗时又增至17686人。官员数量的增长意味着，长安城的官员家属数量也呈几何增长；府兵制破坏后，护卫长安城的十几万中央禁军

▲ 出土的唐代彩绘皮甲片

全靠国家财政拨款；大军在陇右、河西等地与吐蕃抗衡，也需要大量粮饷；加上天宝年间达官贵人普遍生活奢靡，导致一年输送进关中的数百万石粮食依然不够消耗。

关中粮食消耗的急剧增长，使得唐王朝越来越依靠从关中以外地区输送来的钱粮物资。潼关与风陵渡在经济与财政上的意义就愈发重要，毕竟古代输送物资最省事的办法就是水运（罗马帝国的维持就仰仗了地中海便利的水运条件，隋炀帝开大运河也不光是为了享乐）。

那时，漕运是将粮食集中于洛阳附近的含嘉仓，然后陆路运送至关中。安史之乱前，漕运主走汴河线，经开封入黄河再转渭河入长安。安史之乱后，紧急启用经汉水上溯转旱路入长安的线路。唐德宗建中削藩时，这两条线路遭到藩镇兵力的直接威胁，唐王朝的命脉差点被掐断。幸亏唐军不久就夺回徐州控制权，西线梁崇义也被消灭，局势才迅速朝唐朝有利的方向好转。

唐朝长江以南的财货通常先聚集于扬州城，再由扬州运送至开封以北。从扬州到开封，淮河以南的线路比较安全，淮河以北的线路因三天两头遭遇兵乱而面临被掐断的危险。幸亏从淮河到开封河道密布，有很多条水路可以走，如果主干线汴河被掐断，唐军通常会紧急开挖或启动别的应急方案。

这里我们可以看到：叛军将唐军压制在潼关内，切断了漕运物资经洛阳至长安的通道，大量物资只能转道秦岭，大大增加了运输难度和成本，也造成输送到长安的物资急剧减少，这让整个大唐朝堂十分担忧。不仅皇帝想尽快收复洛阳，恢复原有运输途径，朝中大臣们也迫切希望打通潼关交通线。这才是哥舒翰被迫出潼关的根本原因。

再说一句题外话：日后，张巡死守睢阳的意义也在于此。大运河北上干线必过睢阳，谁能控制睢阳，谁就能掌握大运河。安史叛军为了掐断唐王朝最重要的财源，不惜代价多次围攻睢阳。占领睢阳不但能够能掌握大运河，还能进入江南之地，彻底改变与唐王朝在经济上的力量对比。如果叛军更有实力、内部更团结、懂得治理民政，很有可能形成新的"东西朝"。

灵宝惨败

强令之下，哥舒翰引师出潼关一路东进，至六月四日已出关70里，约31公里。从地图上看，哥舒翰大军进入了崤山谷地中比较宽阔的地方，史书称之为"灵宝之西原"。在双方看来，此地正是上佳的用武之地。叛军将领崔乾佑在明面摆开阵势，扼守险阻，阻挡朝廷平叛大军进入中原之地。

一开始，哥舒翰还很谨慎。他率领的唐军前锋，已于六月四日驻扎在灵宝西原。然而他一直等到六月八日大军全部到达西原完成初步整顿后，才发起对叛军的攻击。哥舒翰的谨慎源自"知己"：己方士兵多为新兵，兵力庞大但战斗力不足，称得上精兵的只有王思礼统领的5万骑兵，但他素来与统领步兵的李承光不和。哥舒翰不愿出潼关，也是考虑到这二将不和。在关内时，二人间的不和影响尚不大，若要出征野战，则可能导致大败。

史载："官军南迫险峭，北临黄河……翰与良丘登北阜，以军三万夹河鸣鼓。"到达战场的唐军水陆并进，以船运载军械粮草随大军出征。主力部队在灵宝西原上列阵。黄河北岸有处高地，视野十分开阔，便于观察战场情景，也利于指挥全军，所有唐军将士都能看到哥舒翰的指挥信号。于是，哥舒翰令3万士兵在这处高地插旗击鼓，以为指挥所。

哥舒翰命王思礼率精兵5万在前，李承光率众10万随后。从这可以看出哥舒翰在指挥上的老道。这二人不和，战场上难免会有些不配合。王思礼部骑兵较为精锐，让其在前冲杀，则不用担心他先扔下李承光的步兵离开战场。而李承光10万步兵在后，则可在王思礼受挫后撤时，建立稳固的战线以防崩溃。当然，哥舒翰把步兵放在后面更主要的原因还是他根本不放心这些新兵的战斗力。步军在前，如果让叛军击破前阵，后阵恐怕也会动摇，然后崩溃，将战斗力本来完整的骑兵一起裹挟溃退。

战前，哥舒翰曾与部将一起乘船前进观察叛军的布置。然后，他让船停靠在黄河北岸，自己登上高地，进入指挥位置，再次观察敌军布置。

对面的崔乾佑是安禄山的骁勇之将，手上兵力不多，但握有安禄山留下的两支精锐部队——5000精悍陌刀手和同罗族精骑。如何用好这两支精锐，是他需要仔细考虑的问题。

会战初期，崔乾佑所有的战术安排都是围绕诱敌而展开的。初阵，崔乾佑将军中数千老弱放在最前列，并故意将阵布置得乱七八糟。各部看上去没有统一指挥，根本无法应对唐军前阵的骑兵。这与兵法原则相悖离，叛军前阵的士兵按照"什""伍"这种单位编组在一起，进退不明、旗帜繁乱。

如此拙劣的布阵，让初次上战场的唐军士兵们，心情变得轻松了很多。唐军各级军官也开始轻敌，有的军官甚至喊着"禽贼乃会食"的口号。但春秋时期，第一次喊出这个口号的齐军就败给了被他们轻视的晋军。

这样的布阵，身为统帅的哥舒翰也觉得非常奇怪，他猜测不出崔乾佑的意图是什么，只得先令骑兵进攻，试探敌军虚实。

战旗招展，鼓号齐鸣，王思礼的骑兵便长驱直进，杀入了叛军烦乱的军阵中。精锐的骑兵在冷兵器战场上堪称王者，这次也不例外，叛军被杀得连连后退。但哥舒翰心中的疑惑越发重了，叛军怎会如此不堪一击？

崔乾佑很快就回答了哥舒翰的疑惑——用最直接、最血腥的方式，他的第一个杀招即将显露在缺少战斗经验的唐军面前。崔乾佑令身披坚甲的5000壮士养精蓄锐，等待唐军冒失地闯进阵来。这些叛军精锐所依仗的就是著名的陌刀。

如果要投票选出一种唐代最负盛名的兵器，陌刀的得票肯定位列榜首。"陌刀，长刀也，步兵所持，盖古之断马剑。"陌刀之名屡次出现于《唐六典》《旧唐书》《通典》《太白阴经》《武经总要》等古籍中。名将李嗣业以擅使陌刀而彪炳史册——"挡嗣业刀者，人马俱碎"，生动描绘了李嗣业高超的武艺与陌刀巨大的威力。但颇为尴尬的是，现代人由于缺乏有力的考古证据与出土实物，并不清楚陌刀的真容。陌刀的真正形制，一直是古代军事爱好者争论的热门话题。

除唐代壁画中的长兵器被人误认为是陌刀外，日本的平成大直刀也被误认为过。平成大直刀，一口供奉于日本寺庙"鹿岛神宫"的传世名刀，以"黑漆平文大刀"（又名"平国剑"）为原型，制成于平成十三年（2001年）。无论是传世黑漆平文古刀，还是现在的平成大直刀，形制都颇为奇特，是短兵器的造型，而不是可以随意挥舞的长兵器造型。刀全长 2.56 米、刃长 2.23 米、手柄长约 30 厘米，只能像使用一般刀剑时那样双手握持。作为原型的"黑漆平纹大刀"在 9 世纪锻造完成后就供奉于寺庙，可以认为这把刀并没有上过战场，仅是敬神贡品礼器，并非实用兵器。同时，值得注意的是，这样的兵器无论是从长度还是重心位置，都不便使用。因此，称雄古战场的陌刀，绝对不会是平成大直刀这样的。

还有一种猜测，源自《免胄图》和古籍的一些记载，并参考了另一种传世实战古刀——明代御林军大刀。

阚棱，齐州临济人。善用大刀，长一丈，施两刃，名为拍刃（就是陌刀），每一举，辄毙数人，前无当者。

——《旧唐书·卷六十》

行俭行至朔州，知萧嗣业以运粮被掠，兵多馁死，遂诈为粮车三百乘，每车伏壮士五人，各赍陌刀、劲弩，以羸兵数百人援车，兼伏精兵，令居险以待之。

——《旧唐书·卷八十八》

贼徒多醉，光远领百余骑持满扼其要，分命骁勇持陌刀呼而斩之，杀贼徒二千余人，虏马千匹，俘其渠酋一人。

——《旧唐书·卷一百一十五》

步卒二千以陌刀、长柯斧堵进，所向无前。归仁匿兵营左，觇军势，王分回纥锐兵击其伏，嗣业出贼背合攻之，自日中至昃，斩首六万级，填涧壑死几半，贼东走，遂平长安。

——《新唐书·卷一百三十八》

沧、赵已隐，史思明引众传城，兴擐甲持陌刀重十五斤乘城。

——《新唐书·卷一百九十三》

从上述文字可以看出，陌刀是一种两面开刃、全长一丈左右，因全钢铁制而比较沉重的长刀，供单兵使用。在战阵中，陌刀还经常和长柯斧一起使用，两者应有互补的作用。所有记载都突出描述了陌刀惊人的劈砍能力。

▼ ▶ 唐代壁画中曾被误认为陌刀的长弓弓体，这种出现在唐代皇室诸位贵族墓葬壁画中仪仗图的兵器，吸引过无数人的目光。由于其平直狭长的造型，曾有人臆断其是未出鞘的陌刀金属部分。使用时，可以接上木柄来挥舞，但这种臆想显然未考虑过连接处是否牢固的问题

这两幅唐墓壁画，曾被误认为是陌刀的长弓弓体再次出现了，而且形制更加清晰。但这种兵器并没有人们之前认为的那么长，而且两侧线条还带有一定弧度。结合图片，我们可以注意到每个使用这种兵器的士兵都携带了箭袋——显然，图中这种兵器只是卸下弓弦的步兵用长弓。另外，参考《新唐书·卷二十三》中的记载："第一麟旗队，第二角端旗队，第三赤熊旗队，折冲都尉各一人检校，戎服大袍，佩弓箭、横刀……又有亲、勋、翊卫仗，厢各三队压角，队皆有旗，一人执，二人引，二人夹，校尉以下翊卫以上三十五人，皆平巾帻、绯裲裆、大口绔，带横刀。"本文提到的唐墓壁画多为"仪卫图"，反映的是唐代军队的仪仗警卫装备。这段文字正是对唐代仪卫装备的介绍，可以看出，作为仪卫出行的唐军士兵是不会携带陌刀这一兵器的，进一步证明壁画中这种兵器是弓，而非陌刀

▲ 黑漆平文大刀

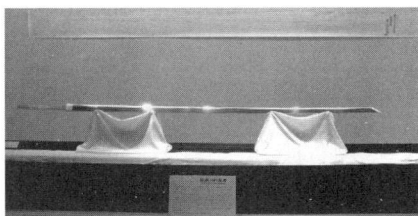

▲ 平成大直刀

从这些资料中，我们可以推出一个重要信息：为方便两手操作，陌刀的柄比较长，重心设计十分利于劈砍。我们在古画《免胄图》中能看到这样一种兵器：全长3米、造型细长、两面开刃的长刀，手柄采用了长兵器的模式，且刀刃体也较单手刀要长出许多。锻造如此长的钢铁长刀，无论从人

▲ 宋代古画《免胄图》局部，图中这种长刀可以确定是实战兵器，应该为陌刀或由陌刀发展而来的长刀

工（锻造难度高，必须由技艺较高的铁匠来锻造）还是材料（需要使用大量优质钢材来锻造）上来讲，花费都十分昂贵。而且，非豪勇之士很难发挥陌刀惊人的威力。可以说，对唐末五代的各方割据势力而言，陌刀是一种极不"经济"的兵器，或许这也是陌刀被淘汰的原因。

然而，陌刀的设计思想还没有完全被淘汰，宋代也存在使用型的长刀——扎马刀（并非偃月刀这样的礼仪用器）。明代的御林军大刀可视作进行了一定演化后的陌刀。御林军大刀重量仅4公斤，远远轻于史册对陌刀的描述。当然这也只是一种猜测，毕竟没有明确的考古实物可以证明。远早于隋唐的汉代有大量铁制兵器如矛头、铁戟、环首刀和长剑出土，稍早一些的南北朝也有大量兵器和盔甲的出土实物，稍晚一些的宋元甚至还有部分兵器传世至今（特指在民间流传，并非出土文物），现存的明清时代各种冷热兵器更是数不胜数，唯独隋唐时代的兵器非常少，不得不说是一个巨大的遗憾。

虽然陌刀的形制不可考，但陌刀的用法却可以确认，那就是在混战中对抗失去速度的骑兵。

刚刚冲过叛军散乱前阵的王思礼部骑兵，速度已经降了下来，队形也不再齐整，这正是陌刀手最喜欢的目标。崔乾佑的狠毒可见一斑：为了对付哥舒翰旗下战斗

力最强的骑兵，不惜以己方数千老弱士兵为诱饵，使唐军骑兵上钩。在陌刀阵的攻击下，唐军骑兵伤亡惨重，只得退下让步兵上前进攻。

就这样，崔乾佑的陌刀手不但打退了唐军骑兵的进攻，还在唐军步兵的围攻下，实现他另一个计划。叛军精锐逐渐让开东边的山路（函谷关旧道）路口，背靠山岭向南边转移，另外一些叛军则从山道逃跑。看到东进的通道被打开，唐军对败退的叛军发动了追击。

被诱进隘路的唐军前军在前进中遭遇埋伏。叛军伏兵突然从山上投下滚木檑石，唐军士卒因隘道拥挤难以散开，死伤甚众。这时，崔乾佑又使了第二个杀手锏——同罗族精骑。同罗族本为铁勒族的一支，贞观二年内附唐朝时，本族已有3万精兵。据说，安禄山最为精锐的"曳落河"骑兵主体就是由同罗族人组成。

在崔乾佑的命令下，同罗精骑完成了从南面山谷的迂回，即将对唐军背后发起冲击。看到烟火在东方冲天而起，同罗骑兵统领知道，冲击的时刻到了。崔乾佑曾事先约定，他率领步兵将唐军引入峡谷后会在适当的时机释放烟火，南山后的骑兵看到烟火后就进行冲击。

此时，唐军前军还被堵在狭窄的山路前进不得。哥舒翰下令用羊皮毡帐蒙住马车，在上面画龙虎图案，饰金银爪目，意图强行冲出一条路来。然而，崔乾佑早有准备：在谷口堆了大量柴草，放火阻挡毡车的前进。大火很快蔓延开，封住了唐军前进的唯一通道，唐军马车被点燃，连同山上的林木也被大火烧光。午后，战场上刮起了强烈的东风，风助火势，将滚滚浓烟吹向唐军阵地。唐军士兵被烟熏得睁不开眼，看不清目标，以为叛军在浓烟中，便乱发弩箭，直到日落才知中计。

此时的灵宝西原在崔乾佑的掌控下成了一个牢笼。尽管总兵力远远小于唐军，叛军却做到了秦军在长平做的事情——在地利的帮助下，以不占优势的兵力围困敌方大军。现在的唐军如同被关进牢笼中的一群野牛：前方精锐受阻无法前进，越来越多的士兵挤进狭窄的峡谷，后军则被狼群一般的同罗族精骑驱赶，退路被断。在拥挤中，唐军各部建制逐渐被打乱，兵将之间失去联系。唐军从有组织的军队变成了踩踏事件中的混乱人群。

那些还没有被冲乱的唐军部队也因拥挤，士兵没有空间挥舞手中的兵器，失去了杀出血路的机会。这样的情景，在坎尼会战的最后一个阶段也出现过。哥舒翰一

盐池

解县

山

平陆

大阳津

涑

水

虞乡

条

中

新店

陕郡

蒲津桥

河东郡

首阳山

曲沃

蒲关

唐军15万人全军覆没

哥舒翰败逃

灵宝

燕·崔乾佑军

风陵关

唐王朝

芮城

河

渭水

永乐

黄

湖城

鸿胪水（宏农涧）

燕帝国

永丰仓

潼关

闻乡

唐·哥舒翰军

弘农郡

唐残军捽入深沟

岭

秦

唐军大营

▲ 会战过程示意图

直怀疑后军不是没有道理的，这些全是新兵的部队，面对骑兵突袭时的战斗力太差了。

很快，崔乾佑布置在唐军前方的伏兵便协同唐军后方的同罗骑兵发起了对唐军的全面反击。面对从两个方向一起杀来的敌军，西原的唐军如同被狼群驱赶到悬崖边的羊群——前后受击，乱作一团，有些心思活泛，比较熟悉周围地理的唐军士兵就丢下盔甲和兵器，向西或者向南奔跑。一些幸运者成功穿过同罗骑兵的战线，跑进了山林，然后寻找山中小路逃回了关中。

那些离河岸较近的士兵们则慌不择路地往南边跑，城濮之战出现过的情景此时在黄河岸边再度上演。溃逃的士兵争先恐后爬上运输船，以求逃离战场，多艘船只因不堪重负在湍急的河水中倾覆沉没。还有些士兵甚至将盾牌等其他能飘浮的物品捆起来当皮筏，以枪杆为船桨，想逃到黄河北岸。更多的则被挤入黄河淹死了，绝望的号叫声惊天骇地，一片惨状。

日暮时分，西原的唐军终于冲破了同罗骑兵在西方的封锁线。唐军残兵摸黑逃亡，有不少人死在了关隘前面——潼关前有三道深壕，黑暗中，大量士兵被挤入壕沟摔死了，还有些被踩死了。三道壕沟都被唐兵的尸体填得满满的。

面对大败，哥舒翰在数百亲卫骑兵的保护下退回了潼关。随后，一些唐军军官带着自己的残部也逃了回来。经过清点，回到潼关的只有8000余人。大部分人葬身灵宝西原，还有一些被吓破胆的幸运儿逃回家去了。

崔乾佑率胜利之师进攻潼关。蕃将火拔归仁等人劫持了连同哥舒翰等数十位不愿投降的唐将后，献关向叛军投降。哥舒翰问他们为何向叛军投降。火拔归仁这样回答："公以二十万众，一日覆没，持是安归？公不见高仙芝等事乎？"

> 存者无消息，死者为尘泥。
>
> 贱子因阵败，归来寻旧蹊。
>
> ……
>
> 县吏知我至，召令习鼓鞞。
>
> 虽从本州役，内顾无所携。
>
> ……
>
> 永痛长病母，五年委沟溪。
>
> 生我不得力，终身两酸嘶。
>
> 人生无家别，何以为蒸黎！

从战场九死一生逃回家的老兵回到家乡却发现已无家，老母长逝，邻里百户已无一家。战事甚急，刚逃回家的老兵又被官吏强征入伍。老兵对自己的生死已看开，唯独叹息，无家又要别离。自己不知将葬身何处，而自己的母亲也无人埋葬。

这就是杜甫"三吏三别"之前发生的故事。

聂隐娘的刺客时代

唐代游侠传奇与魏博藩镇割据

作者 / 不朽如梦

侯孝贤所导演的电影《聂隐娘》一开始，是这么一幅景象：

某藩镇治所，城郊马市一片喧闹繁华，此时一顶华盖远远而来，某大人物骑着马，在众扈从簇拥下行进其中，扈从沿路传呼人群避让。

此时一道姑对一黑衣女子指认大人物，并授以一把黑色羊角匕首。

黑衣女子领命而去，与马队逆向而行，在与大人物错身之际，突然跃起，以匕首刺其颈部，扈从皆未察觉，大人物前行数米，坠马而亡。

刺客

影片中的黑衣女子便是电影的主人公聂隐娘，她是唐代传奇小说中的著名人物，也是古代著名的侠女与刺客。

"侠"这一概念最早出自韩非子的《五蠹》，"儒以文乱法，而侠以武犯禁"，因此韩非子主张对"侠"进行打击。太史公司马迁则是为"侠"作传的第一人。他在《史记·游侠列传》中这样写道："其行虽不轨于正义，然其言必信，其行必果，已诺必诚，不爱其躯，赴士之厄困。"

汉魏以降，虽然当权者对"侠"一直采取压制打击的政策，但是"侠"始终活跃在历史的舞台上。曹植的《白马篇》中就曾以浓墨重彩描绘了一位武艺高超、渴望卫国立功甚至不惜牺牲生命的游侠少年形象。

不过"侠"是一个复杂的社会群体，很难以善恶轻易为之分类。一方面他们之中的许多人继承了两汉以来的名士风节，以抗暴复仇为己任；另一方面，也有很多人肆意妄为，横行无忌，"行剑攻杀"，"活贼匿奸"，视律法为无物。

"侠"蔑视律法，又有一定的武力，若意气相投，便义无反顾，因此往往成为野心家拉拢的对象。在唐朝的建立过程中，便活跃着无数"侠"的身影。李世民在隋末便是"折节下士，推财养客，群盗大侠，莫不愿效死力"（《旧唐书·卷二》）。李渊入长安时，更是得到了豪侠们的鼎力支持，"侠少良家之子弟……争求立效"（《全唐文·卷一》）。

帝王的崇侠养士，对唐代的任侠风气起到了推波助澜的作用。侠风激荡之下，时人均以任侠为荣。史书上记载这些人，"轻死重义，结党连群，喑呜则弯弓，睚眦则挺剑"（《全唐文·卷二百十九》）。即使像大诗人陈子昂那样体弱多病之人，也是"驱侠使气"，"意气一合，虽白刃不可夺也"（《全唐文·卷二百三十八》）。

唐人的诗歌里不乏歌颂描写豪侠少年的篇章。杜甫也曾这样抒发情怀："白刃仇不义，黄金倾有无。杀人红尘里，报答在斯须。"李白的那首《侠客行》更是以"十步杀一人，千里不留行"的豪气，在千年之后仍脍炙人口。

其实李白本人也是豪侠之士，自称"十五好剑术"，"虽长不满七尺，而心雄万夫"。他本人虽一生坎坷，但任侠之心始终未变，有"长剑一杯酒，男儿方寸心"之咏叹。唐代侠风的盛行，一方面固然源于先秦以来的质朴强劲遗风，另一方面也与当时胡风之浸染有关。李唐王室上承西魏八柱国体系，本就带有浓烈的胡人色彩。唐朝建国以来，国势强盛，四夷宾服，在其包容开放的政策吸引下，许多胡人慕名前来。他们将游牧民族原本的那种刚强气质一并带来，使得时人发出了"长安中有胡心矣"的感叹。电影《聂隐娘》中的"空空儿"便是胡人形象。

正是在这样的时代潮流下，唐代诞生了一大批侠客题材的传奇小说。《红线》《聂隐娘》两篇为其中的佼佼者，而两篇传奇小说均与河朔强藩魏博镇田氏家族相关。

聂隐娘本是虚构人物，小说中其父亲名叫聂锋，乃是魏博大将，电影中称其担任掌管藩镇军纪的都虞候。聂隐娘十岁那年，有一女尼（电影中改为道姑）来聂家乞食，看到聂隐娘后，认为小姑娘骨骼清奇，十分喜欢，便向聂锋讨要。聂锋自然不肯。女尼便道："任押衙铁柜中盛，亦须偷去矣。"聂锋虽然防备，但是隐娘在夜里还是突然不知所踪。

聂隐娘被女尼带走后，便开始了学艺之旅，秋去冬来，一晃五年已过，聂隐娘练成了一身神奇本领，于是学成归家。隐娘自称一年，杀猿猴，"百无一失"；二年，"刺虎豹，皆决其首而归"；三年后能飞，"刺鹰隼，无不中"；到第四年，便能白日杀人，"人莫能见"。

聂隐娘归家数年之后，聂锋去世。"魏帅"从种种途径得知了聂隐娘的神奇手段，便聘用了她，让其刺杀敌人。小说中并未言及这位魏帅的姓名，但从小说中故事发生在元和年间来看，可以推断这位魏帅乃是田季安，他也是魏博田氏世袭的第四任节度使。之后，田季安因与陈许节度使刘昌裔有矛盾，派隐娘前去行刺，结果隐娘被刘感化，遂改换门庭，转而保护刘昌裔。

不过，聂隐娘并非田季安手下的唯一刺客。田季安复派刺客精精儿前去行刺，被隐娘所杀。其后，田季安又派来妙手空空儿。空空儿本领更胜隐娘，"人莫能窥其用，鬼莫能蹑其踪，能从空虚而入冥，善无形而灭影"。小说里此后的记述则具有相当的玄幻色彩。聂隐娘让刘昌裔用于阗玉做一护颈，她自己则化作蠛蠓，潜入刘昌裔肠中。三更时分，刘昌裔听得颈上铿然一声响，起身一看，玉护颈上"匕首划处，痕逾数分"。由于空空儿为人十分骄傲自矜，"一搏不中，即翩然远逝，耻其不中，才未逾一更，已千里矣"，如此刘昌裔才幸免于难。

刘昌裔死后，聂隐娘在其灵前恸哭而去。唐文宗开成年间，刘昌裔之子刘纵出任陵州刺史，在蜀中栈道又遇到隐娘，其容貌仍若当时，隐娘送给他一颗丹药，称此丹可以避祸，但药力只有一年，要刘纵来年弃官归乡，方可避祸。刘纵不听，不久果然病死陵州。其后，便再也无人见过聂隐娘。

小说描写天马行空，刺杀手段诡异奇妙，却反映了当时的一些历史事实。当时的社会上有一股豢养死士刺客的风气，上至朝廷宰臣、藩镇节帅，下至地方豪强，往往搜罗豢养一些奇人异士作为爪牙，以行刺暗杀的方式，诛杀政敌，威慑朝廷。当时人记述，"奸人遍四海，刺客满京城"。其中淄青节度使李师道派遣死士当街刺杀宰相武元衡、刺伤裴度的事件，无疑是唐代最为著名的暗杀行动。这次暗杀一时间在长安掀起了一股恐怖狂潮，以至于柳宗元的《古东门行》曾咏此事：

> 当街一叱百吏走，冯敬胸中函匕首。
>
> 凶徒侧耳潜惬心，悍臣破胆皆杜口。

根据记载，魏博田氏当时确实也有招纳亡命、训练刺客的传统。历史上，田季安甚至有过派人盗取洛阳衣冠女的事迹。其过程虽不见具体描述，但在深宅之中，能够将一闺阁千金无声无息地劫走，其手段想必十分了得，能做出这种事情的，也必是田季安所豢养的奇人异士。

魏博

田氏家族的崛起始于田季安的祖父田承嗣。田氏家族出自东北边境的平州卢龙，世代都在卢龙军中担任军官，为长安天子拱卫着东北防线。卢龙形势险要，

▲ 卢龙塞遗址

以山如龙形而得名，为中原的东北大门，历来是兵家必争之地，"自有卢龙塞，烟尘飞至今"。由于靠近边境，这里的百姓"人性劲悍，习于戎马"，历来出精兵良将。田承嗣的祖父及父亲都是当地有名的豪侠之士，田承嗣自然继承了这样的家族基因，"幼尚击剑"，也以豪侠著称。成年后，田承嗣沿着父祖的足迹，同样投身卢龙军中效力，在金戈铁马中拼搏着前程。由于田承嗣既有勇力，又不乏智术，能够"度山川之险易，计戎狄之勇怯"（《全唐文·卷四百四十四》），故从偏裨小校开始一直做到前锋兵马使，成为卢龙军中的重要将领。此后，他又在唐王朝对契丹、奚族的边境战争中屡立战功，曾"一月三捷"，累功升迁至左武卫将军。

田承嗣不仅个人勇武过人，而且治军严整，有名将之风。有一天下大雪，安禄山巡视部下各个军营，来到田承嗣所部时，但见大雪满营，里面寂静无声，安禄山进营检阅士卒，却又没有一个脱离职守，均在营中安静待命。安禄山对这样严整的军纪叹服不已。安禄山十分看重田承嗣，将其作为得力爪牙培养。田承嗣也不负其望，积极参与了安禄山谋反的种种策划。

安禄山起兵后，田承嗣常被委以重任，担任叛军前锋，摧城拔寨，多立战功，各个战场上均活跃着他的身影。比如，他曾经破封常清于洛阳，克鲁炅于南阳，围来瑱于颍川。乾元元年（758年），安庆绪与郭子仪率领的朝廷讨伐大军决战于卫州，安庆绪自领中军，崔乾佑、田承嗣分领上下两军，可见田承嗣此时已成为叛军中最为重要的大将之一。安庆绪死后，田承嗣又在史思明、史朝义父子麾下作战，再次率军攻破洛阳，因功授魏州刺史。之后，他又受史思明之命负责攻略淮西，攻占睢阳，并受封睢阳节度使。

宝应元年（762年）十月，唐军在回纥骑兵的支援下再次收复洛阳，史朝义节节败退，退守卫州，田承嗣率军回援。但当时叛军已成土崩瓦解之势，田承嗣也无回天之力，最后叛军一路败退至莫州。田承嗣见叛军大势已去，便诳骗史朝义出城，称自己将固守城池，请史朝义到幽州求燕京留守李怀仙发兵救援，再内外夹击唐军。结果史朝义刚一出城，田承嗣便献城投降，并将史朝义的母亲妻子尽皆献出。史朝义来到幽州城下，李怀仙又闭门不纳。史朝义走投无路，最后只得自缢林中，后被传首长安。而田承嗣则因此功劳被封为魏博节度使。可以说，在安史之乱中，田承嗣凭借自己的智谋与武略一飞冲天，完成了从效忠朝廷的边将

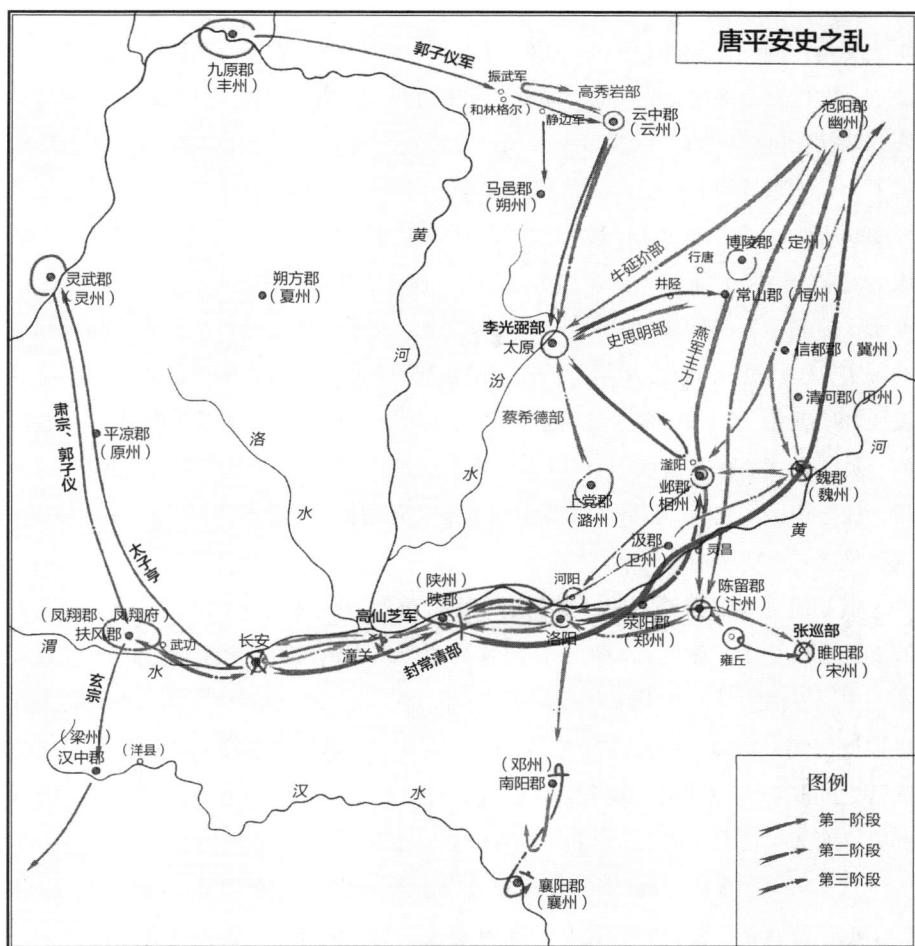

▲ 唐平安史之乱示意图

到割据一方的藩帅的人生转变。

众所周知，安史之乱是盛唐走向中晚唐的分水岭。自此之后，大一统局面不复存在，地方形成了藩镇林立的割据局面。朝廷企图重构权力结构，藩镇则竭力保持相对独立性。在这权力重构的过程中，朝廷与藩镇之间相互博弈，既存在矛盾，又相互依存，形成了微妙的平衡关系。这一体系存在了近一个半世纪，直到被黄巢之乱打破。

各藩镇中，最为跋扈者无疑是脱胎于安史叛军的河朔藩镇集团。当年朝廷平叛大军虽在回纥骑兵的援助下，取得了为时八年的平叛战争的最后胜利，但是却缺乏一鼓作气荡平河北的决心。同时，由于河西、陇右等军被大量抽调入援朝廷，西北边防空虚，吐蕃、党项趁机入侵，这进一步分散了朝廷的力量。于是朝廷只得下诏："东都河北应受贼胁从署伪官并伪出身，悉原其罪，一切不问。"（《册府元龟·卷八十八》）在此情形下，安史叛军的余党李怀仙、田承嗣、薛嵩、张忠志（后改名"李宝臣"）等人，得以"招还散亡，治城邑甲兵，自署文武将吏，私贡赋，天子不能制"（《新唐书·列传第一百三十七》）。此后，朝廷只得承认他们割地称雄的现实，于广德元年（763 年）正式下诏分割河北诸州，并先后以张忠志为成德节度使，时辖恒、冀、深、定、易、赵等州，治恒州；以田承嗣为魏博节度使，时辖魏、博、贝、沧、瀛等州，治魏州；以李怀仙为幽州节度使，时辖幽、蓟、营、平、妫、檀、棣等州，治幽州；以薛嵩为相卫节度使，时辖相、卫、邢、洺等州，治相州。这就是历史上所谓的"河朔故事"。

河朔既强大又桀骜不驯，如内地无相抗衡者，则内外轻重失调，势必形成新的安史之乱。于是朝廷又不得不在河朔周边广设方镇，重新建立防线。既然设置这些中原方镇的目的在于以方镇御方镇，那么此类藩镇也得保持相当强大的兵力，以控扼河朔，屏障关中，沟通江淮贡赋之地。由于藩镇与藩镇之间相互制约，与朝廷之间既有利益冲突，也有相互合作，最终形成了"夫弱唐者，诸侯也。唐既弱矣，而久不亡者，诸侯维之也"（《日知录·卷九》）的均势局面。

这其中，魏博镇无疑是各个藩镇中最为强大者。王夫之在其所著《读通鉴论·卷二十七·昭宣帝》中这样评论："藩镇之强，始于河北，而魏博为尤，魏博者，天下强悍之区也。"

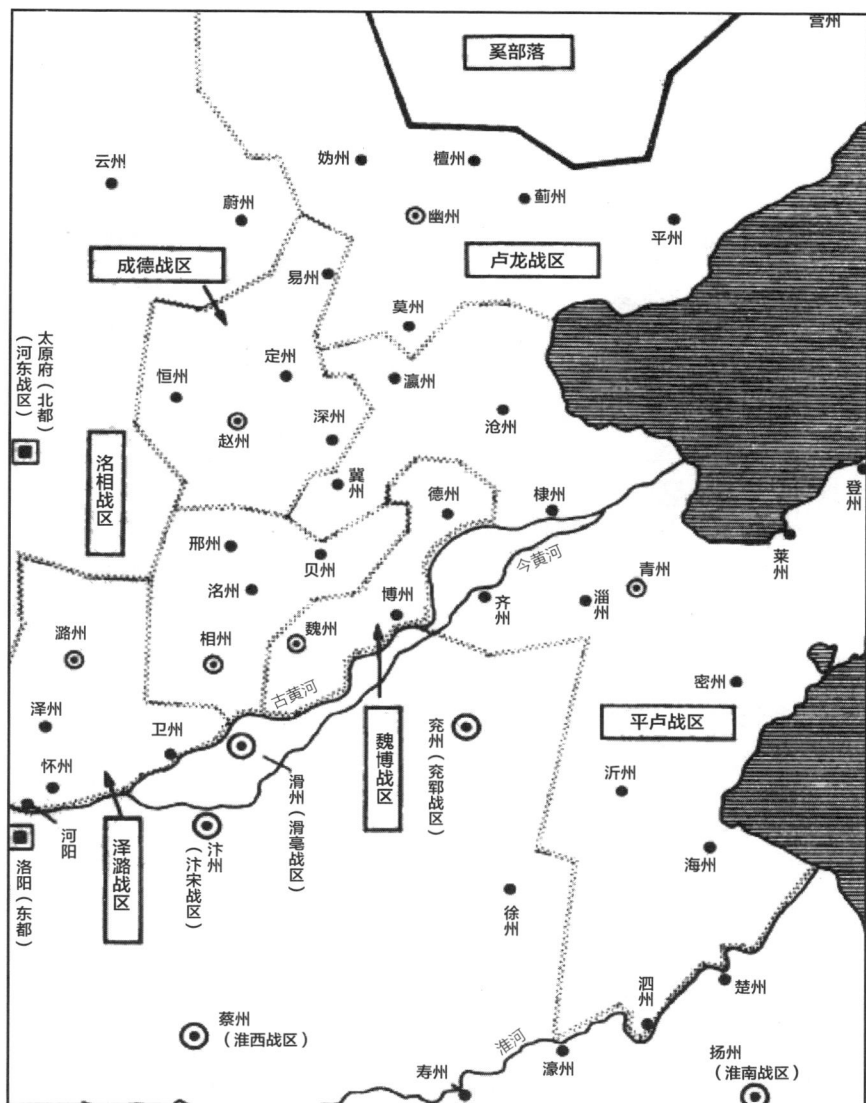

奚部落

营州

云州

妫州   檀州   蓟州

蔚州   ◎幽州   平州

成德战区   卢龙战区

易州

太原府（北都）（河东战区）   莫州

恒州   定州   瀛州

深州   沧州

洛相战区   ◎赵州   登州

冀州   德州   棣州

邢州   贝州   莱州

洺州   博州   齐州   青州   淄州

潞州   相州   ◎魏州   今黄河   密州

泽州   卫州   古黄河   平卢战区

怀州   滑州（滑亳战区）   兖州（兖郓战区）   沂州

河阳   泽潞战区   汴州（汴宋战区）   魏博战区   海州

洛阳（东都）   徐州

泗州   楚州

蔡州（淮西战区）   寿州   濠州   扬州（淮南战区）

淮河

▲ 唐代藩镇示意图

魏博镇的核心无疑是魏州。魏州当时是河北的重要都会。北周末年，杨坚在击破相州总管尉迟迥的反抗后，为防止反对势力死灰复燃，遂一把火将曹魏以来的六朝古都邺城烧成废墟。此后杨坚迁相州于安阳，并分昌黎郡为魏州。自此，魏州便取代了邺城，成为河北地区的政治、经济中心。至隋末，魏州武阳郡有户口 213000 余，仅次于京兆和清河两郡。

魏州地处漳水与洹水之间，地势平坦，土壤肥沃，一向是重要的农耕地区，农业经济十分繁荣。自西门豹治邺开始，当地便有发达的水利灌溉设施，《史记·滑稽列传》称："民人以给足富。"西晋著名文学家左思所著的《魏都赋》，曾描述这一地区的农业生产景象：

> 澄流十二，同源异口。畜为屯云，泄为行雨。水澍粳稌，陆蒔稷黍。黝黝桑柘，油油麻纻。均田画畴，蕃庐错列。姜芋充茂，桃李荫翳。

到了唐玄宗开元年间，魏州刺史卢晖改造永济渠，引水流至城西，"以通江淮之货"。自此魏州便借助大运河的水运优势愈加繁盛，成为沟通南北的重要商业枢纽。同时由于永济渠的开掘，这里成为朝廷重要的粮食运输基地，所产粮食可以通过水运供应关中地区，支撑朝廷开支。同时，魏州也是当时最为重要的纺织业中心，出产丝、绵、绝、绅等丝织品。

魏州不但经济发达、人口众多，其地理位置也十分重要。该地枕山带水，乃是河朔之重镇，北门之锁钥。李密当年夺取魏州后，其势力便达到顶点，可以问鼎天下。刘黑闼起兵，也多次争夺魏州，以便攻略河南。正是由于魏州重要的战略地位，唐高宗龙朔二年（662 年），魏州被设为大都督府驻地，用来掌控河北地区。

河北地区之前一向是士族的聚居地，但是隋唐时期，河北士族如清河崔氏、博陵崔氏、范阳卢氏、赵郡李氏等家族出现了向长安、洛阳两京迁移集中的趋势。从出土的墓志铭中可以发现，这些迁移至长安、洛阳的士族不但居住在那里，而且死后也葬于附近，形成了郡姓。这些大族脱离原籍、迁居两京是因为科举制的吸引力。他们要进入官僚阶层，居住于两京无疑更为便利。这种转变使河北地区士族大姓的社会势力逐渐减弱、分散与南移，于是军人集团趁机填补了空缺，成为河朔地区强有力的社会势力。

同时，河北地区民风历来剽悍难治。汉代时就有"人患剽悍"的记载，又有谚语道："魏郡、清河，天公无奈何！"当时官员均视到这几个地方做官为畏途。此后的朝廷为压制当地豪强，也不得不让地方官员"以便宜从事，其多行杀戮"（《隋书·卷三十》）。虽然后来在儒学的洗礼下，河北风俗有了渐变，其中河朔崔、卢、李三姓更是以注重经学礼法著称，成为北方士族之冠，但是河朔民风中好气任侠之风的基因依旧存在。田承嗣率领的安史余孽本出自东北边防军，夹杂着大量蕃兵，这些人本就"人性劲悍，习于戎马"。田承嗣入主魏博后，本地豪强与这一武装集团结合，魏州地区"俗重气侠，好结朋党"（《隋书·卷三十》）之风俗再次被激发，这也是河朔割据的社会基础。

同时，藩镇也极为重视延揽人才。许多官场失意、沉沦下僚，或是蹉跎于科举的士人纷纷北上，进入节度使幕府，为其效力。

在这样的历史背景下，田承嗣得到魏博后无疑是如鱼得水。他一方面联合成德、幽州等藩镇，结成攻守同盟；另一方面又大力发展军队，一手开创了魏博牙军，直接影响了日后近两百年的政局。

牙军

在地理位置上，魏博扼守着进入河北的咽喉要道，可以说是河朔割据的支柱，所以自然成为朝廷的肉中刺。田承嗣最初领有魏、博、贝、沧、瀛五州，但不久后朝廷便对其所领州县进行了分割。其中沧州、瀛州改隶淄青节度使，贝州改隶相卫节度使。为了补偿其损失，朝廷又将德州交由其管辖。

这次分割无疑是为了削弱安史叛将田承嗣的实力。因为贝州是当时天下首屈一指的人口稠密之地；沧州则是"燕得之，势足以弱齐。齐得之，势足以胁燕动赵"（《读史方舆纪要·卷十三》）的战略要地，通过沧州可以"连青、济之甲，走深、冀之道"（《读史方舆纪要·卷十三》）；瀛州可以钳制被誉为"州控三齐之肩背，为河朔之咽喉"（《读史方舆纪要·卷三十一》）的德州，只要控制瀛州，便足以确保"南不得河间，幽、平之患未深"（《读史方舆纪要·卷十三》）的局面。

当时大批官军仍在河北，还能挟平叛之余威，压制藩镇。田承嗣则因在魏博基业草创之际，一时无力抵抗，只得就范。但也是由此，田承嗣知道代宗颇有进取之心，如魏博镇无法自强，势必被朝廷所取，于是他昼夜劳心，开始谋求强大之道。

不久后，河北形势发生了极大转变，使魏博镇得以度过创立初期最危险的时刻。广德元年九月，平定安史之乱的大将仆固怀恩因被朝廷疑忌，遂起兵反叛。他起兵后，曾派人分别出使河朔藩镇，煽动田承嗣等安史余孽，希望他们共同起兵，对抗朝廷。在此情况下，朝廷为拉拢田承嗣，防止其与仆固怀恩联兵反叛，不得不将沧、瀛两州归还魏博。

如前面所说，魏博镇的领地在开元、天宝年间都是人口众多的地区，但在经过多年战火锋镝后，各地都是一片残破景象，可谓人烟断绝，千里萧条。因此田承嗣在获得难得的喘息之机后，首先做的便是招合离散，休养生息，恢复生产。据记载，田承嗣不但军事才能出众，处理政务也颇为精明强干，"治文案如同流水"（《唐人轶事汇编·卷十六 田承嗣》），人称"旋风笔"。由于魏博镇本来底子就好，"繁富为天下之冠"，所以在田承嗣的治理下，很快便恢复了昔日的繁荣景象。直到五代时的后唐，仍然有人不无夸张地以"魏博六州户口，天下之半"（《旧五代史·唐书四十五》）这样的词句来形容其繁盛。

如果只是人口众多、经济发达，那魏博只能算是一块肥肉，将被各路诸侯窥伺，所以田承嗣拣选丁壮，发展军备。因为魏博人口稠密，田承嗣居然得兵10万。虽然这个数字有所夸张，但毫无疑问，魏博镇的兵力在各大藩镇中是首屈一指的。之后，田承嗣将这支军队命名为"天雄军"，并得到了朝廷的认可。在之后的历史中，魏博节度使也因此常被称作天雄军节度使。天雄者，天下之雄也，从中可以看出，田承嗣依然存着争雄天下之心。

不过田承嗣大规模征发当地丁壮为兵也属无奈之举。此前他一直率部在河南地区与官军作战，其军队损耗颇大，而安史叛军的余部又多为成德、幽州两镇所吸收。因此，他要想补充军队，保持战力，就必须大规模募集本地人士。

魏博镇为确保将士的战斗力，十分注重军事训练，"完器甲以彰有备，训卒伍以示有严"（《全唐文·卷八百十三》），其中尤为注重骑射。据记载，魏博镇的弓弩训练分两种，一是分曹习射，二是车中角射。其中分曹习射为静态射击，车中角射则为动态射击，动静结合，以提高将士的射击技能。为提高将士的骑术，魏博军中也经常举行马球比赛。马球赛模仿骑兵作战，可以锻炼骑兵策马作战的

▲ 敦煌壁画中的唐军形象

▲ 唐代石刻武士造像

技能技巧和反应能力。

就此，魏博镇凭借其经济、人口优势，以及一支强大的军队，成为天下强悍之区，并捍卫河朔百年割据局面。

同时，田承嗣还将其中骁勇者选为亲兵，提供最优厚的粮饷及最精良的武器。这与当年安禄山选拔各族精锐为"曳落河"的举措相当。不同之处在于，安禄山的"曳落河"都是骑兵，而田承嗣的亲兵受限于地理因素，以及魏博镇缺乏马匹，没有大规模供养骑兵的条件，只能发展以步兵为主的兵力。这支强大的亲军就是历史上著名的魏博牙军，也即袁郊在《甘泽谣·红线》中所提到的"外宅男"："乃募军中武勇十倍者得三千人，号'外宅男'，而厚恤养之。常令三百人夜直州宅。"

田承嗣是牙军的创立者，之后各个藩镇均仿照其做法，建立了自己的牙军部队，但是都没有魏博牙军那般实力强劲。田承嗣建立牙军的初衷在于稳固自身地位，既要防止朝廷讨伐，又要压制魏博军中的大将，保障自身安全。史书中说，田承嗣性格"沉猜好勇"，十分狡诈多疑。当年他出卖史朝义，降于仆固怀恩之子仆固玚后，害怕不能保全自身，便诈称有病不出。仆固玚想出其不意，驰入城内擒捉他，进入其军营却发现田承嗣在身旁排列着许多刀斧手，竟然无从下手，只得作罢。这次经历，也成为田承嗣在任职魏博节度使后不久便建立了一支强大牙军的重要原因。

牙军的"牙"字出自于牙旗，"象猛兽以爪牙为卫，故军前大旗谓之牙旗"（《封氏闻见记·卷五·公牙》）。唐代节度使专制一方，每次出镇，赐双旌双节，树六纛。

其官署为牙，所树之旗为牙旗，所居之城为牙城，所居之屋为牙宅，称朝见主帅为牙参，称所亲之将为牙将，其卫队为牙队，而亲卫兵则称牙兵。

如魏博牙军一样，藩镇的牙军通常由藩镇军队中抽调出来的精锐组成。牙军不仅在战斗中作为核心部队，同时还担负着在牙城、牙宅警备和宿卫的职责，可以说是节度使震慑内外敌人、行使权力的最重要力量。

除了驻扎于节度使驻地的牙军部队外，还有军使、镇将所统率的外镇军及属内刺史、防御使、团练使等统率的军队。外镇军一般驻扎于关隘、渡口等险要之地，其驻地大者称军，小者称镇。这种军队由节度使亲信将领所统率，直属于节度使，地方刺史无权干涉。属内刺史、防御使、团练使所统率的军队，独立性则相对较强。他们外可联结朝廷，内可谋夺帅位，一向是节度使猜忌、防范的重点。节度使建立牙军的目的之一，也是为了防范这支力量。

牙军多选择魁伟强力者服役，加上配备最精良的武器装备，可以说是藩镇最

▲ 马球图

为精华的军队。比如魏博凭借繁荣发达的经济，不光使得节度使有财力支撑这样一支军队，也使得其能常以丰厚赏赐拉拢牙军，借助其武力保护自身安全。总之，牙兵不但有牙门宿卫职能，还起着控制牙外兵和境内其他支郡的作用，"时魏恃牙兵，其帅得以倔强"（《新五代史·卷二十三》）。由于节度使的宠幸，牙军也有着高于他军的优越地位，不但经济待遇较他军为优，而且帅帅对牙军将士的一些违法行为也多持优容态度，以至于"强贾豪夺，逾法犯令，长吏不能禁"（《旧五代史·梁书十四》）。刘禹锡在《武夫词》中曾这样描写当时的武夫：

> 武夫何洸洸，衣紫袭绛裳。
>
> 借问胡为尔，列校在鹰扬。
>
> 依倚将军势，交结少年场。
>
> 探丸害公吏，抽刃妒名倡。
>
> 家产既不事，顾盼自生光。
>
> 酣歌高楼上，袒裼大道傍。
>
> 昔为编户人，秉耒甘哺糠。
>
> 今来从军乐，跃马饫膏粱。
>
> 犹思风尘起，无种取侯王。

总之，由于魏博牙军的本土特色，同时也由于牙军拥有丰厚的军饷赏赐、优越的政治地位，很少有人愿意脱离军营。这些农民出身的军人很快便成了职业化的雇佣兵，他们世代生活在魏博，以从军为生业来供养父母妻子。他们"皆成父子之军，不习农桑之业"（《全唐文·卷六十七》），除了当兵之外别无他能，"悍卒顽夫开口仰食者故在，彼皆不能自返于本业者也"（《新唐书·列传第二十六》）。牙军的联姻也往往只在内部进行，逐步形成了"父子世袭，姻党盘互"（《新唐书·列传第一百三十五》）的强大军人集团，最后拥有了废立节度使的力量。主将稍有违逆，牙军便拔刀相向，其骄横跋扈天下闻名，号称"长安天子，魏府牙军"（《新唐书·列传第一百三十五》）。宋代名臣赵翼曾这样评价道："为之帅者，既虑其变而为肘腋之患，又欲结其心以为爪牙之助，遂不敢制以威令，而徒恃厚其恩施，此骄兵之所以益横也。"（《廿二史札记·卷二十》）当然这种局面是田承嗣没有料到的。不过，在最初的几十年内，魏博牙军还在蛰伏之中，田氏家族牢牢掌握着魏博镇的政权。

红线

　　田承嗣在整合魏博实力将其发展为强大藩镇之后，开始谋求对外扩张之道。他首先将目光投向了曾经同在安禄山、史思明麾下的薛嵩，以及薛嵩所掌握的相卫镇所辖诸州。

　　薛嵩出身河东薛氏，其家族为唐代著名的将门。薛嵩的祖父是唐初名将薛仁贵。薛仁贵诸子中最为杰出的是长子薛讷，评书人物"薛丁山"的原型。薛嵩是薛仁贵另一子薛楚玉之子。薛楚玉历任平卢、范阳节度使，也是边疆宿将，后因对契丹作战战事不利，被朝廷认为不称职而被免职。因为薛楚玉的缘故，薛嵩生长于燕、蓟之间，年十五便随其父在东北边境参与对周边民族的战争，"突围朝战，控弦夜猎"。他也继承了先祖膂力强劲、善于骑射的基因，号称"入则参戴鹖，出则追射雕"。其祖父、父亲、伯父三人均曾在东北边境任职，因此薛家在范阳军中拥有一定的影响力，薛嵩也从而成为安禄山拉拢的对象。安禄山发动叛乱后，薛嵩不知出于什么原因，作为勋臣子弟竟也参与其中，并担任重要职务，最后做到叛军邺郡节度使的高位。

　　史朝义兵败后，薛嵩以所辖相、卫、邢、洺四州降唐，并被朝廷任命为相卫节度使，号其军为"昭义"，并封平阳郡王。不过，与其他河朔藩镇的跋扈不同，薛嵩执行的是亲朝廷的政策，《新唐书·列传第三十六》载："嵩谨奉职，颇有治名。"这一方面是因为他身为勋臣子弟与朝廷自然亲近，而其他河朔藩镇节度使或是胡人出身，或是边境土著，浸染胡俗，与朝廷离心力相对更强。另一方面，在当时的河朔四镇中，相卫节度使兵力最为薄弱，总计只有 3 万左右。因此为防止被其他藩镇吞并，薛嵩也不得不与朝廷亲近，借助朝廷的力量维持其自主地位。

　　至于田承嗣将扩张的野心投向薛嵩的相卫之地，除了相卫兵力薄弱，容易吞并外，更为重要的原因还在于相、卫等州对魏博来说极其重要。相、卫等州不但人烟稠密、经济发达，除纺织业外还有煤矿、铁矿之利，如取得可极大增强魏博的实力。而且该地地理位置重要，乃是咽喉之地，如利刃插入腹心威胁着河朔，其中卫州"南滨大河，西控上党"（《读史方舆纪要·卷四十九》），控制着黄河渡口，朝廷可以通过卫州随时渡河北上；邢州"尤为山东要地"（《读史方舆纪要·卷十五》），拥有对魏博镇的地理优势；相州更是"唇齿泽、潞，臂指邢、洺，联络河阳，襟带澶、魏，其为险塞"（《读史方舆纪要·卷四十九》），被认为"自古用兵，以邺而制洺也常易"（《读史方舆纪要·河南方舆纪要序》）。而与《聂隐娘》齐名的唐代刺客故事《红线》便发生在这样的历史背景下。该故事描写了魏博节度使田承嗣企图吞并潞州节度使薛嵩的领地，薛嵩侍女红线以神奇超凡的手段潜入戒备森严的田府，夜盗其床头金盒作为威吓，迫使田承嗣收敛狂妄气焰，回书表示悔过自新。其故事背景为唐代宗年间河朔方镇刚刚兴起的时代。

袁郊生活的时代为唐王朝衰亡覆灭的时代，各路军阀之间的混战愈演愈烈，"血战不解，唐祚以至于亡"（《旧唐书·卷二十三》）。战火无情，兵锋所过之处一片残破景象，尤其是中原地区，更是一片末世景象，"五六年间，民无耕织，千室之邑，不存一二，岁既凶荒，皆脍人而食，丧乱之酷，未之前闻"（《旧唐书·卷二十三》）。面对如此乱世，袁郊希望能有人以神奇手段平息纷争，维护安定，实现"两地保其城池，万人全其性命；使乱臣知惧，烈士安谋"的美好愿望。

据计有功所编《唐诗纪事》载，薛嵩确有一名叫红线的侍女，善弹阮咸琴，因其手纹隐起如红线而名之。当然，现实中的红线并无这样的神奇手段，只是一名普通的侍女。小说《甘泽谣·红线》中并未提到红线的师承，但从其出行前"胸前佩龙文匕首，额上书太乙神名"的举动可以推断出学的应是道教法术。太乙者，太一也，为古代神话中的最高神。道教认为其是世界万物的本源，居于北极星的紫微宫中，乃是主宰天象运行、万物生长的昊天上帝。田承嗣枕前的七星剑，金盒内所书的生身甲子与北斗神名也带有浓厚的道教色彩。古人认为北斗七星掌管着人的生死，有免除他人暗害的力量。《汉书·息夫躬传》记，息夫躬受人传退盗术，以桑枝制匕首，上画北斗七星，夜里披发于庭，朝北斗挥舞匕首，祝祷作法，求以免除贼之骚扰。北斗七星又被古人认为是天帝之车，率领众星运行于天上，围绕着北极星运转，川流不息，循环往复。因此红线在行动前在额上书太乙神名，应该也是为了克制田承嗣的护身法器。这种信仰在唐代应该颇有市场。跋扈难治，割据申、光、蔡诸州的淮西节度使吴少诚麾下有一支悍锐的骡子军，这支军队的士兵"甲皆画雷公星文以厌胜，诅詈王师"（《新唐书·列传第一百三十九》）。

不过说到底，《红线》的故事只是小说家言。作者希望有一英雄人物用神奇的手段弭定干戈，但历史上相卫镇最后还是在田承嗣的武力介入下解体。此前薛嵩在时，由于他家族背景显赫，父祖都以军功闻名于世，且自身又是安史宿将，勇武善战，因此在河北地区拥有极高的人望。对内他能压制骄兵悍将，对外他能抵制魏博扩张，田承嗣一时无法插手，只能静待时机。

大历八年（773年）正月，薛嵩去世，相卫镇局面立刻急转直下。薛嵩虽然事朝廷甚为恭谨，但这是其自保之道，相卫镇骨子里还是河朔藩镇，所辖诸州刺史多由薛氏族人担任，比如薛择为相州刺史，薛雄为卫州刺史，薛坚为洺州刺史，朝廷对其只是羁縻而已。薛嵩的部将中多为参加过安史之乱的燕赵豪杰，颇有骄横难治之

▲ 红线盗盒

徒。薛嵩刚死，部将们便企图拥戴其子薛平为帅。薛平当时年仅十二岁，虽然年幼，却识得其中凶险。他明白，相卫镇面临的形势是外有强敌窥伺，内有骄兵逼迫，非自己所能应付，一不小心便是杀身覆族之祸。因此薛平假装答应，不久便将帅位让给其叔父薛崿，然后以"奉父丧"之名连夜逃归乡里。

薛嵩的丧事办得极为风光，其部下一路上设置祭堂，每半里一祭，二十余里间连绵不绝，大的祭堂花费千余贯，小的也要三四百贯。单这一笔便花费了好几万贯，由此可见当时河朔节帅的豪奢程度。

薛嵩死后，朝廷顺水推舟，任命薛崿为节度留后，而田承嗣也加紧了对相卫镇的渗透，"诱昭义将吏使作乱"（《资治通鉴·卷第二百二十五》）。因为相卫镇多安史旧将，与魏博镇有千丝万缕的联系，因此田承嗣很快便得到了一部分相卫将士的拥戴。而薛崿却没有其兄长的威望，难以压制内部，形势很快失控。

大历十年（775年）正月，昭义军兵马使裴志清在田承嗣的策动下，发动兵变驱逐了薛崿，率领部下投向田承嗣。田承嗣则以"平定相州军乱"为名，立即率

军袭占相州。薛嵩仓皇逃离相州，出奔洺州。他知道自己无法坐稳节度使的位置，于是上表朝廷请求入朝，离开了这一是非之地。

朝廷得知相卫镇巨变后，连忙派遣内侍孙知古作为使节赶往魏州，要求田承嗣各守封疆，不得擅自吞并邻镇。田承嗣知道朝廷虚弱，去年为笼络固结其心，甚至将皇女永乐公主下嫁其子田华，因此他拒不奉诏，同时加紧吞并步伐，分别派遣大将卢子期取洺州，杨光朝破卫州。这年二月，田承嗣派人会见卫州刺史薛雄，希望其率部投入魏博军中，但薛雄坚决不从。田承嗣竟派遣豢养的刺客伪装成盗贼，冲入薛雄家中，将其满门杀尽。不久后，田承嗣便尽取相、卫四州，并自置长吏，相卫镇的"精甲利器，良马劲兵，全军之资装，农藏之积实"（《全唐文·卷四十七》）也全被掠至魏州。

疆场

田承嗣在攻取相卫等州后，实力大增，朝廷自然不能坐视不理。如朝廷当时仍然优容羁縻，势必会形成多米诺骨牌效应，其他藩镇必将效仿，朝廷威严将不复存在。因此，朝廷迅速任命华州刺史李承昭为知昭义留后，表明态度，绝不承认田承嗣吞并相卫的既成事实。

当时，成德节度使李宝臣与淄青节度使李正己也上表请求讨伐田承嗣。两人虽然为大镇节帅，各自拥兵数万，转制一方，却一直被田承嗣轻视，因此怀恨在心。李宝臣更是与田承嗣有杀弟之仇。当年李宝臣之弟李宝正娶了田承嗣之女，夫妻俩居住在魏州。这本是加强两镇关系进行的政治联姻，却没想到在一次马球比赛中，李宝正胯下之马突然间受惊，奔马失去控制，与田承嗣之子魏州刺史田维的马相撞，导致田维坠马，后不治身亡。田承嗣震怒之下，将李宝正囚禁起来，并将此事告知李宝臣。李宝臣连忙派人道歉，称自己管教无方，又送了一根木杖给田承嗣。李宝臣的本意是让田承嗣用木杖痛打李宝正一顿出气即可，没想到田承嗣因痛失爱子，竟下狠手，将身为田家女婿的李宝正杖毙。

李宝臣本名"张忠志"，也是凶悍之人。他出身于内附范阳的奚族，以善于骑射闻名，后因骁勇善战被安禄山收为养子。安禄山发动叛乱后，李宝臣曾率骁骑十八人劫持太原尹杨光翙，唐军赶来的追兵有万余人，竟然不敢相逼，由此可见其勇武。在归降朝廷后，他割据恒、定、易、赵、深、冀六州之地，拥兵5万，号称雄冠山东。作为安禄山的养子，安史之乱结束后，不少叛军余孽投入其麾下，其中包括大批骑兵，使得成德镇的骑兵力量当时最为强大。

李正己的淄青镇则辖淄、青、齐、沂、海、密、登、莱、棣等州，也是当时有数的雄藩。他所割据的地域"齐带山海，膏壤千里"，不但农业发达，物产丰富，所产丝织品也十分著名，号称"天下绢以北海（青州）为最佳"。淄青镇由南渡的平卢镇将士建立。这支军队早先驻扎在东北边境，长期与奚、契丹等部族作战，之后又与安史叛军在中原血战多年，都是百战之余，战斗力也颇为强悍。李正己本人也是骁健有勇力之人，连强暴恣横的回纥都被其降服，在其面前"不敢为暴"。他也一手开创了李氏家族割据淄青50余年的基业。

田承嗣之所以轻视李宝臣、李正己，应该是认为他们两人都是后辈，虽有勇力但少智慧。当田承嗣本人是方面大将之时，他们两人不过是偏裨将校，现在虽

▲ 章怀太子墓壁画《狩猎出行图》

为一镇节度，但还是无资格与其平等交往。当时在世的人物中，他唯一佩服的只有郭子仪一人。一次郭子仪派遣的使者来到魏州，田承嗣接见时向西跪拜，并说："这膝盖好久没有下跪了，今日却为郭令公屈膝。"

大历十年四月，朝廷见得到了成德、淄青等藩镇的支持，认为平定魏博指日可待，遂下诏贬田承嗣为永州刺史，并调兵遣将。朝廷命河东节度使薛兼训率领马步军 1.5 万人赴邢州随李承昭调遣；命成德节度使李宝臣精选骁雄马步 3.2 万人屯深、冀、贝等州；命幽州节度使留后朱滔率马步军 2.5 万人进逼沧、瀛等州；命淄青节度使李正己率所管马步 3 万人北临德州、博州；又命淮西节度使①李忠臣、永平节度使②李勉、汴宋节度留后③田神玉并河阳、泽潞等道兵马共 6.5 万人直据淇园。

朝廷名义上出兵 16.7 万人，在兵力上占据明显优势，但是各路之间本就矛盾重重，加上既无统一指挥官，也无朝廷禁军呼应压阵，只寄希望于各镇节度为其殊死效命，实为隐患。成德、幽州等镇本就是"名曰王土，实为异域"的割据势力，他们首先考虑的是如何保存并扩展自身实力，而不是为朝廷火中取栗，因此极容易因自身利益关系而产生动摇。

不过，讨伐大军最初还是进展颇为顺利。在朝廷的多路进攻之下，田承嗣东支西绌，狼狈应付，陷入损兵折将、领土日蹙的不利境地。

五月，田承嗣部将霍荣国慑于讨伐军的声势，率部以磁州归降。不久后，李正己也率军攻克德州，李忠臣则统率永平、河阳、怀、泽步骑 4 万进逼卫州。针对讨伐军的进攻，田承嗣于当年六月发起反击，其战略是先击破战斗力最强的成德镇后再挥师南下，于是派遣原昭义大将裴志清攻打冀州，没想到裴志清见讨伐军势大，自度无法取胜，刚到冀州便率部投入李宝臣的怀抱。田承嗣在大骂裴志清反复小人之余只得亲自出兵围攻冀州，李宝臣则派遣麾下高阳军使张孝忠率领精骑 4000 为先锋急援冀州，李宝臣本人则率大军紧接其后。张孝忠小名"阿劳"，

---

① 时辖申、光、蔡、寿、安、唐等州，治蔡州。
② 时辖陈、滑、亳等州，治滑州。
③ 时辖汴、宋、曹、濮、兖、郓、徐、泗等州，治汴州。

也是当年安史叛军中有名的勇将，以谨重骁勇著称，其所率4000人更是成德军中的精华。两军相持期间，田承嗣登高远望，见张孝忠军军容整肃，叹曰："张阿劳在焉，冀州未易图也！"只得在焚烧辎重后撤军返回魏州。

在挫败田承嗣北上进犯的企图后，李宝臣与李正己两军会师于枣强，并进围贝州，田承嗣出兵相救。两军最初相持不下，却不想成德、淄青两镇突然退兵。起因是成德与淄青两军为激励士气，各自打开仓库犒赏三军，但是成德将士得到的赏赐较淄青为多，淄青将士多有怨言。李正己害怕引发兵变，匆忙率军撤退，李宝臣见其撤退，也引军而去。卫州城下的淮西节度使李忠臣见成德、淄青两镇撤军，也放弃围攻，弃垒避战，在南渡黄河后屯兵于阳武。李宝臣自贝州撤军后，又与朱滔合兵攻打沧州，但守将田庭玠守御有方，成德、幽州两镇又未全力进攻，沧州城屹然不动。

更加严重的是，当时李宝臣已有玩寇之心。这事的起因是代宗皇帝见李宝臣立下功劳，便派宦官马承倩带着诏书前来慰劳。马承倩认为成德天下雄藩，自然能得到不少好处，但是李宝臣只是在他临走前送了100匹缣。马承倩大失所望，嫌这份程仪太薄，大骂李宝臣后将这些缣丢到路上。李宝臣得知后又羞又恼，麾下兵马使王武俊趁机进言道："现在主公在军中刚刚立下功劳，竖子就敢这样放肆。一旦魏博平定，成德势单力薄，到时候天子以一封诏书召主公到宫阙下，主公就是一个匹夫，任人揉搓，还不如现在放田承嗣一马。"意思很明确，如果魏博倒下，朝廷下一步削藩势必指向成德，李宝臣听后若有所思，自此便对讨伐三心二意。

王武俊也是成德著名的勇将，"燕、赵间共推张阿劳、王没诺干，二人齐名。没诺干，王武俊也"（《新唐书·列传第七十三》）。不过，张孝忠在安禄山麾下便已是大将，常为先锋作战，与李宝臣为同僚，而王武俊当时则是李宝臣麾下的裨将，最初地位不高，在《李宝臣纪功碑》中仅排名第三十位。其职务则不过左厢马军十将，位在兵马使之下。在辛忠义、卢俶、许崇俊、张南容、张彭老等二十余名骨鲠大将被李宝臣诛杀后，他方才脱颖而出。

当时虽然诸道兵四合，但是成德、幽州、淄青等藩镇明显未出全力，而效忠朝廷、能奋力拼杀的只有河东、昭义两军。于是田承嗣判断，一旦击退两镇，其他藩镇势必退兵。田承嗣命令侄子田悦会同大将卢子期急攻磁州，以便攻占这一战略要

河东兵团

蔚州

幽州（卢龙战区）

河东、卢龙
兵团

涿州

易州

瓦桥

莫州

代州

恒州（成德战区）

定州

李宝臣军

瀛州
（吴希光）

沧州
（田庭玠）

深州

魏博战区

太原府（北都）
（河东战区）

赵州

枣强

德州

棣州

泽潞兵团

邢州

卢子期军

冀州

贝州

田承嗣军

博州

齐州

李正己军

潞州
（泽潞战区）

清水

洺州

古黄河

磁州
（霍荣国）

魏州

今黄河

田悦军

泽州

相州

澶州

郓州

兖州

滑州
（永平战区）

濮州

怀州

卫州

淮西兵团

曹州

河阳
（河阳道）

郑州

阳武

汴州（汴宋战区）

陈留

宋州

河阳兵团

汴宋兵团

▲ 讨伐田承嗣反叛示意图

·121

地后堵塞太行诸陉，阻止官军东出。在魏博大军的进攻下，磁州"城几陷"，宣慰使韩朝彩固守待援。朝廷深知磁州的重要性，也急令各镇发兵救磁州，于是河东节度使薛兼训以万骑驰援磁州，屯于西山。昭义留后李承昭率领神策军及射生军进入河东垒，与薛兼训所部会师。成德、幽州两镇也在朝廷催促下各自遣兵来救。

卢子期所部魏博大军此时正屯于东山，与朝廷援军对峙。见各路援军会合，李承昭便调兵遣将，命成德、幽州两军沿着东山行进包抄卢子期所部后路，自己则率昭义、河东两军"闭壁以骄贼"，吸引魏博军出垒相战。卢子期见李承昭闭垒不出，以为他胆怯无能，遂率军出战，以步骑万人"环承昭壁"，又"以兵四千乘高望麾而进"（《新唐书·列传第一百三十五》）。河东军大将刘文英、辛忠臣等率部殊死血战，魏博军迟迟不能攻克其防线，此时成德、幽州两军也绕至卢子期军后发起了进攻，卢子期被前后夹击，只能解围而去，退守至附近高原地带再次结阵，向田悦部会合。李承昭见战机成熟，便率主力出壁垒，与诸将共同夹攻，最后在临水畔大破卢子期所部，此战共斩首9000级，获马1000匹，俘虏卢子期以下将士2300人，缴获旗纛、器甲、鼓角20万。临水之战后，讨伐诸军乘胜向磁州城进发，至日暮时分来到离城十里处扎营，并点燃烽火向守军传送援军已至的消息。得知援军到来，磁州城内士气大增，韩朝彩立即派遣手下精锐出城直冲魏博大营，魏博军猝不及防，被斩首500人。田悦害怕在城下被内外夹击，于是趁着夜色率军撤退。魏博军此次撤军十分匆忙，讨伐军进入其营地时，发现魏博军丢弃的旗幕铠仗多达5000乘。

卢子期被俘后，成德大将王武俊将其押送至李宝臣军营。当时李宝臣正率军猛攻洺州，于是便将卢子期押至城下，洺州守将见卢子期被俘，失去战意，率部出降。之后李宝臣又引军复攻瀛州，瀛州亦降。攻克两地后，讨伐大军得兵1万、粟20万石。卢子期则被送至京师献俘，被天子下令斩首示众。

这是此次战役的第一阶段，讨伐大军先后攻克磁州、德州、洺州、瀛州等地，歼灭魏博军约3万人，形势可以说是一片大好。当时的代宗皇帝无疑是踌躇满志，只待讨伐大军攻入魏州，将田承嗣老儿献于阙下的日子来到。

但这一梦想很快变成泡影，田承嗣虽然在战场上败北，但在心战上却取得了大捷。针对诸镇各怀鬼胎的局面，田承嗣成功筹划开展了一系列心理战。

对于淄青李正己，田承嗣利用其狂妄自大的心态开展攻心。他释放了原本被关押的李正己派来的使者，并将魏博镇的户口、甲兵、谷帛等数据整理成册，称希望由该使者交付给李正己。他摆出一副托孤姿态，低声下气道："我田承嗣今年已经86岁（实际年龄刚过70岁），死期已然不远，几个儿子都不成器，侄子田悦也没什么本事，现在我魏博镇所有的一切，今后都将归你家主公所有，又何劳你家主公派大军前来攻取呢？"在送别使者时，田承嗣又做足姿态，"立使者于廷，南向，拜而授书；又图正己之像，焚香事之"（《资治通鉴·卷第二百二十五》）。骄狂的李正己信以为真，于是按兵不动。河南诸道兵马见此情形，也逗留不进。田承嗣就此用只言片语便解决了南路威胁。

对于成德李宝臣，田承嗣则利用其贪欲，激发其吞并幽州的野心，引发了一场火并。田承嗣知道李宝臣祖籍范阳，心中必有夺取范阳衣锦还乡的念头，于是在一块石头上刻上"二帝同功势万全，将田为侣入幽燕"（《资治通鉴·卷第二百二十五》）的铭文，并派人偷偷将其埋在李宝臣领地内。铭文的意思是谁与田承嗣结盟，便可以入主幽燕之地。几天之后，田承嗣派遣一名望气士来到石头被埋藏的地点，对附近诸人宣扬这里发现了王气。消息传到李宝臣处，他先是半信半疑，但还是派人去挖开了埋藏点。看到铭文后，李宝臣不免心动。田承嗣趁热打铁又派去一名说客，说客对李宝臣说："现在您与朱滔合兵攻打沧州，即使拿下，这地方今后也是朝廷所属，又不会归您所有。如果您放弃攻打魏博，我愿将沧州贡献给您，并跟从您攻取范阳，实现您的夙愿，到时候您派骑兵为前驱，我率步兵在后，两人同心合力，还有什么地方不能攻克呢？"李宝臣听后大喜，便与田承嗣密图范阳，田承嗣此时也陈兵境上，做出一副随时准备追随李宝臣北上的样子。

李宝臣虽然被田承嗣耍得团团转，但其用兵还是颇有一套的。他对朱滔使者说："闻朱公仪貌如神，愿得画像观之。"朱滔不知所以，将画像送了一张过去。李宝臣将其置于射堂之上，与诸将共同观赏，使部下都熟悉了朱滔的相貌。其后，李宝臣选2000精骑连夜出击，并在出战前训示将士："取貌如射堂者。"（《资治通鉴·卷第二百二十五》）此时朱滔正驻军于300里外的瓦桥关，根本没想到成德军会反戈一击，只得狼狈出战，在成德铁骑的冲击下，幽州军大败。李宝臣准备乘胜追击一举攻取范阳，但朱滔临行前曾命雄武军使刘怦为留守。刘怦为人谨慎，防备严密，李宝臣无懈可击，又不敢孤军深入，只得放弃这一计划。

田承嗣在听说成德、幽州两镇交兵后，立刻引军南还，并派人对李宝臣说："河内有警，不暇从公，石上谶文，吾戏为之耳！"（《旧唐书·卷一百四十六》）李宝臣方才知道受骗上当，但此时已与幽州交恶，只得惭怒而退，并以张孝忠为易州刺史，命其率领精骑7000以防备朱滔的报复。

通过攻心，田承嗣将李宝臣、李正己玩弄于股掌之间，不费吹灰之力便连退两路大军，可见他平常对两人的轻视还是有依据的。当时朝廷的讨伐大军只剩下河东、昭义两镇，势单力孤，李正己还屡次为田承嗣上表，"乞许其自新"，代宗无奈之下，只得于大历十一年（776年）二月下诏"赦承嗣罪，复其官爵"，既往不咎，希望他能悔过自新。（《资治通鉴·卷第二百二十五》）就这样，朝廷讨伐魏博的第一场战争草草收场，此前的战果全部葬送。这场战事极大地改变了河北的藩镇格局，原相卫镇因解体而不复存在，而魏博、成德、幽州三镇版图各有所扩大，朝廷"制分河北诸州"的计划就此破产，河朔三镇割据的局面至此基本形成。

世袭

在瓦解朝廷的讨伐大军后，田承嗣愈发骄横，他虽然声称将"束身入朝"谢罪，但实际盘踞魏州，并无半点悔过迹象，同时继续扩充势力。不久后，田承嗣便再次作乱。

大历十一年五月，汴宋镇在节度留后田神玉死后发生了动乱，都虞候李灵曜率兵杀死汴宋镇另一大将——兵马使、濮州刺史孟鉴，并向田承嗣求援。朝廷最初下诏以永平节度使李勉兼汴、宋等八州留后，并以李灵曜为濮州刺史，但李灵曜不受诏。朝廷此时刚刚在魏博受挫，害怕汴宋与魏博联合，于是采取绥靖政策，于六月任命李灵曜为汴宋留后，并遣使宣慰。没想到怀柔只能让人看到朝廷的虚弱无力。

田承嗣见汴宋军乱，认为这是插手河南的大好时机，于是再次出兵攻打滑州，并在野战中击败了永平节度使李勉所部。李灵曜见田承嗣出兵，有了倚靠，也愈加骄横，竟将管内八州刺史县令全部换成自己的党羽，准备效仿河朔故事。

汴宋镇虽位于河南，但其军队主力也是由原安史叛军降兵及平卢军南渡的将士组成，颇为骄横难治。当初安史叛军的汴州刺史张献诚见史朝义丢失洛阳，叛军已成强弩之末，于是率所部将士数万人降于朝廷，这部分将士除部分后来随张献诚移镇山南西道外，大部分留在了汴州。张献诚之后，田神功、田神玉兄弟又先后镇守汴宋十余年，他们两人均出身南渡的平卢军中，入镇汴宋时也带来了一批平卢将士。平卢军虽然在安史之乱中效力于朝廷，但其受河朔风俗影响浓重，也都是骄兵悍将。大历九年（774 年），汴宋镇派出的 1500 名防秋兵听说田神功去世后竟然发动叛乱并盗取府库溃归，其骄横从此事便可窥见一斑。田神功本人也极为骄横不法，当年平定刘展之乱①时，他便视朝廷律法为无物，"入扬州，遂大掠居人赀产，发屋剔窖，杀商胡波斯数千人"（《新唐书·列传第六十九》）。

汴宋节度下辖汴、宋、徐、兖、郓、曹、濮、颍八州，是朝廷运输江南物资的重要路线。其中汴州、宋州舟车辐辏，是江淮运河的枢纽，朝廷在此设有盐铁转运巡院，聚集了大量漕运物资。一旦朝廷失去对汴宋的控制，势必导致江南物资无法转运至长安，给朝廷日常开支造成极大影响。

这是朝廷无法忍受的。于是很快朝廷便下诏命淮西节度使李忠臣、永平节度使李勉、河阳三城②使马燧出兵讨伐李灵曜。淮南节度使③陈少游、淄青节度使李正己两人也先后派兵参战。至十月，讨伐军已进至汴州城下。

李灵曜再次向田承嗣求救。于是田承嗣派田悦率军 2 万南下，先后击破讨伐军杜如江、刘洽、长孙全绪等军，并进抵汴州城北，与李忠臣、马燧两部相持于城下。不久后，李忠臣麾下骁将李重倩夜袭田悦大营。他以数百骑纵横贯穿其中，如入无人之境，连斩数十人而还，魏博军中大骇。李忠臣、马燧见魏博军士气低落，便率大军乘胜进击。魏博军则结方阵而战，淮西等军初战不利。紧要关头，马燧率 4000 河阳军为奇兵，在魏博军力竭时突然直冲敌阵，大破之。此战魏博军几乎

①肃宗上元元年，淮西节度副使刘展因刚愎自用，不为上官所喜。节度使王仲升准备将其诱杀，被刘展识破，刘展遂发动叛乱，兵渡长江，先后攻陷濠、楚、舒、和、滁、庐诸州，横行江淮。
②北魏太和年间，朝廷在黄河孟津两岸及河中州上分别建城，称"河阳三城"，其地历来为军事重镇，驻有重兵，并设河阳三城使统领，隋设河阳总管，大历年间复设河阳三城使，并以河南之河清、济源、温、王屋等县租税入河阳三城。
③时辖扬、楚、滁、和、庐、舒等州，治扬州。

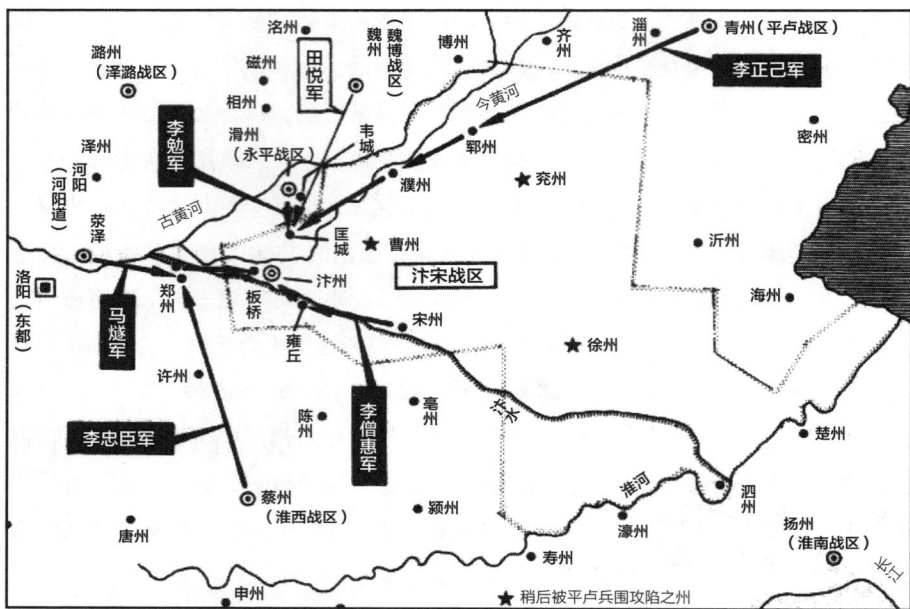

Map labels:
潞州（泽潞战区）　洺州　魏州　（魏博战区）　博州　齐州　淄州　青州（平卢战区）
磁州　田悦军　今黄河　李正己军
相州　密州
泽州　滑州（永平战区）　韦城　郓州
河阳（河阳道）　李勉军　濮州　兖州　沂州
荥泽　古黄河　匡城　★曹州　海州
洛阳（东都）　郑州　汴州　汴宋战区
马燧军　板桥　宋州　★徐州
许州　雍丘　亳州　淮河　泗州
李忠臣军　陈州　李僧惠军　颍州　楚州
蔡州（淮西战区）　扬州（淮南战区）
唐州　寿州　濠州
申州　★稍后被平卢兵围攻陷之州
长江

▲ 讨伐田承嗣及李灵曜示意图

全军覆没，死者互相枕藉，田悦狼狈逃走。李灵曜见外援断绝，军心动荡，只得开门夜遁，不久后被人擒获，送至长安斩首示众，汴宋军乱至此平息。朝廷虽然收复汴州，但汴宋镇下属的曹、濮、徐、兖、郓五州却被淄青夺取，并纳为己有。

由于田承嗣发兵相助李灵曜，联兵作乱，代宗再次下诏讨伐魏博，但这一诏令却未能得到其他藩镇的响应。此时田承嗣也上表谢罪，代宗无可奈何，只得顺水推舟，下诏恢复田承嗣官爵，命其不必入朝，其后又赐予其铁券，以示荣宠。

大历十三年（778年）九月，一代枭雄田承嗣病死府中，享年75岁。田承嗣生封郡王，死赠太保，可以说是富贵寿考。任魏博节度使后，他以七州之地抗衡朝廷，"未尝北面天子"，虽败而不馁，纵横捭阖，突出重围，首开河朔藩镇世袭之先例。至其去世时，田氏家族已经牢牢掌控了魏博政权。

田氏家族在魏博内部实现世袭的同时，也伴随着藩镇与朝廷之间的博弈。朝廷虽然衰微，但仍是天下共主，河朔故事虽然有不入版籍、不输贡赋、自委官吏等脱离唐朝控制的独立性一面，但其合法性仍需要朝廷的认可，也就是李德裕所说的"河朔兵力虽强，不能自立，须借朝廷官爵威名以安军情"（《封氏闻见记校注·卷六》）。田承嗣虽能抗拒朝廷的讨伐，但其旌节仍需朝廷授予，所谓"旌以专赏，节以专杀"。河朔藩镇的权力结构虽然可以通过义子、结拜、通婚等形式予以黏合，但"忠"作为古代社会最重要的思想，仍是权力结构中的骨架。节度使得到朝廷认可，方能压制本镇中的觊觎者。朝廷也意识到了这一点，因此也极力通过旌节的授予来介入藩镇内部事务。

史载田承嗣有子11人，分别是田维、田朝、田华、田绎、田纶、田绾、田绪、田绘、田纯、田绅、田缙。但除了田维、田朝、田华三人以外，其余都在幼年，因此并无继承可能。田承嗣最初属意的应是田维，所以任命其为魏州刺史，但不久后，田维便在前文提及的那场马球比赛中死亡。这场事故极大地改变了魏博镇的政治格局，田承嗣精心培养的继承人意外死亡，使得其费尽苦心布置的权力格局就此坍塌。这也是田承嗣宁愿与成德镇交恶也要杖杀李宝正的原因。

田维死后，田承嗣成年的儿子仅剩田朝、田华两人，但这两人都不是田承嗣心目中理想的继承人。在朝廷所下的《复田悦等官爵诏》中，提到的赦免人员有田悦、田绾、田绪、田绘等人，但田朝、田华的名字却不在上面，由此便可略窥端倪。其中田华的妻子乃是代宗之女永乐公主，当初代宗将公主下嫁，一方面是为拉拢田承嗣，减少田承嗣的悖逆之心；另一方面，也是将宝押在田华身上，希望能培养其为亲朝廷的节度使，并以此介入魏博内部事务。老奸巨猾的田承嗣自然对朝廷的企图洞若观火，早早将田华排除出继承人名单。另一个儿子田朝的政治态度史无记载，但推断其也是不满其父亲的所作所为，而是倾向于朝廷，所以在魏博未担任重要军职，而后更是出仕于邻镇淄青，任齐州刺史。

魏博镇中的另一重要人物为田承嗣的弟弟贝州刺史田庭琳。他同样拥有王爵的封号，田承嗣受封雁门郡王，田庭琳则为北平郡王。在代宗赦免田承嗣罪状的诏书中，田庭琳紧随田承嗣之后，可见其当时为魏博镇中的第二号人物。但是兄终弟及终究比不上父子相继，而且田庭琳的年龄应该不比田承嗣小多少。田承嗣权衡再三，最终以侄子田悦为养子，着力培育其为接班人，并任命其为中军兵马使、魏州大都督府左司马。

田悦的父亲很早便去世了，其母改嫁给一名平卢军卒，田悦也随母亲进入继父家。安史之乱爆发后，一部分平卢军将士不愿附从安禄山，渡海南下。田悦也跟随其中，并长期辗转漂泊于淄、青之间，直到田承嗣任魏博节度使后，他才被接回魏州，认祖归宗，此时他已经十三岁。在魏博军中，田悦很快成长为独当一面的人物，作为大将，他"剽悍善斗冠军中"，此外田悦还善于笼络人心，《新唐书·列传第一百三十五》中称其"贼忍狙诈，外饬行义，轻财重施，以钩美誉"。最重要的是，他能够揣度田承嗣心理，"裁处皆与承嗣意合"，很快便得到了田承嗣的信任，使得田承嗣最终决定将他作为自己一生事业的继承人。

大都督府起源于魏晋以来的都督诸州军事，隋朝改名"总管"，至唐又改名"都督"，藩镇便脱胎于此。此时，大都督一职常由亲王担任，但并不赴任，大都督府的实际长官为大都督府长史，均为节度使担任。长史之下又有左右司马各一人，田悦的左司马便是大都督府中事实上的第二号人物。

田悦的中军兵马使应是中军都知兵马使的简称，因为普通兵马使的地位并不算高，只是藩镇军事体制中的中级将领，与田悦的接班人地位不符。在藩镇军事体制中，中军都知兵马使乃是诸军统帅，负责节度使直属兵马。最初，都知兵马使、兵马使本是战时统兵所临时委任的职官，一旦军事任务结束，便会取消，不过节度使制度建立后，这一职务便成了常设的正式职官，但仍带有禁军系统及府军系统军将的称号，以表示地位的升迁。

藩镇内部的重要武职还有都虞候及都押衙等。都虞候为军中监察，"职在刺奸，威属整旅。齐军令之进退，明师律之否臧"（《全唐文·卷四百十三》），往往还兼军将，统兵作战。而都押衙则负责统领节度使帐内亲军，保护节度使安全，是其最为信任之人。押衙有时还兼任判官，辅佐节度使处理本镇政务。另外，还有都教练使一职，负责军事训练。

在僚佐方面，节度使衙内则有行军司马、判官、掌书记、推官等重要僚佐。行军司马掌军籍符伍、号令印信，其实权往往还在节度副使之上。判官则负责辅佐处理军府之中各种具体事务。掌书记则为节度使秘书，一切表笺书翰都由其处理，乃是府主之喉舌。推官则负责狱讼之事。

败军

田承嗣死前，"命悦知军事，而诸子佐之"（《旧唐书·卷一百四十五》）。田悦在田承嗣死后及正式下葬的那段时间里，接管了魏博的军政大权。次年二月，朝廷最终任命田悦为魏博留后，承认了其地位。至此，魏博镇顺利实现了世袭。

当时代宗的生命也已走到了尽头，大历十四年（779年）五月，崩于紫宸之内殿，遗诏以郭子仪摄冢宰。太子李适继位，是为唐德宗。新帝一改其父亲晚年的姑息政策，锐意进取，颇有振作之心，他疏斥宦官，改革税法，朝政出现了革新气象，"天下以为太平之治，庶几可望焉"（《资治通鉴·卷第二百二十五》）。

德宗一继位，便解除了元老重臣郭子仪的权柄。当时郭子仪"以司徒、中书令，领河中尹，灵州大都督，单于、镇北大都护，关内、河东副元帅，朔方节度，关内支度，盐池、六城水运大使，押蕃部并营田及河阳道观察等使"（《资治通鉴·卷第二百二十五》），权倾内外。代宗欲分其权，又顾虑重重，久久不能决断。而德宗在此事上展现了其雷厉风行的作风，一方面给予郭子仪无上荣宠，尊其为尚父，增加其实封，子弟、诸婿迁官者十余人；一方面解除其所领副元帅诸使，将其原有职务一分为三，分别由其部将李怀光、常谦光、浑瑊三人分领。

大历十四年九月，朝廷又成功召回了盘踞蜀地十四年之久且"恃地险兵强，恣为淫侈，朝廷患之而不能易"（《资治通鉴·卷第二百二十六》）的西川节度使崔旰，将其留于京师。朝廷还派右神策都将李晟率军入蜀，大破吐蕃、南诏联军，顺利接管了西川防务，结束了蜀地贡赋不入的局面，"使千里沃壤复为国有"，充实了朝廷的财富。其后，朝廷又挟此次大胜之势，通过遣返代宗以来扣留的吐蕃使者释放出和解善意，使得唐、蕃再次实现会盟，肃代以来西北边境沉重的军事压力得以缓解。

建中元年（780年）二月，德宗命黜陟使十一人分巡天下，以此来展示天子权力。其中巡察河北的黜陟使为洪经纶，他来到魏博镇检阅军籍，田悦不知所以，将军籍奉上。魏博镇当时有兵7万人，没想到洪经纶竟然命田悦罢兵4万，将这些军士遣返务农。史书上称洪经纶这一举措为"不晓时务"，但细细考量，这应当出自天子授意，目的在于试探田悦是否恭顺。如果田悦受命，那自然削弱了其实力；如果田悦不受命，魏博本就割据独立，朝廷也并无损失。

但田悦本就是"贼忍狙诈"之人，他先是假装听从洪经纶之命，裁散了4万士兵，被裁散的士兵失去生计，惶恐无措。几天后，田悦将这些被裁将士召集在一起，对他们说："汝曹久在军中，有父母妻子，今一旦为黜陟使所罢，将何资以自衣食乎！"（《资治通鉴·卷第二百二十六》）魏博军士当初虽都是本地农民，但经过十几年军营生活，原先的土地早已为他人所占，一旦出外，生计无着，而当兵既有军饷，又有赏赐，远胜于耕稼。这些被裁撤的军士听了田悦的话，想起今后的生活，忍不住大哭起来。田悦假装非常感动，当场拿出家财分赐诸人，并宣布让他们重回军营，各还部伍，"于是军士皆德悦而怨朝廷"。就这样，田悦进一步笼络了军心。

▲ 长乐公主墓中的带甲武士形象

在朝廷试探藩镇的同时，各藩镇同样对锐意进取的新皇帝进行了试探。建中元年四月，田悦会同淄青节度使李正己借德宗生日的机会，分别进献缣3万匹。田悦认为如果天子收下，那说明其愿意接受贿赂，可继续维持现状；如果天子拒绝，则说明其已在考虑削藩事宜，藩镇就得准备自保之道。结果皇帝将这些缣收归国库，用以代替两处应纳的租税，也就是没有接受，田悦由此窥探到了天子的心意。当年五月，朝廷平定了泾州刘文喜之乱，刘文喜被杀并传首京师。当时适逢李正己派遣僚佐到朝廷奏事，德宗特意让淄青的使者"观文喜之首而归"，以此表达对藩镇割据的态度。消息传出，田悦、李正己等人心中更加惶惶不安。

建中二年（781年）正月，成德节度使李宝臣卒，其子李惟岳"诈为宝臣表，求令惟岳继袭"，在被朝廷拒绝后，又"使将佐共奏求旌节"，但再次被朝廷拒绝。朝廷还责令其"护丧归朝"。消息传来，河朔藩镇均感到了危机逼近。

当年李宝臣与李正己、田承嗣、山南东道节度使①梁崇义相互勾结，准备以土地传于子孙，实现世袭。所以田承嗣死时，李宝臣"力为之请于朝，使以节授田悦"。而田悦一方面为报恩，另一方面也是为了保持河朔之独立性，与李正己"各遣使诣惟岳，潜谋勒兵拒命"。不过，魏博镇内部也并不是铁板一块，田悦的叔父魏博节度副使田庭玠便反对田悦对抗朝廷，最后"竟以忧卒"。

在魏博、成德、淄青等藩镇密谋以武拒命的同时，朝廷也加紧了准备，开始修缮中原重镇汴州城，同时又对河南藩镇重新进行了布置。朝廷从永平军②中分出宋、亳、颍三州成立宣武军，以宋州刺史刘洽为节度使；又以东都留守路嗣恭为河阳节度使③；并从河阳节度使辖区中划出郑州隶属永平军，永平军节度使李勉则为都统，统率刘洽、路嗣恭两镇。河南诸州刺史也全部换上了武将，以应对即将到来的战事。同时，朝廷又从西北防线抽调了原本的防秋兵 1.2 万人增援河南，大大加强了河南三节度的兵力。

田悦、李正己探知朝廷布置后，也开始军事动员，"昼夜教习为备"。

建中二年五月，战事由田悦率先挑起。这一战拉开了建中之乱的帷幕。当时关中、太原、四川、汉中，乃至江、淮、闽、越等州都被波及。田悦一开始的目标是昭义镇下属的邢、磁二州，以防止朝廷从潞州方向出兵，出太行山道居高临下威胁魏州。历史上，前秦灭前燕、北周灭北齐均是从此方向出兵，并攻克了魏州的前身邺城，奠定了两次灭国之战的基础。当年薛嵩去世，相卫镇解体时，朝廷收复了邢、磁二州及临洺县，从而在河北获得了重要的立足点。邢、磁二州对于魏博来说近在腹心，威胁极大。田悦曾对左右这样说道："邢、磁如两眼，在吾腹中，不可不取。"（《资治通鉴·卷第二百二十六》）于是其发兵作乱后，首要目标便是拔除朝廷的这两个据点，实现"阻山为境"的战略目的。

---

①时领襄、邓、均、房、复、郢等州，治襄州。
②汴宋镇解体后，永平镇实力得到加强，增领汴、宋、陈、颍、亳州等州。
③时领河阳三城、怀、汝、陕、郑等州，治河阳。

田悦在派遣兵马使孟祐领步骑兵5000北助李惟岳的同时，又派遣兵马使康愔率兵8000围邢州，还命大将杨朝光率领5000人在邯郸西北卢家寨扎营驻守，以图掎角相应，以绝昭义粮饷之路。田悦则自率魏博大军主力数万人兵围临洺。

忠于朝廷的邢州守将李洪、临洺守将张伾均坚壁拒守，死战不降，魏博军发起的多次猛攻均无功而返，只能屯兵于坚城之下。当时朝廷方面的援军在河东节度使马燧、昭义节度使李抱真、神策先锋都知兵马使李晟的率领下也正星夜兼程赶赴河北战场。对于魏博再次作乱，河东、昭义两镇早有准备，"抱真密揣山东当有变，上党且当兵冲"（《旧唐书·卷一百三十六》），于是大力练兵，成就昭义强军；而马燧也早有准备，"悦初袭位，事朝廷礼甚恭，河东节度使马燧表其必反，请先为备"（《资治通鉴·卷第二百二十六》）。

马燧为中唐名将，《旧唐书·卷第一百三十八》中称其"沉勇多智略"，在平定李灵曜之乱中曾立下大功。在河东节度使任上，马燧"悉召牧马厮役，得数

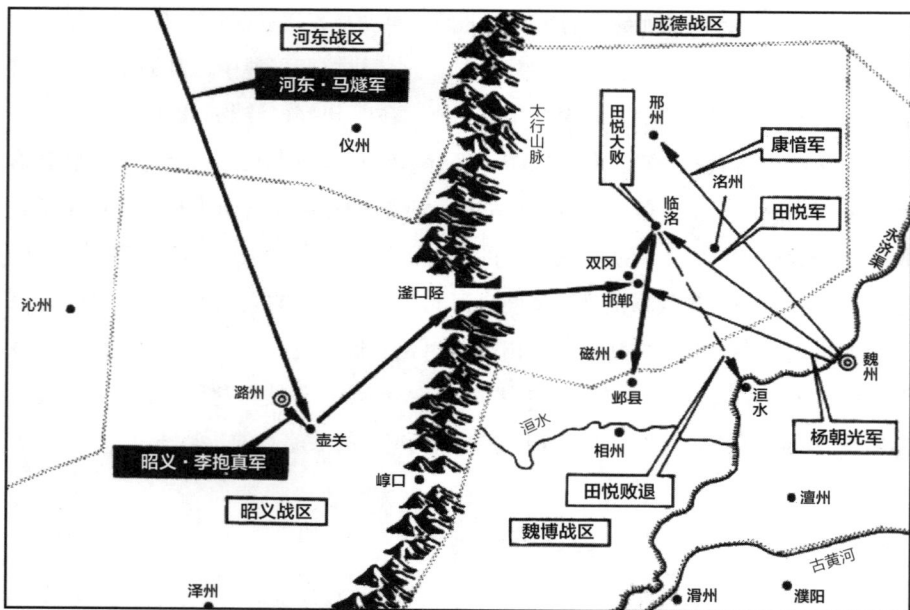

▲ 临洺之战示意图

千人，教之数月，皆为精骑。造甲必为长短三等，称其所衣，以便进趋。又造战车，行则载兵甲，止则为营陈，或塞险以遏奔冲；器械无不精利"（《资治通鉴·卷第二百二十五》）。很快便将河东军打造为一支强军。时人记载，"最为天下雄镇……掎角朔方天兵军"（《元和郡县志·卷十六》）。

在得知朝廷援军即将到来的消息后，魏博宿将、贝州刺史邢曹俊向田悦进言，请其发兵万人屯于崿口以遏西师，这样"则河北二十四州皆为尚书（田悦）有矣"（《资治通鉴·卷第二百二十六》）。如果田悦听从此计，朝廷援军不得西出，则邢、磁二州危矣。但是田悦在用兵上远不如其伯父田承嗣，竟然不用此策。很快他将为这一短视行为付出覆军杀将的惨重代价。

马燧为麻痹田悦，在大军未过太行山路险地之时，向其修书示好，田悦以为马燧"畏己"，竟没有防备。建中二年六月，官军自壶关东下，越过太行山后迅速进至邯郸城下，击破魏博军一部，射杀其将成炫之。田悦连忙派杨朝光率兵万人，在临洺以南的双冈建造东西二栅，以阻遏马燧所部官军。田悦的计划是以杨朝光所部万人坚守，迟滞官军数日。在此时间内，他亲率魏博主力攻下临洺城，之后再回援杨朝光，挟破城之锐气攻马燧疲惫之师。田悦自以为这是必胜之术，却没想到东栅守军迫于官军之势，竟然不战而走，田悦只得以前来助战的 5000 成德军前去增援。

马燧当时率河东、昭义、神策等军急攻杨朝光，杨朝光抵挡不住，向田悦求救，田悦只得亲率万余人前往救援，结果被击退。其后，马燧命令部下在车上装满易燃之物，烧开道路，攻入魏博军栅中，阵斩魏博大将杨朝光及卢子昌。此战官军斩首 5000 余级，生虏 800 余人。马燧之后乘胜进军至临洺，田悦点齐全部兵马猛攻官军，马燧自率锐兵扼其冲口，再次大败魏博军，"斩首万余级，生虏九百人，得谷三十万斛，器甲称是"（《旧唐书·卷一百三十八》）。田悦只得收败兵夜遁，于是邢州围解。

八月，朝廷方的淮西节度使李希烈攻破襄阳，梁崇义赴井而死，后被传首京师。成德大将、易州刺史张孝忠也被朱滔说服，举州归附，又派人奉表诣阙，被朝廷任命为成德节度使。

建中三年（782 年）正月，马燧率军已深入魏博腹心，进屯于邺城。田悦只得向淄青、成德两镇求救。淄青节度使李正己此时已经病死，其子李纳求袭节度不得，遂自领军政，继续其父反叛事业。他派遣大将卫俊率兵万人前来相救，李惟岳也派兵3000赴援。田悦收合散卒2万余人，在洹水旁修筑工事坚守，淄青、成德两路援军前来会合，分别驻守在其东西两侧，三镇大军首尾呼应。

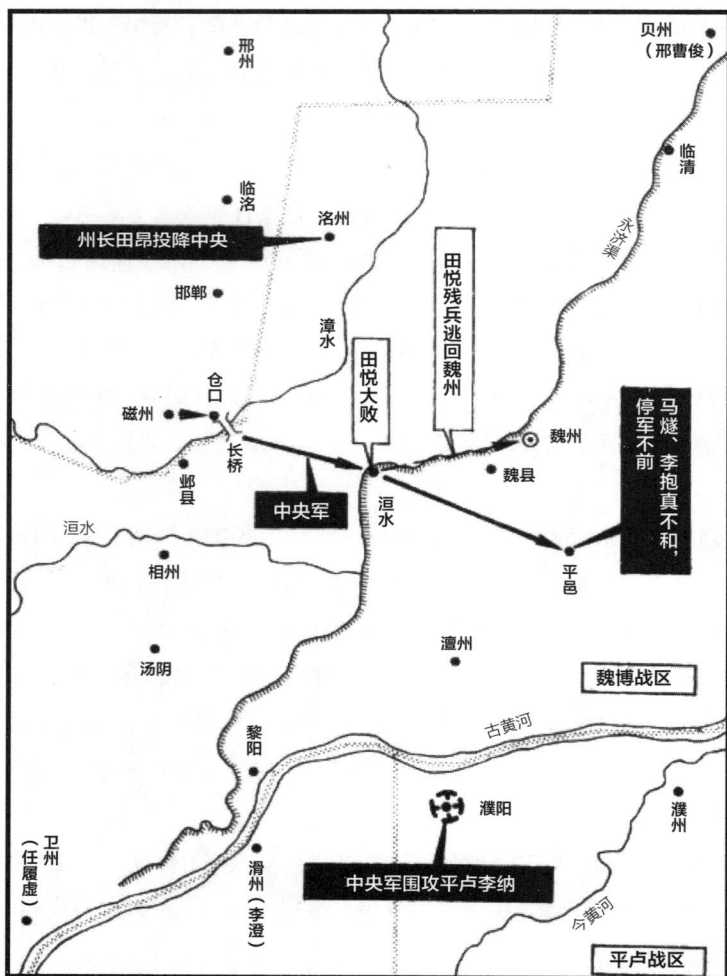

▲ 田悦洹水惨败示意图

马燧当时在得到了河阳节度使李芃所率领的援军后，又率军进至漳水畔。田悦派遣大将王光进率兵防守长桥，并在桥头修筑月城作为桥头堡。但马燧并未强攻桥头，而是在长桥以东的下游位置，将几百乘车辆用铁锁连接后投于河中，中间又用装了土的袋子填实，很快便搭建起一座浮桥，全军顺利渡过了漳水，进至洹水，与魏博、淄青、成德三镇联军隔水对峙。田悦知道官军远道而来，军粮不足，于是准备深壁不战，待其粮尽。马燧决定以速战奠定胜局，于是在洹水造浮桥三座，每天向魏博军挑战，但是田悦只是坚守营垒，绝不迎战。数日之后，田悦以为官军必会骄慢，便分兵万人偷偷出营，准备迎击前来挑战的官军。却不想马燧计高一着，他命全军半夜起食，沿着洹水秘密行军，直趋魏州，攻其必救，以调动魏博军。马燧还下令"闻贼至，则止为阵"，截击魏博军于半途。为迷惑田悦，马燧又留百骑在营中仍击鼓鸣角，抱薪持火。马燧还命令这些人待诸军走后即停止鼓角，隐蔽桥旁，以待田悦军过后烧桥。

官军东去十余里后，田悦才得悉消息，他害怕魏州老巢遭袭，慌忙出阵，率军过桥尾追，持火鼓噪而进。马燧见田悦军已出，下令停止前进，除军前草丛百余步为战场，选5000勇士为前列，结阵以待。田悦军赶至战场时，所部军士因急行军而火熄气衰，未及列阵便遭官军猛击，大败而还。魏博军退至河边见桥被毁，更加大乱，溃不成军。此战魏博军再次大败，战死2万余人，被俘3000余人，赴水溺死者不可胜记，大将孙晋卿、安墨啜等人均死于乱军之中，田悦仅收集千余残兵逃往魏州。田悦好不容易逃到魏州城下，守将李长春又闭门不纳，田悦一下子陷入绝境之中。

反复

不过，马燧在取得洹水大捷后，却没有乘胜追亡逐北，"马燧与李抱真不协，顿兵平邑浮图"（《资治通鉴·卷第二百二十七》），丧失了一举平定魏博的战机。李长春一直等到次日天明，官军仍未前来，他自己难以控制魏州局势，不得不开门放田悦入城。田悦进城后立刻处死李长春，并婴城自守。

临洺、洹水两战魏博军均惨败，兵力损失大半，"城中士卒不满数千，死者亲戚，号哭满街"（《资治通鉴·卷第二百二十七》）。在一片愁云惨雾中，魏博镇也到了最危险的时刻，作为两战败北的直接责任人，田悦知道其承载着魏人的仇恨，军心已然不稳，若稍有举止失措，必被魏人所抛弃。

但与其伯父田承嗣一样，田悦也是玩弄人心的高手。他持佩刀立于军门之中，声泪俱下地请死。这番逼真的表演极具迷惑性，将士被其感动，遂将田悦抱起，均表示将为田悦殊死一战。田悦见魏博将士已经上当，便收起眼泪说道："诸公不以悦丧败，誓同存亡，纵身先地下，敢忘厚意乎？"之后，又与将士断发为誓，约为兄弟，并将府库及富户财产搜刮一空，遍赏三军，并"整军完垒以振士气，群心复坚"（《新唐书·列传第一百三十五》）。

就这样，田悦再次稳定了因大败而动荡的军心。但是对于魏博来说，形势依然危急，马燧等三镇大军已进至魏州城下，将领中投降朝廷的也为数不少，相卫镇解体时入魏博的老将符令奇就对其子符璘说："吾老矣，历观安、史辈叛乱者，今皆安在？田氏能久乎？"（《资治通鉴·卷第二百二十七》）让符璘弃逆投顺。符璘于是借派兵护送淄青使者的机会率众降于马燧，符令奇则被田悦所杀。魏博大将李再春以博州降，田悦的从兄田昂以也献出了洺州。

与此同时，魏博盟友成德镇也发生了兵变。大将王武俊为求自保，倒戈诛杀李惟岳，并降于朝廷。当时除魏州未下，河北已然底定。但在大好形势下，朝廷却行差踏错，在分割成德、安置李惟岳降将问题上，引起王武俊的极度不满。幽州节度使朱滔也因为深州归属问题而愤愤不平。在李惟岳被诛后，朝廷为消灭叛乱基础，下诏三分成德，以张孝忠为义武节度使，统辖易、定、沧三州，以王武俊为恒冀都团练观察使，以康日知为深赵都团练观察使。其中康日知是成德军中的重要人物，李宝臣时代便为节度押衙、左厢步军都使，他因为少事李惟岳而成为其亲信，担任赵州刺史。但李惟岳反叛后，他却固州自守，又说服王武俊反正。当时成德镇下属的深州已被幽州军占领，朝廷要求朱滔交出深州，同时作为补偿，又以淄青新降之德州、棣州隶属朱滔。但是，王武俊自以为自己手刃李惟岳，功在诸将之上，都团练观察使职位太低，恒、冀二州地盘太小，他想要的是定、赵二州。朱滔则不愿放弃到手的深州，认为这是自己竭力血战得到的战利品，朝廷此举乃是出尔反尔。

▲ 重新划分的藩镇

田悦敏锐地察觉到了王武俊、朱滔两人的心理变化，命人游说王武俊和朱滔并且成功，于是成德、幽州两镇倒戈，分别出兵相救魏博，使得叛乱进一步蔓延。为扭转战局，德宗只得派朔方节度使李怀光率军 1.5 万驰援魏州，结果李怀光在惬山之战中被幽州军打得大败，官军"躄入永济渠溺死者不可胜数，人相蹈藉，其积如山，水为之不流"（《资治通鉴·卷第二百二十七》）。田悦也派人掘开永济渠入王莽故河，大水漫过，官军粮道及归路被绝，马燧等怕陷入叛军重围，只得率军退保魏县，河北战场形势立刻急转直下。

建中三年十一月，田悦遂与幽州朱滔、成德王武俊、淄青李纳相约，"俱称王而不改年号，如昔诸侯奉周家正朔"（《资治通鉴·卷第二百二十七》），并以朱滔为盟主。其中朱滔自称冀王，田悦称魏王，王武俊称赵王，李纳称齐王。不久，淮宁节度使李希烈亦反，陷汝州，攻襄城，东都大震。长安通往荆汉、江淮的重要通道武关道因此断绝。田悦等人见其军容颇盛，于是奉其为主，李希烈也受之不疑，自称建兴王、天下都元帅，其后他又僭位称帝，国号"大楚"。

当朝廷在河北、江淮战场被动挨打之时，其后院也突然失火。建中四年（783 年）十月，即将开拔南线战场、援救襄城的 5000 泾原军因给养粗劣，又无赏赐，大骂朝廷，"吾辈弃父母妻子，将死于难，而食不得饱，安能以草命捍白刃耶"（《旧唐书·卷一百三十一》），并在长安城下发动兵变，拥立前泾原节度使朱泚为主，史称"泾师之变"。德宗仓皇出逃，并遣中使告难于魏县行营，在河北前线的诸路官军只得撤军，李怀光率军西向勤王，马燧、李抱真等各还本镇。

当时朝廷形势危急，朱泚在长安自称大秦皇帝后，率兵围攻天子于奉天城，几次差点攻陷城池，幸得大将浑瑊力战却之。在南线战场，李希烈也大败江淮招讨副使哥舒曜，攻陷重镇襄城，并乘胜攻入汴州，断绝了江淮漕路，迫使朝廷不得不另开转运路线。

不过，昭义节度使李抱真在回师前，利用朱滔与王武俊之间的矛盾，离间其关系，使王武俊甩袖说道："二百年天子犹不能事，安能臣竖子耶？"（《新唐书·列传第一百三十六》）并决定与李抱真、马燧通好结盟。之后，王武俊派人"阴约悦背滔，使相望"。当时魏博镇在多年战争后元气大伤，"死者什八，士苦之，且厌兵"（《新唐书·列传第一百三十五》），也有与朝廷和解的意愿。当德宗派来的使者来到

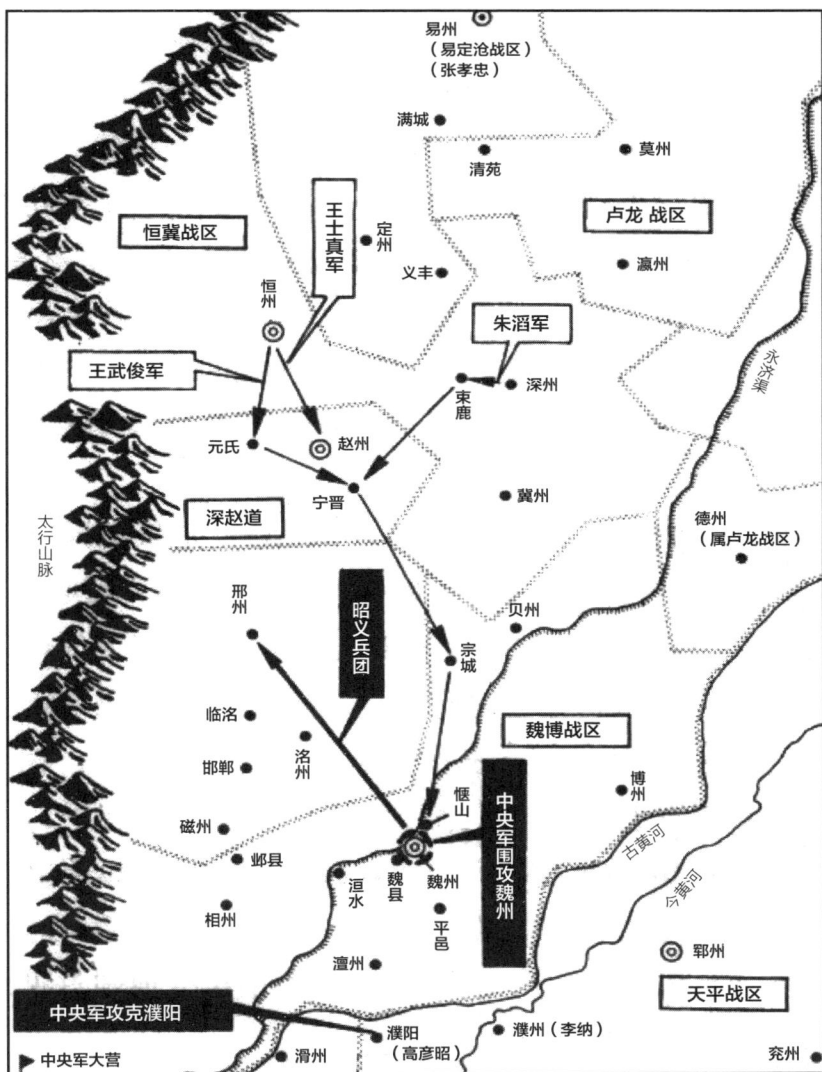

易州
（易定沧战区）
（张孝忠）

满城

莫州

清苑

卢龙 战区

恒冀战区

王士真军

定州

义丰

瀛州

恒州

朱滔军

王武俊军

深州

束鹿

元氏

赵州

太行山脉

深赵道

宁晋

冀州

德州
（属卢龙战区）

邢州

贝州

昭义兵团

宗城

临洺

魏博战区

邯郸

洺州

博州

磁州

恒山

中央军围攻魏州

邺县

魏县

魏州

相州

洹水

平邑

古黄河

今黄河

澶州

郓州

中央军攻克濮阳

滑州

濮阳
（高彦昭）

濮州（李纳）

天平战区

中央军大营

兖州

▲ 朱滔、李希烈叛变示意图

·139

魏博并宣布"赦其罪，厚赂以官爵"（《资治通鉴·卷第二百二十九》）时，田悦立即决定秘密归附，河朔联盟就此瓦解。

兴元元年（784年），德宗正式大赦天下，准予田悦、王武俊等"继守藩维"，一切"并与洗涤"。田悦、王武俊、李纳等人见赦令，"皆去王号，上表谢罪"。朱滔此时仍不知田悦已经倒向朝廷，他率军进入魏博境内，要求田悦与其合兵共同渡河南下。田悦则是虚与委蛇，对朱滔"供承倍丰，使者迎候，相望于道"，但是当朱滔提出南下要求时田悦则大谈苦经，说魏博将士不愿南下，如果离开家乡远征，"朝出，暮必有变"（《资治通鉴·卷第二百二十九》）。朱滔见田悦如此表现，悔怒交加。他悔的是为了这样一个反复无常的小人自己竟然叛君弃兄，怒的是他为其叛君弃兄而田悦竟然负恩寡义。愤怒之下，他挥师攻打魏博，亲自率军围攻贝州，又命大将马寔率所部进逼魏州。魏博军在之前的战事中损失惨重，无力抵挡，幽州军长驱直入，先后攻拔宗城、经城、冠氏、武城等地，并与回纥兵大掠魏博管内诸县，田悦只能闭城自守。

当时为安抚田悦，朝廷派来的宣慰使孔巢父也来到魏州。魏博将士对战事均感到厌苦，孔巢父便因势利导，对他们大讲逆顺祸福的道理，将士见战事有望结束，均欢呼喜悦。田悦以盛大的礼节招待朝廷的使节，心中也放松了警惕，却没想到，一场政变便在这瞬息间发生。

一天，田悦再次宴请孔巢父，宴会上宾主皆欢，其乐融融，田悦喝得酩酊大醉，被左右扶下回府就寝。田悦走后，警备也被撤除。此时，掌管牙军的魏博兵马使田绪借着酒意对族人说："仆射（田悦）妄起兵，几赤吾族。以金帛厚天下，而不至兄弟"（《新唐书·列传第一百三十五》）。其侄子上前劝解，田绪大怒暴起，竟将其杀死。没多久，田绪酒醒，想起田悦次日醒来必会因此事处罚甚至处死自己，又想起之前多次被田悦鞭打责罚的往事，新仇旧恨涌上心头，于是他带领左右亲信潜入田悦府邸，两个弟弟上前谏止，也被其一并杀死。田绪进入田悦府中后，将正在酣睡的田悦杀死，其后，又杀田悦母亲、妻子等十余人。血洗田悦全家后，田绪知道如果想要掌握藩镇大权，必须将田悦亲信除去，于是假传田悦的命令召集魏博镇中的实权人物行军司马扈崿、判官许士则、都虞候蒋济前来议事，自己则埋伏在中门处夹道之内。由于府署深邃，外面根本不知道有变。不多久，许士则、蒋济先后前来，刚一进门便被乱刀砍死，但是扈峉却迟迟未来。当时，天色将亮，牙参即将开始，田绪害怕事情败露，只得走出门外，迎面正遇到负责值守寝门的田悦亲信大将刘忠信来到庭前候参，田绪灵机一动，大呼："刘忠信与扈峉谋反，昨夜刺杀仆射。"众将见是田绪疾呼，不疑有诈，不待刘忠信解释，便将其斩成数段。

此时扈峉也来到戟门前，见发生动乱，于是立刻招谕将士，得到了部分将士拥护。田绪见此情形，害怕阴谋败露，连忙带着党羽准备出逃，被大将邢曹俊率众追还。田绪见得到老将支持，心中有了底气，便登上城楼，对众人大呼："绪，先相公之子。诸君受先相公恩，若能立绪，兵马使赏缗钱二千，大将半之，下至士卒，人赏百缗，竭公私之货，五日取办。"（《资治通鉴·卷第二百三十》）在财帛重赏之下，将士决定跟从田绪，转身将扈峉杀死。孔巢父得知魏博发生动乱，便以朝廷的名义命田绪权知军府，承认了其地位。不久后，控制了魏博局势的田绪又杀田悦亲将薛有伦等二十余人，彻底清洗了田悦的势力。

朱滔听说田悦被杀，大喜道："悦负恩，天假手于绪也！"一面增兵攻打魏州，一面又派人游说田绪。田绪在压力之下一度动摇，但在成德、昭义两镇赴援的承诺下最终还是决定投向朝廷，并派遣使者前往德宗驻跸之地以示诚意。不久，朝廷正式任命田绪为魏博节度使。

兴元元年四月，幽州军已攻打魏、贝两州三个多月，田绪左支右绌，勉强支撑，魏博形势危急。当时，王武俊军于南宫东南，昭义节度使李抱真也自临洺引兵前来会师，驻扎于十里之外。但是成德、昭义两军仍相互疑忌，不能携手抗敌。为打消王武俊顾虑，李抱真不顾左右阻拦，率数骑直诣成德军营，以诚意感动了王武俊，两人约为兄弟，誓同灭贼，于是两镇连营而进。五月，两镇联军在经城之战中大破幽州、回纥联军。朱滔所部3万幽州军中死者万余人，逃溃者亦万余人，朱滔本人只得率残部数千人焚营夜走，委弃所掠资货山积。至此，魏、贝两州解围。幽州军因为损失惨重，几乎不能成军，朱滔迫于

▲ 唐懿德太子墓壁画中的武士形象

压力，只得上表待罪。至此，河朔三藩均被平定。

随着河朔平定，建中之乱此时也进入了尾声，官军在各条战线上均发起了反攻。兴元元年七月，朱泚在逃亡途中死于部将之手。贞元元年（785 年）七月，叛将李怀光兵败自杀。贞元二年三月，李希烈因战事不利，被其部将陈仙奇毒杀。

叛乱虽然平定，但是德宗锐气已失，对藩镇从最初的武力削除转为姑息绥靖。《唐国史补》中称，“德宗自复京阙，常恐生事，一郡一镇，有兵必姑息之”。同时“泾师之变”中，身边宦官的忠心可依与朝廷武将的难以依靠，都给德宗以深深的刺激。自此之后，他对宦官从即位之初的疏斥转为信任，并开创了宦官掌握神策禁军及担任各镇监军的制度，直接影响了其后一百多年的历史。

在建中之乱还未彻底平定的贞元元年三月，魏博镇则迎来了第三位下嫁的公主。德宗为拉拢田绪，再次使出和亲之计，将自己的妹妹嘉诚公主下嫁于他。田绪成为魏博田氏又一位驸马都尉。这次婚事十分隆重，《新唐书·列传第八》中记载，德宗“幸望春亭临饯。厌翟敝不可乘，以金根代之。公主出降，乘金根车，自主始”。这位公主也就是电影中那位嘉诚公主的原型。

不过，田绪为人凶险，由于其上位乃是弑兄篡立，因此心中对兄弟姐妹极为猜忌，先后以各种借口诛杀了多名至亲。当时其兄长田朝在李纳属下担任齐州刺史，有传言其将入魏州取代田绪，田绪听说后便以重金贿赂李纳，要求李纳将田朝送回魏州，田朝自然明白一入魏州定无生还可能，便以死相逼，李纳无奈之下只得将其送往长安。当田朝一行人行至滑州时，田绪又派人前来截杀，幸得义成军①节度使贾耽派兵前来接应，田朝方才幸免于难。

贞元十年（794 年）七月，昭义镇突然发生变乱。当年薛嵩的相卫镇解体后，未被魏博吞并的邢州、洺州等地被合并入泽潞，组成了新的昭义镇。但是两者之间隔阂颇深，并未整合一体，原相卫镇将士中有着不少亲近河朔的力量。这年六月，昭义节度使李抱真去世，朝廷以王虔休为昭义留后，原相卫镇势力的代表——昭义行军司马、摄洺州刺史元谊要求以磁、邢、洺三州别为一镇，但被朝廷拒绝。

---

① 原永平军节度，时辖郑、滑二州。

见元谊有另起炉灶之心，王虔休发兵击之，昭义镇陷入内战之中。战事一直持续到贞元十二年（796年）正月，元谊因得不到外力支持，不得不率5000洺州兵及其家人万余口奔魏州。这些人就是影片中元氏一族的历史原型。

元谊的来投无疑进一步提高了魏博的力量，但是此时的德宗皇帝对藩镇以姑息为主，并未追究责任，只是命田绪安抚其众。为了拉拢消化这支昭义军，田绪还为其子田季安聘了元谊之女为妻。

不过影片中，聂隐娘被设计成田季安青梅竹马的表妹，两人最初订有婚约。出于政治考虑，嘉诚公主牺牲隐娘，让田季安与元谊之女联姻。因为嘉诚公主下嫁魏博的任务是为朝廷笼络控制地方藩镇势力，而生母微贱的田季安作为公主养子，是极其重要的一枚棋子。公主需要通过培养其继位来掌握魏博镇势力，相比聂家而言，元家是更适合的联姻对象。

落幕

贞元十二年四月，田绪突然暴病而亡，他与嘉诚公主之间没有子嗣，其继承人只能在三个庶子中挑选。其中田季安为公主所抚养，宠冠诸兄，于是在公主的支持下，田季安在田绪死后顺利袭位，被将士拥立为留后，时年十五岁。八月，朝廷承认了将士们的拥立行为，正式任命田季安为魏博节度使。

公主对田季安管教很严，因此最初几年，田季安循规蹈矩。但是等到公主去世后，他无人管教，很快便暴露出本性，远较电影中的那个田季安为恶。他沉溺于声色犬马，对藩镇事务也胡乱处理，"率意轻重，官属进谏皆不纳"（《新唐书·列传第一百三十五》）。

田季安为人还淫虐残酷，丘绛为其幕府中的重要幕僚，曾为他撰写田绪的神道碑，但因为得罪了他，竟然被他活埋。与丘绛同年登进士科的诗人刘禹锡听闻噩耗，悲恸不已，写下一首《伤丘中丞》：

邺下杀才子，苍茫冤气凝。

枯杨映漳水，野火上西陵。

马鬣今无所，龙门昔共登。

何人为吊客，唯是有青蝇。

掌握兵权的大将更是田季安猜忌的重点，有才干的大将多被其找借口诛杀。牙内兵马使田兴，乃是田承嗣之弟田庭玠之子，论起辈分他还是田季安的从叔父。他为人忠厚，能得军心，经常规劝田季安，"军中赖之"，因此被田季安忌恨，将其出为临清镇将，准备寻找机会将其杀害。田兴情急之下假装中风，并让人用艾灸治疗，故作感受不到疼痛，以至于满身都是烫伤的痕迹，田季安信以为真，田兴这才幸免于难。在电影中，田兴则被设定为聂隐娘的舅舅，他在贬官途中遇刺，为聂隐娘所救。

宪宗元和四年（809年）正月，成德节度使王士真病死，其子节度副使王承宗自立为节度使。当时在位的宪宗皇帝一反其祖父的姑息政策，锐意进取，由于已成功平定了西川刘辟、镇海李锜之乱，他自信十足，想要趁王士真之死革除河北诸镇世袭之弊。不过成德王氏已经割据三代，根深蒂固，宪宗准备徐徐图之。朝廷以承认王承宗合法地位为条件，要求成德镇割出德、棣两州另立一镇，以分离其势，并迫使其"输二税，请官吏"。王承宗因为得不到朝廷任命，心中忧惧，而魏博田季安、幽州刘济此时又都在病中，难以依靠，急于袭位的王承宗只得答应此条件。元和四年九月，朝廷正式任命其为成德军节度使，同时又从成德分割出德、棣两州，另外建立保信军节度，任命德州刺史薛昌朝（薛嵩之子，王氏之婿）为节度使。

朝廷的这一任命抢先被田季安派在朝廷的探子侦知，魏博再次面临抉择。田季安知道当今的天子志向远大，一旦成功分割成德，朝廷的下一步削藩目标必然是魏博。田季安于是派使者对王承宗说："薛昌朝私下里与朝廷勾结，所以得授节钺"，以离间朝廷与成德之间的关系。王承宗听了这番话后果然大怒，立刻派遣数百骑驰入德州，将薛昌朝逮捕后押送至魏州。

宪宗得知成德生变后，也下诏给

▲ 唐节愍太子墓里的仕女形象

144·

王承宗，要求其立即释放薛昌朝，并让他还镇。面对朝廷的诏书，王承宗拒不奉诏，并开始秣马厉兵。在和平了二十多年后，河朔再次进入战争状态。元和四年十月，朝廷下诏削夺王承宗官爵，以左神策中尉吐突承璀为左、右神策及河中、河阳、浙西、宣歙等道行营兵马使、招讨处置等使，统率诸军进讨成德。

田季安听说朝廷出兵，也召集部下议事。面对魏博诸将，他说道："朝廷兵马已经二十五年没有踏入河北，这次朝廷出兵，准备越过魏博去讨伐成德，若成德覆亡，魏博势必不免。"紧接着田季安又问左右该如何应对。只见部将中有人跃出道："愿借骑五千，以除君忧！"田季安大喜，高呼道："壮哉！兵决出，格沮者斩！"（《资治通鉴·卷第二百三十八》）

在电影中，田兴便是因为在军议中反对田季安与成德联兵作乱，惹得田季安大怒，被贬斥为临清镇将。同时，电影还虚构聂隐娘的师父为大唐的嘉信公主，她与嘉诚公主乃是孪生姐妹。当年吐蕃攻破长安，尚在襁褓的两位公主被送往道观避难，战乱平复后只接回一人，另一人则在道观中成长并学得了一身神奇本领。两位公主在朝在野共同守护大唐社稷，嘉信公主比较激进，欲以刺杀之技消灭藩镇势力；嘉诚公主则相对务实，希望通过掌控幼主维持藩镇内部平衡。此时嘉诚公主已去世，田季安在朝廷出兵成德时蠢蠢欲动，准备争霸天下，嘉信公主于是下令要求聂隐娘除去田季安。先不论嘉信公主是虚构的，单从德宗对嘉诚公主的重视就可以看出，如果嘉信公主真的存在，德宗怎么可能让她去当一个满身血污的刺客？

总之，聂隐娘最后还是不忍刺杀田季安，一方面是为当年之情愫，另一方面则是考虑到一旦田季安被杀，少主继位，魏博必乱，势必引发新的战争。聂隐娘因此与师父决裂。

历史上，当田季安动员魏博兵马准备出兵之时，幽州节度使刘济的牙将谭忠正好出使魏州。在得知魏博镇的动向后，他立刻觐见田季安，向其进言，称此次讨伐成德乃是"天子自为之谋，欲将夸服于臣下"的举措，魏博一旦阻挠，天子之怒火必将朝向魏博。田季安听后心中悚然，连忙问计，谭忠说出心中筹划，田季安细细一想，连称妙计。于是一方面调发粮饷厚犒王师，摆出一副悉甲压境，为天子前驱伐赵的姿态；另一方面又秘密与成德镇联系，让王承宗故意放弃一地给魏博，用来搪塞朝廷，实际上两镇却是暗通款曲。两镇商议好后，魏博假装为天子效力，发兵占领了成德的堂阳城。朝廷不明所以，认为魏博出兵有功，还为田季安加上了"太子太保"的头衔以作奖赏。而幽州军也避免了再次在战场上与魏博军兵戎相见，两败俱伤。

朝廷讨伐成德的战事虽然最初进展顺利，但朝廷用人不明，魏博暗中阻挠，诸军观望不进。淄青李师道、幽州刘济等人也为王承宗说情，最终朝廷劳师无功，不得不认可王承宗袭位的既成事实。魏博顺利渡过了一场危机，既没有"卖友"，反而巩固了河朔联盟；也没有"反君"，反而受赏。

此后，田季安因为沉溺酒色，壮年便得了中风，病中的他愈加残暴，杀戮无度，每次病发更是难以控制怒火，动辄杀死左右侍奉之人，连亲属也不能幸免，杀完之后还对着妻子说："安用此？"元和七年（812年）八月，田季安病死，年32岁。

在田季安弥留之际，夫人元氏便召集诸将，立年仅十一岁的幼子田怀谏为节度副使。但这只是暂时的，大家并不能确保年幼的田怀谏能够安坐这一位置。田怀谏唯一继承的只是这个姓氏，在军中毫无基础。要想压制骄兵悍将，必须有足够的军功让人信服；或者是有灵活的手腕压制大将们的野心，并要想尽办法维护军人的利益；同时节度使还要确保得到朝廷的支持，以安定军心。以上几点年幼的田怀谏无疑都不具备。成德镇的李惟岳便是前车之鉴，他在接替父亲位置前缺少军中经历，因此被部下大将所轻视，故而一旦兵败，很快便落得众叛亲离的结局。

田怀谏的外祖父虽然是前昭义行军司马、洺州刺史元谊，他在投奔魏州时曾带来数千将士，在军中有一定影响力，但毕竟是外来户，并不是足以依靠的力量。为了巩固权力，元氏考虑再三，只得将田兴召回，起用其为步射都知兵马使，希望能够借助他的忠心与才干稳定军心。但是田怀谏幼弱，元氏作为女流之辈又无主见，军府被家僮蒋士则掌握，军政皆由其处置，蒋士则恣意弄权，"数以爱憎移易诸将"，引起众怒。不过，电影中的元氏却是颇有手腕之人，精精儿、空空儿均是其豢养的刺客，田兴被贬至临清时，她不顾田季安禁令，派出杀手准备除去田兴，但为聂隐娘所阻止。

由于朝廷对田怀谏的正式任命也久久未至，军中更加不安，认为朝廷将会对魏博有所举措，一旦征战再起，势必影响军士的利益。本来魏博将士就对田绪、田季安统治十分不满，此时不满情绪则更因蒋士则的种种倒行逆施而激化。军中议论纷纷，将士们相互串联，咸曰"兵马使吾帅也"，将田兴作为自己的利益代言人。这股废立节度使的暗流在魏博军中迅速蔓延，等待着喷薄而出的时机。

这一天很快到来。当天田兴准备入军府议事，在出门时突然发现自己已被数千牙军将士包围，将士们纷纷跪下，叫嚷着请求田兴接任节度留后。田兴扑倒在地，不愿起来，但是众将士仍不散去。田兴见如不答应，势必引发流血事件，自己更是难以置身事外，即使不被乱兵所杀，也会遭蒋士则报复，他只得接受将士们的拥立，并且率兵攻入军府中，诛杀蒋士则等十余人，魏博再次完成了一次流血的权力交接。不过，田兴为人仁厚，并未处死田怀谏及其家人，而是在田季安丧事办好后，将田怀谏及其家人护送至京师。其后田怀谏被朝廷授予右监门卫将军的虚职，自此消失在历史的洪流中。

田兴控制魏博后，知道欲稳固自己的地位，必须得到朝廷的支持。"不倚朝廷之援以自存，则立为邻道所菹粉矣"（《资治通鉴·卷第二百三十八》），于是他很快便"图魏、博、相、卫、贝、澶之地，籍其入以献"（《新唐书·列传第七十三》）。宰相李绛对宪宗说："魏博五十余年不沾皇化，一旦举六州之地来归，剟河朔之腹心，倾叛乱之巢穴，不有重赏过其所望，则无以慰士卒之心，使四邻劝慕。"（《资治通鉴·卷第二百三十九》）于是宪宗迅速任命田兴为魏博节度使，并赏赐魏博将士钱150万缗，又免除魏博百姓一年税赋，以作拉拢怀柔。当朝廷诏令来到魏博时，不但田兴本人感恩流涕，士兵也无不欢呼雀跃，相互贺喜道："归天子乃如是耶！"田兴之后被朝廷赐名为"弘正"，他宣布废弃河朔故事，拥戴朝廷。魏博的归附打破了河北藩镇之前合纵的局面，也改变了朝廷与藩镇之间的均势。朝廷在魏博的支持下，先后平定淮西、淄青等藩镇，迫使幽州、成德等河朔藩镇宣布效忠，宪宗夸奖其"为我长城"。

但是"元和中兴"不过昙花一现。宪宗死后，其子穆宗继位，新天子一即位便重新调整藩镇节度使任职，命田弘正徙镇成德，又以李愬为魏博节度使。田弘正知道魏博与成德交战多年，有父兄之仇，准备带2000魏博军作为卫兵，结果朝廷不愿承担这部分士兵的开支。田弘正无奈之下，只得遣回这支军队，成德大将回纥人王庭凑趁机发动兵变，杀田弘正及其僚佐、将吏、家属300余人。当时李愬由于病重，不能出兵讨伐，于是朝廷下诏给时任泾原节度使的田弘正三子田布，命其戴孝入魏州，继为魏博节度使。田布矢志复仇，没想到先锋兵马使史宪诚阴蓄异志，离间军心，魏博军又骄侈，怯于格战，结果在行军途中溃败，大部分将士均投向史宪诚，田布忧愤之下刺心而死。诗人李涉听说田布遇害，写下《哭田布》一诗：

> 魏师临阵却抽营，谁管豺狼作信兵。
>
> 纵使将军能伏剑，何人岛上哭田横。

田布死后，虽然"天子壮其节而哀其死，为之废朝"（《全唐文·卷六百十五》），但是魏博节度使最终还是被史宪诚攫取，王庭凑也开创了自己家族在成德的百年基业，幽州镇则发生了兵变，驱逐了朝廷派去的节度使。自此朝廷再次失去了河朔，"讫于唐亡，不能复取"（《资治通鉴·卷第二百四十二》）。

也就是说，无论是电影内外，唐朝削弱藩镇、恢复帝国权柄的梦想，都宣告了失败……

一代强藩的崩塌

唐宪宗平定淄青李师道之役始末

作者 / 不朽如梦

胡尘昔起蓟北门，河南地属平卢军。

貂裘代马绕东岳，峄阳孤桐削为角。

地形十二虏意骄，恩泽含容历四朝。

鲁人皆解带弓箭，齐人不复闻箫韶。

今朝天子圣神武，手握玄符平九土。

初哀狂童袭故事，文告不来方振怒。

去秋诏下诛东平，官军四合犹婴城。

春来群乌噪且惊，气如坏山堕其庭。

牙门大将有刘生，夜半射落欃枪星。

帐中虏血流满地，门外三军舞连臂。

驿骑函首过黄河，城中无贼天气和。

朝廷侍郎来慰抚，耕夫满野行人歌。

刘禹锡的这首《平齐行》，写的是唐宪宗元和年间平定淄青节度使李师道叛乱一事。淄青李氏家族自李正己以来，父死子继，兄终弟及，传三代共计四任节度使，雄踞齐鲁近六十年，其势力最强盛时占据十五州之地，拥兵十余万，在天下藩镇中号称"最为强大"，可谓盛极一时。但在唐宪宗的征伐下，只七个月淄青便分崩离析了，不仅节度使李师道本人的首级被传往长安——"驿骑函首过黄河"，淄青镇也被一分为三，可谓"其兴也勃焉，其亡也忽焉"。

东北重镇

淄青节度使的前身，乃是唐玄宗时代建立起来的边防体系——十节度经略使中的平卢节度使，始设于开元七年（719年），治营州，统辖平卢军、卢龙军、榆关守捉、安东都护府，管兵37500人。朝廷设置平卢节度使，目的在于使其与幽州节度使（天宝元年改称范阳节度使）互为掎角，构建东北边防体系，镇抚边境的室韦、靺鞨、契丹、奚等少数民族。

平卢节度使的治所营州"地接六蕃"，历来是东北地区的重镇。十六国时期，鲜卑慕容部首领慕容皝在此筑城，并营造宗庙、宫阙，是为龙城。再之后，前燕、后燕、北燕三国先后定都于此地，龙城逐渐成为东北地区的政治、经济、军事中心。北魏灭北燕后，在龙城设镇，后改名"营州"。唐立国后，在此设营州总管府，后改营州都督府，是朝廷在东北地区设置的最高军政机构。朝廷以此为支点，镇抚周边各少数民族，对外辐射唐王朝的政治、经济与文化影响。东北地区的少数民族既迫于唐王朝的压力，又仰慕唐王朝的文化，在时任营州都督薛万淑的招抚下，纷纷内附。之后，朝廷在营州设立东夷校尉，后改东夷都护，负责管辖周边各羁縻州。正如张九龄所说："况营州者，镇彼戎夷，扼喉断臂，逆则制其死命，顺则为其主人，是称乐都，其来尚矣。"

唐高宗年间，随着安东都护府的设立，唐王朝在东北地区的势力极盛。但是好景不长，武周万岁通天元年（696年）五月，因营州都督赵文翙"刚愎，契丹饥不加赈给，视酋长如奴仆"，契丹酋长松漠都督李尽忠、归诚州刺史孙万荣两人举兵造反，攻陷营州，杀死了赵文翙。随后，李尽忠自称"无上可汗"，又以孙万荣为前锋，进围檀州，从而揭开了唐与契丹战争的序幕。

营州失陷的消息传至长安，武则天以左鹰扬卫将军曹仁师、右金吾卫大将军张玄遇、左威卫大将军李多祚、司农少卿麻仁节等人为将，率大军前去讨伐。武

▲ 契丹贵族

▲ 武则天

则天本以为李尽忠、孙万荣两人不过边陲小酋，跳梁小丑，大军一至，两人自当俯首就擒，不日传首长安。没料到契丹人充分利用周（唐）军的骄横之气，先是故意示弱，散布契丹缺粮的假消息，后又派遣老弱迎降，在路边留下老牛瘦马，摆出一副不堪一击的疲弱样子。周军不疑有诈，前锋骑兵轻兵冒进，结果在黄獐谷中伏，张玄遇等人战败被俘。契丹人随后又逼迫张玄遇发出牒文，引周军其余兵马前来。周军总管燕匪石、宗怀昌得令后，昼夜兼程赶来，结果士马疲弊，被契丹人半途邀击，全军覆灭。

武则天闻败讯后大怒，再以侄子建安王武攸宜为右武威卫大将军，充清边道行军大总管，下诏"天下系囚及士庶家奴骁勇者，官偿其直，发以击契丹"，并在山东近边诸州置武骑团兵，准备再伐契丹。但武周在营州失陷后，已失去对东北边境少数民族的控制，靺鞨首领大祚荣便于此后不久崛起，建立起了渤海国。虽然武周朝廷与突厥首领默啜达成协议，以册封其为可汗的价码换取突厥攻打契丹，突厥人也履约，趁李尽忠病死之际突然发兵攻打松漠，俘获了李尽忠、孙万荣两人妻子；但孙万荣不久后便军势复振，于当年冬天大举南下。他先攻陷冀州，杀刺史陆宝积，后又攻打瀛州，大掠而去。河北为之震动。

武周神功元年（697年），清边道总管王孝杰、苏宏晖等率兵17万再伐契丹，结果在东硖石谷中伏，苏宏晖见机不妙，先行撤退，王孝杰力战，坠崖而死。此役，周军几乎全军覆没，"坑深万丈，尸与崖平，匹马无归，单兵莫返"。武攸宜当时正在渔阳，听闻前军败北，身为亲贵的他无胆无谋，不敢再进。契丹则乘胜攻打幽州，武攸宜命部将出战，结果再次败北。

此时正在武攸宜幕府中参谋军事的大诗人陈子昂，请求遣万人为前驱以击敌，武攸宜见他是书生，谢而不纳。不久后，陈子昂再次进谏，武攸宜大怒，将其降为军曹。郁郁不得志的陈子昂苦闷无比，某日黄昏，他登上幽州境内的幽州台，极目远眺，遥想古今史事，感慨万千，写下了千古名篇《登幽州台歌》：

> 前不见古人，后不见来者。
>
> 念天地之悠悠，独怆然而涕下。

不久后，突厥可汗默啜趁孙万荣在幽州与周军相持之际，突然发兵袭破其在营州西北筑造的新城，契丹老弱妇女及财货尽被突厥人所获。消息传至前线，孙万荣的部队军心大乱，奚人跟着就发生叛乱，投靠了周军。周军趁机大举出兵，与奚军前后夹击，使契丹军大溃。孙万荣走投无路，最后被随行奴仆所杀。

孙万荣虽死，但营州仍未收复，原来契丹见势不妙，依附了后突厥汗国，不仅如此，就连奚人也附了过去。此时的后突厥汗国，在可汗默啜的带领下实力强横，"拥兵四十万，据地万里，西北诸夷皆附之"，并不断进犯唐朝边关。朝廷迫于突厥人的压力，只得将营州都督府迁于幽州境内的渔阳城。

唐睿宗景云元年（710年），朝廷为加强东北边防，以左武卫大将军兼幽州都督薛讷为幽州镇守经略节度大使。薛讷是名将薛仁贵之子，与其父轻剽敢进的作战风格不同，他用兵持重，在边境20余年，"未尝举兵出塞，虏亦不敢犯"。但他也因此被政敌攻击为畏敌懦怯，于太极元年（712年）三月去职，调任并州大都督府长史。

新任幽州大都督孙佺到任后不久，便以"薛讷在边积年，竟不能为国家复营州。今乘其无备，往必有功"为由，大举出兵攻打奚、契丹，欲一举收复营州。但前锋左骁卫将军李楷洛率领的4000骑兵遭遇优势敌军，初战不利，孙佺怯懦不敢相救，欲退兵，结果为敌所乘，唐军大败。奚族酋长李大酺质问孙佺："朝廷既与我和亲，今大军何为而来？"孙佺诿过于李楷洛，称是李楷洛擅自出兵，又将军中携带的绢帛及自己的紫袍、金带、鱼袋等物件全部送给李大酺，用来换取脱身之道。李大酺假意应允，待唐军退兵时突然发起攻击。唐军毫无防备，结果溃败，孙佺等人被俘，奚人将其献于突厥，后为默啜所杀。李楷洛则突出重围，幸免于难。十一月，奚、契丹组成2万骑兵再次南下，入寇渔阳，新任幽州都督宋璟闭城不出，敌军再次大掠而去。

唐玄宗开元二年（714年）正月，薛讷上奏称靺鞨、奚、霫等族仍然心向朝廷，只是朝廷迟迟未能收复营州，他们无所依靠，方才投向突厥，若朝廷能重建营州，他们必然会再次归化。玄宗认为薛讷久在边疆，晓畅边事，此论必有依据，遂升薛讷为同紫微黄门三品[①]，命其讨伐契丹、收复营州。七月，薛讷率兵6万出檀州，

---

① 即同中书门下三品，玄宗开元年间改称。

▲ 唐代牛车，阿史那忠将军墓壁画。阿史那忠原是东突厥小可汗，后归附唐朝，太宗封其为右卫大将军、怀德郡王

大举击契丹，结果在滦水山峡中伏，唐军大败，死者十之八九，薛讷与数十骑突围得免。自万岁通天元年以来，契丹成了中原军队最强大的敌手，是以史书中这样沉重地记载道："故二十年间有事东鄙，僵尸暴骨，败将覆军，盖不可胜纪。"

开元四年（716年）六月，突厥可汗默啜北击拔曳固，大破对手于独乐水，结果在回军途中默啜得意忘形，毫无防备，被躲在柳林中的一名拔曳固溃卒所杀。默啜死后，突厥贵族为争可汗之位互相攻伐，国内大乱，拔曳固、回纥、同罗、霫、仆固等部纷纷归附唐朝。契丹酋长李失活、奚族酋长李大酺见此情形，知突厥势力大衰，若继续与唐王朝为敌，必将遭到朝廷的新一轮攻伐，便率部请降。朝廷封李失活为松漠郡王，李大酺为饶乐郡王。次年，贝州刺史宋庆礼上书，请求复置营州。朝廷遂复置营州都督于柳城，又于此地设置平卢军使。唐军再次回到营州后，很快筑下新城，又在附近开垦屯田80余所，招安流散，数年之间便仓廪充实，市邑也愈加繁荣。

开元六年（718年），契丹首领李失活病死，其弟李娑固继位后欲除去牙官可突干，结果反被可突干所逐。营州都督许钦澹得知消息后，命部将薛泰带领500人，联合奚族酋长李大酺以及李娑固所属兵众，讨伐可突干，不料战败，李娑固、李大酺被杀，许钦澹被迫退守榆关。可突干虽迅速遣使谢罪，并拥立李娑固之弟李邵固为契丹新首领，但朝廷认为原有的镇抚机构已不再适应日趋复杂的边疆事务，遂于次年升平卢军使为平卢节度使，兼领经略、河北支度、管内诸蕃及营田等使，统领安东都护及营、辽、燕三州，张敬忠为首任平卢节度使。相比原先的营州都督，平卢节度使无疑地位更高、权力更大、拥有的兵力也更强，在随后征伐东北地区少数民族的历次战事中均发挥了极其重要的作用，成为大唐在东北边境的重要支柱。

孤军忠臣

由于平卢节度使与幽州节度使属于同一防御体系，两镇节度使往往由同一人兼任，甚至平卢节度使还一度被降为平卢军使，归于幽州节度使麾下。但总体而言，平卢节度使并入幽州节度使的时间并不长，大部分时间还是独立设置的。作为边防重镇，平卢节度使所辖地域除营州这一中央直属州外，还领有辽、燕、归义、顺化等羁縻州，以及松漠、饶乐、黑水、忽汗州等羁縻都督府，其兵力布置大体如下：

一是平卢军，驻地在营州，统辖士兵16000人、战马4200匹，其兵力占平卢全军的四成以上，战马更是超过七成，可以说是绝对主力。

二是卢龙军，驻地在古孤竹国故地，统辖士兵10000人、战马500匹，地位仅次于平卢军。

三是安东都护府，它原本设置在平壤，职责是管理高句丽故地，后内迁辽东，最后徙至辽西故郡城。安东都护府下辖怀远、保定二军及安东守捉，统辖士兵8500人、战马700匹。

四是各守捉，所谓"守捉"，是指设有驻防的城镇和营地，地位低于军，高于镇。平卢节度使统辖燕郡、榆关、汝罗、怀远、巫阁、襄平、安东七守捉，其中最重要的是榆关守捉，有士兵3000人、战马100匹。

平卢节度使虽然最初只是军事长官，但一般由营州都督充任，同时又兼任支度、营田、转运使，可以说集军事、行政、财税于一身。开元二十八年（740年），时任平卢节度使的王斛斯还兼任了押两蕃、渤海、黑水四府经略处置使，从而掌管了与边境少数民族的外交权。至安禄山任平卢节度使时，更是兼任了管内采访处置使，直接掌管了平卢镇内的人事与监察权。

开元二十年（732年），薛讷之弟薛楚玉出任幽州节度使，并兼任平卢节度使。他上任的第二年，唐军便遭受了一次惨败。当时薛楚玉派遣幽州道副总管郭英杰率精骑1万及部分奚族兵马出击契丹，屯于榆关之外。契丹可突干请来了突厥兵马前来助战，奚人鼠首两端，见敌军势大，先行撤走。唐军孤军奋战，郭英杰战死，余众继续死战不休，但仍无法摆脱全军覆灭的命运。面对严峻的东北边境形势，唐玄宗起用了名将张守珪为幽州节度使兼平卢节度使。

张守珪此人，"仪形瑰壮，善骑射，性慷慨，有节义"，开元初年在北庭都护任职时，便在与突厥的战事中屡建战功，后崭露头角，调任幽州良社府果毅都尉。幽州刺史卢齐卿对其十分看重，曾召他同榻而坐，认为他不出10年必定能够节度幽州，成为国之良将。开元十五年（727年），吐蕃大举入寇瓜州，河西震惧。朝廷急调张守珪出任瓜州刺史、墨离军使。他果然不负所望，出奇兵一举击退敌军，由此迁任瓜州都督，后又因功升陇右节度使。

张守珪到幽州后，很快便扭转了战局，屡次击败可突干。可突干困迫之下，于开元二十二年（734年）冬遣使诈降。张守珪部下王悔前去招抚，发现可突干并无降意，遂说服与可突干争权的契丹大将李过折发动兵变，斩杀了契丹王屈烈及可突干，尽诛其党。次年二月，张守珪亲赴东都献捷，玄宗大喜，拜其为右羽林大将军兼御史大夫，张守珪的两个儿子也被天子赐予官职，可以说是一门荣宠。

不过，张守珪对历史最大的影响还是他一手提拔了安禄山。安禄山早年因擅长边境各族语言，担任着互市牙郎这样的小吏。一次，他因偷羊被抓，张守珪下令将其处死。安禄山被押下去行刑时大喊："公不欲灭两蕃邪？何杀我？"张守珪听见这句话后起了爱才之心，不但放了安禄山一马，还任命他为捉生将。安禄山在军中很快脱颖而出，由于他十分熟悉边境的山川地形，往往能够以寡敌众，"擒贼必倍"，很快便被提拔为偏将。安禄山性情狡黠，善于揣摩人心，张守珪对他很是赏识，不久后又将他收为义子。

安禄山以此为起点，不断升迁，最后不但独当一面，还简在帝心，成为"有吞四夷之志"的唐玄宗所倚重的重要边将。天宝元年（742年），时任平卢兵马使

▲ 五代画家耶律培绘制的《射鹿图》，图中一位骑着马的契丹青年正在追击一头受伤的鹿

的安禄山正式就任平卢节度使，成为朝廷封疆大吏，开始了他在平卢长达14年的统治。在任上，安禄山为以边功邀宠，屡屡挑起与契丹和奚族的战争，玄宗却被他蒙蔽，认为安禄山勤于王事、战功卓著，对其日益宠幸，不断加官晋爵。至天宝十年（752年）时，安禄山已身兼范阳、平卢、河东三镇节度使。然而，正是玄宗信任的这位蕃将，不久后为他的统治敲响了丧钟，大唐王朝也因此衰落下来。

天宝十四年（755年）十一月，安禄山发所部兵马及同罗、奚、契丹、室韦凡15万众，号20万人，反于范阳（幽州）。他在抽调大量精兵猛将大举南下的同时，对后方做了如下布置：命范阳节度副使贾循守范阳，平卢节度副使吕知诲守平卢，别将高秀岩守大同军。当时海内承平日久，百姓累世不识兵革，"百年老翁，未尝见范阳兵马向南者"。河北州县听说安禄山起兵南下，皆望风瓦解，"守令或开门出迎，或弃城窜匿，或为所擒戮，无敢拒之者"。即使有官员鼓起勇气，集合人马想要抵御叛军，但打开甲仗库一看，都是些几十年没用过的兵器了——"器械朽坏，皆不可执"。兵士们只得拿着木棒与叛军作战，结果自然抵挡不住，节节败退。

唐玄宗听闻安禄山起兵，立即调兵遣将，以安西节度使封常清为范阳节度使，以平卢节度副使吕知诲为平卢节度使，以太原尹王承业为河东节度使。当时安禄山已率主力南下，吕知诲统领平卢军留守后方，他既未起兵讨逆，也没有公开反叛朝廷，可谓首鼠两端、待价而沽。安禄山十分重视平卢这一大后方，是以在洛阳称帝后不久，便派遣使者招诱吕知诲。吕知诲见安禄山势大，竟诱杀安东副都护、保定军使马灵察，正式投向了叛军。

马灵察原名"夫蒙灵察"，一生中大部分时间都驰骋在西域，屡建战功，历任河西节度使、安西四镇节度使等要职，可以说是西北军事集团中的一名重要将领。他曾在行伍中拔擢了名将高仙芝，并一路举荐他做到了安西节度副使。天宝五年（747年），高仙芝出奇兵大破小勃律，虏其国王而还。夫蒙灵察"怒仙芝不先言己而遽发奏"，大骂"汝官皆因谁得，而不待我处分，擅奏捷书！""汝罪当斩，但以汝新有功不忍耳！"此事被监军宦官边令诚密奏给玄宗，玄宗因更为看中高仙芝的才干，遂于次年将夫蒙灵察征还入朝。天宝末年，安禄山骄横跋扈，已成尾大不掉之势，唐玄宗虽有觉察，但苦于积重难返，只得不断赏赐珍宝，希望他能感恩朝廷，消除异志。同时，玄宗再次起用已改名"马灵察"的夫蒙灵察，让这位出身西北边军、与安禄山没有瓜葛的老将来到范阳的大后方平卢镇，出任安东副都护、保定军使，以牵制安禄山。但马灵察在平卢可以说是毫无根基，束手束脚，直至被害也没有起到什么作用。

不过，平卢节度使下属各军，除一部分人马在安禄山起兵叛乱时便追随平卢兵马使史思明加入了叛军外，其余大多数将士依然忠于朝廷。吕知诲接受伪职后不久，"性忠谨，为军人所信"的平卢游奕使刘客奴，便联合平卢先锋使董秦等将士起兵诛杀了吕知诲，并与安东都护府大将王玄志互通声气。同时，刘客奴又派遣使者与平原太守颜真卿取得联系，"请取范阳以自效"，并出兵"攻长杨，战独山，袭榆关、北平"。颜真卿知平卢军孤悬海外，补给一向依赖于河北，便立即通过海运运去了十余万石军粮及大量军衣，还将他当下唯一的儿子颜颇送去，以坚定刘客奴坚守的决心。朝廷听闻刘客奴反正的消息后，也很快任命其为平卢节度使，赐名"刘正臣"，又任命王玄志为安东副都护、保定军使及营田使，任命董秦为平卢兵马使。

天宝十五年（756 年）五月，郭子仪、李光弼在嘉山一役中大败史思明所部叛军，斩首 4 万级，并将史思明围困于博陵。"于是河北十余郡皆杀贼守将而降。渔阳路再绝，贼往来者皆轻骑窃过，多为官军所获，将士家在渔阳者无不摇心。"

▲ 安禄山

▲ 唐玄宗

安禄山已准备放弃洛阳，走归范阳。刘正臣也厉兵秣马，准备直扑范阳，夺取叛军老巢，断绝叛军归路。未曾料到，年老昏聩的玄宗急于成功，逼迫哥舒翰出潼关与敌决战，结果官军大败于灵宝西原，20万大军几乎全军覆灭，叛军乘胜攻陷潼关。唐玄宗在仓皇间只得逃往西蜀，半途禁军哗变，杀死了宰相杨国忠，更逼迫杨贵妃自缢，演出了一幕"六军不发无奈何，宛转蛾眉马前死"的悲剧。

李光弼得知潼关失陷后，迅速解博陵之围而去，与郭子仪所部共同从井陉退入河东。僻居一隅的刘正臣尚不清楚官军已经溃败，他以为叛军老巢此时必定空虚，遂引兵直扑范阳。一路上，平卢军屡败叛军，却不知史思明此时已率军北上，回到了范阳。结果平卢军先胜后败，被史思明打了个措手不及，大败而归，战死者7000余人，可以说是元气大伤。

刘正臣败归后，史书均记载他于次年二月被安东都护王玄志毒死，安禄山随后任命其党羽徐归道为平卢节度使，徐归道不久后又被王玄志联合平卢大将侯希逸袭杀。但王玄志和刘正臣同在勤王阵营，为何要谋害刘正臣？而平卢军当时仍然忠于朝廷，安禄山的势力又是如何进入平卢，任命徐归道为节度使的？让人殊为不解。直到后世的日本学者在《续日本纪》中找到了这样一条记载，才解开了这一疑团。当时正在渤海国的日本遣渤海使小野朝臣田守收集到了这样一条情报："平卢留后徐归道遣果毅都尉、行柳城县兼四府经略判官张元涧，来聘渤海，且征兵马，曰：'今载十月当击禄山，王须发骑四万来援平贼。'渤海疑其有异心，且留未归。十二月丙午，徐归道果鸩刘正臣于北平，潜通禄山、幽州节度使史思明，谋击天子。安东都护王玄志仍知其谋，率精兵六千余人，打破柳城，斩徐归道，自称权知平卢节度使，进镇北平。"按照这一说法，应是徐归道早与安禄山、史思明潜通，在谋害刘正臣后，被王玄志所诛。

平卢军暂时度过了刘正臣被害、徐归道通敌的危机，但形势依然严峻，尤其是军粮补给问题急需解决。平卢镇当时被叛军隔离，可以说孤悬海外，营州附近虽然也有屯田，但其粮食产出远不能满足需求。平卢军粮转运主要有两条道路：一是通过陆路将河北诸州的粮食运来；一是通过登州，将青、莱等州的粮食运来。当时海运规模很大，一次往往便可以运输军粮三四万石。但此时，这些地区多被叛军控制。

为重新打通运输通道，王玄志于至德二年（757年）初，命兵马使董秦与大将田神功、邢君牙、阳惠元、李惠登等人，率兵3000从雍奴渡海至河北。这支平卢军先是击败了贼将石帝廷、乌承洽等人，连拔拔鲁城、河间、景城三城，"收粮赀以实军"，随后又再下平原、乐安两城，初步站稳了脚跟，并恢复了平卢的海上补给线。

立足青齐

乾元元年（758年）二月，朝廷正式任命王玄志为营州刺史，充平卢节度使。但当年冬天，王玄志便病死军中。朝廷派遣使者前往抚慰平卢将士，并观察军中欲拥立的节度使人选。大唐自府兵制崩溃后，戍守兵卒便主要从当地及附近地区招募。如此一来，平卢军中的当地人势力逐渐变得强大起来，并以血缘关系为纽带形成一个武人集团，其首领为侯希逸、李怀玉两人。

李怀玉此时已有夺位之心，他担心朝廷选择王玄志之子为节度使，遂先下手为强，谋害了王玄志之子，随后凭借武力优势拥立其表兄侯希逸。此时安史之乱仍未平息，郭子仪等部官军虽然先后在卫州之役、愁思冈之役中大破安庆绪，并将其围困于相州（邺城）；但史思明已从幽州（范阳）尽起13万大军南下，攻陷了魏州，与官军相持不下。大战在捷，朝廷不愿节外生枝，遂遵从军中意见，任命侯希逸为平卢节度副使。"节度使由军士废立自此始。"司马光在《资治通鉴》中著述此事时，对朝廷之举大加挞伐，称："彼命将帅，统藩维，国之大事也，乃委一介之使，徇行伍之情，无问贤不肖，惟其所欲与者则授之。自是之后，积习为常，君臣循守，以为得策，谓之姑息。乃至偏裨士卒杀逐主帅，亦不治其罪，因以其位任授之。然则爵禄、废置、杀生、予夺皆不出于上而出于下，乱之生也，庸有极乎！"

就现状而言，朝廷此举实属无奈，平卢镇孤悬敌后，若处置不当，军中生变，势必影响大局。好在侯希逸继任节度使后，不负朝廷希冀，激励将士继续奋战，屡次击败进犯的叛军向润客、李怀仙等部。

至于侯希逸等人为何始终效忠于朝廷，这与安禄山对他们的打压不无关系。

平卢为安禄山起家之地，但考察其叛乱时重用的将领，却无一人是其同族，他们即使再骁勇善战，也不得重用，只能担任偏裨将校。安禄山宁愿使用奚、契丹等游牧民族将领，也不愿拔擢他们，这让始终处于被打压状态的侯希逸等人对安禄山十分敌视。

平卢军虽有效牵制了幽州地区的叛军，但形势对平卢军却越来越不利。乾元元年九月，时任德州刺史的平卢兵马使董秦受命前往相州，会同朔方节度使郭子仪、河东节度使李光弼、北庭行营节度使李嗣业、襄邓节度使鲁炅、荆南节度使季广琛、河南节度使崔光远、滑濮节度使许叔冀等人共讨安庆绪。此次出兵，官军军容极盛，号称60万人。但唐肃宗对统兵大将并不信任，竟不设统帅，只是派遣宦官鱼朝恩为观军容宣慰使，以致各路官军不相统属，军队纪律散漫、毫无斗志。次年三月，官军与叛军会战于安阳河北，结果大溃，"战马万匹，惟存三千，甲仗十万，遗弃殆尽"。只有李光弼、王思礼整勒部伍，全军而归，其余各镇兵马均损失惨重。董秦所部平卢军溃围而出，退守郑州，随后被授予濮州刺史、缘河守捉使，屯杏园渡。

乾元二年（759年）九月，史思明大举发兵攻打汴州，汴滑节度使许叔冀战败降敌。董秦势单力孤，只得与梁浦、刘从谏、田神功等平卢将领一同降于史思明。史思明曾在平卢军中担任要职，麾下有颇多原平卢将士，史称"思明将卒颇精锐，皆平卢战士"。他表面上对董秦颇为厚待，曾抚其背曰："始吾有左手，得公今完矣！"但随后，史思明却剥夺了董秦的兵权，任命田神功为平卢兵马使，命其率部南掠江淮。然而没过多久，田神功却突然斩杀了派来监督他的叛军将领南德信，率部反正，后被朝廷任命为平卢都知兵马使，成了这支平卢军的主将。不久后，董秦在跟随史思明攻打河阳城时，乘着夜色带领500多名亲信将士，拔栅突围，投入李光弼营中。唐肃宗对董秦的忠诚十分赞赏，将他召至长安接见，并任命他为开府仪同三司、殿中监，封陇西郡公，赐名"李忠臣"，还赏赐了宅邸和良马。不久后，朝廷又任命李忠臣为陕西、神策两军兵马使，命其再赴前线讨贼建功。

李忠臣、田神功等平卢将士，虽以自己的实际行动证明了对朝廷的忠诚，但对身处敌后的平卢军来说，两部兵马离开原来控制的德州一带，却意味着海上补给线被再次切断，他们又将陷入孤军无援的状态。平卢军在与叛军的连年激战中早已元气大伤，雪上加霜的是，奚族也在此时不断入侵，使平卢军顾此失彼。以侯希逸为首的平卢将士，经过再三考虑，最终决定进行战略转移。

肃宗上元二年（761年）冬，侯希逸率领2万余平卢将士及其家属合计10万人左右，离开营州向南转移。他们一路击破了叛军大将李怀仙的围追堵截，来到海边，随后征集、建造渡船，踏过惊涛骇浪来到青州。这一过程中，许多将士就此长眠海底。平卢军随后又在青州以北渡河来到兖州，与田神功、能元皓两军会师，最终顺利完成此次战略转移。

能元皓原为安禄山部将，后被安庆绪任命为北海节度使，乾元元年，他带着淄、青二州归降朝廷，被任命为河北招讨使，后任兖郓节度使等职，屡次击败史思明、史朝义父子俩的进犯。田神功率部反正后，先是去扬州讨伐起兵作乱的刘展，大掠当地百姓商人，发了一笔横财，随后一直逗留于江淮一带。李光弼受命出任河南副元帅，都知河南、淮南、淮西、山南东、荆南五道节度行营事后，田神功慑于李光弼的威名，连忙赶回了中原战场。

侯希逸来到青州后，即被任命为青密节度使，次年五月又被任命为平卢、青淄等六州节度使。由于仍保留着平卢节度使的名号，侯希逸日后往往平卢、淄青并称，"自是迄今，淄青节度皆带平卢之名也"。田神功虽不情愿，但若合军一处，他势必会被侯希逸的武人集团排挤，因此他只能忍痛让出青州地盘，移镇兖郓。

平卢镇的南迁对东北亚的形势产生了巨大影响，自此以后，唐王朝再未恢复对这一区域的控制，契丹、奚族趁机南下占据此处，并逐渐强大起来，最终成为东北亚的一大强权。不过对平定安史之乱来说，平卢军南下则极大地增强了朝廷在河南方向的战斗力，有效遏制了官军在邙山之役战败后的不利形势。同时，由于李光弼出任河南副元帅时已被解除了朔方军的兵权，其手上能掌握的兵力十分薄弱，侯希逸也因此与田神功、能元皓成了李光弼不得不倚重的柱石。

叛军方面，史思明在赢得邙山之役后不久，即被其子史朝义所杀。然而，史朝义根本驾驭不了其父旧部，"所部节度使皆安禄山旧将，与思明等夷，朝义召之，多不至，略相羁縻而已，不能得其用"，叛军就此失去协同作战能力。

平卢军南下后不久，淮西节度使王仲升在申州战败被俘，淮西震骇。李光弼急调侯希逸、田神功、能元皓三人合兵攻打汴州，迫使史朝义回军相救，解除淮西危局。随后，田神功又在宋州大破史朝义军。河南战局就此稳定，官军随后便发起了大反攻。

宝应元年（762年）九月，即位不久的唐代宗以其子雍王李适为天下兵马元帅，朔方节度使仆固怀恩领诸军节度行营为副手，大会诸道节度使及回纥兵马于陕州。随后，诸路大军陆续出发，进讨史朝义。这之中，仆固怀恩与回纥左杀[①]为前锋，陕西节度使郭英乂、神策观军容使鱼朝恩为殿军，自渑池出发；泽潞节度使李抱玉自河阳出发；河南等道副元帅李光弼自汴州出发，雍王李适则留在陕州居中调度。

官军很快攻至洛阳城下，并在西原、昭觉寺、石榴园、老君庙等战中大破史朝义军，斩首6万级，捕虏2万人，叛军精锐尽失。史朝义与轻骑数百东走汴州，结果守将陈留节度使张献诚闭门不纳，他只得从濮州北渡黄河，进入河北。史朝义在会合睢阳节度使田承嗣所部4万人后，迎战一路追击的官军，结果再败。之后，他逃往魏州，悉发魏州兵与官军交战于昌乐东，又败。史朝义一路逃往贝州，会合大将薛忠义等部，与官军大战于下博东南，再次大败。叛军各地大将见史朝义屡战屡败，大势已去，纷纷向官军投降。十一月，史朝义一路逃至莫州，据城坚守，官军四路合围，侯希逸、田神功也率部先后赶至前线，会同朔方、河东等镇兵马将莫州围得水泄不通。史朝义屡次督兵出战，欲打破官军合围，但屡战屡败，陷入了势穷力竭的境地。

广德元年（763年）正月，困守孤城的史朝义接受部下田承嗣的建议，率领5000轻骑突围而出，欲前往幽州调发兵马南下与官军决战。不料史朝义刚一离开，田承嗣便将莫州献给了官军，其母亲、妻子、子女尽皆落入官军之手。侯希逸率平卢军会同朔方军一路追击，在归义一带追上史朝义及其部下，史朝义仓皇接战，结果再次大败。等史朝义好不容易摆脱官军追击来到幽州时，才发现范阳节度使李怀仙已经宣布反正，投降了朝廷。史朝义部下见此情形，纷纷散去，只剩下胡骑数百仍然相随左右。离开幽州后，史朝义欲北投契丹、奚，但行至温泉栅时，被李怀仙追兵所迫，穷蹙无路之下，最终自缢于林中。

虽然安史之乱结束了，但大唐王朝就此失去了昔日辉煌，安史旧将田承嗣、

---

① 回纥将汗廷直辖区外的地区分为左、右二部，分别由左杀、右杀统领。

李怀仙、李宝臣、薛嵩等人分割河北，割据一方。这些藩镇各拥劲兵数万，节度使可自行任免官吏、截留赋税，集军权、行政权、财政权于一身。这些节度使还相互勾结，约定将土地传与子孙，而一旦他们镇不住局面，则又会被属下大将取代，朝廷只会以一纸诏书承认现状了事，以至于"一寇死，一贼生，讫唐亡百余年，卒不为王土"。史书上将这种情况称作"河朔故事"。

侯希逸与诸军共同讨平史朝义后，率部回到了青州。朝廷为表彰其战功，进其官职为检校工部尚书，并"赐实户，图形凌烟阁"。对于一名武将来说，能将画像挂在凌烟阁中可以说是无上荣耀，足见朝廷对其的重视。

当时的淄青镇，下辖淄、青、齐、沂、海、密六州，号称"齐带山海，膏壤千里"，是人口稠密的大邑。在开元末年的统计数据中，六州共计268000余户，有居民1528000余人，约占全国总人口的3.2%。作为传统农耕重地，这里土质优良，河流众多，水利设施齐全，是唐王朝重要的粮食产区。开元十三年（725年），唐玄宗赴泰山封禅，当时全国范围内每斗米值13文钱，青、齐地区买一斗米却只需3文钱，可见当地粮食产量之丰。同时，这一地区也是重要的纺织业产地，早在汉代，齐地便"织作冰纨绮绣纯丽之物，号为冠带衣履天下"；至唐朝时，更是"天下唯北海（青州）绢最佳"。这里出产的仙纹绫驰名全国，是专门给皇室的贡品。除此之外，青州、海州还盛产海盐，盐利丰饶。人口众多、物产丰富、手工业发达，这些都是淄青镇立足的根本，淄青镇也凭借这些优越条件渐渐强大起来。

虽然在安史之乱中，淄、青六州经济也遭到了破坏，但相对其他地区而言并不严重，很快便恢复了元气。担任节度使的头几年里，侯希逸还算用心，不管是军政抑或是民政，都处理得井井有条，政绩得到了治下百姓及同僚的一致赞誉，史书称其"远近美之"，平卢军也由此在齐鲁大地站稳了脚跟。

割据称雄

平卢军原是官军的中坚力量，将士们跋山涉水，百折不挠，为平定安史之乱立下了不可磨灭的功绩；但在随后的岁月中，这支军队却与河朔藩镇同流合污，成为朝廷的心腹大患。这一转变发生于第二任节度使李正己时代。

度过最初那段励精图治的岁月后，侯希逸很快志得意满，开始堕落。他逐渐放纵自己的欲望，将处理军政事务的时间用在了纵情游玩以及打猎上，还修建了大量建筑。这无疑增加了淄青百姓的负担，更在军中引起了普遍不满，三军将士均心怀怨恨，怒火不断积聚，等待着喷涌而出的时机。

永泰元年（765 年）五月的一天，侯希逸与往常一样，携带着亲信、随从等出城游玩，当夜野营在城外。等他兴尽而归时，却发现自己作为堂堂淄青节度使却无法叫开城门，城头上的将士们都对他怒目而视，持弓以待。原来在他离开期间，城内将士迅速完成了兵变，拥立前淄青兵马使李怀玉为统帅。

李怀玉与侯希逸是表兄弟，侯希逸的母亲乃是李怀玉的姑母。李怀玉是出身于平卢的当地人，在平卢军中担任营州副将的职务。府兵制崩溃后，平卢军为保障兵员补充，不得不在营州附近大量招募少数民族入伍，因此军中颇多少数民族将士。这些少数民族将士以族属抱团，形成了一股强大的军中势力，李怀玉投军后，很快便因"骁健有勇力"成为本族的领袖人物。侯希逸能够成为节度使，便是依靠这一武人集团的支持。

侯希逸率部渡海来到青州后，随即投入到了讨伐史朝义的战事中，李怀玉一直追随左右，担任着负责整肃军纪的军候一职。当时与唐军共同作战的回纥人居功自傲，自以为对唐王朝有再造社稷之功，又自恃武力强大，"强暴恣横"，气焰十分嚣张，诸军莫敢抗之。李怀玉见此情形，心中不忿，"独欲以气吞之"，好好折一折回纥人不可一世的威风。他与回纥酋长约定角逐赛马，谁赢了便可以打对方一个耳光。听到消息后，各军将士纷纷赶来观看，竟在道路两旁形成了两道人墙。但听一声令下，两骑飞驰而出，势若闪电，回纥人虽擅长骑射，但最后还是李怀玉技高一筹，赢得了胜利。李怀玉让

▲ 回纥人

那回纥酋长兑现诺言，众人只见他一个耳光扇过去，那回纥酋长被打得大小便失禁，围观的将士们哄然大笑。自此以后，回纥人的气焰便弱了下来，"自是沮悁不敢暴"。

李怀玉后来在平卢军中担任了兵马使的要职，他性格沉毅，很得军心。侯希逸虽然怠政，但对权柄一事十分敏感，因此对李怀玉很是忌惮，没多久便以小事为借口免去了他的职务，然而"军中皆言其非罪，不当废"，都十分同情李怀玉。李怀玉表面上没有半点不满，但暗地里却在串联同样对侯希逸不满的将领，最终趁其离城之际，一举夺取了青州。

侯希逸见大势已去，只得带领亲随逃往滑州，并向朝廷上表请罪。唐王朝当时百废待兴，朝廷不想再生事端，只是将侯希逸召还京师，任命其为检校尚书右仆射、知省事，晋升他的官职以作补偿。对夺位自立的李怀玉，唐代宗采取了姑息绥靖政策，并未对他有所责罚，而是承认现状，先是任命其为权知留后事，让他代理节度使，赐名"李正己"；随后又正式任命他为平卢淄青节度观察使、海运押新罗渤海两蕃使、检校工部尚书，兼任御史大夫、青州刺史，封饶阳郡王，确保了其地位的合法性。自此，李正己家族"得计则潜图凶逆，失势则伪奉朝旨"，开始了对淄青镇长达半个多世纪的统治。

李正己为了显示自己能够获得淄青帅位乃是出于天意，还授意下属在各地传播了这样一个故事：

当年侯希逸听信流言，将李正己囚禁起来准备杀害，李正己诉冤无门，只得在狱中用石头垒了个佛像，每天祈祷。一日，他刚睡下不久，便听到有人在他耳边说道："李怀玉，你富贵的时候到了。"他惊醒坐起，却发现长夜漫漫，哪里有人。等到再次睡下，却又在梦中听到："青鸟鸣叫之日，便是你富贵来临之时。"李正己再次醒来，环顾左右，依旧是一片寂静。不久后的一天，他百无聊赖地望着窗外，突然间看到一群青鸟飞来，停留在墙头，心中不免暗自惊讶。没多久便听到墙外三军鼓噪，有人打开囚房，将他救了出来。他这才知道将士们已经驱逐了不得人心的侯希逸。之后，李正己便被拥立为了节度使。

这个故事后来被段成式写在了笔记小说《酉阳杂俎》中，段成式称这个故事是听台州乔庶所说，而乔庶的先祖曾在淄青任官。

李正己吸取侯希逸被逐的教训，加强了对下属的控制。严刑峻法之下，属下对他十分畏惧，以至于有他的地方无人敢窃窃私语。为防止将领们拥兵自重，李正己还以控制"质子"的手段对他们进行掌控——领兵在外的将领都必须将家属作为人质。不过，李正己在政务上十分用心，史称在其治下"法令齐一，赋均而轻"，比起其他地区来说，百姓们还是得了不少实惠的。生活一旦安定，经济势必腾飞，淄青镇就这样在一步步的发展中，做到了足兵足食。

随着淄青镇实力的不断提升，李正己开始效仿河朔，走上割据道路，史称："虽奉事朝廷而不用其法令，官爵、甲兵、租赋、刑杀皆自专之。"

李正己刚任节度使时，尚未显露出割据之势，朝廷对其颇为看重，又将登、莱、棣等州交给淄青镇管理。其中，棣州的盐池年产池盐数十万斛，利润丰厚，可补军需。登州三面环海，是唐代著名的海上贸易通道和中转站，海船从州治蓬莱港出发，可以前往辽东、渤海、新罗、日本等地往来贸易。江南的粟米、绢帛也可以从扬州、明州港口运至登州，再转运各地，故杜甫有诗云："幽燕盛用武，供给亦劳哉。吴门转粟帛，泛海凌蓬莱。"李正己得到这些地区后，实力无疑更为强大。

作为淄青节度使，李正己还兼任着押新罗渤海两蕃使，这一官职负有管理两国朝贡、收集两国情报、核验审签出入境人员证件等职责，同时还可以插手大唐与新罗、渤海等国的海上贸易，李正己以此为便，每年都从渤海国购买大量骏马。马匹在当时是重要的战略物资，李正己除购来壮大自己的骑兵军团外，还可以贩卖给其他藩镇，获利十分丰厚。

唐代宗大历十年（775 年），魏博节度使田承嗣见昭义节度使薛嵩死后，继承者威望不足，趁机出兵吞并了相卫四州。相、卫等州人烟稠密，经济发达，除纺织业外还有煤矿、铁矿之利，田承嗣将相卫四州"精甲利器，良马劲兵，全军之资装，农藏之积实"尽掠至魏州，大大加强了魏博镇的实力。同时，相州还是邺城故地，地理位置十分重要，说是咽喉之地也不为过，"自古用兵，以邺而制洛也常易，以洛而制邺也常难，此亦形格势禁之理矣"。田承嗣夺取该地，对东都洛阳形成了巨大威胁。

朝廷自然不能坐视田承嗣吞并昭义镇，在劝说无果后，遂开始准备讨伐魏博。李正己看到这一情况后，也联合成德节度使李宝臣上表，称愿为朝廷前驱讨伐魏博，擒拿田承嗣献于阙下。李正己之所以表现得如此积极，原因之一便在于田承嗣自视甚高，在平时交往中一贯轻视李正己，李正己对此怀恨在心，此时正好借机报复。朝廷见得到两大强藩支持，也有了底气，遂于当年四月下诏征调河东、成德、幽州、淄青、淮西、永平、汴宋、河阳、泽潞诸道节度使发兵魏博，并贬田承嗣为永州刺史，若其违命，立即进讨。各道节度使接到朝廷诏书后，虽各怀心思，但还是很快都调动本镇兵马来到前线，其中河东节度使薛兼训率领马步军15000人赴邢州，随昭义留后李承昭调遣；成德节度使李宝臣率马步军32000人屯于深、冀、贝一线；幽州留后朱滔率马步军25000人进逼沧、瀛二州；淮西节度使李忠臣、永平节度使李勉、汴宋留后田神玉及河阳、泽潞等道兵马共65000人直据淇园；李正己自然也很快出兵，亲率马步军30000人北临德州、博州。

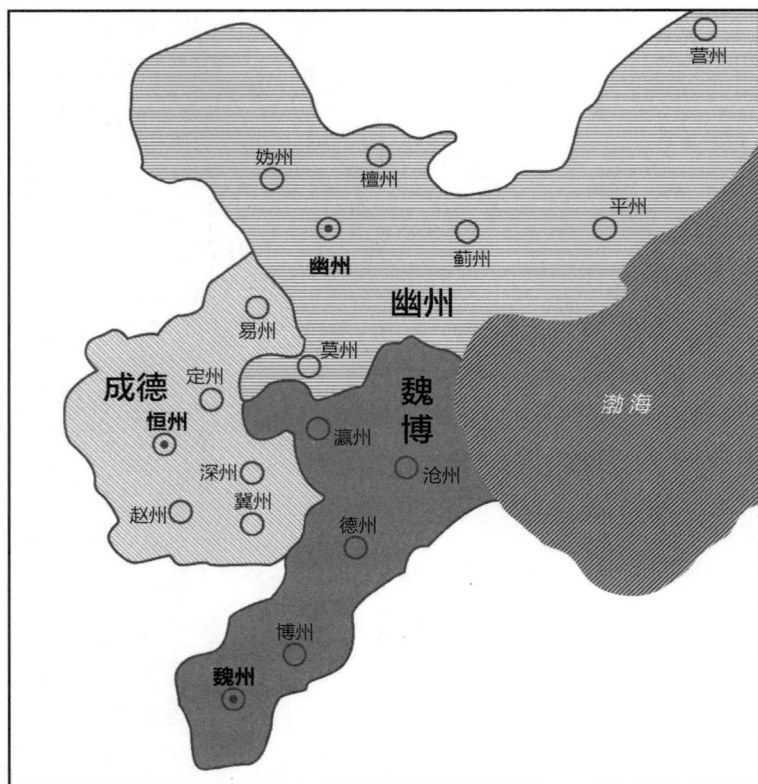

▲ 河朔三镇示意图（763年）

此次出兵的诸道节度使中，淮西节度使李忠臣及汴宋留后田神玉都是原平卢军出身，与李正己曾多有交往。原名"董秦"的李忠臣从史思明处逃出后，身边已无多少兵马，但朝廷见其忠心不二，对他颇为看重，赐下"李忠臣"之名以作表彰，还任命其为陕西、神策两军节度兵马使，后又命他出镇淮西，率军与各路官军一同收复东都洛阳。永泰元年，吐蕃进犯关中，京师戒严，唐代宗急忙征调各藩镇发兵勤王。使者来到淮西时，李忠臣正在打马球，接到诏书后他立即放下球杆，调集军队前去救驾。部下大将道："军队出征应当选择吉日。"李忠臣怒道："君父在难，方择日救患乎？"当天便出兵勤王。他也因此成为各镇中第一个来到长安救驾的节度使。唐代宗认为他忠勇可靠，对其十分信赖。大历二年（767年），李忠臣又率部平定了同华节度使周智光发动的叛乱，为在长安城的天子解决了一大隐患。因此即使他率部大掠华州，造成自赤水距潼关200里间民众纷纷逃散，不见人烟，朝廷也并未对他有所责罚。田神玉则是田神功的弟弟，大历八年（773年），田神功最后一次入朝，不久病逝于长安。正在防秋前线的汴宋兵听闻消息后，发生了骚乱，乱兵们劫掠库藏后逃回了汴州。朝廷为安抚汴宋军人，遂任命时任曹州刺史的田神玉为知汴州留事，主持汴宋镇事务，后又升其为汴宋节度留后。

田承嗣不甘束手就擒，战斗很快就打响了。各道兵马四路围攻魏博，其中李正己率部攻占德州。田承嗣屡战屡败，手下很多人都投向了朝廷，魏博镇陷入了损兵折将、领土日蹙的不利境地。田承嗣欲打破合围，北上攻打成德镇下属的冀州，但为成德名将张孝忠所挫，只得焚烧辎重，退回魏州。九月，李正己率军与成德节度使李宝臣会师于枣强，合围贝州，田承嗣连忙出兵相救。两军为激励士气，各自犒赏三军，但成德将士得到的赏赐较淄青多，淄青将士对此多有怨言。李正己害怕引发兵变，匆忙率军撤退，李宝臣见其撤退，不愿孤军作战，也引军而去。淮西节度使李忠臣见成德、淄青两镇军撤退，只得放弃对卫州的围攻，丢下原先筑造的壁垒后南渡黄河，退驻阳武城。

贝州、卫州之围虽解，但魏博军在磁州城下被河东、昭义、成德、幽州等镇兵马打得大败，大将卢子期被俘，战死者万余人，投降被俘者万余人，丢弃的旗幕铠仗多达5000乘。田承嗣见己方在战场上节节败退，只得采取攻心战术分化瓦解各路藩镇。他知道淄青、成德等镇虽名义上服从天子，但实际上与魏博一样，

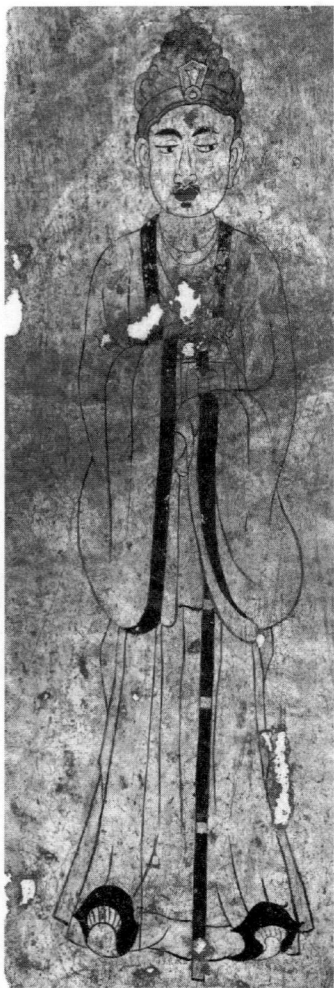
▲《门吏图》，韦贵妃墓壁画。可见该武士手持唐刀

都是"名曰王土，实为异域"的割据势力，李正己等人首先要考虑的，便是如何保存并扩张自身实力，而不是为朝廷火中取栗。

田承嗣首先释放了原本被关押的李正己派来的使者，并将魏博镇的户口、甲兵、谷帛等数据整理成册，让使者带给李正己。田承嗣装出一副老态龙钟的样子，哀求道："老夫今年已经86岁（实际年龄刚过70岁），自知时日不多，但几个儿子都不成器，侄子田悦也没什么本事。魏博镇的一切，我已决定托付给你家主公，又何劳你家主公派大军前来攻取呢？"在送别使者时，田承嗣做足了姿态，让使者立在大堂中，自己向南而拜，再将整理好的文书交与他，又挂了李正己的画像，焚香以供。李正己不疑有诈，遂按兵不动。河南诸道兵马见此情形，也纷纷逗留不进。就这样，田承嗣只用片语便解决了来自淄青的威胁。

随后，狡黠多谋的田承嗣又成功挑拨了成德节度使李宝臣和幽州留后朱滔之间的关系，使两镇交兵，互相防备，再也无心讨伐田承嗣。淄青、成德、幽州三大强藩退出后，朝廷方面仅剩河东、昭义等军，已无力发动攻势。田承嗣又做出一副请罪入朝的样子，李正己也上书帮腔，称希望朝廷赦免田承嗣，"乞许其自新"。朝廷权衡后，于次年二月下诏"赦承嗣罪，复其官爵，一切不问"。田承嗣见各道兵马尽皆散去，原先承诺的入朝一事自然也就无限期推后了。此次出兵征伐，朝廷出动九道节度使，共计167000兵马，虽收复了磁、洺等州，但相、卫二州仍为田承嗣占据，可以说是草草收场。各节度使中收获最大的无疑是淄青，既没有打什么硬仗，又占据了德州一地。

大历十一年（776年）五月，汴宋节度留后田神玉病死，都虞候李灵曜欲夺取帅位，遂杀害了兵马使、濮州刺史孟鉴，并向田承嗣求援。朝廷不愿河朔故事在河南再现，一开始并未满足李灵曜的要求，授予他一镇旌节，而是以永平节度使李勉兼汴、宋等八州留后，又将李灵曜调任为濮州刺史。

永平军是当时河南藩镇中唯一以文臣出任节度使的藩镇，此镇原名"滑亳镇"，首任节度使是出身安史叛军的令狐彰。上元二年二月，李光弼率部反攻洛阳，朔方节度使仆固怀恩不听李光弼依托邙山据险布阵的军令，反而列阵于平原地区。史思明趁官军列阵未定，突然发起攻击，官军大溃，军资器械丢弃殆尽。叛军乘胜连陷河阳、怀州，兵临陕州。但就在叛军气焰嚣张之际，戍守滑台的叛军首领——滑、博二州刺史令狐彰突然宣布归顺朝廷。虽然不久他便被史思明所围，溃围而出后身边只有数百部众，但他作为叛军中"举州向化"的第一人，时间又是在官军刚刚大败后，其归顺之举可以说是意义非凡。因此，朝廷立即拜其为滑州刺史，节度滑、亳、魏、博等六州，这既是表彰他的功绩，又是朝廷千金买骨之举，希望叛军将领能够以他为榜样举兵反正，朝廷必不吝重赏。安史之乱平定后，河北的魏、博等州为田承嗣等人占据，令狐彰所领的只有滑、亳二州，因此改任滑亳节度使。他在任上"内检军戎，外牧黎庶，法令严酷，人不敢犯"，对朝廷也十分恭谨，"岁奉王税及修贡献，未尝暂阙"。同时，他还积极出兵防秋，一路上约束军纪，秋毫无犯。这些举动都让朝廷对他十分看重。大历七年（772年）末，令狐彰病重，他上表朝廷，决意以"土地兵甲籍上朝廷，遣诸子随表归阙"，并推荐吏部尚书刘晏或工部尚书李勉继任节帅。代宗览表后"嗟悼久之"，遂赐滑亳镇"永平军"称号，这也是朝廷在安史之乱后第一次赐予河南藩镇军号。次年二月，令狐彰去世，朝廷在其推荐的人选中选择了李勉为节度使。

田神玉死后，朝廷任命李勉兼任汴宋留后，是希望能够借助其"东诸侯虽暴骜者，亦宗敬之"的名望，来维持河南及汴河水路的稳定。汴宋镇当时下辖汴、宋、曹、濮、兖、郓、徐、泗八州，是河南最富庶的地区。尤其是汴州，乃是最为重要的漕运枢纽，"北通涿郡之渔商，南运江都之转输"，时人赞曰："汴为雄郡，自江、淮达于河洛，舟车辐辏，人庶浩繁。"天宝年间，汴州的人口一度达到120余万，是天下首屈一指的大都会，而宋州的人口也有89万之多，同样是排名靠前的大郡。安史之乱时，叛军占领汴州，汴水无人疏浚，淤塞不通，导致东南赋税只能由长江入汉江，运至汉中后再走陆路运至扶风，但这样一来，不仅道远险阻，成本也变得极为高昂。直到代宗广德二年（764年），出任河南、江、淮以来转运使的刘晏上任后主持疏浚工作，汴水才恢复了漕运故道。自此以后，每年运米数十万石于关中，汴水也再次出现了舳舻相衔、千里不绝的繁荣景象。

李灵曜当时已与魏博节度使田承嗣结成联盟，他的野心和欲望怎是一个濮州刺史就能满足的？很快，他就宣布不接受朝廷的诏书。朝廷不愿扩大事态，遂再次姑息，任命李灵曜为汴宋留后。李灵曜上任后，"悉以其党为管内八州刺史、县令，欲效河北诸镇"。为让此举顺利进行，他又拉来了田承嗣，使其出兵滑州，威胁刚刚卸任的永平节度使李勉，企图以武力胁迫朝廷默认其对汴宋镇的割据，这无疑触碰到了代宗的底线。若汴宋镇河朔化，并与田承嗣联合，势必会对朝廷赖以维持运转的漕运造成极大威胁。

短短数月间，朝廷的态度发生了天翻地覆的变化。八月，朝廷下诏淮西节度使李忠臣、永平节度使李勉、河阳三城镇遏使马燧出兵讨伐李灵曜。李正己也再次披挂上阵，出征汴宋。李灵曜在汴宋镇虽属实力派，但其在军中得到的支持无疑还不够多，同时也没有时间完成对军队的整合。朝廷刚刚出兵，其谋主汴宋兵马使、摄节度副使李僧惠便被宋州牙门将刘昌说服，与汴宋牙将高凭、石隐金两人一起归降了朝廷。朝廷立即任命李僧惠为宋州刺史，高凭为曹州刺史，石隐金为郓州刺史。官军最初虽略有小挫，但很快便完成了对汴州的合围。田承嗣派田悦率军2万南下相助李灵曜，结果在汴州城北被官军击败，魏博军死者枕藉，几乎全军覆没，田悦狼狈逃走。李灵曜见外援断绝，开门夜遁，后被擒获，送至长安斩首示众，汴宋军乱至此平息。

由于李灵曜的军事部署主要集中在西部，李正己趁此次平乱，一举拿下了汴宋镇东部的曹、濮、徐、兖、郓五州之地。淄青镇发展至此，拥有15州之地，在天下藩镇中地盘最为广阔。其中，兖州是重要的矿冶中心，有铁冶13处、铜冶18处，这些矿产在保障淄青镇兵器铠甲数量、质量的同时，更为李正己带来了丰厚的经济回报。据统计，淄青镇仅依靠矿冶一项，每年获利就高达百万贯。

为了加强对新占领地区的控制，李正己下令将治所自青州迁至郓州，并由其子李纳及心腹将领分理各地。郓州处于中原地区通往辽东、海东地区的交通要道上，南下又可大道直驱漕运重镇徐州，沿途平坦，多鱼盐铜铁之利，将治所迁至该地，可以更好地发挥淄青镇在对外贸易上的优势。此时，淄青镇达到全盛，史载其"拥兵十万，雄踞东方，邻藩皆畏之"。

自称齐王

大历十四年（779年）五月，唐代宗病死，其子李适继位，是为唐德宗。唐德宗欲励精图治，一改肃、代两朝颓风，重塑盛唐辉煌，于是刚继位便下诏停罢各地非急用物品的进奉，又遣散梨园使及乐工300余人。之后，他又禁止各地进献祥瑞，并将宫廷中的大象、猎犬、斗鸡等动物全部放归自然，务求节俭。全国各地听说新天子的举措，一片欢腾。消息传至淄青，将士们都道："明主出矣，吾属犹反乎！"

除了这些新政外，德宗在人事上也进行了调整。首先，他断然解除了元老重臣郭子仪的权柄，将其所领副元帅、诸使等职务一分为三，由其部将李怀光、常谦光、浑瑊分领。其次，他免去了韩滉户部侍郎判度支的职务，改以理财高手刘晏任判度支，总领天下税赋。接着，他又免去了"权行中外"、统领禁军十余年的神策都知兵马使、右领军大将军王驾鹤的职务。之后，德宗裁抑宦官，严禁出使宦官收受地方藩镇、州县钱财。

李正己见新天子雷厉风行、威权大张，心中恐惧，遂上表称将向朝廷进献30万缗钱。德宗既想收下这笔钱，又怕李正己突然变卦，折了朝廷的脸面；而若是拒绝，却又找不到合适的理由。

▲ 郭子仪

左右为难之际，宰相崔祐甫向天子献策，请天子派遣使者慰劳淄青将士，将李正已献上的30万缗钱尽以天子名义赐给将士，使其人人感恩。德宗依策行之，李正已是既羞愧又心服。天下人都认为朝廷不重财货，太平盛世即将来临。九月，盘踞蜀地14年之久，"恃地险兵强，恣为淫侈，朝廷患之而不能易"的西川节度使崔宁入朝。此时恰逢吐蕃—南诏联兵入侵西川，德宗听从宰相杨炎建议，将崔宁留于京师（后改任朔方节度使），派右神策都将李晟率军入蜀，大破吐蕃—南诏联军。就此，朝廷顺利接管了西川防务，结束了蜀地贡赋不入的局面，"使千里沃壤复为国有"，充实了朝廷的财政。

次年正月，朝廷下诏改元建中，随后又在杨炎的主持下，正式废除已经不合时宜的租庸调制，大力推行两税法，改变了自战国以来以人丁为主的赋税制度，改以财产、田地为主，且不再区分主户、客户。建中以前的正税、杂税及杂徭合并后的总额，就是所谓的"两税元额"，两税法便是将这个元额摊派到每户，分别按垦田面积和户等高下摊分，以后各州、县的元额都不准减少，并下诏"二税外辄率一钱者，以枉法论"。无固定住处的商人，所在州县依照其收入的1/30征税。因为新税制每年分夏、秋两次征收，故被称为"两税"。两税法的实行使唐朝中期以来极端混乱的税制得到了统一，在一定时期内，保证了国家的财政税收。

同年，德宗经历了泾州刘文喜之叛的考验。当时，宰相杨炎欲在原州筑城，德宗派使者征询泾原节度使段秀实意见时，段秀实直言不讳，认为"今边备尚虚，未宜兴事以召寇"。杨炎知道后大怒，认为段秀实故意阻挠，遂以朝廷名义解除了段秀实节度使的职务，征召其为司农卿。随后，德宗任命邠宁节度使李怀光兼四镇、北庭行营、泾原节度使，命其率军屯驻原州，督造城池；又任命四镇、北庭留后刘文喜为别驾，随军前行；同时，命令朱泚、崔宁各统领士兵万人左右策应。泾州将士原为安史之乱期间入援的安西四镇及北庭兵马，战事结束后先被安置在邠州，后又迁徙泾州。当命令准备筑城工具、移往原州造城的诏书传到泾州时，将士们不愿丢下刚刚安顿下来的家园，再行迁徙，纷纷鼓噪道："吾属为国家西门之屏，十余年矣。始居邠州，甫营耕桑，有地著之安。徙屯泾州，披荆榛，立军府；坐席未暖，又投之塞外。吾属何罪而至此乎！"再者，李怀光素以军令严峻闻名，曾借故接连诛杀大将，泾州将士为之忧惧，不愿受其管束。刘文喜见状，遂鼓动将士们拒不接受诏令，又上书朝廷，称如要安抚将士，要么让段秀实回任，要么任命朱泚为泾原节度使。但当朝廷正式任命朱泚为节度使时，刘文喜又害怕朝廷秋后算账，遂于当年四月据城而叛，并将儿子送往吐蕃作为人质，换取吐蕃出兵援救。

德宗一反其父亲代宗的姑息政策，当即命令朱泚、李怀光前去平叛，又命神策军使张巨济率 2000 禁兵前往相助。当时正值干旱，征发、运输军粮给地方带来了极大负担，各地形势动荡不安。不少大臣上书要求赦免刘文喜，德宗却断然说道："微蘖不除，何以令天下！"叛军方面，刘文喜期盼的吐蕃援军迟迟未见回音。不久之前，唐王朝挟李晟在西川大胜之威，通过遣返代宗以来扣留的吐蕃使者释放出和解善意，"时吐蕃方睦于唐，不为发兵，城中势穷"。不久后，势孤力穷的刘文喜被部将刘海宾所杀。

德宗继位后，李正己始终惴惴不安，献钱被拒后，他又在当年四月德宗生日时，与魏博节度使田悦分别献上 3 万匹缣，希望博取天子好感，毕竟在代宗年间，"每元日、冬至、端午、生日，州府于常赋之外竞为贡献，贡献多者则悦之"。李正己认为，如果天子收下这批贡品，那说明朝廷与藩镇间可以维持现状，如果天子拒绝礼物，藩镇就得准备自保之道了。德宗收到"贿赂"后，将之归入度支以代替租赋。不久后，李正己又遣下属以奏事为名来到长安窥探朝廷虚实，不巧正遇到官军平叛泾州刘文喜得胜归来。德宗洋洋得意，在接见淄青使者时，命其观看刘文喜的首级，以夸耀朝廷武功。使者回去后，将此情形告诉李正己，李正己更加忧惧。他知道，新天子雄心勃勃，颇有以武力解决天下藩镇之心，淄青镇与朝廷间的冲突已不可避免。

此时，对朝廷来说，唐与吐蕃的关系已经有了明显改善，肃、代两朝西北边境沉重的军事压力得以缓解，这使朝廷可以调动兵力对付国内藩镇。

建中二年（781 年）正月，成德节度使李宝臣病死。李宝臣生前欲将节度使之位传与其子成德行军司马李惟岳，他知道李惟岳"年少暗弱"，麾下大将肯定不会心服，遂抢先诛杀了辛忠义、卢俶、张南容、张彭老、许崇俊等 20 余名成德军中的得力大将，只有易州刺史张孝忠、兵马使王武俊两人幸免。李宝臣死后，李惟岳隐匿其死亡的消息，先是以父亲的名义上表朝廷，请求李惟岳继袭节度使之位；

在被朝廷拒绝后，他又以成德将士的名义上奏朝廷，再次请袭，但又遭拒绝，并被责令"护丧归朝"。消息传开后，河朔藩镇均感到危机逼近。当年李宝臣与李正己、田承嗣、山南东道节度使梁崇义相互勾结，欲以土地传于子孙，实现世袭。"朝廷增一城，浚一池，便飞语有辞，而诸盗完城缮甲，略无宁日。"为了巩固同盟关系，他们还结成姻亲，李正己的儿子李纳便娶了李宝臣的女儿。此时，面临朝廷的施压，李正己与田悦各自派遣使者前往成德，秘密谋划勒兵拒命之事。

在淄青、成德、魏博等藩镇密谋以武拒命的同时，朝廷也加紧了准备，开始修缮中原重镇汴州城，同时对河南藩镇重新进行了部署：从永平军中分出宋、亳、颖三州成立宣武军，以宋州刺史刘洽为节度使；以东都留守路嗣恭为河阳节度使，并从河阳节度使辖区中划出郑州隶属永平军；任命永平节度使李勉为都统，统领

◀ 灰陶加彩仕女俑

▶ 冉仁才墓出土武吏俑

176 ·

永平、宣武、河阳三镇；河南诸州刺史全部换上武将出身的官员，以应对即将到来的战事。同时，朝廷又从西北防线抽调了 12000 名防秋兵增援河南，大大加强了河南三节度的兵力。李正己听说朝廷修缮汴州城的消息后，立即发兵万人屯于曹州，不分昼夜地训练士卒，以防备官军征讨，又在徐州方向增兵甬桥、涡口两处要隘，威胁漕运安全。魏博节度使田悦也积极备战、修葺城郭、聚集粮食，与梁崇义、李惟岳遥相呼应。消息传至河南，百姓惊恐不安，朝廷方面则"羽檄驰走，征兵以益备"，战事一触即发。

这年五月，魏博节度使田悦首先出兵，他一面派遣大将孟祐率 5000 步骑兵北助李惟岳；一面命大将康愔领兵 8000 包围邢州，大将杨朝光率兵 5000 驻于邯郸西北的卢家寨，阻绝昭义军的救兵；自己则率魏博主力数万人兵围临洺。建中之乱就此拉开帷幕。

淄青兵马在徐州阻断漕路后，江、淮等地的千余艘进奉船均停留在涡口不敢前进。德宗命在江淮一带素有威名的和州刺史张万福为濠州刺史，解除漕运危局。张万福此时正率本镇兵马防秋京西，接到诏书后，立即率部驰至涡口。进奉船在淄青兵的威胁下，都停泊在岸边，他立马上岸，下令进奉船立即起航，淄青兵仍在岸边窥伺，却又不敢阻挠，各路船只相继进发，漕运危机有所缓解。不久后，河东节度使马燧、昭义节度使李抱真、神策先锋都知兵马使李晟率部在临洺一战中大破魏博军，斩首万余，田悦引兵夜遁，邢州解围。

在魏博、成德两镇与官军鏖战的同时，淄青镇除增兵曹州、徐州两地外，再无其他动作，只因李正己的生命已经进入了倒计时。大概在六七月间，李正己因背部生毒疮病死，享年 49 岁。笔记小说中称他生这个病是因为"虐害生灵，广为不道，淫刑滥罚，致冤魂上诉"，泰山的山神为惩罚他，鞭打其背部，他这才背部生疮，不治而死。由此可见，李正己在时人心目中，形象之恶劣。他死后，其子李纳密不发丧，暗自接管军务。

田悦大败后，立即向淄青求救，李纳忙命大将卫俊领兵万人相救，与魏博、成德两镇兵马会合于洹水畔。至八月完全控制本镇后，李纳才为父亲李正己发丧，又上表朝廷请求继任，这一要求自然被朝廷拒绝。不久后，淮西节度使李希烈攻破襄阳，梁崇义赴井而死，传首京师。成德大将张孝忠也被朱滔说服，举州归附。

平叛形势可以说一片大好。

官军势如破竹，有大胜之余威，而李纳继位不久，根基未稳，淄青镇人心浮动。徐州刺史李洧虽是李纳堂兄，但迫于形势，于建中二年十月率先举州归附朝廷。他又遣人传话称，自己与海州刺史王涉、沂州刺史马万通约定，只要朝廷授予自己徐、海、沂三州观察使一职，王涉、马万通必来归附。坏就坏在，李洧的使者崔程入京后，首先拜见的是宰相张镒，而张镒则将事情告诉了另一宰相卢杞。

卢杞相貌丑陋，"貌陋而色如蓝，人皆鬼视之"，但能言善辩，深得唐德宗信任。他任宰相后，妒贤嫉能、气量狭隘，稍有不顺从自己的人，必要置其于死地。郭子仪病重时，百官都往郭府探病，郭子仪从不屏去姬妾，坦然接见，但听说卢杞要来拜访，立刻命随侍左右的姬妾速速离去。卢杞离开后，家人问起缘故，郭子仪解释道："卢杞相貌丑陋，心地阴险，妇人见到他的丑模样，难免失笑，他心胸狭窄，睚眦必报，到时候郭家恐怕全族都要遭殃。"按照惯例，宰相们在朝会结束后应在政事堂共进工作餐，称为"会食"。卢杞入相后，杨炎认为他没学问，长得又丑，看不起他，便经常借故不参加会食。卢杞衔恨在心，竟将杨炎陷害至死。

卢杞欲独揽大权，行事往往独断专行，他对崔程先拜见张镒这一行为十分不满，遂利用职权使朝廷拒绝了李洧的请求，最后李洧只得了个招谕使的空头衔。

李洧所守的徐州，自古就是兵家必争之地，"州冈峦环合，汴泗交流，北走齐、鲁，西通梁、宋，自昔要害地也"。在唐代，这里更是江淮漕运的重要节点，故李泌曾道："江淮漕运，以甬桥为咽喉，若失徐州，是失江淮也。"对淄青来说，如失去徐州，则失去了一张与朝廷讨价还价的王牌。因此，李纳很快派遣大将王温会同魏博大将信都崇庆两人率部夺回徐州。李洧见大兵压境，派牙将王智兴赶赴朝廷请求援兵。王智兴昼夜兼程，仅花了5天便赶了2600余里路来到长安。唐德宗接报后，立即命朔方大将唐朝臣率5000朔方兵，会同宣武节度使刘洽、神策都知兵马使曲环、滑州刺史李澄三支人马，救援徐州。

朔方军与其他几路兵马会合时，因物资装备未能及时运到，军旗、军服都破败不堪，宣武兵嘲笑道："叫花子也能破贼吗？"唐朝臣用宣武兵的言语激怒朔方士卒，又对将士们道："都统有令，谁先打破敌人营垒，谁就能拿到敌营中的全部战利品！"士卒们瞋目竖眉，发誓要让友军看看朔方男儿的实力。

当时，徐州治所彭城已经坚守了20天，王温见一时难以攻下坚城，便向李纳请兵增援，李纳遂命大将石隐金率兵万人赶来相助。此时官军也赶至徐州，与叛军相持于七里沟。傍晚时分，刘洽率部稍稍退却。唐朝臣采用朔方马军使杨朝晟的计策，亲领步兵背山列阵，杨朝晟则率骑兵埋伏于山中曲折隐秘之处。信都崇庆见唐朝臣兵少，便率2000骑兵越桥西进，追击官军。叛军行至半途，杨朝晟率伏兵突然杀出，瞬间将叛军截成了两段。信都崇庆被打了个措手不及，麾下兵马纷纷溃散，只得率领残部狼狈败走，欲据守桥头阻击官军。杨朝晟渡河追击，叛军全线溃退。刘洽见状，也率部前来助战，官军气势如虹，大破叛军，斩首8000级。朔方军尽得叛军辎重，对宣武兵道："你们说说看，是叫花子的功劳大，还是你们宣武兵功劳大？"宣武兵听后惭愧不已。官军随后乘胜追击至彭城城下，淄青、魏博人马只得解围败走，江淮漕运自此畅通。

建中三年（782年）正月，淄青、魏博、成德三镇大军被河东节度使马燧大败于洹水，战死2万余人，损失惨重。叛军各地守将纷纷投降，不久后，李惟岳被兵马使王武俊所杀，平叛形势可谓一片大好，史称："时河北略定，惟魏州未下。河南诸军攻李纳于濮州，纳势日蹙。朝廷谓天下不日可平。"当时，宣武节度使刘洽已攻至濮州，将李纳困于城中。宣武军昼夜攻城，到二月份时，已经拿下了外城。李纳见友军兵败，只得走上城头，哭泣着请求朝廷给予改过自新的机会，又派判官房说带着他的同母弟弟李经及儿子李成务入朝，准备归顺朝廷。但宦官宋凤朝从前线归来，称李纳势穷，现在是收复淄青的大好时机，不可放弃。德宗听后，遂下令将房说等人囚禁于宫中。李纳见和谈无望，遂突围至郓州，并再次与田悦联合。

不久后，德州刺史李士真、棣州刺史李长卿降于朝廷。在淄青镇陷入兵败

▲ 阙楼图，懿德太子墓壁画

地失的不利局面时，形势突然发生了变化。李惟岳死后，朝廷将成德一分为三，分别任命降将张孝忠为易、定、沧三州节度使，王武俊为恒冀都团练观察使，康日知为深赵都团练观察使；又让朱滔交出深州，换取德、棣二州，即日归镇。王武俊对这一安排十分不满，他认为自己手刃李惟岳，功在诸将之上，都团练观察使职位太低，恒、冀二州地盘太小，自己应该得到成德节度使的位置，并占有定、赵二州。不久后，朝廷又下诏让王武俊提供3000石粮食给朱滔、500匹战马给马燧，这更让王武俊疑惧不已，认为朝廷攻克魏博后，下步必取恒冀，"故先分其粮马以弱之"。同时，幽州节度使朱滔不愿交出深州地盘，因此也对朝廷心怀怨望。

田悦及时抓住机会，成功说服王武俊和朱滔倒戈，两人分别出兵相救魏州，魏人见援军到来，士气大振。官军大将李怀光勇而无谋，先胜后败，被王武俊大败于惬山。朱滔又派人堵塞永济渠，使水流入王莽故河，断绝官军粮道及归路，马燧等军只得退保魏县。

李纳见河北形势大变，也趁机率军攻入宣武军治所宋州，攻城未下后，又命令兵马使李克信、李钦遥分别驻守濮阳、南华，抵御刘洽。朝廷方面鉴于李纳势力复振，便任命刚刚讨平了梁崇义的淮宁节度使李希烈兼领平卢淄青节度使，命其率兵北上讨伐李纳。但德宗未曾料到的是，他倚之为柱石的李希烈此时已有跋扈不臣之心。

李希烈，燕州辽西人士，平卢军出身，先为李忠臣养子，后跟随李忠臣转战河北，颇有功劳。李忠臣出镇淮西时，李希烈担任左厢都虞候，在军中威信很高。李忠臣为人贪残好色，军中将士的妻女多有被其侮辱者，其妹夫节度副使张惠光父子更是倚仗他的权势，凶残横暴，经常凌虐将士，李忠臣虽然知道情况，但从不加以约束，军中因此怨声载道。李希烈遂利用将士们的怒气，发动兵变驱逐了李忠臣，夺取了淮西帅位。李希烈此人同样跋扈不臣，在讨平梁崇义后，他欲占据襄阳，在被朝廷拒绝后，竟大掠全城而去。

李希烈驱逐李忠臣时，朝廷以任命他为淮西留后为条件，将汴州从淮西分割出来，转隶永平节度使，淮西节度使迁治蔡州。但李希烈对汴州始终念念不忘，此时他认为中原战乱纷扰，朝廷无暇分兵，重新夺取汴州的时机已经到来。他率兵3万进入许州后，便与李纳、朱滔取得了联系，谋划夺取汴州。李纳虽防备李希烈趁机夺取淄青，但还是派出人马渡过汴水，迎接李希烈到来。东南漕运船只受此威胁，均改走蔡水。

悭山之战后，李纳等人推朱滔为盟主，又各自称王，其中朱滔称冀王，田悦称魏王，王武俊称赵王，李纳则称齐王。他们将朝廷视作周天子，自己比作春秋诸侯，但奉朝廷为正朔耳，除不改年号，不称帝外，其余制度均与朝廷相似。朱滔称"孤"，李纳、王武俊、田悦称"寡人"，"所居堂曰殿，处分曰令，群下上书曰笺，妻曰妃，长子曰世子。各以其所治州为府，置留守兼元帅，以军政委之；又置东西曹，视门下、中书省；左右内史，视侍中、中书令；余官皆仿天朝而易其名"。

朱滔等人见李希烈兵力强大，纷纷派遣使者劝说李希烈称帝。李希烈被说动，一开始虽未称帝，只是自称天下都元帅、太尉、建兴王，但反迹已然昭著。建中四年（783年）正月，李希烈率兵攻陷汝州，在数次击败官军后，兵围郑州，东都为之震骇，百姓多有逃窜山谷躲避战乱者。随后，淮西军又攻陷邓州，截断了朝廷另一条重要转运通道——武关道。八月，李希烈出兵襄城，永平节度使李勉出兵相救，被淮西军大败，"汴军由是不振，襄城益危"。朝廷急调泾原等镇兵马前去援救，却不料后院失火，泾原兵路过长安时，因给养粗劣，又无赏赐，发动兵变，

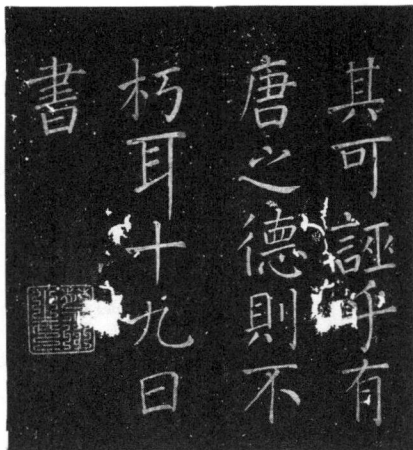

▲ 颜真卿被李希烈囚禁蔡州期间写下的"移蔡帖"。李希烈反叛后，奸臣卢杞建议唐德宗派颜真卿前去宣慰招抚，结果为李希烈所执，后被移囚蔡州。公元784年，颜真卿在蔡州被李希烈派人缢杀，壮烈殉国

拥立幽州节度使朱滔的兄长、前泾原节度使朱泚为主，史称"泾师之变"，德宗仓皇出逃至奉天。

到这年年底，形势对唐王朝来说，甚至比安史之乱时更为危急。在关中，朱泚已自称大秦皇帝，并率兵急攻奉天，城中资粮俱尽，连天子也只剩下粝米二斛，其余人只能在夜里缒城而出，挖掘萝卜来充饥。幸赖大将浑瑊等人力战，才保得城池不失。在江淮战场，李希烈在攻克重镇襄城后，又连下汴州、滑州等地，并再次断绝漕路，朝贡只能经宣、饶、荆、襄等地辗转至武关。南方各节度使纷纷闭境自守，淮南节度使陈少游听说天子出奔的消息后，连忙从盱眙退至广陵，建造堑垒，修缮铠甲兵器，又以武力夺取了盐铁使包佶准备送往关中的钱帛；浙江东、西节度使韩滉也下令驻守各关口、桥梁，禁止牛马出境，又筑石头城，更建造了许多坞堡和馆第，做好了天子逃至南方的准备。

不过河北战场却出现了转机。李纳、田悦、王武俊等人起兵叛乱只是为了维持自身的独立性，并无推翻唐王朝的想法，更不用说服从朱泚、朱滔、李希烈等人。用王武俊的话来说，那就是"二百年天子犹不能事，安能臣竖子耶"。魏博镇在战事中损失惨重，战死者高达八成，将士们十分厌战，不愿再继续打下去了。对李纳来说，淄青参战只是为了维系河朔盟约，确保朝廷能够承认他们这些藩镇的权益，并没有更多的政治野心，是以在李希烈起兵后，他一直都按兵不动、坐观成败。可以说，李纳等人之所以大拍李希烈马屁，劝说其称帝，只是为了让他顶在前面，吸引官军的火力。因此当朝廷表露出愿意和解时，他们立即输诚，接过了橄榄枝。

次年，德宗下诏改元"兴元"，大赦天下，除称帝的朱泚触及朝廷底线不得赦免外，其余叛首朱滔、李希烈、李纳、田悦、王武俊等人均得以赦免，继续"各守藩维"。对赴援奉天、京师的将士，朝廷则赐"奉天定难功臣"称号，以作褒奖。同时，为解决军费而增加的垫陌钱，间架税，竹、木、茶、漆、铁榷钱也全部停止征收。诏书传至各地，士卒皆感动哭泣，认为战事即将结束。

李纳、田悦、王武俊三人见朝廷颁下赦书，认为激战连年，将士疲惫，继续作乱不符合自身利益，均去王号，上表谢罪。朝廷随后下诏正式任命王武俊为成德节度使，领恒、冀、深、赵四州，后又增领德、棣二州；又命康日知交出深、赵二州，调他到华州任奉诚军节度使；张孝忠则继续占有易、定、沧三州，为义武节度使，并加封同平章事衔；田悦仍为魏博节度使，加检校右仆射衔；李纳也获得了旌节，被正式任命为郓州刺史、平卢节度使。

兵败奉天后，朱泚察觉到败局已定，自己时日无多，遂改国号为"汉"，自称汉元天皇，改元"天皇"，过了最后一把瘾。朱滔因是朱泚亲兄弟，欲扶助兄长，遂不愿罢手，继续率军南下。李希烈则自恃兵强势雄，不久后也自称皇帝，国号"大楚"，改元"武成"。当年二月，朔方节度使李怀光自觉被朝廷疑忌，也起兵作乱，迫使天子逃往汉中。但朝廷在淄青、魏博、成德三镇归顺后，军事压力大减，在各条战线均发起了反击。七月，朱泚兵败，在逃亡途中死于部将之手。朱滔则接连在贝州、经城两地为李抱真、王武俊击败，损失惨重，只得上表待罪，结果次年就抑郁而死了。贞元元年（785年）八月，叛将李怀光因兵败地失，为部将所杀。贞元二年（786年）三月，李希烈也因战事不利陷入困境，后被部将陈仙奇毒杀。至此，绵延近五年的战事终于宣告结束。

淄青镇在此次"四镇之乱"中失去了徐、德、棣三州，虽未伤及元气，但显然很不甘心，于是在之后的岁月里时时窥伺徐州。李泌建言：东南漕运皆经淮河到达汴州，徐州扼守漕路，位置重要，如被李纳夺取，漕路必受影响。因此，他建议德宗起用在讨伐李希烈之役中立有殊勋的濠寿庐团练使张建封，让他移镇徐州，并增领泗、濠二州以增强势力，"夫徐地重而兵劲，若帅又贤，即淄青震矣"。贞元四年（788年），朝廷根据这一建议，正式下诏任命张建封为徐泗濠节度使，从此以后，徐州也上升为一方雄镇。

三代世袭

唐德宗贞元八年（792年）五月，李纳病死，时年34岁。李纳有三子，分别是李成务、李师古、李师道，李成务在建中三年被当作人质送往长安，随后再无记载，军中遂推青州刺史李师古为节度留后。建中之乱后，唐德宗的削藩雄心已经消磨殆尽，李师古并无波折便取得了朝廷的承认，顺利继任节度使。淄青镇再次成功完成家族内部的权力交接，由此可以看出李氏家族对淄青镇的掌控力度。

当年德、棣二州交由王武俊统治时，李纳仍占据着棣州年产数十万斛的盐池。为保障盐池安全，他还在德州南部地域跨河筑城，是为三汊城，并通过此城连结魏博。李纳以此城为据点，不断向德州渗透。王武俊一直想收回两地，但忌惮淄青兵力强大，迟迟未能动手，此时见李纳病故，李师古年少，淄青旧将又多死，认为乃天赐良机，当即下令出兵夺取。见成德兵至，李师古忙令部将赵镐拒战。唐德宗听说两镇交兵，再起干戈，连忙下诏调解。王武俊倒也买账，当即退兵；李师古不愿同时得罪朝廷与成德镇，下令拆毁三汊城，各退一步。一场干戈总算得以平息。

李师古少年继位，却颇有手腕，很快便掌控了局面。对内，他实行恐怖统治，在外任职的将领必须将家属作为人质留在郓州，部下中有想要投诚朝廷的，一旦事情泄露，全家都要被处死，于是人人恐惧，"众畏死而不敢异图"。李师古对部将独孤造不满，便找了个由头派他去京师奏事，然后派人半路将他截杀。莱州刺史李廷远因为"屡陈忠顺，以沮奸凶"，政治上倾向于朝廷，结果父子两人均被李师古杀害。再说对外，李师古交结河朔藩镇，继续维持当年的同盟关系；而对朝廷，则在明面上敷衍，以此得到朝廷的认可。

当时淄青将士不管是在本镇还是在外镇，气焰都十分嚣张，唐人笔记中说连鬼都怕他们。李师古虽然表面上服从于朝廷，但内心早就蓄谋扩张地盘，他不断招揽四方之士，积蓄反叛力量，"有得罪于朝廷者，皆抚而用之"。在这方面，他颇有识才爱才之心。原宣武牙将刘悟，说起来与淄青镇颇有渊源，其祖父便是那位忠诚朝廷、矢志不渝，结果为叛将鸩杀的平卢节度使刘正臣。安史之乱结束后，刘氏家族移居东都洛阳，因是忠臣之后，颇受朝廷信用。刘悟的叔父刘全谅因父勋先后授别驾、长史等官职，后在宣武节度使刘洽麾下任牙将，以勇敢善战、精于骑射闻名。刘洽对他十分器重，以子侄辈视之，刘全谅累迁至都知兵马使。刘洽死后，其子刘士宁继任，又提拔刘全谅为宋州刺史。刘士宁后因暴虐淫乱被大将李万荣所逐，李万荣死后，朝廷又派东都留守董晋为节度使。在李万荣、董晋任期内，刘全谅依旧保持着原先的职位。贞元十五年（799年）二月，董晋去世，行军司马陆长源受命知留后事。陆长源历来主张以严刑峻法整治宣武骄兵，扬言："将士多弛慢……不守宪章，当以法绳之。"他又不肯依从老规矩，在有兵变前兆时以钱帛收买军心，"不可使我同河北贼，以钱买健儿取旌节"，结果宣武军哗变，将他杀害。监军俱文珍闻变，密招在宣武军中颇有威望的刘全谅赴汴州主持大局。刘全谅来到汴州后，安抚了军心，后继任节度使。

刘悟与其祖父、叔父一样以勇武闻名，他力气很大，善于手搏。刘全谅任宣武节度使后，即招他至汴州任牙将，打算好好栽培这位侄子。但不久后，刘悟犯下大事，竟然"以罪奔潞州"，投奔了昭义节度使王虔休，在昭义军中当了一名牙将。然而没过多久，王虔休病死，他失去靠山，又遭排挤，只得再次回到洛阳。刘悟此人桀骜不驯，刘全谅当年在洛阳城内一处宅院存放了数百万缗的钱财，他竟破开门窗，将这一大笔钱财用得一干二净。刘全谅死后，他更是"从恶少年杀人屠狗，豪横犯法"，结果闹得太大，被官府抓捕归案，关在了大牢中。东都留守韦夏卿审案时，见刘悟是功臣之后，便放了他一马，没有追究其罪责。李师古听闻刘悟的事迹后，

▶唐代三彩天王像

认为此人有豪杰气质，是可用之才，便以丰厚的礼物招揽他到郓州。刘悟在李师古门下，起初默默无闻，直到一场成为转折点的马球比赛召开。在比赛中，刘悟横冲直撞，竟然撞倒了李师古的马，李师古大怒，下令将此人推出去斩了。危急时刻，刘悟显露出豪杰本色，他神态自若，大骂李师古，这种临危不惧的气势反而使他因祸得福，李师古竟"奇而免之"。不但如此，李师古还重用刘悟，让他统领作为节度使亲兵的后军壮士，并将自己的妹妹嫁给了他。此后刘悟平步青云，屡次升迁，一直当到了淄青节度都知兵马使，成为军中排名靠前的大将。

李师古十分重视幕府的人才建设，先后征辟了高沐、郭旷、郭航、李公度、崔承宠、杨偕、陈佑、崔清等人。诗人张籍以乐府诗闻名，所著诗篇中多有警句，李师古听闻他的才名后，便准备以书币聘其到淄青幕府为官。张籍不愿侍奉李师古这样跋扈的藩镇节度使，遂写下名篇《节妇吟》，借"贞女不事二夫"表达"忠臣不事二主"之旨，以婉辞李师古之延聘："知君用心如日月，事夫誓拟同生死。还君明珠双泪垂，恨不相逢未嫁时。"李师古读到此诗后，爱惜张籍的才华，便放过了他。

贞元十六年（800 年），徐泗濠节度使张建封病死，徐州随即发生兵变，众将拥立张建封之子张愔为帅，并上书朝廷请立为节度使。朝廷不愿妥协，加杜佑为检校左仆射、同平章事兼徐濠泗节度使，命其统领兵马讨伐张愔。杜佑很快调集大批战船，派部将孟准为前锋，进攻徐州；泗州刺史张伾也受朝廷诏命，起兵攻打徐州。而一旁虎视眈眈的李师古，同样欲趁张建封新死出兵夺回徐州。张愔见重兵压境，心中大惧，幸得掌书记冯宿说服"拥兵观衅"的成德节度使王武俊，让他上表为张愔请求旌节。此时，淮南军和泗州军分别被徐州兵击败，德宗只得下诏任命张愔为徐濠泗节度使，又赐徐州军号为"武宁"。李师古见无衅可乘，也只得作罢。

贞元二十一年（805 年）正月，唐德宗驾崩，享年 64 岁，太子李诵即位，是为唐顺宗。唐德宗少年时亲眼见证过大唐的昌盛繁华，成年后又经历过战乱与家国之痛，就连他的生母沈氏亦因陷入贼手而下落不明。他即位后，虽册立生母为皇太后，却也只能对着空气跪拜。这些经历使他在初登大宝时，颇有振作之心，但唐德宗为人拒谏饰非、刚愎自用，"耻见屈于正论，而忘受欺于奸谀"，以致爆发"泾师之变""奉天之难"。在削藩接连遭受挫折后，他又转而采取姑息政策，"每帅臣死，遣中人伺其军，观众所欲立者，故大将私金币结左右，以求节制"，结果是"朝廷益弱，而方镇愈强，至于唐亡，其患以此"。此外，"泾师之变"后，德宗认为武将难以依靠，于是将神策军的指挥权交给了宦官，设立神策军左右护军中尉。这使宦官掌握了控制朝廷的武力，直接改变了中唐以后的政治生态。

早先唐德宗缠绵病榻时，太子李诵也身患重病不能起身，"凡二十余日，中外不通，莫知两宫安否"，闹得是人心惶惶、百官忧惧。德宗驾崩后，宦官们甚至有拥立舒王李谊为帝的打算，幸赖起草遗诏的翰林学士卫次公力争，百官也跟着呼应，宦官们这才罢手。李诵知道这个情况后，只得抱病出九仙门，召见禁军诸军使，众人见新君尚在人间，这才稍稍安定。李诵在太极殿即皇帝位时，还有不少卫士怀疑新皇帝不是李诵，纷纷踮起脚尖仔细张望，等到发现确实是太子后，卫士们竟高兴地哭了起来。然而唐顺宗在贞元二十年便因中风失去了语言能力，无法与百官沟通，处决政事时只能在宫中设置帘帷，他坐在帘帷后面接见群臣，由宦官李忠言、昭容牛氏随侍左右。百官奏事，都由李忠言、牛昭容二人代为传

▲ 唐壁画中的仕女图

达唐顺宗的处置意见。

天子驾崩，朝廷照例要派遣告哀使到各藩镇宣布遗诏。义成军有一牙将当时正好在长安，首先得到了遗诏，于是连忙赶回去交给节度使李元素。李元素又派人将遗诏送给李师古传阅，本意是想要拉近两镇间的关系，未曾料到李师古欲趁着国丧侵噬自己。李师古召集将士，对众人道："圣上万福，而元素忽传遗诏，是反也，宜击之。"他将李元素的使者打了一顿赶了回去，又发兵屯于曹州，准备向宣武镇借道攻打滑州。但宣武节度使韩弘无论怎样威逼利诱，始终不为所动，拒绝借道给淄青，李师古只能罢兵。当时，淮西节度使吴少臣割据自雄，不听朝命，李师古与他暗中联络，互为援助，用淄青所产的食盐换取同为战略物资的牛皮。结果运输物资的队伍经过宣武军境内时，被宣武将士查获，东西全被韩弘扣了下来，李师古无可奈何，只能自认倒霉。

韩弘为人"沉谋勇断"，是一位狠辣角色。他是宣武节度使刘洽的外甥，早年学文不成，才改学骑射，后任宋州南城将。刘全谅任宣武节度使时，他升迁至都知兵马使的重要位置。贞元十五年，刘全谅病逝，军中拥立其为节度使。当时宣武骄兵天下闻名，动辄逐杀将帅。他上任数月后，果断出手，先伏兵衙内，随后召骄兵首领刘锷及其同党前来，趁其不备，尽数杀之。从此以后，宣武军太平了好一阵子，"自是迄弘入朝，二十余年，军众十万，无敢怙乱者"。

唐顺宗虽然病废，但他在东宫时便关心朝政，希望能够改革弊政，改变宦官专权、藩镇割据的现状。他即位后，立刻重用东宫旧臣王叔文、王伾等人以及刘禹锡、柳宗元等中层官僚，大力推行改革措施，因顺宗年号为"永贞"，故史称"永贞革新"。对藩镇势力，革新派先是解除了浙西观察使李锜所兼诸道盐铁转运使之职，将财政大权从藩镇收归中央；接着又拒绝了西川节度使韦皋总领三川（东川、西川及山南西道）的要求。对宦官势力，革新派先是罢禁了掠人扰民的宫市及五坊小儿，再减停宫中闲杂人员及内侍多人俸钱，以抑制宦官势力。最后，革新派任命右金吾大将军范希朝为京西左、右神策军节度使，度支郎中韩泰为其行军司马，希望能够从宦官手中夺回禁军军权。除此之外，革新派还罢免了为人贪残的京兆尹李实，任用能吏杜佑摄冢宰，兼任度支及诸道盐铁转运使；又召被贬贤臣郑余庆等人回京，希望壮大自身实力，郑余庆后来任宰相多年，颇有清誉。同时，革新派还规定各地除两税外，不得擅自征税；常供之外，不得进奉钱物，并免除了百姓积欠的租赋课税。

"飞蚊伺暗声如雷"，这些革新措施侵犯了高级官僚、宦官和地方藩镇的利益，遭到了他们的一致抵制，这些人很快便结成同盟，向革新派发起了疯狂反扑。先是掌握兵权的宦官密令神策军诸将勿以军权授人，使革新派夺取军权的计划落空。随后，宦官利用对内廷的掌控，趁机削去王叔文翰林学士之职，使其不能与天子相见，断绝了革新派与天子的联系。最后，反对势力干脆逼迫顺宗将军政权力交给太子李纯，然后强迫顺宗退位，拥立太子李纯即位，是为唐宪宗。王叔文、王伾、刘禹锡、柳宗元等人尽被贬斥，李忠言、牛昭容也被杀害，革新运动就此失败。次年正月，唐顺宗神秘去世。据后世学者对中唐志怪小说作家李复言所著《续玄怪录》中"辛公平上仙"一文的研究，唐顺宗乃非正常死亡，他在被迫禅让后不久即被宦官谋杀，直至次年，宪宗才为他正式发丧。

不过，对李师古等节度使来说，很快他们就将明白，顺宗退位并不是一个好消息。新天子刚明果断，立志削除跋扈不臣的藩镇，恢复贞观、开元时的盛世局面，实现中兴。宪宗早在监国时，便起用了"达权变，有王佐大略"的杜黄裳为相。杜黄裳早年在郭子仪府上担任幕僚，曾在郭子仪入朝期间主持留后诸事。当时，李怀光与监军阴谋矫诏诛除大将，欲夺取军权。杜黄裳与其对质，竟迫使李怀光流汗服罪。随后，杜黄裳又以郭子仪的名义，将"诸将狠骄难制者"全部调整职务，整个过程中没有一个敢作乱的。他入相后，从容进言："陛下宜鉴贞元之弊，整法度，啖损诸侯，则天下治。"

李师古得知杜黄裳拜相后，颇为忌惮。他试图贿赂杜黄裳，于是命得力部下带着几千贯钱和一辆价值上千贯的车子，去向杜黄裳行贿。使者来到长安后，不敢仓促上门，在杜黄裳门外观察了好几天。一日，他看到院中抬出一顶绿色小轿，两个穿着破旧的青衣婢子随侍左右。使者连忙问周边人轿中何人，有人告诉他，这便是宰相夫人。使者看到这一情形，知道行贿肯定没戏了，连忙赶回郓州，告诉李师古这一情况，"师古乃折其谋，终身不敢失节"。

李师古虽年少继位，但头脑颇为清醒，对淄青镇内的军政事务始终兢兢业业，丝毫不敢懈怠。然而他的异母弟弟李师道却是个纨绔子弟，喜欢玩乐享受，李师古为锻炼弟弟的才能，常常裁抑他的花费，希望他能知道民生疾苦，以至于李师道虽贵为节度使的弟弟，手头却颇为紧张，为此没少埋怨过哥哥。后来李师古将李师道送到密州，让他学习如何处理州县事务。李师古曾对左右说："我不是不待见这个弟弟，我15岁就当了节度使，但还是常常叹息自己不知道稼穑之艰难。李师道比我还小几岁，从小没吃过什么苦，我要让他知道吃的穿的是怎么来的，所以才让他出去锻炼，你们应该体会我的苦心。"但李师道到了密州后，对政务完全不上心，却钻研起了画画和音乐，这让李师古很是失望。

唐宪宗元和元年（806年）六月，正值壮年的李师古突然患了重症，性命垂危，他自知不起，便在病榻上招来判官高沐、李公度两人，对他们说道："趁我还清醒，有几句话想问你们。我死后，你们准备推举谁为节度使？"高沐、李公度两人相顾无言，李师古看出他们的心思，叹息道："难道是我的弟弟李师道吗？人之常情，总会倾向于自己的骨肉亲人，我又何尝不想让弟弟继位，但节度使人选选择不当，不但会败坏藩镇军政，连整个家族都要倾覆。李师道作为公侯子孙，不去学习如何处理军政事务，专去学画画、乐器这些小人才去干的卑贱之事，他怎么能当节度使呢？你们好好考虑一下吧。"不久后，李师古便去世了，但高沐、李公度并未听从他的遗言，毕竟李师道是李师古唯一的弟弟。李师古虽有一子，但李明安年纪实在太小，如拥立他极有可能会造成境内十二州动荡，甚至是兵变。考虑再三，他们还是派人到密州将李师道迎至郓州，拥立其为节度副使，李师道也由此成了淄青十二州的新主人。

李师道总领淄青军政后，很久都没有等来朝廷承认其地位的诏书。他召集将佐商议，有人提议出兵掠夺四境，给朝廷一点压力，换取朝廷的旌节。高沐听后连忙制止，他谏言李师道：当今天子锐意兴复，夏绥留后杨惠琳勒兵拒绝新节度使到任，即被讨平，传首长安；西川节度副使刘辟求领三川，发兵东川，也遭讨伐，已穷途末路；此时招惹朝廷，无疑是引火烧身，招来天子雷霆之怒。在高沐的主张下，李师道摆出一副恭顺姿态，不断向长安派出使者，请输两税，申官吏，行盐法。宰相杜黄裳认为朝廷应当趁李师道刚刚袭位、人心未附时出兵讨伐，但宪宗认为西川未平，两线作战存在变数，还是先行羁縻。不久后，朝廷即下诏以李师道为淄青留后、知郓州事，后又正式任命其为淄青节度使，此时李氏家族已统治淄青镇长达40余年。

狂童悖逆

李师道对自己继任节度使后居然要向朝廷输送两税一事始终耿耿于怀，其亲信李文会、林英为争权夺利趁机向李师道进谗，离间他与高沐之间的关系："公奈何举十二州地成沐辈千载名乎？"李师道听后果然入彀，越想越觉得被高沐给卖了，遂罢免了高沐判官一职，改任其为知莱州事。林英见尚未完全打倒高沐，害怕对方卷土重来，又让淄青在长安的邸吏密报高沐准备归款朝廷。李师道听后大怒，竟将高沐杀害。

李师道主政的头几年里，总体表现得比较恭顺，与朝廷并无太大冲突，直到元和四年（809 年），淄青镇因成德节度使继承问题才再次陷入漩涡。这年正月，成德节度使王士真(王武俊之子，贞元十七年继任)病死，其子王承宗自领节度留后，这也是河朔惯例，"河北三镇，相承各置副大使，以嫡长为之，父没则代领军务"。在河朔三镇中，成德镇较其他两镇，表现得最为恭顺，虽不上赋税、自除官吏，但每年都会献上数十万缗财物供天子花费。因此，王承宗认为自己袭位应该不会有什么波折。但此时形势早已不比往日，唐宪宗先后平定夏绥、西川、浙西三地叛乱后信心大增，欲用强力塑造新的政治规矩，改变河朔三镇世袭的局面。

一开始，宪宗因考虑到幽州、魏博、易定、淄青等镇皆是父子相承，"镇州若有革易，此辈必不自安"，还是希望采取折中手段，只要王承宗愿意割让德、棣二州地盘，并向朝廷上输赋税，便可承认其节度使的地位。宪宗想通过这种方式让藩镇化整为零，徐徐削弱，最终失去与中央分庭抗礼的实力。王承宗急于继任，并未拒绝。

九月，朝廷正式下诏以王承宗为成德节度使，又以德州刺史薛昌朝为保信军节度使、德棣观察使。魏博节度使田季安通过自己的情报途径，先行得知了朝廷分割成德的消息，他知道成德镇如若就范，下一步朝廷的刀子就将割向魏博镇。他连忙秘密向王承宗通风，称薛昌朝暗中与朝廷勾结，朝廷方才要求成德割出德、棣二州，由薛昌朝当节度使。王承宗本就不愿割让二州，听后果然大怒，当即派数百骑突袭德州，把薛昌朝抓了起来。宪宗一开始还想怀柔，改任棣州刺史田涣为德、棣二州团练守捉使，让王承宗把薛昌朝放了，但王承宗在得到魏博的支持后，有了底气，拒绝再做退让，更不要说交出德、棣二州。

宪宗见此情形，决意讨伐成德。

元和四年十月，朝廷下诏削夺王承宗一切官爵，并遣宦官吐突承璀统领左右神策军及河中、河阳、浙西、宣歙等道兵马讨伐成德，随后又命成德四面藩镇各进兵招讨。李师道也响应朝廷号召，派出一支兵马参战，但淄青军不过是虚晃一枪，攻拔成德的一座县城后便不再进击。由于诸道藩镇各有私欲，皆迁延不进，就连提议伐王承宗的昭义节度使卢从史也与王承宗暗中相通。朝廷只得更多地依赖神策军，但宦官出身的吐突承璀不懂军事，在军中没什么威望，结果神策军屡战屡败，连骁将郦定进也战死了，军士为之夺气。次年七月，王承宗放低身段，"乞输贡赋，请官吏，许其自新"，李师道也趁机为其求情，朝廷见师久无功，只得下诏赦免了王承宗，讨伐战事就此草草结束。

元和七年（812年）八月，魏博节度使田季安病死，享年32岁。田季安弥留之际，夫人元氏召集诸将，立年仅11岁的幼子田怀谏为节度副使。田怀谏幼弱，魏博军政都被家僮蒋士则掌握。蒋士则凭借元氏的信任，恣意弄权，"数以爱憎移易诸将"，引起众怒。同时，朝廷对田怀谏的正式任命久久未至，军中更加不安，认为朝廷极有可能趁机讨伐魏博。

不久之后，魏博发生兵变，将士们拥立军中威望很高的步射都知兵马使田兴为帅。田兴知道自己必须得到朝廷的支持才能稳固对魏博的统治，"不倚朝廷之援以自存，则立为邻道所膏粉矣"，立刻便向朝廷献上了魏、博、相、卫、贝、澶六州版籍，表示臣服。宪宗君臣抓住机会，当即任命田兴为魏博节度使，赐名"田弘正"，又赏赐给魏博将士150万缗钱，免除了魏博六州百姓一年赋税，"军士受赐，欢声如雷"。魏博镇自田承嗣入主以来，50余年不沾皇化，此时归属朝廷可以说是"刳河朔之腹心，倾叛乱之巢穴"，一举打破了河北藩镇合纵的局面，也改变了朝廷与藩镇之间的均势，具有十分重要的意义，削藩形势开始迅速向有利于朝廷的方向倾斜。

李师道听说田弘正归顺朝廷的消息后，当即派出使者前往魏州，希望田弘正能够继续维持昔日盟约，共同进退，成德、淮西等镇也派出使者游说田弘正，但都被他拒绝。李师道又派使者至宣武节度使韩弘处，称："我世与田氏约相保援，今兴非其族，又首变两河事，亦公之所恶也！我将与成德合军讨之！"韩弘虽一向跋扈，但大节上却能坚守，当即拒绝，回答道："我不知利害，知奉诏行事耳。若兵北渡河，我则以兵东取曹州！"李师道惧怕宣武镇的实力，在韩弘明确拒绝的前提下，不敢轻举妄动。

朝廷在得到魏博镇的效忠后，遂将视线转向另一个桀骜不驯的藩镇——淮西。元和九年（814年）冬，朝廷下诏讨伐淮西节度使吴元济，命宣武等16个藩镇进军讨之，但其中却没有淄青，这说明朝廷此时对李师道已经完全失去信任。吴元济见大军压境，分别向成德、淄青求救。李师道知唇亡齿寒之理，若淮西被平定，朝廷下个目标不是成德，便是淄青，遂出兵2000人赴寿春，名义上声称相助官军讨贼，实际上却是援助吴元济。

李师古喜欢招揽天下英才，壮大淄青文武幕僚的力量，李师道却截然相反，豢养了许多刺客奸人。他对兄长留下来的幕府属僚并不重视，反而喜欢听从门客、家奴、婢女的意见，"其所宠任，皆亡命之徒与皂隶耳"。从这点来看，李师道不如其兄多矣，如果说李师古还有枭雄的潜质，那李师道连守户之犬都算不上，就其能力来说根本无法守护淄青李氏的基业。此时有门客向李师道建议："用兵所急，莫先粮储。今河阴院积江、淮租赋，请潜往焚之。募东都恶少年数百，劫都市，焚宫阙，则朝廷未暇讨蔡，先自救腹心。此亦救蔡一奇也。"李师道听后，连呼此计大妙，当即决定依计行事。

元和十年（815年）四月的一天，数十名恶少年潜至河阴转运院①旁，等到夜色降临，这群人突然杀入转运院，并用事先准备好的易燃物四处纵火。火乘风势，大火迅速蔓延开来，恶少年见得手，便迅速离去。等到附近的援兵赶到时，转运院已被烧成了一片废墟。经清点，这次袭击烧毁了存储在转运院内的数万斛粟、30万缗钱。

此后人心惶惶，群臣多有请求罢兵者，但宪宗意志坚定，反而加快了讨伐的步伐，他派御史中丞裴度到行营宣慰前线将士，察看用兵形势。裴度回朝后的上奏，

---

① 位于汴河入口的河阴仓旁，是唐王朝设置在河南地区的转运管理机构，负责各州租赋转运。

愈加坚定了天子的决心。不久，忠武节度使李光颜便大败淮西军，斩杀叛军数千人。李师道见淮西形势紧张，再次问计于门客。又有门客称："天子之所以锐意诛除蔡州吴元济，无非是宰相武元衡大力支持，只要派人把他给杀了，其余宰相定然不敢再赞成削藩之事，反而会争着劝说天子罢兵。"李师道沉吟片刻，当即决定派人谋刺主战大臣，以除淄青心腹大患。

元和十年六月初三，报晓晨鼓刚过，门下侍郎、同平章事武元衡在随从们的簇拥下离开位于靖安坊的府邸，准备上朝。刚出坊门，路边突然杀出一群蒙面人，这些人先是用箭射灭灯烛，接着一箭射中武元衡的肩膀。很快随从们就被刺客杀散，武元衡则被刺客拉下马来，当场遇害，连首级也被砍去。等到附近金吾卫所设武侯铺①的士卒听到动静赶来时，只看见宰相的无头尸体躺在路边。武元衡的坐骑不知主人遇害，仍沿着熟悉的道路一路前行……

与此同时，另一场刺杀也在通化坊发生，这位主战派大臣——御史中丞裴度同样是刚出坊门便遇到袭击。刺客连砍三刀，第一刀斩断了裴度的靴带，第二刀砍中了裴度的背部，第三刀砍中了裴度的头部，裴度应声落马，滚落在旁边的水渠中。幸好这天出门时，裴度戴了一顶朋友刚从扬州带回来的毡帽，厚重的帽顶挡住了锋刃，他只受了点轻伤，"经刀处，微伤如线数寸，旬余如平常"。刺客待要上前检验生死，却被裴度的仆人王义死死抱住，怎么也挣脱不开。刺客斩断王义的手，方才脱身，后见武侯铺的士卒即将赶来，只得匆忙离去，裴度因此躲过一劫。

当时正值夜漏未尽时分，路旁多是上朝的官员及其随从，他们看到武元衡被杀后的惨烈景象，无不震骇。武侯铺的士卒们奔走相告，呼声连绵十多里，以致街巷中的居民都听说宰相被贼人刺杀。当消息传到朝堂上时，已经上朝的百官惊骇万分，却不知道遇害的是哪位宰相。直到武元衡的马出现在众人视线中，大家方才知道被害的原来是武元衡。

重臣接连被刺，长安城内人心惶惶。宪宗下令但凡宰相出入，都派遣一队金

---

①类似公安派出所，分布城门坊角，派驻卫士守卫，大城门100人，大铺30人，小城门20人，小铺5人。士卒每天二更时分对长安城实行戒严宵禁。

▲ 唐宪宗

▲ 裴度

吾骑士负责保卫，这些卫士如临大敌，一路张弦露刃，所过坊门遇有可疑情况便大声呵斥。其余大臣则将奴仆武装起来，出门时让他们贴身保护自己的人身安全。各城门口也增加了卫兵，凡是身材高大、操河北口音的都会被截住盘问。但刺客气焰十分嚣张，不久后，负责追捕刺客的长安各府县及金吾卫都收到了刺客送来的纸条，纸上写着八个字——"毋急捕我，我先杀汝"。追捕的官吏心中惧怕，竟然不敢认真搜索。兵部侍郎许孟容见状忧心忡忡，面见天子时进言："自古未有宰相横尸路隅而盗不获者，此朝廷之辱也！"不久后，宪宗"诏中外所在搜捕，获贼者赏钱万缗，官五品；敢庇匿者，举族诛之"。但还是有许多被吓破了胆的大臣上书天子，请求罢免裴度，以安藩镇之心。宪宗大怒："度得全，天也！若罢之，是贼计适行。吾倚度，足破三贼矣！"紧接着，宪宗启用裴度为中书侍郎、同平章事，"悉以用兵事委度，讨贼愈急"。

　　杀害武元衡的元凶，在朝廷看来，成德节度使王承宗的嫌疑无疑最大。朝廷下诏讨伐淮西节度使吴元济后，王承宗即上书要求朝廷罢兵宽宥之，并派遣大将尹少卿到长安游说宰辅大臣，被武元衡怒斥遣回。王承宗衔恨在心，又多次上书攻讦武元衡。不久后，左神策将军王士则、左威卫将军王士平的上书告发更坐实了这一点，他们称成德进奏院①士卒张晏等人实施了刺杀武元衡的行动。王士则、王士平都是王承宗的叔父，王士则在王承宗继位后，流亡长安，对王承宗早就怀恨在心；王士平娶了唐德宗之女义阳公主，曾任安州刺史等职，因交结宦官被贬，也欲借此机会重新获得朝廷信任。

宪宗接到王士则、王士平的密告后，当即命令金吾卫包围成德进奏院，将张晏等人抓获，又下令京兆尹裴武、监察御史陈中师两人负责审讯。张晏等人很快招供，后全数被处死，王士则、王士平则得到宪宗赏赐。七月，朝廷下诏向天下公布王承宗罪状，并断绝其朝贡。

李师道见刺杀宰相也不能打消朝廷的削藩决心，决定再次铤而走险。这次他的目标是东都洛阳，这里是山东旧士族聚居之地，许多退休的高官亦定居于此。李师道心怀悖逆之心久矣，早在洛阳附近有所布置，圆净便是他在此埋下的暗桩。圆净本是史思明部将，安史之乱平定后，他削发潜居此地，此时已经80多岁，但反心未灭，暗中为李师道效力。李师道还在伊阙、陆浑之间买田十多处，交给部下訾嘉珍、门察等人打理，命他们在圆净的指挥下，用这些田地拉拢收买二县"山棚"，煽动他们起兵叛乱。所谓"山棚"，是指当地山民，多以射猎野兽为生，其中颇有悍勇之徒，如能收拢得当，无疑是一支精锐兵马。不过，李师道最重要的布置却是洛阳留后院（淄青镇派驻东都的办事机构），当时吴元济北犯汝、郑二州，洛阳郊畿警报连连，守城兵力多调防伊阙，城内十分空虚，李师道趁机派遣上百名死士潜入。淄青镇一贯嚣张跋扈，官吏不敢诘问盘查淄青派驻人员的行踪，因此洛阳有司毫无察觉。

李师道的计划是趁洛阳空虚，命死士焚烧宫阙、纵兵杀掠，圆净则在城外举火为号，集结二县"山棚"作乱，双方里应外合，血洗洛阳城。发动恐怖袭击的前夜，淄青留后院内灯火通明，士卒宰牛煮酒，热闹非凡。小将杨进、李再兴两人不愿附逆，趁着众人不注意溜了出去，偷偷来到东都留守吕元膺处告发了李师道的阴谋。

---

① 各藩镇在京师的派驻机构，职责包括协调节度使与中央朝廷之间的关系，办理需要和朝廷交涉的各项事宜，以及为地方了解、汇编和通报都城的各类政治信息。

吕元膺听后大惊失色，不过并未乱方寸，当即召回派驻伊阙的兵马，包围了淄青留后院。但官军慑于淄青将士的凶名，相持半天都不敢进攻。最后还是防御判官王茂元带头冲锋，官军这才杀了进去。叛军恃勇杀出重围，东都防御兵一触即溃。叛军们在街衢中整理队伍，又将妻儿装在大袋子里，从容背着离去，官军不敢上前交战，只能尾随在后，眼睁睁地看着他们出了长夏门。叛军出城后，先是抢劫了洛阳郊外达官贵人的别墅，又渡过伊水，最后消失在嵩山中。

叛军一行摆脱官军追击后，行至半途，在山间遇到一个"山棚"，那"山棚"正打猎归来，身上扛着一只鹿，叛军饥肠辘辘，二话没说便将鹿夺了下来。"山棚"本非良善百姓，怎甘吃亏，便暗中跟踪叛军，待打探出叛军巢穴的具体位置后，先是招来同党，后又引来官军。官军赶来将叛军围得水泄不通，随即发起了进攻。一场激战后，叛军悉数就擒。官军见圆净悍勇过人，为防其逃脱，便找来锤子准备打折他的腿，但第一下未能成功。圆净悍不畏死，大骂道："鼠子，折人胫且不能，敢称健儿！"说着坐在地上，将小腿放平，亲自教导官军如何用锤子打断人腿。临刑时，他仍然叹息不已："误我事，不得使洛城流血！"吕元膺根据鞫问结果，按图索骥，大搜洛阳城，先后抓捕叛军同党近千人，其中有2名留守、防御将以及8名驿卒。在鞫问訾嘉珍、门察的时候，吕元膺发现刺杀武元衡的幕后主使人乃是李师道，他不敢怠慢，连忙向朝廷上书密奏，并将这两人用槛车送到长安，听候朝廷发落。吕元膺在上奏中道："近日藩镇跋扈不臣，有可容贷者。至于师道谋屠都城，烧宫阙，悖逆尤甚，不可不诛。"但此时朝廷正在全力讨伐淮西节度使吴元济，又要防备成德节度使王承宗，只得将李师道暂时放在一边。

焚掠洛阳城的阴谋败露后，李师道并未收手，他再次将袭击目标转向朝廷转运仓储重地，希望以此来迟滞官军对淮西的讨伐。不久，洛阳官员奏报，位于河、汴漕路之间的柏崖仓（洛阳至陕州陆运路线的起点站，可容粮20万石）遭受袭击，积储的漕粮均被烧毁。次月，襄州又报，仓储被人焚烧，损失惨重。朝廷害怕京城也被人纵火破坏，下令将积储的干草全部运到城外，但不久后，城内虽未失火，城外安葬唐高祖的献陵方向突然火光四起，作为陵寝建筑的寝宫、永巷全被烧毁。在不断袭击朝廷要害部位的同时，李师道还一度出兵南侵徐州，欲再次阻断江淮漕路。武宁节度使李愿见淄青兵马南下，将麾下精锐步骑悉数交给王智兴统领。

王智兴不负所望，先后在沛县、丰县击败淄青兵马，斩首 2000 余级，成功击退了淄青军的袭扰。

次年正月，淮西战事仍在继续，宪宗又下诏集结河东、幽州、义武、横海、魏博、昭义六镇兵马，发动对成德节度使王承宗的第二次讨伐。但在宣布讨伐的次日，宪宗接到有司报告，称唐肃宗建陵前用作仪仗的门戟有 47 支被人截断。天子脚下接连发生大案，宪宗震怒之余，督促有司务必严查，却始终没能抓到李师道派出的死士。等到李师道败亡，朝廷才在郓州的档案中发现，原来潼关、蒲津两处要道的吏卒都已被李师道买通，李师道的人因此能够出入无阻。不过，对建陵的袭击也是李师道发动的最后一次袭击，他终于明白天子的决心无人可以改变，只得放手，并准备迎接天子即将倾泻的滔天怒火。

李师道派出牙前虞候刘晏平出使蔡州，观察淮西形势。刘晏平归来后，李师道屏去左右，单独询问淮西情况，刘晏平直言道："数万淮西精兵皆在外抵御官军，形势危急，而吴元济浑不在意，每天与仆人、姬妾游戏博弈，毫无忧惧之色。依我看，淮西不久便会灭亡。"李师道素来以淮西为援，本希望听到好消息为自己打气，结果刘晏平带来的却是这样的坏消息。他听后十分惊恐，不去考虑如何缝合与朝廷之间的关系，反而迁怒于刘晏平，不久竟随便找了个理由，将刘晏平杖杀。

元凶授首

对李师道来说，坏消息接踵而至。元和十二年（817 年）冬十月，大风裹雪，气温骤降，唐随邓节度使李愬认为"风雪阴晦，则烽火不接"，淮西叛军无法传递军情，并判断对方在这样的恶劣天气里必然放松戒备，遂决定奇袭蔡州。他亲率 9000 精兵冒着"旌旗裂，人马冻死者相望"的严寒天气，急行军 130 里来到蔡州城下。自吴少诚拒命以来，30 余年间，官军始终未曾攻至蔡州城下，蔡州守军因此毫无防备，无人发觉官军到来，待官军勇士爬上城墙时，守城士卒尚在酣睡。李愬攻入城中后，命城中打更者照常打更，城中因此无人发觉官军进城。直到官军攻至牙城，吴元济才发现自己已被包围。双方围绕牙城南门激战一番后，吴元济势穷力竭，只得出降。蔡州被官军攻克后，属下申、光二州及屯驻诸镇兵马也先后投降，淮西就此平定。次月，吴元济被斩首于京师独柳之下。

淮西被朝廷讨平后，"素倚淮西为援"的李师道因失去一有力盟友，忧惧不已，幕僚李公度及牙将李英昙趁机进谏："使纳质献地以自赎。"李师道一开始倒也听从，派遣使者到长安，称愿意让长子李弘方到朝廷作为人质，并交出沂、密、海三州。朝廷同意其所请，派遣左常侍李逊到郓州宣慰。但李师道此人貌似阴狠，实则见识浅薄，为人昏暗，军府大事只与其妻魏氏，奴仆胡惟堪、杨自温、婢女蒲大姊、袁七娘，以及孔目官王再升商议。魏氏不愿儿子到长安去当人质，便和蒲大姊、袁七娘两人一起劝说李师道："自先司徒以来，有此十二州，奈何无故割而献之！今计境内之兵不下数十万，不献三州，不过以兵相加。若力战不胜，献之未晚。"李师道听后，觉得大有道理，认为自己不该这么容易服软，又认定李公度向着朝廷，大是可恨，准备杀害李公度。幸亏幕僚贾直言想方设法说服了李师道的亲信家奴，这才救下李公度的性命，但李英昙还是被杀害了。

元和十三年（818年）四月，李逊来到郓州，李师道集结兵马迎接，摆出一副大阵仗，以夸耀淄青镇的武力，准备给朝廷使者来一个下马威。李逊毫不畏惧，正气凛然，先是斥责李师道背约，又为其陈说祸福，并称要将此事回奏天子。李师道见吓不倒李逊，连忙退下，召集亲信商量该如何处置。亲信们也没什么好主意，都说暂且答应原先的承诺，以后再上表解释此事。于是李师道再次出现在李逊面前时，装出一副恭敬的样子，说道："我割舍不开父子亲情，又要顾虑将士们的感受，才耽误了纳质献地之事，劳烦朝使前来，这样的事以后肯定不会发生了。"李逊早已看出李师道只是在敷衍，回朝后便对宪宗道："师道顽愚反覆，恐必须用兵。"不久后，李师道果然上表，以军情不稳为由，拒绝纳质献地。贾直言知道李师道决意背约后，连续两次冒刃相谏，都未能说服李师道，反而被关了起来。其实，宪宗削藩的目的只是让藩镇服从朝廷调遣，并没有完全消灭藩镇的打算，如果李师道果断献出三州，"输两税，申官吏，行盐法"，安分守己，宪宗也不会收拾他。

虽然李师道对外表现得十分强硬，但此时的淄青镇已经孤立无援，再无盟友了。李师道只看到他的父亲、兄长凭借十二州之地与朝廷周旋，"自以为深根固蒂，天下莫能危也"，却未曾想到过去淄青镇之所以能够割据一方，除了自身实力强大外，还有与其他强藩保持着良好关系，彼此间同声连气、相互策应的原因。此时淮西已平，魏博镇早已倒向朝廷，成德节度使王承宗不久前也已向朝廷服软，除交出两个儿子为人质外，还献上了德、棣二州，幽州节度使刘总同样在部将的劝说下归属朝廷，实力最弱的横海节度使程执恭更是举族入朝。再者，淄青镇内部早已人心不稳，将领们虽然在军事会议上大拍胸脯，保证可以与朝廷抗衡，"蔡数州，战三四年乃克，公今十二州，何所虑"，但实际上却是各怀心思。只有大将崔承度直言不讳，说道："公初不示诸将腹心，而今委以兵，此皆嗜利者，朝廷以一浆十饼诱之去矣。"李师道听后大怒，找了个借口派他到长安公干，又嘱咐亲信在崔承度回程途中杀了他。崔承度知道李师道的打算后，只得躲在长安，不敢回去。

宪宗确认李师道背约后，果然震怒。在接下来的两个月里，朝廷针对淄青做了一系列人事调整：先是调忠武节度使李光颜为义成节度使，又调李愬为武宁节度使，为讨伐淄青做准备。李师道见朝廷动作频频，便抢先发难，派兵攻入棣州，但却被新上任的棣州刺史曹华击退，损失 2000 余人。

元和十三年七月，见李师道一再挑战底线，朝廷遂正式下诏公布其罪状，令宣武、魏博、义成、武宁、横海等镇立即出兵，讨伐淄青，以宣歙观察使王遂为供军使，负责后勤转运，命各镇"分路并进，同力攻讨，相为犄角"。各镇兵马早已整装待发，接到朝廷诏书后迅速攻入淄青境内。横海节度使郑权攻入齐州，击败淄青军一部；宣武节度使韩弘亲率大军包围了曹州；义成节度使李光颜在濮阳大败淄青军，收复了斗门城、杜庄栅等地；武宁节度使李愬更是连战连捷，连胜淄青军 11 仗，攻克兖州重镇金乡。十一月，新传回的消息让李师道惊慌失措：魏博节度使田弘正亲率魏博全师自杨刘渡河，接连击破淄青守军，并在离郓州 40 里的地方安营扎寨。魏博乃天下强藩，素以军力强盛著称，消息传来，淄青全境震动。李师道阵脚大乱，"闻小败及失城邑，辄忧悸成疾"，以至于亲信都不敢将战场的真实情况告诉他。

进入元和十四年（819 年）后，淄青军在战场上更是接连失利。除魏博军已深入至郓州外，武宁军也已攻至海州、沂州一线，对郓州形成四面合围之势。李师道在境内大肆征调粮草以供军需，最后连百姓春播的种子都收走了；同时又征发百姓修缮郓州城堑，加强守备，即使是妇人也被驱赶出来劳役终日，"民益惧且怨"。此时的李师道民心尽失，已将祖、父、兄长积累下来的人望消耗殆尽。朝廷方面则采取分化瓦解政策，先是释放了在先前战斗中被俘的李师道所署都知兵马使夏侯澄等47人，并称："若有父母欲归者，优给遣之。朕所诛者，师道而已。"不堪压榨的百姓见朝廷宽仁，纷纷投奔官军，淄青士卒心中惶恐，逃亡者亦不在少数。李师道的精神这时已接近崩溃，整个人恍如惊弓之鸟，稍有风吹草动便心神不定，害怕有人要造他的反。为此，他下令城中禁止一切宴会，连熟人路上相遇打个招呼，都会被李师道派遣在街边巷角的爪牙抓起来。

　　淄青大将刘悟很得军心，军中人称"刘父"。李师道对他一向颇为忌惮，一开始只让他督征军费，后见官军压境，才起用他为大将，命其统兵万余人屯于阳谷，抵御官军。同时，李师道将其子刘从谏留在身边担任门下别奏，名义上是拔擢使用，实则是将其扣为人质。魏博大军渡河后，刘悟率军迎击，却屡战屡败。有人

▲《仪卫图》，唐代壁画。右图武士手中所持唐刀有一清晰可见的环首

进谗言道："刘悟不修军法，专门收揽人心，恐怕他有别样心思，主公应该早做准备。"李师道听后，便以商议军事为名召刘悟回郓州，准备趁机杀掉他。刘悟看破李师道心中杀机，连忙对李师道说："我军已与魏博军交战，如同两人角力，先退者肯定会输，如我回来，魏博军马上就会杀到城下。"李师道听后果然犹疑，这时也有人劝李师道："现在官军四面合围，刘悟又没谋反迹象，就这样杀掉他，恐怕军中多有不服，以后诸将谁还肯效力？这是自去爪牙之举。"史书记载，刘悟与李师道之妻魏氏有男女私情，魏氏应该也劝说过李师道。李师道耳根本就软，听后犹豫再三，将刘悟留在郓州十来天后，还是让他回行营去了，临行前，又赠送他不少金帛，以作安抚。李师道既起疑心，刘悟就算没有异志也不得不为自己考虑了，更何况朝廷有"部将有能杀师道以众降者，师道官爵悉以与之"的承诺，这让他十分心动。刘从谏也通过李师道的家奴打探到不少消息，并将李师道猜忌的言行一一告诉其父，这更加坚定了刘悟倒戈反正的决心。他回到行营之后，便对郓州方面严加设防。

不久后，又有人劝李师道说："刘悟终为大患，不如早除之。"李师道终于下定决心，于二月初八暗中派遣使者持帖授行营兵马副使张暹，命其立即收斩刘悟，由他接管行营。密使到达张暹帐中时，刘悟正在离行营二三里地的一处高丘上张设帷幕，陈设酒宴，可以说时机大好。没想到张暹与刘悟向来关系密切，他不但没有听令将刘悟处死，反而将此帖交到刘悟手中。刘悟当即命左右杀死李师道派来的使者，随后乘辇徐行回到大营，坐于帐下严兵自卫。他诏集诸将，厉声问道："我刘悟与诸公冒死对抗官军，从来没有做过什么对不起司空（指李师道）的事。现在司空听信谗言，派人来取我首级。我死了，接下来就该对付你们了。现在天子要杀的只有司空一人，我们凭什么要为司空陪葬！我准备带领诸公卷旗束甲，回师郓州，奉天子之命，既可免除我等危难，还可取一场富贵。诸公以为如何？"

兵马使赵垂棘立在众将之首，沉默了好一会儿才回应道："不知此事能否成功？"刘悟知道，此时如果不能慑服诸将，倒戈之事必不能成功，当即应声大骂道："你要与司空合谋吗？"呵罢，刘悟命左右将其推出斩首。之后，他逐一询问诸将，凡是迟疑未言者，全部处斩，并趁机收斩了平时看不顺眼的军官，共计30余人，还将他们的尸体陈列在帐前。众将骇得心惊胆战，只得道："愿听都头命令，尽死效力！"

控制了军队高层后，刘悟下令安抚三军，称进入郓州后，每人赏钱百缗，除军粮外，其余使宅及逆党家财，可以任自掠取，有仇者还可以趁机报仇。士卒们听后均欢欣鼓舞。刘悟随后下令生火做饭，让士卒们饱餐一顿，之后便准备好甲仗马匹，待夜半击鼓三声便开始行动。临行前，刘悟又与魏博节度使田弘正取得联系，称一旦事成，当举烽火相应；万一城中有所戒备，未能赚开城门，则希望田弘正能及时率兵相助，并约定"功成之日，皆归于公，悟何敢有之"。此外，他还让田弘正在自己离开后，率军接管其遗留下的营寨。

刘悟所部在夜色掩护下，人衔枚、马缚口，悄无声息地向郓州进发，若遇到行人便将其留在军中，防止有人回城报信。行至距郓州城数里时，天色尚未放明，刘悟命部下暂停脚步。待他听到城头巡逻的打更声停下后，便派出10名勇士来到城下，称刘都头奉命回城。守门士卒正要写书禀报时，这10人突然拔出兵刃挥砍，守门士卒当即抱头鼠窜。刘悟见状，连忙率大军攻至城下，城上士兵听说刘悟回军攻打郓州，喧哗动地，情形十分混乱。不一会儿，早就不愿再对抗官军的守城士卒打开城门迎接刘悟入城。

刘悟进入郓州后，城内守军纷纷倒戈，内城城门也很快被反正的军士打开，只有牙城中只属于节度使的数百牙兵还在据守顽抗。刘悟见此情形，便命部下在牙城下放火，又命人拿来大斧去劈城门，不一会儿，牙城城门便化成了一堆木屑。牙兵最初还在竭力抵抗，后见大势已去，也都纷纷丢下弓箭。刘悟入城时，李师道还在卧室酣睡，听闻刘悟倒戈并已攻入城中后，他惊慌失措，急忙从床上跳下。他先是求见嫂子裴夫人，称："刘悟反了，我只有上表求为庶民，以后能为先人守墓就知足了。"随后，李师道拉着儿子李弘方躲进了厕所里，瑟瑟发抖，等待着最终的命运。此时，他信任依赖的蒲大姊、袁七娘等人早已作鸟兽散，再也顾不上这位主君了。

刘悟进入牙城后，升堂视事，下令搜捕李师道。很快，李师道及其两个儿子便被搜出。刘悟将三人置于牙门外空地上，命人对李师道说："我奉天子密诏送司空归阙，但司空又有什么面目去见天子呢。"不言而喻，这是让李师道尽快自杀，但李师道还有贪生之念，迟迟不愿自尽，只是不断哀求乞饶，希望能够留一条性命，全然没有当年刺杀宰相、烧毁粮仓的气焰。李师道之子李弘方虽然年幼，但还有些骨气，他仰天叹道："事已至此，速死为幸！"

刘悟怕夜长梦多，随即下令将李师道、李弘方父子处死。李师道的次子因年纪幼小，躲过一劫，与其母魏氏双双充入掖庭，成了官奴。魏氏据说是太宗朝名臣郑国公魏征之后，因此获得了赦免，不久后，魏氏出家为尼，伴随青灯古佛度过了余生。李氏家族的其余成员也分别受到了朝廷的处分，李师道的堂弟李师贤、李师智两人配流春州，侄子李弘巽配流雷州。李师古因朝廷对他印象尚可，加上刘悟为报答其当年的知遇之恩，向天子求情，因此其家人并未受到多少牵连，妻子裴氏及女儿李宜娘被朝廷安置在邓州生活，儿子李明安则由刘悟推荐出任朗州司户参军。

至午时时分，刘悟见麾下将士抢得差不多了，遂命负责军纪的都虞候巡察坊市，禁止劫掠，城中很快安定下来。紧接着，他在球场集合军民，亲自乘马巡绕，以

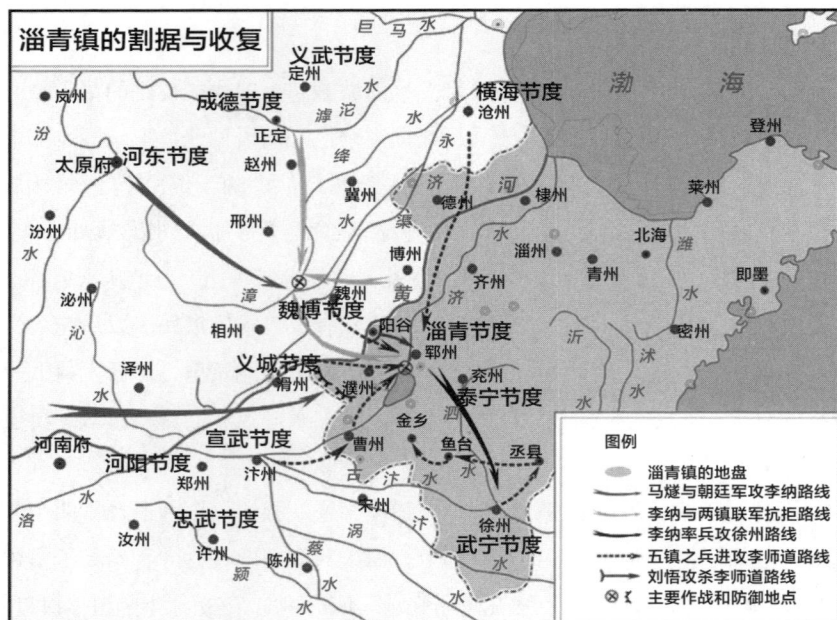

▲ 淄青镇的割据与收复

作安抚。随后，刘悟下令，收斩策划、辅助李师道反叛的大将魏铣等20余家。淄青文武将吏怀着既害怕又喜悦的心情纷纷入贺，刘悟喜气洋洋，开始以淄青镇的主人自居，"遂补署文武将佐，更易州县长吏"。田弘正此时已见到郓州方向燃起的烽火，知刘悟已经得手，也派遣使者向刘悟贺喜。不久后，刘悟将李师道父子的首级送至田弘正营中，田弘正大喜，当即命人将首级送往长安。使者一路快马加鞭，高举露布，传递捷报。不久后，淄青镇其余各州见李师道授首，也纷纷开城投降，"五纪巢穴，一朝荡夷。遂使齐、鲁之乡，复归仁寿之域"，淄青叛乱就此平定。关于李师道的覆亡，《旧唐书》中史臣的评价可以说是相当中肯的："纳与师古，自运奸谋，躬临戎事；朝廷任卢杞，以私妨公，致怀光变忠为逆，李纳父子，宜其苟延。洎宪宗当朝，裴度为相，君臣道合，中外情通；师道外任诸奴，内听群婢，军民携贰，家族灭亡，不亦宜乎！"

"妖气扫尽河水清，日观杲杲卿云见。"叛臣李师道授首的消息传来后，朝廷内外一片欢欣。"独据一面，横挑天下"近六十年的强藩在朝廷的军事打击下，仅支撑不到一年便分离崩析、元凶授首，各地藩镇节度使们见此情形，都屏声息气，不敢挑战朝廷权威。宣武节度使韩弘素以倔强不驯著称，上任近二十年都未朝见过天子，此时也赶紧入朝，向朝廷献马3000匹、绢50万匹、锦彩3万匹。天下形势可以说是一片大好，"一日四海廓廓然无事矣"。

朝廷对淄青镇的处分也很快下达了，刘悟并没有获得梦寐以求的淄青节度使之位。朝廷对屈身淄青镇近二十年的他并不信任，害怕他成为第二个李正己，毕竟其在淄青军中姻党胶固，威望过人，拥有极大的势力。不久后，朝廷即下诏任命刘悟为义成节度使，封彭城郡王，让他出镇滑州。为防止刘悟有异动，朝廷又命田弘正率领兵马直趋郓州，如刘悟不愿听旨，田弘正可立即处置。刘悟接到诏书后，大惊失色，又不敢违背旨意，只得即日动身。刘悟走时，带走了不少淄青幕府官员以及2000兵马，这些人后来又跟随他从滑州辗转来到潞州，成为刘氏家族统治昭义镇20余年的基石。随后，朝廷又下诏三分淄青，其中淄、青、齐、登、莱五州为一镇，仍号"平卢军"，以义成节度使薛平为节度使；郓、曹、濮三州为一镇，以华州刺史马总为节度使，后赐号"天平军"；沂、海、兖、密四州为一镇，以淄青四面行营供军使王遂为观察使，后升为兖海节度使，懿宗年间，赐号"泰

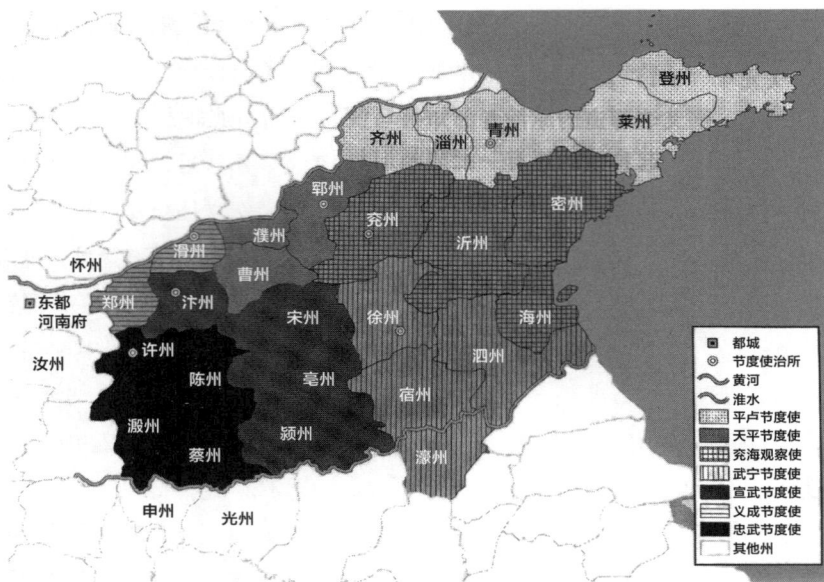

▲ 三分平卢示意图

宁军"。李师道之乱平定两个月后，威望大增的朝廷又下诏规定："诸道节度、都团练、都防御、经略等使所统支郡兵马，并令刺史领之。"朝廷通过赋予刺史一定的统兵权来促成藩镇碎片化，改变了自肃宗以来节度使权重、刺史权轻的局面，对后来的政局产生了重大影响。

诗人刘禹锡听说淄青镇被平定的消息后，欣然写下两首名为"平齐行"的诗，其一便是本文卷首那篇。在第二首诗中，他更是赞颂宪宗继承了玄宗的事业："当今睿孙承圣祖，岳神望幸河宗舞。"但他没有想到的是，朝廷只是暂时以武力平定了跋扈的藩镇，并未消除藩镇割据的土壤。不久后，随着宪宗遇弑，"元和中兴"的局面也随之雨打风吹去，成为一场泡影。

参考文献

[1]（后晋）刘昫.旧唐书 [M].北京：中华书局 ,1975.

[2]（宋）欧阳修.新唐书 [M].北京：中华书局 ,1975.

[3]（宋）司马光.资治通鉴 [M].北京：中华书局 ,1956.

[4]（宋）李昉.太平广记 [M].北京：中华书局 ,2013.

[5]（清）董诰 ,编.全唐文 [M].北京：中华书局 ,1983.

[6]（清）顾祖禹.读史方舆纪要 [M].北京：中华书局 ,2005.

[7]（清）王夫之.读通鉴论 [M].北京：中华书局 ,1975.

[8]（清）吴廷燮.唐方镇年表 [M].北京：中华书局 ,1980.

[9]周勋初 ,编.唐人轶事汇编 [M].上海：上海古籍出版社 ,1995.

[10]上海古籍出版社 ,编.唐五代笔记小说大观 [M].上海：上海古籍出版社 ,2000.

[11]张国刚.唐代藩镇研究（增订版）[M].北京：中国人民大学出版社 ,2010.

[12]李碧妍.危机与重构：唐帝国及其地方诸侯 [M].北京：北京师范大学出版社 ,2015.

[13]谭其骧.中国历史地图集 [M].上海：地图出版社 ,1982.

[14]王小甫 ,编.盛唐时代与东北亚政局 [M].上海：上海辞书出版社 ,2003.

[15]黄永年.六至九世纪中国政治史 [M].上海：上海书店出版社 ,2004.

[16]李锦绣.唐代财政史稿（下卷）[M].北京：北京大学出版社 ,2000.

将军大旆扫狂童

唐武宗平定昭义刘稹之战

作者 / 不朽如梦

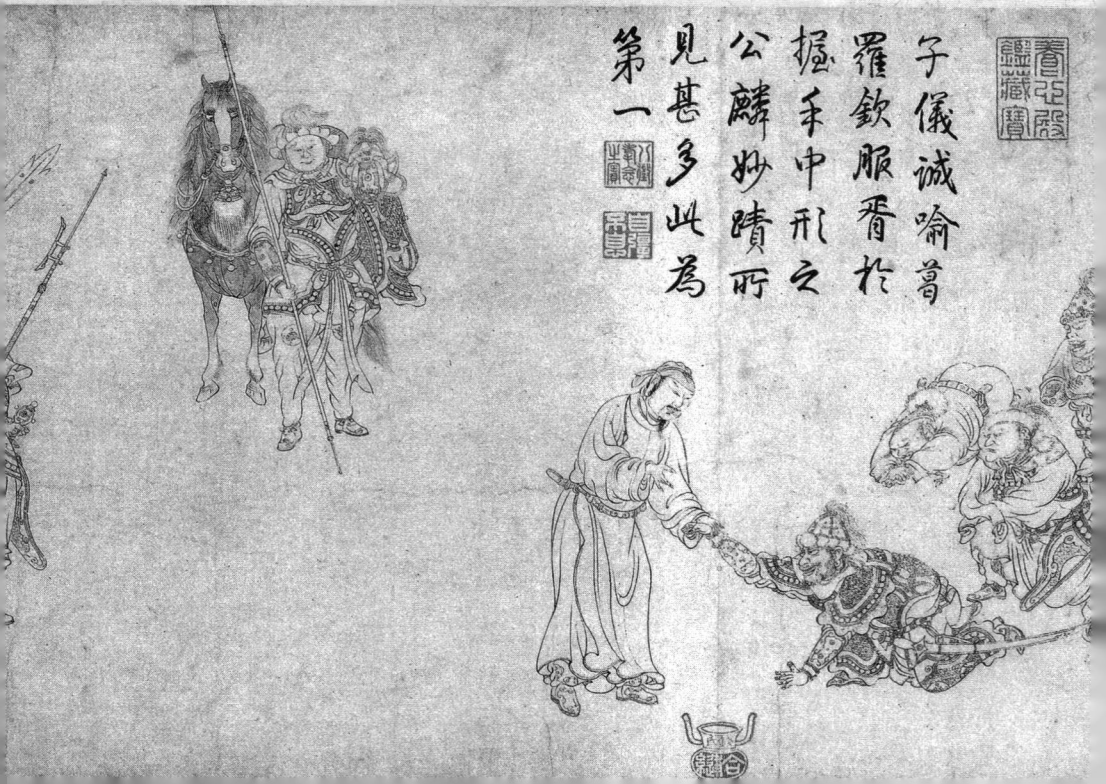

子儀誠喻菩
羅欽服盲於
握手中邢之
公麟妙晴所
見甚多此爲
第一

"薰风一万里，来处是长安。"在唐武宗会昌三年（843年）三月的春光里，太和公主的车驾缓缓驶进了阔别二十余年的长安城。

此前不久，唐军在杀胡山大破回鹘残部，斩首万余人，回鹘乌介可汗被疮，率领数百骑仓皇远遁。自此盛极一时的回鹘汗国再无复兴可能，当年因和亲而远嫁异域的太和公主也被迎回。公主是宪宗皇帝的第十女，自穆宗长庆元年（821年）和亲远嫁回鹘以来，先后历经三位可汗，在看尽了鸿雁南飞后，终于等到了回归故土的那一天。"朝云侵鬓起，边月向眉残"，此时的公主尽管华服在身，却难掩眉间的疲惫与愁色，虽重回长安，但关山依旧，故梦难寻。柳色氤氲中，她知道等待她的将是"凤去楼扃夜，鸾孤匣掩辉"的无穷寂寥。

迎接公主的仪式是盛大的，整个长安城都沉浸在一片欢声中，曾经立马长安城，给大唐天子以无比耻辱的回鹘已被雨打风吹去。"匈奴北走荒秦垒，贵主西还盛汉宫"，大唐似乎又回到了天可汗的时代。

为了表彰太和公主的功绩，武宗皇帝改封其为安定大长公主，并且下诏京城百官迎接于通化门外的章敬寺前。这座穷极壮丽的寺庙是当年权宦鱼朝恩为章敬太后祈福所建，拥有48座院落、4130余间房间，土木之役花费超过万亿。

在峨冠博带、悠悠缓行的朝臣中，门下侍郎、同中书门下李德裕走在群臣的第一位。此时这位武宗皇帝最为信任的宰相却没有多少喜色，数千里外的昭义节度使治所潞州（今山西省长治市）陆续传来的消息让他忧虑重重。统治泽、潞、邢、洺、磁五州长达二十年的节度使刘从谏的生命即将走向尽头，他与他的家族正图谋效仿河朔故事，企图将旌节传授给侄子刘稹。而泽潞五州之地"束山东之襟要，控河内之封壤"，乃是朝廷控扼河朔的重要砝码，一旦与河朔三镇连为一体，后果将不堪设想。在此问题上，朝廷毫无退路，一场战事迫在眉睫。

上党争为天下脊：昭义镇之前世今生

北上太行山，艰哉何巍巍！

羊肠坂诘屈，车轮为之摧。

——曹操《苦寒行》

昭义镇又称"泽潞镇"，所在的潞州古称"上党"，自古以来就是兵家必争之地。上党地势高峻，"地极高，与天为党，故曰上党"，号称"上党从来天下脊"，乃是三晋锁钥，中原咽喉，周边有壶关、天井关（太行第二陉）、滏口（太行第四陉）、羊肠坂道等险隘。"府据高设险，为两河要会，自战国以来攻守重地也。""上党四塞之固，东带三关。""上党于河北常为兵冲者，以东下壶关，则至相州，南下太行，则抵孟州也……上党诚自古必争之地矣。"若占据上党，便能俯临河北、河南；且东下可入河北漳水河谷平原，威胁河北重镇邺城；南下可入河内，一举进入中原。

　　当年秦赵长平之战，秦军歼灭赵军40万，占据上党，遂"折天下脊"；楚汉争霸时，汉军亦是"杜太行之道，据飞狐之口"，一举奠定东西对峙的局面；前秦灭前燕，王猛率军"先破壶关，平上党，长驱入邺"；北周灭北齐，也是自滏口东下太行，攻破齐都邺城。而唐初诸雄争霸，李世民率军围王世充于洛阳，夏王窦建德率军救援王世充，在被阻击于虎牢关外时，谋士也提出了"逾太行，入

羊肠坂道

上党，徇汾、晋，趣蒲津"的建议，如果成功，则唐军河东地区势将不保，必会退军。可惜窦建德不听，最后败于虎牢，身死国灭。

▲ 漤口

对于唐王朝而言，潞州除了军事要地之外，另有一番重要意义。中宗景龙元年（707 年）四月，临淄郡王李隆基以卫尉少卿兼任潞州别驾。在任上，他多方延揽人才，收取民心，同时暗中蓄积武力，招揽了王毛仲、李宜德等亲信。景龙三年（709 年）十月，李隆基离开潞州的时候，便让王毛仲、李宜德带着精锐武士"挟弓矢为翼"，随其一同回到长安。不久之后，他便依靠这批心腹在政变中诛杀韦后，拥立其父亲李旦为帝，又诛灭太平公主及其党羽，最终登上帝位，是为唐玄宗，开创了大唐最为辉煌的时代。

正因为有了这批潞州勇士，唐玄宗方能谈笑扫阴霾。因此在开元十七年（729 年），玄宗将潞州升为大都督府，与并州、益州、荆州、扬州并列为唐王朝的五大都督府。在位期间，他又三次回到潞州，将故居改为"飞龙宫"，追忆往昔，且赋诗一首：

> 三千初击浪，九万欲抟空。天地犹惊否，阴阳始遇蒙。
>
> 存贞期历试，佐贰仁昭融。多谢时康理，良惭实赖功。
>
> 长怀问鼎气，凤负拔山雄。不学刘琨舞，先歌汉祖风。
>
> 英髦既包括，豪杰自牢笼。人事一朝异，讴歌四海同。
>
> 如何昔朱邸，今此作离宫。雁沼澄澜翠，猿岩落照红。
>
> 小山秋桂馥，长坂旧兰丛。即是淹留处，乘欢乐未穷。

安史之乱后期，由于朝廷处置失措，未能彻底荡平叛乱势力。为笼络降将，朝廷先后任命李宝臣为成德节度使（辖恒、冀、赵、深、定、易六州，治所恒州）、田承嗣为魏博节度使（辖魏、博、德、沧、瀛五州，治所魏州）、李怀仙为幽州节度使（辖幽、营、平、蓟、妫、檀、莫七州，治所幽州）、薛嵩为相卫节度使（辖相、卫、洺、邢四州，治所相州）。除薛嵩感恩奉职外，其余三镇均只是名义上归附中央，实际却各握强兵，不上租赋，自传节钺，不由朝廷，"虽号称一朝，实成为二国"，行成了事实上的割据独立形势，这就是所谓的"河朔故事"。

为了防备河朔三镇，朝廷不得不在其周围广建藩镇，"分命节帅以扼要冲"，而以潞州为中心的昭义镇就是这一防御圈的重要一环。

昭义镇的历史可追溯至肃宗至德元年（756年），这一年朝廷置上党节度使。天宝十四年（755年），平卢、范阳、河东三镇节度使安禄山以"忧国之危"、奉密诏讨伐杨国忠的名义，在范阳起兵。安禄山所部15万人，都是历年来纠集的同罗、奚、室韦、契丹、突厥等部的精锐战士，而当时内地承平日久，民不知战，河北州县望风瓦解，天下震动。唐玄宗深知河东地区的重要性，于是立刻调兵遣将，任命李光弼为御史大夫，持节河东节度副大使、知节度事，兼云中太守；命羽林大将军王承业为太原尹，率重兵进入河东，防御安史叛军；又以曾讨平突厥阿布思之叛的名将程千里为河东节度副使、潞州长史，领兵守卫潞州。次年，肃宗在灵武城即位，又以程千里为上党节度使，负责泽、潞、沁三州的防守，这也是泽潞建镇的肇始。

▲ 李光弼

此三州均为军事重地，潞州"当赵、魏、燕、代之咽喉"，泽州"据太行之雄固，实东洛之藩垣"，沁州"居心膂之地，当四达之冲"，由此便可以知道泽潞镇的战略地位。

叛军屡次进攻上党，均被程千里击败。虽然至德二年（757年），程千里恃勇轻出不幸被俘，后因拒绝降贼而被害于洛阳，但是朝廷立即任命关内节度使王思礼兼任上党节度使，接管防务，上党依然为唐所守，始终将叛军阻于城外，并迎来了最终的胜利。

代宗广德元年（763年），在朝廷"制分河北诸州"、安史旧部瓜分河北的同时，泽潞镇迎来了第一次扩张。代宗下诏泽潞镇增领怀、卫、河阳，此三地滨河呈掎角之势，乃是东都洛阳的重要屏障，能与泽潞表里相应。当年李光弼驻守河东，防御史思明的时候就曾利用过其地理形势。"移军河阳，北阻泽潞，据三城以抗之。胜即擒之，败则自守。表里相应，使贼不敢西侵，此则猿臂之势也。"此次辖区划分，应是朝廷防备河朔的重要举措。

泽潞虽土地贫瘠，但是武力却不弱。此地区居民地处燕赵，多慷慨悲歌之气，加之民风质朴、劲悍，历来是出精兵之地。泽潞镇的强大始于第三、第四任节度使李抱玉、李抱真时期。李抱玉兄弟本姓安，先祖安兴贵乃是唐朝开国功臣，帮助唐王朝安定西北，受封凉国公。李抱玉兄弟在安禄山叛乱后，上书朝廷称耻与国贼安禄山同姓，要求改姓，故被赐予国姓李姓。李抱玉为人"沉毅有谋，小心恭敬"，李抱真"沉断多智计"，都是一时名将。兄弟两人先后经营泽潞30余年，将其逐渐经营为"河东之藩蔽"，并锻炼出了一支强兵。史称：

> 抱真密揣山东当有变，上党且当兵冲，是时乘战余之地，土瘠赋重，人益困，无以养军士。籍户丁男，三选其一，有材力者免其租徭，给弓矢，令之曰："农之隙，则分曹角射；岁终，吾当会试。"及期，按簿而征之，都试以示赏罚，复命之如初。比三年，则皆善射，抱真曰："军可用矣。"于是举部内乡兵，得成卒二万，前既不廪费，府库益实，乃缮甲兵，为战具，遂雄视山东。是时，天下称昭义军步兵冠诸军。

2万精兵，加上泽潞原有的驻军，估计总兵力不下4万人。当时各藩镇中除了割据淄青十五州的李正己拥兵10万外，其余如魏博田承嗣、成德李宝臣诸强藩各拥兵不过5万人，因此，泽潞此时的兵力已可与河朔一争短长。

泽潞后来又称"昭义军"，但是昭义军的军号最初却是相卫节度使薛嵩的。薛嵩的祖父是唐初传奇名将薛仁贵，其伯父薛讷曾任幽州都督兼安东都护，其父亲薛楚玉则担任过范阳、平卢节度使。因为父辈任职的原因，薛嵩生长于燕蓟之间，与河北诸将多有交集，故在安禄山叛乱时加入了叛军。其后薛嵩率部反正，被朝廷任命为相卫节度使，赐军号"昭义"。薛嵩任职后与河朔三镇保持了距离，而比较倾向于朝廷。一方面是其为功臣之后，与田承嗣等人出身不同，但是更为重要的原因恐怕是其在安史旧将中实力最弱，时时忧惧被人吞并，因此不得不依仗朝廷。唐传奇故事《红线》就是以此为背景展开的：

> 而田承嗣常患肺气，遇热增剧。每曰："我若移镇山东，纳其凉冷，可以延数年之命。"乃募军中武勇十倍者，得三千人，号外宅男，而厚其恤养。常令三百人夜直州宅，卜选良日，将并潞州。嵩闻之，日夜忧闷，咄咄自语，计无所出。

故事中，最后还是薛嵩身边的侍女红线凭借强大武艺，为其分忧解难。红线乃是剑客，武艺玄妙，神通广大，她在一夜间往返 700 里，潜入魏州，避开田承嗣的卫士，拿走了其贴身保管的一个金盒。田承嗣次日醒来，发现金盒不见，知道对方手段高强，害怕自己项上人头不保，这才打消了吞并的念头。

但这只不过是小说家编造的故事，相卫镇最后还是因河朔藩镇的介入而解体。唐代宗大历八年（773 年），薛嵩病死，将士欲效仿河朔，拥立其子薛平，而薛平当年只有十七岁。薛平虽然年少，却知道这个位置的凶险，当时外有强敌窥伺，内有悍将觊觎，以自己的能力根本无力应付，因此在将节度使的位置让给了叔叔薛崿后，薛平护送着父亲的灵柩连夜逃归乡里。守丧期满后，薛平被朝廷起用为右卫将军，宿卫南衙，后又出外历任郑滑、平卢、河中等镇节度使。

果然在两年后，田承嗣勾结昭义兵马使裴志清发动兵变，驱逐了薛崿。紧接着，魏博大军就开进了相州城，不久之后尽取相、卫、贝、磁四州之地。

田承嗣的行为严重挑战了朝廷威严，代宗皇帝震怒之下，任命华州刺史李承昭知昭义留后，不承认田承嗣对相卫四州的吞并，又于当年四月发出了讨伐田承嗣的诏书：

> 敕贬承嗣为永州刺史，仍命河东、成德、幽州、淄青、淮西、永平、汴宋、河阳、泽潞诸道发兵前临魏博，若承嗣尚或稽违，即令进讨；罪止承嗣及其侄悦，自余将士弟侄苟能自拔，一切不问。

讨伐大军一开始进展顺利，很快便攻下德、磁两州，田承嗣数战不利，部将多叛。期间，昭义军更是立下了大功，在临水之战中大败魏博军。当时魏博大将卢子期率军万余人围攻磁州，李承昭率军救援，与各镇兵马会合后与魏博军展开激战。

> 承昭使成德、幽州兵循东山袭子期军，自闭壁以骄贼。子期分步骑万人

环承昭壁，以兵四千乘高望塵而进。河东将刘文英、辛忠臣等决战，而成德、幽州兵绕出子期后，于是围解。更阵高原，诸将与承昭夹攻，大战临水，贼败，尸旁午数里，斩九千级、马千匹，执子期及将士二千三百，旗纛器甲鼓角二十万。诸军乘胜进，距磁十里，暮而舍。承昭举燧，朝彩出锐兵鼓噪薄魏营，斩首五百，悦惊，率余兵夜走，尽弃旗幕皠仗五千乘。

不过朝廷讨伐军虽然实力占优，但是诸道兵之间本就三心二意，互相防备，并有玩寇之心，这给了田承嗣以操作空间。不得不说，田承嗣是玩弄人心的高手，对于最强大的淄青镇李正己，田承嗣卑躬屈膝以取悦之；对于成德、幽州两镇兵马，则设计离间之。很快，朝廷的各路兵马或逗留不进，或互相防备，讨伐军一盘散沙，无形中便解散了。

无奈之下，代宗最终赦免了田承嗣，并恢复其官爵，不过朝廷并非一无所得。相、卫两州虽仍被田承嗣所占，但是磁、邢两州被朝廷夺回。此两州正处在魏博镇与成德镇之间，可以说是朝廷打入河北的一颗重要棋子。大历十一年（776年），朝廷下诏以泽潞行军司马李抱真兼知磁、邢两州留后，泽潞、昭义两镇初步实现了联合。建中三年（782年），洺州刺史田昂请入朝，朝廷又将洺州划归泽潞。至此，新的昭义镇最终成型。

邢、洺、磁三州的加入，使得昭义镇捍卫东都、遏制河朔的能力大大加强。《元和郡县图志》记载了昭义镇的地理形势：

▲ 公元765年的藩镇割据形势图

潞州：西南至上都一千三百三十里，南至东都四百七十里，北至仪州三百一十里，东北至洺州四百五十里，东取穴陉岭路至相州三百五十里，西至晋州三百九十里，东南至泽州一百八十七里。泽州：西南至上都一千一百四十里，西南至东都二百八十里，北至潞州一百四十九里，北至太原府大路六百一十里……邢州：西至上都一千九百里，西南至东都八百四十里，东北至赵州一百九十里，东至贝州二百三十里，西逾至仪州二百三十五里，东南至洺州一百二十里。洺州：西南至上都一千六百二十里，西南至东都六百六十里，西北至邢州一百二十里，东北至贝州二百二十里，东南至魏州一百六十四里……磁州：西南至上都一千五百四十里，西南至东都六百四十五里，南至相州六十五里，西至潞州三百四十里。

由上可见，昭义镇诸州对于河朔藩镇，尤其是魏博、成德两镇来说，近在腹心，威胁巨大。正因为其地理位置如此重要，之后的魏博节度使田悦才道："邢、磁如两眼，在吾腹中，不可不取。" 而唐宪宗时宰相李绛也如此评价："昭义五州据山东要害，魏博、恒、幽诸镇蟠结，朝廷惟恃此以制之。邢、磁、洺入其腹内，诚国之宝地，安危所系也。"

代宗至文宗时期，河朔三镇多次与中央爆发激烈冲突，而昭义镇始终与朝廷站在一起，讨伐叛军，并起到了相当重要的作用。德宗建中二年（781年），成德节度使李宝臣病死，其子李惟岳要求继承节钺，实现世袭。德宗坚不允，李惟岳遂起兵叛乱，魏博镇田悦也派遣兵马援助，围攻昭义所属之邢州、临洺两地。昭义节度使李抱真与河东节度使马燧、神策行营兵马使李晟两军合力，击退田悦军，成功拱卫了河东局势。不久，成德军先锋兵马使王武俊发动兵变杀死李惟岳。

建中三年（782年），叛乱继续扩大，魏博田悦、幽州朱滔、成德王武俊、淄青李纳、淮西李希烈等藩镇纷纷起兵。建中四年（783年）十月，泾原节度使姚令言率军5000入援长安，士卒连夜行军，期盼朝廷能够颁下重赏，结果却只有粗饭相待，更谈不上什么赏赐，愤怒的士兵大叫道："吾辈将死于敌，而食且不饱，安能以微命拒白刃！"结果泾原兵哗变，拥立前幽州节度使朱泚为主帅占领长安，德宗匆忙出逃奉天。此时河北藩镇连兵叛乱，纷纷称王称帝，朝廷形势岌岌可危，而朝廷能支配的军队却"天下才十二三"。值此风雨飘摇之际，昭义镇如同中流砥柱一般，"奉讨逆之命，为勤王之师"，全力支持朝廷，李抱真更是利用河北藩镇之间的矛盾成功说服王武俊归降，又通过王武俊说服了田悦。而此中最为关键的便是昭义军强大的武力，使得王武俊等人认为与昭义军硬拼有损自己实力，会被其他藩镇乘势侵扰。

德宗兴元元年（784 年）五月，李抱真与王武俊会师于巨鹿，大破朱滔、回纥联军。朱滔所部 3 万人损失殆尽：死者万余人，溃逃万余人，只剩数千人丢下如山辎重逃归幽州。最后，朱滔不得不上表请降待罪。

宪宗元和十一年（816 年），昭义军又在讨伐成德镇王承宗叛乱的战争中立下功劳。当时诸道讨伐军多观望不进，"诸镇兵合十余万绕贼，多玩寇犯法"，只有昭义军节度使郗士美"率精兵压贼境，欲乘畔而取之，军威甚盛"，后又击败成德军，斩首千余级。

狂童何者欲专地：从刘悟到刘稹的三代世袭

自李抱真以来，昭义军屡次参与朝廷对河朔的征讨，"建中之后，每奋忠义"，"常以孤苦穷寒之军，横折河朔强梁之众"，为唐王朝屡建战功，历任节度使也都由朝廷任命。虽然卢从史（贞元二十年至元和五年担任昭义节度使）曾与成德王承宗勾结，但是朝廷只派遣一宦官便将卢从史擒拿回京。直到刘悟入镇后，昭义才逐渐脱离了朝廷控制，实现了父子相继。

刘悟也是忠臣之后，其祖父刘正臣，本名"客奴"，因从征将全家迁徙到幽州，在平卢军中担任牙将。他少有武艺，骁勇善战，在薛楚玉麾下时曾单骑斩杀室韦首领段普恪，"自白身授左骁卫将军，充游奕使"。安禄山本任范阳、平卢、河东三镇节度使，起兵叛乱时，朝廷削除其所有官职，由节度副使吕知诲升任平卢节度使。当时的平卢军治所在营州（今辽宁省朝阳市），地处叛军老巢范阳背后，对其威胁巨大，因此安禄山对平卢军也是百般拉拢。吕知诲见叛军势大，竟率军归附安禄山，并诱杀了安东副都护、保定军使马灵察。在此危急时刻，刘客奴与一干不愿附从叛贼的忠义之士拍案而起，斩杀吕知诲，并传首长安天子。

天子大悦，赐名"正臣"以表彰其忠义，并任命其为平卢节度使。刘正臣在接受朝廷任命后便率平卢军攻打范阳，只可惜被史思明击败。不久，刘正臣因与安东副大都护王玄志有峄，被其下毒鸩杀，王玄志继任平卢节度使之职。之后平卢军虽然多次击败来犯叛军，但所处营州与朝廷断绝联系，孤军无援，又因受到奚族的进攻而腹背受敌，不得不放弃根据地。最后，侯希逸率平卢军残部2万人浮海至大海对面的青州，在与先期抵达山东地区的平卢军将领董秦（即李忠臣）、田神功等部会合后，开创了淄青镇。淄青镇将士在平定安史之乱的战争中屡立战功，之后更发展为唐中期最为强大的藩镇。

因刘正臣勤于王事而死，所以朝廷对其家族也多有照顾，其子刘逸淮便因父勋先后授别驾、长史等官职。刘逸淮继承了父亲的基因，同样勇武果敢，善于骑射，因此被宋毫节度使刘玄佐看中招为牙将，后升任都知兵马使。刘玄佐死后，其子刘士宁代为节度使，刘逸淮又被任命为宋州刺史。

贞元十五年（799年）二月，宣武军节度使董晋去世，行军司马陆长源刚硬刻板，治军严厉，不恤将士。当时节度使去世，惯例将赏赐三军，但是陆长源扬言"不可使我同河北贼，以钱买健儿取旌节"。结果引发哗变，陆长源等人被杀，一军大乱。监军俱文珍在与宣武军大将商议后，认为刘逸淮久在宣武，为人宽厚，能得军心，遂共同迎接其至汴州接任节度使。刘逸淮担任节度使后，德宗皇帝赐其名曰"刘全谅"。刘全谅也不负朝廷众望，很快便稳定了军心，但其仅仅在任8个月，便因病去世，享年49岁。

刘悟的父亲史书未记载其名字，应该是很早便去世了。虽然当时的刘氏一族皆居住于东都洛阳，身处文明繁华之地，但刘悟却仍保留了浓厚的胡风，这也是出身河北的将门子弟的普遍特征。他为人勇敢果毅，却有一股暴躁无赖之气，长辈们对他可以说又是赞赏又是无奈。叔父刘全谅在担任宣武节度使后，便将其从洛阳召来，用为牙将，但没几天刘悟便犯下大过，不得不逃亡至昭义军治所潞州。当时的昭义节度使王虔休也很是欣赏刘悟，将其召入军中。在这期间，刘悟应该结交了不少昭义军将领。贞元十五年三月，王虔休病死，失去靠山且根基不稳的刘悟只得称病离开昭义，再次回到洛阳。

刘悟此人颇有游侠儿气质，当时刘全谅在洛阳积缗钱数百万，他竟然"破扃鐍，悉盗用之"，很快便挥霍一空，又与恶少年共同屠狗杀人，结果被官府捉拿，系于河南狱中。好在当时的东都留守韦夏卿因他是忠臣子弟，网开一面，才没有治他的罪。这时候，淄青节度使李师古听说了刘悟的豪气与勇力，便以丰厚的待遇将其迎接至淄青。

李师古的祖父李正己也是平卢旧将，曾在刘正臣麾下任职。王玄志死后，李正己杀死了王玄志之子，拥立其表兄侯希逸为节度使。李正己为人骁健有勇力，安史之乱时，入援的回纥人十分强横，无人敢与之对抗，"正己时为军候，独欲以气吞之。因与其角逐，众军聚观，约曰：'后者批之。'既逐而先，正己擒其领而批其背，回纥尿液俱下，众军呼笑，虏惭，由是不敢为暴"。永泰元年（765年），侯希逸因为政事怠惰，又为佞佛多造寺庙，引起军士不满而被逐走。李正己因"沉毅得众心"而被拥立为节度使。

淄青镇地处山东富裕之地，又掌握了与渤海、新罗的海外贸易，因此渐渐强大起来。淄青镇在李正己统治下，扩张至十五州之地，"内视同列，货市渤海名马，岁岁不绝。法令齐一，赋税均轻，最称强大。尝攻田承嗣，威震邻辞"，成为当时最为强大的藩镇。

到李师古时，淄青镇自传节钺已历三代，朝廷不能制之，只能姑息。李正己曾移兵屯济阴，导致河南骚然，又于徐州增兵，以扼江淮，使得朝廷江南贡赋的运输都为之改道。李师古的父亲李纳更是在"二帝四王之乱"时自称齐王，建置百官，淄青遂成当时最为跋扈的藩镇。

李师古于贞元八年（792年）继任节度使，他继承了父祖的不臣之心，"虽外奉朝命，而尝畜侵轶之谋，招集亡命，必厚养之，其得罪于朝而逃诣师古者，因即用之"。刘悟被迎至淄青，便是其畜养勇将计划的一部分。

刘悟在淄青时，起初并不知名，李师古也只是以平常将领待之。后来有一次李师古与众将打马球取乐，刘悟纵马带球，横冲直撞，冲倒了李师古的马。"师古怒，将斩之"，刘悟却毫不畏惧，意气自若，还能"猛以气语押触师古"。这种临危不惧的气势使得他因祸得福，李师古认为他有英雄气概，遂"奇而免之"，还重用刘悟，"因令管壮士，将后军"。此后刘悟平步青云，很快便做到了节度都知兵马使，成为淄青镇的重要将领。在军中，刘悟"务为宽惠，使士卒人人自便，军中号曰刘父"，受到淄青将士爱戴。

李师古死后，其异母弟李师道继任为节度使。此时在位的宪宗皇帝励精图治，意欲削平诸强藩，淄青镇自然是首当其冲。但是当时朝廷用兵之地颇多，一时无法抽出力量，于是只能暂时优容。李师道知道朝廷迟早要向其开刀，便与淮西吴元济私下交往，商讨对抗朝廷之策，并屡次派人作乱阻挠朝廷用兵，烧河阴仓，断建陵戟，并图谋焚烧洛阳宫阙，最后更是派遣刺客刺杀了宰相武元衡，又将裴度刺伤。朝廷大索刺客时，京兆尹竟然收到刺客的传单，上面写有"毋得捕我，我先杀汝"，气焰十分嚣张。

宪宗大怒，于元和十三年（818年）七月下诏讨伐李师道，调集宣武（辖宋、亳、颍三州，治所宋州）、魏博、义成（辖滑、郑两州，治所滑州）、武宁（辖徐、泗、濠、宿四州，治所徐州）、横海（辖沧、景二州，治所沧州）五镇之兵共同进讨，并称"部将有能杀师道以众降者，师道官爵悉以与之"。

在诸道兵马的围攻下，淄青军数战不利，魏博军更是在离淄青镇治所郓州90里外扎营。此时的刘悟作为大将驻守在抵御魏博军的前线，前线吃紧的军事形势使他开始思虑将来的出路。他知道李师道见识浅薄，为人昏暗，军机要事竟然决断于身边的婢女，而朝廷则内有裴度等大臣谋划，外有李愬等名将摧锋陷阵，河朔藩镇也在朝廷号令下奋勇当先。李师道以一镇与天下相抗，败亡之日不远，而自己祖上素称忠义，自己现在又拥兵在外，为

▲ 唐武士俑

其殉葬实在不值。思前顾后，刘悟决定顿兵不进，不再进攻讨伐军，只是安营扎寨，观望形势，随时做好了反正的准备。期间，李师道多次下令其出战，刘悟都以各种理由进行推脱。

此时李师道也开始猜疑刘悟，他假装召其回郓州商议军事，准备趁机将其击杀。这时，有人劝李师道说"今官军四合，悟无逆状，用一人言杀之，诸将谁肯为用？是自脱其爪牙也"，李师道犹豫再三，"留悟旬日，复遣之，厚赠金帛以安其意"。李师道既起疑心，刘悟即使没有异志也不得不为自己考虑了，他"回营，阴为之备"。此后，又有人劝李师道说："刘悟终为患，不如早除之。"李师道几经犹豫之后，终于下定决心杀死刘悟，于是暗中派遣使者持帖授行营兵马副使张暹，"令斩悟首献之，勒暹权领行营"。却没想到张暹与刘悟向来关系密切，他不但没有听令将刘悟处死，反而将此帖交到刘悟手中。刘悟得到消息后，立刻杀死李师道派来的使者，然后"按辔徐行还营，坐帐下，严兵自卫。召诸将，厉色谓之曰：'悟与公等不顾死亡以抗官军，诚无负于司空。今司空信谗言，来取悟首。悟死，诸公其次矣。且天子所欲诛者独司空一人。今军势日蹙，吾曹何为随之族灭！欲与诸公卷旗束甲，还入郓州，奉行天子之命，岂徒免危亡，富贵可图也。诸公以为何如'"。

诸将中有迟疑未言者，刘悟"悉斩之，并斩军中素为众所恶者，凡三十余，尸于帐前"，夺取了军权后，又"令士卒曰：'入郓，人赏钱百缗，惟不得近军帑。其使宅及逆党家财，任自掠取，有仇者报之'"。当晚，刘悟便从前线倒戈杀回郓州，"围其内城，兼以火攻其门。不数刻，擒师道并男二人，并斩其首以献"。淄青就此而平。

割据50余年、拥兵10余万的强藩能够一举荡平，刘悟在其中无疑起到了非常重要的作用，正如杜牧所说：

> 昔者齐盗坐父兄之旧，将七十年来，海北河南泰山课赋三千里，料甲一百县，独据一面，横挑天下……此虽使铁偶人为六军，取不孔易，况席征蔡之弊，天下消耗，燕蟠赵伏，用齐卜我。当此之时，一年不能胜，则百姓半流；二年不能胜，则关东之国孰知其变化也。将军一心仗忠，半夜兴义，昧旦而已齐族矣。疆土籍口，探出僭物重宝，仰关辇上，是以赵一摇，燕一呼；

争来汗走，一日四海廓廓然无事矣。伏惟将军之功德，今谁比哉！

宪宗得知此消息后，立刻拜刘悟为义成军节度使，封彭城郡王，实封五百户，并褒奖刘悟，言其"忠孝之后，义勇为心，久沦迹而未申，每蓄谋以思奋……遂能潜通密款，先事指期。决策于万众之中。挺身于重城之内，感深而信誓若一，气直而神明为徒，枭彼渠魁，歼厥丑类，乃飞章以驰献，繄大庆之遽闻……"

诗人刘禹锡听说淄青镇被平定，更是欣然写下两首名为"平齐行"的诗歌，诗中道：

> 胡尘昔起蓟北门，河南地属平卢军。
> 貂裘代马绕东岳，峄阳孤桐削为角。
> ……
> 去秋诏下诛东平，官军四合犹婴城。
> 春来群乌噪且惊，气如坏山堕其庭。
> 牙门大将有刘生，夜半射落欃枪星。
> 帐中虏血流满地，门外三军舞连臂。
> 驿骑函首过黄河，城中无贼天气和。
> 朝廷侍郎来慰抚，耕夫满野行人歌。
> ……

宪宗虽然武功卓著，依次削平淄青、淮西等强藩，并让河朔三镇俯首称臣，实现了中兴局面，但是他并没有彻底消除藩镇割据的土壤，节度使依然控制着财政、人事、军政大权。尤其是河北地区本就胡化严重，各镇的牙军更是历来骄悍难治，拥有浓厚的地方特色，父子相袭，世代为兵，号称"军门父子，姻族相连"，乃是一支自私自利的职业雇佣兵集团，他们只不过是暂时雌伏罢了。等到宪宗被宦官所弑，即位的穆宗庸懦无能，元和中兴的局面立刻就变成了如梦幻影。

穆宗初即位，为了取消河朔三镇节度使世袭的权力，便下诏徙魏博节度使田弘正为成德节度使，成德节度留后王承元为义成节度使，义成节度使刘悟为昭义节度使，武宁节度使李愬为魏博节度使。从只辖两州的小藩镇到辖有六州的重要藩镇，对刘悟来说，这无疑是一次重要的提拔，也表明他成为朝廷最为信任和依靠的大将。

但是河朔割据之势根深蒂固，又岂是迁移节度使能解决的？更何况朝廷在布局方面亦是昏招频出。当时的幽州节度使刘总奏请辞官入朝，朝廷却未派遣有人望、能压制骄兵悍将的名将赶赴幽州，而派遣了文臣张弘靖去接任节度使。当时的河朔军帅不管酷暑寒冬，都与士卒同甘共苦，从不安坐于车辇之内，而张弘靖却是宰相后裔，历代富贵，不知风土，在赴镇的第一天竟然乘

▲ 唐壁画——仪仗出行图

坐肩辇于三军之中，幽州将士均瞠目视之。他又欲革除幽州风俗，挖开安禄山坟墓，将其棺柩毁掉，又引发当地人不满。安、史二人对朝廷来说虽是叛臣，但在河北却有极大人望，这一举措无疑操之过急。而且张弘靖不恤士卒，往往呵斥幽州将士为反虏，并洋洋自得道："今天下无事，汝辈挽得二石力弓，不如识一丁字。"于是幽州将士多怨恨，怀有叛心。

刘总入朝前，曾留下钱100万贯用来赏赐将士，而张弘靖却私下扣留了20万贯用作军府杂用。得知此消息的幽州将士不胜其愤，发动兵变，囚禁了张弘靖，并推朱滔（曾任幽州节度使，"二帝四王之乱"时自称冀王）之孙朱克融为留后。

成德大将王庭凑也在此时发动兵变，杀害了忠于朝廷、刚刚上任的节度使田弘正。田弘正原是魏博大将，自幼爱读儒家经典，又精通兵法，善于骑射，为难得的将才。当年在被士兵拥立后，田弘正率魏博六州之地归顺朝廷，并坚守臣节。他在讨伐成德王承宗、淄青李师道、淮西吴元济的战事中屡立战功，成为朝廷在河北的擎天巨柱。当朝廷改任其为成德节度使后，他知道自己与成德军长年交战，死在其手下的成德将士众多，仇家无数，因此便带着2000亲兵前去赴任，随行护卫。其后，他上奏朝廷请求朝廷负担这2000人的军饷，但是朝廷的度支使却不同意。田弘正在先后四次上表都得不到回应后，只得将这2000人遣散回去。不久之后，失去保护的田弘正全家及属僚300人尽被杀害。

河朔局面再次失控，穆宗此时想起了刘悟，便下诏任刘悟为幽州节度使，命其率军入幽州平定朱克融。但是此时叛军势力大张，河朔藩镇已经再次联合，刘悟见无法顺利进驻幽州，只能上奏朝廷暂且授予朱克融节钺。不久之后，无可奈何的朝廷再次任命刘悟为昭义节度使。

最终讨伐王庭凑、朱克融的战争草草收场，但昭义军仍在此次战事中立下了不小的功勋。史书记载："唯昭义一军，于临城县北同果堡下大战，杀贼五千余人，所杀皆楼下步射搏天飞者，贼之精勇无不歼焉，贼中大震。"

不久之后，刘悟与朝廷之间也有了嫌隙。当时宦官监军乃是惯例，昭义镇的监军是拥立穆宗即位有功的刘承偕，他依仗权势经常羞辱刘悟，并图谋以磁州刺史张汶取代刘悟的节度使之位。刘悟虽忠于王事，但为人颇受河北胡风影响，行事历来率性而为，闻听此消息后大怒，吩咐亲信军士将张汶诛杀，并囚禁了刘承偕。

肃、代以来，国势维艰，藩镇多有叛乱，身为至尊的天子多次仓皇出奔，而朝廷大臣在纷乱之际，或从贼失节，或闭门观望。因此皇帝便唯有信任身为家奴的宦官，赋予其军政大权，而李辅国、程元振、鱼朝恩等辈却专制朝政，元勋大将如郭子仪、李光弼、仆固怀恩等人也曾被他们构陷，平定安史之乱中立下大功的名将来瑱更是因为得罪了程元振被皇帝勒令自尽。而宦官即使犯下过错，皇帝往往仍信任不减。因此在此事件中，刘承偕虽然败坏军政，但是到最后穆宗也只是下令刘悟将其送回长安，并没有予以任何惩罚。刘悟心中十分怨愤，从此之后便"托以军情，不时奉诏"，并且开始准备效仿河朔三镇，于是"朝廷失意不逞之徒，多投寄潞州以求援。往往奏章论事，辞旨不逊"。

敬宗宝历元年（825 年）九月，刘悟病卒，其子刘从谏"密不发丧，与大将刘武雄及亲兵谋，以悟遗表求知留后"，当时朝臣多认为"上党内镇，与河朔异，不可许"，但是因为宰相李逢吉、中尉王守澄接受了贿赂，最终还是下达了任命诏书。

刘从谏自小便以狡诈出名，当年刘悟为淄青镇大将时，将其留在郓州为人质。他利用便利，打探消息，"日与师道诸奴日戏博交通，具知其阴密事，悉疏于悟"，为刘悟诛灭李师道立下大功提供了许多便利。

刘悟当年入昭义镇时，带去了 2000 郓州兵作为亲兵。郓州兵原本出自淄青镇，惯于拥立主帅为自己谋利，这支力量便成了刘从谏袭任父位的本钱。而为了顺利在昭义镇打下根基，刘从谏又将治所迁回潞州。自李抱真并镇以来，昭义军治所都在潞州，刘悟时徙治所于邢州，"而人思上党"，刘从谏顺应众心，将治所迁还潞州，赢得了昭义军将士的拥护。同时他对待属下比较宽厚，处置军政大事井井有条，因此很快便稳定了军心。

敬宗不久被宦官谋杀，其弟文宗即位。此时横海节度副使（时辖沧、景、德、棣四州）李同捷起兵叛乱，图谋效仿河朔故事。朝廷只得出兵讨伐。李同捷是横海节度使李全略之子，敬宗宝历二年（826年），李全略病死，李同捷遂自领留后，企图承继。

最初朝廷并不想讨伐，但也不愿承认其有世袭之权，于是拟定了一个折中的方案，以天平节度使（辖郓、曹、濮三州，治郓州）乌重胤为横海节度使，徙李同捷为兖海节度使。然而，李同捷却借口为将士所留，拒不奉诏。为了维护中央权威，朝廷下令讨伐。大和元年（826年）八月，朝廷削李同捷官爵，调横海节度使乌重胤、武宁节度使王智兴、平卢节度使康志睦、魏博节度使史宪诚、幽州节度使李载义、义成节度使李听、义武节度使张蟠率军进讨。刘从谏在此次战事中奋勇直前，率领昭义军取得了不小的战绩。

当时成德节度使王廷凑与李同捷暗中勾结，资助粮草，同时出兵阻挠进讨的魏博军，又派遣使节厚赂沙陀酋长朱邪执宜，欲与之连兵叛乱。大和二年（827年）八月，王廷凑正式竖起反旗，刘从谏便立刻率军进兵临城，击败成德军，引漳水淹深州、冀州。随后，刘从谏又与王廷凑战于昭庆，再次击败王廷凑。十二月，王廷凑诱魏博行营兵马使亓志绍起兵作乱。大和三年（828年）正月，亓志绍被击败，率众5000逃奔王廷凑，余众1.5万人投降昭义军。正是刘从谏的牵制，使得王庭凑无力援助李同捷，不久之后，李同捷之乱便被朝廷讨伐大军平定。

因为刘从谏立下的功勋，文宗对其十分喜爱，君臣之间关系颇为融洽。大和六年十二月，刘从谏入朝觐见，文宗并没有如一些大臣希望的那样将其留在京城或迁徙他镇，而是继续命其还镇昭义，并给予了其同平章事的头衔，而终文宗一朝，得到该头衔的节度使也不过四人。当时宰相李德裕认为刘从谏有交通山东藩镇的嫌疑，请求将其"拔出上党"，徙至宣武镇，此建议也被文宗否决。

虽然刘从谏在入朝后，"见朝廷事柄不一，又士大夫多请托，心轻朝廷，故归而益骄"，但是对文宗的信任与支持他还是感恩的。他与文宗的亲信郑注、李训交往很深，同时与牛僧孺等人也关系匪浅。

因此，在大和九年（835年）的甘露之变中，唐文宗支持的郑注、李训等人图谋诛灭宦官集团不成，反被杀。仇士良等宦官挟制天子，诛杀朝官，天下藩镇也只有刘从谏挺身而出声讨宦官：

> 涯等儒生，荷国荣宠，咸欲保身全族，安肯构逆！训等实欲讨除内臣，两中尉自为救死之谋，遂致相杀，诬以反逆，诚恐非辜。设若宰相实有异图，当委之有司，正其刑典，岂有内臣擅领甲兵，恣行剽劫，延及士庶，横被杀伤！流血千门，僵尸万计，搜罗枝蔓，中外恟疑。臣欲身诣阙庭，面陈臧否，恐并陷孥戮，事亦无成。谨当修饰封疆，训练士卒，内为陛下心腹，外为陛下藩垣。如奸臣难制，誓以死清君侧！

此封上书暴扬宦官骄横，轰动一时，在长安城内更是人人传观。仇士良虽然愤怒，但是对于拥有强兵的刘从谏却无可奈何，只能企图收买之。然而，刘从谏却毫不买账，又先后四次上书要求为在甘露之变中遇害的王涯等大臣讨说法。

刘从谏的这一举动打击了宦官的嚣张气焰，维护了朝廷的秩序，也使得文宗免除了被废的命运。"时士良等恣横，朝臣日忧破家。及从谏表至，士良等惮之。由是郑覃、李石粗能秉政，天子倚之亦差以自强。"期间，郑注、李训集团的余党如李仲京（李训之从兄）、王羽（王涯之从孙）、贾庠（贾𫑡之子）、郭台（郭行馀之子）、韩茂章（韩约之子）、韩茂实（韩约之子）、王渥（王涯之子）等，都逃至潞州避难，刘从谏也都给予了厚待。

开成五年（840年）正月，文宗病重，仇士良等人矫诏废太子为陈王，拥立颍王为皇太弟。不久之后，文宗驾崩，颍王即位，是为武宗。

文宗一死，意味着刘从谏失去了勤王的大义名分。新继任的武宗开始大肆诛杀、贬斥文宗信任的大臣，而仇士良却拥有拥立之功。另外，武宗信任的李德裕与牛僧孺一党势如水火，他在早些时候便有了将刘从谏移镇的想法。形势对刘从谏十分不利，因为即使骄横如河朔藩镇，明面上也需朝廷认可。如李德裕所说，"河朔兵力虽强，不能自立，须藉朝廷官爵威命以安军情"。统治成德镇长达一个世纪的王廷凑家族将"下礼藩邻，上奉朝旨"作为维持家业不坠的秘籍，更何况是独立性不如河朔的昭义镇。

为与新君打好关系，刘从谏觅得一匹九尺高的骏马向武宗进献，但是武宗没有接受。刘从谏心中疑惧，"遂招纳亡命，缮兵完械"，"榷马牧及商旅，岁入钱五万缗，又卖铁、煮盐亦数万缗，大商皆假以牙职，使通好诸道，因为贩易"，又选择水草丰美之地饲养良马，"岁入马价数百万"，暗中积蓄力量。

会昌二年（842 年）十一月，刘从谏为赢得朝廷信任，上书请求出兵讨伐回鹘，但是朝廷拒绝其要求。见得不到朝廷信任，刘从谏忧愤成疾，因为知道自己结怨太多，如果死后朝廷派遣他人担任节度使，刘氏宗族势必不保，于是"谓妻裴氏曰：'吾以忠直事朝廷，而朝廷不明我志，诸道皆不我与。我死，他人主此军，则吾家无炊火矣'"。于是他决定效仿河朔藩镇，将节度使之位传给侄子刘稹，以求自保，并在死前做了如下人事安排：

> 以弟右骁卫将军从素之子稹为牙内都知兵马使，从子匡周为中军兵马使，孔目官王协为押牙亲事兵马使，以奴李士贵为使宅十将兵马使，刘守义、刘守忠、董可武、崔玄度分将牙兵。

不久，刘从谏病死，侄子刘稹密不发丧，并伪称刘从谏病重，上书朝廷请求以刘稹为节度留后。武宗自然不信，便派使者以问疾之名探听虚实，但是刘从谏此时已死多日，自然无法接见使者。无奈之下，刘稹一方面贿赂使者，另一方面又陈兵边境，拒绝了武宗要求其入朝的敕令，并要求如河朔故事，实现节钺自专。

一旦昭义割据局势形成，与河朔割据藩镇结成联盟，则朝廷威望必然大减，河朔藩镇势必将更为嚣张。唐武宗为人"性刚而果于断"，自然无法容忍这样的情况发生。

屈指庙堂无失策：唐武宗与李德裕君臣

此时的朝廷内部，也展开了一场是否授予刘稹昭义军节钺的激烈讨论，大多数朝臣认为"回鹘余烬未灭，边境犹须警备，复讨泽潞，国力不支，请以刘稹权知军事"。唯独宰相李德裕对此持不同意见，他在朝堂之上面对反对的众位大臣侃侃而谈，认为：

泽潞事体与河朔三镇不同。河朔习乱已久，人心难化，是故累朝以来，置之度外。泽潞近处心腹，一军素称忠义，尝破走朱滔，擒卢从史。顷时多用儒臣为帅，如李抱真成立此军，德宗犹不许承袭，使李缄护丧归东都。敬宗不恤国务，宰相又无远略，刘悟之死，因循以授从谏。从谏跋扈难制，累上表迫胁朝廷，今垂死之际，复以兵权擅付竖子。朝廷若又因而授之，则四方诸镇谁不思效其所为，天子威令不复行矣。

　　面对反对者，李德裕甚至说出："如师出无功，臣请自当罪戾。"最终，李德裕说服了还在犹豫的武宗皇帝，在其一力主张下，朝廷决定拒绝刘稹的请求，并做好了出兵讨伐的准备。

　　李德裕，字文饶，出身于世代簪缨的赵郡李氏。赵郡李氏是著名的阀阅之家，虽然入唐以后，门阀士族的势力大减，但仍是当时最为高贵的门第。李德裕的祖父李栖筠，人称"气横人间"，名重于时，曾在名将封常清幕中任职。肃宗在灵武即位时，李栖筠曾率精兵7000赴国难，其后又在李光弼麾下担任行军司马。至代宗朝，李栖筠又任御史大夫，能不避强御，最终因被权臣元载所抑，忧愤而卒。父亲李吉甫，在宪宗朝任中书侍郎，同中书门下平章事，为宪宗削平诸藩尽心竭力，多建功勋，因此获封赵国公，成为元和一朝的名相。

　　李德裕是李吉甫庶出的次子，少时随父亲转徙于忠、郴、饶等州，走遍大江南北，并接受了其父亲的政治思想，最终发扬光大，超越了父亲的成就。据史书记载，

▲李德裕见客图

李德裕自幼神俊，胸怀壮志，"卓荦有大节"，在学习上偏重于实用，精通《西汉书》《左氏春秋》等。因为耻于与诸生为伍，李德裕拒绝参加以诗赋为主的科举考试，最后凭借父荫出仕，担任校书郎一职，其后又在河东节度使张弘靖幕下担任掌书记，熟悉了藩镇的军政。之后，李德裕随张弘靖入朝，任监察御史。

穆宗即位后，李德裕被擢升为翰林学士，"凡号令大典册，皆更其手"，后又出任中书舍人、御史中丞等要职。敬宗即位后，因当权的李逢吉、牛僧孺、李宗闵等人与其父李吉甫之间历来政见不和，所以家族间私怨颇深，而牛党中人又一向以因循敷衍为能，因此与锐意进取、以天下安危为己任的李德裕之间也爆发了冲突。

最后李德裕被牛党排挤出朝，赴任浙西观察使，在任上其为政清明，"人乐其政"。文宗一朝，李德裕又拜为兵部侍郎，并被裴度推荐为宰相人选。但李宗闵惧其大用，对己不利，因此百般排挤，最后李德裕再次黯然离开长安，出为义成节度使，期间多有德政。其后又远任西川节度使，他在西川任上训练士卒，巩固边防。在其整顿下，"蜀兵器皆犀利"，西拒吐蕃，南平蛮、蜓，在击败吐蕃后，李德裕一度收复了"东望成都，如在井底"的战略要地维州。韦皋在西川节度使任上就曾经想夺取此地，结果"万计取之不获"，一直没能拿下控扼吐蕃的要地。可惜李德裕最终被牛僧孺所沮，维州还是得而复失。

大和七年（833年）二月，李德裕被召出任宰相，时京师久旱不雨，李德裕拜相之日竟大雨倾盆。枢密使曰："禁中喜此雨，呼相公名讹下一字，曰李德雨"，可见其所负时望。任宰相后，李德裕锐意革新，黜朋党，进用贤能，所用皆精明强干之士。又奏请进士科停试诗赋，改取经义精通者，并试议论。但仅一年多，李德裕就被李训、郑注等人排挤，罢相出为镇海节度使，不久被贬为袁州刺史。开成二年（837年），李德裕被起用为淮南节度使。

李德裕一生两次拜相，五建旌节，因与李宗闵、牛僧孺等人政见不和，屡次被其排挤，双方各引援助，相互攻击，最后竟形成延绵数十年的牛李党争，成为晚唐一大政治特色。

因武宗为宦官拥立，得位算不上光明正大，因此对文宗朝任用的宰辅大臣多有疑忌，生怕不依附自己，于是即位不久便罢免了杨嗣复、李珏两位宰相。但是为了实现中兴，武宗又必须要有得力宰辅大臣。此时他想起了多年贬斥在外又深

▲ 李德裕

孚众望的李德裕。一方面李德裕长期被排挤，一旦召回，必会尽心效忠；另一方面，李德裕也确有宰相之才，曾得到裴度赞许。因此，求治甚切的武宗即位不久便下诏书："淮海伯父，汝来辅予。"武宗征召李德裕入朝，任命其为门下侍郎，同中书门下平章事，使其再次跻身于宰相之列。

李德裕为相后，与武宗两人君臣相得，一扫穆宗以来的颓唐朝政。面对藩镇骄横、阉寺专权、蛮夷侵扰、朋党相攻等政治困局，他不惧艰险，锐于布政，冲破种种阻力，减缓了唐王朝衰亡的历程，成为乱世中的济世之臣。

在被任命为宰相后，李德裕辅佐唐武宗，在各方面对朝政进行了改革：

一是去除朋党恶习，使得政归中书。李德裕甫一入相，便向武宗进言，论为政之要在于"辨邪正、专委任"，认为邪人必会结党蒙蔽君主，而天下大治则需要如齐桓公信任管仲那样，选拔贤才为宰相，"使政在中书"，这样才能"贤者得尽心"。如辅佐大臣有欺罔不忠的，则需要立即罢免，专任"忠而材者"。在其坚持下，被北司凌驾已久的南衙有所振作，朝政也开始起色。而李德裕本人亦被武宗信任依靠，大展才干。

二是针对藩镇自立主帅的恶习，不再姑息纵容。穆宗以后，朝廷对于各藩镇的自立往往姑息纵容，凡是军中所拥立的很快便能得到任命。李德裕秉政后，一改过去做法。会昌元年九月，幽州军乱，幽州节度使史元忠被逐，军中推牙将陈行泰为留后。若是以往，朝廷肯定顺水推舟，当即承认陈行泰，但李德裕认为节度使的合法性来自于朝廷，以前就是承认的诏书下达太快，以至于叛将迅速稳固了军心。果然在朝廷拒绝请求后不久，陈行泰因为未能得到朝廷所授旌节，很快被杀，继立的张绛也被雄武军使张仲武讨平。此时，李德裕才以张仲武是在朝廷命令下讨平乱军、立下功劳的理由任命其为新任幽州节度使。

三是改进科举制度，拔擢人才。当时科举制度尚不完善，进士未放榜前，礼部侍郎往往先到诸位宰相府邸，将及第名单呈与宰相，所以经常有改换中举名单的行为，以至于"宰相稍有寄情，有司固无畏忌，取士之滥，莫不由斯"。因此李德裕建议革除这一弊政，放榜前不得呈送宰相，如有违者，交由御史纠弹。当时文士投献诗文之风甚盛，科场风气不正。李德裕认为科举乃是国器，岂能私相授受，于是毅然下令"进士及第，任一度参见有司，向后不得聚集参谒，及于有司宅置宴。其曲江大会朝官及题名、局席，并望勒停"。时人赞叹其"抑退浮薄，奖拔孤寒，于时朝贵朋党，德裕破之，由是结怨"。在李德裕被贬崖州后，后人更是作诗怀念他："八百孤寒齐下泪，一时回首望崖州。"

四是讨伐回鹘，扫除北方威胁。此时回鹘衰落，被黠戛斯击败，又遇上大雪，天寒地冻，羊马多死。乌介可汗带领溃散的回鹘残部开始内迁，上书请求内附。然回鹘残部经常入关侵掠，给北方边境带来了很大威胁。在李德裕的主持下，朝廷任命刘沔为振武节度使做好抵御其入侵的准备，同时又下敕书，要求回鹘停止

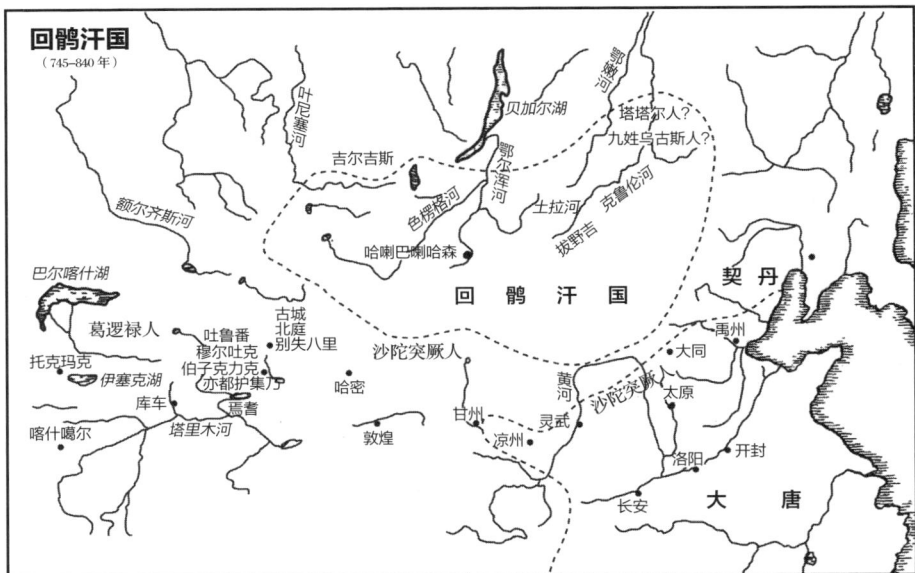

▲ 回鹘汗国示意图

侵扰，回归故土，并运粮赈济，抚慰人心。朝廷还派大臣巡边，检查天德、振武等地兵备，查探回鹘虚实。不久之后，朝廷又徙刘沔为河东节度使，以李忠顺为振武节度使，修缮东、中受降城。会昌二年四月，朝廷任命骁勇善战的大将石雄为天德军防御副使，抵御回鹘。最终在李德裕的主持下，刘沔、石雄等人率军大破回鹘，稳固了北部边关，也一扫当年被回鹘欺凌的屈辱。

李德裕雷厉风行的施政极大增强了朝廷的实力，大大缓解了穆宗以来唐王朝衰败的危机。期间，武宗对李德裕始终信任不衰，在李德裕乞退时更是劝慰道："卿每辞位，使我旬日不得听。今大事皆未就，卿岂得求去！"

羽林东下雷霆怒：朝廷的军事布置

南宋叶梦得曾评价李德裕为"唐中世第一等人物"，说李德裕应变开阖之才远胜于"以身系天下安危三十年"的宪宗朝名相裴度。一代名臣范仲淹也认为李德裕"独立不惧，经制四方，有辅相之功，虽奸党营陷，而义不朽矣"。

昭义镇叛乱的成功平定，首功在于李德裕的运筹帷幄。《旧唐书》中说李德裕"自开成五年冬至会昌四年八月平泽潞，首尾五年，其筹度机宜，选用将帅，军中书诏，奏请云合，起草指踪，皆独决于德裕，诸相无预焉"，又称"德裕特承武宗恩顾，委以枢衡。决策论兵，举无遗悔，以身扞难，功流社稷"，可以说是非常中肯的评价。

如要顺利平叛，首要在于不能让昭义镇与河北藩镇同气连枝。如果双方连成一体，则唐朝山东之局势将不可控制，甚至于再次酿成如"四王二帝之乱"这样波及整个北方的大规模叛乱。而只要顺利切断河北藩镇与昭义的联系，昭义步兵虽号称冠绝天下，但是毕竟土地贫瘠，财赋很难支持长久用兵。况且其全部兵马也不过四五万人，断难抵抗天子纠合起来的四方藩镇精锐之兵。而且昭义军素来忠义，并不如河北藩镇那般割据势力盘根错节，而是"风俗未改，故老尚存，虽欲劫之，必不用命"，加之刘积年少暗弱，威信不足，在军中根基尚浅，真正的心腹也只有少数牙将，昭义军的其他大将未必服从其军令，乘其立足未稳，正是进讨的最好时机。

李德裕对此看得十分清楚，因此他对武宗道："积所恃者河朔三镇。但得镇、魏不与之同。则积无能为也。若遣重臣往谕王元逵、何弘敬，以河朔自艰难以来，列圣许其传袭，已成故事，与泽潞不同。今朝廷将加兵泽潞，不欲更出禁军至山东。其山东三州隶昭义者，委两镇攻之。兼令遍谕将士，以贼平之日厚加官赏。苟两镇听命，不从旁沮桡官军，则积必成擒矣！"这也正是之后朝廷平定昭义的战略方针。

终于武宗在李德裕的支持谋划下，排除异议，下定决心讨伐刘积。

李德裕首先以武宗的名义分别撰写了《赐何重顺诏》《赐王元逵诏》《赐张仲武诏》给河朔三镇节度使。

他对魏博节度使何重顺说：

> 卿宜训练戎旅，严固封疆，候彼军中有变，便须遣书告谕，令其三军送刘积归阙，请朝廷推新择帅。朕必选旧德重望，委之抚循，刘积厚加爵赏，别有再用；如妄自制置，邀求宠荣，国家典法，亦难宽宥。泽潞一镇，与卿事体不同，勿为子孙之谋，欲存辅车之势。但能显立功效，自然福及后昆。

对成德节度使王元逵则如此劝谕：

> 卿国之懿戚，时之信臣。方进劲兵，坐清残孽。诚宜假以利器，壮军威。朕之于卿，固无爱惜。但以河朔数镇，事体应同。若一度赐卿，必转相援例。恩信不一，非抚御之远图；赐与频繁，隳朝廷之旧制。卿是朕之心腹，必合乐守宪章。故未至怀，想当知悉。

这两道诏书中，李德裕郑重指出，刘积必败，告诫何弘敬（即何重顺）不要与其牵扯不清，在朝廷讨伐时顿兵观望，甚至暗地援助刘积。对于王元逵，李德裕则以公主姻亲为切入点，在诏书中将其看作皇室心腹，满足对方虚荣心，勉励其进兵平叛，又以"河朔数镇，事体应同"的理由回绝了王元逵乘机扩军的非分之念。

河朔藩镇节帅的目的不外乎能够谋求世袭，既然朝廷此时承认了其世袭特权，又许诺重赏，自然也就乐于效命。毕竟他们的合法性最终还是来自于朝廷的承认，如果失去朝廷认可，则难以维持境内秩序，节帅很容易被其他怀有野心的大将驱逐，所以不到万不得已之际，都会优先考虑支持朝廷。因此史载："何弘敬、王元逵承诏，耸然听命。"

对于幽州节度使张仲武，李德裕则对其勉励道：

今缘从谏疾病，颇以深棉，深虑将校异谋，妄有制置。太原地连河朔，城府空虚，已诏刘沔旋师，却归本镇。又缘回鹘余烬未灭，塞上须有防虞，借卿长才，列于御侮，边境戎事，悉以付卿。

当时唐王朝与回鹘的战事尚未平息，牵制了朝廷大量兵马。李德裕希望张仲武能够率领幽州的兵马捍御北边，"边境戎事，悉以付卿"，防备回鹘残部的反扑，使得朝廷能够抽出兵力专对昭义。张仲武在接到诏书后也是积极备边，使朝廷无后顾之忧。正是有张仲武的配合，朝廷方能从北方边境调回百战精锐的石雄所部。

在用兵泽潞前，李德裕又对唐军存在的弊病进行了改革。李德裕认为朝廷大军过去讨伐藩镇多有失败，主要是因为朝廷军队有三大弊病："一者，诏令下军前者，日有三四，宰相多不预闻。二者，监军各以意见指挥军事，将帅不得专进退。三者每军各有宦者为监使，悉选军中骁勇数百为牙队，其在陈战斗者，皆怯弱之士。每战，监使自有信旗，乘高立马，以牙队自卫，视军势小却，辄引旗先走，陈从而溃。"因此必须对此进行改变。

首先是针对宦官监军。中唐以来，因为皇帝对武将怀有猜疑之心，因此常派宦官监军，而宦官往往凭借皇帝的信任，插手军政，胡乱指挥。朝廷军队以往的几次大败往往都与宦官干涉有莫大关系，其流弊甚久。为达到事权合一的效果，李德裕凭借其与当权宦官的良好关系及武宗皇帝的信任，与宦官首领约法三章，实现了如下约定："德裕乃与枢密使杨钦义、刘行深议，约敕监军不得预军政，每兵千人听监使取十人自卫。有功随例沾赏。二枢密皆以为然，白上行之。自御回鹘至泽潞罢兵，皆守此制。"从而为朝廷征战扫除了掣肘。

▲ 唐壁画——宦官图

其次是防止各路讨伐军空费粮

饷。朝廷讨伐叛乱，各路藩镇的辎重粮饷均由朝廷负责，所费不菲，而所得却不成正比。因此，在朝廷下令出兵前，李德裕上奏唐武宗说："贞元、大和之间，朝廷伐叛，诏诸道会兵，才出界便费度支供饷，迟留逗挠，以困国力。或密与贼商量，取一县一栅以为胜捷，所以师出无功。今请处分元逵、弘敬，只令收州，勿攻县邑。"从而减少了藩镇兵马虚报功劳，坐吃粮饷的可能性。

唐武宗又派遣刑部侍郎兼御史中丞李回宣慰河北三镇，同时督促河朔三镇进兵。而李回也不辱使命，"至河朔，何弘敬、王元逵、张仲武皆具郊迎，立于道左，不敢令人控马，让制使先行，自兵兴以来，未之有也。回明辩有胆气，三镇无不奉诏"。同时，武宗还以"宽厚有惠政，得众心"的山南东道节度使卢钧为昭义节度招抚使，招抚昭义将士，分化瓦解叛军。

在做好万全准备后，会昌三年（843年）五月中，朝廷终于下制讨伐刘稹。很快，诸道兵集结，"即墨龙文光照曜，常山蛇阵势纵横"，各镇大军对昭义镇形成了包围之势。其中"河阳节度使王茂元以步骑三千守万善；河东节度使刘沔步骑二千守芒车关，步兵一千五百军榆社；成德节度使王元逵以步骑三千守临洺，掠尧山；河中节度使陈夷行以步骑一千守翼城，步兵五百益翼氏"，逐一截断昭义军与外界的联系。朝廷又任命成德节度使王元逵为泽潞北面招讨使，以魏博节度使何弘敬为南面招讨使，与陈夷行、刘沔、王茂元合力攻讨。

成德镇与昭义镇历来就有宿怨，自李抱真以来，昭义军屡次参与对成德军的讨伐。刘悟入镇昭义后又与成德王氏结下仇怨，刘悟、刘从谏父子也多次讨伐成德镇，而且颇为积极，多次主动请战，甚至曾决漳水淹深州、冀州，以至于"成德一军，自六十年来，世与昭义为敌，访闻无事之日，村落邻里，不相往来"。讨伐昭义刘氏对成德节度使王元逵来说是一场复仇战争，所以他在这场战争中表现积极，在各镇大军中最先进兵，其受诏之日，便率大军进屯赵州，揭开了讨伐刘稹之战的序幕。

刘稹向朝廷求旌节不得，反而引来了朝廷的讨伐大军。在断绝后路的情况下，刘稹也进行了作战动员，他向所属各州驻军发下命令："皆谓官军为贼，云遇之即须痛杀。"

落雕都尉万人敌：讨伐军的奋战

朝廷大军五路并进，很快便逼近了泽潞，但是各镇讨伐军为了自身利益，多有观望之心。魏博镇离昭义最近，何弘敬生怕昭义刘稹被平定后，朝廷的下个目标就是自己，因此虽然出兵，但是行动缓慢，无意深入。当王元逵所部已经深入邢州数月时，魏博军仍然还在境内逗留不前。李德裕上书"请赐弘敬诏，以河阳、河东皆阂山险，未能进军，贼屡出兵焚掠晋、绛。今遣王宰将忠武全军径魏博，直抵磁州，以分贼势"，形成忠武军大举入魏之势，让何弘敬有所警惧。唐武宗采纳了其建议，很快下诏命令忠武节度使王宰"悉选步骑精兵自相、魏趣磁州"。

何弘敬害怕朝廷大军进入魏博后，军中有变，于是仓皇出师，亲自带领全军渡过漳水，来到磁州城下，连续攻下肥乡、平恩两地，并且杀伤甚重，向朝廷表示了其与刘稹势不两立的态度。

此时，朝廷的另一路讨伐军晋绛行营节度使李彦佐自率军从徐州出发后，也是一路行军缓慢，"又请休兵于绛州，兼请益兵"。对此，李德裕认为"彦佐逗遛顾望，殊无讨贼之意"，并建议唐武宗对李彦佐"所请皆不可许，宜赐诏切责，令进军翼城"。其后又奏请唐武宗以天德防御使石雄为晋绛行营节度副使，协助并督促李彦佐进军，并做好了临阵换将的准备。

石雄为晚唐名将，素为李德裕倚重，受其奖拔。他来自徐州的贫苦家庭，出身不详，极有可能是昭武九姓胡之后，因先祖流落至徐州，故以徐州为籍贯。石雄少年时为谋出路从军进入武宁军为牙校，因为敢毅善战，气盖军中，得到武宁军将士的信任，又因功升为武宁军中的重要将领。当时武宁军节度使王智兴治军苛酷，军中多苦之，于是将士谋划驱逐他而拥立石雄。结果被王智兴探知，在将与石雄素来交好的百余名将士全数诛杀后，又诬陷石雄阴谋作乱，请求朝廷处死石雄。不过文宗皇帝听说过石雄善战的名声，爱惜其才能，只是将其流放，不久又启用为陈州长史。在党项作乱时，文宗又特意召石雄隶振武节度使刘沔所部，石雄也不负所望，在讨伐党项的战争中多立战功。不过因为顾虑王智兴责难，朝廷并未对石雄有所奖赏。

会昌初年，回鹘被黠戛斯所逼，乌介可汗带着太和公主来到塞下，连年掳掠云州、朔州一带，又在五原塞下建立了牙帐。为解除回鹘的威胁，武宗皇帝于会昌二年四月起用石雄为天德防御副使兼朔州刺史，命其辅佐刘沔，率军进屯云州，准备讨伐回鹘。

会昌三年正月，为击破回鹘，一举解除其威胁，刘沔召石雄秘密谋划率军径趋乌介可汗牙帐，攻其不备，迎回当年和亲远嫁的太和公主。于是

▲ 唐壁画——武士图

石雄挑选沙陀李国昌及契苾、拓拔3000骑，夜发马邑。次日早晨，石雄登上振武城发现了公主的大帐。于是石雄"穴城夜出，纵牛马鼓噪，直捣乌介帐。可汗大骇，单骑走，追至杀胡山，斩首万级"，取得了杀胡山大捷，并且顺利迎回了太和公主。石雄也因这次大捷进为丰州防御使。

石雄在接到朝廷诏书后，立即点齐所部精锐赶赴战场。一日，行军中的石雄在水边看到一只白鹭，于是取过弓箭，对左右将士说："使吾射中其目，当成功。"说罢张弓发矢，果然一箭中的，左右均欢呼，于是士气大振。石雄在进入晋绛行营的次日，便引兵越过乌岭，一鼓作气连破刘稹五座军寨，杀获千计，一举改变征讨军被动局面。武宗皇帝得知后，不禁连声赞叹："雄真良将！"

李德裕此时也借助流传的谶纬学说，大造舆论："比年前潞州市有男子磬折唱曰：'石雄七千人至矣！'刘从谏以为妖言，斩之。破潞州者必雄也。"不久，武宗便正式任命石雄为晋绛行营节度使。

不过进攻泽潞南面的讨伐军却遭到了挫败，河阳节度使王茂元受诏后不久，便派遣河阳兵马使马继率领步骑兵2000驻扎于天井关南的科斗寨，窥伺泽州。刘稹得知唐军来攻，也调兵遣将，命令亲信大将——昭义军衙内十将薛茂卿率领2000亲军拒之，经过一段时间的相持后，薛茂卿率昭义军一举攻破科斗寨，大破河阳军，将马继等河阳大将全数擒获，并且焚掠小寨一十七，所部兵锋距怀州才十余里，逼近东都洛阳，朝廷震动。

此时朝廷内部反对讨伐昭义军的呼声又起，"议者鼎沸，以为刘悟有功，不

可绝其嗣。又，从谏养精兵十万，粮支十年，如何可取！"唐武宗对用兵泽潞的信心也产生了动摇，命李德裕入对。李德裕通过分析形势，再次坚定了武宗的信心，并对宰相道："有上疏沮议者，我必于贼境上斩之！"

其后，在李德裕的主持下，朝廷再次对讨伐军进行了布置，下诏王宰："更不之磁州，亟以忠武军应援河阳，不惟扞蔽东都，兼可临制魏博。若令全军供饷难给，且令发先锋五千人赴河阳，亦足张声势。"不久之后，朝廷又"敕王宰以全军继进，仍急以器械缯帛助河阳窘乏"。

王茂元在兵败科斗寨后，率军退守万善城。此时刘稹又派遣大将张巨、刘公直两人率军与薛茂卿所部会合。三人军议后约定分兵出击，于九月朔日合围王茂元所部，准备将其歼灭，扫除南面威胁。出兵后，刘公直军很快便潜到了河阳军驻守的万善以南5里的地方，将讨伐军的后勤点雍店焚毁。不过紧随其后的张巨却没有应约出兵，他在率部经过万善的时候，发现城中守备薄弱，于是想要独自建功，便抢先对万善城发动了攻击，一直等到中午时分快要攻下城池时，方才通知刘公直前来会合。

▲ 着明光铠的天王塑像

当时万善城已是危在旦夕，而义成军的一部援军已经赶到，王茂元认为万善城定然不保，遂准备率部会合义成军后弃城突围。一旦弃城，军队势必大乱，被张巨所部乘势追击，而南边又有刘公直部阻击，此路讨伐军必将覆没。幸好此时都虞候孟章挡在马前阻止王茂元出逃。孟章谏道："贼众自有前却，半在雍店，半在此，乃乱兵耳。今义成军才至，尚未食，闻仆射走，则自溃矣。愿且强留"。王茂元思虑再三，最终决定留下。

日暮时分，张巨仍未攻下万善城，军中伤亡很重，军士亦疲惫不堪、斗志全消，而刘公直所部仍未赶来。无奈之下，张巨只得率军撤退。张巨所部刚刚登上太行山便天降大雨，天色一下子昏暗起来，军队顿时大惊，以为朝廷追兵迫近，于是纷纷溃走。一时间人马相互践踏，许多军士坠落山崖而死。

此时王宰率领的忠武军也赶赴至平叛战场前线。忠武军初建于肃宗至德元年。元和年间，名将李光颜入主忠武军，因李光颜出身敕勒阿跌部，所以有大批敕勒阿跌部的武士也进入该军，这些人头戴黄帽，被人称作"黄头军"。忠武军战力强悍，"常为诸军锋"，在抵御吐蕃的战争中多次立下大功。而王宰治军严谨，有名将之风，因此昭义叛军知道忠武军投入战场后，多有忌惮之意。

不久，愧恨不已的王茂元病死军中，朝廷遂以王宰为河阳行营攻讨使。王宰是当时大将中的后起之秀，其父王智兴历任武宁、忠武、宣武、河中节度使，曾在讨伐李师道、李同捷之乱中立下功勋。王宰本人也是将门虎种，"少拳果"，曾长期在西北边境任职，带兵抵御吐蕃、回鹘入侵。

王茂元兵败科斗寨后，昭义军驻扎于天井关，随时准备南下。天井关在太行山顶上，地势险要，势逼河洛，在得到朝廷讨伐军战败消息后，洛阳等地的衣冠士庶莫不震骇。王宰接任后，在武宗皇帝的切责下，迅速率领忠武军渡过黄河，屯于万善。当时昭义军依仗天险固守，号称万夫莫仰，准备坐待讨伐军师疲而退。不过昭义大将薛茂卿在科斗寨大捷后没有得到应得的赏赐，因此并无战心，忠武军稍一进攻，便引军退走。天井关附近的其他昭义军城寨听说薛茂卿败走，也各自拔寨退去。

此时的昭义军将士在朝廷的军事攻势及政治攻势下，出现了动摇

▲ 天井关碗子城遗址

▲ 天井关

现象，连薛茂卿都开始谋取出路，准备向王宰献出泽州城。不过事机不密，薛茂卿之举被刘稹安插在军中的眼线发现，结果薛茂卿全族都被刘稹下令诛杀了。其后刘稹再次调兵遣将，以兵马使刘公直代替薛茂卿，又命诸将分兵把守各要地，以安全庆守乌岭，李佐尧守雕黄岭，郭僚守石会，康良佺守武乡。

此时昭义军的战力仍不容小觑，刘公直在代替薛茂卿后，在泽州城下击败王宰的忠武军一部，并再次收复天井关。不过忠义军只是小却，实力并未受到大损。会昌三年十二月丁巳，王宰发动夜袭，仰攻贼垒，所部马步都虞候董佐元、黄头先锋将赵峰、赫连权等人无不奋勇当先，"引锐师直上太行山巅，夜走七十里，公（王宰）引大旆继进，九战拔天井关"。一场恶战后，昭义军大溃，自投山谷死者不可胜数。此时河东节度使所部也攻克了昭义军把守的另一战略要地——石会关。天井关、石会关的失守标志着昭义军失去外围天险，朝廷讨伐大军开始逼近昭义军的腹心。

此时朝廷的布置是以河朔藩镇攻打昭义军所属的山东三州，而以石雄、王宰两部为主力，攻打昭义军根本的泽、潞两州。

见兵势日蹙，刘稹又企图伪降以行缓兵之计，他通过洺州刺史李恬向河东节度使李石（李恬之从弟）上书乞求，声称愿举族归命，带着刘从谏的灵柩归葬东都。不过被李德裕识破虚实，李德裕上书武宗，称：

> 今官军四合，捷书日至，贼势穷蹙，故伪输诚款，翼以缓师，稍得自完，复来侵轶。望诏石答恬书云："前书未敢闻奏。若郎君诚能悔过，举族面缚，待罪境上，则石当亲往受降，护送归阙。若虚为诚款，先求解兵，次望洗雪，则石必不敢以百口保人。"仍望招诸道，乘其上下离心，速进兵攻讨，不过旬朔，必内自生变。

只是李德裕却没有料到，讨伐军后院失火，首先生变的却是河东节度使所在的太原城。

凯歌应是新年唱：刘稹之乱的平息

当时朝廷下诏，命令河东军再发 2000 士兵，增援驻守在榆社的河东行营都知兵马使王逢所部。然而，河东可用之兵都在前线，已经无兵可发，节度使李石只能从横水栅调来前任节度使刘沔在击破回鹘后留下的戍卒。

这批戍卒共计 1500 人，在都将杨弁的带领下连夜赶路，终于在新年前夕赶至太原。按照惯例，军士出征每人都会得到二匹绢的赏赐。但是河东军的库藏财物都已被刘沔出兵时带走，节度使李石想尽办法也只能做到每人一匹，因此军中多有怨言。当时，横水戍卒要求过完新年才开拔前线，但是监军吕义忠认为前线形势吃紧，因此拒绝此要求，并反复下文书催促出兵。都将杨弁心怀野心，见有机可乘，遂利用众人之怒，挑动军士作乱，率众剽掠城市。节度使李石闻听戍卒作乱，但身边除了少数亲兵已无兵可用，只能出奔汾州。杨弁占领太原后，迅速派使者至潞州，与刘稹约为兄弟，商定双方合兵共同对抗朝廷。石会关守将杨珍听说太原军乱，见后路断绝，也献关降于刘稹。

太原城作为河东节度使治所，历来是雄关重镇，军事要地，作为唐王朝的龙兴之地，在历次对外作战及对内讨伐中均起到了重要作用，在此次讨伐刘稹的作战中也是朝廷重要的后勤基地。当太原城被乱军占领的消息传到长安后，朝议喧然，罢兵之声再次响起，忠武节度使王宰也上书请求接纳刘稹的乞降。李德裕处变不惊，从容处置，他利用石雄与王宰之间都欲专功的矛盾，一方面"密谕石雄以王

▲ 唐代力士石雕

宰若纳刘稹，则雄无功可纪。雄于垂成之际，须自取奇功，勿失此便"；一方面又致书王宰，先是切责王宰"将帅大臣容受其诈，是私惠归于臣下，不赦在于朝廷，事体之间，交恐不可"，再命其"惟（刘稹）面缚而来，始可容受"。

李德裕有如此胆气自有其道理，太原人心一向忠顺，乱兵不过1500人，作乱也不过是因为犒赏不足。如果失之镇定，姑息放纵，反而会被天下藩镇所轻，讨伐昭义的军事行动也将会半途而废。

在武宗与李德裕的布置下，朝廷先是下令李石、吕义忠还赴太原行营，召集附近的兵马讨伐乱党，又命令王逢悉留太原兵守榆社，要其率领易定千骑，宣武、兖海步兵3000进讨杨弁。成德节度使王元逵在武宗的命令下也以步骑兵5000自土门进入河东境内，接应王逢所部。果然，河东兵戍榆社者听说朝廷命令客军攻取太原，害怕留在城内妻孥为客军屠灭，于是便拥监军吕义忠自取太原，很快吕义忠便攻克太原，生擒杨弁，尽诛乱卒。攻下太原城后，河东军又在王逢统率下，击败昭义军康良佺所部，再次收复石会关。

河东乱兵被平定后，昭义军断绝了外援，人心开始浮动，只待讨伐大军施以最后一击。王宰所部此时在泽州城下，离潞州不过200里，而石雄所部已越过乌岭进兵至距潞州城外150里处，做好了随时攻取两地的准备。李德裕认为王宰迁延不进是因为害怕自己进攻泽州吸引昭义军主力后，反而会被石雄乘虚而入，独得攻取潞州擒获刘稹的功劳。于是李德裕在与武宗秘密商议后，故技重施，如同前不久用忠武军逼迫魏博军一般，一边督促王宰进军，一边又任命刘沔为河阳节度使，命其率领义成精兵2000直抵万善，"处宰肘腋之下"。如果王宰逗留不进，就由刘沔率军前去攻取泽州。

刘稹年少懦弱，军政大事皆取决于亲信押牙王协、宅内兵马使李士贵等人。这些人唯以专聚货财为事，而将士却有功无赏。自薛茂卿被杀后，刘稹又株连邢洺救援兵马使谈朝义兄弟三人，于是昭义军人心离怨，均有归正之心，只不过碍于家人都在潞州做人质，只能作罢。昭义军久被围困，粮草渐渐断绝，每天只能由妇女将尚未成熟的稻谷割下舂米而食，败亡之势已经显现。到会昌四年（844年）闰七月，连刘稹的心腹将领高文端都投降了。

高文端降后，尽言叛军虚实，并为讨伐军出谋划策，李德裕一一听从，并着手实施。

当时泽州守军约1.5万人，其中"分兵太半，潜伏山谷，伺官军攻城疲弊，则四集救之"。高文端投降后，将这一军事部署悉数告知朝廷。李德裕于是命令王宰率忠武军"过乾河立寨，自寨城连延筑为夹城，环绕泽州"，隔绝泽州内外，逼迫泽州守军出城决战。

高文端又献计，称昭义军的两大军事重地固城镇和青龙寨虽然"四崖悬绝，势不可攻"，地势极为险要，可以说是一夫当关万夫莫开，但是两地水源都在城寨之外，只要断绝水源，便能不战而胜。李德裕遂命令负责这个方向攻略任务的河东军王逢所部进兵两地，落实断水之策。

从高文端口中，李德裕还得知了昭义军内部相互猜忌的情况。当时昭义军大将王钊统兵万人驻守洺州，因薛茂卿等人被诛后心怀疑惧，以"到洺州未立少功，实所惭恨，乞留数月，然后诣府"的理由多次拒绝刘稹召其回潞州的命令。王钊素得军心，军中知道刘稹召其回潞州的消息后，"士卒皆哗噪"。因此李德裕加强针对性招降工作，派人潜谕王钊，如王钊能引兵入潞州取刘稹，许诺事成之日，朝廷可以任命其为一镇节度使。在此丰厚条件下，王钊难免心动。

此时战争已经持续了近一年，昭义军的财用渐渐不支，主持军府的节度押牙王协开始对昭义辖内五州的商人征税，每州派遣一名军将负责此事，到最后便发展为抄家。征税的军士横暴贪婪，"至于什器无所遗，皆估为绢匹，十分取其二，率高其估。民竭浮财及糗粮输之，不能充，皆璟璟不安"。

刘稹的舅父裴问当时统兵驻守邢州，其所部兵号"夜飞"，多是富商子弟，而"尤凶残"的征税军将刘溪到邢州后，竟将这些人的父兄全

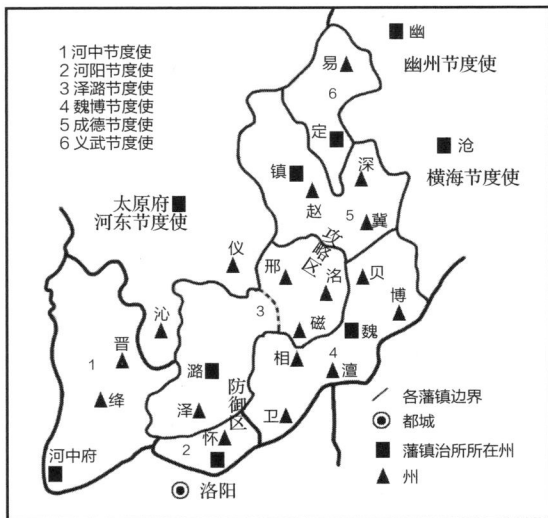
▲ 昭义镇形势图

1 河中节度使
2 河阳节度使
3 泽潞节度使
4 魏博节度使
5 成德节度使
6 义武节度使

幽州节度使
横海节度使
太原府 河东节度使

各藩镇边界
◎ 都城
■ 藩镇治所所在州
▲ 州

部拘押起来逼取财物。夜飞军士向裴问哭诉请求主持公道，裴问心想自己乃是刘稹亲舅，刘溪必会卖自己一个面子，便上门求情，谁知道竟被刘溪辱骂出门。裴问大怒，在与邢州刺史崔碬秘密商议后，起兵诛杀了刘溪等人，并向王元逵请降。邢州的投降标志着昭义军分离崩析的开始，不久，洺州守将王钊、磁州守将安玉也纷纷以城降于何弘敬，至此，昭义军山东三州尽皆为朝廷所取。

对昭义军来说，山东三州尽皆失守后，潞州已经岌岌可危。李德裕判断道："昭义根本尽在山东，三州降，则上党不日有变矣。"

果然，不久之后潞州发生了兵变。郭谊、王协等人拥立刘稹只是为了谋取利益，对刘氏谈不上多少忠心，在朝廷大军旦夕将至，潞州朝不保夕的情况下，这些人也开始谋划向朝廷献出刘稹以求赎罪。只是畏惧刘稹的再从兄弟，中军使兼押牙刘匡周在牙院内掌握牙内亲兵，监视着诸位将领，要想获得成功，必须先将此人拔除。于是郭谊以刘匡周在牙院内威迫诸将，众人不敢言事为由，向刘稹请求将刘匡周排除出牙院。刘稹昏暗，竟然听从，命令刘匡周出外，"匡周不得已，弹指而出"。至此，刘稹已成俎上鱼肉。

刘匡周出外后不久，郭谊便派大将董可武逼迫刘稹交出权力。刘稹此时方知已入郭、王等人彀中，但是此时身边已无依靠，无奈之下，只能以母命署郭谊为都知兵马使接收军府，自己准备素服出降。此时诸将中只有出身家奴的使宅十将兵马使李士贵得知消息后，率领所部后院兵数千攻打郭谊，准备救出主人。但是后院兵在郭谊"何不自取赏物，乃欲与李士贵同死乎！"的叱喝声中，纷纷转身，将李士贵诛杀。

为防夜长梦多，次日，董可武、崔率度两人进入后院，将刘稹处斩，又派人"收稹宗族，匡周以下至襁褓中子皆杀之。又杀刘从谏父子所厚善者张谷、陈扬庭、李仲京、郭台、王羽、韩茂章、茂实、王渥、贾庠等凡十二家，并其子侄甥婿无遗。"

会昌四年八月，郭谊等人"函稹首，遣使奉表及书，降于王宰"。当刘稹的首级经过泽州时，守将刘公直举营恸哭，最后也向王宰投降。至此，历时一年有余的昭义刘稹之乱最终被平息。

一直关注这场战事的诗人杜牧得知朝廷平定泽潞之叛后，欣然写下一首《东兵长句十韵》：

上党争为天下脊，邯郸四十万秦坑。

狂童何者欲专地，圣主无私岂玩兵。

玄象森罗摇北落，诗人章句咏东征。

雄如马武皆弹剑，少似终军亦请缨。

屈指庙堂无失策，垂衣尧舜待升平。

羽林东下雷霆怒，楚甲南来组练明。

即墨龙文光照曜，常山蛇阵势纵横。

落雕都尉万人敌，黑矟将军一鸟轻。

渐见长围云欲合，可怜穷垒带犹萦。

凯歌应是新年唱，便逐春风浩浩声。

余波

泽潞平定后，李德裕因功加封太尉、卫国公，登上了一生事业的顶点。在其主持下，朝廷下诏："昭义五州给复一年，军行所过州县免今年秋税。昭义自刘从谏以来，横增赋敛，悉从蠲免。所藉土团并纵遣归农。诸道将士有功者，等级加赏。"同时，朝廷对昭义镇进行了清洗。

郭谊等人没有等来期盼中的旌节，等来的却是石雄的大军。李德裕认为"刘稹骄孺子耳，阻兵拒命，皆谊为之谋主。及势孤力屈，又卖稹以求赏。此而不诛，何以惩恶！宜及诸军在境，并谊等诛之"。为了应验此前的谶语，朝廷命石雄率领7000兵马进入潞州，郭谊等人束手就擒，石雄又将昭义军中"诸将桀黠拒官军者，悉执送京师"。不久，"郭谊、王协、刘公直、安全庆、李道德、刘佐尧、刘开德、董可武等至京师，皆斩之"。

昭义镇也进行了分解，当年九月，朝廷下诏以泽州隶河阳节度。泽州为昭义镇自立的重要地区，"太行为河北之屏障，而州又太行之首冲矣"，失去泽州后，昭义不再有太行之险，自李抱真以来雄视山东60余年的昭义镇自此一蹶不振。

此次讨伐战争是唐王朝漫长衰落过程中的最后一缕余晖，昭义镇的平定展示了朝廷的决心，遏制了藩镇离心力的滋长，使得河朔三镇再也不敢有异志，但是朝廷也付出了巨大的代价。漫长的战争极大消耗了朝廷的财力，战事开始后，前线便如一个无底洞般不停地吞噬财物粮草，为了应付前线所需，朝廷只能大肆聚敛，以至于"诸州搬载不及，又京城库物俱尽"，连百官的俸禄也被克扣以奉军用。武宗、李德裕君臣看到一场战争就让朝廷财政狼狈不堪，而想要构建中兴局面，就必须扩大财赋所出，于是一场储备物资、敛聚财富的运动就此拉开帷幕……

白高初兴傲宋辽

党项人的西夏立国记

作者 / 乐小鱼

宝元元年（1038年）十月十一日，李元昊在兴庆府（今宁夏银川）正式称帝，国号"大夏"，自号始文英武兴法建礼仁孝皇帝，改元天授礼法延祚元年，并上表宋仁宗曰：

> 臣祖宗本后魏帝赫连之旧国，拓跋之遗业也。远祖思恭，当唐季率兵拯难，受封赐姓。臣祖继迁，大举义旗，悉降诸部，收临河五镇，下缘境七州。父德明，嗣奉世基，勉从朝命。而臣偶以狂斐，制小蕃文字，改大汉衣冠，革乐之五音为一音，裁礼之九拜为三拜。衣冠既就，文字既行，礼乐既张，器用既备，吐蕃、达靼、张掖、交河，莫不从服。军民屡请愿建邦家，是以受册即皇帝位。伏望陛下许以西郊之地，册为南面之君，谨遣弩涉俄疾、你斯闷、卧普令济、嵬伽崖奶奉表诣阙以闻。（《续资治通鉴长编·卷一百二十三》）

李元昊称帝，是党项人在西北数百年盘踞经营的结果，也标志着北宋王朝自太宗以来西北战略的失败。

如果刬除所有客观因素只由结果论断，我们也许可以轻易将这一失败归咎于北宋统治者实行的"重文轻武""守内虚外""强干弱枝"政策以及赵宋君臣"怯懦惧战"。但这种思路可能蒙蔽我们的双眼，使我们无法窥得北宋早期西北战略失败的真正原因。而若要得知真相，就必须要了解党项民族的发展历史，知晓其来龙去脉。

白高河边党项起：隋唐时期的党项

提及党项人的缘起就不能不提及一条河——白高河。西夏文典籍《圣立义海》中则提及："白高河水出白峰根源，民庶基也。"并注有："夏国三大山……有贺兰山、积雪山、焉支山。"据考证得，其中贺兰山与焉支山与今同名，其中积雪山指今岷山。发源于积雪山，被称为"根本"的白高河应当指白龙江。因此可推测党项人的原始居地，在今白龙江上游。

起源于西羌的早期党项部族，"每姓别为部落，大者五千骑，小者千余骑"。党项各部甚多，早期地理分布极为广泛。《隋书·列传第四十八》中记载："东接临洮（今甘肃岷县）、西平（今青海西宁），西拒叶护（指西突厥统叶护可汗），南北数千里，处山谷间。"

　　自魏晋南北朝以后，烽火燃遍了整个神州大地。随着鲜卑人的大量西迁，地处西北的党项诸部自然而然就混入了大量的鲜卑部族。其中，从慕容鲜卑中分离出来的吐谷浑就与党项的关系极为密切，后来的北宋将门折家就源于鲜卑折掘部。不过，后来自称鲜卑之后的党项拓跋氏其实是单纯的"西羌之后"，而非鲜卑拓跋氏。二者姓氏相同，其源却异。如果要打个比方，就像契丹的萧太后和隋炀帝的萧皇后，虽然同一个姓氏，但其实没什么亲戚关系。

　　隋朝的建立，很大程度上终结了南北朝的乱世，但也在一定程度上挤压了周围藩夷的生存空间。因此当时强盛的吐谷浑裹挟党项人不断骚扰隋朝西北边境。但也有一些党项部落不堪吐谷浑的压榨，抑或者不愿以卵击石，而归降于隋。面对吐谷浑的挑衅，隋文帝、隋炀帝均曾派遣大军远征进行反击，意图平息边境的动乱。不过由于隋廷在西北的主要敌人是吐谷浑而不是党项，到隋末之时，吐谷浑的势力已然在很大程度上衰弱，而党项诸部却得以安然发展并日益强盛。

▲　"昭陵六骏"之一

唐初，壮大起来的党项部族反而联合吐谷浑不断侵扰唐边境。武德元年至武德九年（618—626年），党项先后寇扰唐朝边境10余次。

唐太宗李世民即位并攻灭突厥后，唐境周边的"四夷"见唐朝国力日盛，便纷纷归附，这其中也包括党项的诸多部族。要知道，党项人也不是铁板一块，并且"每姓别为部落"，因此在战与和之间，各部的选择是相对独立的。此时，除了党项诸部中最强大的拓跋氏一支在其首领拓跋赤辞的带领下，仍依附吐谷浑对抗唐军以外，其余党项部族基本内附于唐，形成了"诸羌归附，而赤辞不至"的局面。

贞观八年至九年（634—635年），短短两年的时间里，唐朝与吐谷浑发生了大大小小16次冲突，与依附于吐谷浑的党项也发生了7次冲突。唐朝不堪其扰，遂遣李靖为将征讨西北。李靖用兵如神，于贞观九年五月便降服了吐谷浑，党项拓跋部也顺势归附。至此，党项势力最强大的拓跋部也在唐朝强大的军事实力下内附。随后，唐太宗设懿、嵯、麟等32州为羁縻州，并以松州（今四川松潘）为都督府，封拓跋赤辞为西戎州都督，以安置党项拓跋氏。

▼ 唐三彩武士俑

唐贞观三年（629年），松赞干布成为吐蕃赞普，随后平定内乱，势力日益增强。贞观十二年（638年），松赞干布向唐请婚遭拒，便以此为借口率军攻打松州。

少有人提及的是，松赞干布打的这个松州，就是唐太宗用以安置拓跋赤辞的松州。而松赞干布对松州的侵袭，令党项拓跋氏甚为恐惧。因而"贞观以后，吐蕃浸盛，党项拓跋诸部畏逼，请内徙"（《读史方舆纪要·卷五十七》）。唐太宗在接到党项拓跋氏的上表后，以"庆州（今甘肃庆阳一带）置静边处之"，安置党项拓跋氏。唐太宗大概还有另一个小算盘：如果放任吐蕃对党项的侵袭，党项部族就可能迫于生存压力而倒戈，那样唐朝在面对吐蕃的同时，还要面对党项诸部之寇扰，并不划算。

换个角度来说，拓跋氏作为党项最大的一支尚如此畏避吐蕃，何况其他党项部族。自唐贞观八年至永隆元年（680年）为止，向北扩张的吐蕃已"尽收羊同（今西藏西部）、党项及诸羌之地。东与凉（今四川西昌凉州）、松、茂（今四川茂县）、巂（今四川西昌）等州相接……"（《旧唐书·卷二百七》）唐初所置用于安置内附党项及其他藩部的羁縻州府，至永隆元年之时大多已被吐蕃侵占。其中一部分被安置于羁縻州府的党项部族被不断侵袭的吐蕃征服，另一部分则不堪吐蕃侵迫纷纷向内迁徙。

综合上述，可知党项诸部的第一次内徙大致开始于贞观末，其原因为吐蕃的侵逼。在这次内徙中，党项主要以姓氏、部落为单位内徙，并散布于关内道的庆、灵、银、夏、胜等州。除了关内道诸州外，还有一部分党项迁徙至陇右北部诸州。在党项内徙后，唐朝又设置了一些羁縻州府，以安置内徙的党项诸部。还需提及的是，内徙的党项仅占唐初内附党项的一部分。在吐蕃攻占的羁縻州府中，仍存在相当数量的党项部族因为不愿或者无法进行迁徙，只能抱着得过且过的想法，生活在吐蕃的占领区内。

唐天宝十四年（755年），安史之乱爆发。当年十二月，"上下制欲亲征，其朔方、河西、陇右兵留守城堡之外，皆赴行营，令节度使自将之"（《资治通鉴·卷第二百一十七》）。当时唐西北的军事部署已乱，西北边防军大多奉诏入援。朝廷全力平定安史叛军，再无力牵制西北藩部。吐蕃见唐朝把放在"西北牧场"里的"牧羊犬"差不多都拉回了院子里，便来了个"饿狼扑羊"，趁机出兵陇右各州。这便引发了党项诸部的第二次内徙。

大约于唐肃宗至德元年（756年）始，党项诸部进行了第二次内徙。这一次迁徙是阶梯式的迁徙，主要是以原本在陇右北部诸州的内徙党项徙入关内道，而原本在关内道诸州的党项部族则向东迁徙至银、绥等州。

与第一次不同的是，第二次内徙逐渐发展为吐蕃、党项、吐谷浑，以及突厥等部族纷纷向东寇侵。究其原因，只是第一次内徙时是"被迫搬迁"，当时的唐朝还十分强大，因此诸藩部还能安分守己；第二次内徙更类似于借着安史之乱"趁火打劫"。

至唐代宗广德元年（763年）正月，吐蕃已"尽取河西、陇右之地"。自此，"赞普遂尽盗河湟，薄王畿为东境，犯京师，掠近辅，残鬸华人"（《新唐书·列传第一百四十一下》）。同年十月，吐蕃攻占奉天（今陕西乾县）、武功（今咸阳一带），唐代宗被迫出走陕州（今河南三门峡）。不久之后，吐蕃攻陷京师长安，高晖与吐蕃大将马重英等立广武王李承宏为帝。其后，吐蕃军队"剽掠府库市里，焚闾舍，长安中萧然一空"（《资治通鉴·卷第二百二十三》）。

此时，临危受命的郭子仪再一次展现其非凡的军事才能。他先遣兵攻取蓝田（今陕西秦岭北麓），以形成对长安的军事威胁，又命禁军旧将王甫潜入长安城中，暗中集结数百青壮男子于半夜击鼓大呼。吐蕃以为唐之大军已至，仓皇弃城。

吐蕃军队占领京师长安达十三天之久，尽管其后为郭子仪用计逼退，但"凤翔之西、邠州之北，尽蕃戎之境"（《旧唐书·卷二百七》），长安仍然处在吐蕃的严重威胁之中。可唐朝因安史叛军和党项、吐谷浑及奴剌的牵制，无法全力对抗吐蕃。因此，唐朝只得于广德二年（764年）发布赦令，对党项、吐谷浑进行招安，然而收效甚微。

当年九月，原本归降于唐的原回纥部酋仆固怀恩，在朝廷不当的处置措施之下起兵叛乱，并纠集吐蕃、党项、吐谷浑、奴剌等共计30万军队分道进逼长安。唐代宗命李忠臣屯兵渭桥，李光进屯兵云阳，马璘、郝廷玉屯兵便桥，骆奉先、李日越屯兵鳌屋（今作周至），李抱玉屯兵凤翔，周智光屯兵同州，杜冕屯兵坊州，唐代宗自己则屯兵苑中，并急召郭子仪率万人屯兵泾阳。

不过当郭子仪到达泾阳之时，泾阳已为敌军所围。郭子仪命李国臣、高升、魏楚玉、陈回光、朱元琮等人各当一面，自己则率2000骑兵杀入阵中。回纥部将得知来将是郭子仪后顿时大惊失色，自言回纥部族为仆固怀恩欺骗，以为郭子仪与唐代宗均已辞世，才敢率兵攻入唐境。这一番话，也让郭子仪心中生出了劝降回纥部族的想法。

郭子仪离阵之后，部下劝言道："戎狄野心不可信。"郭子仪回道："虏众数十倍，今力不敌，吾将示以至诚。"于是仅率数十骑前往回纥营帐。回纥大酋见来者确是郭子仪，便下马拜曰："果然是我家干爹！"恰逢此时仆固怀恩已然暴毙，郭子仪顺势对回纥大酋动之以情、晓之以理，回纥再一次归附唐朝。（《新唐书·列传回纥的归附令吐蕃很是愕然，由于害怕回纥倒戈一击，便连夜从泾阳撤军。郭子仪遣部下白元光追击，归附的回纥也出兵协助郭子仪讨伐吐蕃，并于灵台西原（今甘肃泾川境）大破吐蕃大军，斩首 5 万，俘虏 1 万人。吐蕃败退，固守河陇。此时孤立无援的党项也在唐军的攻势下节节败退，再次归附唐朝。

此后，唐朝为避免党项人"阴结吐蕃为变"，便将寇侵的这部分党项东迁至银、夏、绥、延，并对其进行招抚与厚待。

唐朝一边安抚党项，一边以"禁商人不得以口、马、兵械市于党项"（《旧唐书·卷十二》）来制约党项诸部的发展。尽管唐朝禁止党项的兵械交易，但除此之外的安抚措施，使党项诸部得以休养生息。

随着时间的推移，内徙党项诸部的实力日益壮大，唐朝边将对党项诸部的暴行则与日俱增，这又使党项诸部的反抗及寇扰愈演愈烈。尽管在此之后，唐朝多次更换官员，并对党项诸部进行安抚，但依然收效不大。

唐朝后期，党项诸部经常联合吐蕃入寇。虽然此时党项的手工业较为落后，武器不甚先进，但依然对唐朝边境造成了很大困扰。唐朝为应对党项的不断侵寇，

▲ 《免胄图》（局部）

启动了严厉的边境管制，严禁弓箭、盔甲等武器装备流入党项。唐文宗大和年间（827—835年），鄜坊道军粮使李石表因党项的动乱，又在沿边发布敕令，"禁商人不得以旗帜、甲胄、五兵入部落，告者，举罪人财畀之"（《新唐书·列传第一百四十六上》）。

尽管诸如此类的敕令一再被重申，但商人与党项的交易依然未曾停止。党项人以良马、牛羊等畜牧业产品换购兵器铠甲，在一定程度上增强了自身的实力。

唐文宗大和五年

▲ 唐代武士俑

（831年），党项侵扰黑山（今内蒙古昆都仑山）；大和末，河套党项起兵叛乱；文宗开成二年（837年）七月，党项攻打振武军；次年又扰河西。及至唐武宗即位，党项的寇掠依然此起彼伏。会昌二年（842年），吐蕃赞普朗达玛遇刺身亡，吐蕃政权分崩离析。吐蕃内乱使得党项各部的情况更为复杂，其侵略也愈加猖狂。终唐武宗及其后数代，党项寇掠可谓络绎不绝。

时值大中二年（848年），沙州豪族张议潮发动起义，赶走统治敦煌60余年的吐蕃贵族，并乘胜追击，至咸通四年（863年）已光复河西走廊等11州之地。然而在吐蕃统治下的陇右、河西等地的党项、吐谷浑等部依然十分活跃且部族众多，《张淮深造窟功德碑》就曾记载"河西异族狡杂，羌、龙、嗢末、退浑（即吐谷浑），数十万众"。

咸通八年（867 年），张议潮入朝，并委任其侄张淮深为归义军留守。张淮深虽努力发展归义军的势力，并极力控制甘、凉及其以东诸州，但咸通十三年（872 年），"回鹘陷甘州（今甘肃张掖），自余诸州隶归义者，多为羌、胡所据"。及至此时，归义军节度使对河西诸州的掌控力，实际上仅存在于沙、瓜两州。

唐僖宗乾符元年（874 年）底，王仙芝在长垣起义。次年，黄巢起兵呼应。乾符五年至中和四年（878—884 年），黄巢起义愈演愈烈。

因为唐朝将主要精力集中在了平定黄巢起义上，西北防务空虚，党项拓跋氏首领拓跋思恭也玩了一次"饿狼扑羊"，于"咸通末窃据宥州，称刺史"。中和元年（881 年），唐僖宗下诏征集各路兵马以讨黄巢。三月，拓跋思恭出兵帮助朝廷进攻长安的黄巢起义军。因拓跋思恭出兵，唐僖宗授之以左武卫将军，权知夏、绥、银节度使事。当年八月，以拓跋思恭为夏、绥节度使，默认其侵占唐领土的行为。十二月，又赐夏州节度号为"定难军节度"。定难军节度便是后来西夏政权的前身。

中和二年（882 年）正月，僖宗又授予拓跋思恭京城南面都统的职务，并命拓跋思恭与孝昌、王处存、王铎等四面合围京城。五月，朝廷又升拓跋思恭为京城四面都统。之后随着朱温降唐，黄巢军势力大为减弱。

中和三年（883 年）初，唐朝重用沙陀部酋、雁门节度使李克用征讨黄巢。四月，李克用所部败黄巢于蓝田，收复京师长安，黄巢之乱终告平复。拓跋思恭在平定黄巢起义军时虽然没有起到关键性的作用，但依然有一定的功绩。于是朝廷在镇压黄巢起义之后，又于中和四年封拓跋思恭为夏国公。他被赐予国姓"李"，当是此时。在整个过程中，拓跋思恭可谓借着黄巢之患，掌握夏、绥等州，成为唐末藩镇之一，割据一方。

唐朝中央虽然最终镇压了黄巢起义，但实力大为衰减。相比之下，割据的藩镇则日益强大。曾经只局限于河北三镇的藩镇割据问题，蔓延到了唐朝大部分地区。

光启元年（885 年）三月，唐僖宗重返京师长安，但已陷入"号令所在，惟河西、山南、剑南、岭南数十州而已"（《资治通鉴·卷第二百五十六》）的凄凉境地。同年九月，因王重荣不肯交付安邑（今山西运城）、解县（今山西临猗县临晋东南）两池盐利，"（宦官田）令孜遣邠宁节度使朱玫会合鄜、延、灵、夏之师讨河中"（《旧唐书·卷二十二》）。王重荣见势不妙，求助于河东节度使李克用。之后不久，李克用在沙

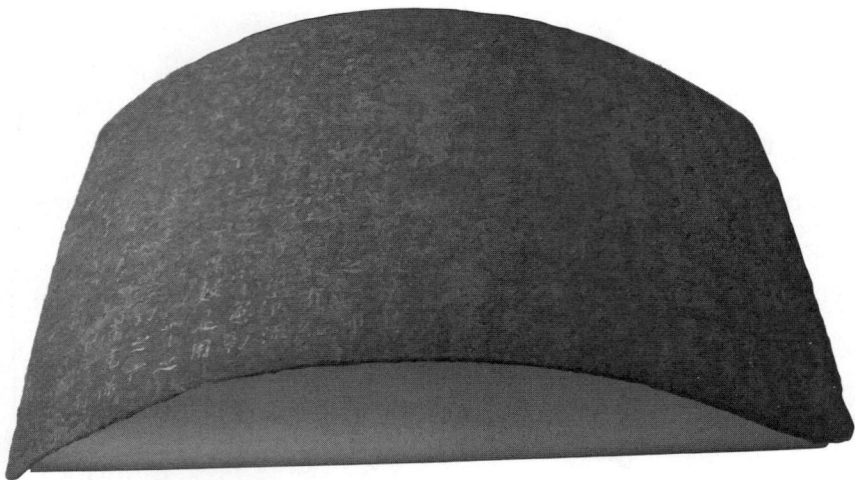

▲ 唐昭宗为犒赏彭城郡王钱镠平定董昌叛变的功绩所铸丹书铁券，称"钱镠铁券"

苑击败朱玫，随即攻入京师长安，见势不妙的田令孜便挟僖宗逃奔于凤翔。

光启二年（886年），朱玫等拥立嗣襄王李煴为帝。唐僖宗诏各镇军讨伐朱玫，本应奉诏的李（拓跋）思恭却不为所动，专心致志地攻下了鄜州（今陕西富县）、延州（今陕西延安）。文德元年（888年），李思恭之弟李思孝任保大军节度使。

唐昭宗大顺元年（890年），因为李克用之反叛，朝廷掀起了征讨李克用的战争，昭宗诏令诸路藩镇出兵平叛。不难想象，这些藩镇当然不会为一个已然日薄西山的中央政权"两肋插刀"。在这场战争中，尽管党项拓跋部所保有的定难军与保大军均有出兵，但与其他藩镇一样，都采取保存实力、未战先退的方针。朝廷陷入无人讨伐李克用的尴尬处境，因此李克用之乱只能不了了之。大顺二年（891年），李克用恢复官爵，受封晋王。

在昭宗乾宁二年（895年），董昌据越州自立为帝，静难、凤翔两军也攻入京师长安。此时的定难军节度李思孝虽然奉诏偕同李克用讨伐叛军，但在这一次的战争中，定难军与保大军依然作壁上观，没有出力。

此后，随着朱全忠（朱温）势力的不断增强及其扩张脚步的逼近，至昭宗天复三年（903年），泾、原、秦、陇、邠、鄜、延、夏等州皆降于朱全忠。此时朱温已经有了代唐而立的实力。哀宗天佑四年（907年），朱温称帝创立梁朝，史称"后梁"。存在近三百年的唐朝灭亡了，历史步入了五代十国之乱世。

至此时，党项部族已然由南北朝时期"每姓别为部落"这种以血缘关系为纽带的氏族、部落组织，逐渐发展为以"大姓之强者"为中心的部族地域组织。这种部族关系的改变，实际上是唐末乱世背景下，党项部族之间联合、吞并的结果。

地缘关系代氏族：五代时期的党项

公元907年以后，历史进入了被称为"五代十国"的乱世。当时北方的主要割据势力有后梁朱温、岐王李茂贞、晋王李存勖（李克用之子）三大势力，而唐代内徙的党项诸部也大多分布于这三个政权辖区之内。尽管党项拓跋氏名义上依附于后梁朝廷，然其与唐末藩镇割据时并没有太大的区别，依然保持着相对的独立性。

在前文提及党项内徙时早已说过，当时的党项已经形成了一部分在陇右北部诸州，另一部分在关内道的绥、庆、灵、银、夏、胜等州的分布形态。随着党项拓跋氏所据定难军节度和保大军节度及其他党项诸部的发展与迁徙，党项的分布范围又进一步扩张了。不仅如此，前文讲到沙州归义军时，也提及在河西诸州，党项也广泛分布，更不说党项的起源麟、府两州了。

在《新五代史·卷七十四四夷附录第三》中，对于党项的分布有一段概括："部有大姓而无君长，不相统一，散处邠宁、鄜延、灵武、河西，东至麟、府之间。"

当然，时处五代时期的党项部族与南北朝之时已大有不同，其表现为以下三点：

一是党项部族之间关系的改变。党项在唐初内迁之前，是以姓为部，一姓又分为诸多小部落，其中"大者五千骑，小者千余骑"，不相统一。随着内徙的进行，党项诸部与鲜卑之支吐谷浑及汉族等杂居，部族之间也时有兼并，其早先以氏族血缘为划分的部族关系遭受到一定的破坏。原本以血缘关系为纽带的氏族、部落组织，也逐渐被地域性关系替代。及至唐末五代，党项的这种以地域为纽带的集团关系已基本成熟，以地域关系结合的部族日益增多。

五代的党项诸部，虽依然处于不相统一的状况，但以"大姓之强者"为中心，逐渐形成了几个较大的割据政权。其中就包含有唐末以来盘踞夏、绥、银、宥四州的党项拓跋部，五代兴起于府、麟二州的党项折氏和处居于庆、灵二州之间的西路党项这三个较大的党项集团。

二是与内地政权的关系。五代时的党项在政治上多臣属于各割据政权，即使各内地政权之政令难行于党项诸部之内，但其关系较之唐朝时大有改善。党项诸部对邻近政权"朝贡"，与邻近政权或人民进行交易。只不过，这种对邻近政权的朝贡实际上更类似于贸易关系。如后唐明宗开成年间，有"党项诸蕃凡将到马，无驽良并云上进，国家虽约其价以给之，并计其馆谷锡费，所费不可胜纪"（《旧五代史·明宗纪六》）。显然，对于党项诸部的这种"朝贡"，后唐朝廷会"约其价而给之"，乃至于"计其馆谷锡费"，"酬赏价倍"。究其原因，明宗答曰："尝苦马不足，差纲远市，今藩官自来，何费之有？外藩锡赐，中国尝道，诚知损费，理不可止。"显然，这种"朝贡"已成为一部分党项部族重要的经济来源。

三是经济的问题。魏晋、唐初之时，党项人过着"牧养牦牛、羊、猪以供食，不知稼穑"，"织牦牛尾及羖㺷毛为屋"的游牧生活（《隋书·卷八十三》）。伴随着两次内徙，与党项杂居的汉族也逐渐增多，党项也逐渐从杂居的汉人处学到了农业、手工业技术。但由于所处的地理环境较为恶劣，党项在不同地域间存在着牧业、农业、半农半牧三种不同的生产方式。换句话说，历经唐末五代及至宋初，除了少部分党项部族在中原的农业文明影响下学会了农作物的耕作之外，其余大部分党项部族依然过着定居与半定居的畜牧生活，及不定居的游牧生活。亦即是说，及至宋初，党项部族依然以牧业为主。当然，党项部族的牧业，较唐初也有了很大的发展。

从以上三点，我们可以做出两点推测：

一是五代之时，这种打着朝贡旗号的贸易，实质上是以牧业经济为主的党项迫切需要与以农业为主的汉族进行交易的选择。另一方面，党项诸部通过与周边政权的这种交易，换取了其所需的粮食、丝帛等物。党项与周边政权关系的缓和，也使党项得以休养生息。并且随着对先进汉族文化的学习，党项部族的科技水平亦有所提高。

二是唐末以来，包括党项在内的以牧业经济为主的周边少数民族，在气候处于冷期的情况下，对西北地区植被造成了一定程度的破坏。同时，冷期使得植被的恢复较暖期困难，这也就促使了西北地区沙漠化的加剧。其具体的表现就是唐中期以来，鄂尔多斯沙漠化的加剧。不过这一点容后再叙。

后梁贞明二年（916年），耶律阿保机称帝，建立契丹国。耶律阿保机"亲征突厥、吐浑、党项、小蕃、沙陀诸部，皆平之"（《辽史·卷一》）。未久后，便有了"太祖破于厥里诸部，定河壖党项，下山西诸镇，取回鹘单于城，东平渤海，破达卢古部，东西万里，所向皆有功"（《辽史·卷三》）的局面。

虽然自契丹神册五年（920年）攻下天德军后，河套以北基本为契丹所据，但终辽太祖、辽太宗两世，对党项的征伐仍可见于《辽史》。如辽太祖天赞三年（924年），辽太宗天显八年（933年）、会同元年（938年）及三年、五年，均记载着对党项的征伐。由此可见，辽太祖耶律阿保机及辽太宗耶律德光两世，并未能全然压制桀骜不驯的党项部族。

辽太宗天显十三年（938年），石敬瑭称帝并献燕云十六州。时身处夏州（今陕西靖边县东北白城子）的党项拓跋部则较少与契丹发生冲突，但兴起于麟、府二州的党项折氏因"契丹欲尽徙河西之民以实辽东"（《资治通鉴·卷第二百八十四》），而倍加惊恐，内附于各内地政权以抗辽。及至北宋建立后，府州折氏又依附于北宋。北宋将门折氏一族即起源于此。

五代时，灵、庆之间的西路党项诸

▼ 武士浮雕，出自王处直墓

部先后为后唐、后晋、后汉、后周等政权统治。其所处的灵州至庆州一带,包括归义军所处的沙、瓜及凉州一带,为中西之间重要的陆运通道,即丝绸之路。五代时期的各方政权,为了保障丝绸之路交通的通畅,都对劫掠往来贡使和商旅的西路党项进行围剿与镇压,但实际上却收效不大。尽管丝绸之路大体保持通畅,但劫掠依然时常发生。

至于夏州李氏(即拓跋氏),全盛时保有定难和保大两镇,及夏、绥、银、宥、延五州。但其归顺朱温后,延州及保大被夺,只余定难军一镇及夏、绥、银、宥四州。

后梁开平二年(908年),时定难军节度使李思谏病卒,其孙李彝昌继立。不久之后,夏州便发生内乱。夏州都指挥使高昌益袭杀李彝昌,随即高昌益又被诛。李彝昌叔伯李思谏之子李仁福继任。与此同时,沿用唐哀帝天佑年号的岐王李茂贞趁其内乱发兵欲取灵、夏,但未能成功。及至李存勖灭亡后梁建立后唐,李仁福又依附于后唐。

长兴四年(933年)二月,李仁福病卒,三军推李仁福之子李彝超为留后。后唐为削弱夏州李氏的势力,便想出将李彝超改镇至延州的办法。然而李彝超以"三军百姓拥隔"为由,"未遂赴任",继续滞留于夏州。后唐明宗遣人催促,皆无功而返。其后,后唐遣将进攻夏州,围城百日而不克,引兵而还。经此一役,夏州党项李氏(即拓跋氏)保住了自身的独立地位。(《旧五代史·明宗纪十》)

后唐末帝清泰二年(935年),李彝超病重,李彝殷则继承了定难军留守。及至后晋开运元年(944年),契丹南下,李彝殷出兵攻入契丹境内,后契丹撤军。开运三年(946年),契丹又大举南下,后晋覆灭,后汉建立。此时的后汉帝刘知远依然采取了笼络夏州李氏的措施。乾祐二年(949年),刘知远以静州(今四川广元)赐予夏州李氏。此时的夏州李氏,所据已有夏、绥、银、宥、静五州及定难一镇,虽不如全盛之时,但势力依然可观,并依然保持着部族的相对独立。

如前所说,自唐末至五代,党项已从"每姓别为部落"的部落组织关系,发展为"大姓之强者"为中心的地域性关系,并形成了三个较大的党项集团。现在经过五代的乱世,其中西路党项因长期寇扰丝绸之路,而遭内地政权不断打压,已然衰弱;折氏一族则因契丹的威胁而归附内地政权;余下的夏州拓跋氏则对内地政权虚与委蛇,并在对内地政权的"朝贡"中得到了大量的资源,赢得了宝贵的发展空间。至五代末，夏州拓跋氏在党项诸部中已然一支独大。

后周建立后，李彝殷又在接受后周的安抚措施的同时，上表臣服北汉，可谓"一心二用，脚踏两船"。及至宋太祖赵匡胤黄袍加身，五代十国终结，历史步入北宋，党项亦在此阶段中，达到其最辉煌的时刻。

宋辽两朝夹缝中：党项崛起之背景

郭威取后汉而代建立后周，后汉皇族刘晏亦于太原称帝建立北汉，后周与北汉故为世仇，双方曾发生大规模军事冲突。宋太祖赵匡胤即帝位后，发动了数次对北汉的征伐，皆无功而返，但北宋与契丹的军事矛盾却呈螺旋式不断上升。

宋太宗赵光义即位后，于太平兴国四年（979年）正月出兵征伐北汉，并命郭进屯兵石岭关以阻契丹援军。三月之时，契丹遣数万骑入援北汉，却在石岭关（今山西太原阳曲县）为郭进击败，于是"北汉援绝"。赵光义大军围城，北汉主于同年五月归降，五代十国至此时终告完结。

灭北汉后，赵光义自定州路出，欲乘北汉之势攻击契丹，夺回幽州。虽然宋军一开始由真定方向北上进展很快，但其后在幽州城外的高粱河之战中被契丹人击败。宋军撤回了涿州城，而赵光义则乘驴车一口气逃到了涿州城以南的金台屯。

撤军后，赵光义为防契丹实行军事报复行动，在北面镇、定两州及关南方向部署大军。

八月，契丹又侵定州（今宁夏平罗县姚伏镇），为崔翰击破。十一月，契丹先由代州入侵，为党项折彦赟击破；其后又攻打岚州、忻州及关南一带，皆被宋军击败。

太平兴国五年（980年）三月，潘美自三交口（今山西太原北）巡抚至代州（今山西代县），遭遇契丹10万大军，战而胜之，并杀其节度使、驸马、侍中萧咄李，生擒契丹马步军都指挥使李重海。

九月，契丹送书信给丰州（今陕西长治武乡县）刺史王承美，令王承美停止与宋的马匹交易。王承美是本河西藏才族都首领，其父自开宝二年（969年）归附北宋，因而此时的王承美已与契丹无君臣关系。于是他断然拒绝契丹的无理要求。

契丹恼羞成怒，率军掠夺丰州王承美的部族。

十一月，契丹攻打雄州（今河北保定雄县），为龙猛副指挥使荆嗣所破；同月，又破关南入侵的契丹万余骑，斩首 3000 级。

太平兴国六年（981 年）正月，易州（今河北保定易县）守军破契丹数千骑，斩首 300 级。五月与六月，契丹分别率近万骑攻打平寨军，皆被守将击退。九月，契丹欲侵易州，时知易州白继赟率兵与契丹大战于平塞寨北，成功击破契丹大军，斩首 2000 级。

太平兴国七年（982 年）五月，契丹以精兵 3 万骑分三路入寇：一路袭击雁门，为潘美所部击败，斩首 3000 级；一路攻打府州（今陕西府谷县），折御卿率兵与之交战，并于新泽寨大败契丹；一路攻高阳关（今河北高阳县东），为崔彦进破于唐兴口，斩首 2000 级。闰十二月，契丹侵丰州，被刺史王承美击破，斩首 2000 级。

太平兴国八年（983 年）三月，契丹再度率兵袭丰州，王承美击败契丹万人大

▲ 辽披甲骑兵

军之后，又"追北百有余里，至青冢，斩首二千余级，降者三千帐，获羊马兵仗以万计"（《续资治通鉴长编·卷二十四》）。

辽乾亨四年（982 年），即宋太平兴国七年，辽景帝卒，辽圣宗耶律隆绪即位，改元"统合"，萧太后摄政。

雍熙三年（986 年），知雄州贺令图上表，说："契丹主年幼，国事决于其母，其大将韩德让宠幸用事，国人疾之，请乘其衅，以取幽蓟。"（《续资治通鉴长编·卷二十七》）事实上，契丹与汉族的文化并不相同，因此萧太后和韩德让的那种关系，对契丹人并没有造成像贺令图描述的那种严重的冲击。但此间，贺令图一再强调的"国人疾之"，再加上之前一连串胜利带来的骄敌，使得被人开玩笑说"一贯喜欢欺负孤儿寡母"的宋太宗决定再次北伐。于是在雍熙三年，宋军三路出兵北伐燕云，同时联络高句丽等辽的周边势力，意图共击契丹，史称"雍熙北伐"。

雍熙北伐的大概计划是：以东路军为主力，目标直指幽州，吸引和牵制辽军的大部分兵力；西路军的目标是切断燕云地区和辽朝腹地的联系，以切断辽军援兵的前路；中路军的目标是山西诸州。三路大军最终会师于幽州，合力攻克，最终达到收复幽州的战略目标。

但辽军的行动却没像宋军预料的那样，集结大军与东路军进行主力会战。辽军大将耶律休哥抓住了宋军缺马、机动性远不如辽军这个明显的软肋，采取以中小规模的骑兵集团围剿小股或落单宋军，偷袭宋军粮道、断其后勤补给的战术，导致宋军给养出现了严重困难。最终东路宋军首先溃败，其后西、中两路宋军也随之溃败，雍熙北伐就此失败。

雍熙北伐的失败，其实非常明显地体现了宋军因缺马而引发的机动性不足和后勤补给难以维系的问题，而这两个问题在宋推行堡寨战术之前，一直存在于宋军的西北和北方战场。

北伐失败后，宋太宗恼怒之下，一连贬黜了曹彬、崔彦进、米信等责任人，朝廷一时又陷入无人可用的境地，只得起用宋太祖时期的老将。

在北宋进行新的边防部署的同时，萧太后母子又开始谋划大规模军事报复。雍熙三年十一月，契丹以耶律休哥为先锋都统挥师南下。十二月，契丹以数万骑寇侵瀛洲，当月十日爆发了君子馆之战。瀛洲都部署刘延让、高阳关都部署杨重进率军迎击。那一日天寒地冻，宋军将士手中的弓弩无法拉开，辽军将宋军重重包围，其时本为后援的李继隆因辽军势众退守乐寿（今河北献县西南一里），"（刘）廷让全军皆没，死者数万人"，刘延让仅以身免。

雍熙四年（987年），雄、霸两州又遭契丹寇扰。

端拱元年（988年）十一月，契丹大军由真定方向南下侵宋，时定州路都部署李继隆与李继忠率兵迎击，终于大败辽军，并乘胜追击，渡过曹河，斩首1.5万级。

端拱二年（989年），威虏军粮食短缺，恐契丹乘隙围城，于是派遣李继隆运送粮草。辽军得知此事，遣数万精兵来袭。时北面缘边都巡检尹继伦率千余步兵正行军于辽军必经之路。辽军对尹继伦所部视而不见，直直从其身边穿过。尹继伦怒了！对部下说："辽军视我们为鱼肉。如果打败李继隆，势必率兵追击我们；如果输了，必然又要拿我们泄愤。那还不如趁着辽军轻视我们、料我们不敢追击之时，跟在其背后痛击之。就算死了也不失我们一颗忠义之心，又岂能坐以待毙，当边地的冤鬼呢？"其后，尹继伦趁辽军进食之时实行偷袭，辽军惊慌失色，争相踩踏，损伤惨重。自此以后，尹继伦多了个"黑面大王"的名号。

至道元年（995年）正月，契丹大将韩德威率数万兵马，同时引诱党项勒浪、嵬族十六府大首领马尾等自振武军①（今内蒙古和林格尔县）入侵，为永安军（今陕西府谷县）节度使折御卿击败于子河窠。勒浪等族见契丹已败，于是反水，装作宋军的府州兵绕到辽军阵后。辽军大惊失色，争相逃亡，大军折损了六七成。

同年四月，契丹又犯雄州，知雄州何承矩领兵出战，斩其铁林大将一人，大败契丹军。十一月，契丹再次举兵，折御卿带病迎击，并对折母说道："世受国恩，边寇未灭，御卿罪也。今临敌弃士卒自便，不可，死于军中乃其分也。为白太夫人，无念我，忠孝岂两全！"（《宋史·列传第十二》）不久之后，折御卿便病死于军中，享年38岁。

咸平二年（999年）五月，契丹寇扰宋辽边境。

八月，契丹再次入寇。

---

① 文中出现的"XX军"有些不是军队，而是地点。北宋地方州级行政区划有州、监、军、府四个。

▲ 宋代刀剑

　　九月，契丹以数万兵马三路入侵，先锋田绍斌、石普与知保州杨嗣出兵迎击，于廉良路击败契丹大军，"杀获甚众"。

　　十月，契丹先不断骚扰雁门附近的瓶形寨（今山东繁峙县附近）与宁化军（今山西宁武县西南），再寇侵定州，然后徙军往怀远驿（今河南开封市东南），意图继续深入宋境。李继宣领兵3000迎敌，契丹自知不可久战，拔寨遁去。李继宣欲请兵追赶，主将傅潜不允。

　　十一月，契丹遣5000骑攻打冀州，知冀州张旻破之，并杀千余人。同月，契丹寇侵威虏军，为守军击破。宋军一方，府州驻泊宋思恭、知府州折惟昌、府州钤辖刘文质等带兵攻入契丹五合川，攻下黄太尉寨，尽歼敌军，焚敌帐5000余。

　　同年，契丹攻下易州。

　　咸平三年（1000年）正月，契丹引兵攻打河间（在今河北献县、河间、青县、泊头等市县地），高阳关都部署康保裔率兵迎击，为契丹所欺骗，陷入重重包围之中。康保裔大喊："临难无苟免！"随即与契丹军进行生死决战，至次日"杀伤甚众，蹴践尘深二尺，兵尽矢绝"（《宋史·列传第二百五》），最终因救援未至而身死。其后，高阳关、贝、冀路都部署范廷召等，虽未能及时救援康保裔，但赶到河间之后，派兵追击契丹至莫州（今河北任丘北），斩首万余级。

　　咸平四年（1001年）十月，张斌破契丹于长城口。十一月，时新上任的高阳关等三路都部署王显上奏大破契丹，斩杀契丹2万人，并捕获契丹统军铁林。同年冬天，契丹寇侵，杨延朗设伏于羊山西，与契丹大军交战时且战且退，诱敌深入。

至羊山西，伏兵暴起，契丹军大败。

咸平五年（1002年）五月，契丹入寇保州，杨延朗等率兵抵御，但"部伍不整，为敌所袭，士马多失亡"。同年底，契丹侵略宋北方边境，为守军击退。

咸平六年（1003年）四月，契丹入寇，定州行营都部署王超遣使召集镇州桑赞及高阳关周莹等各以所部兵马来援，王超以步兵1500人与契丹大军激战于望都县，定州副都部署王继忠交战不利，于白城为契丹所擒。真宗又发河东广锐兵1.5万人前往搭救，但为时已晚。后来，王继忠成为宋辽签立澶渊之盟的关键人物之一。

经过长期对边境的试探与侵扰之后，契丹对宋北方的边防部署已有所了解，并图谋大举南下。

◀ ▼ 宋代武士俑

景德元年（1004年），辽萧太后与辽圣宗耶律隆绪率30万大军南下，深入宋境。宋军以纵深防御战略遏住辽

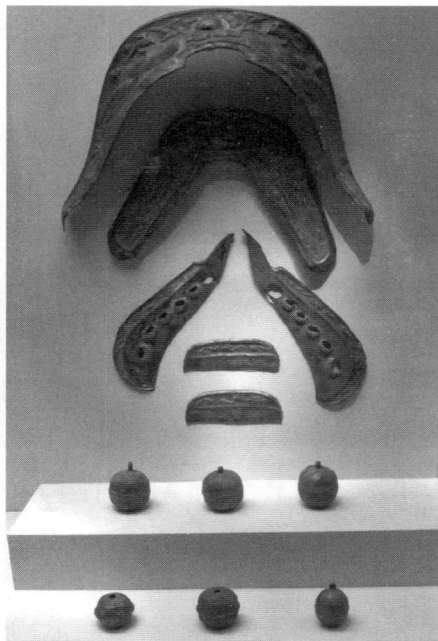

▲ 辽代的鎏金银鞍桥饰与青铜马铃

军攻势，并在澶州城下射杀辽大将萧挞凛，大挫契丹锐气。宋辽经过 40 余年的战争，终于达成和议，约为兄弟之国。宋辽之间从此迎来了一个相对和平的时期。

宋辽战争对宋西北边境造成的影响，这一章的标题其实都已经点出来了——长达 40 余年的战争，使得扎根于宋辽夹缝之间的党项部族得以迅速茁壮成长。

宋太宗执政至真宗景德元年这数十年中，北宋因与契丹的战争，无力大举兴讨西北党项部族。与此同时，党项又获得了来自契丹的经济及军事上的支援。从另一个方面看，契丹采取"以党项制宋"的策略，着力于扶持党项的成长，又使北宋不得不分兵西北，无法全力经略幽燕。

虚与委蛇多狡诈：宋初时期的党项

其实一开始，特别是赵匡胤时代，党项人与北宋的关系还是比较良好的。建隆元年（960 年），赵匡胤即皇帝位，此时的定难军政权奉表称臣，但定难军政权实际上依然保持着相对的独立性。当时北汉主刘钧曾结契丹寇麟府。李彝殷欲沿袭五代以来与邻近政权的表面依附关系，便遣部将李彝玉出兵增援麟州；并以避宋太祖之父赵弘殷之讳为由，改名"李彝兴"，表示归附。

建隆初，李彝兴遣使献马 300 匹。宋太祖大喜，亲自挑选玉材，准备为他制作一条玉带。制作时，宋太祖亲自召来党项使者询问李彝兴的腰围，在得到了李彝兴腰围较大的答复后，宋太祖对使者说道："汝帅真福人也。"并让使者将玉带交予李彝兴。

乾德五年（967 年），李彝兴辞世。同年十二月，李彝兴之子李光睿继承定难军节度使之职。及至开宝九年（976 年），北宋兴兵伐北汉时，李光睿还曾出兵帮助宋军，李光睿"率兵破北汉吴堡寨（今陕西吴堡），斩首七百级，获牛羊千计，俘寨主侯遇以献，累加检校太尉"（《宋史·列传第二百四十四》）。同年，宋太祖赵匡胤病死，宋太宗赵光义即位。李光睿因避太宗名讳，改名"李克睿"。

太平兴国三年（978 年），李克睿卒，太宗以其子李继筠为权知州，并授以定难军节度观察留后。太平兴国四年（979 年），太宗征北汉，李继筠遣银州刺史李光远、绥州刺史李光宪率兵列阵渡河，以张军势。七月，李继筠病死。

太平兴国五年，北宋朝廷以其弟李继捧为定难军留守。然而就在李继捧继任后不久，夏州李氏便发生了内部分裂。同时，北汉、南唐等诸割据势力先后告平，宋太宗有意谋取定难军政权，将夏、绥等四州之版图收归宋朝。从此后，党项人与北宋的关系开始走向决裂。

太平兴国七年，李继捧入朝面圣，自述其即位引起其叔伯的不满，因而愿请留京师，并献上所管四州八县。李继捧入朝，成了李继迁揭起反旗、掌握定难军政权以及与北宋公开决裂的契机。

太平兴国七年十一月，太宗诏李继捧的叔伯李克宪、李克文赴阙，并以李克文权知夏州。其后，宋太宗以曹光实为银、夏、绥、麟、府、丰、宥州都巡检使，以期扼制夏州李氏的势力。

不过，宋太宗此举常常被一些学者批判。确实，夏州李氏自唐末以来长期割据一方，势力盘根错节，要削弱党项在西北的势力，以避免唐末五代藩镇割据的乱局，李继捧入朝寻求北宋帮助平定内乱，恐怕是当时最好的机会了。北宋上下深知"机不可失，时不再来"的道理，但该举措却严重低估了党项在西北的势力以及李氏在夏州百年的经营。

雍熙元年，宋太宗诏李继捧亲属赴阙。诏令到达银州之时，李继捧之弟李继迁因不服北宋统治，玩了招暗度陈仓。他先诈称乳母过世，出葬于郊外，又将兵器及甲胄藏于棺中，带着数十人马逃遁。逃入地斤泽的李继迁随后拿出先祖李彝兴之画像示党项众人，"戎人皆拜泣"。然后他又扯出李彝兴的大旗说道："李氏子孙当以恢复祖宗遗业为志"，以此煽动党项部族的反抗情绪。同年九月，时知夏州尹宪侦知李继迁藏身于地斤泽，便与曹光实趁夜发兵。经过一番激烈的战斗，李继迁仅单身逃脱。（《西夏书事情·卷三》）

但是李继迁显然不会甘心。什么都没有的他，只能依靠祖宗的大旗来获得支援。于是，李继迁便与诸藩酋豪联结姻亲，以扩张势力，并继续煽动、联合党项诸部。

雍熙二年（985 年）二月，李继迁诈降。曹光实欲独占功劳，又认为李继迁的势力在地斤泽之时已经被消灭，于是当李继迁遣数十骑进城迎接曹光实时，曹光实信以为真，仅带数百骑深入敌营，结果为李继迁设伏诛杀。其后，李继迁占据银州，并自称定难军留后，继续扯祖宗大旗，次月又破会州（今甘肃靖远）。从这个细节可以知道，当时北宋上下对党项人普遍有一种俯视的态度，这种俯视往往来源于以往的军事斗争中宋军的胜利，但这种态度却间接导致了胜利后紧随而来的失败。可悲的是，在宋与党项的斗争中，往往重复着这种"胜利后骄傲，骄傲后失败，失败后谦虚，谦虚后又胜利"的循环。

曹光实身死使得宋太宗大怒，随即派遣田仁朗、王侁及李继隆发兵数千剿灭李继迁。田仁朗到了绥州之后发现，叛军规模已然扩大，凭手中兵力不足以镇压李继迁势力，于是上奏请求援兵，并按兵月余不动，等待朝廷回复。其间，原本归降北宋的党项三族寨将领折遇乜谋杀监军使者，与李继迁合兵。宋太宗为王侁误导，以田仁朗按兵不动、延误军机为由，改遣刘文裕取田仁朗而代之。

同时，北宋又遣王侁从银州北出兵，于浊轮川大败李继迁。郭守文又与尹宪合击盐城诸夏部族，银、麟、夏三州及三族寨党项诸部125族纷纷内附。

因此，李继迁叛宋以来节节败退。在此种情况下，李继迁采取了联辽抗宋的措施，希冀北宋之大敌契丹可以给予其援助。他于雍熙三年二月遣使向辽称臣。十二月，李继迁向契丹请婚。契丹以义成公主下嫁，并赠马3000匹。得到契丹的大力支持后，李继迁卷土重来，不断寇扰夏、银诸州。北宋多次以敕书招谕李继迁及同恶蕃部，而李继迁也曾自陈有依附北宋之意，但始终不肯归降，并"益侵盗边境"。

端拱元年五月，宰相赵普建议以夏台故地赐予李继捧作为诱饵，伺机谋取李继迁。太宗听从了这个建议，赐李继捧国姓"赵"，改名"保忠"，并授予定难节度使，将所属夏、银、绥、宥、静五州钱帛、粮草及田园赐还赵保忠（即李继捧）。同年十二月，赵保忠奏曰继迁归降，并"诱藩入寇，乞师守御"。北宋以为一旦犹疑，恐生变故，于是未察之下匆匆授予李继迁银州刺史、洛苑使。但此时李继迁并未真正归降，而是与赵保忠勾结瞒宋。

暗通李继迁的赵保忠，于端拱二年及淳化元年（990年）又奏李继迁数次得建边功，以麻痹北宋，为李继迁招兵买马、扩大势力、训练精兵争取了宝贵的时间。十月，李继迁在经过了数年精心准备之后，率兵攻打

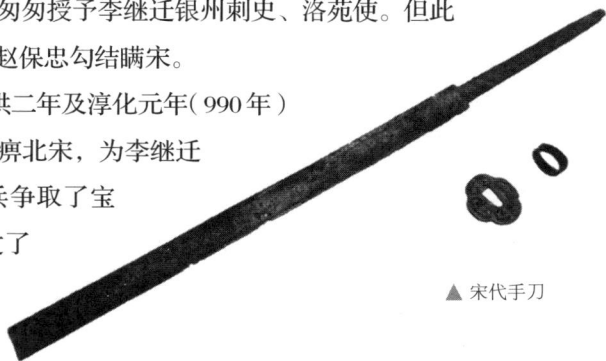

▲ 宋代手刀

夏州，并大败宋军。赵保忠上表乞援，而李继迁随即向辽告捷。

淳化二年（991年），北宋遣翟守素出兵援夏州。此时，李继迁再次诈降，北宋授继迁为银州防御使及绥州观察使，并赐继迁姓名"赵保吉"。结果就这样，李继迁一边戏弄北宋，一边兵不血刃地取得了银、绥两州。

李继迁之所以可以在出逃之后，迅速地建立起相当的势力，是有其内在因素的：

其一，宋与契丹此时正处于不断的交战之中，北宋难以全力讨伐西北党项，而契丹也欲以党项牵制宋军，因此不断对党项进行支援；其二，从曹光实剿灭地斥泽的党项部族，到他被李继迁设伏杀死，只间隔短短五个月的时间，这显然可以反映出当时西北地区反宋势力的强大；其三，五代末以来，党项诸部只剩夏州拓跋氏一支独大，其他两支较大的势力已然衰落，党项部族长期群龙无首，对于此时站出来的李继迁自然多有响应。

而宋太宗对李继迁之放任，究其原因，一来因契丹的不断侵扰而无力发兵西北；二来宋太宗还打着"以藩治藩"的如意算盘，意图将平夏李氏这颗钉子安插在西北地区，以增强北宋对西北的掌控力，乃至于凭此图谋幽燕；三来，此时的北宋统治者依然轻视党项问题，并没有看到李继迁反叛可能引起遍布西北的所有党项部族的反叛。

当时的西北地区，除去分散的党项一支以外，较为强大的还有回鹘诸部与吐蕃诸部。尽管吐蕃与回鹘曾数次朝见北宋，但这不过是他们实力较弱时的选择罢了。

吐蕃之先祖松赞干布曾一统西北，且正如宋太宗在咸平二年所说，"朕看《盟会图》，颇记吐蕃反覆狼子野心之事"（《续资治通鉴长编·卷五十》）。可见北宋的统治者对吐蕃怀有戒心，其对西北的主要担忧，也聚集在曾一度攻克唐都长安的吐蕃身上。

而且，北宋以为回鹘"恃功横恣"，"患其邀求无厌"。何况其自述"甲马甚精习"，"备陈方略，且欲大举精甲，就覆残妖，拓土西陲，献俘北阙"（《西夏书事·卷七》），虽看似对宋忠心耿耿，实则更可能是欲借宋朝之力开疆拓土，也暗表其实力雄大，略有警诫北宋"莫轻易招惹于我"之意。何况有归义军为西北诸羌侵略在前，北宋怎能不对回鹘有所防备？

正是基于以上这些考虑，北宋欲放任夏州李氏，以制衡吐蕃与回鹘。于是淳化二年李继迁诈降之时，北宋朝廷未加思索便信以为真。但当平夏李氏势力过大，抑或脱离掌控之时，北宋则会加以打压，使其顺服。

当然，北宋的政策也有其局限性。其一，北宋西北地区被回鹘、吐蕃及党项割据，所以对西北的掌控力极其有限；其二，这种掌控力的局限性，使得北宋消息闭塞，难以及时了解西北地区的政治形势和各势力的消长；其三，北宋依然低估了党项，尤其是平夏李氏的势力及反宋之心。党项在西北盘踞多年，除去占据夏、银、绥、宥、静五州的平夏李氏，尚有灵、武、瓜、凉州等也被党项及其他西北部族共同占据。乃至于陇右之远，也依然有党项部族定居。这才使得李继迁有振臂一呼、诸羌景从的客观条件。而且，北宋这种养虎为患的例子，在历史上也并非是绝无仅有的。如明末，李成梁意图以努尔哈赤制约辽东各女真部族，结果努尔哈赤在李成梁的支持下统一了辽东女真各部，建立了自己的政权——后金。

淳化二年李继迁归降于辽后，又继续策反赵保忠（即李继捧）。

见夏州李氏势力不断扩大且游于掌控之外，赵保忠之叛心亦与日愈昭，宋太宗遂于淳化三年（992年）禁党项青白盐市，希望凭借经济制裁，削弱李继迁势力，并使其归附。党项诸部原以贩卖青白盐获取粮、资，因而此举可谓切中要害。令行数月，不仅平夏李氏，就连夏州左近的党项诸部也因经济困难而难以维生。此时不仅平夏李氏，乃至于原本降宋的党项部族也开始反叛。李继迁趁乱于淳化四

▲ 回鹘文经书

▲ 刻有西夏文的铜镜

年（993年）攻打庆州及原州（今宁夏固原）。同年，太宗见青白盐禁不仅没有取得应有的效果，甚至造成原本归顺的诸党项部族叛逆，又匆匆取消了这一禁令。

淳化五年（994年），李继迁又取得灵、庆党项诸部的支持，遂转攻灵、庆二州及清远军（今宁夏盐池）。

宋太宗大怒，命马步都指挥使李继隆为河西兵马都部署、尚食使"黑面大王"尹继伦为都监，率军征讨党项。此时身在夏州的定难军节度使赵保忠却又诈称李继迁想和解。其实，此时的赵保忠反心已昭。上当好几次的宋太宗知道这又是党项的诈降计策，对此不予理会。是年三月，李继隆所率宋军败藩兵数千于石堡寨（今陕西靖边）。时赵保忠在城外，李继迁以为赵保忠向北宋通风报信，于是率兵攻打。里外不是人的赵保忠只身逃入夏州城中，为大将赵光嗣因于别室，其后被押解入朝，太宗封其为"宥罪侯"，赐第京师。

同年六月，李继迁再次诈降，其后遣派其弟李延信赴京师上表请罪，并言反叛之事为赵保忠所策。宋太宗召见了李延信，对其进行抚慰，并加以赏赐。

至道二年（996年），宋洛苑使白守荣护送刍粟40万石前往灵州。行至清远军时，白守荣为李继迁所袭，刍粟皆为李继迁所掠。这标志着李继迁已与当地党项诸部联合，控制了北宋由环庆至灵州的交通要道。由于北宋对西北局势的掌握太弱，消息闭塞，直至此时他们才发觉，夏州李氏已"据平夏全壤，扼瀚海要冲"（《续资治通鉴长编·卷三十九》），势力已远超北宋的想象。

于是当年四月，宋太宗以李继隆讨伐李继迁。至五月，李继迁率兵万余围攻灵州城，为窦神宝击退，但粮道已断，灵州孤绝，情况依然不容乐观。因此，宋太宗令宰相吕端等献策解灵州之困，甚至想过是否应该放弃灵州。时参知政事张洎上奏曰："继迁或成或败，未足致邦国之安危；灵武或存或亡，岂能系边陲之轻重？得失大较，理甚昭然。"（《续资治通鉴长编·卷三十九》）又言即便眼前危机解除了，但一来灵州凋敝，难以坚守；二来灵州不能自给，需"驱秦、雍之百姓，供灵武之一方"，不如放弃。宋太宗此时早已打消了放弃灵州的念头，读到张洎的奏章时心有不悦，便责备张洎说："卿所陈，朕不晓一句！"

同年九月，宋太宗以李继隆自环州（今甘肃庆阳环县），范廷召自延州，王超自夏州，丁罕自庆州，张守恩自麟州，共五路大军出兵至乌、白池（今宁夏盐池县北内蒙古境之北大池一带）会师，并"皆先授以方略"，以解灵州之围。

五路军主力李继隆一军原本应赴乌、白池，与其他四路宋军会合解灵州之围。然而银、夏钤辖卢斌对李继隆说："由灵州趋乌、白池，月余方至，若自环州抵贼巢，才十日程尔。"李继隆贪功冒进，听罢之后未有请示，自作主张地率大军直趋平夏，然后派遣其弟李继和上言说："赤柽路回远乏水，请自青冈峡（亦作青冈岭，今甘肃环县西北）直抵继迁巢穴，不及援灵州。"这一典型的先斩后奏行为触怒了宋太宗，于是他召来李继隆的弟弟李继和骂道："汝兄如此，必败吾事矣！"（《续资治通鉴长编·卷四十》）

李继隆自环州出兵平夏，遇见自庆州而出的丁罕一军，便与丁罕合兵，从青冈峡出发，前往李继迁巢穴。然而他们"行十数日不见敌，引军还"。自麟州所出的张守恩一军在途中遇见李继迁的军队，因未会合主力而不敢与敌军交战，归还本部。仅范廷召和王超两军到达乌、白盐池会师，并击败李继迁所部，且"多有俘获"。但因为丁罕、张守恩及主力李继隆三军失期，宋军虽有小胜，却未能取得关键性的胜利，也未能成功削弱平夏李氏之势力，第二次西讨党项最终也功败垂成。

不过，并不能将"二伐党项"失败的责任全部扣在李继隆的头上。毕竟从李继隆与丁罕的匆忙退军中，其实可以看出宋军暴露的补给问题。历史不能假设，因此不能做出诸如"如若李继隆没有更改宋太宗的战略，就一定可以歼灭党项"这一类的主观判定，因为历史不是选择题，A选择错误，并不等于B选择就正确。

至道三年（997年）三月，宋太宗欲第三次出兵平夏解灵州之围。结果虽然粮草已至，宋太宗本人却病卒，第三次西讨党项未能成行。

终宋太宗一世，共计三次兴大军西伐党项。第一次因李继迁诈降而收兵，第二次因李继隆擅改战略目标而功败垂成，第三次因太宗病逝无疾而终。

需要强调的是，在探究党项的发展时，不可以丢弃历史地理这把"钥匙"，只从意识形态及民族的角度来研究党项及北宋的强盛与衰弱。

虽然党项部族分布广泛，但此篇文章着重于夏州李氏（拓跋氏）的发展，因而也着重于夏州李氏的活动区域。

▲ 西北两大沙漠

夏州李氏自唐末后据有夏、绥、银、宥四州，而这四州均处鄂尔多斯高原南部地区。党项立西夏国之时，其足迹已遍布河套地区。这里的地理环境据《新唐书·志第三十三下》可窥一二：

> 夏州北渡乌水，经贺麟泽、拔利干泽，过沙，次内横刬、沃野泊、长泽、白城，百二十里至可朱浑水源。又经故阳城泽、横刬北门、突纥利泊……又经库也乾泊、弥鹅泊、榆禄浑泊，百余里至地秃泽。又经拙泉故城……又西五十里有绥远城。皆灵、夏以北蕃落所居。

由此可见，当时党项所居之地有大大小小的湖泊分布。这正是党项，尤其夏州拓跋氏赖以发展的源地。

前面提及，宋太宗雍熙元年，"继迁攻宥州不胜，仍驻地斤泽。地斤善水草，便畜牧，生聚渐众"（《西夏书事·卷四》）。这里的地斤泽，便是众多湖泊当中的一处。尽管不可过分高估其生态环境，但这些湖沼显然是党项部族赖以繁衍的基础。

在党项部落掌握湖泊水源的同时，西北地区的沙漠化日趋严重。追溯至数百年前，赫连勃勃北游吴契山，建造统万城时曾叹曰："美哉斯阜！临广泽而带清流，吾行地多矣，自马岭以北，大河以南，未有若此之善者也。"（《太平御览·州郡部十·关西道》）及至唐长庆二年（822年），却有"飞沙为堆，高及城堞"的景象。不难看出，赫连勃勃时期，河套地区依然"临广泽而带清流"，但至唐中后期时，此地已然有严重的沙漠化现象。河套乌兰布沙漠形成较早，于东汉至南北朝间不断扩大；而在鄂尔多斯南部的毛乌素沙漠形成于唐代末至五代初；库布齐沙漠则形成于清末到民国初年。

如果要更直观地明白河套地区沙漠化情况，便在此处先引入一个逻辑模型：当土地沙漠化加剧，则水土流失也加剧；水土流失的加剧，会导致河床的抬高与河水含沙量的增加；而这就又会导致河水的泛滥。这里引用樊宝敏先生《中国历史上森林破坏对水旱灾害的影响》一文中，对于黄河水患发生情况的统计，得下表：

历代黄河水患发生频次与平均年限

时期	泛滥次数	决口次数	改道次数	总计	水患发生的平均年限
商周春秋战国	7	0	1	8	231.15
秦汉	6	7	3	16	27.56
魏晋南北朝	5	0	0	5	73.8
隋唐五代	29	35	2	68	5.74
宋元金	145	291	7	443	0.92
明	138	301	15	454	0.61
清	83	383	14	480	0.56

由上表可以很明显看出，黄河水患发生的频率是越来越高的。即使以魏晋南北朝及之前文献太少、考证不多为借口，依然可以明显看到自隋、唐、五代时期以来，黄河水患频发，至明清时期已经触目惊心。因此可以得到，黄河中上游的河套地区沙漠化愈来愈严重的结论。

既然结论已得，那么我们再一次回顾可以发现，原来赫连勃勃所说"美哉斯阜！临广泽而带清流"之地，至宋时已经变成瀚海沙漠戈壁700里。河套地区的广袤沙漠，成为以步兵为主的宋军难以逾越的天然屏障。故而曾布才说："朝廷出师，常为西人所困者，以出界便入沙漠之地，七八程乃至灵州，既无水草，又无人烟，未及见敌，我师已困矣。"（《续资治通鉴长编·卷五百》）

众所周知，后勤在战争中尤为重要。这种沙漠化，不仅仅造成了宋军行军的困难，也使宋军的后勤遭到严重的威胁。在宋太宗雍熙北伐中，东路军便是因粮道被断而退回白沟，使得雍熙北伐功败垂成。

实际上困于沙漠的并不只赵宋一朝。元狩四年（公元前119年），霍去病、卫青所率汉军大败匈奴，但"汉两将大出围单于，所杀虏八九万，而汉士物故者亦数万，汉马死者十余万匹。匈奴虽病，远去，而汉亦马少，无以复往"（《汉书·匈奴传》）。可见汉代之时，戈壁已困扰汉军，成为当时匈奴所依仗的天然壁垒。显然，若无强大的骑兵与后勤，单靠步兵不足以横穿荒漠，后勤亦不能得到保障。

在历代战争中，粮食供给的最主要方式有二，一是运输，二是屯田。屯田虽然耗费较小，但经营却旷日持久，难以即时收效，因而北宋早期西北战场的粮食补给，依然是以运输为主的。

及至李元昊建立西夏，北宋不得不在西北战场投入大量的兵力。仅庆历年间在陕西四路的禁军、厢军，就达20万之多。熙河开边以后，北宋西北战场部署的兵力更是居高不下。

当时距离北宋西北战场最近的农业发达区是关中平原，但二者距离仍在300公里以上。显然，这个距离对于粮运来说并不短，人力、物力所耗必然甚大。在运输上，"一夫雇直约三十千以上，一驴约八千"（《宋史·志第一百二十八》），而且"凡费粮七万余石，钱万有余贯，才得粮二十一万石，道路吁嗟，谓之地狱"（《续资治通鉴长编·卷一百四十九》）。有时如果距离太大，运输之费还会多于运输之物本身所值，甚至是数倍之多。"绛州运枣千石往麟府，每石止直四百，而雇直乃约费三十千"（《续资治通鉴长编·卷三百十七》）。因而"岁费浩大，支计不充。百姓困于供输，有司疲于漕饷"（《续资治通鉴长编·卷三百四十二》）。北宋为第三次西伐党项做准备时，就"竭内帑之财，罄关中之力"。

西北地处荒凉，难以自给，加之运输所费甚大，对于北宋而言是极大的负担。因而张洎在劝宋太宗弃灵州之时上奏所言"驱秦、雍之百姓，供灵武之一方。使无辜之民，膏涂原野。朝廷大计，岂若是乎"（《续资治通鉴长编·卷三十九》），便是出于此番考虑。

若是长期以粮运进行供给，北宋必然不堪重负，而且输运的粮食还可能被敌军劫掠。故对北宋来说，在西北战场进行屯田是必然的选择。于是在宋真宗以后，北宋便在西北战场修建堡寨，并进行大规模的屯田。

屯田并非西北战场之独创。远至汉唐，乃至于宋辽战争中，屯田都是军队粮食补给的重要来源。不过其负面因素前面也说了，修建堡寨费时费力，屯田又需长期经营，都很难在短时间内见效。

加之自宋太宗雍熙元年之后，西北烽烟才逐渐燃起。而至淳化年间，平夏李氏都未引起宋太宗太多的重视，反而希冀可凭借党项部族牵制回鹘与吐蕃。党项诸部真正引起宋太宗的重视并进行大规模征讨，已经是至道年间的事了。至于堡寨与屯田的兴起，则在宋真宗以后。
这就更凸显了屯田的负面因素。

▼ 西夏海狮形绿釉陶建筑构件

特别要说的是，屯田的本质是在前线地区经营农业，那么就必然受当地地理环境与气候条件制约。正如之前所考证的，及至北宋之时，西北地区沙漠化情况已然十分严重。在这种情况下，北宋西北战区的屯田分布及收益也受到很大局限。

另外，党项作为游牧民族，其作业方式与汉族有很大差异。在宋初之时，党项的经济模式依然是以牧业或半农半牧为主。牧业（尤其是游牧）对地理、气候条件的要求与种植业是完全不同的。平夏地区绿洲肥美，党项在发展畜牧业的同时，也通过打草谷等方式获得粮食补给。但宋军则完全不同，只能通过绵长的运输线对粮食进行转运。

北宋因畜牧业不发达和河套地区沙漠化日趋严重，造成的问题归纳起来有三点：一是缺乏强大的骑兵，700里瀚海对北宋来说犹如天堑；二是机动性差，在战争中受到的制约太大，这点在雍熙北伐中体现得相当明显；三是补给困难，不仅是屯田的地域、收益受到严重限制，运输上也有很大困难，不仅运输线太长，而且沿途"犹如地狱"。

并且，在当时，宋辽之间还处于全面战争之中。所以只有彻底忽略北宋在西北的战略意图，以及宋代马政及补给困难、所费兹大等问题，才能硬说北宋朝廷上下是因为军事失败主义抬头，加之强干弱枝、重文轻武，才不敢兴讨西北党项诸部，而仅以羁縻、绥靖苟求安宁。

至道三年，宋太宗驾崩，宋真宗即位。如前面所说，宋真宗对吐蕃、回鹘忌惮尤大，认为吐蕃"反覆狼子野心"。而回鹘进贡，自言"备陈方略，且欲大举精甲，就覆残妖，拓土西陲，献俘北阙"（《西夏书事·卷七》），也是在宋真宗时期。况且平夏李氏所处的夏、延、绥、宥、静等州虽地处偏远，但吐蕃与回鹘分布在更加靠西的地方，以当时北宋的马政与粮食补给能力，几乎无法攻略。于是，宋真宗执政前期，悲剧性地继续奉行放纵党项成长，以制衡吐蕃、回鹘的战略思想。

至道三年十月，李继迁再围灵州，为宋河外都巡检使杨琼击退。十二月，李继迁再次遣使请降。宋真宗恢复李继迁夏州刺史、定难军节度使的身份，并返还夏、银、绥、宥、静五州。

咸平元年至咸平二年（998—999 年），李继迁多次寇侵鄜、延、麟、府等州，均为宋军击退。然而李继迁所图并非仅是这几州。在此期间，他着力煽动当地党项部族起兵反宋，并派人攻击灵州附近北宋的军事要镇，更试图控制朝廷至灵州的粮道。

咸平三年九月，知灵州李守恩押运灵州的粮饷时，为李继迁袭击，粮饷尽失。因为北宋至灵州的粮道再次为李继迁所断，灵州再一次成为孤城。此时，宋真宗却又转而希冀吐蕃、回鹘可以对李继迁有所牵制。宋真宗还认为是边将玩忽职守、消极抗敌才使得粮道受阻，遂于咸平四年八月遣张齐贤、梁颢赴边。然而他们的赴任并未能阻止李继迁对灵州的侵袭。在这段时间里，宋军在西北战场，局部略有小胜，却也未取得关键性胜利。到了当年年底，李继迁已据怀远镇（今宁夏银川）、定州、保静（今宁夏永宁）、清远军及灵州附近的河外寨，对灵州城已呈包围之势。

咸平五年三月，李继迁率大军攻城。直至此时，宋真宗才真正意识到李继迁的威胁，于是遣王超领 6 万兵马解灵州之困。可惜瀚海难渡，当王超到达环州之时，灵州已然陷落，北宋救之不及。之后，李继迁改灵州为西平府。与此同时，李继迁还不断利用骑兵的机动性寇扰宋沿边的麟州、洪德堡（今甘肃环县北）、镇戎军（今宁夏固原），及延州。虽然这些进攻均为宋军击退，但也使得北宋无力再发兵收复灵州。

咸平六年，李继迁建都西平府。北宋见灵州已陷，索性听之任之，遣张崇贵、王涉赴西平府与李继迁议和，并正式将夏、银、绥、宥、静五州交与李继迁。另一方面，北宋也开始拉拢沿边党项诸部与凉州的吐蕃六谷部。是年十一月，李继迁率军攻打西凉府（今甘肃武威），陷府城。当时的吐蕃六谷部首领潘罗支诈降，趁李继迁不备发动袭击。李继迁身中流矢，重伤身亡，李继迁之子李德明嗣位。

李继迁自太宗雍熙元年反叛，至真宗景德元年期间，宋、辽之间的斗争从未停止，在契丹"扶持党项抗宋"的措施下，李氏的势力迅速壮大。摆在宋真宗面前的党项问题，实际上有三点：如果长期分兵西北进行大规模征讨，军费开支的负担必然剧增，这点在其后仁宗朝体现得尤为明显；宋辽战场兵力空虚，契丹则势必乘虚而入；即使党项已灭，西北之患也远未解决。

于是景德元年，宋真宗遣张崇贵与李德明议和，同时加强对党项诸部的招抚，并数次击退党项的寇扰。如前文所说，宋辽于同年签订了澶渊之盟。澶渊之盟的签订，不仅促成了宋辽之间的和平，也使得党项无法获得来自契丹的直接援助。

景德二年（1005年），经过长期的讨价还价之后，北宋又与李德明签订了和约，史称"景德和约"。澶渊之盟和景德和约的签订，使得宋北方、西北边境得到了安宁。

实际上，契丹与党项的联盟，使宋与二者之间形成了一种新的战略实力平衡关系。而基于这种平衡所签订的和约，使三者迎来了一个相对和平的发展时期。

当时北宋西北地区除了党项以外，还有数支较为强大的势力：一是诈降射杀李继迁的吐蕃六谷部；二是回鹘诸部；三是自归义军发展而来的曹氏政权；四是吐蕃角厮罗部。景德和约签立以后，北宋与党项之间的冲突大有减少，李德明专注于对回鹘及吐蕃的攻掠。这种情况是宋真宗乐于看到的。

景德四年（1007年）三月，李德明遣牙吏上贡。此时宋真宗对王钦若说："德明屡言西凉府元属部内，见各纳质及人使往来，且继迁因攻西凉为其所毙。今德明意将阻绝六谷，使不得预缘边属户，朝廷若不绥抚，则德明足以复仇。近秦翰译六谷蕃书来上，但言为德明所侵，略无宁日，见搜兵警备。可以六谷书付张崇贵，令谕德明。"（《续资治通鉴长编·卷六十五》）

从这段话里可以看出，宋真宗对于李德明意欲"阻绝六谷"，而六谷部"略无宁日"之事是知晓的。将六谷部之上书转告李德明，则是一种刻意的放任。加之李德明已归顺，即可知此时的平夏李氏已经被宋真宗认为是北宋安插在西北地区的最好"钉子"。于是在接下来的时间里，宋真宗并未阻止平夏李氏对甘州回鹘及吐蕃六谷部的攻掠。

景德四年，李德明率兵攻打甘州回鹘，因吐蕃六谷部与回鹘互为支援，李德明遂退。

大中祥符元年（1008年），李德明再次进攻甘州回鹘，军主万子轻敌冒进，中伏大败。同年八月,李德明第三次攻打甘州回鹘,依然为回鹘击败。

大中祥符二年(1009年),李德明第四次发兵回鹘,依然败还。年底,李德明欲第五次进攻回鹘,又因占卜不利作罢。

大中祥符三年(1010年),党项西攻河州、甘州宗哥族及秦州缘边熟户。

大中祥符四年(1011年),李德明攻西凉乞当族,又为吐蕃六谷部所败。

大中祥符七年(1014年)十一月,宗哥族、角厮罗、温逋奇等藩部首领兴兵六七万与李德明对抗,并请奏北宋给予爵位与俸禄。当时的知秦州张佶则奏请驳回其请求,因为宗哥族、角厮罗、和尚等人于之前欲谋取寨城,其心有异。

自景德四年至大中祥符四年,李德明曾数次攻打甘州回鹘与吐蕃,均以失败告终,双方实力各有损伤。这表面上是宋真宗所预想的"以藩治藩"的场景。但其后的十数年里,平夏李氏虽略有寇掠,却以暗自蓄力、韬光养晦为主。

在这期间,还有另一段插曲。吐蕃李立遵与邈川(今青海乐都)大酋温逋奇拥立具有赞普血统的角厮罗为新的吐蕃赞普,并成立吐蕃角厮罗政权。李立遵自封角厮罗的"论逋"(即丞相),玩"挟天子以令诸侯"的把戏。其后,李立遵又请北宋立他自己为赞普,北宋拒绝了其无理请求。李立遵大怒,并于大中祥符九年(1016年)九月率数万兵马意欲侵宋。曹玮和秦州驻泊钤辖高继忠、驻泊都监王怀信率6000兵马渡过渭河迎战李立遵所部,并于三都谷(今甘肃甘西附近)大败李立遵大军,这就是著名的"三都谷之战"。其后,曹玮先破吐蕃,又笼络周边藩部,李立遵已知无力回天,便说道:"愿罢兵,岁入贡,约蕃汉为一家。"

▲ 西夏摩羯形绿釉陶建筑构件

(《宋史·列传第十七》)吐蕃之患也就此平息,但这也加深了北宋统治者"吐蕃反覆狼子野心"的观念。

可以说,正是因为宋真宗低估了党项部族,采取放纵党项的政策,才使得李元昊最终得以建立西夏王朝,并造成了北宋宝元至庆历年间的军事失败。

宋真宗天禧四年(1020年),

辽圣宗亲率50万大军，以狩猎为借口攻打凉州近郊。李德明率军抵抗，将辽军击退。次年，辽封李德明为大夏国王，试图再度拉拢李德明。同年，李德明改怀远镇为兴州，并于兴州建都。

宋仁宗天圣元年（1023年），李德明攻庆州柔远寨，巡检杨承吉战不利，北宋命曹玮为环、庆、秦州缘边巡检安抚使防备李德明。

天圣八年（1030年），瓜州回鹘王带千骑投降李德明。

天圣九年（1031年）十月，李德明逝世，时年51岁，其子李元昊嗣位。

李德明尚在时，李元昊曾数次向德明上谏"无臣中国"，李德明回答："吾久用兵，终无益，徒自疲耳。吾族三十年衣锦绮衣，此圣宋天子恩，不可负也。"李元昊则否定李德明说："衣皮毛，事畜牧，蕃性所便。英雄之生，当王霸耳，何锦绮为！"（《续资治通鉴长编·卷一百十一》）

从这段对话可以看出，终李德明一世，对北宋还是有一定感情的，所以没有大规模寇边行动，让北宋西北边境得到了二十余年相对的和平。这也使得党项依然未能引起北宋足够的重视，毕竟北宋建国以来的战略重点始终是北方的辽朝。而李德明的顺从，更使宋仁宗放松了对西北党项一族的警惕，甚至误以为平夏李氏已然真正成为北宋安插在西北的"钉子"。但历史的进程并不以个人的意志为转移，李元昊嗣位以后，战争的序幕再一次被拉开。

元昊嗣位烽烟起：西夏立国后的战争

李元昊的嗣位，是党项发展史中的一个重要转折。李德明韬光养晦所积蓄的力量，落入了怀着"无臣中国"之心的李元昊手中，进而给北宋西北边境造成了极大的威胁。宋与党项之间战争的序幕就此拉开。

李元昊自嗣位以后，便开始谋划独立于宋、辽之策。

首先是文化上的独立。

李元昊嗣位以后，自诩出于鲜卑拓跋氏之帝胄，改元"开运"，并设立伪朝、伪官，如同中原王朝一般行朝政。后来有人告诉他，"开运"乃后晋亡国时之年号，李元昊便又改元"广运"，不可谓不滑稽。他又制衣冠礼乐，并在平夏境内推行"剃发易服"之策。推行之初，李元昊先自剃发，后"及令国人皆秃发。三日不从令，许众杀之"。李元昊实行这些政策，无非是为了唤醒境内的民族意识，将党项诸部与其他民族区分开来。其后，李元昊创立西夏文，不再使用曾经一直使用的汉文，并派人至民间教授推广西夏文字，尽皆指向这个目的。

其次是统一西北诸藩。

早在天圣六年（1028年）五月，李德明便遣李元昊率军攻打甘州。这一次，李元昊凭借其父数十年韬光养晦所积蓄的力量，趁着甘州回鹘因辽的侵袭而势力大为削弱的空隙，顺利取得了甘州之地，回鹘可汗逃遁。

明道元年（1032年）九月，李元昊率兵攻打凉州。在甘州陷落之后，凉州已然孤立无援。李元昊声东击西将宋军引至环庆，趁机攻取凉州。在凉州危急之时，瓜州曹贤顺率兵来援，但其军赶到之时凉州已破。曹贤顺见势献瓜州于李元昊并归降。

李元昊取得甘、凉两州之后，河西走廊的肃、沙二州以及河湟地区就此失去了屏障，暴露于西夏大军之前。李元昊乘胜追击，意图侵占整个河西地区。

景祐二年（1035年）底，李元昊遣苏奴儿领2.5万人马攻角厮罗。苏奴儿战败被斩，党项军几乎全军覆没。李元昊遂亲自率领大军攻打牦牛城（又作"猫牛城"，今青海大通县长宁乡附近），一月不下，便诈称进行和议，骗其打开城门。及至牦牛城城门打开，李元昊之兵马立即杀入城中，并大肆杀戮。

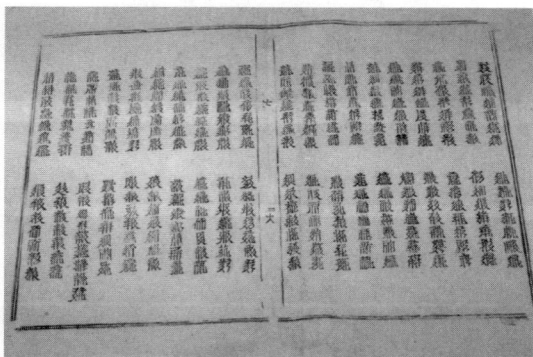

▲ 西夏文佛经《吉祥遍至口和（合）本续》

其后李元昊又攻打青唐（今青海西宁）、安二、宗哥（邈川城，今青海乐都县南）、带星岭诸城。角厮罗部将安子罗以10万兵马断李元昊归路。元昊经300余日大战，终于打败安子罗，但李元昊所部兵马溺死于宗哥河及饥死过半。

接着，李元昊继续攻击角厮罗，并兵临河湟。角厮罗知

▲ 西夏青铜敕牌

道寡不敌众，于是坚守鄯州城（今青海乐都），同时暗中离间李元昊军，探得其虚实。李元昊率军渡黄河之时，往河中插入旗帜以辨别深浅，而角厮罗则暗中遣人将旗帜植于深处以误导李元昊军。及至大战之时，元昊大军溃败而归，而手下兵士看旗帜渡河，溺死十之八九，被虏获者甚众。

景祐三年（1036 年），李元昊举兵攻打回鹘，并取瓜、沙、肃三州，"尽有河西旧地"。他又举兵攻兰州诸羌，南侵至马衔山（今甘肃榆中县西南），筑瓦川会城及凡川会城，留兵镇守，以断绝吐蕃至中原的道路。

及至景祐四年（1037 年），李元昊已"悉有夏、银、绥、静、宥、灵、盐、会、胜、甘、凉、瓜、沙、肃，而洪、定、威、怀、龙皆即旧堡镇伪号州，仍居兴州，阻河，依贺兰山为固"。（《续资治通鉴长编·卷一百二十》）

最后是军事上的准备。

李元昊先"置十八监军司，委酋豪分统其众"，且在边境驻扎重兵：在自河北至卧啰娘山一带驻兵 7 万人，以防备契丹；在河南洪州、白豹、安盐州、罗洛、天都、惟精山等驻兵 5 万人，以应对环、庆、镇戎、原州地区的宋军；5 万人屯于左厢宥州路，以防备鄜、延、麟、府诸州的宋军；在右厢甘州路驻扎 3 万人，以防备吐蕃、回鹘诸部；在贺兰、灵州分别驻兵 5 万人，并在兴庆府驻兵 7 万人。

·283

总计 30 余万党项军队部署于边境之上，来应对周围的威胁。

景祐元年（1034 年）至宝元元年间，李元昊还在府、庆、环、泾、原等州长期进行小规模的骚扰，以探宋军虚实，同时试图对边将进行离间。

宋仁宗宝元元年，李元昊做好称帝准备之后，便与诸豪歃血为盟，并计划先攻鄜延，自德靖、塞门寨、赤城路三道并入。

如开头所说，宝元元年十月十一日，李元昊在兴庆府南郊高筑祭坛，正式称帝。李元昊的称帝，使得北宋上下议论纷纷。宝元元年底，北宋禁止与西夏互市，并下诏抓捕李元昊所遣奸细。宝元二年（1039 年），北宋下诏削去李元昊官爵，除属籍，并在沿边悬赏，若斩首献，即赐以定难节度使。

同时，北宋再次加紧拉拢沿边藩部，依然意图继续实行"以藩治藩"之政策。

如宝元二年，北宋重贿角厮罗，赐地并赐帛 2 万匹。按当时参知政事程琳所言，"使角厮罗得地，是复生一元昊。不若用间，使二羌势不合，即中国之利也"。

是年，角厮罗奉诏出兵 4.5 万攻打西凉，但因西凉有所防备，角厮罗知不可攻，于是捕杀巡逻者数十人归还。

北宋在军事上也做了一些准备，将刘平、夏竦和范雍等一干较为有经验的将领部署于陕西路，以防备西夏的攻势。

宝元二年，李元昊攻保安军不克，又以 3 万大军转攻承平寨（今陕西子洲县南）。

▲ 辽鎏金鹿纹银鸡冠壶

夏军在承平寨与宋军相持六日。正在两军相持之时，李元昊听闻环庆钤辖高继隆与知庆州张崇领兵攻拔夏境的后桥堡（今甘肃华池东），同时淮安镇都监刘政、走马承受石金政又聚集大兵截断十二盘口。李元昊恐后路被断，只好从承平寨退兵。

李元昊由承平寨退兵后，随即声称要攻打延州。范雍听闻惊恐交加，于是上书求援并指出局势道："自昊贼不臣，鄜延、环庆、泾原三路并近贼界，河南麟、府亦接连延州，最当要害。其地阔远，而贼所入路颇多。又寨栅疏远，土兵至少，无宿将精卒，熟谙山川形势。"（《续资治通鉴长编·卷一百二十五》）

然而此时，李元昊却又遣人求和。结果，"雍信之，不为备"。不过，李元昊只是诈降，并未真正臣服。

康定元年（1040年）初，李元昊率10万大军从土门路（今河北井陉县）入，攻打保安军（今陕西志丹县）。范雍遂召刘平出兵往庆州，以阻挡党项入侵。正月十五日，刘平率兵发往庆州。

然而此时，李元昊早已从保安军处离开，并声称要攻取金明寨（今陕西安塞沿河湾镇）。当时的金明寨部都监李士彬为早年归顺北宋的延州地区党项族首领，其部属胡兵也都是当初跟随李士彬及其父李继周降宋的党项部众。这些胡兵主要被部署在延州外围以"控扼中路"。《涑水记闻》中记载，李士彬的职权范围为金明寨一带的"十有八寨"，"有胡兵近十万"。李士彬镇守延州外围多年，多次遏制党项的攻势，打败西夏大军，被党项人称为"铁壁相公"。因此在面对"铁壁相公"李士彬之时，李元昊早已做了一番准备。

此前，李元昊以锦袍、金带及一封书信置于金明寨附近。信中详细书写邀约李士彬叛变之事，意图离间北宋朝廷与李士彬。这条计策为鄜延路副部署夏随识破，他对众人说："此为夏人行反间计耳。李士彬与羌人有世仇，若有私下之约，互通赠遗，岂会使众人知晓耶？"同时对李士彬大加抚慰。见反间计未能成功，李元昊便遣宋降将刘重信招降延州的党项部族，结果被李士彬发现并处死。其后，李元昊又遣人以重利诱降宋保安军诸族巡检刘怀忠，刘怀忠不但没有接受，还将来使斩杀。然而李元昊并没有放弃，继续以金帛、爵位诱降金明十八寨中的党项部族。在攻打金明寨之前，李元昊遣其麾下衙校贺真到金明寨，暗中联系已叛降西夏的党项部族，以里应外合。

另一方面，当李元昊挥兵攻打金明寨之时，李士彬的 10 万胡兵是分布在金明一带 18 座军寨之中。故李士彬之子李怀宝谏曰："今当聚兵御寇，分则势弱，不能支也。"（《续资治通鉴长编·卷一百二十六》）但对夏军估计不足的李士彬并未听取李怀宝的建议，只做了粗略的战前准备。午夜之时，因李元昊之军还未到来，李士彬释甲而寝。然而次日一早，李元昊大兵骤然袭来，并与内应里应外合。毫无防备的李士彬父子均被擒获，其所部胡兵也多为李元昊招降，金明十八寨瞬时为李元昊所破。

李元昊计取金明寨之后，便乘胜发兵前往延州。刘平大军急行三日至保安，与石元孙合军一同前往土门（即塞门寨）。

此时范雍得知李元昊的真正目的在于延州，便急忙向刘平求助。及至正月十九日，刘平与石元孙大军到达土门，听闻李元昊攻打金明寨正欲发兵救援之时，范雍的求援恰至。为了避免与攻陷金明寨的夏军冲突而无法赴援延州，刘平便与石元孙绕回保安军，沿万安寨的路线火速赶回延州。他们于二十二日至万安镇（陕西省安塞县西南），并于翌日与黄德和、万俟政、郭遵合兵，此时五将合兵骑共计万余，大军结阵东进，驶往延州。

然而，李元昊早已率麾下 10 万大军在三川口（今陕西延安西北）设伏。当刘平等五将所部万余兵马行至三川口时，李元昊大军骤然发难，展偃月阵，以铁鹞子冲击宋军。西夏兵涉水过河时展开横阵，郭遵率兵与之近战阻其步伐，西夏军难以前进。当是时，宋军争相奋起，斩杀元昊军 500—700 骑。见无法渡河，西夏军便往后退，并持盾结阵，却被宋军再一次击退，宋军夺取其盾牌，又斩杀西夏军八九百人。日暮之时，西夏军又遣轻兵进逼，宋军战线被压后 20 余步。此时居阵后的黄德和见宋军被压制，便急忙率麾下兵士退至西南山。因为黄德和擅自撤退，宋军阵形被破坏，其后"众军随皆溃"。于是刘平遣其子刘宜追上黄德和，并言："当勒兵还，并力拒贼。奈何先引去！"企图将临阵脱逃的黄德和劝归阵中。然而此时，黄德和已为死亡之恐惧所摆布，根本顾不了宋军的胜败，对刘宜的话置若罔闻，顾自逃命。

黄德和临阵脱逃之后，夏军攻势愈发猛烈。此时刘平麾下大将郭遵心知此役难以身免，于是独自杀入敌军阵列之中，瞬间杀伤夏军数十人。李元昊遣骁将杨言出阵与郭遵对战，岂料郭遵手挥铁杵，一击击破夏将杨言之头，两军同时大呼。郭遵再次持铁枪挺进敌阵，所向披靡。夏军知郭遵之勇无人能当，便遣人拉起长索欲绊倒郭遵之马，却为其所断。郭遵乘胜奋起，以一当百，继续深入。夏军为郭遵之气势所吓，一度不敢靠近。但是郭遵终究是一骑深入，而敌军众多。西夏人让弓兵列阵射杀，郭遵躲避不及，坐骑中箭，最终郭遵落马战死。

与此同时，未能阻止黄德和临阵脱逃的刘平，只能遣军官仗剑于前尽力留住士卒，并力战西夏军，将其逼回河东面。之后，刘平率众退至西南山下，并筑7道栅寨以加强守备。

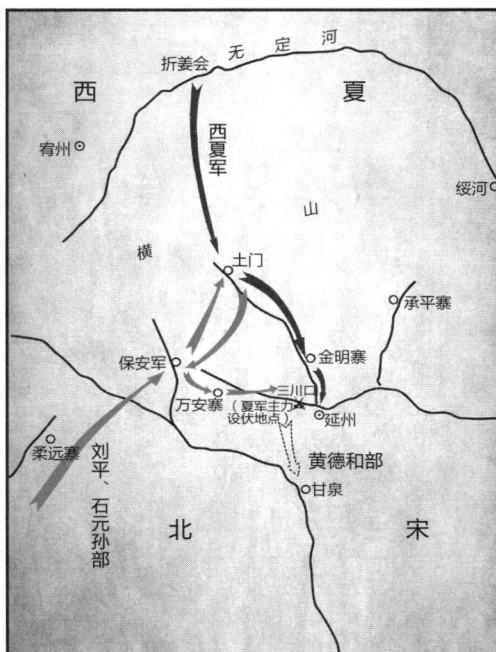

▲ 三川口之战行军图

夜里，李元昊遣人至寨前问主将何在，刘平告诫军士不予理会。过了一会儿，李元昊又遣人假扮成送文牒的戍卒，为刘平识破，杀之。其后，西夏兵又环寨大呼："几许残卒，不降何待？"刘平遣人高声回应："狗贼，汝不降，我何降也？明日救兵大至，汝众庸足破乎？"黎明时，贼兵又呼："汝降乎？不然，当尽死！"刘平又使人应之："汝欲和者，当为汝言之于朝！"

李元昊见刘平气概不凡，威逼难成，便命大军包围七寨，合击宋军。在大军包围之下，刘平、石元孙等军难以突围，兵败被杀。

消灭刘平、石元孙所部后，李元昊随即率军围攻延州城。范雍守城不出。夏军围城七日，时大雪纷飞，夏军疲惫不堪。宋鄜州都教练使折继闵及代州钤辖王仲宝等，又率军攻入夏境。李元昊匆忙由延州撤军，延州之围遂解。

三川口之战，李元昊可谓谋之久矣。宋仁宗景祐元年至宝元二年之间，李元

·287·

昊长期骚扰宋夏沿边，颇得宋军虚实，延州因"最当贼冲，地阔而寨栅疏远，土兵寡弱，又无宿将为用"（《续资治通鉴长编·卷一百二十六》）而被李元昊锁定。

李元昊这一次战役的战略目标，便是利用鄜延路的防御空当来夺取延州。其具体方案，则是围攻延州城，待宋援军到来之时，击溃其主力并进行围剿，然后再攻取延州城。在实际操作中，李元昊先以诈降使范雍放松警惕，随即又声东击西，使得刘平、石元孙等疲于途中，最终覆灭。他再围困延州城，并以逸待劳，期待在宋援军到来之时，以兵力优势对其进行压制、围歼。

而此战中，范雍最后据守延州城而未出兵，乃是正确的选择。西夏之兵数倍于宋军，即使范雍出兵也未必可以扭转局势。而延州城具有重要的战略地位，若是贸然出兵，兵败不说，延州城也为西夏攻陷的话，则可谓损失惨重。

宋军此战失利的主要原因，是陕西路守军太少，根本无法抵御李元昊的 10 万兵马。这主要是因为，如前所说，在李德明统治期间，宋与平夏李氏没有产生较大的冲突。而李德明的恭顺，使得宋仁宗对西北边防有所疏忽。及至范雍上任，意识到西北边防漏洞而请求增兵之时，为时已晚。

但此役李元昊还是低估了宋军的战力。三川口之战中，西夏以 10 倍之兵围刘平、石元孙之军，尚只博得相近的损伤，可谓讽刺。另外，在以往党项攻伐其他诸城（如耗牛城）的战役中，夏军已暴露其攻城能力不强的缺陷，在此战中亦有引范雍出兵而夺取延州城的意图。然而范雍据守不出，使得李元昊谋取延州城之意图破灭，可谓功败垂成。

▲ 西夏文印

▲ 范仲淹

▲ 宋仁宗

　　三川口之战后，北宋重新对西北边防进行调整。康定元年（1040年）二月，范雍以坐失刘平、石元孙等降知安州，临阵脱逃的黄德和则被腰斩。同时，北宋以夏守赟为陕西都部署兼缘边招讨使，以王守忠为都钤辖；接着又以夏竦为陕西经略安抚使，韩琦、范仲淹并为副使，命韩琦主持泾原路防务、范仲淹主持鄜延路防务，并且加紧笼络吐蕃角厮罗部。

　　康定元年五月，李元昊攻打金明之北的安远、塞门两寨，而取代范雍的知延州赵振按兵不出，安远、塞门两寨遂陷。其后，北宋以张存知代赵振知延州。八月，又以范仲淹知延州。

　　延州都监周美重夺金明寨后，又向范仲淹进言曰："贼新得志，其势必复来"，劝范仲淹加强防御。范仲淹于是命周美修复金明寨。

　　数日后，李元昊果然率领数万兵马向金明寨而来，并于延州城北30里列阵以待。周美率2000兵马与夏兵力战，及至傍晚援兵未至，便将军队徙于山北并设疑兵。夏军以为宋援军已至，遂退却。不久之后，夏军又从艾蒿寨出兵，周美率人从小道上山，令兵士手持火炬，张开大旗，并大声呼喊。夏军以为宋屯大军于山上，惊恐退走。宋军不费吹灰之力"获牛羊、橐驼、铠甲数千计"，随即募兵筑万安城而还。此次战役，周美率2000人马，以疑兵之计退数万夏军，使金明寨与延州城免于围城之祸，不可谓不智。

当时，夏军已攻下安远、塞门等寨。因而北宋的军事措施，首先是收复安远、塞门以解除夏军对延州的直接威胁。经过数次战斗，范仲淹、葛怀敏诸将已将安远、塞门等寨的夏兵驱除，加上之前收复的金明寨，延州周边党项的据点已全被拔除，延州的危机自此解除。

除此之外，范仲淹还一再上奏宋仁宗，请求兴修堡寨。至范仲淹离任前后，西北战略修复、新筑的堡寨达20余座。

此后，李元昊依仗横山之势与兵力优势，不断对宋沿边州城进行寇扰，并先后往镇戎军、秦州（今甘肃天水）、渭州（今甘肃平凉）等方向进攻，但均被宋军击溃。

▲ 韩琦

康定元年九月，李元昊率兵进攻三川寨（今宁夏固原彭堡乡西南）及附近的狮子堡、定川堡、刘璠堡。其后，他又连破干河、干沟、赵福三堡，接着集军包围镇戎军。时泾州驻泊都监王珪率3000名骑兵从瓦亭寨来援，泾原钤辖郭志高又率大军向三川寨而来。与此同时，韩琦派环庆副总管任福攻取白豹城（今陕西吴旗县南白豹乡）。白豹城为延、庆两州枢纽。因而李元昊听闻后，恐延、庆两州合兵危及夏境，于是匆忙由镇戎军撤兵，欲回救白豹城，却在路上遭任福伏击，兵败退去。

其后，范仲淹又部署都监朱吉驻延安寨，防御东路；指挥王信、黄世宁驻守保

安军，控扼中路；巡检刘政驻守德靖寨，据守西路。同时范仲淹命张宗武等分别
屯于要害，以扼敌势。不久之后，李元昊在绥州左近所修筑的近20座寨子均被范
仲淹所部人马攻破。自此，李元昊手下兵士遂相互告诫："今小范（范仲淹）老
子腹有数万甲兵，不比大范（范雍）老子可欺也。"（孔平仲《孔氏谈苑·军中有范西
贼破胆》）

三川口之战后，北宋上下对伐夏之策出现意见分化。以范仲淹为代表的保守
派认为"今缘边城寨有五七分之备，而关中之备无二三分"。要是宋军深入敌界，
则西夏据横山之险，守瀚海700里，宋军行军困难，粮草难及，难免讨之无功。因
此"为今之计，莫若且严边城，使持久可守；实关内，使无虚可乘"。（《续资治
通鉴长编·卷一百二十七》）北宋应该避免与夏军决战，同时坚壁清野、攻其后勤，使
西夏经济崩溃，当其人心离散、士气衰落、内乱不止之时，再对其进行讨伐，则事
半功倍。

另一边，激进派代表韩琦等误判党项兵力，认为"诚以昊贼据数州之地，精
兵不出四五万，余皆老弱妇女，举族而行"，所以应合泾原、鄜延两路之兵进讨西夏，
并指责保守派道："屯二十万重兵，只守界壕，不敢与敌。中夏之弱，自古未有。"
加之，北宋与西夏开战以来赋税不断加重，人民生活窘迫，若再行拖延，则"经
费益蹙，人情惶骇，师老思归，及期无代"，因此应急行征讨，除灭边患。

当时，自康定元年以后，北宋数次以内库及司农寺之存蓄以资西北军费，并
铸币以资西北军费。这一方面导致税收不断加重，而另一方面又造成了宋经济上
的通货膨胀，进一步加重百姓的负担。据李华瑞先生考据得下表：

宋代景德与庆历年间商、酒、盐等税

项目	景德年间	庆历年间
商税	450万贯	1975万贯
酒税	428万贯	1710万贯
盐税	355万贯	715万贯
总计	1233万贯	4400万贯

无论是通货膨胀也好，还是税收负担的加重也好，这实际上都直接或间接地转嫁到平民百姓身上，也引发了一些民间动乱。

当时的情况是，双方在这种小规模的战役中胜负互见，两边均未取得关键性的胜利，而长期战争给北宋的经济造成了不小的负担，可就在北宋朝廷内部主守派与主战派相持不下时，好水川之战爆发了。

庆历元年（1041 年）二月，李元昊再次诈降，为韩琦识破。之后李元昊在折姜会（宁夏同心县）点兵，意欲袭击渭州。李元昊的这一行动为韩琦得悉，于是命令镇戎军遣其 8000 兵马救援渭州，同时招募 1 万名勇士交与环庆副部署任福率领，迎击夏兵。

韩琦令任福自怀远城（今宁夏西吉县东偏城）经德胜寨（亦作得胜寨，今宁夏西吉县硝河乡）往羊牧隆城（宁夏西吉县将台公社附近）进军，袭击夏军后方；如果夏军攻势太强，则据险设伏，待西夏撤军之时再伏击夏军。韩琦的这一方案是进可攻、退可守。临行前，韩琦还将任福送至城外，并叮嘱道：“苟违节制，有功亦斩。”

可惜任福因曾经对夏军有不少胜绩，盲目乐观，率兵自镇戎军出发后，很快便违背韩琦的命令。他到了新壕外，便分兵两路前往怀远城。任福率数千轻骑至捺龙川，见镇戎军西路都巡检常鼎及巡检内侍刘肃所部宋军与夏军激战于张家堡。任福即入阵支援，并小有所胜，斩首数百。

夏军伪装兵败，不顾辎重，仓皇而逃。桑怿率兵追赶，任福引兵随其后。及至黄昏之时，任福、桑怿及常鼎、刘肃屯军于好水川，朱观与武英则屯兵于龙落川，相距 5 里。然而宋军诸将却都未能发现，前方是李元昊所设的陷阱。

当时宋将听闻夏兵为数不多，便愈加贪功冒进，纷纷请缨，沿好水川穷追夏军，至粮草断绝，士马乏食三日。

结果当任福大军继续前行至陇竿城时，西夏大军由六盘山下一涌而出，结阵于宋军之前。此时宋军诸将才猛然发现已踏入西夏的陷阱，匆忙调整阵列以迎击夏军，却为时已晚。桑怿行军在前，正犯夏军前锋；任福所部匆忙之下也未能结阵。此时西夏铁骑已结阵冲来，大军避让不及，伤亡惨重。

宋军恐再受西夏铁骑之冲击，欲取道上山以阻敌兵之攻势，然而山上伏兵顿时发作，猛然之间宋军应变不及，死伤甚多，桑怿与刘肃尽皆战死。夏军则趁隙断宋军之后路，合成包围之势。

任福知无法身免，奋力作战，身中10余箭。其麾下刘进劝任福投降，任福大声道："吾为大将，兵败，以死报国耳。"随后继续冲杀在前，最终战死。其子任怀亮亦死。

另一路，韩琦遣赵律率2200人马为援，并在姚家川与朱观、武英所部会合。任福被杀之后，夏军转而攻向朱观、武英所部。泾原路都监王珪率4500兵马增援，并列阵于朱观军之西。宋军几次欲破阵突围，均未能成功。随着时间的推移，夏军从陇竿城逐渐聚集而来，宋军则愈加疲于应战，阵东步兵首先溃败。战阵被破，军中恐慌四溢，阵形顿时紊乱，溃不成军。

王珪前未能搭救任福，今又被困敌阵，于是望东而拜，悲怆言道："臣非负国，力不能也，独有死尔。"言罢，持铁鞭身入敌阵，杀伤夏兵上百，至铁鞭弯曲、手掌破裂，仍奋力杀敌无人可挡。夏兵数次箭杀王珪所骑之马，而王珪"三中箭，三易马"。王珪落马后仍左右驰击，又杀夏兵数十人，最终为飞矢射中眼睛，战死。

武英知难以身免，便劝监军耿傅逃离。耿傅不从，武英叹道："英当死。君文吏，无军责，奈何与英俱死？"耿傅听罢不作声，奋起杀敌，身中数枪，重伤身死。

当时龙落川一路宋军，武英、赵律、王珪诸将及监军耿傅皆战死。而六盘山周围诸堡寨所携6000援军也陷没于敌阵。及至夜幕降临，泾原部署王仲宝率援军前来救援，并与朱观会合，朱观

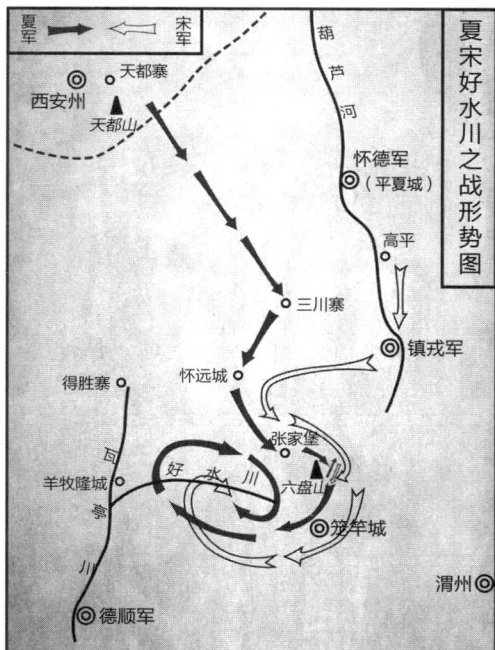

▲ 好水川之战行军图

率残军千余人与王仲宝退至民垣，并四向纵射，使夏军疑有伏兵而撤军。

好水川一战，韩琦本已规划行军路线，然任福自镇戎军离开后，并没有按照韩琦规划的路线进军，而是在怀远寨外的新壕分兵两路赶往怀远城，后被夏军逐一击溃，遂使得好水川之战战败。而夏军则由折姜会出发，经三川、怀远城南下至张家堡，诱得任福大军后，再沿好水行至羊牧隆城附近。李元昊所部 10 万大军经天都山过得胜寨南下，并于羊牧隆城附近设伏，于是获胜。

其实，宋军惨败还有更深层次的原因。当时北宋西讨之策悬而未决，而范仲淹恐西夏趁边防空当侵入关中，于是未能出鄜延路之兵与韩琦合兵。

不过，好水川一战中，李元昊以精兵 10 万兼以设伏，虽然使宋"将校士卒死者万三百人"，但夏军死伤亦多，可谓得不偿失。时任西夏军师的张元虽然在界上寺题诗："夏竦何曾耸，韩琦未足奇。满川龙虎辈，犹自说兵机。"讽刺宋军好水川之败，夸耀自己的才华与西夏勇士之强，贬低宋方君臣之无能。而在了解战役全过程的人看来，此举倒更像是聊以自慰罢了。

庆历元年二月，李元昊又引兵攻打刘璠堡（今宁夏海原县西南），范仲淹遣刘政率数千兵马来援，夏军遂退回天都山。

同年七月，夏军又转攻河东路的麟、府二州。麟州都监王凯与夏军激战十余日，又得知并州高继宣率数千兵来援。夏军以数万人围之，但遭高继宣所部激烈反抗，损失惨重，不得不退兵而还。

八月，李元昊又破宁远寨（今陕西府谷县西北），并乘胜转攻府州。然夏军不擅攻城，而府州又壁垒坚固，夏军遂欲自山上偷袭，却被暗伏于山上的宋兵偷袭，夏军死伤惨重。于是夏军转攻府州城西南，时麟府路缘边都巡检使张岊及麟州都监王凯率兵与夏军在城外激战。李元昊又遣兵攻城北，时知府州折继闵命人增高城墙并坚守奋战。李元昊攻不克，随即又攻西门。折继闵率兵奋战，夏兵死伤千余，退兵而还。

其后，李元昊率兵攻下丰州，并夺永安、来远、保宁三寨以期断绝麟、府粮道，然后再次折回攻打麟、府二州。

十月，夏军进屯琉璃堡（今陕西谷县北），又为张岊破去。

十一月，李元昊又侵占建宁寨以断绝麟、府之间的通道，并于建宁寨伏击张亢。张亢率军奋力激战，又转攻建宁寨，夏兵弃寨而逃，张亢立即修复并派人驻守。其后，李元昊派兵争夺，与宋军激战于兔毛川，为张亢及张岊击败，溃退而去。麟、府二州之围乃解。

庆历元年十月，北宋对西北边防再一次进行调整。北宋首先将陕西分为秦凤、泾原、环庆、鄜延四路，并分别以韩琦知秦州、王沿知渭州、范仲淹知庆州、庞籍知延州，分统各路军务。

经好水川之战后，原本主攻派的代表韩琦也转向主守，这反映在其后的边防经营之中：

一是修复、修筑缘边堡寨；二是安抚、拉拢缘边藩部；三是夺取金汤（今陕西志丹县）与白豹（今甘肃华池县）两寨，以打通延、庆二州通路；四是选练精兵，整顿军队，以图加强防御，并谋取横山天险，使党项失去壁垒，其后攻之。

李元昊数次对麟、府二州的寇侵，均以失败告终。与此同时，在连年战争中，西夏经济已不堪重负。因而李元昊急欲取胜，以缓解西夏之窘境。

然而经范仲淹、韩琦的经营，秦凤、环庆、鄜延三路已固若金汤。宋方只剩泾原一路尚较薄弱，一来无险可守，二来王沿无军事才能，因此李元昊将第三次大规模寇侵的矛头，指向了渭州（今甘肃平凉一带）。

庆历二年（1042 年）九月，李元昊声称入寇。王沿命葛怀敏率军迎战，并命葛怀敏率兵据瓦亭寨（今宁夏固原县什字乡瓦亭村）设伏诱敌，以图胜利。然而葛怀敏至瓦亭寨时未见夏军，便违背命令，以瓦亭寨都监许思纯及环庆都监刘贺率蕃兵 5000 余人为左翼，以天圣寨主张贵殿后，并屯兵五谷口。

知镇戎军曹英、泾原路都监赵珣、西路都巡检李良臣、孟渊等皆率兵与葛怀敏会合。其后，葛怀敏以沿边都巡检使向进、刘湛为先锋，以赵瑜统奇兵为援，继续行军。及大军到安边寨之时，葛怀敏率军先行，自镇戎军西南又先引百余骑行于军前。走马承受赵政劝葛怀敏，此时离夏军已近，不应冒进，葛怀敏这才停下大军，并于当晚驻兵养马城。曹英等诸军将领在三日后赶到养马城，与葛怀敏商议征讨西夏军的策略。

诸将得知李元昊已徙军新壕外，于是商议于黎明对夏军发动突袭。赵珣说："西夏军长途跋涉，应趁其疲惫迅速发动攻击。否则以夏军数倍于我军的军力，必然

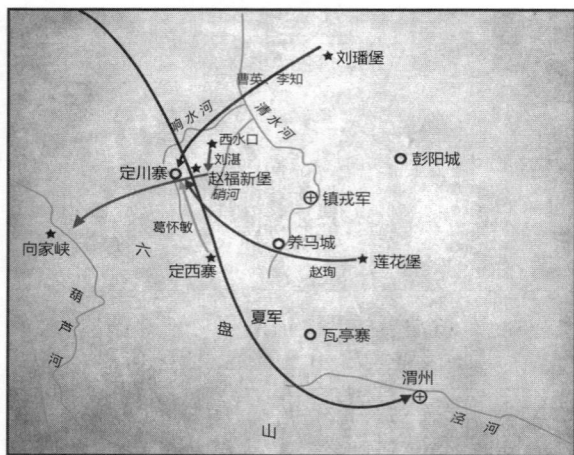

▲ 定川寨之战行军图

难以取胜。为今之计，唯有出奇制胜，可以沿马栏城布置栅栏阻塞夏军归路，并固守镇戎军以保障宋军粮饷。待夏军人困马乏、粮饷断绝之后，则可攻而胜之。若不依此，则必为夏军所屠。"

但葛怀敏不听，并命诸将分四路前往定川寨。

一路以曹英、李知由刘璠堡发兵；一路以赵珣由莲华堡发兵；一路以葛怀敏率军从定西寨出；一路以刘湛、向进由西水口发兵。同时要指出一点，当时的宋军并未合兵，而是由各军所处的堡寨发兵前往定川寨。

然而刘湛所部行至赵福新堡时遭遇夏军，败退至向家峡赵福堡左近。于是当赵珣及曹英两路将至定川之时，葛怀敏令其前往赵福堡救援刘湛一路的宋军。但赵珣、曹英两路宋军还未成行，便有谍报称西夏大军已行至定川。于是葛怀敏又匆忙召赵珣等入定川寨守卫，而葛怀敏也率军入驻。夏军诱兵已成，先毁掉板桥断宋军退路，并沿葫芦河西岸，穿过褊江川及叶变会，包围定川寨。同时夏军又断定川水泉上游，使宋军无水可饮。

葛怀敏遣刘贺率蕃兵到寨西阻拦夏兵阻断水源，然而一番激战后，刘贺未能取胜，余众溃去。

其后，葛怀敏领中军列阵于寨前，曹英列阵于东北方。夏军从四面而来，先攻葛怀敏之中军，然而阵坚难破，于是转攻东北方向的曹英军。时狂风突起、飞沙漫天，宋军队伍相失，战阵遂乱，兵士争相逃入寨中。

当时，曹英脸上中箭，血流不止，扑倒于战壕之中。宋兵见之，惊骇奔走。葛怀敏受伤，被救回寨中，方醒，即又选士兵据守门桥，挥刀以阻挡欲入寨的宋兵。赵珣等领刀斧手在前激斗，待骑军回阵合击御敌，夏军才稍后退。

当晚，夏军围于城西，面对宋军大营大呼："尔等非部署厅上点阵图者耶？尔善屯军，入我围中，今将何往？"稍后，郝从政军来援，于是葛怀敏召曹英、赵珣等诸将商议对策，决定结阵行往镇戎军。赵珣又一次提出建议，认为应该转道行至陇竿城，迂回前往镇戎军，并说道："彼无险，且出贼不意。"可惜诸将不从。

黎明时，葛怀敏以曹英、赵珣为先锋，刘贺、许思纯为左右翼，李知、王保、王文殿后，听中军鼓声便发兵。

葛怀敏上马临行之时，属下拦马劝其不可，葛怀敏不得已而还。其后，他又趁参谋郭京及指使等回城押运粮草之时，再次爬上马背，拔剑赶走拦阻之人，率军出发。

葛怀敏驰马往东南行军，驰行2里余至长城壕。此时才见道路已为夏军阻断，顿时宋军为西夏大军团团围住。面对西夏的10万大军，宋军损失了葛怀敏、曹英、李知及赵珣等16将，以及所部9400余宋兵、600余匹马，仅余葛怀敏之子葛宗晟与郭京、走马承受王昭明、赵政等退守定川寨。定川寨之战战败。

宋军步兵因军令未知而尚未进军，因而得以保存。屯于莲华堡的3000宋军及刘湛、向进屯于向家峡的1000宋军，均未能赶往救援。

李元昊得胜后，则乘胜行军，挥师南下，长驱直入，连破数寨，直抵渭州。西夏大军纵横六七百里，焚毁民居、屠掠百姓而去。及至十月初，环庆路经略安抚使范仲淹率军来援，夏军又为沿路守军所阻未敢深入，于是大掠而还。

特别要提到的是，定川寨之战远没有表面上看起来那么简单。西夏地处边鄙，土地贫瘠，因而李元昊窥伺关中实则已久。之前庆历二年，西夏国相张元向李元昊上谏："中国精骑并聚诸边，关中少备，若重兵围胁边城，使不得出战，可乘间深入。东阻潼关，隔绝两川贡赋，则长安在掌中矣。"（《西夏书事·卷十六》）

可见定川寨之战，李元昊的战略目标是假借攻取渭州，引泾原之兵前来并予以击溃，再乘隙借道泾原路攻入关中地区。

其实在康定元年，范仲淹早已预料到此情景，并上谏仁宗：

兵家之用，先观虚实之势，实则避之，虚则攻之。今缘边城寨有五七分之备，而关中之备无二三分。若昊贼知我虚实，必先胁边城。不出战，则深入乘关中之虚，小城可破，大城可围，或东沮潼关，隔两川贡赋，缘边懦将，不能

坚守，则朝廷不得高枕矣。为今之计，莫若且严边城，使持久可守；实关内，

使无虚可乘……若寇至，使边城清野，不与大战，关中稍实，岂敢深入？

所以自范仲淹此奏后，北宋在加强西北边防的同时，亦加实关内。因而当李元昊趋兵由泾原路欲入寇关中之时，所受阻力很大。同时，宋陕西四路中，鄜延路屯兵 6.8 万，环庆路 5 万，泾原路 7 万，秦凤路 2.7 万。若李元昊继续深入关中，一来关中已然有备，二来可能为四路兵马夹击，于是尽管已击破泾原路宋军万余，李元昊终究引兵退去，未敢再行深入。定川寨之战，西夏虽在战役上取得成功，却未能实现其战略目标。

庆历二年十月，李元昊在大掠渭州之后，又合兵趋往潘原（今甘肃平凉市东南）。知原州景泰率兵与夏军战于彭阳城（今彭阳县城白阳城）。李元昊故技重施，设伏佯装败退，为景泰识破。夏军最后退走。

同年十一月，李元昊又遣兵攻宋马蹄川城，为周美等击退。

纵观三川口、好水川、定川寨之战，李元昊的首要战略目标，都是围歼宋军大量有生力量，以取得西北战区的战略主动权。而限于夏军攻城能力，攻占宋军的城池，乃至于侵入关中地区，则不得不成为李元昊较为次要的目标了。

另外，如果仔细品味李元昊称帝以后的诸多战役，不难发现，夏军尽管凭借横山天险进退得据，但并未取得太多优势，还因北宋西北战略的逐步调整而渐趋劣势。

加之终李德明一世，青白盐禁未开。尽管边境地区在私下或多或少有进行青白盐交易，但宋夏战争爆发之后，北宋随即禁止了沿边互市。西北地区又物资匮乏，如果进行长期战争，西夏的经济必然难以维持。

在这种情况下，宋仁宗庆历三年（1043 年），即西夏天授礼法延祚六年，李元昊遣使议和。庆历四年（1044 年）十月，宋、夏达成和议，史称"庆历和议"。李元昊向宋称臣，宋册封其为"夏国王"。宋岁赐西北绢 15.3 万匹、银 7.2 万两、茶 3 万斤，并重开互市、榷场，恢复贸易。也就是说，北宋彻底承认了西夏的独立地位。

简单总结一下，在魏晋南北朝以前，西羌便已经迁徙至西北地区，其后又与周边少数民族、汉族混居，形成其后的党项部族。并且，唐代党项进行了两次大规模迁徙，其分布已遍及整个西北地区。而其中最大的一支党项，拓跋氏，亦即其后的平夏李氏，在唐末已然割据一方，并逐渐掌握横山天险。进入五代以后，

平夏李氏又积极保持与邻近政权的友好关系，借此得以稳定发展。

自入宋以来，平夏李氏凭借横山天险与七百里瀚海，在宋、辽的夹缝之中游走壮大，并与北宋展开了长期的对抗。西北恶劣的地理环境及北宋对西北较弱的掌控力，造成了宋军供给及行军上的困难。鉴于此，北宋认为应"息兵减费"，又欲凭借平夏李氏扼制西北回鹘、吐蕃等藩部，于是放任党项势力不断扩大与增长，最终放松了对西北的边备，导致宋仁宗宝元元年爆发边患。

与此同时，北宋自澶渊之盟及景德和约签订以来长期无边事。范仲淹总结北宋对夏军事失败的原因，说道："国家太平日久，将不知兵，兵不习战，而致不利也。非中国事力不敌四夷，非今之军士不逮古者，盖太平忘战之弊尔。"西北边将张亢亦认为"此皆将不知兵之弊也"。

也就是说，当时主持西北边务的范、张等人认为北宋军事失败的原因，在于军队长期缺乏实战所导致的军队作战能力与将领指挥能力下降。相对应的，在北宋三十年和平期间，党项连番征伐、统一西北诸藩，积累了大量实战经验，这一点是宋军无法比拟的。

特别是，此时的党项已经从最初的"每姓别为部落，大者五千骑，小者千余骑"，经历了"部有大姓而无君长，不相统一"的阶段，发展到西夏立国时"衣冠既就，文字既行，礼乐既张，器用既备，吐蕃、达靼、张掖、交河，莫不从服"，全国兵籍30万，这是党项之患在宋时与在前代之时最大的不同之处。

其后虽然通过范、韩的经营，北宋逐渐取得了西北地区的战略主动权。但一来，朝中大多数官员仍认为议和可以"息兵减费"；二来，长期的战争也对北宋的经济造成了不小的负担；三来，即使宋在西北已逐步取得主动权，但完全覆灭平夏李氏，依然任重而道远；四来，即使党项之患已除，西北还有诸多藩部，难以讨伐殆尽，朝廷即使能占一城，然而城外皆是藩夷；五来，西北地处贫瘠，诸如夏州、灵州等地粮食尚无法自给，北宋难以承担如此庞大的开支；六来，北面还有辽朝虎视眈眈。在这种情况下宋夏和议的达成，便不难理解了。

当然，李元昊打破了宋与辽、夏联盟之间的战略实力平衡，并试图在宋、辽的夹缝中谋求独立与自由。同时，宋、辽又并不认可西夏这种脱离自身掌控的行为。这就引发了之后宋夏以及辽夏之间的长期战争……

参考文献

原始文献：

[1] 《新唐书》

[2] 《旧五代史》

[3] 《新五代史》

[4] 《宋史》

[5] 《资治通鉴》

[6] 《续资治通鉴长编》

[7] 《西夏书事》

[8] 《西夏事略》

[9] 《辽史》

[10] 《历代名臣奏议》

[11] 《范文正集》

现代文献：

[1] 漆侠 . 辽宋西夏金代通史 [M]. 北京：人民出版社 ,2011.

[2] 王天顺 . 西夏战史 [M]. 银川：宁夏人民出版社 ,1993.

[3] 李华瑞 . 宋夏关系史 [M]. 石家庄：河北人民出版社 ,1998.

[4] 曾瑞龙 . 拓边西北 [M]. 北京：北京大学出版社 ,2013.

[5] 邱云飞 . 中国灾害通史（宋代卷）[M]. 郑州：郑州大学出版社 ,2008.

[6] 程龙 . 北宋西北战区粮食补给地理 [M]. 北京：社会科学文献出版社 ,2006.

[7] 史念海 . 河山集（卷四）[M]. 西安：陕西师范大学出版社 ,1991.

[8] 王钟翰 . 中国民族史概要 [M]. 太原：山西教育出版社 ,2004.

[9] 吕思勉 . 中国民族史 [M]. 北京：东方出版社 ,2012.

[10] 周伟洲 . 早期党项史研究 [M]. 北京：中国社会科学出版社 ,2004..

[11] 李范文 . 西夏通史 [M]. 北京：人民出版社 ,2005.

[12] 白滨 . 党项史研究 [M]. 长春：吉林教育出版社 ,1989.

敦煌

西域汉土的千年悲歌

作者 / 宇文若尘

缘起：电影《敦煌》简介

电影《敦煌》拍摄于 1988 年，为纪念"中日邦交正常化"10 周年而拍，拍摄地虽在中国，但原著作者、导演、演员及投资方都来自日本，制作费 45 亿日元，约等于 2 亿人民币。高投资换来了高质量，此片至今仍被军事历史爱好者奉为史诗片难以超越的经典。

关于这部电影，相信中国观众有太多的疑问等着解答：

一部以中国历史为背景且拍摄地也在中国的电影，为何从原著作者到导演、演员及投资方都是日本人？

尽管距离首映日期已经过去整整 25 个年头了，在拍摄技巧早已天翻地覆的今天，国内的军事历史爱好者们仍然将本片奉为史诗大片难以超越的经典，它到底厉害在何处？

片名为《敦煌》，为何从原著到电影，差不多故事进行到一半了，才真正有敦煌城的影子？到底是讲西夏人的故事还是在讲敦煌城的故事？

这个故事是真的吗？一个宋朝举人，跑到当时并不属于宋朝统治疆域的河西地区去参加西夏人的军队，跟回鹘人打仗，又为了一个回鹘女人，跟西夏统治者反目成仇，这样的故事合理吗？

在沙漠远端远离中原内地的地方，中间阻隔着西夏人、回鹘人甚至还有吐蕃人的地方，为何还会有一个完全由汉人统治的敦煌城存在？

在历史上，这些人物是否都是真实存在过的？赵行德、回鹘公主、敦煌太守曹延惠、西夏军汉人部队的首领朱王礼，都是真真实实存在的吗？特别是在中国历史上本来就以神秘著称的西夏王朝，他们的开国君王李元昊是否真的如电影中的那个枭雄冷血到极点？

从某种意义上来说，拍这部电影的目的就是为了向 20 世纪人类最伟大的古文献发现之一的"敦煌遗书"致意。那么，"敦煌遗书"又是什么？有何意义？为何值得如此大动干戈？

……

相信类似的疑问还有很多很多。本文，将为大家一一解开这些谜题。

剧情简介

庞大且从无中断的东方文明体系中，确实一直延续着《三国演义》开篇所说的那个传统：天下大势，合久必分，分久必合！当华夏进入五代乱世的大分裂时期，历史也就再度走到了新的大一统时代关口。统一天下的这个重任落到了北宋王朝的肩头上。

但是，历史在这个关头却走出了一条跟前两个大一统时代稍微不同的轨迹，大宋王朝未能将非农耕的政权都压回传统的农耕地带以外，由契丹人建立的辽朝占据了具有战略意义的燕云十六州地区，从而令统一的中原王朝第一次在长城以内面对游牧敌人，终北宋一朝，都无法战胜契丹人，北宋也一直延续着用钱买和平的屈辱传统。

这还不算，西北还出现了第三个巨头的身影——一个名为"李元昊"的党项人在西北地区建立了一个堪与上述两强并列的第三帝国。这个名为"西夏"的帝国无论从疆域面积还是人口数量来讲，都完全无法同上述两个帝国相比，却出人意料在西北站稳了脚步，令两个大帝国无可奈何，只能干瞪眼。

李元昊称帝后，同宋朝和辽朝先后发生过四次大规模的交战，每次交战双方投入的兵力都有 10 万以上。更可怕的是，这四次大战，他全部取胜，一个原本只能在宋辽对峙的夹缝中生存的小国西夏，从此崛起，能够与这两个大国三足鼎立，傲然挺立在东方。

电影里面，刚出场时的李元昊——这头后来让整个中国都震惊不已的西夏之狼——在试图夺取河西走廊时，他的实力只能用一个词来形容：羽翼未丰。这个词不但可以用来形容李元昊，还可以用来形容当时的西夏政权，因为此时李元昊的身份还只是西夏国的太子，西夏的国力也远未到可以同宋和辽两个大帝国公开叫板的地步。

为了取得立国根基，能够同宋和辽两个大帝国相抗衡，已经拥有河套平原的西夏李家，还必须夺取河西走廊的控制权：在经济上独享丝绸之路的贸易大权，军事上拥有河西地区优秀的凉州战马等战略资源。于是，从李元昊的爷爷李继迁开始，西夏李家便有了三代人持续不断争夺河西控制权的历程。电影《敦煌》的故事便发生在这种大历史背景下。

▲ 令西夏人垂涎的河西走廊五个州，自东向西分别是：凉州（武威）、甘州（张掖）、肃州（酒泉）、瓜州（安西）、沙州，故事的焦点是敦煌城，就在最西最远的沙州

当时，虽为西夏国太子①却成熟老成的李元昊，自然而然成为这个故事无法避开的主角——反面主角。正面主角则是一个来自宋朝的落第举人赵行德，这个半虚构的人物（确有其人，但具体经历是虚构的），在李元昊即将征服河西走廊头号大敌甘州回鹘政权之际，误打误撞来到河西地区，被迫加入西夏军队的汉人部队参与了此次大战。

经过精彩而激烈的大战，李元昊指挥的西夏大军彻底击败了甘州回鹘军队，赵行德随着打前锋的西夏军汉人部队第一个进入甘州城内，并在城头发现了那位后来引发多方爱恨情仇交织的美丽女人——回鹘公主斯鲁比娅。

当一个铁血的征服故事出现美丽女人的身影时，就不可避免地要向柔情方向发展，赵行德毫不犹豫地藏起了是敌人的回鹘公主，经过一段时间的接触后，两人又不可避免地产生了爱情。因为爱情，赵行德差点放弃了自己踏上西北之旅的初衷——学习从未见过的充满神秘色彩的西夏文字。

但命运就是这么不可思议，就在赵行德打算为了爱情放弃学习西夏文时，他却接到了来自西夏国主李元昊的命令：离开甘州，去西夏国的都城学习西夏文。

离开甘州，就意味着要离开回鹘公主，因为回鹘公主如果跟他到西夏国都去，一定会被西夏人杀死。是遵从命运的安排去实现理想，还是反抗命运去追逐爱情？赵行德如同一切浪漫故事里的主角一样选择了后者，但在带回鹘公主逃往河西走廊汉人最后的根据地敦煌城的途中，他们在沙漠中迷路了，差点一起死去。

无法抗拒命运安排的赵行德无奈地踏上了学习西夏文之旅，将回鹘公主托付给好友——西夏军汉人部队的将领朱王礼，并约定好时间回来找她。

---

① 电影里面，李元昊出场时就是西夏太子，但事实上，他要在甘州与回鹘人打完仗后才被立为太子。

大历史中的小人物，很少人能拥有李元昊那样可以左右自己命运的机会，李元昊为了摆脱西夏在宋、辽两个大国夹缝间生存的命运，统领一支铁血军队展开了冷酷无情的征服——命令军队荡除任何挡住自己的势力，命令赵行德离开自己的爱人去学习西夏文，想也不用多想就将在朱王礼处发现的美丽女人作为自己的女人。而其他人，只能眼睁睁看着自己被他人左右命运。

　　赵行德学完西夏文后，回到当初约定的地方，好友朱王礼却无法交还回鹘公主了。在李元昊这样的强者面前，一军将领的朱王礼也只是个无法左右自己命运的小人物。小人物对抗大人物，方式有很多：回鹘公主选择在大婚之际刺杀李元昊，刺杀失败后毅然决然地从城头飞跃而下，以死明志；赵行德选择在战场上以自杀式的进攻同敌人拼杀以求速死，身受重伤活过来后，却意外在经籍的世界里找到了精神支柱；而朱王礼，则暗中等待时机以杀死李元昊来报仇雪恨——没错，他跟另外两个男人一样，也喜欢上了回鹘公主这个美丽的女人，李元昊夺走回鹘公主之举让两人结下了死仇。

　　最后，故事的所有焦点都聚在了敦煌城这座河西走廊上最后被李元昊征服的城池。敦煌城，此时迎来了归义军政权在历史上的最后一次出场。当李元昊想夺走敦煌太守的一切时，率西夏军汉人部队先行赶到敦煌的朱王礼趁机鼓动太守跟自己联合起来，在李元昊没有戒备入城之际发动突然袭击，将李元昊杀死。

　　但此举并没有改变历史，偷袭并没有成功，李元昊躲过此劫后，冷冷地说道："在历史上留下名字的，绝不是你！"他立刻指挥西夏军队发动反扑，敦煌被攻破。敦煌太守绝望之际投入了熊熊大火，朱王礼流完最后一滴血后也死了。而赵行德，城破前就已决定死也要保存好经籍，于是，他将敦煌太守用一生收藏起来的宝贝运送到了莫高窟一个隐蔽的洞窟。

　　当一切烟消云散后，敦煌城最终还是被列入了西夏的统治范围内，所有反抗李元昊的人都死了，知道那批经籍掩藏地点的人也死了，唯一的存活者赵行德则下落不明。历史终归是历史，从来没有人会永恒，曾经风云叱咤的李元昊也一样，他能存留到今日的，也不过只有西夏某座皇陵里的一具枯骨。然而，经籍却不一样——那批被隐藏起来的经籍，在千年后被一个道士不经意地一敲而重现人间，消失于历史缝隙中的部分记忆再次被人唤起，一个前所未有的艺术世界又重现于世人面前。

　　某种程度上，要搞懂这个故事背后的历史，就一定要先了解西夏（此前是西夏王国）的创建者李元昊这个人物的历史。李元昊，是一个实实在在的历史人物，一个在史书上留下了大量记录的人物，一个真实到让你觉得，将中国历史上出现过的一切枭雄的性格都集中到他身上也不为过的人物。他是一个桀骜不驯、权谋如神、冷血到极点的人，电影里面的朱王礼这样评价他："那可是一个随便就杀死了自己母亲和妻子的家伙。"这没有丝毫夸张，真实历史中的李元昊，就是这样一个冷血到极点的人。为谋权，他毫不留情地举起屠刀，砍死了生他养他的母亲。在历朝历代的权力斗争中，帝王之母被废后打入冷宫的大有人在，但对亲生母亲痛下杀手的，唯李元昊一人而已。凭此一条，他就足以列入中国历史上最残忍无情者的行列。

　　更夸张的是，他连自己刚出生的儿子都杀，只因儿子出生后，有人说了一句："这孩子长得不像你。"李元昊就怒从心起，将儿子连同其生母一起扔进河里喂鱼。

　　李元昊所建立的西夏虽然只占据了中国传统疆域的西北一隅，但是其权谋的多变性和性格的残忍嗜杀程度，在整个中国历史上都可以排上前列。

　　在通往权力的道路上，李元昊奉行的原则是"挡我者死"：舅舅挡路就杀舅舅，老婆挡路就杀老婆，甚至当母亲被卷入权力之争后，他也毫不留情。笔者相信，倘若当年他的父亲李德明不想将王位传给他，而是传给别的儿子时，他一定会毫不犹豫将父亲也干掉。

▲ 李元昊骑马塑像

　　历史中的李元昊，也发生过电影中类似抢别人女人来结婚的荒唐事，而且抢的不是别人，是自己的儿媳妇：在太子大婚前夕，他将太子的婚服抢来穿在自己身上，代替太子当起了新郎。因为此事，李元昊后来被太子刺杀削掉了鼻子，失血过多而死。

　　跟李元昊相比，电影里其他几个角色在真实历史中的存在感近于虚无：朱王礼完全虚构；赵行德和回鹘公主的名字仅在敦煌后来发现的某份文书里出现过一次，其中，赵行德的身份是"大宋国潭州府举人"，回鹘公主则是"甘州小娘子"，"甘州小娘子"在历史上是不是回鹘王的女儿甚至是不是回鹘人都很难说。除这些人外，在史书上露面最多的敦煌太守曹延惠，也不过只有只言片语的提及罢了。

谜题开始：重现人间的敦煌遗书

拍摄电影《敦煌》的目的，通过影片结束后出现的字幕及画外音才凸现出来：这个让观众几乎难辨真假的故事，是要告诉人们，敦煌曾经发生过这样一个故事，正是因为这个故事，才有那批珍贵的"敦煌遗书"。

那么，什么是敦煌遗书？它有什么特殊意义？为何原著作者和导演大费周章来讲述这样一个故事？不管是原著小说还是由小说改编拍出来的电影，名字都是《敦煌》，这似乎意味着，这个故事最终的焦点是敦煌这座悬孤在中原外的奇妙之城，而不是故事里主角赵行德与回鹘公主、李元昊、朱王礼等人之间的爱恨情仇。

一切源于 20 世纪初，那个震惊全球的发现：一批已经被世人遗忘了近千年的文书被发现了，它们很好地被隐藏在敦煌莫高窟的一个洞窟里，由于洞口用泥墙封死并且画上了壁画，近千年的时间里人们一直没有发现这个秘密，直到被一个名为"王圆箓"的道士偶然发现。

这批文书令人激动之处在于：数目庞大（有 5 万多件）、文字量大（数千万），为文献记录提供了一个前所未有的新资料库。"就其内容和规模来说，毫无疑问是盘古开天地以来，最最重大的发现之一，其意义不啻阿房宫再现于荒原、恐龙复生于山林、古与今开通了时间隧道。"①

但这批珍贵经籍是什么时候被什么人出于什么目的埋藏在这里的，却找不到任何文字记载，这就引起了文化界人们的极大兴趣，来自日本的文艺家井上靖先

_____

① 引自《劫尘遗珠：敦煌遗书》的第一章《敦煌文献的发现》。

生夺得先机，为其虚构了一个可能：

公元 1036 年，位于河西走廊最西端的敦煌被西夏李元昊征服，具有文化使命感的主角赵行德为了避免战火的焚掠，便设法将这一大批经籍藏了起来。一同参与此事的其他人很快死于非命，这个秘密被唯一存活下来的赵行德一人持有。此后，西夏人牢牢控制住了敦煌，赵行德至死也没有机会回到敦煌处理这批文化宝藏，由此，秘密被保存了上千年，直到被王道士发现。

这样一个故事，充满了史诗般的苍凉感。井上靖对敦煌遗书来历的虚构也有这种意味，虽然其虚构的故事有很大漏洞，这个故事建立在西夏人对敦煌有牢固的统治基础上，但事实上，西夏要同宋朝开战，对敦煌的统治并不牢固，敦煌隔年就落入另外一股势力手中，30 多年后，西夏人才真正统治了敦煌，赵行德仍有机会回到敦煌处理这批经籍。

但我喜欢这段虚构，冰冷无情的文字背后有浓浓的史诗味。但史诗意味着真假难辨的传说色彩，意味着在口耳相传的过程中有可能产生各种各样的偏差，以致后来的版本跟原先的版本天差地别。这批珍贵经籍到底是在什么样的历史背景下产生的呢？

没有任何文字记录过敦煌遗书，可以说最初埋藏这批经籍的人死后，人类就失去了对这批经籍来历的记忆。换句话说，王道士发现它们之前，它们从来没有出现在后世人们的记忆里。正是这份空白，引起了文学家井上靖无穷的想象力，于是就有了《敦煌》这部伟大的历史小说和同名电影。

文艺家的想象，是建立在史家整理过的史料基础之上的，但那个时代的敦煌城，并没有留下成体系的文字记录（敦煌遗书里也没有），今天的人们只能依靠中原王朝史官们的记录来获得它的信息。但由于当时的中原王朝恰巧又处于唐末五代宋初的混乱时期，对敦煌城的记载难免会有各种缺失和错漏，一些关键的史

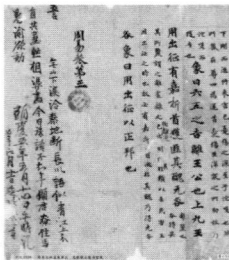
▲ "敦煌遗书" 展示

▲ 敦煌遗书在藏经洞内的情景，图上的人物是敦煌遗书第二号大盗法国人伯希和

▲ 《敦煌》原著作者井上靖先生

料要么前后矛盾，要么这本书里是一个版本，另一本书又是另一版本，给今天的人们了解敦煌城的历史造成了种种困难。比如，记载宋朝正史的官修《宋史》里面，跟这个故事有重大关联的敦煌城主人名字就被错记成了曹延惠，事实上他叫曹贤惠。《宋史》的错误也导致井上靖犯了错误，原著《敦煌》的曹贤惠写成了曹延惠。曹贤惠的爷爷叫曹延恭，爷孙名字里都有一个"延"字，这与汉人取名讲究避讳的传统习惯极不相符。①

再如，故事第一大反角的李元昊，在历史上他是被自己名为"宁令哥"的儿子所杀，然后，宁令哥又被另一股势力所杀，最后，接任西夏国皇帝之位的是李元昊年仅一岁的另一个儿子李谅祚。但在《宋史》里面，宁令哥和李谅祚被错误地认为是同一人，而且没有宁令哥弑杀李元昊的记载。

因此，在这种状况下，想要弄清楚当时的历史真相，实在不是一件容易的事，今天我们能做的，只能将这些点点滴滴不成体系的碎片整理一下，并经过综合分析推理，大致勾勒出那个时代的轮廓。

下面，我们就一起来看看，一千年以前的敦煌城都发生过什么精彩的故事吧！

层层剥开河西走廊的历史

自东南的凉州开始，河西走廊一共有五个州，分别是：凉州、甘州、肃州、瓜州和沙州。其中，故事的焦点敦煌城就在最西最远端的沙州。为何会叫沙州？因为从这里再往西，就是连绵不绝的沙漠了，古人因此将敦煌城所在的这块绿地称作"沙州"。古人送行诗中所谓"西出阳关无故人"的"阳关"，就在沙州。

在西夏人的势力介入之前，狭长而具有重要战略意义的河西走廊大致分布着

---

① 敦煌太守的名字问题，实在麻烦，按照真实的历史记录（将错误信息排除之后），敦煌太守（就是沙州太守）叫曹贤顺，也就是归义军末代节度使本人，那么，电影中出现的"曹延惠"是怎么回事呢？这个名字准确地说是"曹贤惠"才对，他是曹贤顺的亲弟弟，镇守此时归义军政权两块地盘中的另一块——瓜州（所以，曹贤惠是瓜州太守）。井上靖的原著也是这样安排的，只不过被《宋史》误导，"曹贤惠"被误记成了"曹延惠"。到电影里面，导演为了让剧情更紧凑，将两个角色合并成一个人，用的却是那个错误的名字"曹延惠"。所以，电影里面只有敦煌太守，没有瓜州太守，且一律称作"曹延惠"。真实历史中，敦煌太守应该是曹贤顺才对，这一点，在下文中要注意，如果称敦煌太守是"曹延惠"时，指的是电影。

▲ 敦煌东门"迎恩门"内牌坊（斯坦因摄）

三股势力。这三股势力的分布是：凉州由吐蕃人和吐蕃化的汉人盘踞，他们组成了一个被称作"六谷吐蕃联盟"的联合政权；甘州由回鹘人盘踞，这个政权被称作"甘州回鹘汗国"；剩下的三个州，由历史上充满传奇色彩的汉人归义军政权占据，归义军政权的驻地就在最西边的沙州敦煌城。

随着西夏人的崛起，这三股势力逐一被扫平，整个河西走廊被并入西夏王国，成为西夏抗衡宋朝和辽朝的强力后方基地，直到两百年后蒙古人进攻为止。与世界上的任何一次征服一样，这个并入的过程必然伴随着无穷无尽的博弈与杀戮。

故事得从西夏李家第一代创业者李继迁试图染指河西走廊的时候讲起，其中当然少不了河西走廊的历史，而河西走廊历史中最重要的一部分就是汉人归义军政权的历史，因为敦煌遗书的产生很可能与这个政权有关系。故事的起源，又可以从那场震惊中国的安史之乱讲起。安史之乱，不仅将唐朝的历史拦腰截断，也将整个中国的历史拦腰截断，远在西北荒凉之地的河西走廊也被这场大动乱狠狠撞了一下腰。

河西归义军政权的前世今生

在唐朝威风八面的时候，其数万公里的边境线上，一共任命了10位手握重兵的节度使，他们的总兵力接近50万。凭借这些强大的军队，唐朝维持着"万国衣冠拜冕旒"的强盛局面。对具有重要战略意义的河西走廊，唐朝任命了河西节度使以保证它的安全。节度使的驻地在凉州，总兵力排行天下第三，有73000多人，仅次于安禄山坐镇的范阳节度使（91400人）和哥舒翰坐镇的陇右节度使（75000人）。凭借如此强大的兵力，河西节度使牢牢掌控着丝绸之路的战略要道，令试图染指河西走廊的任何野心家都望而却步。

一切变动，都始于公元755年的那场大动乱。

310 ·

安史之乱爆发后，镇守西域和河西走廊的大唐守军精锐陆续被东调参与平乱，西域和河西出现军事空虚。大唐平定安史之乱后，内部仍然被持续不断的战乱困扰，再也无法派出新的军队去维持西域和河西的统治秩序了。

根据以往的历史习惯，如果中原王朝无力维持对河西地区的统治，河西地区往往会出现割据自立的政权，如两汉之交出现的窦融政权、隋末动乱出现的李轨大凉政权等，而东晋十六国一百多年的大混乱中更是一口气出现了五个割据政权：前凉、后凉、西凉、北凉和南凉。

但是，河西地区要出现割据政权，除中原王朝陷入混乱无力统治外，还有一个必要条件是，周边没有能够威胁河西走廊安全的势力存在。上述几个割据政权成立时，河西走廊周边并没有这种势力存在，但唐朝的时候有与唐朝相匹敌的政治势力——吐蕃。

唐朝开始威风八面的时候，吐蕃人也开始在青藏高原崛起并同大唐展开了势均力敌的较量。在著名的大非川一战中，吐蕃40万大军在一代名将论钦陵的统领下，让大唐名将薛仁贵遭遇了耻辱性的失败——唐军不但全军覆没，而且在整个交手过程中全无还手之力。

大唐盛世百年，几乎就是与吐蕃人争夺地盘的过程，特别是在远离中原地区的西域和河西一带，双方在百年间不知发生了多少次激烈的交锋，光是武则天时代就有西域三陷三复的记录。不幸的是，唐朝遭遇安史之乱并从此衰弱下去的同时，吐蕃却处于上升期。在此大背景下，早就对西域和河西地区垂涎不已的吐蕃利用唐朝的内乱时机，不断对这些地方展开军事攻击，将这些已经得不到唐朝庇护的地方相继攻克。而西域和河西的大唐守军，上演了一出史所罕见的悲壮大戏，在孤立无援的状况下对吐蕃人轮番进攻，各自坚守了几十年之久，特别是河西地区，后来还出现了大名鼎鼎的以敦煌城为根据地的"归义军"政权，在少数民族政权的重重包围下还一直坚持华夏传统的汉人自治势力区。

公元763年，吐蕃的20万大军突然杀到长安城下，仓皇之间，大唐皇帝再次延续了唐玄宗以来的"优良传统"，见势不妙就抛弃帝国之都长安城。繁华的长安城，古代史上全球第一大城市长安城，就那样轻而易举地被吐蕃人攻克了。十五天后，吐蕃人才带着满满的战利品心满意足而去，留给大唐军民一个残破的长安城和唐朝皇帝再也不肯信任普通将军的破碎的心。

吐蕃人杀到长安城下的时候，唐朝各路将领因痛恨宦官程元振等人的飞扬跋扈与滥杀无辜，接到中央的调兵令后居然都按兵不动，不肯带着自己的军队保卫长安城，其中包括在平定安史之乱中立下第一军功的李光弼。

唐朝皇帝望穿秋水也没望到军队来护驾，只好仓皇出逃。从此以后，他再也不肯信任各路将领了。但负责皇帝安全的中央禁军总还得有人来指挥吧？谁来指挥啊？答案是没有命根子的公公们——宦官。由宦官统领的唐朝军队，此后再也无法在战场上战胜割据自立的藩镇军队和吐蕃军队了。在这种情况下，被内忧外患困扰的大唐王朝对已被吐蕃人隔绝联系的西域和河西走廊，显然无力继续维持经营了。

虽然吐蕃人的势力已经深入关中，且随时可以再侵扰到长安，但此时的西域和河西走廊大部分地区，精锐被抽走后剩下的那些老弱残兵依然为唐朝坚守着——在与朝廷失去联系且苦无援助的情况下，仍不肯投降。既然如此，这些守军的命运又将如何呢？

天宝年间，河西节度使拥有兵力 73000 人，但精锐尽数被征调走后，河西兵力变得十分薄弱。在公元 764 年的仆固怀恩之乱中，为了从背后牵制这股 10 万人之多的叛军，河西节度使派了 5000 人。战斗的结果不难想象，这 5000 人几乎全军覆没，河西节度使最后的军事力量几乎被摧毁殆尽。不久，吐蕃人围攻河西节度使驻地凉州，凉州守军寡不敌众，节度使杨志烈突围到甘州并在那里被沙陀人杀害，凉州陷落。

▲ 敦煌壁画

吐蕃人马不停蹄，随即扩大在河西走廊的军事占领，于公元 766 年又相继占领了甘州和肃州。此时，整个河西走廊的五个州仅剩瓜州与沙州还在汉人手中。这两个州是归义军的大本营，在归义军政权衰弱后，这两个州又成了归义军政权在河西走廊最后的根据地。井上靖的小说里，汉人归义军末代节度使曹贤顺和他的弟弟曹延惠（其实是曹贤惠）一人镇守沙州，一人镇守瓜州，维持着最后的统治。

但是，在当时孤立无援的情况下，这两个州的陷落也是迟早的事情。公元 776 年，瓜州陷落。此后，沙州敦煌城作为河西走廊汉人最后的家园，居然又坚守了十二年。最后的守城者名为"阎朝"，他领导着敦煌城的军民，与吐蕃大军几次三番地周旋，浴血奋战，经历了陷落、收复、再陷落、再收复……最终于唐德宗贞元四年（788）耗尽最后一丝力量后，与吐蕃人盟誓而降。

在中原王朝的史料中，敦煌城可没有坚守到这么久，一般认为敦煌城在公元 781 年左右就陷落了，因为在完全断绝了联系的情况下，中原王朝关于敦煌城的消息落后、零碎甚至出现错漏。从中原王朝的记录中我们不难发现，781 年左右中原王朝就已失去敦煌城的消息，所以才错误地认为敦煌城在这一年已陷落。而今天的人们之所以知道敦煌城此后几年仍然存在，正是根据 20 世纪初发现的那批敦煌文书。

敦煌从 755 年安史之乱爆发开始面临吐蕃人的围攻，直到 788 年才陷落，坚持了 33 年之久。

张议潮起义与归义军政权的初步形成

敦煌城军民面对吐蕃长达十二年的军事攻击却不屈不挠的那种精神，使吐蕃人想维持对此地的长久统治并非易事。当时，吐蕃对河西地区的统治秩序是落后的奴隶制，愚昧而残暴。当吐蕃内部产生统治裂缝的时候，敦煌城很快便成为第一个反对吐蕃统治的地方。

敦煌最后的守城者阎朝在力尽而降的时候，跟吐蕃人约好不能将敦煌城的百姓迁徙到别处去（一旦被迁走很容易沦为奴隶），但占有了敦煌的吐蕃人很快背信弃义——阎朝被"置毒靴中"而亡，普通百姓也遭到残酷且野蛮的对待：丁壮者被纷纷捉去为吐蕃人种田放牧，羸老者则遭到惨无人道的屠杀或断手凿目。

吐蕃人对河西走廊地区的统治方式愚昧且残暴：强迫汉人脱去华夏衣冠，服左衽、留辫发、文身、说蕃语，或为奴隶或充军打仗，并且规定汉人在街上遇见吐蕃人必须弯着腰行走。

在唐代诗人元稹《缚戎人》的注中提到：那些沦落于吐蕃的汉人，只被允许在每年的正月初一换回华夏衣冠。于是在那一天，心怀故土的汉人才能光明正大地面朝东方的大唐，纪念自己曾为汉地子民的身份。"每岁时祀父祖，衣中国之服，号恸而藏之"，这些情况，井上靖的小说原著都有所体现。这种情况下，每当有唐朝使臣经过，生活于沦陷区的汉人都如见到亲人一般万分激动，他们的举动也常叫人忍不住落泪。

建中元年（780），唐与吐蕃的关系得到改善，使者韦伦受命遣返 500 名吐蕃俘虏，回来路过已陷于吐蕃的河陇地区，看到当地汉人"皆毛裘蓬首，窥觑墙隙，或捶心陨泣，或东向拜舞，及密通章疏，言蕃之虚实，望王师之若岁焉"。然而，他不知道的是，当时在河西走廊的最远端，敦煌城仍在为大唐坚守着。

长庆年间（821—824），又一名使者刘元鼎前往吐蕃会盟，经过龙支县（今青海乐都县南）时，陷于吐蕃的当地汉人耆老千人且拜且泣，问天子安否。"从军没于此，今子孙未忍忘唐服，朝廷尚念之乎？"言未尽皆已呜咽泣下……

开成年间（836—840），一支背负出使西域任务的唐朝使团途经河西走廊的甘、凉、瓜、沙诸州时，当地汉人百姓夹道相迎，泣曰："皇帝犹念陷蕃生灵否？"

但是，十分遗憾的是，尽管这些陷落异族统治下的臣民依然心向大唐，但大唐却始终无法派出王师给他们带去希望。"遗民泪尽胡尘里，南望王师又一年"的遗憾，在陆游的这两句诗出现前就已在敦煌城和河西走廊上演过了。曾经强大无比的唐朝身患"藩镇割据"和"宦官专权"两大绝症，一天天病入膏肓，根本无力为域外汉民提供实质性的帮助。无奈之下，敦煌城的汉人决定自救，为生存迎来曙光。吐蕃统治敦煌城 60 年后，这种机会终于到来了。

公元 842 年，吐蕃末代赞普朗达玛被人刺死。吐蕃陷入一片混乱，一度与唐王朝并立为东亚地区超级势力的吐蕃王朝分崩离析。吐蕃大臣因为拥立不同的王子而分裂成两派，赞普家族则分裂为三支，随后，这种无休止的战乱又引发了底层人民的大起义，起义军甚至挖掘了历代赞普的陵墓。

吐蕃一片混乱，对河西走廊的控制便无法断续。另外，在"小太宗"唐宣宗统领下有回光返照之相的大唐王朝，动了收复沦丧已久的河湟地区的念头，并于 847 年出兵收复了盐州，848 年收复了原州、石门、威州、扶州等地，这一系列的军事胜利虽然没能打通中原与河西走廊的联络通道，但仍给了河西走廊的大唐子孙极大鼓舞，他们也开始酝酿起兵驱赶吐蕃人。与此同时，吐蕃在河西的统治者愈加残暴。为争夺吐蕃统治权的宰相尚恐热，在河西一带同对手尚婢婢的交战时，无端迁怒于平民，然后大开杀戒，"杀其丁壮，劓刖其羸老及妇人，以槊贯婴儿为戏，焚其室庐，五千里间，赤地殆尽"。

848 年，河西人民苦盼的拯救者终于出现了。随着酝酿多时的沙州起义爆发，一位英雄人物横空出世——敦煌本地大族首领张议潮，他统领当地被压迫的人民同吐蕃统治者展开大战，迅速赶跑了敦煌城里的吐蕃统治者。起义的大火迅速在河西走廊蔓延，各地民众纷纷响应。转眼间，团结在张议潮周围的力量就迅速扫平了河西走廊的主要区域。

850 年，张议潮派出的十支使者队伍终于有一支突破千难万险，抵达长安城汇报起义成果（其余队伍想必全部葬身险恶的路途了）。唐朝朝廷十分震惊：遥远的河西地区竟冒出这样一股自强的力量。851 年，唐宣宗根据使者奉上的十一州文书，以沙州为根据地设立了归义军，并任命张议潮为首任节度使。传奇的归义军政权，就此成立。

861 年，归义军在张议潮的侄子张淮深的率领下，出兵收复河西走廊最东端的凉州，光复了河西走廊，并使归义军所能控制的版图达到最大。

值得注意的是，在吐蕃人残暴统治敦煌期间，生活在敦煌的汉人有两种不同的抵抗方式，一种如朱王礼一般用暴力斗争，这类人无一例外遭到了残酷镇压；另一种则类似赵行德，在经籍的世界中寻找心灵的慰藉，敦煌当地的很多大族，如索氏、翟氏、阴氏的很多子弟纷纷效仿。这一时期，敦煌的经籍得到了很大的发展，也许，后来那批珍贵经籍，就是这些人慢慢累积起来的。

归义军设立初期，在张议潮等人的努力下，控制的地盘范围还是比较大的，远不止河西走廊。向西，他们深入西域，统治着吐鲁番盆地的西州、伊州等地；向东，则统治着原先属陇右节度使辖区的兰州、鄯州、河州、岷州、廓州等地。倘若朝廷持

▲ 在吐蕃残暴统治敦煌期间，不少民众纷纷投入佛经的世界寻找精神解脱，客观上促进了敦煌的佛学文化发展

续强大，恢复盛唐时期在河西陇右地区的统治秩序指日可待。遗憾的是，大唐王朝内有宦官专政，外有藩镇割据，归义军政权的成立，仅是晚唐光景的最后一抹霞光，大唐王朝还是在一天一天走向衰亡，归义军政权只能陷入自生自灭的境地。

西夏李家的崛起

归义军政权成立30年后，未来将吞并整个河西走廊的西夏李家祖先，被唐朝皇帝封为定难军节度使，是为李家盘踞西北的发端。

881年，因平定黄巢之乱有功，党项人首领拓跋思恭被任命为定难军节度使，并被赐唐朝皇帝的姓氏"李"。此事件是为盘踞西北数百年之久的西夏李家扎根河套地区的开始。李思恭的族弟、西夏创业之祖李继迁的高祖父李思忠，战死于收复长安城之战，李继迁可谓不折不扣的忠烈之后。按照唐末惯例，定难军节度使之职此后将成为李家的世袭职位，李思恭死了，就由李思恭的弟弟接着担任，李思恭的弟弟死了，就由李思恭的孙子李彝昌继续担任。总之，这个位子是他们家族内部私相传授的。

按照如此趋势发展下去，定难军发展成与别的藩镇一样的独立小王国也只是早晚的事情。唐朝后期，藩镇割据严重，节度使坐拥一方，"既有其土地，又有其人民，又有其甲兵，又有其财赋"，俨然地方一霸，渐渐不再将朝廷放在眼里，稍有不满就起兵叛乱，唐朝的版图上渐渐出现了一系列不听朝廷号令的半独立小王国。

节度使这种奇葩制度的存在，决定了当朝廷权威扫地的时候，这些在地方上握有军、政、财等多项权力的节度使们很容易将自己所辖的地盘变成一个个公开的独立小王国。当唐王朝于公元907年被朱梁王朝取代后，新的朝廷能够控制的区域不过中原的一块小地盘，中原以外的区域趁机纷纷自立。"五代十国"中的"十国"，多数是节度使建立的。如蜀中的两川节度使先后成立了前蜀和后蜀两个独立王国，岭南的清海军节度使建立了南汉政权，荆州的荆南节度使后来成立了荆南国，南唐则是由淮南节度使杨行密建立的，吴越国则是由镇东、镇海节度使钱镠成立的，等等。

不得不说，我们这个故事的两大主角——归义军节度使和定难军节度使是节度使中的异类，因为不管中原内地如何乱，尽管他们事实上已经处于半独立状态了，却始终保持着对中原王朝的效忠心态。唐王朝被朱梁王朝取代后，他们就效忠朱梁王朝，当朱梁王朝被沙陀后唐取代后，他们就效忠后唐王朝。走马灯一般变化的只有城头的大王旗，始终未变的是这两个节度使对中原王朝的效忠心态。

他们的这种心态我们还是比较好理解的，特别是归义军政权。归义军悬孤于中原外，四周都是虎狼，自身实力并不足以自立在生存环境恶劣的沙漠之中，因此，必须始终与中原王朝保持联系，有一个可以为其提供庇护力量的强大势力作为依托。定难军节度使的处境也差不多，尽管李家人盘踞此地也有几代人了，但西北相对恶劣的环境不允许他们割据自立。但是，倘若中原王朝一直乱下去，他们就算想持续效忠，又如何能保证自己能够在恶劣的环境中一直生存下去呢？

960 年，因陈桥兵变，转机出现了。一个新英雄站到了历史的前台，在他当皇帝的生涯中，先后消灭了独立于中央外的几个割据政权，使得这些自唐末以来便独立的区域再度回归到中央政权。这位英雄就是大宋开国太祖赵匡胤。他不但以军事手段逐个消灭这些小王国，而且从首席谋臣赵普那边学习到了防止地方势力再度割据自立的办法——从制度上收回地方节度使们手头拥有的政、军、财几大权力（"稍夺其权，收其精兵，制其钱谷"）。

在这样的大形势下，按照以往的惯例，如果天下再度统一，悬孤于中原外的归义军政权也会被取缔，河西走廊这条丝路上的战略要道也要再度回归到中央政权的统一调配下。比如，刘秀消灭各地割据政权建立东汉王朝后，割据河西的窦融就主动前来归附；李渊李世民父子打服各个割据政权结束隋末之乱后，割据河西的西凉李轨也入朝接受唐王朝的册封，成为唐初的六个异姓王之一。倘若宋朝也统一天下了，发生在河西地区的事情，就该是这样：天下一统，万民归心，然后已经在此地统治超过百年的曹氏家族，会举族搬迁到汴梁城居住并享受高官厚禄，瓜州、沙州等地则由中央政权派出的几名官员进行治理。同样的事情也会发生在盘踞西北的定难军世袭统治者李氏家族身上。

很遗憾的是，这些事情并没有发生，赵匡胤还未平定"十国"中的北汉（"十国"中的其他九国已被平定）就突然驾崩了，北宋王朝的统一大业还未完成。继承其皇位的宋太宗赵光义则继续其未完成的大业，事情仍然有往原先设想的方向发展的可能。979 年，赵光义统领数十万大军，将柴荣、赵匡胤等多位英主围攻五次都未能攻克的太原城攻克，北汉灭亡。

在赵光义灭亡北汉的过程中，居住在定难五州的李家人仍然延续其一贯做法，给予宋军有力支援。北汉灭亡后，定难节度使的势力也在赵光义的考虑范围内：要想从根本上解决唐末五代以来藩镇割据的局面，只有彻底废除节度使这种制度。从赵匡胤开始，废除节度使的政策就已在逐步实施，节度使们手头的权力已经被朝廷收回得差不多了，节度使们仅剩的一点优势就是他们的家族在地方已盘踞有些年头了，根深蒂固。

赵光义觉得应该做得更彻底一些，得彻底根除地方势力。于是，公元982年，他下令盘踞在定难五州超过百年的李氏家族几百口人举家搬迁到汴梁城，他们原来统治的地方由朝廷派文官来治理。如果这个过程顺利进行的话，应该是能一劳永逸解决问题。就在定难军节度使李继捧已接受这种安排，准备将几百号族人搬迁到汴梁城居住时，李氏家族中的李继迁却不愿接受这种安排，他决定在西北继续过那种不受人拘管的自由自在的日子。

李继迁就是李元昊的爷爷，从982年起，西夏李家，这个本可能被一锅端了的家族，因为李继迁的这个举动，走上了一条诡异之路。谁也没有料想到，这个出逃的年轻人居然会成为一个独立西北两个世纪之久的西夏王朝的奠基人。

但是，刚刚出逃的李继迁只有几十个人，根本没有任何自立的资本。如果宋

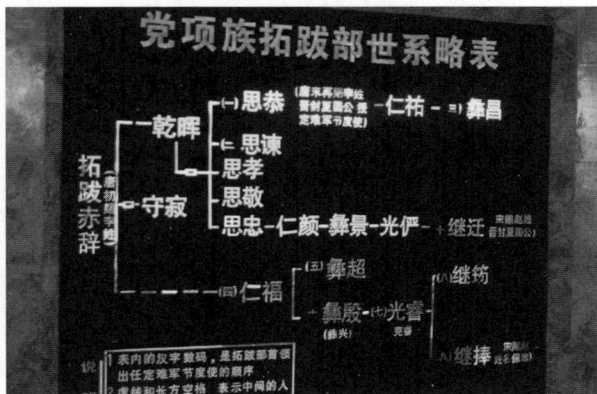

▲ 党项族拓跋部世系略表

▲ 出土的西夏武士像

朝收复幽云十六州后，建了一个如汉唐一般强盛的帝国，那么任何阻挡它的小虾米都将轻易被荡除。李继迁虽然好不容易逃走了，但其结局很可能如汉初逃到匈奴的汉人，最后还得灰溜溜地回来求汉朝赏口饭吃（汉初，背叛刘邦投降匈奴的卢绾和韩王信，他们的子孙后来都陆续从匈奴回归汉朝，卢绾的孙子卢他之还被汉朝封为"亚谷侯"，韩王信的儿子韩颓当被封为"弓高侯"）。

但宋朝没能战胜那个如匈奴一般强大的塞外政权——契丹人建立的辽朝，非但没有收复幽云十六州这一重要的战略屏障，而且在此后的几十年间，宋和辽两大帝国还连年征战，即便后来双方签订了停战协议，但那种暗中的较劲却从来都没停止过。正是这种大环境让西夏人立国的种子被保存了下来并茁壮成长，最终成为有两百多年历史的西夏（统治时间比北宋和辽朝还长）。

宋朝失去了及早将李继迁消灭的机会，另一个更加严峻的问题是：由于举国之力都投入到东部防御契丹人去了，宋朝没有足够的力量经略西线了，收复河西走廊的历史机遇就这样从赵宋官家的手上溜走了。历代大一统的王朝中，宋朝的疆域最小，河西走廊及更远的西域地区，终大宋一朝，都没有成为其统治范围。

在这种情况下，位于敦煌城的汉人归义军政权，只能无可奈何地慢慢走向消亡，而原先居于定难五州的李氏家族，则在李继迁的统领下走上了完全相反的一条路——他们不但从宋朝手中夺回了祖上盘踞的定难五州，还消灭了河西地区的归义军，并将他们纳入了自己的统治范围。

西夏李家对河西走廊的争夺

甘州回鹘称霸河西

尽管归义军政权立足河西走廊已经超过一个半世纪，遗憾的是，西夏人杀进来的时候，它却不是主角了，真正扛起抵抗西夏大军染指河西走廊大旗的是一个名为"甘州回鹘汗国"的政权。大约 10 世纪初，这股回鹘人在甘州崛起，逐渐取代归义军政权成为河西走廊的新霸主，甚至后期的归义军政权也渐渐沦为其附庸。

与定难军节度使之位始终在李氏家族手里不同，归义军节度使之位的继承则复杂得多，归义军内部上演了多次夺位之争。张议潮领导了那场激动人心的大起义，

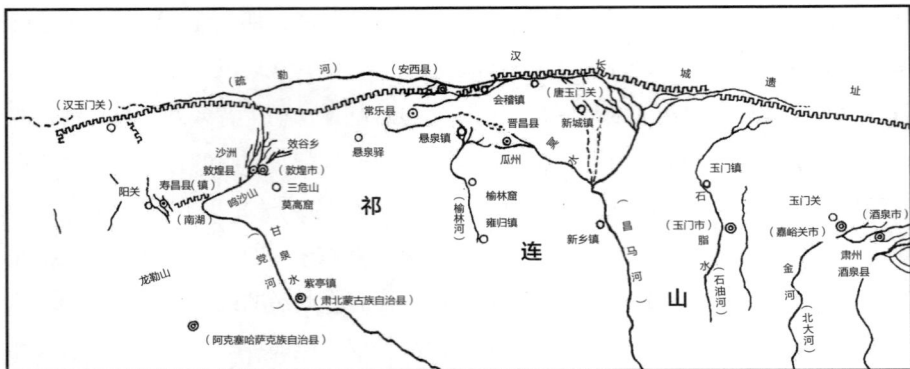

▲ 曹氏归义军时期的瓜、沙二州示意图（李并成绘）

因此，前几任节度使皆为张氏家族的人，此后，敦煌本地大族索氏家族的索勋担任过一任节度使，其后，节度使之位又回到张氏家族手上。从914年至归义军政权彻底消失，节度使之位都掌握在敦煌另一个大族曹氏家族的手里。也许是因为这种内部纷争，归义军政权越来越弱，所能控制的区域最后仅瓜州和沙州两块地盘。它所失去的地盘，就是被甘州回鹘的政权侵占了。

甘州回鹘政权的成立时间与归义军政权的成立时间差不多，张议潮发动的推翻吐蕃人统治的起义，得到了河西地区所有民族的共同支持，其中就包括在河西有一定势力的回鹘。这些回鹘人的来历可以分为两部分：一部分是从唐朝建立以来就逐渐迁徙定居在河西走廊的，另一部分则是漠北回鹘汗国崩溃后迁徙而来的。

漠北的回鹘汗国成立于744年，是继匈奴、鲜卑、柔然、突厥后，第五个称雄漠北草原的游牧政权。840年，它被另一股新崛起的势力——黠戛斯击溃。一般情况下，分崩离析的草原民族往往不久后就会从历史舞台消失，回鹘人却神奇地继续活跃在历史舞台：他们的部落四处流散，逃离了漠北草原，其中有三支西逃后分别定居在河西走廊、吐鲁番盆地、葱岭以西的西域地区。后来，这三支部落全都建立了政权，各自传承了两百到数百年不等。

其中，河西走廊的这股回鹘人同先前已经定居在河西的回鹘人结合，建立了甘州回鹘汗国，另外两股西迁的回鹘人则建立了高昌回鹘汗国和喀喇汗国。这三个政权，与本故事的焦点敦煌城都有着千丝万缕的关系。其中，甘州回鹘汗国对敦煌城的影响最大，电影中的那位回鹘公主，据剧情就是甘州回鹘王的女儿。

但是，甘州回鹘政权到底是哪年正式成立的，学界竟然存在十多种说法，造成这种局面的最大原因仍然是史料记载的缺失和混乱。今天，我们能确知的一点是：这个政权确实存在，而且有明确的汗位继承系统，曾对河西地区产生过重大影响。884年左右，甘州城被回鹘人夺走，虽然很快就被汉人归义军重新夺回，但回鹘人又在906年左右巩固了对甘州的控制权，成为河西走廊主导势力的甘州回鹘政权自此崛起，原本被笼统称作"河西回鹘"的河西走廊回鹘人势力，拥有了后来广为人知的"甘州回鹘"称号。从此，回鹘人的势力在河西走廊逐渐有压倒汉人归义军势力的趋势。

甘州回鹘人的强大势力，从他们在甘州修筑的都城就可以看出——原本居住在河西地区的回鹘人是游牧民族，逐水草而居，居住在帐篷里，但夺得甘州后，他们修建了一座占地25平方公里（与此时北宋都城汴梁的内城面积相仿），城墙高10米、碉楼高12米、望楼高14米的新都城，这种规模的城池虽然没法同中原王朝的都城相比，但在被沙漠包围的河西地区，已经是非常难得的庞大都市了。

他们在甘州地区的崛起，从地理上阻断了以沙州（敦煌）为根据地的归义军政权同中原王朝的联系，而且不断挤压归义军政权，归义军第五任节度使张承奉（张议潮的孙子）在敦煌称帝建立西汉金山国的时候，就遭到过甘州回鹘可汗的军事干预。张承奉称帝时曾立下雄心壮志，要"东取河兰广武城，西扫天山瀚海军，北定燕然阴山道，南尽戎羌川藏平"，实现"打却甘州坐五凉"独霸河西走廊的目标。但一年后，甘州回鹘大军打到沙州城下，张承奉四面楚歌，不得不接受城下之盟，对甘州回鹘政权称臣纳贡，并缔结了"父子之国"的盟约（张承奉承认回鹘可汗为父）——世人只知五代有个卖国贼石敬瑭是"儿皇帝"，却不知敦煌城也曾出过一位"儿皇帝"。石敬瑭对契丹人自称"儿皇帝"的时间是936年，比张承奉晚了二十九年，没准他还是受张承奉的启发呢。

从884年成立至1028年（或1032年）被西夏李元昊所灭，甘州回鹘政权存在一个半世纪之久，传承十三任可汗，可谓河西地区极为重要的一股政治力量，而它在河西地区的称霸，自然会与渐渐崛起于宁夏地区的西夏势力产生矛盾冲突。

甘州回鹘与西夏李家争夺河西走廊

早在 932 年，生活在河西走廊的回鹘人就跟中原朝廷抱怨，他们在朝贡的路上经常遭到党项人的劫掠，党项人居然用被捉的使者与其他族人交换牛马（《旧五代史·党项传》）。当时，回鹘人已建立起自己的政权，控制了丝绸之路河西路段的贸易大权。然而，势力正渐渐强大的党项人审时度势后发现，无论是向北、向东或向南发展，都要面临强大的契丹辽或汉人宋，因此，他们只有向西侵占河西走廊，欺负相对弱小分散的回鹘、吐蕃部落。从此，西夏人的基本立国方针——"西掠吐蕃健马，北收回鹘锐兵"，攻占河西走廊全境，进而"长驱南牧"夺取宋朝的关中地区——被确立下来。

1002 年，党项首领李继迁通过持续不断的骚扰，从宋朝手中夺得战略重地灵州（唐肃宗当年登基指挥唐军反击安禄山大军的地方）后，西夏在战略上占领了主动权。此后，由于双方不再有地理阻隔，冲突不断，围绕河西走廊的桥头堡凉州展开了一次又一次激烈的战斗。

凉州是一个战略要地，号称"畜牧甲天下"，南宋诗人陆游念念不忘要为国"匹马戍凉州"。历代中原王朝想要获得对游牧民族的战略纵深，有"三边"需要控制：幽州、并州和凉州。大宋王朝已经失去幽州，凉州也处于化外状态，仅拥有并州，但并州重镇太原城在金兵南下时死死拖住了金兵西路军 200 多天，使靖康之难的悲剧延缓了一年才发生。

张议潮沙州起义后，于 861 年派兵从吐蕃人手里收复了凉州，从这一年至 925 年，凉州一直处于沙州归义军政权的统辖。但后来崛起的甘州回鹘逐渐强大，阻断了凉州与沙州的往来，而且沙州内乱不断，渐渐无力遥控凉州的局势。再加上此时的中原王朝处于五代的乱世，无暇打理远离中原的凉州事务，因此，从 926 年起，凉州便由当地人统治。

西夏李家开始染指河西走廊时，凉州地区的势力主要有两支：居住在城内的嗢末人和城外游牧的六谷吐蕃联盟。嗢末人是吐蕃化的汉人，六谷蕃部则是原生态的吐蕃人。嗢末人是汉人后代，同宋朝交流方便，在争取生存空间方面有优势；而六谷吐蕃则在战略物资方面有优势。因此，他们结成同盟，在公元 1000 年左右正式成立了结盟政权，嗢末人首领折逋游龙钵被选为第一任大首领。

此后几十年里，折逋家族一直是凉州城嗢末人的首领，连续有四代人执掌凉州城。但不知道从什么时候开始，联盟第一任大首领折逋游龙钵主动将位子让给了六谷吐蕃的部落首领潘罗支。就是这个潘罗支，成了西夏人的头号死敌，最后居然还设计干掉了李继迁。

早在 996 年时，李继迁就曾染指凉州，但很快被击退。1001 年，李继迁直接发兵甘州回鹘，也很快被击退。通过这两次摸底，李继迁探知了对手底细，开始其持续不停的攻夺之旅。这一年，凉州感受到了党项人咄咄逼人的气势，于是决定找宋朝作为依靠，共同对付这些野心勃勃的敌人——凉州联盟首领潘罗支主动给宋朝西北边区长官写信，希望能跟宋军联合出兵绞杀党项人，但北宋延续了其在西北一贯的保守政策，只给潘罗支册封了个空头衔，并没有出兵相助。

1002 年，李继迁从宋朝手中夺得战略重地灵州，一举扭转了地狭人寡的西夏国的局势。随即，李继迁打算招降凉州政权，但凉州方面却将李继迁派来的两个使者杀了一个抓了一个，作为投名状向宋朝方面通报，受到大宋朝廷的嘉奖。接着，凉州首领潘罗支给宋朝进献了 5000 匹好马，换来北宋的大量财物赏赐。尽管如此，宋朝仍没有应邀与凉州共同出兵对付西夏人。

1003 年，李继迁用计首次夺得凉州，但很快被潘罗支重新夺回。潘罗支取胜之余再次派出使者请求北宋朝廷出兵 6 万为大宋收复灵州，仍遭拒绝。与其指望别人，不如铤而走险拼一把，潘罗支随后决定同西夏人死磕到底。1003 年 12 月，李继迁再度用计偷袭凉州，潘罗支力不能敌，决定率众假装投降，但在投降仪式举行后，潘罗支在李继迁的归路上埋伏了几万兵马发动突然袭击。偷袭成功，一代枭雄李继迁就此阴沟翻船，身中数箭而归，不久后就死了。1004 年，李继迁死后不久，潘罗支就想再接再厉偷袭党项人的老巢，一举将其灭掉，但未曾料想李继迁的接任者李德明拥有不在其父之下的本事，

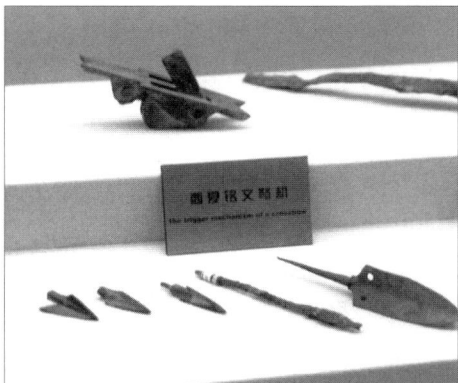

▲ 西夏铭文弩机

▲ 西夏第二代首领李德明的雕塑。比起父亲李继迁和儿子李元昊，李德明虽然低调了一些，但却是西夏承前启后的重要人物。此塑像由杜永卫创作，高0.9米，现藏于武威的西夏博物馆

立刻以其人之道还治其人之身，也使了诈降手法，派出两个小部落首领成功打入潘罗支阵营，并在酒宴时成功刺杀了潘罗支。

从此，西夏李家同凉州政权的关系越发复杂，家仇国恨交织，接位后的李德明仍然延续其父的方针政策，不攻取凉州绝不善罢甘休。但凉州吐蕃六谷部在潘罗支的弟弟厮铎督（凉州联盟的第三任大首领）的领导下，继续顽强地同西夏党项人作对。党项人经过多次进攻，终于在1004年6月攻克了凉州，但厮铎督旋即在10月前再次夺回凉州。

就在西夏人如饿狼一般持续撕咬河西走廊这块肥肉的同时，1004年，宋、辽两个此前混战不休的大国签订了《澶渊之盟》，结束了自北宋开国以来两个政权持续二十几年的战争状态。此后，宋朝也希望河西地区能够停止干戈和平共处，因此，不但给李德明加封了曾经一直属于李氏家族的定难军节度使一职，还一直给凉州吐蕃和甘州回鹘两家下令要坚守和议，不要老跟党项人打来打去。但宋朝的命令在西北这种靠剑和血维持生存的地方注定是行不通的。一心想获得和平的人到头来最不可能享有和平，李德明父亲李继迁死前曾叮嘱他：西夏国目前仍然弱小，无法同时对抗多个敌人，因此一定要同最强大的宋朝讲和，上表归顺，如果宋朝不同意，就不停上书请求，直到他们同意为止。李德明很听话地照做了，但这种表面上的归顺从来也不耽误党项人继续将宋朝的命令当耳边风，该抢的地盘照样抢，该掠的人口照样掠，不会有半点耽误。

既然宋朝无法指望，面临党项人无休止军事压力的凉州便转而联合甘州回鹘，甘州回鹘非常清楚唇亡齿寒的道理，自然愿意跟凉州联合。1007年，李德明准备进攻厮铎督的部众，但因厮铎督同甘州回鹘人早早做好了应对准备，出兵未成功。1008年，李德明为了报复甘州回鹘人插手凉州事务，连续出兵攻打甘州，但三次出兵都被击败。1009年，李德明第四次、第五次出兵进攻甘州回鹘，尽管没有得手，但其进攻势头已经让河西走廊无法招架了。1010年，李德明统率的党项大军同时

攻破凉州和甘州，将吐蕃人和回鹘人的老巢都攻占了，但此年10月前，这两个地方又被吐蕃和回鹘组成的联军收复。1011年，李德明再派部将苏守信袭击凉州，遭到厮铎督的抵挡后败退。四年后的1015年，苏守信逮住机会再次出兵，终于将凉州攻克，六谷吐蕃联盟自此灭亡。首领厮铎督率领残部翻越大雪山投奔位于河湟地区的另一个吐蕃人政权——角厮罗，吐蕃人从此失去凉州的控制权。

但是，这一切并没有轻易结束，河西走廊的桥头堡凉州并没有如此轻易就握在党项人的手里。1016年，为西夏镇守凉州的苏守信死了，其子罗麻不能镇住部众，甘州回鹘趁机出兵赶跑罗麻夺走了凉州。隔年，苏守信的儿子罗麻试图联合凉州城内旧部夺回凉州，并请李德明出兵为外援，但没有成功。

党项人渐渐发现，如果不能彻底击垮河西走廊真正的霸主甘州回鹘政权，他们就永不可能吞下河西走廊这块肥肉。单靠党项人当前的实力，短时间内打败甘州回鹘人，确实不是轻易的事，于是，他们也想到了外援。

当吐蕃人和回鹘人都纷纷找宋朝组成"反西夏联盟"时，西夏人也没有坐视让自己陷入外交上的被动，他们祖先能够仅凭几十号人就在西北形成气候，靠的就是在大国间的夹缝里能左右逢源，如今虽然签订了《澶渊之盟》，但宋辽对峙的局面实质上并没有改变多少。对手们都找宋朝当靠山，西夏便找宋朝的敌人——契丹人做靠山，契丹也很乐意培植一个代理人争夺河西地区的利益。于是，双方一拍即合。

与实质上无法给回鹘和吐蕃人提供多少援助的宋朝相比，辽朝可是很乐意介入河西走廊事务——他们的皇帝甚至乐意亲自带兵千里迢迢来帮西夏人攻打甘州回鹘。从1008年起，辽朝不厌其烦地派军队参与了打击甘州回鹘势力的战争，1008年、1010年及1026年，一共三次出兵，几乎将甘州回鹘打成残废。再加上西夏人的持续进攻，短短几年时间，甘州回鹘就遭到西夏人和契丹人多达八次的军事打击，最后被打得毫无招架之力，灭亡指日可待。

1028年，决定性的一年出现了，李德明派出自己年轻有为的长子李元昊出征甘州回鹘，我们故事的第一主角李元昊才第一次出现在河西走廊的相关记载中。李元昊的

▲ 西夏王陵出土的铁衣，西夏武士凭此纵横天下

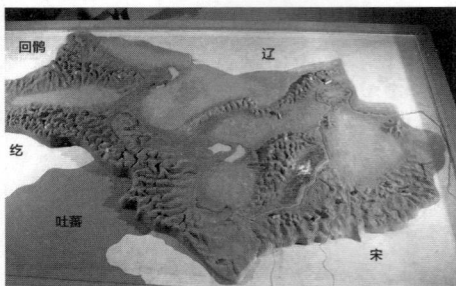
▲ 夺得河西走廊后的西夏国地形沙盘

第一战就震惊天下：他带领党项人军队打了个漂亮的偷袭战，攻破甘州城，击溃回鹘人，夺得甘州。四年后的 1032 年，他再发神威，从回鹘人手中夺得凉州，从而彻底击垮了甘州回鹘这股势力，将河西走廊最重要的两座堡垒甘州和凉州纳入西夏人的版图。1036 年，李元昊继承了西夏国君的位子并率军继续征服河西走廊。这一次，他一次性攻下了河西走廊剩下的三个州：肃州、瓜州和沙州。这三个州几乎没有任何抵抗，被轻松拿下。西夏李家经过三代人的努力，花了三四十年的时间，终于夺得了河西走廊的控制权，从而可全力以赴同宋朝和辽朝撕破脸皮正式对抗。

在这一切无休无止的纷争中，以沙州敦煌城为大本营的归义军政权，却毫无存在感，甚至它是哪年灭亡的，现在还无法弄清楚。这给我们讲述这段历史带来极大麻烦，也为"敦煌遗书"的来历增添了神秘色彩。

李元昊征服敦煌的真相

甘州回鹘人的势力于 1028 年被李元昊近乎消灭之后，1036 年，李元昊麾下的西夏军队才征服了汉人归义军政权占据的瓜、沙、肃三州，从而控制了整个河西走廊。如何征服的这三个州，现有的史料记载却无详细记载，仅一句话："（李元昊）遂取瓜、沙、肃三州。"（《宋史·夏国传上》）这个征服过程很可能与敦煌遗书被藏到莫高窟的藏经洞存在联系，敦煌遗书很有可能就是在西夏军征服沙州敦煌城的时候被人埋在藏经洞的。这么重大的事情在史料上却找不到任何记载，便给后世之人留下了巨大的想象空间。

井上靖先生在小说《敦煌》里虚构了落第举人赵行德与回鹘公主、李元昊、朱王礼四人之间的爱恨情仇，并为敦煌遗书的产生设想了一个可能：敦煌被李元昊攻克之际，赵行德藏起了这批经书。赵行德是谁？历史上有这个人吗？现有的正史资料并没有提到这个人，但他的信息在敦煌遗书中一卷《般若心经》补记的短文上出现了："维时景祐二年（1035）乙亥十二月十三日，大宋国潭州府举人赵行德流历河西，适寓沙州。今缘外贼掩袭，国土扰乱，大云寺比丘等搬移圣经于莫高窟，而罩藏壁中，于是发心，敬写般若波罗蜜心经一卷安置洞内。伏愿龙天八部，长为护助，城隍安泰，百姓康宁；次愿甘州小娘子，承此善因，不溺幽冥，现世业障，并皆消灭，获福无量，永充供养。"

关于赵行德的信息，除了这段文字记录外，再无其他记录。但就是这条不太起眼的记录，给了井上靖写作的灵感。一个大宋朝的举人，为何会无缘无故跑到当时并不属于宋朝统治疆域的河西地区去，其背后会有着怎样的故事？特别是这段文字里还出现了一个"甘州小娘子"的人物，赵行德与这位"甘州小娘子"很有可能发生过故事。最最重要的是，这条记录还提供了一个重要信息，因为有外贼来侵扰沙州，大云寺将一批经籍搬移到莫高窟，"罩藏壁中"。这个说的莫非就是埋藏敦煌遗书的事情？李元昊的西夏军队征服沙州等地发生在1036年年初，那么，1035年年底，沙州城人因害怕战争将一批佛经藏到莫高窟，他们害怕的战争很有可能指的就是李元昊的这次出兵。一个浪漫又血腥的故事就此产生。

但井上靖的虚构，是否最大限度接近历史真相呢？下面，我们就来具体分析。

李元昊灭掉甘州回鹘政权后不久，史料上还记载了个故事：一位"瓜州王"带着上千骑兵本来打算援助甘州，看到甘州政权被李元昊灭亡后就选择了投降。这是一条非常重要的佐证，对这位"瓜州王"身份的不同解读，能够推导出不同的结论。

一般认为，这位投降李元昊的"瓜州王"，就是此时统治瓜州、沙州的归义军末代节度使曹贤顺。如果这个说法正确的话，那么正好与电影中的情节吻合：电影中的敦煌太守曹延惠（对应历史上的曹贤顺）也差不多在甘州被李元昊攻克之后主动向李元昊称臣，并在那以

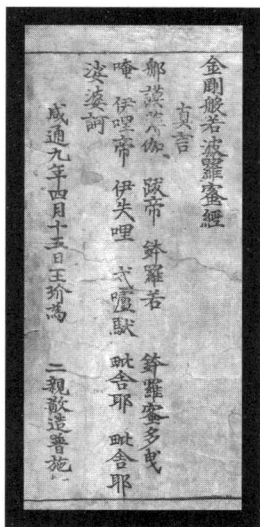

▲ 藏于大英博物馆的敦煌遗书《雕版金刚经》，这份经书后面记载唐僖宗咸通九年（868）四月十五日，一位名为"王玠"的人为双亲敬造普施而刻印或抄写了此经书。在正史上无任何记载的"湖南举人赵行德"也正是以类似的形式出现在了经书上。就是这个信息，为井上靖的小说提供了灵感

后一直恭恭顺顺地听从西夏的命令，甚至还主动到西夏都城去朝见李元昊，此外，他还提出一个宏伟设想：要将他所收藏的数量庞大的经籍全部翻译成西夏文，以此表达绝对臣服的态度。如果史实果真如此，敦煌已对西夏如此恭顺，西夏军队为何在八年后要再次征服瓜州、沙州、肃州呢？

电影里面则做了一个合理的设想，很巧妙地与这样的结局吻合起来：李元昊打算将敦煌太守曹延惠贬为平民，夺走曹延惠的一切，因为他准备同宋朝开战，必须亲自掌握丝绸之路的贸易大权，而且，西夏军队在前方同宋朝作战，敦煌城却由汉人统治是极其危险的事情。在此情况下，与李元昊有私怨的朱王礼（李元昊害死了赵行德和朱王礼都喜欢的回鹘公主）鼓动曹延惠跟他联合起来袭杀李元昊，但朱王礼的袭击功败垂成，李元昊逃出城。

李元昊被偷袭了，当然咽不下这口气，因此逃出城门后不久就指挥西夏大军前来攻打敦煌城。原本可以和平交接的敦煌城遭到战火焚掠。太守曹延惠绝望自焚，而具有文化使命感的赵行德却拼死将曹延惠积攒的"财宝"——敦煌遗书运到莫高窟一个极隐秘的藏经洞里封存了起来。这些经书被封存好后，洞口经过砌砖、抹石灰后成了一堵墙，藏经洞成了赵行德及极少数僧侣的秘密。知道这个秘密的原本有一二十人，只要其中一两人能躲过战火，藏经洞的秘密还是会很快被人知道。

提供运载工具骆驼的商人尉迟光觊觎这批"财宝"，他并不知道这些"财宝"对他来说只是一些无用的破纸而已，商人的贪婪本性使他想独吞这批"财宝"。因此，赵行德从外面侦察军情回来后，发现剩下的人都被杀死了。藏经洞的秘密现在只有商人尉迟光和赵行德知道了。就在赵行德跟尉迟光在莫高窟外的空旷地扭打之际，一队西夏骑兵恰好经过，尉迟光死于滚滚铁蹄，而赵行德侥幸逃过一劫。从此，知道藏经洞的就只剩下赵行德了。如果他没告诉过其他人，也没有用文字的形式将它记录下来，他死后，这个秘密就会成为永恒的秘密，直到偶然被发现。

影片没有交代赵行德后来怎么样了，但交代了一千年后这批珍贵的经籍被人发现的情形，看来已经默认赵行德将秘密带到坟墓里去了。这样的设定也显得合情合理，因为在电影和小说里，敦煌已经被西夏人攻占了，作为汉人的赵行德自然没法再回到敦煌公开活动取走那批珍宝了，而西夏对敦煌的统治一直持续到蒙古人攻占敦煌为止。这样安排，正好与史上西夏大军于 1036 年对瓜州、沙州、肃州的军事征服相吻合。当然，这是电影的一种假想，合乎逻辑，可信度也很高，但这是否就是历史的真相呢？

　　史料的缺乏虽然给后世的人们研究那段历史带来了极大的困扰，但对文学家而言，却是个好机会，因为正好可以充分发挥人类的想象力，对其过程展开属于自己的一种假设。厉害的文学家还能因此成就自己的一番事业，创作出伟大的文学作品。小说《敦煌》的作者井上靖恰恰就是这样一位文学家。

　　但文学家毕竟不是史学家，有时候难免会出漏洞，而且，这一时期有关敦煌的正史资料非常少。井上靖的这部小说出版于 1959 年，当时，部

▲ 河西都僧统洪辩影窟。洪辩，沙州僧人，助张议潮起事，后任河西都僧统等职，卒于咸通三年（862）。族人及弟子就禅室为影堂，内塑真容像并立《告身碑》以资纪念。这个影堂是第17窟，敦煌遗书就被藏在这里

▲ 大兴土木的西夏人

分考古资料以及分散于各国的敦煌遗书还未全部公开，一些后来才发现的信息井上靖先生当时并不知道，这也导致小说与史实有些冲突。最大的冲突是，李元昊于 1036 年对敦煌的征服之后发生的事情，井上靖先生认为此次征服后，西夏就牢牢控制住了敦煌，这成为赵行德没回敦煌去处理那批经籍的重要原因。但真相是，西夏第二年就失去了对敦煌的控制。因为刚刚夺得瓜、沙、肃三州的李元昊，很快就因其他事情回到了西夏都城：推广新发明的西夏文字、改革官制及军事体制、对付国内一拨又一拨反对自己同宋朝开战的势力，最最重要的是，他得准备登基称帝的事务。在他称帝后的几年里，西夏连续同宋朝和辽朝发生了四场大规模战役，每场战役双方投入的兵力都多达十几万人，这对本来就地不广人不多的西夏无疑是沉重的负担。这样的情况下，西夏没有投入太多力量维持对瓜、沙、肃三州的统治。1037 年，敦煌城就已经不再悬挂李元昊的旗帜了（详情见下文），西夏对敦煌的有效统治据信是在 30 年后。

以真实情况来看，西夏人撤走后，赵行德其实仍有机会回到敦煌来处理这批经籍，但虚构的小说弄错了这个事实，同样也导致电影延续了这个错误。小说对西夏是从 1036 年控制的敦煌城确信无疑："河西走廊以西再无敌手，所以西夏可以将倾国之军都投入到与宋朝的战争中来，而在这种时候对居住在西夏的其他民族则采取了极其严厉的统治手段，尤其是对汉人，就像对待犯人一样。沙州的汉人在吐蕃统治时曾被迫穿着吐蕃的衣服，现在又被迫穿上西夏的服装，在外面走路时还要卑躬屈膝。"小说的尾章提到，攻夺沙州后，李元昊在河西五个绿洲设了两处军事驻防点：甘州和瓜州。其中，甘州的驻军控制甘州和凉州，瓜州的驻军控制沙州、瓜州和肃州。

小说最后一次出现赵行德是在李元昊死后 20 年，宋朝第五任皇帝宋神宗继位后。年少气盛的宋神宗想收回被西夏占领的失地，"河西持续了近三十年的太平之梦终于惊醒，再次进入战乱时代"。那时，敦煌被西夏征服已过去 30 年，在人间销声匿迹的赵行德才在一封写给别人的信中露面，但信件是多年前就写好的，收信人读信时赵行德是否还活着，已无从得知。不管赵行德是活着还是死了，小说已默认他没法回去处理那批经籍了。井上靖的故事到此为止。

以上故事是建立在"瓜州王"是归义军节度使曹贤顺的条件下，但一篇名为《"以千骑降夏"的"瓜州王"是谁》的论文提出了另一种看法："瓜州王"并非归义军末代节度使曹贤顺，而是一位自称"瓜州王"的沙陀部落首领。这篇论文在综合一定的史料包括敦煌文书后，得出了这个推论。因为以当时的情况，曹贤顺只可能自称为"沙州王"，不大可能自称"瓜州王"，归义军的驻地从来都在沙州，瓜州仅是归义军的一个支州而已，曹贤顺无论是自称还是外界政权的册封，都会基于大本营所在地沙州（敦煌），或是"瓜沙二州节度使"，或是"敦煌王""敦煌郡王"，甚至是"沙州回鹘"，不会有"瓜州王"这种奇怪的称呼。由此，该论文认为，那位投降西夏的"瓜州王"不可能是归义军末代节度使曹贤顺。作者再结合了其他材料后，得出"沙州王"是沙陀人首领的结论。

如果这个说法成立，那么接下去的逻辑也很容易捋顺：既然投降的并非汉人曹氏家族，就意味着瓜、沙两州还处在汉人归义军节度使曹贤顺的统治下，那么，一直野心勃勃想控制河西全境的西夏军 1036 年对还未归入自己统治范畴的瓜、沙、肃三州进行军事征服就显得合情合理。

从事实角度来说，这个说法自然比井上靖的小说合理一点。虚构的小说中有西夏政权的汉人军队反水并跟归义军政权勾结的情况，但这种事情在真实历史中的发生概率实在太低。

1036 年，西夏人对瓜、沙、肃三州的军事征服，事实上还存在第三种可能：李元昊用兵的真正目的并不是征服汉人归义军政权，而是为了消灭一股名为"沙州回鹘"的势力，因为很可能汉人归义军政权已被这股沙州回鹘势力取代了。这个说法合理的原因是：一，自 1031 年后，中原王朝的典籍上已不再出现"归义军节度使"，此后沙州政权的名字变成了"沙州回鹘"；二，在部分史书的记录中，李元昊征服瓜、沙、肃三州时，只有回鹘人起来反抗的记载，却没有汉人对此有何反应的记载；三，1041 年，有一位被称为"沙州回鹘镇国王子"的人来联络北宋，希望得到北宋的资助夺回沙州（不过，北宋后来还是没有出兵）。也就是说，汉人归义军势力有可能并不是被李元昊消灭的，而是被"沙州回鹘"势力取代的。汉人归义军政权崛起时曾轰轰烈烈，可悲的是，其消亡却无声无息，以至于现有的史料都很难说清楚它到底亡于哪一年。

但是，这个"沙州回鹘"政权到底是何方神圣，情况又非常复杂，很可能是在河西一带存在已久的回鹘人。甘州回鹘在成为河西走廊霸主后，对以瓜州和沙州为根据地的归义军政权，采取的是羁縻策略——只要归义军政权表面上尊甘州回鹘为宗主国，归义军政权仍就可由曹氏家族独立统治。但在回鹘人的持续影响下，归义军政权的晚期或许已经逐渐回鹘化了，以致于在 1036 年前，沙州统治者就不再是曹氏家族，而是回鹘人了。还有另外一种可能性是，这个所谓的"沙州回鹘"指的就是归义军节度使曹氏。证据是，1020 年左右，辽朝对归义军末代节度使曹贤顺的一份册封文书里，曹贤顺就被称为"沙州回鹘敦煌郡王"了。

总之，1036 年，西夏人征服了敦煌，征服的是一个名为"沙州回鹘"的政权，这个政权的统治者或者是回鹘人，或者仍然是归义军末代节度使曹贤顺。而诡异的是，1036 年被征服之后，"沙州回鹘"才不断地在史籍上出现。其原因，前文已经提过，西夏人在 1036 年征服了敦煌之后，隔年就失去了对敦煌的控制，此后敦煌被这股名为"沙州回鹘"的势力暂时接管了。

归义军历代执政者（851—1036 年？）

张议潮　848 年—867 年	曹元深　940 年—945 年
张淮深　867 年—890 年	曹元忠　945 年—974 年
张淮鼎　890 年—892 年	曹延恭　974 年—976 年（？）
索　勋　892 年—894 年	曹延禄　约 976 年—1002 年
张承奉　894 年—914 年	曹宗寿　1002 年—1014 年
曹议金　914 年—935 年	曹贤顺　1014 年—1036 年（？）
曹元德　935 年—940 年	

注：1. 约 906 年，归义军首领张承奉称帝，定国号为西汉金山国，911 年改称敦煌国，914 年复称归义军；

2. 因史料记载得模糊不清，上述世系个别地方仍存一定争议。

沙州回鹘的面目虽然模糊，缺乏成系统的记载，而且持续时间也不长，但多次出现在史料上，学界甚至已经有人专门为其撰写学术专著了。在《宋会要辑稿》里，沙州陷落的第二年（1037 年），就有沙州回鹘遣使进贡宋朝的记录。从 1037 年起到 1052 年的十六年里，沙州回鹘留下的进贡记录多达八次，可见，沙州回鹘已成为一股政治力量了。

有学者认为，从 1073 年起西夏才在沙州建立起有效的统治，沙州回鹘政权从那个时候起才彻底灭亡。因此，1037—1073 年的这段时间内，以敦煌城为核心的沙州一直处于"沙州回鹘"的统治之下。

总之，公元 1036 年，李元昊的西夏大军对沙州敦煌城的征服过程，因为史料记载的缺失，并没有一个绝对权威的说法。井上靖的小说只是认同了其中一种看法而已，未必准确。对那段历史的解读，也只能到此为止了。很抱歉，似乎还有很多谜题没有解开，但因史料缺失，我们所能了解到的信息极其有限，以敦煌为根据地的归义军政权的历史也到此为止。

江山不管兴亡事，一任斜阳伴客愁！

电影背后的历史真相

本章将探讨电影中所涉及的具体事件与史实有哪些出入。首先从李元昊击败甘州回鹘王的那场大战讲起。此电影之所以被军事历史爱好者津津乐道，就在于其战争场面拍得宏大且极具真实感，让人身临其境。在根本没有电脑特效技术的20世纪80年代末，导演凭借着高超的指挥能力在银幕上重现了古代的战争场面。

根据电影剧情，交锋过程大致如下：

一、两军对垒，双方各自摆开阵势对打。李元昊指挥西夏军先派出一支轻骑兵上前犯阵，冲击回鹘军阵地。从此后的近景交锋镜头可以看出，这支轻骑兵是朱王礼统领的汉人部队，赵行德也在队伍中。回鹘人则派出弩手迎击。箭雨从天而降，射倒一片。

二、朱王礼统领的西夏轻骑兵冲破弩箭的拦截，逼近回鹘军本阵。此时，回鹘军调整阵形—弩手们主动让位于他们身后的一支回鹘骑兵，这支回鹘骑兵与西夏骑兵的装备差不多，属轻骑兵部队。

三、朱王礼率领的西夏军汉人部队击败了回鹘轻骑兵，压近回鹘军本阵。回鹘军方面冲出一队持长兵器的步兵上前迎击，双方再度陷入苦战。从不多的近景镜头可以看出，这些回鹘步兵手中的长兵器也许就是号称"骑兵克星"的陌刀（三尖两刃状）。

四、一直严密注视着战场局势的西夏军总指挥李元昊适时发令，西夏军吹响号角，派出第二支轻骑兵部队出击。这支轻骑兵利用前一支轻骑兵已经冲杀出来的一段血路，冲到回鹘军阵前，但遭到回鹘军抛石机部队发射的大石块的狠狠阻击，损失相当惨重。

五、李元昊再次下令，西夏军派出王牌军"连环马"出阵，从人和马都披挂厚甲的情况来看，这支军队是西夏军中的重骑兵部队。他们撕开了回鹘军的防线，突入阵中四处冲杀，回鹘军阵脚大乱。

六、双方大军投入大混战，回鹘人节节败退，回鹘王在抵抗一阵后，无法支撑，带头逃跑，回鹘大军崩溃。朱王礼统领的西夏军汉人部队冲进回鹘人的老巢甘州城，西夏军取得此次交战的胜利。

所谓史诗级的电影，除了要有真实的历史作为背景之外，还要求有令人血脉贲张的大规模战争场面作为剧情的重要支撑。本片毫无疑问做到了这一点，而且做得令人极其震撼。发生在河西走廊的一系列争斗，其规模与后来李元昊与宋朝和辽朝的四次大战相比，简直就像是小孩子在过家家，西夏大军在河西战役单次出动的兵力从来没超过 3 万。但电影里的这个交战场景却被拍得极其宏大，导演佐藤纯弥是一个很会烧钱的家伙，也是一个极其擅长拍摄大场面的导演。事实上，参与战争场面拍摄的解放军部队不多，战马也才 800 匹，但硬是被导演拍出了千军万马大混战的效果。这一段短短几分钟的交战过程，看得军事历史爱好者们大呼过瘾，但若跟史实比起来，实在大有槽点可吐。

　　首先，这种先派轻骑兵出击，待到死伤得差不多的时候才派重骑兵"连环马"出战的战术，不要说西夏人不可能采用，就是世界上的其他民族都不大可能采用。众所周知，在世界军事史上，重骑兵跟轻骑兵的用途有很大不同，用来正面冲击敌阵的毫无疑问应该是人和马都披挂重甲的重骑兵部队，他们用厚重的防护和万钧不挡的冲击力撕开对手的防线、冲乱对手阵脚，随后，其他兵种跟上一齐冲杀，以此击败对手。在《宋史》的记载中，西夏军队的作战方式确确实实延续着传统的方法："遇战则先出铁骑（即重骑兵）突阵，阵乱则冲击之，步兵挟骑以进。"重骑兵才是第一支派上场的尖刀部队，等到重骑兵撕开了对手的防线后，步兵才会上前冲杀。这段话并没有提到西夏军中还有轻骑兵，不过即便有，轻骑兵也会因防护力较弱作为机动部队承担其他任务。电影中，轻骑兵被用来正面进攻穿透力极强的弩箭，抵挡砸得脑袋开花的大石块，重骑兵则被雪藏到轻骑兵死伤差不多了才出阵，导演实在是在坑李元昊啊！

　　那个所谓的"五马连环"战术，初看觉得很惊艳，现在越来越觉得就是个笑话，在沙漠中使用重骑兵不知道图个啥，不怕马蹄深陷沙地被敌人当石柱子砍脑瓜吗？还五马连环，一马陷沙五马都得完蛋。原著里可没有什么连环马，导演是不是听了个铁鹞子传说就脑补了这个连环马破敌的场面？

　　西夏军中是存在大名鼎鼎的重骑兵"铁鹞子"，但可不是片中的五马连环形式，史料是如此记录的："（骑手）乘善马，重甲，刺斫不入，用钩索绞链，虽死马上不坠。"从字面上理解应该是指将骑手和马铰链在一起（而不是将马和马连在一起），这样做的好处是，就算骑手受伤后一时失去了掌控能力，也不会从马上坠落，因而可避免骑手坠马后被交战双方马蹄踩死的情况发生，可大大减少骑手的战损率。原著也是这样理解的，原著还说主人公赵行德就是因为跟马绑在一起，几次受伤甚至失去知觉，最后都被识途的马捡回了性命。这一点，显然是导演理解错了，将五匹马用绳子接在一起就是所谓的"连环马"，实在是大大的谬误。

历史上倒确实曾经出现过将马匹用铁链连接起来作战的战术，那便是十六国时期前燕慕容恪击败冉闵的那场经典交战，其文字记录如此："以铁锁连马，简善射鲜卑勇而无刚者五千，方阵而前。"以字面理解，这应该指的是骑兵缓慢地一边交手一边前进，硬生生将对手包围起来。也就是说，慕容恪的"连环马"战术与电影《敦煌》中的"连环马"战术的根本区别在于速度不同。慕容恪以5000匹马一齐缓慢前进，在这种情况下，即便有个别战马倒地，也会被整体力量拖着前行，如此，阵线便不会乱，对手也找不到突破点。电影中是五匹马连在一起，而且是高速前进，这种战术的不合理处在于，只要一匹马出现意外——中箭或者陷沙，高速前进的五匹马都会被连累，从而失去战斗力。

第二个不合理之处是，朱王礼统领的完全由汉人组成的轻骑兵部队很好地充当了李元昊的炮灰角色，他们第一个被派出阵，先是遭弩箭拦截死伤一片，接着跟回鹘轻骑兵交手时又死伤一片，最后遭到回鹘陌刀手阻击时再死伤一片，此时，西夏军才派出第二支轻骑兵出击（很有可能仍然是由非党项人组建起来的炮灰军），但被回鹘的抛石机部队砸得死伤惨重，此后，李元昊才舍得派自己的王牌军"连环马"重骑兵出来犯阵，但第一个杀进甘州城的仍然是朱王礼的部队。作为后来突然造反差点杀掉李元昊的炮灰部队，为西夏人当炮灰时如此勇猛、如此敬业，确实让人敬佩啊，但这是否合理呢？

导演之所以如此安排，是有依据的，在史料记录中，西夏人打仗时喜欢挑选汉人中的骁勇者打头阵，号为"撞令郎"，所以就有朱王礼这支独立成军的汉人部队存在。在李元昊决战甘州回鹘王前的动员大会上，可以看出，至少还另外有两支非党项人部队——由回鹘人和吐蕃人组成的军队各一支，于是，西夏军中就至少存在三支独立的非党项人军队。

但这种事情真实历史中估计很难存在。若李元昊派出由回鹘人组成的独立部队去跟甘州回鹘人交手，除非这两股回鹘人有仇，或者李元昊跟自己军中的这股回鹘军队有共同利益，否则如何确保军队不哗变或临阵倒戈？独立成军的非党项族军队恐怕不大可能真实存在于李元昊的军中。

炮灰兵肯定会有，比如一向以骁勇善战闻名的回鹘人，其先祖（那时候称为铁勒）在突厥称雄漠北草原的时候，就是突厥人帐下著名的炮灰兵，史称："自突厥有国，东西征讨，皆资其（铁勒）用，以制北荒。"但西夏军中的炮灰兵应该不会有独立建制，而且军中的中上层将领必然会以党项族人或者李元昊的亲信为主。所以，朱王礼的这支部队从上到下都是汉人，每有打仗必打头阵，但后来却又突然说反就反，仅仅是因为指挥官朱王礼跟李元昊有私怨，这种情况在真实的历史中几乎是不可能存在的。

据说"撞令郎"这种战术是李元昊的创举，由此可以充分看出李元昊的狡诈残忍，这种战术日后被蒙古、日本等众多侵略者争相效仿。蒙古人每征服一个民族，就抓那个民族的人去打头阵，让他们先自相残杀一下。即便这种说法成立，西夏大军是跟甘州回鹘交战的，要派也应该先派回鹘人组成的炮灰军去冲杀，而不是汉人部队啊。至于与汉人关系不佳的西夏军中为何会有汉人"撞令郎"部队，史料并无过多记载。这些"撞令郎"成员是战场上被俘的俘虏，还是投奔来寻找发财机会的穷苦百姓，抑或是西夏军从边境掠夺过来的，真不好说。但熟悉历史的人对此不应感到奇怪，当时有很多宋朝的落第文人投奔西夏王朝，为李元昊与大宋王朝开战出谋划策。在后世的历史中，与蒙古人不共戴天的大明王朝军队也有一支完全由蒙古人组成的精锐骑兵"朵颜三卫"，明朝给他们足够好的经济待遇，他们用自己的勇猛为大明王朝服务。

第三个不合理之处也是最大的不合理之处：那场惊心动魄的交战可能根本就不存在。根据史料记载，李元昊在击败甘州回鹘势力的过程中，采用的主要是偷袭战术，而不是摆这种"堂堂之阵"。电影为了将效果做足，硬是给这场大战安排了渲染气氛的众多额外情节：首先，李元昊同部队首领们大张旗鼓搞了盟誓仪式，生恐回鹘人不知道西夏人准备出兵了；其次，交战双方选了一片视野非常开阔的平地作为战场后，双方才慢条斯理地进入战场排好队，开战前还敲锣打鼓，搞得热闹非凡。事实上，西夏军跟回鹘人交战正面摆阵从来就没占过便宜，李元昊他爸李德明曾在三年内摆过五次"堂堂之阵",都惨败而归。李元昊第一次独立领兵上战场,立刻改变旧思维搞了个偷袭,结果一战攻克了甘州城,消灭了祖上两代几十年也没消灭的甘州回鹘政权。

原著中,西夏军攻打位于甘州的回鹘人老巢,是从凉州出兵的,这也是错的,因为当时凉州并不在西夏人手中,而是掌握在回鹘人手中。李元昊攻克甘州端了回鹘人的老巢,但烧杀抢掠一番后就撤走了,四年后的1032年才挥师夺得凉州并顺手将甘州再灭了一次,从而彻底消灭了甘州回鹘政权。这些过程中,李元昊使用的仍然是偷袭战术。李元昊夺得河西走廊的控制权,更多靠的是权谋而不是硬碰硬,他祖父与父亲倒是跟敌人从正面拼了一辈子,但都没拿下河西走廊的控制权。所以,李元昊敢跟宋和辽两个超级大国公开叫板,靠的绝对不是军队人数和部队战斗力,而是头脑灵活。原著对这场战斗的描述与对其他战斗的描述相比,并没有特别之处,应该是导演为了增加电影的可看性特地安排的吧。

另外,电影中这场战争还跟史实有些小不同的就是那支奇怪的抛石机部队。历史上,西夏军中确实有一支著名的抛石机部队,名为"泼喜军", 抛石机则有一个很酷的名字——旋风炮。据《宋史》记载,西夏军中"有炮手二百人号泼喜,陟立旋风炮于橐驼鞍,纵石如拳"。按照字面理解,抛石机发射架是置于骆驼背上随时机动行军的,发射的石头大如拳头,被砸到的估计得人仰马翻。从军事历史的角度看,这是西夏人一个了不起的发明——将发射架架在骆驼背上,大大提高了杀伤力很强的抛石机的机动性,而且还很适合在沙漠中作战,骆驼脚掌又宽、力气又大,扛得动笨重的抛石机。这支部队为西夏人征服被沙漠包围的河西走廊应该是立了大功的。

在原著中,文弱书生模样的赵行德可不是电影中手持长矛、大盾随朱王礼在马上冲杀的骑手,而是抛石机部队"泼喜军"的一员,根本不用冲锋陷阵,只管丢石头砸人。这样的安排还是比较合理。但电影中,导演却安排一个举人为跨马战斗且百战不死的战士。不但赵行德从泼喜军的一员变成了一名骑手,而且连这支泼喜军都变成了回鹘人的军队,且机动性还大大下降了——不再是架在骆驼背上的机动部队,而是由士兵们推拉着走的陆上机械了。开战后,西夏军派出的轻骑兵部队在陷阵过程中,因这支抛石机部队吃了很多苦头,几次冲击都死伤惨重。

导演为何这样调整还不太清楚，姑且看作电影的一个插曲吧。

另外，还值得一提的是，西夏军的重骑兵和步兵都很强大，分别被称作"铁鹞子"和"步跋子"——这也是西夏军队敢与宋、辽等大国抗衡的资本。不过，对付"铁鹞子"和"步跋子"还是有办法的，唐代以来流行的"陌刀队"是铁鹞子的克星，北宋时发明的"神臂弓"对付"步跋子"绰绰有余。西夏人自己都承认"国家用铁鹞子以驰骋平原，用步跋子以逐险山谷，然一遇陌刀法，铁骑难施；若遇神臂弓，步奚自溃"。

这里讲一个陌刀对付骑兵的案例，唐代西域驻军猛将李嗣业是善使陌刀的代表，据称挡其刀者"人马俱碎"。安史之乱中，在唐军收复长安的香积寺之战时，叛军大将李归仁以优势骑兵犯阵，将官军阵脚冲得大乱。关键时刻，善使陌刀的李嗣业手持陌刀，大呼而出，连杀数十人稳住了阵脚，随后，他再指挥 2000 手持陌刀和长柯斧的步兵整阵前进，硬是压垮了叛军的骑兵阵，帮助官军取得了最后的胜利。此前，安禄山手下悍将崔乾佑能够全歼哥舒翰的潼关守军，很重要的原因也是在阵后安排了 5000 陌刀手，河西节度使东调而来的数万精兵，让哥舒翰全毁了。

在电影中，回鹘人阻止西夏骑兵时曾有一队持长兵器的步兵上前迎战，他们手中的兵器大概就是陌刀。至于陌刀的形制，现已失传，电影里面出现不到一秒钟镜头的那种兵器，呈三叉戟状，或许这是日本人认为的陌刀样式吧。

再来说说朱王礼设伏袭击李元昊的那个情节，事实上，这个设计太不合理了。李元昊本人已经进入城内，城门接近关上，此时埋伏在制高点的弩手乱箭齐发，居然没能将他射死，让他逃到城外去了。电影里，李元昊骑白马穿白衣，十分惹眼，如果此时像《三国演义》中伏击庞统的场景，弩手们下令集中火力射白马白衣者，李元昊能逃生的概率非常小。

接下去的战斗过程越看越觉得扯：朱王礼偷袭李元昊失败后，完全可以躲在有高墙护卫的敦煌城内等西夏军的主动进攻，利用城墙的优势大量消耗掉对手兵力后，再窥准时机开城门派骑兵击退西夏军，为什么要一次次主动到远离城墙的平地去跟西夏军硬拼消耗有限的实力呢？那句经典台词"杀李元昊啊，杀李元昊啊"听起来声嘶力竭，悲壮到了极点，但毫无疑问同样愚蠢到了极点。导演或许不知道，敦煌城曾在沙漠中独自面对吐蕃人无数次的冲击坚守了整整十二年，最后是因为力竭才主动开城门投降的，而非被吐蕃人攻克的。如此坚固的城防，西夏人想要短时间内攻克想必也不是那么容易。

要知道在冷兵器时代，只要守城的人信心坚定，攻城者想要攻克一座有高大城墙护卫的城池绝非易事，没有付出惨重的代价绝不可能。最典型的例子，三国时，诸葛亮的十几万大军被区区2000人马守卫的陈仓困了二十几天；安史之乱时，张巡、许远也是仅靠数千残兵坚守睢阳城，硬生生将安禄山的十几万大军死死阻隔在睢阳以北，从而保证了江淮地区的安全，为安史之乱的最终平定提供了决定性的财力支持。在这两场经典的守城战中，绝不是诸葛亮或者安禄山的手下将领军事能力不行，实在是攻城战绝非你想的那么容易。所以，古代攻城战从来是攻心为上，争取城内人主动投降或千方百计引诱城内人打开城门出击为上，直接派兵硬攻实在是下下之策。

其次，如果要强行攻城，没有绝对优势的兵力也只能是白费力气，《孙子兵法》将攻城视作下下之策，认为至少要有守城者十倍的兵力才适合打攻城战。而电影中，不算敦煌太守原有的军力，光是朱王礼带来的部队就有2000人，对比之下，李元昊那边仅仅带了2000士兵前来接管敦煌城（原著中为3000士兵）——这点兵力要啃穿敦煌高大的城墙，简直就是开玩笑。

电影中，敦煌城军队首领朱王礼以私怨挑起这场战争，带着仇恨情绪是可以理解的，但我们也看到，朱王礼仍然是一个理智的人，在伏击不成让李元昊逃出去之后，朱王礼曾拍马追击，但到李元昊大军前一段距离就停止了追击，说明他知道硬去冲击西夏大军主力阵脚是不明智的。在这个时刻他都能保持理智，却在后面的战斗中一次次主动开门去冲击西夏军本阵，只能说明导演对战争的理解实在是够幼稚的。

对朱王礼而言，此后他最明智的选择是闭门不出，依托城墙的优势将西夏大军狠狠地击打于城墙下。一段时间后（几天甚至几个月后），西夏军就会渐渐出现懈怠，此时，他再在某个漆黑的夜晚派一支奇兵直杀李元昊的中军大营，乱杀一气，最有可能杀掉李元昊（当然，这种机会出现的概率也不大，很有可能的是，李元昊在围攻一段时间后发现对敦煌高大的城墙毫无办法，只能无可奈何撤军，几个月后再带着更多的军队卷土重来）。电影中的安排，只能说是为了突显悲剧、加重冲突及为了符合敦煌城于本年被西夏大军征服的史实轨迹。

当然，这场伏击战，小说原著中的设定更加不合理：几百弓箭手还没等西夏大军进入城内就发动了攻击，然后，朱王礼便带着骑兵冲出城门砍杀。所以，虽然得到几百具西夏士兵的尸首，朱王礼却连李元昊的一根毛都没碰到。

这种战例，历史上不是没有，安史之乱中的安军悍将崔乾佑和靖难之役中的燕王朱棣就是这样的例子。崔乾佑在潼关之战中全歼了哥舒翰的河西、陇右十几万精兵，但唐军反击后，崔乾佑镇守的河东被郭子仪攻下，他逃往安邑，在安邑就遭到城中军民的伏击，跟电影中李元昊的遭遇非常相似，在入城到一半的时候城门突然关闭，已入城的军队全部被歼灭，但崔乾佑本人因还没入城，逃过一死。

朱棣在围攻铁铉镇守的济南城时，遭到铁铉的诈降戏弄，只带了少数护卫准备入城受降。刚走近城门，铁铉预先设在城门上的铁闸突然落下，砸到朱棣的战马马首，将战马砸成肉饼，朱棣十分幸运地毫发无损，仓促间，他立刻换乘一匹马快速逃奔从而幸免于难（之所以没被箭射，是因为此前是约定而降，城内守军为了取信于朱棣而将城头的军械全部撤除了）。

事实上，西夏李家才是这种诈降伏击招数的真正老祖宗，从李继迁开始，西夏就反复使用这种老把戏玩弄宋朝边境守将，赤手空拳硬玩出西夏这么大一块地盘。而就是这位玩诈降的鼻祖，后来却被人以诈降的方式玩死了——凉州吐蕃首领潘罗支诈降设伏，使李继迁中了一身箭，四十几岁就英年早逝。正所谓"货以悖入必以悖出"，玩鹰一辈子被鹰啄瞎了眼，死得其所啊！

其实，李元昊从没遇到被人诈降伏击的事，他在爷爷被人诈降中伏受伤而死后出生，天然就具备了比野狼还机敏的警觉性，这个世界上大概不可能有人能以诈降骗到他了。他刚出生不久，其父李德明就以其人之道还治其人之身，以诈降的手法安插两个钉子到潘罗支的阵营中，成功赚到潘罗支的人头，为死去的李继迁报了仇。

毫无疑问，李元昊完美继承了父祖两代的这种诈降基因，在其征战生涯中也曾上演过好几次成功的诈降计，先后赚取了吐蕃的牦牛城和宋朝"大范老子"范雍镇守的金明寨。说西夏李家是一个玩诈降世家，完全不为过，而说机敏如狼的李元昊会遭到电影中这种在入城之际就遭人伏击的事情，几乎是不可能的。

李元昊的爷爷李继迁应该是古今中外第一中箭帝了——在其并不算漫长的征战生涯中，屁股上挨过一箭、肩膀上挨过一箭、左眼挨过一箭，诈降了一辈子后反被人诈降设了埋伏，又中了五箭，挂了！中过很多支箭并不稀奇，类似像张颌、杨再兴那样，被人射成刺猬而死不知得中多少支箭，但像李继迁这样中了很多次箭的绝对少见。李继迁一生中过三次箭，带着前两次的箭伤又征战了十几年，直到第三次中箭后才死，应该是古今罕有的。跟李继迁同时代的宋太宗赵光义也曾中过箭：在著名的收复幽州的战事中被契丹人在大腿上射中两箭。不过，跟李继迁不同，这两箭几乎要了赵光义的半条命。赵光义后半生不仅被这箭伤带来的疼痛折磨得死去活来，而且几乎锐气丧尽，再提不起作战的劲头。不得不说，居住汴梁城皇宫里求生与在穷山恶水的西北荒漠中求生，完全不是一码事。电影的导演大概是看到李元昊爷爷已经中过太多次箭，积攒了足够多的人品，不忍心让他也中箭，所以安排几百弩手居高临下埋伏都射不死他。嗯，真相应该就是这个样子的。

我们再从这场伏击战中李元昊白衣白马的形象谈谈他平日的穿衣打扮习惯。电影中，李元昊几次出场，无论是上战场还是举行盟誓仪式甚至出席结婚大典，都穿着显眼的白衣白冠，这跟史实也有所出入。导演大概是受了西夏风俗尚白的影响，以为李元昊喜欢白衣白冠吧。

但是所谓西夏风俗尚白，也只是一种推测，主要证据有：西夏国的全名翻译是"白高大夏国"或"大白高国"，李元昊接他老爸的位子时是穿着白衣登基的，大概是中国历史上唯一一位"白袍加身"的帝王吧。但是，李元昊穿白衣是登基之后的事情，在他还未登基的年少时期，却完全不是这样的。史书上记载，李元昊自从少年时起，就是一个很喜欢在穿着打扮上标新立异的人，史称"好衣长袖绯衣，冠黑冠"。绯衣，就是红色的衣服，长袖的红色服饰，再配以黑色的冠冕，是相当惹眼的。电影里面，大部分时间李元昊都还未登位，所以，他最显著的形象应该是"红衣黑冠"才对。

赵行德踏上西去冒险之旅的缘由，电影里的说法跟原著的说法略有不同。电影里，赵行德在殿试中被问到关于如何对付西夏的问题时，因他对西夏一无所知，支支吾吾答非所问，被刷了下来。此后，他对西夏便产生了兴趣，加上在街上救了那个被骗到汴梁城的西夏女人，得到那份用西夏文字写成的通行文牒后，便一心想去西夏学习西夏文字，从而踏上了前所未有的冒险征途。而在原著里，赵行德在事关前途命运的科举考试前睡着了，连考场都没有走进过，更别提参加殿试了。不过，他考之前莫名其妙睡着时，做了个奇怪的梦，那些在电影里面出现的问题，是在梦中出现的。也许作者的原意是想通过这样一种无法理解的方式，说明赵行德西去是宿命中注定要发生的事情吧。

类似像赵行德这样放弃重文轻武的宋朝的举人身份，跑到河西走廊去谋发展的事例，在真实历史中有没有发生过呢？要知道，读书人在宋朝的地位之重，井上靖的原著一开篇就说得很明白了，那句著名的"书中自有黄金屋，书中自有颜如玉"，就是宋朝第三任皇帝宋真宗写的。

> 富家不用买良田，书中自有千钟粟。
> 安居不用架高堂，书中自有黄金屋。
> 出门无车毋须恨，书中有马多如簇。
> 娶妻无媒毋须恨，书中有女颜如玉。
> 男儿欲遂平生志，勤向窗前读六经。
>
> ——《劝学诗》

看看，多么诱人，只要勤学苦读就可谋取富贵，根本不用像五代乱世时需刀头舐血才可以。"功名只应马上取"是唐朝部分不切实际文人的理想，在光辉灿烂的大宋王朝，完全可以抛开这些，十年寒窗苦读，一朝科举及第，就可能一举成名天下知。

那么赵行德的举止就太叫人奇怪了，小说中给他虚构了一段特殊的经历，似乎是冥冥之中的命运安排，于是他才误打误撞踏上西北之旅，但真实历史中会如何呢？一个宋朝的举人，放弃如此受人尊崇的身份，跑到荒凉而且处处充满凶险的大西北去闯荡，这种情况在真实的历史中有没有可能发生呢？

很遗憾，关于赵行德的资料目前只有那一段话，关于他在电影中的其他经历是否属实，是没有答案的。但李元昊帐下的汉人谋士张元和吴昊却可以拿来分析一下。这两个人光从名字看就十分古怪，一个名"元"，一个名"昊"，合起来就是西夏皇帝李元昊的名，这要是在汉人的统治区，估计是要杀头的。要知道当赵匡胤黄袍加身的消息传到西北时，李家当时的族长李彝殷就主动拍了一个非常及时的马屁：上书给赵匡胤，将自己名字中的"殷"改成"兴"字。因为赵匡胤的爹名叫赵弘殷，赵匡胤当上皇帝后，"殷"这个字就属皇家专有，普通人取名再用这个字就犯了忌讳，严重的话是要杀头的。李彝殷就是以这个举动向赵匡胤表明自己誓死效忠赵宋王朝的态度。汉人张元和吴昊，当时就是故意取这样的名字来引起李元昊的注意，以求能在西夏谋得一份差事，他们的原名已经不可考证了，但他们以后留在历史上的称呼方式就是这两个。他俩故意在西夏都城醉酒，并在酒楼的墙壁上留下"张元、吴昊到此一醉"几字，以冒犯西夏首领李元昊名讳。他俩被抓后，受到李元昊的亲自审问，为自己赢得了一次面试机会。

面试中，两人大声问李元昊："你连自己姓什么都不在乎了，还会在乎自己的名字吗？"就是这句话触动了李元昊内心，因为被赐的"李"姓意味着他的家族一直以来在大国夹缝中生存的尴尬命运。后来，李元昊跟两人认真交谈，接受了很多建议，两人也因此受到李元昊的重用，为其帝国霸业提供了很多帮助。

这两个人，是在宋朝混不下去的文人代表。当然，他们之所以混不下去并不是遭到了什么不公平的待遇，纯粹是无法适应科举的节奏，考不上功名罢了，这点跟后来投奔后金的汉人范文程等人倒有诸多相似之处。

在中国古代，在官宦之路几乎被门阀贵族子弟垄断的情况下，科举制度为寒门子弟走上仕途提供了一条康庄之道。不管怎么样，它在当时都是最公平的取士制度，好比如今的高考。遗憾的是，这种制度不可能百分百完美，总有一些人无法适应这种方式，考不上功名导致无法走上光宗耀祖之路，范进式的悲剧一直都不鲜见，与赵行德差不多同时代就有一个著名的白头状元故事。一个名叫"梁灏"的状元于李继迁出逃的隔年（983）考中状元，时年82岁，而他第一次参加科举考试是在 938 年，整整考了 47 个年头才考中状元。

　　这个梁灏好歹还是幸运的，尽管已经高龄，却还是考上了状元。在被隐藏起来的历史阴影中，有多少人可是考了一辈子却什么都没有考上。如果考不上能够光宗耀祖的进士，那些经过十年寒窗苦读的士子们，会甘心接受命运的安排吗？在汉唐等大一统时代，当可服务的对象只有一个的时候，士子们怀才不遇大概也只能写写《士不遇赋》来抒发一下郁闷的心情，但在北宋时期，他们的选择多了，除了可以投奔契丹人的辽朝之外，崛起于西北的西夏也成为一种选择。除了张元、吴昊的例子之外，北宋名相富弼的一份上疏也证明这种现象确实存在："我举子不第，贫贱无归，如此数人，自投于彼（西夏），元昊或授以将帅，或任之公卿，推诚不疑，倚为谋主。"

　　那位在真实历史中只留下一句话记录的湖南举人赵行德，也许就有着类似张元、吴昊等人的经历，虽然考中了举人，但在更进一步的选拔中无法实现鱼跃龙门的突破，最终不得已踏上西北之旅，想学学唐代部分文人的做法，寻得一份建立功名留名青史的机会。而且令人没有料到的是，张元诸人的命运还引发了中国科举制度的重大改革，间接改变了千千万万后世举子的命运。我们所熟悉的明清科举考试的最后一环殿试，只是一个决定排名的过程，从未听说在殿试上被刷下来的考生吧。但在宋代之初，殿试不仅仅是排名赛，更是一个淘汰率非常高的淘汰赛，根据北宋前三朝（太祖、太宗、真宗）的数据统计，其淘汰率之高令人咋舌，竟不下于 50%。也就是说，即便你千辛万苦考上了进士，在殿试时，仍有极大可能被淘汰出局。李元昊崛起后，大宋朝廷的宰辅之臣们渐渐发现殿试上被淘汰出局的举子们纷纷投奔西北这个劲敌，越来越多宋朝培养的张元、吴昊们正在成为宋朝的敌人。于是，1057 年（宋仁宗嘉祐二年），北宋朝廷颁布命令：进士殿试，皆不黜落。意思是只要有机会参加殿试，便都是进士了，即便殿试成绩排在最后一名，也仍然是进士，仍有当官的机会。这种处理方法后来成为定制，还被宋以后的其他朝代沿用，直到清末科举制度被废除为止。小说和电影里面的赵行德，在 1036 年李元昊征服敦煌之前就顶着"大宋潭州府举人"的身份离开中原流寓河西了，那时距离这项法令的颁布还有二十九年。而且，小说里说他因在考前睡着了，并没有参加殿试，就算"殿试不黜落"的法令已经颁布，他也没这个福气消受啊！——

所以，这个赵行德，命中注定要将余生交给河西走廊的冒险之旅了。

由李元昊家族被赐姓一事，再说说李元昊家族到底该姓什么。李元昊一家的姓真叫一个混乱，他们的祖上是羌人党项部落的首领，姓"拓跋"；然后，因参与平定黄巢之乱有功，唐朝皇帝给他们赐姓"李"；进入宋朝后，赵宋官家又给他们赐姓"赵"（从李继迁对宋朝表示归顺被赐名"赵保吉"始）；等到元昊称帝后，为了标新立异又不嫌麻烦给自己找了个新姓——"嵬名"。呵呵，如此看来，元昊才是中国历史上真正不折不扣的"三姓"皇帝！甚至，他们祖上的姓氏"拓跋"本身也有问题，因为这个姓原本属于北魏皇族鲜卑拓跋氏，作为羌人党项部落的首领，却与北魏皇族拥有同个姓氏，或许也是得自鲜卑人的赐姓呢（在一份给宋朝的文书中，李元昊曾称他们源自北魏皇室拓跋氏，但此种说法是否为真，学界尚有争议，此处姑且存疑）。但电影里面他们自称该用哪个呢？答案是赵宋皇室赐的"赵"。因为自赵光义给李继迁赐名"赵保吉"开始，他们一家对内外的称呼就开始用"赵"这个姓，直到元昊称帝惹怒宋朝被剥夺姓赵的权力为止。电影里面，李元昊还没称帝，赵宋皇室也没将这个姓收回，德明、元昊父子都是姓"赵"，因此，那句著名的台词"杀李元昊啊"，严格说，应该是"杀赵元昊啊"才对。

在《宋史》中，元昊及其父亲德明的名字从来都是"赵元昊"和"赵德明"，从未有"李元昊"和"李德明"这种称呼方式。不过，元昊称帝后，西夏历代皇帝在《宋史》又姓"李"了。也曾有某任西夏皇帝为了改善关系上书宋朝朝廷，欲恢复赵宋官家赐的姓氏"赵"，但因西夏人不肯去帝号，宋朝一直不予准许。从元昊之后的历代西夏皇帝，宋朝官方文书就一律以"李"姓作为官方称呼。

接下来，再谈谈电影中的称呼方式。

电影中，李元昊第一次出场的时候，旁边的人跟赵行德悄悄介绍说这是"西夏的皇太子"，这个说法是不准确的。第一，此时西夏国君还未称帝，故元昊不能称"皇太子"，最多只能称"王太子"（李德明同时得到宋和辽的册封，都是王爵）；第二，此时的李元昊还未被立为西夏的王位接班人（李德明有三个儿子），他在打完跟甘州回鹘的战争建立了大功后才被立为太子。井上靖原著里的称呼是"西夏国君李德明的长子、三军统帅、太子殿下李元昊"，这也只能说前两个头衔是正确的。

西夏李家为了扎根西北，在大国的夹缝间为自己谋得一份生存的机会，采用了残忍无情的军事征服、变幻莫测的阴谋诡计，而且还是彻底的实用主义者：李元昊后来虽然称帝了，但他不仅是西夏国的皇帝，同时也是宋朝皇帝遗落在西北的"儿皇帝"，而且这个身份还是他主动申请来的。但他与石敬瑭又稍有不同：石敬瑭不但要喊辽朝皇帝一声"父皇"，更要每年按时送出大批礼物朝贡，以尽臣子的义务，但李元昊对宋朝皇帝却只"称子"而不"称臣"，因为，他只想通过"称子"取得同宋朝进行边境贸易免税的权利，而不想"称臣"履行每年朝贡的义务。

李元昊于 1036 年征服敦煌取得河西走廊全境后不久，就举行了登基大典，正式称帝，公开同宋、辽两个大国叫板，并且从 1040 年起，连续三年，每年一战，同宋朝发生了三川口之战、好水川之战和定川寨之战三场大规模交战，而这三战，他全部取胜。但是回过头来，当西夏国内经济因战争难以为继时，他又主动上书宋朝皇帝，愿意叫宋朝皇帝一声"父皇"以求能重新开放两国边境的贸易活动，而大宋王朝，根本拿这个西北之狼一点办法都没有。尽管他称大宋皇帝为"父皇"，但这却从来未影响他继续派西夏大军在宋朝边境烧杀抢夺。

至于电影中引起赵行德兴趣的西夏文字，也简单说说。西夏文字在李元昊时期被发明出来并在西夏国内推行使用了两三个世纪，西夏亡国后，这种文字逐渐消亡，渐渐被人遗忘，直到近代一批带有西夏文字的考古资料的重现面世，才使得这种独特的文字重新进入人们的视野，而且在重现人间之初，其具体身份还引发了国际学者的笔墨官司——英国人一口咬定其为女真文，法国人却认为是失传已久的西夏文，双方居然还打了将近 20 年的嘴仗。不过，根据后来陆陆续续的资料，学者们对西夏文有了一定程度的研究，整理出来的西夏文字到目前为止已接近六千个字，包括像《夏汉字典》之类的工具书也已出版，电子化的工作也有人在做，西夏文字在灭亡几百年后，有复活迹象。

1036 年，李元昊下令，在西夏全国推行这种新发明出来的文字，并将之尊为"国字"，甚至还为之改元，将年号由"广运"改为"大庆"。西夏文的发明，是李元昊希望西夏国独立存世，与宋辽两个大国分庭抗

▲ 西夏文青铜敕牌

礼的重要部分。正如电影所体现的那样，李元昊的勃勃野心不止是西夏在军事上能够强势，更要求西夏能有一种党项人自己的强势文化同宋朝的华夏文化抗衡。

但是，西夏文字的发明并不意味着李元昊创造了一种独立于中原汉文化的另一种文化体系。首先，西夏文字是模仿汉字的一套字形符号，没有自己独特的语法及拼写规则，它更像是与汉字存在一一对应关系的密码本；其次，最重要的是，西夏人没有自己的经典，到头来，他们还得将汉地经典（《孝经》《尔雅》等）翻译成西夏文加以学习，他们创造的不过是一种书写方法而已，代表文化内核的内容物，却只能继续向中原学习。因此，在李元昊死后，他生前竭力避免的党项人被汉化问题，仍无法阻挡地逐渐发生。西夏国虽然后来被蒙古灭了，但党项人不可能全部被屠杀。剩下的党项人哪里去了？唯一的可能是同契丹人、女真人一样，逐渐融入了中原华夏民族的大家庭，消失得无影无踪。而李元昊费尽心机推行的西夏文，也如同辽朝的契丹文、元朝的八思巴文、清朝的满文，逐渐消失于历史的尘埃，成为只有少数语言学家才能看懂的文字形态。

在李元昊同回鹘公主举行的婚礼上，回鹘公主曾发出如下言论："我，甘州回鹘王的女儿斯鲁比娅，现在甘州回鹘王位的唯一继承人……"这也是电影为了加强效果而编造的内容。首先，在回鹘的风俗中，女性不可能拥有

▲ 西夏文书法作品（知足常乐）

▲ 从西夏晚期墓葬中出土的人物版画，墓主人为西夏西经略司兼安排官口西处都案刘仲达和西经略司都案刘德仁（两人为叔侄关系）

继承权；其次，即便女性拥有继承权，这位王女也不是唯一的继承人，因为 1028 年甘州被李元昊攻占后，甘州回鹘人的势力也并未被彻底消灭，今天的史学家从各种模糊不清的史料中又挖掘出一条重要的信息：1028 年后，甘州回鹘的可汗世系并未灭绝，最后一任可汗"伊噜格勒·雅苏"的称号延续到了 1036 年。这位可汗名号里的"伊噜格勒"其实就是回鹘可汗王姓"药罗葛"的谐音，在甘州回鹘可汗的相关史料记录里，可汗的称呼一般记为"夜落隔"或"夜落纥"等，其实也是"药罗葛"的谐音，有这样一位男性王族成员继承汗位，公主就不该自称"唯一继承人"。

井上靖认为西夏能够顺利夺得河西走廊，其中一个原因就是喀喇汗王朝停止了东移。喀喇汗军队在小说里跟西夏军队一样，一直对敦煌有巨大威胁。至于他们为何停止东移，小说里没讲，真实的原因是其东进的路上有只拦路虎——信奉佛教的高昌回鹘人盘踞了吐鲁番盆地，阻挡了喀喇汗军队东进（下文还会继续提到）。

甘州回鹘人势力被李元昊消灭之后，高昌的回鹘人势力还足足存续了一个多世纪，直到 1132 年才归顺颇具传奇色彩的耶律大石。不过，甘州回鹘人并没有就此消失在历史长河中，有几万甘州回鹘人逃出河西走廊，游离于几大势力之间，被称作"黄头回纥"，这些人后来同蒙古人逐渐融合，成为今裕固族的祖先。

从解放初的调查中可知，裕固族有十个部落，其中一个名为"亚拉古"，裕固语为"Yaglak"，据信就是"夜落隔""药罗葛"的今译，这个"亚拉古"部落，很大的可能就是回鹘可汗家族的后裔。

敦煌遗书产生的另外几种可能

讲完了电影中涉及的历史部分，再回到引发电影最初灵感的"敦煌遗书"上面来，前文的分析已经提及，井上靖以 1036 年李元昊征服敦煌为背景虚构了整个故事，虚构了"敦煌遗书"来由的一个可能，但是，这个故事尽管出色却仍有不严密的地方，因此，有必要再费些力气讨论讨论敦煌遗书的一些问题。

第一，这批经籍的原始主人是谁？

在电影和原著里，这批经籍都是太守曹延惠积累了几十年逐渐收集起来的私人藏品。曹氏家族担任归义军节度使已有一百多年，所据之地又是丝路重要中间站的敦煌，因此有这个条件积攒这么多的经籍。不过，今天的多数学者却不这么认为，他们一般认为这是某些寺庙的财产，而不是某人的私人财产。

第二，埋藏这批经籍的是什么人？

在电影和原著里，将这批经籍藏起来的是偶然间误入河西地区的赵行德（经籍的主人曹延惠已自焚），参与埋藏这批经书的人除赵行德外，都死了。因此，如果赵行德没有机会回到敦煌去处理这批经籍，那么秘密就会被永远保存下来。今天的学者认为，不管这些经书是在哪个时期被埋藏的，埋藏者是僧人的可能性都最大。

第三，这批珍贵经籍为何会被藏到这里？

这是三个问题中最重要但又最难回答的问题。要想弄清楚这个问题，最简单的办法就是找到文字记载，如果当初封存这批经籍的人留下过简单的文字说明，如什么人于什么时间因何原因封存这批文书，一切问题就容易回答了。就好像古代一些重要建筑物建好后，会刻个纪念碑，将造桥时间、修缮人、出钱人等相关信息说清楚。遗憾的是，至今没找到相关记录。今天，人们唯一能够确认的是，这批经书的埋藏时间不早于 1002 年。

由于找不到确切信息，现今的人们只能推想和猜测这批经书的来历了，当下比较流行的大致有这几种说法：避难说、废弃说、书库改造说。

一般来说，影响力最大的说法是"避难说"，即为了躲避战争威胁而临时封存起来的，战争结束后，那些避难的人死光了或忘记了这件事，导致这批宝藏被遗忘。至于是受到了发生在哪一年战争的威胁，说法又很多，至少有三种猜测：1006、1036 和 1097 年。

《敦煌》原著采用的是第二种说法，也就是电影剧情提到的躲避 1036 年西夏军对敦煌的军事征服一说。此说法最早的提出者是第二个到敦煌盗

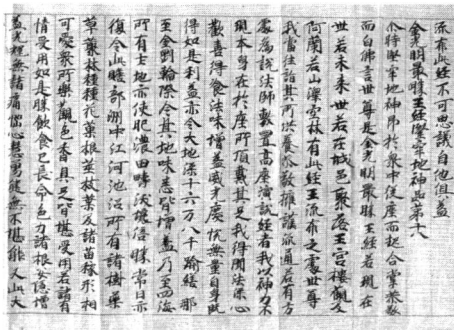

▲ 敦煌遗书中的《金光明最胜王经》局部

宝的法国人伯希和，此说法在早期较为流行，井上靖可能就是受此说法的影响而创作的小说。但此说法也有漏洞（前文已详细阐述过），无法断定就是与这个事件相关（但如果以小说中设定的情节来看，也不是不可能。知道秘密的只剩下赵行德一人，若他在不久后就死于兵荒马乱，没有告诉别人或者记录下来，那么藏在那个小洞里的经籍成为秘密也是可能的）。

比1036年的时间点早且影响力比较大的"避难说"发生在1006年，传说是为了规避另一个方向杀过来的军事威胁——喀喇汗王朝的军队。西夏军队的威胁来自东方，喀喇汗军队的威胁则来自西方。两个方向的威胁对当时的敦煌来说都是一样的，都可能造成灭顶之灾。

在五代宋初这段时间里，敦煌的确受到过这种威胁，在小说里，敦煌尚未被李元昊征服之前，喀喇汗军队扮演着与西夏军队类似的角色，对敦煌构成了强大的潜在威胁，那位于阗国的王族后裔尉迟光（也就是贪婪的骆驼商人）和曹延惠一样，一直对喀喇汗军队随时可能打过来忧心忡忡。

曹延惠之所以害怕，是因为他一贯胆小，他大概从别人那里听到消息，喀喇汗军队是骑着大象作战的，而他幼年时曾见过大象，对这种庞然大物有着难以磨灭的恐惧："此物身高力大，若是士兵骑上打仗，定有万夫不当之勇。"因此，他听到喀喇汗军队可能威胁敦煌的传闻后，当即吓得方寸大乱，狂叫道："吾等死无葬身之地也！"

给曹延惠带来这个恐惧信息的，就是常年在河西走廊行走运送货物的商人尉迟光，此人自称是于阗王族的后裔，他是这样描述喀喇汗军队的："在我的家乡于阗，取代了尉迟家族的李氏一门已被喀喇汗人宰尽杀绝。不久喀喇汗军队就要来犯沙州。一个月之内，喀喇汗的象军就会踏平沙州城。"

这确有一定的可能性，因为喀喇汗王朝的确在1006年攻克了位于西域的于阗国都城和田，随时有可能继续东进。而且，沙州的归义军节度使曹氏家族与于阗王族有姻亲关系，一向关系良好，于阗国被灭之后，大批于阗人纷纷逃到敦煌避难。在这个过程中，他们带来了对战争的恐惧。这对当时的沙州敦煌来说，是一个严峻的问题。因此，很多现代史家认同敦煌遗书成因里的"避难说"，认为就是为了躲避可能来临的灾难，那批经籍才被埋藏起来。

当然，小说为了取得足够的冲突效果，对史实有所改动。井上靖在小说开头就交代，赵行德参加科举考试时已经是宋仁宗天圣四年（1026）了，此时距离喀喇汗王朝攻克于阗国都城过去了整整20年，喀喇汗军队要打过来早就打过来了，不会等到赵行德来到河西地区时才突然嚷嚷要在一个月之内踏平沙州城（敦煌城）。

至于喀喇汗军队当时为何会停止东进，前文已说过，因为遇到了拦路虎——占据了吐鲁番盆地的高昌回鹘汗国。有他们在，喀喇汗军队自然没法东进。前文曾提到，这伙回鹘人与甘州地区的回鹘人起源相同，都是漠北的回鹘汗国政权崩溃后四处奔散的回鹘人。高昌回鹘汗国政权虽然与甘州回鹘政权差不多同时成立，但比甘州回鹘政权足足多存在了一个世纪，直到1132年被耶律大石征服。

有这股势力在，喀喇汗王朝东进的步伐自然被阻挡在敦煌以西了。但有趣的是，那个被视作威胁的喀喇汗王朝，也是由回鹘人建立的，他们跟甘州及吐鲁番的回鹘人一样，在漠北回鹘汗国政权崩溃之后四处流浪，但比另外两股回鹘人走得更远——在葱岭以西定居下来，建立起自己的政权，并从第三任可汗统治时期起，跟吐鲁番盆地那群回鹘人相爱相杀，纠缠了一两百年。

"避难说"的第三个比较重要的时间点是北宋绍圣年间（1094—1098）的一

▲藏于大英博物馆的敦煌遗书经卷，完整而精美

▲ 藏于敦煌博物馆的敦煌遗书部分，因是西方大盗挑剩下的，多数都是残缺破损的状态

▲ 敦煌汉简，除了举世闻名的敦煌遗书，敦煌还有大量的珍贵文化遗存，吸引着包括全世界文化学者的眼光

次战争威胁，因为当时的喀喇汗王朝主动联系北宋，希望能够一起出兵消灭西夏王朝。

此事件的大历史背景是：其一，喀喇汗王朝已经分裂为两个相互攻打不休的国家，东部的那个喀喇汗国西进之路被堵了，只好向东寻求机会，而它跟北宋的关系一直比较密切，朝贡和贸易十分频繁，双方存在一定的利益关系（灭了西夏，它就能独享河西走廊的丝路贸易经济权）；其二，喀喇汗王朝东进路上的拦路虎高昌回鹘汗国虽然还存在，但在喀喇汗王朝多年的持续打击下已虚弱不堪，名存实亡，如果北宋答应跟东喀喇汗王朝联合出兵攻打西夏，那么东喀喇汗王朝就可以在东进的路上顺手将高昌回鹘汗国给收拾了。

据说，当时的北宋朝廷已口头答应出兵西夏。此时，已经被西夏牢牢统治的敦煌由于处在喀喇汗王朝东进路上的桥头堡位置，首当其冲可能受到战争之火焚掠，所以，这批经籍也有极大的可能是在这个时间点上被埋藏的。1096年到1098年，北宋与西夏确实发生过几次大规模交锋。西夏军为了反击北宋，皇帝李乾顺与太后亲自出动，带领50万大军去跟北宋军队交战，双方动员军队的规模在历次宋夏战争中可谓空前。

在这样的大背景下，如果西线的喀喇汗王朝真的出兵，相对于已经将倾国之兵都投入到东线的西夏，喀喇汗王朝必然有着极有利的战机，整个河西走廊都可能因此被攻克。既然如此，后来东喀喇汗王朝有没有出兵呢？饱经沧桑的敦煌城有没有再一次受到战争的焚掠呢？答案是有的！虽然不少史料记录过于简略或有相互矛盾之处，但综合来看，敦煌遭受这一战争之火的事实是确实存在的，时间是 1097 年。

《宋史·于阗国传》里记载了一条绍圣年间东喀喇汗王朝给北宋汇报战果的内容："缅药家作过，别无报效，已遣兵攻甘、沙、肃三州。"这里的"缅药"一词，是沿用吐蕃人对党项人的称呼方式，指的自然是西夏。这条战报的意思是，西夏有过错，因此东喀喇汗王朝出兵攻打甘州、沙州和肃州，帮北宋教训了他们一下。

《宋史》里面并没有关于此次军事行动的进一步信息，如同 1036 年西夏军对瓜州、沙州及肃州的军事征服一样，仅一句话带过。仅此一条汇报似乎不足以说明问题，出兵攻打，攻打到什么程度，没法知晓细节，但成书于喀喇汗王朝时期的一部资料书恰巧提供了细节，这部书就是著名的《突厥语词典》。这部书里有一处地方提到了这场战争，内容如下：

> 为了战胜与秦接壤的唐古特军，
>
> 我们在严寒之夜发起突袭。
>
> 他们的妇女遭到侮辱，
>
> 马匹和妇女献给我们作厚礼。
>
> 他们人人忧心忡忡，
>
> 羞愧使他们把头低。

这首诗里，"秦"指宋朝，"唐古特军"指西夏军，很显然，这首诗告诉我们，东喀喇汗王朝的军队在冬夜发起突然袭击，击败了西夏守军。从诗里提到的"马匹和妇女献给我们作厚礼"可知，西夏守军肯定战败了，至于是城破被俘还是主动投降，无从断定。但可以肯定的是，甘州、沙州和肃州西夏的这三个地区，被喀喇汗王朝征服了。虽然现有的资料可以证明，不久后西夏又恢复了对此三地的统治权，但它们曾遭受过喀喇汗王朝军队的战争洗劫是可以确定的。在这个过程中，位于沙州的敦煌城便在劫难逃。

以上三种征服中，1036 年和 1097 年发生的事件是实实在在的，1006 年喀喇汗军队对敦煌的军事威胁仅停留在传闻层面，并没有让敦煌遭受实际损害。从目前掌握的信息来看，笔者倾向于排除 1006 年的这个说法。至于 1036 年和 1097 年的两次军事征服，哪一次更有可能导致经籍被藏到秘密洞窟里，笔者倾向 1097 年这次，毕竟西夏与敦煌信仰相同，他们在 1036 年对敦煌的军事征服应当不至于让

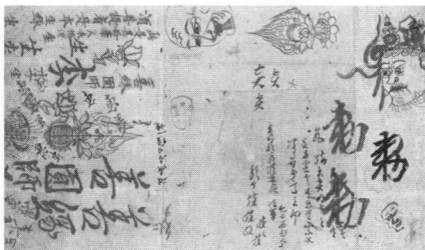
▲ 敦煌遗书中疑似涂鸦的地方

▲ 敦煌遗书中未完成的画稿

他们恐慌到要秘密藏起经籍。当然，这也仅是个人看法而已。

除"避难说"外，另一个影响力比较大的是"废弃说"，此说以敦煌大盗斯坦因等人为代表。

持这种观点的人认为，这批经书之所以被藏到那个隐蔽的小洞里，是因为这些经书其实都是不要的废弃物——这听起来很不可思议。但这种说法之所以有市场，也是有一定合理性的。目前，被发现的这些经籍中存在大量的破纸片、涂鸦之作、抄错的废卷、作废的文书、木轴、丝带、布包皮、丝织还愿物、绢画残片、画幡木网架等，仿佛一个废物回收站。而且，根据确切的史料记载，当时敦煌曾有一件真正的宝贝，但这件宝贝并没有在这批经籍里面，真正的宝贝不保藏而只保藏另外那些残破物，只能证明封存在藏经洞里的确实是废弃物。

这件宝贝就是归义军节度使曹宗寿（1002—1014）当政时期，向宋朝内地求来的一部金银字《大藏经》，如果是为了避难而封存经籍，这部经书理应也被藏进去才对。

"废弃说"之所以有市场还有一个原因：三种"避难说"都有漏洞。如上文所述，无论是公元1036年西夏大军对敦煌城的征服，还是1097年喀喇汗军队对敦煌城的偷袭，都在事后不久就让敦煌城恢复了原先的统治秩序，如果那批经籍确因战争被人埋藏起来，战争结束后埋藏经籍的人仍可以将它们重新整理出来，不至于让它们一直被遗忘至20世纪初。

第三种说法是"书库改造说"。这种观点认为，当时书籍的版式正在经历着大变革，佛经的载体也从卷轴式过渡到了折页式，大量折页式经籍出现，因卷轴式经籍阅读起来存在各种不便，原先存放卷轴式经籍的书库便被腾出来存放新的折页式经籍。这些腾出来的卷轴式经籍便被封存起来，久了就慢慢被人遗忘了。

　　总之，以上各种说法都有一定道理，也有相关的证据予以支持，在当前没有确凿的证据能够将它们排除的情况下，只能姑且备存，以供参考。

宋金太原血战

靖康之耻的前奏

作者 / 暮雨

宋金太原之战是发生在两宋之交，决定北宋王朝国运兴亡的一次重要战役。该战役战事之惨烈，在我国古代战争史中也罕有其匹。时隔数百年，国学大师王国维先生回顾这段历史，感慨再三："当宣靖之间斡离不（完颜宗望）以全胜之师长驱逼京师，势已无宋矣，然卒媾和以去者，以太原未下，粘罕（完颜宗翰）之军顿于坚城，不能会师城下之故也。"

海上之盟

11 世纪末 12 世纪初的中国北部，处于辽朝统治后期，此时正值辽天祚帝在位。史称，天祚皇帝"拒谏饰非，穷奢极侈"，"信用谗诩"，致使王朝上下"纲纪废弛，人情怨怒"，国事日非。

早在辽王朝由盛转衰之前，白山黑水间的女真民族就开始悄然崛起。女真族的先祖靺鞨，很早就在我国东北部繁衍生息。辗转至唐初，只余黑水靺鞨与粟末靺鞨两部仍见于文献记载。8 世纪上半叶，唐王朝在黑水靺鞨聚居区设置了黑水都督府。8 世纪中期，黑水靺鞨建立的渤海国强盛一时，统治了这一地区。五代时，耶律阿保机建立的辽王朝灭亡了渤海国，黑水靺鞨始以"女真"之名见诸史籍，且成为辽王朝的藩属。

为了加强对女真人的控制和分化，契丹人把居住在松花江以南的"豪右数千家"迁至今辽阳以南地区居住，编入辽朝户籍，这部分女真人被称为"熟女真"。那些仍居住在黑龙江中下游和长白山地区的女真人，则被称为"生女真"。生女真一共分为 72 个不相统属的部落，有 10 余万人口，小的数百户，大的千户，各自公推酋长为首领。

在辽朝的分化政策下，生女真各部"种类虽一，居处绵远，不相统属，自相残杀，各争雄长"，处于四分五裂的状态。定居于"按出虎水"①一带的完颜部，"刳木为器，制造舟车，种植五谷"，渐渐发展成为生女真各部落中势力较强的一支。实力壮大后，

---

① 今黑龙江省哈尔滨市阿城区境内的阿什河。

完颜部首领率领部众，对其他各部族"顺者抚之，不从者讨伐之"。

与此同时，之前互不统属的各部落，有的也结为部落联盟，开始威胁辽王朝对混同江（松花江）一带的统治。同时辽朝也在贪婪地掠夺女真人的财富。当时，辽朝令女真人每年进贡北珠、貂皮、名马、良犬和名禽"海东青"等，并在宁江州设立榷场（市场），在实际交易中故意将女真人的货物"低其值"强买，美其名曰"打女真"。辽朝的残暴奴役引起了女真各部族人民的强烈愤怒与反抗。因此，辽王朝数次征讨，残酷镇压敢于反抗者。为了加强对生女真的管理，辽朝又采取了"以夷治夷"的策略，任命完颜部酋长完颜石鲁为惕隐（辽代官名）。通过充当辽朝的代理人，完颜部首领从中看到了机遇，他在替辽朝镇压和掠夺其他女真部落的过程中捞取好处，又借助辽朝的势力，征服生女真各部落，发展壮大自身实力。

经过苦心经营，到11世纪末完颜阿骨打任部族首领时，该部已经"尽服四十七部之众"。其势力所及，北至黑龙江北岸，东达日本海，东南至今图们江、鸭绿江流域。

完颜阿骨打从祖父和父亲那里继承女真部节度使后，通过"头鱼宴"事件，了解到辽朝的虚弱。于是，1114年，完颜阿骨打起兵反辽。不过，值得注意的是，完颜阿骨打起兵的理由并不是为了反抗压迫。在起兵时发布的控诉辽朝的罪状书中，完颜阿骨打表示，自己之所以起兵，是因为他这个辽朝的代理人没有因为多次镇压其他女真部落而得到足够的赏赐和独霸女真的特权。

此后，在女真人的攻击下，辽的统治江河日下，王朝败亡已显出不可逆转之势。

辽天庆五年（1115年），完颜阿骨打称帝，建国号"大金"。

此时的宋朝，宋徽宗在位。眼见女真一族崛起于白山黑水，宋朝为了收复燕云故地，遂与金朝达成共同灭辽合作协议，史称"海上之盟"：

一、宋、金双方相约夹攻辽朝。

二、金朝取中京（大定府，今内蒙古宁城县），宋朝取燕京（今北京市）一带。

三、宋朝将支付给辽朝的"岁赐绢三十万匹、银二十万两"转交金朝。

四、任何一方不得私下与辽媾和。

此后，双方又达成几项重要的补充协议：宋金暂时以古北口、松亭关及平州（治所在今河北省秦皇岛市卢龙县）榆关一线为界；双方夹攻辽朝期间，宋军不

▲《卓歇图》所绘的契丹贵族宴会场景

得越过松亭关、古北口和榆关之南；宋军可先取蔚、应、朔三州之地，其余西京（大同府，今山西省大同市）、归化、奉圣等州，要等到金军捉住天祚帝后再交割给宋朝。

宋朝虽然对辽王朝的国内局势判断准确，却对金朝的野心认识不足，天真地认为只要适当满足其要求，就可以与之达成妥协，收复燕云失地。

一开始，双方的合作还算顺利。

辽天庆六年（1116年），金朝占领辽东京（辽阳府，今辽宁省辽阳市）。

金天辅四年（1120年），金朝攻克辽上京（临潢府，今内蒙古赤峰市）。

金天辅六年（1122年），金朝取辽中京。被金兵追袭走投无路的天祚帝，一头扎进内蒙古夹山，不知所终。

辽宗室耶律淳在奚王萧干、耶律大石、汉臣李处温、郭药师等人的拥立下，于燕京即位，建立北辽政权。北辽分别向宋、金遣使，要求与宋维持和平局面，请求金朝罢兵。宋朝则称耶律淳"擅立"，并按照与金朝的协议，派童贯领兵10万巡边。北辽窘迫之下求为附庸，被宋朝严词拒绝。

忧惧之下，耶律淳病死。北辽萧德妃五表于金，请为附庸，完颜阿骨打不允。按照协约，童贯率军两次攻燕京，却损兵折将，大败而归。

其实与宋结盟前，金朝并不敢小觑宋这个"天朝上邦"。也因于此，与宋结盟之初，金朝并不敢抱有太多奢求。比如粘罕认为："南朝四面被边，若无兵力，安能立国强大如此！"

随着战事不断向南推进，宋朝表现出的政治腐败和军事无能越来越明显，这令其光环褪尽，在金朝眼中失去了尊贵强大的地位。此后，金朝迫降了燕京的辽军，察觉宋朝兵弱，"自此有南牧之意矣"。军政腐败，为北宋的覆亡埋下了祸根。

此时的完颜阿骨打已有占领中原的战略布局。他精明地利用了双方和约表述不清晰的漏洞，只是将燕京空城交割给宋朝，并额外向宋索求"米二十万石""岁币数百万"。燕京周边的平州地区，金朝却并没有交割给宋朝。

平州下辖营州（今河北省秦皇岛市昌黎县）、滦州（今河北省唐山市滦县），呈三角形分布在燕京以东，其北部隔着榆关、松亭关两个隘口与金本土接壤，东、南两路临海。金朝掌握了平州，就拥有了地理上的优势。而站在宋的角度上，则是"不与我营、平等，扼吾之咽喉尔"。正是这看似不起眼的营平之地，最后成了金军南侵的跳板。

已将燕、云等地掌控在手的金朝，对宋朝的态度也从"未可轻之"变得不屑一顾。在降金辽臣的鼓动下，主战势力抬头，金朝开始重新考虑与宋的利益分配问题。

金天辅七年（1123年）二月，完颜阿骨打将答应还给宋朝的武、应、朔、蔚、奉圣、归化、儒、妫八州土地，缩减为只予朔、武、蔚三州。他任命粘罕为都统，"驻兵云中，以备边"，负责向宋朝交割三州土地事宜。粘罕，即完颜宗翰（1080—1137年），是金初女真完颜部最为杰出的军事统帅。无论是辅助完颜阿骨打灭辽，还是后来的侵宋战争，他都立有赫赫战功，后被《大金国志》列为开国功臣第一人。

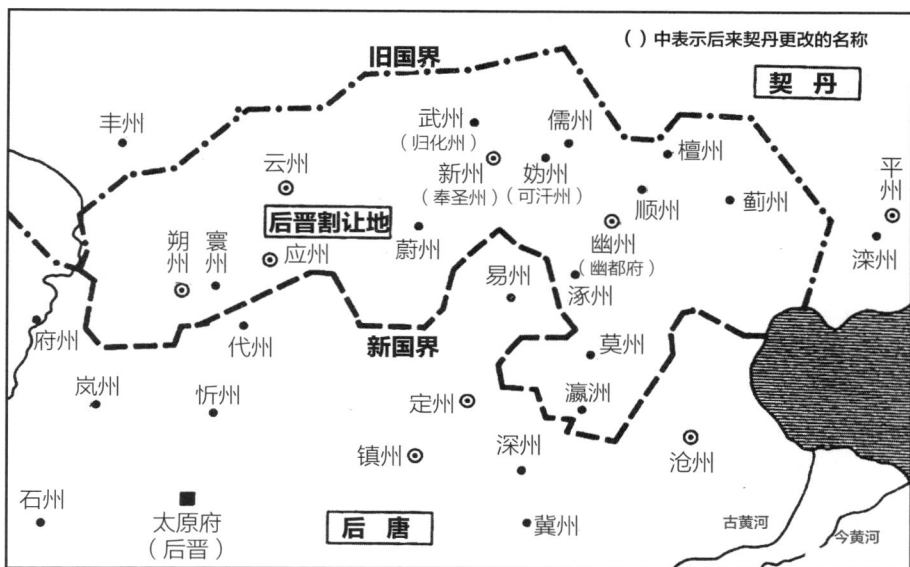

▲ 燕云十六州（936年）示意图

完颜阿骨打自己，则率军从燕京"出居庸关，由云中府（治所在今山西省大同市）、德州路西巡，留白水泺度夏"。最终因水土不服加上积劳成疾，完颜阿骨打死于东归途中。

在临死前，完颜阿骨打完成了最后的战略布局：驻兵西京，不再放弃山后①土地。此举，等于是金朝在宋朝西北边疆楔入了一枚钉子！金兵随时可以与燕京东面的平州两头并进，对宋形成钳形攻势。

金朝选择粘罕镇守西京，是因为粘罕是个坚决的主战派，他动辄叫嚣着要与宋人"厮杀则个"。虽然完颜阿骨打不愿意留下"背盟"的骂名，但他给粘罕的政治遗言却含糊其辞，"待我死后，悉由汝辈"。

---

① 燕云十六州，分为山前、山后或山南、山北。这里的山为太行山，山后即指妫、蔚、新、武、云、应、朔、儒八州。

▲金太宗雕塑

完颜阿骨打死后，按照女真人兄终弟及的传统，粘罕、斡离不、完颜希尹①等人拥立其弟完颜吴乞买为帝，是为金太宗，改天辅七年为天会元年。

不久，宋朝派人来讨山后西京土地。刚刚上位的完颜吴乞买一时还吃不准对宋政策，他没看透兄长死前安排粘罕返回云中镇守的用意，认为既然"先皇帝尝许之矣"，就应该履约。但他经不住粘罕的要求，最后只答应将武州和朔州还给宋朝。

面对背信弃义的金朝，宋朝自然有所动作。粘罕回东北奔丧期间，在河北宣抚使谭稹的招诱下，"朔州节度使韩正、应州节度使苏京、蔚州土豪陈翊等争叛金人，纳土归大宋"。

宣和六年（1124）八月，粘罕重返云中，立即派出人马攻占了朔、应、蔚三州。

面对咄咄逼人的金朝，宋朝不是备战备荒，反而玩起了火。宋徽宗听说天祚帝在夹山"收集散亡，势亦稍振"，便派人与天祚帝接洽。数次往返后，天祚帝"许归顺"。宋徽宗许诺"待以皇兄之礼……筑第千间，女乐三百人"，天祚帝怦然心动。只是双方使者往返均途经云中，事情早已经被金朝侦知。

宣和六年冬，此前一直躲避在夹山的天祚帝从鞑靼处借来了3万骑兵。他误以为山后地区的金军兵备空虚，有可乘之机，便率契丹、鞑靼联军直扑云中。结果却被金军击败，于宣和七年（1125年）年初成了金朝的阶下囚。

擒获了天祚帝之后，金朝的战略目标立即调整到了宋朝身上。这年十月，金太宗挟灭辽之余威，颁旨侵宋。

初期，完颜吴乞买希望达到"收复原赐京镇州县"的战略目的，指导战术则

①完颜希尹虽姓完颜，但与完颜阿骨打的"按出虎水"完颜部并非同族。

是"以和议佐攻战"。

为了加强对攻宋战争的领导与协调指挥，金太宗特意设立了元帅府，任完颜杲为都元帅，分两路兵马大举南下：西路军由左副元帅粘罕率领，与完颜希尹、耶律余睹等，自云中府南攻太原；东路军则以斡离不和完颜昌（挞懒）为主将，率阇母、刘彦宗等由平州西攻燕山。

然而，斡离不与粘罕并不满足于收复"契丹故疆"，决定借机扩大战争规模，拓土略地，劫掠财富。双方又存了争功的心思，约定攻下太原、燕山后，会师于北宋京师汴京（今河南省开封市）城下。

同时，金朝又展现了其阴鸷的一面。天祚帝被擒本来是宣和七年正月的事情，金朝却一直拖到七月，才以

▲宋徽宗

"告庆使"的名义遣使，向宋朝通告这桩"旧闻"。在此之前，金朝还派出一拨名为"报谢使"的使臣，重申宋金友好。"告庆使"前脚离开，又有"贺天宁使"①赶至汴京。金朝使臣不绝于途，并非真的看重双边友好往来，而是有着"窥觇道路"的隐蔽使命。这些所谓的使者其实是为金兵大举南侵来打探道路远近、地势险易的，使者之名不过是打消宋人疑虑的幌子而已。当然，当时的宋使、辽使、西夏使往往都负有间谍的使命。

---

① "天宁节"为宋徽宗生辰。赵佶属狗，本来是五月初五生人，可是有道士指出这个日子不吉，于是他将生日改在了十月十日。

宋朝其实也不是毫无察觉，河东安抚使、太原知府张孝纯就报称朝廷，粘罕重返云中，忙于调兵遣将，"颇下功夫"，似有图谋入侵的异志。

这份奏报引起了宋徽宗的关注，他立即责令童贯去太原了解究竟。童贯还没有离京，又接到张孝纯奏报，有金使至太原，指名道姓要与童贯商议如何向宋朝交割山后之地。结果，宋徽宗竟然天真地相信了金朝的诚意，马上诏令童贯赶往太原，与金使商谈山后地区的交割事宜。

一直掌握宋朝军政大权的童贯当时已经因"光复燕地有功"，被封为"广阳郡王"。登上仕宦生涯巅峰的他正是自我感觉良好的时候，所以对金朝的积极备战没有给予足够的重视。甚至在宋徽宗催促之后，童贯这才动身前往太原。

时隔不久，从河中府雪片般飞来的奏报，将金朝的最新动态一一呈报在宋徽宗御案前：

> 十月初五中山府奏报：粘罕与耶律余睹统领女真军马至蔚州柳甸，大集军兵。
>
> 十月十八日中山府奏报：金人选派女真军一万五千人，以及辽东一路选派的渤海军五千人、奚军两千人、铁离军①两千人，分道前往平州和云中府，并已屯驻于两路。
>
> 十月二十一日中山府奏报：金人正在选派女真正军以及汉儿军，渐次前来云中府等处。又奏：金人于蔚州和飞狐县等处屯驻，聚集军马，收集粮草。
>
> 十一月初三中山府奏报：探报，粘罕下令，要求云中府所辖各县主管之乡军，每人均要带足规定的军械物品以及行军营帐，赶赴云中府缴纳，并于山西一带增派屯驻军马。
>
> 十一月十七日中山府奏称：探报，金人平州都统命令所属各县选派丁壮充军，并有一路军兵前来奉圣州屯驻。

所有汇总的情报显示，金军在东西两线厉兵秣马全面备战，准备南侵。所谓商议交割山后之地，不过是金朝施放出来的烟幕弹，以障宋朝耳目而已。

宋徽宗在位期间，童贯与高俅负责内外兵事，结果"军政不修""教阅训练

---

① 即铁利，原为唐代黑水靺鞨诸部之一，后属渤海国。

之事尽废"。尽管宋朝对战争准备明显不足，但金朝仍不敢掉以轻心。就算西路军统帅粘罕也不敢将期望值定得太高，他认为"下太原、取洛阳、扼潼关，要绝西兵援路"，同时防范北宋皇帝"幸蜀"，就算是达成了战略目标。

金朝非常清楚，自宋辽缔结"澶渊之盟"后，双方百余年间无战事，河北、河东等地宋军战斗力低下。而因与西夏长期作战，陕西成了宋朝强兵健马之地，其中作战力最强悍的自然是"西军"。金军必须扼守潼关，不令西军入援，才能安全会师于汴京城下。一旦战略失策，金军能够虎头蛇尾收场都是好的，最严重的后果甚至是南侵金兵有去无回。

为涣散宋朝军民人心，粘罕一面整军备战，一边发布了《元帅府左副元帅、右监军、右都监下所部事迹檄书》。粘罕将自己装扮成正义的化身，把金兵描摹成了吊民伐罪的正义之师，在指责宋朝招降纳叛、"岁贡，又多愆期"的同时，晓谕宋地军民"择其曲直""善为去就"。随着战争的深入，这些伪善的言辞很快便不攻自破了。

金兵南侵

十一月十九日，童贯终于来到太原。他当时任河北、河东、燕山府（1123 年入宋后，燕京改名"燕山府"）路宣抚使，总管三路军事、经济、外交等事务，更有"便宜行事"之权。面对严峻的边境形势，童贯不敢怠慢，派出使者赶往粘罕军中，表面上商议西京交割事宜，实则暗中探听金朝究竟有无南侵之意。

宋使一行从太原北上代州，取道应州和云中的边境戍口茹越寨①，进入金朝实际控制区。才到茹越寨，宋使就听到了令人不安的消息：不久前从宋隆德府（治所在今山西省长治市）越境投金的义胜军，已经在粘罕的差遣下，先期从五台山、繁峙县边界向南渗透；从易州投奔金朝的常胜军韩民义部，则从飞狐、灵丘一带

---

① 因河东地区是抗夏御辽的前沿，宋人于边界处修筑了许多的寨、铺、城、镇、关等军事防御据点。茹越寨位于代州，代州共有瓶形寨、梅回寨、麻谷寨、大石寨、茹越寨、楼板寨等十三个寨铺。

向南推进，探听宋军边防虚实。

宋使立即发出"急递"，将金朝最新动向报告童贯，请他紧急调遣各路军马赶赴边境前线，统一安排，做好防范。

宋使终于见到了粘罕。对山后之地的归还问题，粘罕表现得非常狂妄。他大言不惭地说山前、山后乃是女真旧地，宋朝应该割取些土地来给女真才算是赎罪。在粘罕的强盗逻辑面前，任何辩解都显得苍白无力。眼见金朝已经决意入寇，战事无法避免，宋使只好怏怏而返。

就在宋使与金朝交涉之际，东线斡离不已经抢先动手，不宣而战。然而直到这个时候，童贯仍不相信金朝会背盟。他认为，灭辽不过一年，金朝不经休养生息，就敢再次擅启兵端？实在是胆大妄为！

▲ 粘罕雕像

十二月初三，宋使回到太原后不久，粘罕派出的使者后脚便至。金使给童贯带来的是一封声讨宋朝的檄文《牒南宋①宣抚司问罪》，檄文措辞严厉、强词夺理，内容无非是宋人不遵守双方盟约、招降纳叛等陈年旧账。檄文称："今聊整问罪之师，且报纳土之由。仍依回誓，收复元赐京镇州县。"

从檄文中分析可知，金朝色厉内荏，当时还没有灭亡宋朝的打算，他们主要是后悔将燕京一带地土交给宋人。

金使到达太原的同时，粘罕已经率军突破宋境，向南推进了。侵宋的金西路军，主力由国相撒改②部、黄龙府万户娄室部、泰州路都统宗室婆卢火部、宗室万户银术可部、女真贵族完颜希尹部、契丹宗室降将耶律余睹部等构成。

战端一开，金军的战事顺利得出人意料。

---

①这里的南宋是"南部宋朝"的意思，不是之后的南宋。
②完颜撒改，乃粘罕之父，是金太祖在位时的国论勃极烈。国论勃极烈是官职，相当于宰相。

金兵杀奔朔（今山西省朔州）、武（今河北省张家口市宣化区），"直薄马邑而营"，立即就有"汉儿为内应"。占据了朔、武二州后，金兵经怀仁（隶属于朔州）、河阴①两县，在十二月初由壶谷寨进入代州境。粘罕告诫手下众将："今日至代州，与南军必有数战。"

代州是宋人抵御辽人的前沿，《读史方舆纪要》载，代州"外壮大同之藩卫，内固太原之锁钥，根柢三关，咽喉全晋"。因为代州与太原唇齿相依，是战略要津，所以粘罕有此说。

哪知道，接下来的战事进展再次令所有人大跌眼镜：代州守将李嗣本率兵拒守，"汉儿又擒嗣本以降"。

金兵乘胜围攻崞县，"义胜军统领崔忠，同被重围"。大敌当前，守军本应该同仇敌忾、共御外侮，哪知他们却相互猜忌，首先内讧起来。代州西路都巡检使李翼对县官李耸道："崔忠汉儿，贪利苟生，岂有忠节，可与共守？万一内变，岂惟上误国家，吾属亦受祸矣。"众人闻言，沉默不语。

可是还没有等李翼动手，崔忠就先下手为强，"引贼人入城，焚楼橹，劫居民"。李翼率军血战一夜，力穷被执，骂贼而死。代州沿边安抚副使史抗率军进行了顽强抵抗，无奈寡不敌众，英勇殉国。

金兵乘胜进至忻州。忻州"翼蔽晋阳，控带云、朔，左卫勾注之塞，南扼石岭之关"，此地屏障太原，向北承接云、朔，是宋朝边境上又一襟要之地。粘罕仍以为在此地会有一场恶战，哪知忻州知府贺权的表现令人惊诧。他根本懒得抵御，就直接大开城门，鼓乐喧天地欢迎入侵者。

兵贵神速，粘罕立即率军直驱石岭关。

石岭关设立于唐朝，由于"石岭涧泉，而环关皆山"得名。石岭关位于太原市北50里、忻州市南20里，在阳曲县大盂镇北部，北与忻州市接壤。关西侧是系舟山西部小五台山的余脉凤坡山，东侧是云中山余脉官帽山，关为凤坡山与官帽山结合地带的陉口。

---

① 因位于桑干河之阴，故名之。又因与郑州属县同名，后更名为"山阴"。

▲ 石岭关城门遗址

石岭关坐落在晋阳通往北部雁代地区的孔道上，既是进入太原盆地的重要隘口，也是通往"代、云、宁、朔"的交通要道。赵光义平北汉之役，就是先占据石岭关，断绝了辽援，这才攻取了太原城。据宋时《武经总要》一书记载，石岭关"其路可行单车"，是一夫当关、万夫莫开的险隘。历史上太原之战的成败，石岭关之得失往往举足轻重。如此重要的关隘，张孝纯安排的守将却是义胜军将领耿守忠。

这些本被宋朝倚为长城的义胜军，转而变成了为敌军引路之人。在他们先后降金的影响下，河东州县雪崩一样纷纷陷落，金兵势如破竹地向南挺进。虽然导致北宋覆亡的原因有多种，但这些汉儿的反水无疑是重要的原因之一。

"汉人"一词源于汉朝，其时专指汉朝人。汉亡之后，则成为周边民族对原汉朝管理下的"郡县之民"，即汉民族的称呼。与此同时，出现了一个"汉儿"的称谓。山西方言中"人""儿"通用，"汉儿"与"汉人"意思一样，最早并无任何褒贬之意。随着游牧民族与农耕民族间的交融，汉化与胡化并行，到唐时已有"汉儿尽作胡儿语"之诗句。其实如《全唐文》中程晏的《内夷檄》所说："四夷之民……慕中华之仁义忠信，虽身出异域，能驰心于华，吾不谓之夷矣。中国之民……忘弃仁义忠信，虽身出于华，反窜心于夷，吾不谓之华矣。"在生产方式与生活环境的巨大影响下，血缘所能产生的民族认同感往往是非常微小的。

自后晋"儿皇帝"石敬瑭将燕云之地献与契丹人之后，那些生活在敌境中着"胡服"、说"胡语"、用"胡礼"、习"胡俗"的汉人，已经与胡人无异了。当时宋人自称"中国人""南人"，"汉儿"则成了对契丹王朝治下汉民的特指。

在《三朝北盟会编》中，徐梦莘这样形容汉儿："其人坚忍奇崛，包藏祸心，狡立凶谋，前有荆轲太子丹之风，后习安禄山史思明之态。"

辽末，以汉儿为主体的常胜军在其将领郭药师的率领下降宋，徽宗皇帝对之荣宠有加，竭尽笼络之能事，于是常胜军人数大增，装备精良。徽宗甚至命郭药师率众屯驻燕地，更将地方的军事、经济大权全交给了他，结果没想到是"引狼入室"。郭药师在地方飞扬跋扈、为所欲为，与知府王安中水火不容。宋朝无奈，只好另派谭稹出知燕山府。

谭稹到了地方，担心郭药师与常胜军尾大不掉，于是建议另外在河东地区建立一支由汉儿组成的部队，作为制衡力量，这只数万人马的部队就是义胜军。

义胜军又被称为投附人，是燕云地区的汉人。在金朝灭辽的战事中，这些汉人为躲避战火逃到了宋地，因其"勇悍可用"为宋朝招抚。宋朝认为，如果放任他们全部加入到郭药师麾下，常胜军更难以驾驭。宋朝收编他们后，使之散居在河东各地，目的是为了分常胜军之势。这本是"驱虎吞狼"之计，但其实虎狼都是要吃人的。

这支由燕云地区汉儿组成的部队，自成立之始就是非不断："如义胜军等……其在河东者，约十万余人，官给钱米赡之，虽诸司不许支用者，亦听支使，久之仓廪不足，以饥而怒，出不逊语。时我军所请，皆腐余，亦怨，道路相逢，我军骂辱之曰：汝番人也，而食新，我官军也，而食陈，吾不如番人耶？吾诛汝矣！汉儿闻而惧。"

当面以"番人"来辱骂这些燕云之地的汉民，本是宋人长期以来视其为"非我族类"的强烈心理流露，结果却加速了"其心必异"。在河东地区的义胜军找不到归属感，"其心异贰"。面对这种情形，宋朝没有采取任何行之有效的措施解决双方之间的隔阂，而是听之任之，导致燕云汉民与宋人离心离德，矛盾日益尖锐。

总体而言，这些汉儿翻手为云、覆手为雨，完全是从自身利益出发而非民族大义。降宋降金，不过是他们"有奶便是娘"的逐利思想罢了。于是，金兵南侵，义胜军将领李嗣本、耿守忠选择不战而降，也就不足为奇了。

而义胜军降金，金兵尽悉宋人虚实，更导致了一系列的严重后果。

金军占据了云中等地之后，极大削弱了宋朝在河东代北地区的防御能力。李嗣本、耿守忠降金后反戈一击，金兵更是"如入无人之境，直趋太原"。

金朝惯使的伎俩就是制造"谈判可以解决争端"的假象，在迷惑对手的同时，加足马力开动战争机器。这个"一招鲜"在灭辽之役中屡试不爽，用在童贯身上仍是立竿见影。

当时事态已经严重到不可挽回的地步，童贯居然仍幻想着金朝收回成命，双方和平解决争端。直到金使亮出了"底牌"——宋朝割河东、河北两路土地给金朝，双方以黄河为界！

听到金朝狮子大开口的议和条件，童贯惊得面无人色。金兵来势迅猛，金使漫天要价，更是让他心惊肉跳。让人气愤的是，清醒过来的童贯第一个念头并不是组织人马抵御金朝入侵，而是琢磨着如何逃离是非之地。

十二月初七，拿定主意的童贯决定开溜。他将河东安抚使、太原知府张孝纯请来，告之自己将于明日"赴阙"（指陛见皇帝），与天子共商国家大事。太原与河东的防务，都要交给张孝纯。

张孝纯闻言大惊，怔忡在当地，良久才反应过来据理力争。他认为国家危急时刻，身受国家厚恩的童贯应该留在太原召集各路大军，并力抗金兵入侵。如果他率先逃离，将会导致人心"骇散"，局面糜烂不可收拾，整个河东会沦陷敌手。一旦河东失守，河北也将不保。

见张孝纯极力阻挠自己离开，童贯勃然大怒。他恼怒异常，口不择言地当众宣称："贯受命宣抚，非守土也。君必欲留贯，置帅何为？"

安抚使，是具有军事性质的官职。因河东路与辽、夏接壤，因此宋朝设河东安抚使之职便于处理对辽、夏事务。河东路安抚使之职始设于宋夏交恶的庆历元年（1041年），后来由太原知府兼任。河东安抚使是河东路最高军事长官，童贯这样讲，虽属于强词夺理，但也是基于事实。

双方越说越僵，张孝纯怒不可遏，拍案而起道："平生童太师作几许威望，及临事乃蓄缩畏慑，奉头鼠窜，何面目复见天子乎？"

张孝纯以良言相劝，也无法阻挡童贯离去的决心。据宋人笔记《靖康小雅》记载，童贯"夜开太原门而出"，带着宣抚司的僚属，以"日驰数百里"的速度撇下太原一城军民，头也不回地往汴京方向去了。

不幸中的大幸，童贯走时留下了宣抚司统制、大将王禀。

王禀字正臣，开封人，生年已不可考。他出身将门世家，年轻时即追随父亲战斗在宋夏边境，在实战中锻炼了军事才干，是北宋末年难得的智勇双全的军事人才。童贯奉旨前往太原与金朝商议山后土地交割事宜，"王禀以宣抚司统制与贯驻太原"。就在此时，发生了隆德府"义胜军叛逃事件"。王禀奉命与耿守忠出兵平叛，但仍有 3000 义胜军叛逃至金朝控制区，"具言中国虚实"。

十二月十八日，金军兵临太原城下。张孝纯与王禀立即率军坚城固守。见宋人有备，粘罕屯军太原北陈村，遂围太原。

至此，宋金太原攻防大战正式打响。

两路侵宋金军共计 6 万人。从军事战略角度分析，金军集中优势兵力直取河北，攻击无险可守的北宋京师汴京城似乎是更好的选择。为何金军却会兵分两路，孤军深入？要知道分兵为兵家之大忌，有名将之称的粘罕和斡离不，难道会犯下如此"低级"的错误？

其实，分兵恰是因为金朝有备而来。

历史上，山西境内最有影响力的三座城市，自北而南为大同、太原、平阳（临汾）。太原居中，上引下联，可以控制大同与临汾，是整个山西的政治、军事、文化中心。太原地处山西中部，控山带河，地势险峻。历史上，在相当长的时期内，此地都是农耕文明与游牧文明碰撞、交错的地带。昔年李牧抗击匈奴、汉高祖白登之围都发生在山西。从秦汉到唐宋，历代王朝不约而同地将山西西南的陕西或者山西东南的河南作为都城所在，于是太原便成了中原王朝抵御游牧民族南侵的战略要津。太原有警则京师震动，太原无恙则京师无忧。因此，太原素有"中原北门"之称。唐末五代时，中原王朝兴替相继，而太原的特殊战略地位日益凸显。至北宋年间，太原仍是抗击契丹与西夏的大本营与军事后盾。北宋末年，山西太原与河北大名被视为拱卫京师汴京的军事重镇。一旦此二地有失，汴京城就危在旦夕了。

明代人顾祖禹的《读史方舆纪要》纵论山西形势："太原控带山河，踞天下肩背，为河东之根本，诚古今必争之地区。"

宋人对山西的重要性有着清醒的认识。金兵大举南犯之初，隆德知府张确就上书主张加强河东防务，称"河东天下根本，安危所系，无河东，岂特秦不可守，汴亦不可都矣"（《宋史·张确传》）。

历史上"河东"的概念，在地域上经历了三次发展变化：先秦时的"河东"与"河西"相对，大约相当于一州之地，为晋、魏国都绛、安邑所在的今运城地区；秦汉时期的河东郡辖境，东至今山西沁水县，北至霍山，西、南以黄河与陕西为界，包括今天晋南的临汾、运城两地；唐宋时期的"河东道""河东路"辖区覆盖今山西省绝大部分地区，因而"河东"也往往作为山西的代称使用。

综上可知，河东是北宋天下的根本之地，而太原则为河东之根本。甚至也可以说，太原是中原王朝的根本。隋末以来，谁据有太原，谁就可能得到天下。李唐因为起家于太原，因此将龙兴之地封为"北都"。唐时，太原是长安、洛阳以外的全国第三大政治中心，"时中朝瞻望者，目太原为'小朝廷'。"（《旧唐书·郑余庆传》）

公元960年，赵匡胤代周而立，建立了北宋政权。面对南北各地的割据政权，他采取了"先易后难"的定国之策。赵匡胤曾数次对北汉政权用兵，却一直无法攻破太原坚城。直到解决了南方的割据政权，宋军才兵分五路，对割据太原的北汉政权再次展开大规模军事行动。眼见城破在即，宋太祖赵匡胤却遽然驾崩，宋军只得无功而返。

公元979年，宋太宗赵光义亲征

▲ 赵光义

▲ 保存到现在的宋代古城墙。图中的包砖城墙，大约在南宋时成为主流，北宋时期仍以夯土城墙为主

太原。宋军围困太原坚城月余，在内无粮草、外无援兵的情况下，北汉刘继元终究不得不出降。

北宋王朝建立19年后，才终于啃下了太原这块硬骨头。宋军先后数次征伐，投入数十万大军攻打太原，耗费了巨大的人力物力。宋太宗考虑到，太原别称"龙城"，历史上曾出过形形色色、不计其数的"皇帝"，无数野心家凭借它城高池深的地理优势对抗中央，"违天拒命"。因此为免除后患，赵光义火烧、水灌，硬生生将有一千五百余年历史的太原城夷为平地。

很快，赵光义就会明白自己干了一件多么愚不可及的蠢事。拆毁了太原城，等于失去了阻止契丹人南下的屏障，此举无异于自废武功。

随着征辽的失利，宋朝不得不重新修筑新的太原城。太平兴国七年（782年），大将潘美奉旨建城。新城选址于汾河东岸、太原盆地北端的阳曲县唐明镇，较原太原城北移约45公里。"城周一十里二百七十步"（明代《太原府志》），"城方四十里"（《三朝北盟会编》）。太原新城初时只是一个小土城，城由内外两重构成，大部分街道都呈"丁"字形。据说这是秉承赵光义的旨意，目的是破掉太原城的龙脉。不过，这种形制的街道十分利于巷战，这样做可能也是出于防御外敌入侵的需要。

新的太原城在一定程度上减弱了地方割据势力生存的地理条件，同时展现了向北积极防御、主动出击的态势。十年后，宋朝又在太原新城的外围新修了南关、东关、北关三城，其中南关城的东西面又与大城两端相连，用于屯兵。

北宋之前的太原城由西城、中城、东城三部分组成，三城周长42里。虽然新修的太原城规模大不如前，但以太原新城为枢纽的交通线路建设，却在原基础上得到了进一步的开拓与加强。从太原新城西南可沿汾河谷地至长安；东南过太谷石会关、长平关、太行陉可至洛阳；北上可经石岭关、代州、朔州至云州；西北过宪州、岢岚州、保德军至府州；东行过榆次、寿阳、井陉关至恒州。这些通道无一例外，全是当时的主要交通干线。

坚守太原

宣和七年十二月十六日，童贯逃回汴京。结果当朝宰执、御史官员、其余文武竟然没有一人弹劾他临阵脱逃，徽宗皇帝也没有处罚他的意思，此事就不了了之。童贯带回了金兵分两路南侵的消息，却将伐宋檄文以"恐伤天子意"为由隐瞒不报宋徽宗，只是私下与朝臣议论。

直到有一天，早朝的宋徽宗接到宰相李邦彦进呈的一封书札。徽宗看后被吓得面无人色，原来这正是金朝发的《牒南宋宣抚司问罪》书。宋徽宗认为，这个时候再去追究童贯的责任，难免会被人讥为找替罪羊。思来想去，宋徽宗命臣子替自己拟了两篇官样文章《罪己诏》和《罢花石纲指挥》，就认为是给天下人一个交代了。

金兵步步南进，徽宗也无良策御敌。无奈之下，他只得颁旨号召各地起兵勤王。宋徽宗一方面令各地官员在地方招募兵马，发兵驰援，一方面许诺对立功之人破格奖赏。

得知太原被围，第一个率军赴援的是朔宁府守将孙翊。孙翊是河东名将，金朝人素闻其名，粘罕对他十分忌惮。不过，粘罕在围城之初就制定了"遏彼外援，绝其饷道"的战略战术，这也是后世所说的"围点打援"。宋金太原之战其实就是中国战争史上最为经典的围点打援战役。

金兵围太原，为防宋军增援，便同时分兵将太原外围的险隘——扼守。由于粘罕分兵守住了雁门关①，孙翊无法，只得绕行宁化、宪州，出天门关②，赶至太原城下。

孙翊率军 2000 远来，与金兵战于城下。张孝纯非但没有率军冲出城接应，反而闭门不纳。张孝纯甚至还对孙翊说："贼已在近，不敢开门，观察③可尽忠报国。"孙翊哀恳道："但恨兵少力乏。"他见张孝纯不为所动，只好返身复战。

正当孙翊率军在太原城下与金兵殊死搏杀之际，令人意想不到的一幕发生了。在金兵刀枪的逼迫下，朔州城的妇孺老少被驱赶至阵前，一边哭天抹泪，一面呼儿唤夫。孙翊麾下军兵多数是朔人，看到父母妻儿凄惨哭号、生命悬于一线，立即丧失了斗志，就于阵前哗变。孙翊难以阻止，于是单骑跃马挺枪杀向敌阵，哪知被叛军在身后偷袭，壮烈殉国。

---

① 此雁门关非代州北的雁门关，而是宪州雁门关。在州东南60里，属天池县雁门乡。其关东临汾水，西依高山，接岚、朔州。这个雁门关正处在汾河通岚、朔的大路上，紧锁着太原西北向的汾河河谷段要道，是太原去岚、朔通道上重要的军事据点，屏卫着太原盆地。

② 今太原北东关口村附近，是太原通往岚、朔的另一重要通道，与宪州雁门关分别掌握着太原通往岚、朔的重要交通线之咽喉，是太原北部的要塞。

③ 《宋史》将孙翊记为"孙益"，误。宣和末年，孙翊以福州观察使知朔宁府。

原来，孙翊率军绕远入援太原期间，朔州已被金兵围困。守军坚持了十来天，就放弃抵抗，举城降敌。金兵得知孙翊率军赴援，情知双方必有一场恶仗，便"驱朔之父老，以示翊军"。此一招釜底抽薪出其不意，一举瓦解了孙翊所部军心。

第二个率军入援太原的是府州知州折可求。

府州隶属河东路管辖，下辖府谷一县，治所位于今陕西省榆林市神木县杨城村。

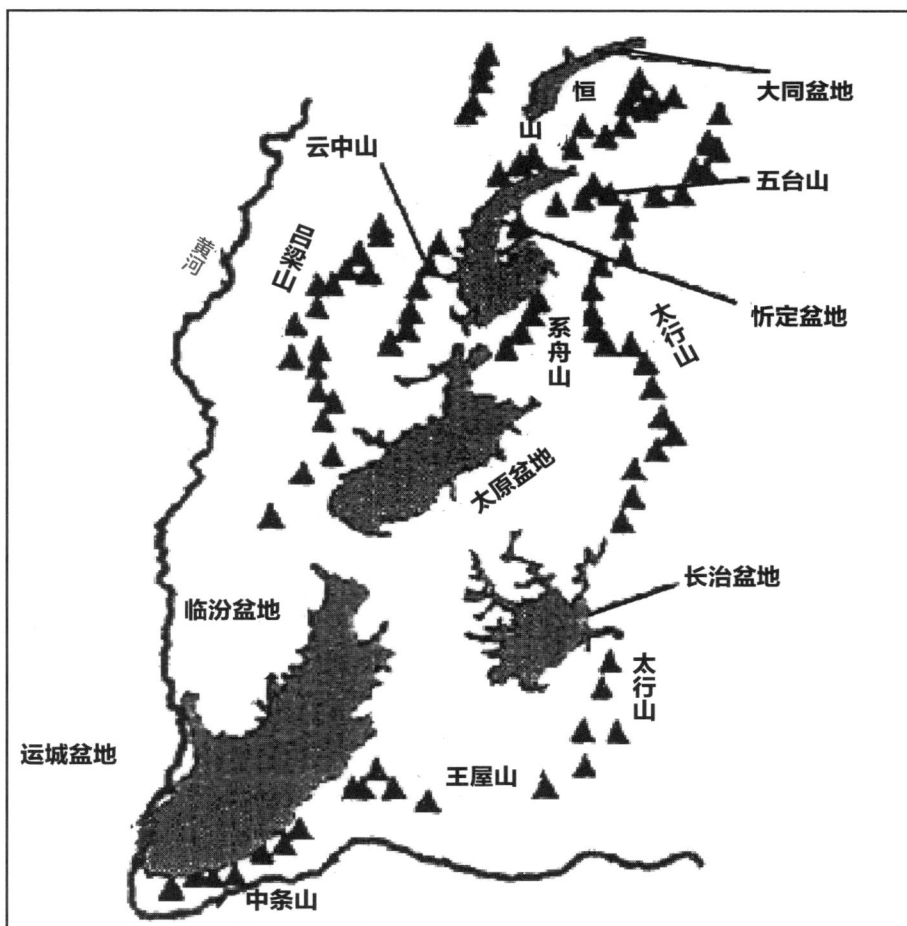

▲ 山西地形图

唐末五代，出身党项、熟悉西北形势的当地豪强折氏，在契丹、西夏强邻的威胁下，选择了依附中原王朝，成为中原王朝守卫西北以及北方的重要屏障。府州东过黄河便是宋火山军、保德军，经保德军、岢岚军、岚州可至太原府。府州是军事州，知州就是军将，子弟部伍即为士卒。加之府州地方民风剽悍、尚武而善战，在折氏家族统领下拥有强悍的作战力。所以，府州折家军将，参加了北宋对契丹、女真的每一次战争。两百多年间，折氏家族名将辈出，先后涌现了折继闵、折克行、折可适等一批优秀将领。所以从宋太祖赵匡胤代周开始，到北宋末年，折氏世袭府州，共传六代，出了十二位知州。在削弱藩镇节度势力、打击地方割据不遗余力的宋王朝内部，府州折家无疑是个异数。

折可求率 2 万军兵从府州渡过黄河，准备出天门关西部入援太原。哪知道孙翊军败后，金兵占据了这一险关。折可求无奈，只好率军翻山越岭，出松子岭①间道而行，准备由交城②入援太原。

结果折可求率军跋山涉水，进至交城，喘息未定之际，就与金兵狭路相逢。金兵向宋军发起猛攻，府州军虽然远途劳顿，但战斗力极强，与金兵交锋丝毫不落下风，"自早至日中，胜负相偿"。可惜宋军虽有心杀敌，无奈连续行军，早已疲惫不堪，金兵则以逸击劳，越战越勇。最终，宋军力不能支，大败而归。

就这样，粘罕分别采用瓦解、离间军心和以逸击劳的战术，围点打援，各个击破了孙翊与折可求的军队。

其实在孙翊率军支援太原前，有手下人建议：朔州离云中近便，粘罕既起大军南下，老巢空虚，守军多是老弱病残。如果与折可求合兵一处，间道倍行，直趋云中，金兵势必不能阻挡。粘罕如果回军，与太原宋军前后夹击，令金兵首尾不能相顾，或者可以成功。

这一招"围魏救赵"如果实施，就算未必能击败金兵，也至少会打乱他们南侵的步伐。届时，粘罕势必分兵救援云中，如此一来，太原之围自解。宋军再于

---

① 在山西晋中和顺县，位于太原南。
② 太原属县，位于太原西南 120 里处。

途中设伏，以逸击劳，至少可以最大程度地抵消战斗力不及金兵的缺憾，大败金兵也极有可能。

"致人，而不致于人"是《孙子兵法》中调动敌人、争取战场主动性的兵家精髓。如果孙翊这样去做，历史未必就不会改写。然而孙翊踌躇再三道："此策固善，奈违君命！"可以说，在宋朝长期压制武人的政治惯性压力下，孙翊最终没有采纳这个计策，使宋军失去了一个扭转战局的良机。

不过，孙翊与折可求相继入援太原，相互间却没有事先取得联系，约定好共同进退，以致不但太原之围没有解，还给粘罕制造了各个击破的机会，也是其失算之处。

所幸的是，粘罕分兵抵御宋军的援兵，城防压力减轻。在太原城中，张孝纯全面主持军政，具体军事指挥则是王禀。王禀立即不顾个人安危，"辄领轻骑出城，马上运大刀径造敌营中左右，转战得敌首级百十，方徐引归，率以为常"。这种漂亮的防守反击，有两个关键因素：胜捷军的精锐敢战、太原城防的固若金汤。

胜捷军为童贯所创，军士的挑选十分严格。"每禁军一指挥，所选止一二人，或三四人。"宋时禁军每500人为一指挥，设指挥使。所以，童贯在数十万禁军中才挑选出5000余人。胜捷军士兵个个身高力大，"武骑超绝"，是宋禁军中的精锐之师，战斗力最为强悍。童贯离开太原，虽然带走了手下幕僚，但是因为留下王禀配合张孝纯守太原，所以留下了3000胜捷军。于是，这3000人马成了守卫太原城的中坚力量。

北宋年间的太原城仅有四座城门，东曰"朝曦"、南曰"开远"、西曰"金肃"、

▲ 复原的宋代甲士

北曰"怀德"。开远门至朝曦门二里,朝曦门至怀德门三里,怀德门至金肃门三里,金肃门至开远门二里。由此推算,太原城略呈东西窄、南北长的形制。

宋哲宗、宋徽宗在位年间,山西地震频繁,而最近一次地震就发生在宋徽宗靖中建国元年十月辛亥日(靖中建国元年十月二十四日,即西历1101年11月16日)。当时太原府、潞、晋、代、石、岚等州,岢岚、威胜、保化军等地"地震弥旬,昼夜不止,坏城壁屋宇,人畜多死"。地震导致太原城墙损毁严重,于是宋朝在河东路设置了"专充修城"的壮城兵,相当于今天的工程兵。他们不但负责修筑,还负责城垣的日常维护。在壮城兵的努力下,太原城的城防日趋完善。

当时的太原城由于其在军事防御上的重要性,修有护城河与吊桥。吊桥出现于唐时,也称"钓桥",将桥制为翻板,有需要时撤去横销,桥即翻转。桥的一端制成枢轴,另一端搭向护城河的对岸。战时,将桥拽成垂直竖立状,可阻敌过桥。

修建吊桥是为了方便平时出入城门战时攻守。但是守城方一旦失利,难免会出现守军来不及扯起吊桥或者扯起时速度太慢,被敌方砍断绳索的状况。如此,吊桥不但失去了应有作用,反而会被攻方利用。为了保护吊桥,在激烈的攻防大战中赢得时间,宋人以吊桥前方为中心修建小城,城墙沿护城河或壕沟外侧呈弧形延伸,因小城形如新月,因此称为"月城"。

宋真宗天禧年间(1017—1021年),太原知府陈尧佐为防止汾河泛滥,在汾河东岸筑长堤,引汾河水在汾堤与府城之间筑成周五里的湖泊。北宋仁宗庆历四年至五年间(1044—1045年),张亢在河东"城外筑月城以包水源于内"。

宋人在太原城外修的月城,起到了桥头堡的作用。站在月城上可瞭敌虚实,如果来敌少则主动出击,歼敌于城下;如果敌人来势迅猛,抵御片刻则立即主动撤退,利用月城这一缓冲地带,迅速撤离战场,抓紧时间建起第二道防线。

凭借以上军力和城防,王禀率轻骑突出朝曦门冲锋陷阵,进退裕如,绝非逞匹夫之勇。

而就在粘罕率军围攻太原之际,斡离不率领的东路金兵进军神速,长驱直入,兵锋直指汴京。

东路军"自燕南攻",由平州发兵,宋军望风披靡。斡离不率军迅速占领了清州(今河北省沧州市青县)、檀州(今北京市密云区)、蓟州(今天津市蓟县)

等地，很快进至三河（今河北省三河市）。在宋燕山府东面的白河（今北京市通县东潮白河），金军与郭药师的常胜军发生了一场恶战。常胜军先胜后败，久蓄异志的郭药师败回燕山府，将知府蔡靖等人囚禁，投降了金兵。降金后的郭药师与常胜军，摇身一变成了金军侵宋的急先锋。

当金兵西路大军进围太原、东路大军占领燕山府的消息传至汴京，宋徽宗惊得目瞪口呆，当时昏厥于地，"气塞不省、坠御床下"。等到苏醒之后，他已经是半身不遂的病人。当晚，宋徽宗忽然做出惊人之举。他将坐了25年的龙椅让给了前来探视的太子赵桓，自己则"以教主道君退处龙德宫"。赵桓极力推辞，宋徽宗命人将一件黄袍强行披在儿子身上。毫无思想准备的赵桓惊出了一身冷汗，差点也昏倒在地。

从赵匡胤陈桥兵变"黄袍加身"，到宋徽宗迫不及待地将黄袍披在儿子身上，虽都是在做戏，但其用心和形势已是天差地别。北宋之覆亡，征兆已现。

赵桓"黄袍加身"，不得不接过父亲手中的烂摊子，于十二月二十三日即皇帝位，史称"孝慈渊圣皇帝"，庙号"钦宗"。新君登基才两天，便决定新年后改元"靖康"，1126年也就成了靖康元年。

靖康之耻、北宋覆亡，南宋、明清学者往往都归咎于蔡京乱政，追根于王安石变法。宋人还有一种荒诞的说法，认为是宋真宗陵寝风水不好导致的。另有一种更为离奇的说法，认为是宋徽宗改元"宣和"这一年号造成的，因为"宣"字拆开来看，就是"一家有二日"。

甚至，"靖康"这个年号，更是被一些人附会为"康王十二月立"。其实，赵桓的"靖康"年号本是祈求国泰民安的，哪知道一朝败亡，就被后人曲解为一语成谶。

而就在宋徽宗内禅之时，斡离不正在率军攻打保州（今河北省保定市）、中山（今河北省定州）、真定（今河北省石家庄市正定县）。斡离不见一

▲ 王安石

时无法攻拔坚城，索性绕城而过，随即攻占了庆源府（今河北省石家庄市赵县）、信德府（今河北省邢台市）。

因为军事进展顺利，斡离不自信心爆棚，不再满足于"收复元赐京镇州县"。他与粘罕不谋而合，提出"以河为界"的要求。宋朝遣使哀告，燕山本汉地，重归宋朝人心犹不服，金朝"若以金国法度治河北，人必不安"，所以最好的办法就是息兵休战，"依旧以白沟为界，增添岁币，其利无穷"。

斡离不根本不为所动，继续率军南下。十二月二十九日，斡离不在行军途中，收到徽宗皇帝内禅的消息。史载，金兵"军中大惊，犹豫未敢行"，斡离不"恐南朝有备，意欲还师"。结果，郭药师见状，进言"南朝未必有备"，并解释道："汴京富庶，非燕山府可比。今太子郎君（斡离不）进兵神速，可乘此破竹之势，急趋大河（黄河），宋军将士必破胆，可不战而还。如果宋朝有备，金军'耀兵河北，虎视南朝，以示国威'。那时还师，犹未晚也。"斡离不早有得陇望蜀之心，听了郭药师的剖析，深以为然，挥师继续南下。

当时，新君赵桓已经派威武军节度使梁方平率领7000骑兵驻守浚州（今河南省鹤壁市浚县），步兵都指挥使何灌率兵2万把守黄河，试图利用黄河天险阻止金兵南下。就在新君忙着新年改元之际，金军逼近浚州，贪生怕死的梁方平"不敢拒战"，烧毁河桥"单骑遁归"。主帅跑路，7000宋军顿时作鸟兽散。

何灌听说梁方平的军队已经溃散，自知难以守住黄河，也望风而逃。2万宋军不战而走，天险黄河无人把守。

金兵找到几条小船，用了四五天时间，才渡过黄河。侥幸过了黄河的金兵额手相庆道："南朝可谓无人矣，若有一二千人，吾辈岂能渡哉！"

得知金军进至黄河，靖康元年（1126年）正月初三，钦宗皇帝下诏亲征。正月初五，钦宗先是任命尚书右丞李纲为亲征行营使，侍卫亲军马军都指挥使曹曚为副使。哪知道他没来得及御驾亲征，金兵就径自打上门来了。

正月初七，东路金军兵临汴京城下。在此之前，得知金兵已经渡河，太上皇赵佶下诏"下亳州烧香"，在童贯、蔡攸等人的护拥下，连夜逃往南方避难去了。尚书张劝以及卫仲达、何大圭等50余名朝臣，也弃官而逃。

金兵南侵之初，宋朝曾派出给事中（职事官，正四品）李邺出使金兵军前，争

▲ 虎蹲炮

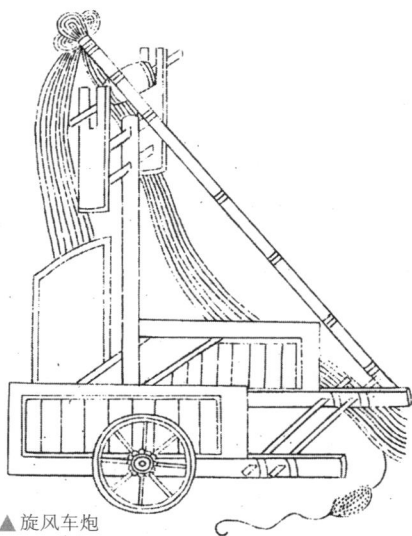

▲ 旋风车炮

取外交解决争端。结果李邺此行非但没有达成目的，反而在回到汴京后，"盛谈贼强我弱"，称金兵"人如虎，马如龙，上山如猿，入水如獭。其势如泰山，中国如累卵。"这个李邺还认为宋朝没有办法抵御金兵的进攻，建议徽宗皇帝（彼时还未内禅）尽快与金朝议和。李邺长金朝志气，灭自家威风的行为令人不齿，时人称其为"六如给事"。

本来，宋朝上下就已经弥漫着"恐金"情绪，经李邺添油加醋一番渲染，一些人更是怕得要死。赵佶前脚离了汴京，刚刚接班的赵桓也决定南走襄阳，暂避金兵锋芒。关键时刻，李纲力谏，赵桓这才勉强留下来。钦宗随即任命李纲为尚书右丞、东京（汴京）留守、亲征行营使等，让他负责汴京的防务。

李纲临危受命，积极组织军民备战，置楼橹、设弩床、搬砖石，修缮城防设施。斡离不率军猛攻汴京东门，李纲亲自登城督战，激励守城将士杀敌。守城军兵见李纲亲临指挥，士气高涨，对攻城的金兵予以迎头痛击，"近者以手炮、檑木击之，远者以神臂弓射之，又远者以床子弩、座炮及之"。

在宋军英勇奋战下，攻城金军有溺毙于护城河的，有从云梯上掉落摔死的，有中箭而亡的，有被石头砸死的，死于汴京城下的金军尸横累累。

▲ 单稍炮

▲ 双梢炮

▲ 七梢炮

▲ 洞子车

金军数次组织进攻，都被李纲率领宋军击退。但即便这样，钦宗仍然不相信李纲可以守住汴京。在李纲率领宋军与金兵浴血奋战的同时，钦宗派出使臣至斡离不军前，请求议和。

与此同时，粘罕的西路军仍被阻于太原坚城之下。

与契丹、党项不同，金朝的军事技术更为全面。金军不但擅长野战，而且在攻城方面也不断取得突破，在南侵宋朝时已经学会了抛石机、铁火炮等攻城利器的制作技术。时人记述，"金人野战，长于用骑"，"金人攻城，长于用炮"。

金兵攻城使用的炮，其实是一种利用杠杆原理的投石机。这种武器是把一根长长的炮梢，也就是巨大的杠杆，炮梢中部装在可以旋转的横轴上，再把横轴架在用粗大木材构成的炮架上。在炮梢的一端用绳索连着一个用来装石弹的皮窝，另一端则系上几十根长长的拽索。发射的时候，一个战士负责将石头放在皮窝上，另外几十名战士猛然拉拽绳索。梢杆一下反转上来，就能把安置在另一端皮窝中的石块远远地抛射出去。巨大的石块不仅可以摧毁城墙上的防御设施，还可以杀伤守城将士。

12 世纪初，宋、金、西夏各政权军队所使用的炮类型繁多，分为单梢炮、双梢炮、五梢炮、七梢炮、旋风炮、虎蹲炮、手炮……

手炮炮石重半斤，只适合近距离使用。单梢炮炮石重 2 斤，旋风炮炮石重 3 斤，双梢炮炮石重 25 斤，五梢炮炮石重七八十斤，七梢炮炮石可重达 100 斤。其中单梢炮虽然最大射程可达 270 步（约 420 米），但它的炮石分量太轻，无法对守御方的城防工事造成足够大的威胁。金兵攻城使用的炮，应该是双梢炮、五梢炮、七梢炮这一类的重型炮。

另外，金军的攻城战术也非常娴熟，甚至萌发了集火射击和炮步协同作战的军事思想。金兵每次攻城前，都要先做火力准备，破坏守御一方的城防工事。攻太原城时，粘罕"先列炮三十座"，一声号令，金兵一起发炮。根据这个记载推断，30 门炮不可能环绕在太原城周同时发炮，应该是集中攻击一个点或者面。金兵远至，自然无法带来许多重炮，集中所有力量攻击一点，可以最大限度地发挥炮的威力，震慑对手，达到战略目的。

这些对太原城的城池防御来说都是严峻考验。

时人记载，"炮石入城者，其大如斗"，太原城墙上设置的楼橹中炮后，"无不坏者"。于是王禀在城墙上针锋相对，预备了"虚栅"，并在楼橹上覆盖"糠布袋"。"虚栅"与"糠布袋"是一种类似于防护网的东西，金军的炮石打在上面，它们会起到缓冲作用，再落在战棚或者楼橹之上，效果就大打折扣了。太原城中也有炮，之所以没有还以颜色，是因为金兵在炮击之时，总是强迫附近百姓做前驱。如果太原守军以牙还牙，势必会误伤大宋子民，所以守城宋军只有躲避一途。

一般在炮击过后，金兵在粘罕的敦促下，就开始跨越护城河。城上宋军此时就会箭如雨下，阻止金兵渡河。不过粘罕对此早有提防，他准备了50余辆攻城用的洞子车。洞子车，最早叫作"轒辒车"，"下虚，上盖加斧刃，载以四车轮。其盖以独绳为脊，以生牛皮蒙之，中可蔽十人"。洞子车分为平顶与尖顶两种，平顶的叫"木牛车"，尖顶的叫"尖头木驴"。"尖头木驴"的顶盖像屋顶，有两间屋子那么大，所以人们将它叫作"洞屋"或者"洞子"。宋军的箭无法洞穿牛皮和铁皮，奈何不得躲在里面推车的金兵。

洞子车上载了"土木柴薪"，到了护城河边，金兵就先将大木板柴薪扔进河中，然后用草垫、草席覆盖在上面，"置土其上，增覆如初"。当时金兵的数十辆洞子车来来往往，准备填平护城河渡河攻城。王禀在城墙上看到，立即派人"穿壁为窍"，在里面准备好了火鞴（一种皮管式风箱）。等金兵在护城河中的柴草积多了，王禀便派人悄悄放河灯在水面，灯顺着流水缓缓流到了柴草附近，慢慢引燃了湿柴。王禀令人"鼓鞴"，火借风势"其焰亘天"，将柴草烧得一干二净，一举粉碎了金兵填埋护城河的企图。

不过，攻城的金兵人多势众，仍旧突破了护城河，并推鹅车前来攻城。鹅车，顾名思义就是外形像鹅的战车，据宋人陈规《守城录》记载，这是一种破坏城墙的攻城器械，又名"饿鹘车"，与现代挖掘机仿佛。这种战车把顶端安有耙钩或铁铲的长木柄装在车上。操作时，进攻方会利用杠杆的原理把城墙挖开缺口，给攻城的人开辟通道。为了保证攻城人员的安全，鹅车与洞子车一样也在顶部铺设生牛皮，外面用铁皮包裹。鹅车并非定制，而是在攻城之前参考城墙的高度制作，修造得比城墙略高，可以做到"向前瞰城头，向下附城脚"。

不过鹅车是个庞然大物，虽然下面安装有轮子，但在攻城时，仍需要数百上千人推行。于是，当金军在城外赶制攻城器械时，王禀也未雨绸缪地做了相应准备。他"于城中亦设跳楼，亦如鹅形，使人在内迎敌"。守军将系了石块的绳索扔出去，绕在鹅车上部，众人再拽着绳索一齐发力拉扯，鹅车便被拉倒前倾，无法前行。躲在里面的金军死的死、伤的伤，狼狈而逃。

▲ 鹅车

此后，金兵又推来云梯攻城。云梯"以大木为床，下施六轮，上立二梯，各长二丈余，中施转轴。车四面以生牛皮为屏蔽，内以人推进"。等到了城近前，金兵就打开云梯，让士兵攀登攻城。就这样，金兵推着云梯行进到太原城墙之下，试图蚁附攻城。

不过，宋代太原城的规模虽然较从前小了许多，但因其战略地位的重要性丝毫没有降低，也没有其他城池可以替代它的地位，所以太原城建有羊马墙、护城河、瓮城、吊桥、马面等相当完备的城防设施。

▲ 云梯

马面即马面墙，每60步①立一座。墙体凸出于城墙外大约两丈②，宽窄随地形变化没有一定标准，从马面墙两边可以看到城墙脚下。马面墙上都建有敌楼，突出城墙，正是为了与正城组成交叉火力，对来犯之敌予以痛击。

---

① 宋制，一步约为1.5米。也就是每隔90米余设一马面墙。
② 宋制五尺为一步，两步为一丈。

羊马墙本来是坚壁清野时,城池附近人民暂时关拦羊马的围墙,其名称也是由此而来。羊马墙一般建在城墙外面,护城河里面,距城墙三丈远的河岸上。如果修得太远,城墙上抛下的檑石等物就扔不过羊马墙。太近了,伏在羊马墙中的军兵就施展不开长枪。一般说,羊马墙高八尺,墙脚厚五尺,墙顶厚三尺。墙上每隔一段距离留一个孔眼,作为瞭望孔。当金军兵临城下时,宋军往往就派出小股部队进驻羊马墙内作为伏兵。金兵攻打羊马墙,必须先要填平护城河,而就算是攻破羊马墙,也难以进入到羊马墙内。冲入羊马墙,就等于老鼠进了风箱,两头受气。宋军从城上与羊马墙上两头进行夹击,檑石乱砸、箭如飞蝗,金军根本难以立足。

按照传统,在修建城门的时候,会在城门外修建瓮城。筑瓮城是为了保护城门。城池在建筑时常在城门外侧增筑一道城墙,形成半圆形如瓮状或方形的防御性附郭,这就是瓮城。

瓮城与主城城墙一样高。出于防守的需要,瓮城的城门与主城的城门不能相对,不能直通。两个门一般呈90度直角,须从左或者从右拐弯转角出入。北宋时称城门外半月形小城为"瓮城",方形小城为"方城",到了南宋则模糊了区别,

▲《清明上河图》中的宋代城门

统称为"瓮城"。

有了瓮城，守城一方可以在敌人攻入瓮城之后，利用瓮城与主城之间形成的包围圈痛击来犯之敌。此举的用意是为保护最易受敌进攻的城门。

按照宋制，在太原城墙外沿约六尺距离建有女墙，高不过五尺，作"山"字样，两个女墙中间留一个垛口。由于太原城墙低矮，守城士兵难免被攻城方弓箭射中，因此宋人又在城墙之上修筑有"鹊台"。鹊台高二丈、宽五尺。鹊台之上另建有高六尺、厚二尺的墙。自鹊台向上一尺二寸的墙上，留方孔眼一个，孔眼宽一尺、高八寸；相距三尺的地方，再留一个相同的孔眼；在两个孔眼之间向上一尺的地方，再留一个孔眼。三个孔眼呈"品"字形，上面砌成平顶墙。方孔眼外本来就有一重墙垛，上面悬挂着篦篱笆[①]。宋人在鹊台上紧靠平头墙，每隔四寸就栽立一根被称为"排杈木"[②]的木桩。每根排杈木的顶端都装有枪头或者刀尖，高出墙垛五六尺，高出平头墙五尺，用细木横着绑夹三道或四道。

一般来说，侥幸穿过落石与箭雨的金兵好不容易爬上了"品"字形孔眼，却被这些设施挡住了去路。就在金兵提心吊胆、手忙脚乱清理障碍的时候，守在城墙上的宋军从木桩的空隙间用刀枪杀伤攻城的金军。金兵身子临空，无法躲避，不是被从云梯上刺落下去，就是失足从云梯上跌下去。数丈高的城墙，人就算摔不死，也是骨断筋折成了残废，丧失了战斗力。

王禀在城上随机应变、见招拆招，一次次挫败了金兵的攻势。饶是粘罕智计百出，绞尽脑汁地攻城，都以失败告终。不过，要提到的是，从遗存至今的史料之中，只知北宋年间的太原城方圆，却不知城墙究竟有多高。据明代洪武年间重修太原城的资料显示，明代重修的太原城城墙高三丈五尺，在原土夯城墙的基础上包了砖。土夯的城墙一般不会很高，太高的话风吹雨淋，会导致坍塌，反复修筑不仅费力，而且劳民伤财。城墙不高，城面则不会太阔。据此可知，北宋末年的太原城，

---

① 可以遮挡城外弓箭射中"品"字形孔眼。
② 排杈木，一种拦阻敌人进攻的障碍物，属鹿角木的一种，就是把木桩成排栽埋在城墙上，以增加敌人进攻的困难程度。

城墙高度不会超过三丈五，而且城墙是夯土。金兵攻城使用的炮、洞子车、鹅车、云梯等物有数千，虽然没有攻陷城池，却也对城墙损害极大。所以王禀即使防御有效，但"虑外壁之坏，又尝内起重城"。

重城也就是里城，是在内护城河河岸上增筑二丈以上的堤埂，堤埂上再设一道护险墙。一般讲来，内护城河宽五丈、深二丈以上，攻城的敌军如果突破大城墙，城内还有内护城河阻隔，即便顺利渡过了内护城河，短时间也爬不上内城墙。王禀在太原城中起重城，是为了避免城破在即时再去临时抱佛脚。

宋人笔记《金虏节要》称："太原守御，禀功最多。"就连张孝纯在给其子的家书中也感慨再三道："……非王公之功，则太原不旬月即失矣。"

王禀忙于军务，张孝纯大力配合，晓谕城中百姓：金兵虽然来势汹汹，却无法撼动太原城分毫。太原"自古雄藩，城坚粮足"，不是我军不主动出击，而是在消磨敌军锐气。等他师老兵疲，城外我方援军赶到之际，里应外合，冲出城去，将金军杀得片甲不留。

粘罕自从追随完颜阿骨打起兵以来，战必胜、攻必克，从来没有遇到像王禀这样的对手。他眼见攻城不利，金兵死伤惨重，只好停止攻城，不得不改变战略战术。

一番苦思冥想后，粘罕准备长期围困太原。他命人在太原城外矢石无法射到、大约距城墙数里的范围内遍植鹿角木，中间仅留了小路供人行走，并"纵犬警之"。粘罕坐镇指挥，其余金军则"分食于太原十邑"。如此一来，太原城中军民与外界断了交通。金军攻不破城，宋军也无力突破金军的封锁。

兵至汴京

就在这个相持阶段，事情又起了变化。此前，金军刚刚围攻太原城时，有一名宋军裨将趁乱突破重围，逃到平阳府（治所在平阳城，即今山西省临汾市）去搬取救兵。

金军能够长驱直入，突破石岭关兵临太原城下，其中一个重要原因就是汉儿的叛附。这也引起了宋人的警觉，他们不得不考虑对策。愤怒与猜忌令人失去了理智，这员裨将"漏言欲尽杀投附人"。消息传出，屯扎在平阳府的4000义胜军"益不安"，"渐有语喧闹"。

河东路兵马钤辖①李嗣初也是汉儿。他收到这个消息后，立即去见知府打探究竟，并质问道："先祖陷入契丹二百年，嗣初倾覆其家遂得归朝。如今国家正值多事之秋，嗣初欲率部效死于阵前，今闻欲尽杀投附人，不知何故？"

知府听了极力否认。虽然如此，但李嗣初开始有所提防。义胜军驻扎于城外，李嗣初利用此便开始暗中打造军器铠甲。结果他的行动走漏风声，被人告发，不过却没有引起当地官员的重视，相反为了安抚李嗣初和这4000义胜军，告发者反而被判了个杖脊发配之刑。

可惜的是，平阳地方官此举并没有让李嗣初有所收敛，反而促使他加快了叛乱的步伐。恰在此时，又传来折可求入援太原兵败的消息，李嗣初更加坚定了叛乱的决心。

靖康元年正月十九日黎明，李嗣初率领手下乔装打扮成商旅模样，混入平阳城中四处放火，制造混乱。李嗣初领叛军"纵掠金帛，次驱虏子女，次驱奔牛马，次取驴猪羊，尽杀为脯腊，科磨户破麦为干粮"。

李嗣初率乱军在平阳府中大肆掳掠的第二天，消息传到了平阳府之南的绛州（今山西省运城市新绛县）。绛州也有4000义胜军屯驻，通判徐昌言担心会步平阳府后尘，决定先下手为强。于是他"以教阅为名，开甲仗库，令官军带甲，整葺军器"。黎明时分，宋军悄无声息地斩关而入，义胜军首领牛清还在醉卧当中，闻听有变，急忙起身取兵器但已然来不及，于是受伤被擒。绛州的4000义胜军全部被杀，河东路其余州县闻讯，也开始疯狂杀戮义胜军。

在平阳城中折腾了十多天，李嗣初才率领叛军弃城而走，投奔粘罕。叛军沿途又攻陷了威胜军。宋威胜军即铜鞮县（今山西省长治市沁县），位于平阳府东北，是太原南下泽、潞的交通要道，素有"泽潞咽喉"之称。

平阳义胜军的叛乱，既捣毁了平阳的军事防御设施，又攻陷了威胜军，间接为金军继续南下扫清了道路。当李嗣初派人远来接洽降附之事时，粘罕不禁心花

▲ 金代 "解盐使司" 50两银锭，金兵南侵占领解州盐池后，设立了"使司"进行管理

怒放，喜出望外。

当时，东路军围攻汴京城的消息传到军前，粘罕当即决定兵分两路，留一半人马与大将银术可继续围困太原，自己则亲率人马南下。

银术可（1073—1140年）是女真宗室，金朝开国功臣之一。银术可在部落中"以勇悍知名，刺虎搏熊，辈伍无敌"，是一员猛将。此时的银术可功勋卓著，已经由追随完颜阿骨打起兵之初的谋克①成长为万夫长。粘罕将围困太原的重任交付银术可，正是因其老成持重。

就在粘罕率军猛攻太原的同时，金东路军与宋朝时战时停，展开了外交斡旋。

虽然李纲临危受命，击退了金兵的进攻，但钦宗仍对战胜金兵没有信心。他同意了宰相李邦彦提出的割地求和主张，派出大臣郑望之、高世则前往金营议和。受阻于汴京坚城下的斡离不正在寻求"不战而屈人之兵"之道，宋朝此举正中下怀。

在渡过黄河之前，为了迷惑宋朝，斡离不曾派出吴孝民前往汴京问罪。吴孝民还没有进汴京，就与郑望之、高世则二人相遇于金营。吴孝民诡称"奉其主命，如赵皇悔过，再乞欢盟"，自己可以"就便酌中施行"。郑望之大喜，立即将吴孝民奉为"天使"，陪同吴孝民一行人返回汴京，进一步商议有关议和的具体事宜。

得知金朝遣使前来议和，宋钦宗不但亲自接见，甚至还谄媚地自认宋朝违背"海上之盟"。随后，钦宗派出知枢密院事李棁与郑望之再次使金，到金营谢罪。

李棁在金营吓破了胆，见了斡离不"北面再拜，膝行而前"，对斡离不提出的要求"唯唯不能措一词"。斡离不见状，干脆派使者到汴京城中，狮子大开口地开出了讲和条件：

---

① 谋克，百夫长。金军按照五、十、五十、百、千、万为单位形成六级编制，不过编制与人数并不固定。一般来说，其统兵官为五夫长、十夫长、五十夫长（蒲辇勃极烈）、百夫长（谋克勃极烈）、千夫长（猛安勃极烈）、万夫长（忒母勃极烈）。

一、献金500万两，银5000万两，绢彩各1000万匹，马、驼、骡、驴各以万计。

二、（宋）尊其国主为伯父。

三、凡燕云之人在汉者悉以归之。

四、割太原、中山、河间三镇之地。

五、以亲王、宰相为质。

这样的和议条件，便是倾宋一国之力也难以做到。李纲强烈反对，并建议借议和拖延时间，等待各地勤王之师入援。李纲认为，金兵孤军深入，势必不敢久留，到那时再去议和，协议才能够长久。以李邦彦为首的官员却鼠目寸光地表示反对，钦宗更是不敢弄险，以"务令持重以保宗社生灵"为由，毫无廉耻地同意了金朝提出的所有条件。钦宗随即以皇弟康王赵构和少宰张邦昌为人质，遣送金营，并信誓旦旦地表示："斯言之信，金石不渝。有违此誓，神殛无赦，宗社倾覆，子孙不享。"

钦宗言犹在耳，种师道、姚平仲等勤王军陆续来到汴京。宋军士气大振，结果宋朝上下又生轻敌之心，钦宗开始后悔向金朝求和。

种氏、姚氏都是"陕西望族"，两家在陕西世代领兵，地位相当。种师道与姚平仲一齐赶到汴京勤王，鉴于种师道在西北威名素著，钦宗任其为河北、河东路宣抚使，统领各路勤王兵马，姚平仲则任宣抚司都统制，位在种师道之下。姚平仲心有不甘，在宋朝商议对金用兵时主动提议夜劫金营，生擒斡离不，救回康王。

钦宗本来就希望侥幸获胜，又为姚平仲的夸夸其谈蒙蔽，竟鬼使神差地同意了姚平仲的提议。劫营本来是"出其不意、攻其不备"之事，哪知道姚平仲还没有动作，消息就传得城中"户户知之"。当姚平仲率领7000

▲ 宋钦宗

▲ 赵构

人夜袭金营时，寨中已经空无一人。姚平仲心知中计，急忙退军。此时，金军伏兵四起，两面包抄杀至。宋军慌不择路，大败而回。姚平仲担心自己回去，必为金营索取，索性落荒而走，逃得不知去向。

李纲率军出援，也被金兵杀得大败。姚平仲劫营，有违宋金正在进行的议和活动，于是斡离不派人严厉谴责，并提出必须严惩姚平仲与李纲，还要求由钦宗亲书割三镇之诏，才会考虑退军。

结果之前轻敌的宋朝又畏敌如虎，派使者带去了钦宗许割三镇的诏书及三镇地图。为了向金朝谢罪，钦宗罢免了李纲和种师道的官职，同时按斡离不的要求，迎回康王赵构，另将肃王赵枢和驸马都尉曹晟送至金营。

就这样，宋钦宗按照斡离不提出的议和条件献出了大量金银，又发布诏令称："应中山、河间、太原府并属县镇及以北州军，已于誓书中议定，合交割与大金事。"

斡离不见宋朝诸事都按照自己的要求去做，而宋各地援军仍在源源不断开至，当机立断，不等宋朝将金银之物全部送至军前，就撤军北返。

其实从靖康元年正月初六，陕西统制官吴革第一个"自关中帅师勤王入城"起，又有杨可胜"自陕西领兵来勤王"；正月二十，除了前文提到的种师道、姚平仲自关中率师勤王入城，又有秦凤路勤王兵赶至汴京；正月二十五，鄜延路张俊、环庆路韩时中、泾原路马千等率兵赶至汴京。此后，陆续又有援军赶至。斡离不率兵北返没有几天，熙河路经略使姚古、秦凤路经略使种师中及折彦质、折可求也率军赶到。

大批陕西军兵的赴援，改变了宋金双方的军事力量。攻城的金军不过数万人，而云集城外勤王的宋军就有20多万。这也是斡离不匆忙撤军的重要原因。再加上粘罕没有按预期完成战略任务，斡离不进军速度也远超预期，陈军汴京城下的金东路军完全是悬师深入，耽搁得久了，难免会陷入孤军作战的险境。所以斡离不离开险地，与其说是撤军，不如说是有惊无险的逃亡。

二月十一日，金军在围攻汴京城33天后，撤围北返。

宋金议和期间，钦宗派出大臣宋彦通前往金营请求斡离不遣使告谕西路粘罕军退师。于是斡离不派出王介儒、撒卢母等人陪同宋臣路允迪、滕茂实前往金西路军粘罕处，告知宋金议和，劝粘罕退兵，并负责向金交割太原事宜。

宋彦通、路允迪与金使一行人才行到泽州，便与自太原下威胜军、隆德府，准备前往汴京与斡离不会合的粘罕大军在途中相遇。

粘罕取得的军事胜利，离不开义胜军叛军的合作。李嗣初得知粘罕有意长驱汴京，便派人"间道献平阳于大金"。粘罕立即挥师南下，与李嗣初里外夹击，拿下了另一军事要塞——武乡南关、祁县北关（俗称"南北关"）。过关之际，粘罕"仰而叹曰：'关险如此，而使我过之，南朝为无人也哉！'"

此后，泽潞门户洞开，粘罕军直取隆德府，二十五日兵进高平，在此与宋朝使臣一行相遇。

粘罕听说斡离不已经与宋朝达成和议，立即停止进军，返回太原。粘罕以为太原城唾手可得，哪知道张孝纯、王禀等根本不受宋钦宗的乱命，拒绝向金朝交割太原。

粘罕恨得咬牙切齿，却也奈何不得，只好打发丁夫于太原城旧址"筑而居之，号曰元帅府"。粘罕留下银术可率军继续围困太原城。在攻取了文水和孟县之后，他于三月暂时返回云中避暑。剩余金军则继续围攻太原城。

作为积极倡导攻宋的鹰派领军人物，粘罕自然不会就此善罢甘休。他之前受阻于太原城下，并未完成预期的战略目标，后来又得知斡离不与宋朝议和之际大敲竹杠，"获金币不赀"，自己两手空空，心中很是失落。

思来想去，粘罕本着"贼不走空"的规矩，于靖康元年三月，派遣手下萧仲恭和赵伦等人出使宋朝，借口质问宋朝不履和约、背信弃义，想从钦宗那里诈取金银，发一笔横财。

粘罕派出的使臣萧仲恭是契丹皇亲国戚，与天祚帝一起为金兵擒获。萧仲恭见复兴无望，被迫改事金朝，成了粘罕帐下重要的谋臣。可当萧仲恭来到汴京之时，却是钦宗肠子也快悔青的时候。

于是，萧仲恭一行才到汴京就被囚禁起来，宋人扬言决不放回。随萧仲恭出使的赵伦担心被扣留，信口开河道：原辽朝大将耶律余睹被迫降金后怀有二心，有投宋之意，宋朝可以联络耶律余睹共同对付金朝。

耶律余睹是契丹宗室，娶天祚帝文妃的妹妹为妻。文妃之子敖卢斡被封为晋王，"国人知晋王之贤，深属所望"。天祚帝元妃生秦王与许王，元妃的兄长萧奉先担心妹妹所生秦王"不得立"，便让人诬告"驸马萧昱及余睹等谋立晋王"。天祚帝不分青红皂白，下令将萧昱处死，文妃被逼自尽。耶律余睹当时为辽统军大将，是金兵的劲敌，正在前线主持对金作战。他见势不妙，无奈之下率领千余亲信倒向了完颜阿骨打。降金后的耶律余睹怂恿完颜阿骨打灭辽，并积极充当向导先锋，为金灭辽出力不少。

此次金兵南侵，他隶属于粘罕西路军，任元帅府右都监。在围攻太原城时，耶律余睹奉命阻击援军，"宋军四万救太原，余睹、屋里海逆击于汾河北，擒其帅郝仲连、张关索、统制马忠，杀万余人"。说耶律余睹叛金，根本无人相信，但宋朝却对此深信不疑。钦宗立即召来宰相徐处仁、吴敏商议。徐、吴二人天真地以为耶律余睹是被迫降金，而萧仲恭原本是忠心耿耿侍奉天祚帝的臣子，他们都有"亡国之感"。鉴于耶律余睹手握重兵，完全可以"诱而用之"。

一番密议之后，宋朝放了萧仲恭一行，另外委托他给耶律余睹带回一封密信。

在信中，钦宗回顾了宋辽澶渊结盟以来，两国的深厚友谊。只因受了奸臣蛊惑，父亲徽宗抛弃了百年之好，助纣为虐。现在，宋朝上下已经知道联金灭辽是大错特错，业已惩罚了那些奸臣，父亲徽宗也因此而禅位。钦宗表示，宋朝愿与耶律余睹结好，共同为复兴辽王朝而努力。钦宗肉麻地吹捧耶律余睹聪明睿智，可以担当起复辽大任。又表示耶律余睹复辽并非势单力薄，西有耶律大石响应，南有宋朝鼎力支持，劝他当机立断，"使为内应"，共襄复辽之事。

宋朝以为萧仲恭会玉成其事，哪知道萧仲恭事金后，已经决心投靠金朝。他所谓答应带密信给耶律余睹，不过是虚与委蛇，为逃离汴京城所做的权宜之计。就这样，侥幸逃回大同的萧仲恭，第一时间将宋朝试图拉拢自己、策反耶律余睹之事和盘托出。

粘罕见宋朝意图策反耶律余睹，顿感自己有了新的借口。恰在此时，金朝又侦知，府州的折可求向宋朝朝廷报告，耶律大石在西北地区得到各蕃部响应，志在恢复辽朝，并主动提议联合对付金朝。

耶律大石，字重德，是辽太祖耶律阿保机八代孙，他文武双全，是辽末宗室中难得的人才。因为他曾登进士第，做过翰林，翰林的契丹语为"林牙"，所以耶律大石也被称为"大石林牙"。燕京陷落时，耶律大石出逃被金兵捕获，后来他又逃到夹山去寻天祚帝。天祚帝不自量力，执意要冲出夹山收复西京。耶律大石苦劝不听，只好离开天祚帝另寻出路。经过数年不懈努力，耶律大石在可敦城自立为王，打出"共救君父"的旗帜，号召辽王朝的残存部众联合抗金。

吴敏收到折可求的报告大喜，当即上奏钦宗，建议联合耶律大石，共同抗金。宋钦宗不假思索，采纳了吴敏的建议，派出使人前去联络耶律大石。

悲剧的是，宋使"由河东入麟府"，结果在途中为金兵抓获。宋朝的行为，为金朝的再次南侵提供了借口。

实际上，就算没有这些借口，粘罕最终也会主动南侵的。金朝第一次南侵，东路斡离不并不拘泥于一城一地的得失，而是绕过坚城率军直扑汴京；粘罕则全面推进，遇城攻城，再加上被扼于太原坚城之下，所以进军缓慢。当东路军兵临汴京城下时，他仍在河东地方攻城略地。粘罕为落于斡离不下风一直耿耿于怀，心底仍在为侵宋战果没有达到心理预期而懊恼。

于是，粘罕再次发难，奏请金太宗发兵侵宋。斡离不率军北返后，没有得到宋朝许诺的河间与中山等地，心中恼怒异常，也赞成对宋再次用兵。

种师中之死

就在金朝在为第二次南侵做准备时，宋朝也有了相应动作。其实金军北返后，宋朝朝野上下抗金呼声高涨，一些大臣和太学生纷纷上书反对割让三镇，称"土地人民国之根本，不可轻以授人"；"况河北，实朝廷之根本，而三关四镇是河北之根本，若弃三关四镇是弃河北，则朝廷能复都大梁（今河南省开封市）乎"；"凡君天下者，得河北则得天下矣，失河北则失天下矣；凡得国者，得河北则其国兴，失河北则其国弱"。可以说，当时军民上下一致要求钦宗坚持抗金，不得妥协投降，并惩办妄开边衅的祸首。

朝野上下的有识之士也重新提及河东对宋朝的重要性：太原为河东都会，有事关河北者，此其用武之资也；太原府控带山河，踞天下之肩背，为河东之根本，诚古今必争之地也。

受此影响，钦宗又略微鼓起了一些勇气。他下诏不割三镇之地，转而宣称"祖宗之地，尺寸不可与人，且保塞陵寝所在，誓当固守"，表示自己愿意"与民同心，永保疆土"。他还密令"河北三帅固守三镇"，并以种师道为河北、河东路宣抚使，姚古为河东制置使，率兵 6 万"往援三镇"。

姚古是姚平仲的父亲，也是久经沙场、经验丰富的老将。他手下军马亦为宋朝精锐之师。三月底，姚古率领陕西劲旅顺利收复了威胜军、隆德府。宋军进至南北关时却遇到了金军的顽强抵抗，双方互有胜负，战事呈胶着状态。

结果消息传回朝堂，立刻就有谏议大夫杨时跳出来上表章弹劾。这个不知兵的书生提议，应当追究姚古逗留之罪，诛之以正军威。不过，就算来自朝堂的压力巨大，宋军在战场上仍没有丝毫进展，不得不与金军隔着险隘对峙。

直到四月，姚古始终无法逾越南北关。太原城中的告急求援文书接连而至，钦宗只得再命河东制置副使种师中率军增援。

种师中（1059—1126 年）是北宋名将种世衡（985—1045 年）之孙，与乃兄种师道名震西北。此前姚古出兵援太原，种师中则率军自河北援中山、河间。接到新的旨意之后，种师中一路鞍马劳顿，赶去增援，"闻命即行、奋不顾身"。他率军出井陉（今河北省石家庄市井陉县北），与姚古军遥相呼应，结为掎角之势。

本来姚古一支部队就令金军竭力应付了，如今再加上种师中的 3 万生力军，银术可所部金兵数量有限，一时陷入两线作战的窘境，狼狈不堪。当时有谣言称西路金军疲于应付，准备北撤。结果这一谣言却被宋朝采信，新任同知枢密院事许翰（？—1133 年）更是信以为真。他数次派人督促种师中出战，"且责以逗挠"。许翰催促种师中出战的文书甚至"一日六七至"，警告种师中必须解太原之围，才能洗清他养敌自重的罪责。

"逗挠"，按宋军律是大罪。宋朝有着完备的军法体系，战时军法十分严厉。宋代官方编修的重要军事著作《武经总要》中的"罚条"就是针对贻误战机的将领制定的。比如第二十九条规定："贼来，可出军而不出者，斩！"第四十条规定："不服差遣者斩！"宋代枢密院作为中央最高军事机构，具体掌管兵籍、军队之教阅、招补、拣汰、俸给、升迁、换官及制定有关军事法规和赏功罚过之事，同时也具有军事司法监督及审判案件的职能。

许翰的同知枢密院事是正二品高官，是"佐枢长协理枢密院事"位尊权重的职务。宋朝虽然设立了河北、河东路宣抚使司，命种师道为宣抚使负责救援三镇之事，但种师道手下却并无一兵一卒，只徒有虚名地驻在滑州（今河南省滑县东南）而已。

▲ 宋金骑战复原图

至于制置使则是武职，受宣抚使直辖，只限定于某路、某州，掌管边防军旅及从事征讨、捍御军事。鉴于种师道有职无权，所以姚古、种师中所部由枢密院遥控指挥。之所以如此，应该是宋朝忌讳种氏兄弟，担心武夫拥兵自重、尾大不掉。面对当时如此严峻的形势，宋朝考虑的仍是如何压制武人，真是令人感叹。

俗话说，"官大一级压死人"，种师中担任河东路制置副使，自然得奉许翰号令。许翰督促种师中作战，虽有越级指挥之嫌，却符合宋朝"以文抑武"的祖宗家法。

史载，面对着严刑峻法和长官逼迫，"老成持重"的种师中扼腕长叹道："事之不济，天也！逗挠，兵家大戮也。吾结发从军，今老矣，忍受此为罪乎？"于是，种师中一面派人与姚古约定同时进军，一面率军向太原进发。因为匆忙，种师中等不及辎重赏军到达，就匆匆出发。《孙子兵法》云："军无辎重则亡，无粮食则亡，无委积则亡。"种师中正是在后勤保障没有到位的情况下，被迫出兵。

当时，金军的防御重点在潞泽，没有料到种师中率军从平定（今山西省阳泉市平定县）进攻，所以金军仓促迎战失利而走。种师中乘胜收复了寿阳等县，他挥师而进，距离太原城仅30里。哪知道姚古并没有率军如约而至，种师中担心孤军作战，再加上宋军"已乏食三日矣"，只好"回趋榆次（今山西省晋中市）就粮"，在距榆次30里的胡林休整。

决定战争胜负的因素有许多，但后勤补给无疑是很重要的一点。金兵可以烧杀掳掠、"因粮于敌"，宋人只能依靠完善的后勤保障系统。悲哀的是，北宋末年军政荒废，根本没有建立起适合战时的后勤保障体系。后勤补给的不到位，严重影响了勤王部队的作战士气，进而影响了战事的结果。

本来，宋军勤王之师的后勤补给，多是依靠地方沿途供应。但北宋末年军纪大坏，这些勤王之师到了地方，时有纵兵大掠的事情发生。宋朝对这些行为的放任，导致勤王之师经过，许多地方州县"多不听入城"。

结果种师中所部宋兵，因为缺粮每天的口粮只有豆一勺，官军上下无不面有菜色。据宋史专家王曾瑜先生考证，宋时，"十天的口粮，大致上可说是军队自带粮食的极限"。按宋军"人食日二升"的供给标准，这一勺豆子少得可怜，连塞牙缝也不够。皇帝不差饿兵，宋军饿着肚子行军已经是强人所难了，如何要求他们上阵杀敌？在入援太原的途中，许多士兵已经"未尝被坚执锐"，随身器甲"悉委偯负之"。可以说，种师中选择休整、等待后勤补给，也是无奈之举。

可就在宋军懈惰之时，金军突然掩杀而至。所幸在种师中的指挥下，宋军很快从最初的慌乱中清醒过来，迅速投入战斗。

宋军配备的制式武器有多种，其中专门克制辽人、西夏铁骑的就是各种弩。《武备志》载："中国之利器曰弓曰弩，自汉唐以后虏弓日强，遂不可复及，唯弩之用为最。"

北宋从建国之始，一直面临着来自北方游牧民族的军事威胁。因为宋军马匹短缺，很难在野战战场上与游牧民族抗衡，因此除了修筑城池严防死守，也十分重视武器的生产与革新。这之中，弩因具有"射坚及远、争险守隘"、攻防兼备的特点，被宋朝格外重视，当时的弩有白桦弩、黄桦弩、黑漆弩、跳蹬弩等数种。

宋初，"京师所造兵器，十日一进，谓之旬课"，赵匡胤亲自检阅，尤其对弩的检查绝不放松。赵光义也经常检阅弩手的训练情况，当看到有禁军"挽强弩至一石五斗，连二十发而有余力"，十分欣慰。

北宋单兵弩的标准拉力是两石五斗至两石八斗，宋一石为92.5宋斤，一宋斤约合现代1.1市斤。抗金名将岳飞"挽弓三百斤，弩八石"，着实是神力惊人。

宋神宗熙宁元年（1068年），一个叫"李宏"的人发明了一种名为"神臂弓"的新武器。据《宋史·兵志》记载，神臂弓名为弓，其实是一种重型弩。一个合格的宋军士兵必须有300斤左右的臂力，才能娴熟地使用神臂弓。神臂弓"身长三尺二寸，弦长二尺五寸，箭木羽长数寸，射340余步，入榆木半笴"。神臂弓的弩身由坚硬的山桑木制成，弩梢采用檀木，"马面牙发"（扳机）则以铜制，弦用麻绳，在弩的前端装有协助装填的"干镫"。宋时，1步约为

▲ 宋代开弩图

长枪手

弓箭手

弩手

神臂弓手

▲ 长枪手与弩兵站位图

1.5 米多，340 步的最大射程即为 510 多米。在有效射程里，神臂弓可以穿透榆木，深入半只箭杆，显然是威力巨大的杀人利器。神臂弓是宋军的主战兵器，金兵对之十分忌惮，攻宋急先锋金兀术曾心有余悸道："宋用军器，大妙者不过神臂弓，次者重斧，外无所畏。"

宋军与敌对垒时，一般是牌手在最前。宋军使用的盾牌分为步、骑两种，步兵使用的盾牌由木材制成胎骨，然后在外面蒙上皮革增强防护力。其形制是平底尖首，中间有纵棱，在里面安有枪木。持放在地上，士兵可以将整个身躯躲避在盾牌后面。

南宋名将吴璘曾经总结过金兵的作战特点："金人有四长：曰骑兵，曰坚忍，曰重甲，曰弓矢。"如果没有步兵的牌手在前遮挡，金军的弓矢势必会给宋军造成大规模杀伤。

盾牌之后，就是手持长枪的步兵以及使用弓弩的射手。按北宋军制，弓弩手在军中所占比例至少有五成。宋军一般等到敌人进入神臂弓的射程后，先发一弩，如果射入敌阵，则神臂弓开始齐射。当敌人冲得更近些时，

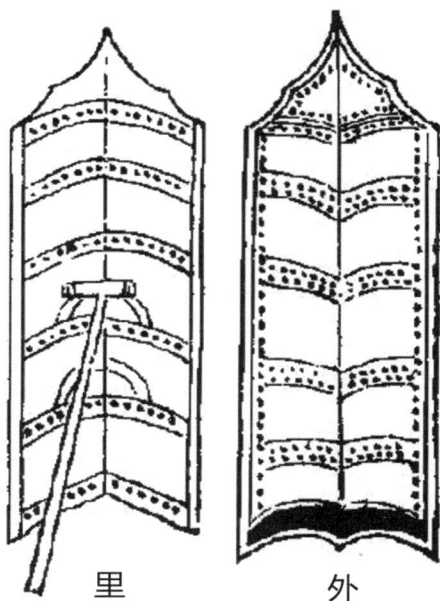

▲ 步兵盾牌

其他弓弩再轮番射击。此举缩短了弩的发射间歇期，达到了"弩声不绝""发发相继"的最佳效果。这种以弩手为核心战力的战术，是兼顾各种弓弩的优点而创的，是宋军以步制骑、克敌制胜的法宝。

当时金兵的战术一般是："凡敌人遇我师，必布围圆阵当锋，次张两阵，左右夹攻，故谓之三生阵。"通常情况下，为了达到攻其不备、出其不意的战术效果，金兵会使用轻装骑兵对敌方发起突然冲锋，以击溃军心不稳、立足不定的步兵，但在精干、训练有素的弓弩兵面前就会败下阵来。

银术可率领的金兵一开始没有料到宋军会迅速组织起防御，结果金军的贸然冲锋，被一顿乱箭射得死伤惨重，丢下无数尸体狼狈逃窜。战后打扫战场，种师中要奖赏立功的将士，才发现"辎重未至"。军兵失望之余，"皆愤怒，相与散去"。如此一来，种师中所部战斗力又大打折扣。

五月初九，休整后的金兵卷土重来，"悉兵来攻"种师中的右军。金兵这

次改变了战术，派出了足以抵御宋军强弩的轻重甲骑兵混编队伍，"每五十人为一队，前二十人全装重甲，持棍枪，后三十人轻甲操弓矢"。金军的重甲骑兵"皆重铠全装"，"被两层铁兜鍪（头盔）"。金军的重甲究竟有多重，参照宋制可知：宋轻甲为"三十七斤十两"，重者"五十八斤一两"，金兵的重甲分量应该超过宋军。金兵身着数十斤铠甲，头戴两层兜鍪还可以来回冲杀，战斗力实在是剽悍至极。

宋人沈绾曾到过金营，言金兵"兜鍪极坚，只露两眼，枪箭所不能入"。当时宋军的神臂弓其实已经很难将金兵重甲射穿。直至南宋初年，宋人不断增加弩的射程与穿透力，才使改良后的神劲弓、克敌弓纷纷涌现。它们虽然踏张困难，发射间隔长，但"每射铁马，一发应弦而倒"，成了宋人克制金兵铁甲重骑的有效武器。

见金兵杀至，种师中派出先锋"招安巨寇"杨志迎敌。宋军根本抵挡不住金兵铁甲重骑的冲锋。杨志很快败退，宋军"右军先溃""前军亦奔"。

不过，虽然《三朝北盟会编》中记载杨志不战而走，但依其他史料所载，战后杨志由三十八级的"武节郎"连升两级成为"武德郎"，杨志又似乎有功无过。

种师中率麾下竭力抵御，然宋军伤亡惨重，死尸相枕，一片狼藉。从早晨战至近午时，浴血奋战的只剩下百余军兵，种师中身被数创仍力战不息。最终，种师中寡不敌众战死疆场，时年 68 岁。此役，3 万宋军中侥幸逃脱的最多只有二三成而已。

战后，"倀河招魂，奉枢至京师"。宋钦宗悲痛万分"哭于禁中"，亲撰祭文云"呼嗟虎臣，公而忘身"，追赠种师中为向德军节度使、开府仪同三司，"官其子孙族属二十人"，并由功德院"赐名旌忠"。中军统制官王从道逃回汴京，因不救主帅被"斩于马行市"，副统制张师正兵败后逃到大名府，被大名知府李弥大抓获处斩。其余将佐全部官降五级。不久，许翰也被弹劾，罢为延康殿学士、知亳州。然而，宋朝可以在武人死后，进行各种褒奖，却很难在战略决策时，稍微尊重一下军事规律。

其实有宋一代，文人喜言兵事蔚为风尚。许翰一介书生，不知兵却掌枢密院事，三番四次以言语督责种师中进兵，这就是有宋一代以文驭武的敝政。可以说，孙翊、种师中的兵败和战死都是因为此。①

就在种师中与金兵浴血奋战、为国捐躯的时候，姚古却率军后撤。最初姚古率军入援太原，军中有 15 名士兵化装潜入隆德府，生擒金朝任命的知府、通判等伪官员，宋兵几乎是兵不血刃就夺回了这一军事重镇。按常理，这 15 名军兵舍生忘死，立下如此殊勋，应该受重赏。哪知道姚古却不如实上报，最终这 15 人"止于赐帛"。消息传出，军中多有怨言，导致"士气不扬、抱戈不战"②，军兵不再有死战之心。可以说，赏罚不明，是宋军作战力低下的另一重要原因。因此姚古在进兵之初虽有所斩获，但在夺回隆德府后，与金兵在南北关相持月余，再未有其他胜绩。

之前，收到种师中约请后，姚古非但没有奋勇向前，反而听信了部下熙河路都统制焦安节的怂恿，对金军将大举来攻的谣言信以为真，率军退至威胜军。到了这里，焦安节继续动摇军心，不停地劝说姚古后退至隆德府。结果金兵在打败种师中所部宋军并短暂休整之后，立即反攻姚古部。

五月十九日，宋金大战于盘陀（太原盆地与长治盆地间的关隘）。姚古所部并无斗志，在金兵的攻击面前很快就溃不成军。姚古收拾败兵后撤到隆德府，焦安节仍在劝他逃跑。"古既不能斩安节以慰众心，辄从其言，领众宵遁。"于是，"两郡之人皆惊扰溃散"。

姚古军败绝非偶然，史载，"人有于上党道中见大刀巨斧凡数十辈拥骑而载妇人者，云是将官宠妾"。姚古军中妇人不可胜数，可见军纪不彰，自然会影响到战斗力。

姚古率军狼狈败退回汴京，焦安节被继任河北、河东路宣抚使的知枢密院事李纲"招斩之"，而原任河北、河东路宣抚使的种师道已以"年老多病"为由请辞。众人上书弹劾姚古，钦宗难犯众怒，只好将姚古贬职，"责授节度副使、廉州（一说广州）安置"。

---

① 《金史》对此役的记载是："种师中出井陉，据榆次，救太原。银术可使斡论击之，破其军，活女斩师中于杀熊岭（榆次东北要罗山）。""活女"，完颜娄室之子。
② 《靖康要录》记载的陈过庭请斩姚古的奏折语。

李纲兵败

第一次救援太原失败，宋朝朝堂之上的太上皇赵佶却与儿子钦宗赵桓闹起了内讧。当初赵佶撂挑子跑路，虽可笑可恨，但他的离开，也让新君的政治洗牌少了许多障碍。徽宗皇帝成了看客，他在位时宠信的六贼，蔡京、童贯、梁师成、王黼、朱勔、李邦彦不仅失去地位、权力，还有丧命的可能。六贼得势时呼风唤雨，失势时自然不得不担心被清算。

本来徽宗在内禅后的第二天，就对外声称"除教门事外，余并不管"。可是一逃到东南，徽宗喘息略定就出尔反尔，以"太上皇帝圣旨"的名义，先是将东南地区解往汴京的"递角""纲运"扣留，随后更将去往汴京城"勤王"的援兵控制下来，不准他们继续行进。童贯、蔡攸等人把持了东南军政大权，准备在镇江拥戴赵佶复位。

此举不但严重威胁到了钦宗的皇权，还造成了另立中央的局面。钦宗愤懑，下旨要求东南各地严格按太上皇"除教门之外，余并不管"的"指示"处理政务。如此一来，双方矛盾进一步激化。

在汴京城，太学生陈东数次上书，指出应该立即斩断朝堂之上蔡京、童贯等人盘根错节的势力，严惩阻挠和反对钦宗皇帝的朝臣。这次钦宗没有犹豫和手软。梁师成、王黼、李邦彦先后被处死，童贯、蔡攸、朱勔等人被罢免，徽宗赵佶也被逼迫着回到汴京。等到赵佶回到京师，立即失去自由被软禁了起来。此后，蔡京遭流放，病饿死于途中，童贯、朱勔先后被杀，朝堂之上，徽宗朝六贼势力被一一铲除。

在经历了一系列生死存亡的考验之后，按情理宋朝应该上下一心精诚团结，抓紧时间整军备战，以防金兵再次南侵。但令人大跌眼镜的是，宋朝上下却故态复萌、文恬武嬉，不但没有防备金朝再次南侵，反而要求学者治习《春秋》。宋朝还根据程颐学生杨时的奏章，废止王安石配享神宗，对肃王入金营为质不闻不问。钦宗还将诛杀童贯的开封府尹聂山升任同知枢密院事，御赐其名为"聂昌"，希望他像刘邦手下的汾阴侯周昌一样为国尽忠尽职。朝臣们不顾河北安危，却在争论如何改革科举考试的方法。另外，眼见皇权稍稳，钦宗就急着将自己才几岁的儿子赵谌立为太子。

朝堂之上做的全是不急之务，以至于汴京城中流传起了一首"十不管"的歌谣：

> 不管太原，却管太学；不管防秋，却管《春秋》；不管炮石，却管安石；不管肃王，却管舒王[①]；不管燕山，却管聂山；不管东京，却管蔡京；不管河北地界，却管举人免解；不管河东，却管陈东；不管二太子（指斡离不），却管立太子。

不过，说句公道话，钦宗还是非常在意太原的。第一次救援太原失败后，粘罕大发云中路民兵赶奔太原，张孝纯数次作书请求钦宗速派援兵解围。钦宗随即任命李纲为河北、河东路宣抚使，"统兵十七万"，又诏河东义勇、禁兵5万，一共22万人入援太原。

李纲作为文臣，本不知兵。斡离不第一次兵临汴京城下时，李纲临危受命，挺身而出部署汴京城防，率军民抵御金军入侵，力保京师已属不易。姚古、种师中率师入援太原失败后，力主割让三镇的门下侍郎耿南仲趁机向钦宗进言称："欲援太原，非纲不可。"钦宗皇帝未作深思，就采纳了耿南仲的荐举，任命李纲为河北、河东宣抚使。耿南仲表面是为国荐贤，实则是想将李纲排挤出权力中枢，借金兵之手除掉政敌。

李纲有自知之明，晓得其中厉害，自己身死名灭事小，耽误了国家大事却非同小可。所以李纲"再拜力辞"，言说自己"非将帅才"，担任此要职"且误国事，死不足以塞责"。台谏官员陈过庭、陈公辅、余应求等人识破了耿南仲的用心，纷纷上表章请钦宗皇帝慎重行事。哪知钦宗听了谗言，非但不听谏阻，反而怒不可遏。

李纲称疾请求致仕，许翰担心李纲逆龙麟引来不测，于是书"杜邮"二字示李纲。杜邮是一个古地名，又名杜友亭、孝里亭，位于今陕西省咸阳市，是白起被秦昭王赐死之地。李纲一见之下，不得不违心接受了任命。

李纲的宣抚使要比种师道的光杆司令要好上一些，但也没好多少。从京师出发时，李纲"得兵二万人而缺马"。李纲上奏钦宗，请"括都城马，给价偿之，可得数千匹"，钦宗口头上答应，但开封府出榜告示却称"宣抚司括马，事属骚扰，

[①] 王安石死后被追封为舒王。

可更不施行"。宣抚司只有2万人马，李纲又分为五军，自己统领1.2万人，其余分属各军。李纲"请银、绢、钱于朝廷各百万"，结果只得到20万。

李纲本来准备二十二日出兵，可是军需粮草"皆未办集"，只好上表章"乞量展行期"。哪知钦宗龙颜大怒，回复道："迁延不行，岂非拒命？"李纲惶恐不安，连忙上奏疏为自己辩解。数日前钦宗还在信誓旦旦地表示任宣抚司专权，哪知隔了几天就以李纲为拒命，行事如此乖张，钦宗这样的主子着实难伺候。

▲ 李纲画像

靖康元年六月二十七日，援军从汴京城出发。种师道忧国忧民，不顾年迈亲自去为李纲饯行，见到军中不但有"冠葛巾扶杖而行"的滥竽充数之辈，更有"俯偻跛躄"①这样不适合当兵者，忧心忡忡的他回到家中叹息道："兵可忧矣！"

其实，徽宗末年，宋军军政大坏，士卒骄惰。如之前折家军和种家军那种能在逆境中奋战的军队已经很少了。宋军士兵大多多年"不复教阅"，不知有战阵守御之事。军中即便有军事训练也是流于形式，起不到应有的效果。另外，当时宋军缺额严重，宋朝不得不大量招募民兵弥补兵源不足。这些临时招募来的民兵易合易散，遇到金兵往往是望风奔溃，"不敢向贼发一矢"。就连神臂弓这种本来能有效抵御金军铁骑的制胜武器，"然军兵中能射者亦少"。可以说，当时宋军纵有利器，亦不能发挥其最大的效用。

七月初，宋军抵达河阳（今河南省孟州市南）。出师以来，李纲都在琢磨如

---

① 俯偻，低头曲背，即驼背。跛躄，两足行动不便。

何弥补马匹缺乏的问题。李纲认为"步不胜骑，骑不胜车，金人以铁骑奔冲，非车不能制之"。恰好有一个叫"张行忠"的人向宣抚司献战车图。这种战车的形制是"两竿双轮，施皮篱，运转轻捷。每车用甲士二十五人，执弓弩枪牌之属以辅翼之"。

李纲大喜，立即按图打造了 2000 辆这样的战车，"日肄习之"。他以为宋军乘坐这样的战车"结阵以行"，金兵"铁骑遇之皆退遁"。但从后来的战事发展来看，这 2000 辆车根本没有起到什么作用。李纲忠心报国初衷虽好，但此举却是真正的"闭门造车"。李纲不曾亲临河东前线，所以不知山西表里山河，自古就有"八分丘陵二分田"之说。战车只适用于平原地方奔突使用，如果放在河北地方，或可建奇功，但若在山西地方投入战场，明显不如马匹机动灵活。李纲出发点虽好，却浪费时间精力，做了南辕北辙的事。

在河阳休整备战十多天后，宋军进至怀州。宣抚副使刘韐、制置副使解潜、察访使张灏、勾当公事折彦质、都统制王渊、折可求、张思正、王以宁等将，在隆德府参加了由李纲主持召开的战前军事部署大会。

会上众人议定，七月二十七日，诸路宋军将进兵解太原之围，各路人马呈扇形状展开：

一、平定军、辽州（今山西省晋中市左权县）两路由刘韐、王渊为主将。

二、威胜军路由解潜、折彦质为主将。

三、折可求居太原之北。

四、张思正当文水之南。

五、张孝纯之子张灏负责督战。

在会上，李纲重申所有军马归自己节制指挥，可是他把事情想得太过简单了。统军入援太原后，李纲申明军纪，严禁部队侵扰地方百姓，"有赶夺妇人钗子者，立斩以殉。拾遗弃物，决脊黥配"，逃亡士兵一经抓获，立即斩首示众。因此出师之初，宋军军纪整肃，齐听号令。

可是这种情况没有坚持多久，刚与金兵接战，宋军就暴露出许多问题，军纪开始涣散。因为后勤保障工作不力，患病的军兵得不到及时治疗。时已入秋，河东地方早晚气温很低，许多士兵却仍打着赤膊。军兵缺粮、缺饷，陕西路都转运使兼浙东察访使张灏束手无策，所部将官更是"日事杯酒"，士兵"有卖军器者、有鼓唱引去者"。其他几支宋军情况类似，在行军途中将铠甲、神臂弓、箭、枪、盾牌等物任意变卖，或者"于市肆饭邸博易熟食"。河阳通判张旗在地方，仅三天时间就收罗了途经本地的勤王军队变卖的军械4200余件。

最令人扼腕的是，钦宗将解太原之围的重任交由李纲，却又恐大权旁落。宣抚司中从宣抚副使到制置副使、勾当公事等人都不受李纲调遣，而是直接听从钦宗的指挥，"皆承受御前处分，事得专达，进退自如"。李纲这个宣抚司有名无实，"特文具尔"。

另外，宋军这次组织的援军虽然有20余万众，但大部分来自江浙、福建、四川等地。这些来自南方的军兵军事素质低下，来得匆忙，大多连寒衣都没有准备。还没到河东，很多人就开始水土不服，严重影响了战斗力。

按照李纲制定的战略部署，刘韐与王渊出平定军、辽州路，解潜与折彦质出威胜军路，张灏、折可求率军出汾州路，数路大军于七月二十七日齐头并进，令金兵无法分兵抵御，共解太原之围。

然而，数路宋军并没有按照李纲设想的那样齐头并进，到了日子仍在缓慢行军，根本没有对金兵发起攻击，而是相互观望等待。重返太原的粘罕得知宋军部署后，决定利用宋军不相统属的弊端各个击破。河东宣抚副使刘韐所部，主要是姚古与种师中的陕西兵，战斗力极为强悍，麾下更有张俊、傅苗等悍将，所以成了金兵首先打击的目标。

粘罕故意命人多积粮于南关，"佯若闻潜至而怯惧者"，然后以精锐设伏，只留少量人马守关。粘罕还命令守军见到宋军后，稍作抵抗就装作不敌而逃。

刘韐果然中计，当前哨来报南关金兵少粮多时，刘韐立即率军大进，金兵望风而逃。刘韐命人将缴获的粮食悉数装好，准备运回。就在宋军欢天喜地将粮食装好准备运走时，金军精锐伏兵四起，宋军仓促应战，很快就溃不成军。刘韐拼死抵敌，力不能支，手下将领王彦战死。

解潜率军从威胜军出发，与金军相遇于南北关，解潜军大败，"兵马填塞坑谷不知其数，抛弃金银、钱粮、缣帛以数十万计"。解潜率数十骑亲信落荒而走，逃回隆德府。知威胜军张尧佐叛降，折彦质与河东转运使高卫、钱归善等人也逃

▲ 宋军步兵攻击金军重装骑兵复原图

回隆德府。

至此，宋军各部援军只有张思正部屯驻汾州。张思正所部共有17万人，大多是江浙士兵，虽然号称百万，战斗力却最弱。还没有交战，金兵就侦知了张思正所部虚实，轻视道："刘韐、解潜既败，余者皆碌碌之辈，不足虑也。"于是金军留下老弱病残守空寨，并力来攻张思正。

金兵以为张思正所部不足为虑，却不知此时在张思正军中督战的是王以宁。王以宁（？—1146年）字周士，湘潭人，为人勇而有谋。靖康元年正月，王以宁任京畿提刑，上书新任御史中丞何㮚叙忧国之心，献救国之策，但并未引起何㮚重视。"李纲甚奇之，及宣抚两河，因辟为幕官。"

李纲手下有四名参谋：京畿提刑王以宁、祠部员外郎裴廙、直秘阁沈琯、宣议郎郭执中。李纲曾经点评过宣抚司的下属："多碌碌之人，然才者十得三四耳，亦未尝谙边事。刘韐、沈琯、王以宁、折彦质、裴廙以知兵称，其实能兵者谁也？惟刘韐当辽州、折彦质屯汾州、王以宁督战文水，此能效力者。其他不过供文字修备，差使点检而已。"

王以宁奉李纲命督师，此前与张思正引兵出汾州，抓获石岭关守臣冀景，当众宣布了冀景的罪状，斩之。当初，童贯从太原城夜遁，张孝纯急忙部署防御，他就石岭关守备人选犹豫再三，最终选择了众人推荐的冀景。冀景却推脱兵少不肯赴任，张孝纯又派了耿守忠率 8000 义胜军为辅。冀景迫不得已前往，他担心耿守忠在背后偷袭，自作聪明地令耿守忠率众为前驱。耿守忠献石岭关降金后，冀景逃得不知去向。此次为张思正斩首示众，也是天网恢恢。

张思正与王以宁斩将誓师之际，金兵前锋已经到了文水。张思正也率军进至文水上贤村、马村安营扎寨，金兵重施故伎，一碰到宋军就"伪遁"，麻痹宋军。这天恰好是八月十五，金兵在文水县"张饮赏月"，没有任何防备。宋军侦知后，当即率众偷袭。当宋军如神兵天降出现时，李嗣初正与手下推杯换盏，喝得醉眼迷离。于是金军猝不及防，只有四下狼狈逃窜。宋军奋勇向前，混乱中金兵被斩首数百，李嗣初也差点被活捉。

本来只是一场小胜，张灏得知后却大喜过望，立即张大其事，命手下"驰黄帜呼于中路曰'汾州报捷'"。沿途州县不明究竟，以为宋军大捷，无不欢欣鼓舞、载欣载奔，"至有感泣挥涕者"。

第二天，金兵卷土重来，疏于防范的张思正率军迎战。金军见宋军虽然人多势众，却部伍不整，于是以 3000 精锐铁骑为先锋发起冲锋。金军与宋军遇敌辄溃不同，士兵"勇悍不畏死"，而且"忍饥耐寒、不惮辛苦"。作战时，金兵"将勇而志一，兵精而力齐"，人人奋勇，个个争先恐后。金军赏罚严明，规定"伍长战死，四人皆斩；什长战死，伍长皆斩；佰长战死，什长皆斩"，虽然人少，战斗力却十分惊人。

在金军重甲铁骑排山倒海的冲击下，10 余万宋军雪崩一样溃败，"相踩践而死者数万人，坑谷皆满"。张思正率领败卒数千逃回汾州，张灏更是率领牙兵数百一直逃至慈（今山西省临汾市吉县）、隰（今山西省临汾市隰县）一带。与此同时，北线的折可求在子夏山（今山西省汾阳市北）一带也被金兵杀得大败而逃。

宋军大败的消息传出后，前一天还在奔起相告我师大捷的威德、隆胜、汾、晋、泽、绛等地百姓惊呆了，立即扶老携幼，渡河南奔。因为南逃的百姓太多，河东诸州县井邑为之一空。

粘罕用兵虚虚实实，虚实相间，军事心理战术运用极为出色，"胁之以威、诱之以术"的手段不但可以迷惑对手，还可以对其进行控制、震慑。粘罕数次收到奇效，粉碎了宋军的多次军事救援行动。而宋军统属不一，号令不严，李纲有杀敌之心，却回天乏术，一介文臣空有一腔爱国之心，怎么会是粘罕这种军事奇才的对手？

宋军第二次入援太原的军事行动宣告彻底失败，从此再也无力入援，太原城破已是时间问题。

总而言之，宋朝处多事之秋却父子相疑，臣子间相互攻讦不止；朝政混乱，国家大政朝令夕改；上下蒙蔽，视战事如儿戏；兵无斗志，被倚重的将领只知为自身计。指望他们以身许国、慷慨赴死，怕是很难。所以对于此次救援的失败，南宋人陈规一针见血地指出："非兵不多，盖用兵之失也。"

此后，主战的大臣陆续被赶出朝堂。李纲罢职出知扬州，还未到任，又因"专主战议，丧师费财"的罪名再度贬官，手下属官也罢的罢、贬的贬。

再次南侵

就在宋朝昏招迭出之际，金朝已经开始为第二次侵宋战争做准备。斡离不占领燕京（燕山府被金占领后，复称燕京）之后，于靖康元年七月将枢密院迁至燕京，以辽降人刘彦宗主院事。粘罕见状，也在云中建立枢密院，以辽降臣时立爱主院事。斡离不、粘罕二人皆有挟功震主之势，一东一西两个枢密院权力极大，常常自主决定对宋外交军事事宜，金朝人呼为"东朝廷、西朝廷"。这第二次侵宋战争，仍以斡离不与粘罕各主一路大军，负责攻宋事宜。

在第二次侵宋前，金朝先是派出了使臣杨天吉、王汭"持书问朝廷遗契丹王（耶律大石）及余睹蜡书并元割三镇"之事。金军重施故伎，将自己打扮成声讨不义的正义使者。在问罪书中，金朝命令钦宗速割三镇之地，以待抚定。

宋朝回书称，三镇坚守不肯割让不关朝廷之事，皆因三镇军民不奉诏，誓死保卫疆土，钦宗皇帝对此无可奈何。至于策反耶律余睹之事，宋朝辩白是"奸人作伪，何所不至"，把自己说成了无辜受害者，钦宗则根本不知道此事。至于勾结耶律大石，更是捕风捉影。

不过，面对金朝的兵锋，懦弱的宋朝还是陆续派出使臣表示愿意将三镇赋税以岁币、银绢的形式交给金朝，以换取免割三镇。

金朝谴责宋朝，不过是为攻宋找一个借口而已。即便宋人不违约，也难保双方和约可以维持多久。不过，当时摆在粘罕面前的还有一个困难。如果他不拔掉太原城这个拦路虎，就无法实现会师汴京城下的作战目的。

当时的张孝纯被困在太原城中，不知自己因守太原有功，已经被钦宗遥授"检校少保、武当军节度使"之职。援军的到来遥遥无期，张孝纯每天只好站在太原城墙上望穿秋水地等待。那时的他，只看到城外金兵南北"往来不定"地调兵遣将，心急如焚，却不知20余万大军一败涂地，太原城已经危在旦夕。

终于到了某一天，城东来了几队金兵，送来粘罕的最后通牒，以告知守城军兵，汾州、南关、平遥、寿阳等地的援兵全被杀退，督促宋军献城。虽然金兵的话不值得听信，但太原城被围数月以来，一个援兵也没有杀至城下，所以"阖城之人，愈更忧疑"。

年前金兵围城之际，张孝纯、王禀为弥补城防空虚，将城中百姓"自十五以上，六十以下皆籍为兵"。随着双方攻防大战的展开，太原成了军事管理区。太原人民为抵御金兵入侵付出了许多，城中"屋舍皆拆去壁，令所在相通"，穷人和富人的屋舍连在一起，成了一家人。食物按人分配，不管富人穷人"均食如一"。

宋军这样做是为了避免在防御作战过程中，城内自相惊扰，预防内乱给守城带来不必要的干扰。毕竟守御城池不但要严防城外金兵，也要时刻关注城内的稳定。王禀这样做，也是不得已而为之。太原百

▲ 宋金攻城场景复原画

姓虽有杀敌卫国之心，但缺乏训练，倘若组织管理不得法，只能是帮倒忙。

虽然太原军民同舟共济、众志成城，但是金兵围困日复一日，城内粮食将尽，众人皆乏。于是守城军兵"先食牛、马、骡，次烹弓弩筋甲"。战士们如此，城中百姓断炊更早，只能煮食浮萍、树皮、草糠等物充饥，勉强度日。

坚持到八月初时，太原外城已经被金兵攻破，幸亏王禀未雨绸缪修筑的重城起了作用，内城暂时无恙。此时，河东地区早晚间天气已十分寒冷，城中乏薪，众人不得已之下只好毁屋取木。城中粮尽，"殍死百分仅存一二"。

就这样，被金兵围困八个多月后，太原城几乎变成了人间地狱。鸡犬、蛇鼠、鸟雀之类早已不见踪迹，侥幸存活下来的士兵勉强支撑着躯壳守御城池，生病的人无药可医，苟延残喘。城中情况这样，张孝纯不是没有动摇过。

据宋代笔记《挥尘录》记载，张孝纯见援军不至，城中粮尽，一天借着"会监司食，谋欲降敌"。此事被王禀侦知，王禀立即率领500名刀斧手去拜谒张孝纯。

刀斧手分列左右，堂上顿时气氛肃杀，几个官员惊慌失措，站起身来向王禀打探究竟。王禀脸挟寒霜，站起身来，冲张孝纯等一众官员抱拳施礼，问堂下众人道："汝等欲官否？"

堂下数百人异口同声地回道："然！"众官员心中打鼓，急忙连连点头。王禀环视众人一眼，扭身冲着堂下数百部下，一字一顿道："为朝廷立功，则赏可致。"堂下500刀斧手双目炯炯地望着他，堂上几个官员却低了头不敢看他。王禀冷哼一声，又大声道："汝等欲赏否？""然！"众军齐声答应。王禀满意地点点头，笑道："为朝廷御敌，则赏可致。"一扭身见众官员沉默不语，王禀怒目圆睁，厉声问道："汝等既欲官，又欲赏，宜宣力尽心，以忠卫国。借如汝等辈流中有言降者，当如何？"

众官员面面相觑，不敢作声，堂下刀斧手举刀在手，齐声呼喝道："愿以此戮之！"众官员闻言，不由哆嗦。王禀轻蔑地望了他们一眼，大声道："如禀言降，当如何？"堂下刀斧手没有丝毫犹豫，齐声道："亦乞此戮之！"王禀满意地点点头，大声问道："安抚大人与众监司言降，当如何？"500刀斧手举起手中兵刃，齐声喝道："亦乞此戮之！"

见此场景，张孝纯面如纸色，其他官员更是体若筛糠。从此城中再无一人敢言降事。

待到粘罕打退宋朝数路援兵，回师开始攻城的八月底，太原城从宣和七年冬十二月十八日被围困，已经足有250多天。当粘罕率军猛攻时，残余的宋军"以铠甲充食"已有20多天，依靠的完全是不屈的意志力。这些守军表面看上去被坚执锐，实则丧失了战斗力，只能眼睁睁地看着金兵蜂拥而上，虚弱地"悉委军器"，倚壁瞠目而视。就这样，太原城在坚守了八个多月后，于九月初三陷落。金军杀入城中，"无问老幼皆杀之"。

张孝纯见大势已去，叹息一声拔刀准备自尽殉国，左右亲信急忙把刀夺下。一行人成了金兵俘虏，被押至粘罕军前。粘罕一副胜利者的姿态，志得意满地望着张孝纯冷笑道："尔以一城，辄敢拒守，且大辽为我灭，今城既为我得，有何能乎？"张孝纯负手而立，正颜厉色道："使我有粮，尔岂能逞其志也。闻自古为天下者，务广德不务广地，尔灭大辽，不使继世，灭人宗庙。德既不施，地虽广大，极盛必衰。兵虽黩武，好战必亡！"

粘罕见张孝纯如此强势，不禁恼羞成怒。他命左右将张孝纯和他的儿子张浃按倒在地，恶狠狠地恐吓道："从我则有生理，不然，吾以万种之刑及你父子！"张浃学着父亲的样子，冲着粘罕怒目而视，斩钉截铁道："我不负朝廷，愿被楚捶。"

见张孝纯父子宁死不屈，有殉国之志，粘罕决定试探一下真伪，遂狞笑道："你父子不畏死，先取余官来令看。"粘罕一挥手，令金兵将统制高子祐、统领李宗颜、转运副使韩总、提举单孝忠、廉访使狄充、通判方笈、张叔达等36人带至面前。金兵当着张孝纯父子的面，将这30多名官员斩首。望着昔日同僚引颈就戮，一个个倒在血泊当中，张孝纯心如刀绞，面上却颜色不变。粘罕见张孝纯威武不屈，心生敬意，挥手令左右将他带下去好生看管，特意叮嘱亲信道："勿令自尽！"

城破后，王禀当即率领残余的赢兵与金兵展开激烈巷战，"身被数十枪"。当金兵如潮水杀至，王禀负太宗御容，和儿子阁门祗侯王荀赴汾水而死。

也有人说，王禀"走入统平殿，取檀香御像，以匹练系于背，缒城投溪而死"（《九朝编年备要》）。此外，还有人记载："至城陷也，禀领疲乏之兵欲出西门，无何西门插板索断，不能出，而虏骑已入城，仓皇之间，士卒皆溃，左右劝禀降，禀叹曰：'城陷，士无战志，又且门阻，乃天亡禀也。禀岂惜死，违天命而

负朝廷哉？'遂自尽。"（《金虏节要》）

总之，粘罕随金太祖完颜阿骨打起兵以来，战必胜、攻必克，没有遇到敌手，哪知道却被阻在太原坚城下，不但被王禀打破了不败金身，还被斡离不拔得头筹。因此，粘罕心底一直对王禀恨之入骨。太原城破，进得城来，粘罕安排手下一定要拿住这个对手。哪知道掘地三尺，也没有找到王禀，最后只找到一具疑似王禀的尸体。瞅着这具瘦得皮包骨头、浑身创伤的尸体，粘罕无论如何也不相信这就是自己恨不能食其肉、寝其皮的对头，于是命左右请张孝纯来辨认。

当确认这具尸身是王禀之后，粘罕先是暴跳如雷，继而戟指大骂，骂得口干舌燥仍怒不可遏，还率领手下将领拿兵刃在王禀尸身上乱砍乱刺，见尸骨支离，这才命人暴尸荒野。

可惜的是，元人所修《宋史》中，壮烈殉国的王禀竟然无传，实在是憾事一件。更可恨的是，张孝纯最终为金军所诱，放弃了绝食，晚节不保，归顺金朝做了二臣，最终出任刘豫伪齐政权的丞相之职。

历时255天，粘罕终究还是攻陷了太原城，扫平了西路金兵进军的道路。东路金军在斡离不的率领下，自保州出师，在井陉击败宋军后，越中山直取真定。真定城在坚守了40多天后陷落，守将都钤辖刘翊巷战后兵败自缢而亡，知府张邈被俘不屈而死。

而粘罕在太原休整之后，也率军攻占了平定。不久，斡离不从真定赶来相会。

两路金兵统帅会合后，召开了高级将领会议，共同商议下一步的军事行动。会上，完颜希尹率先发表意见："今河东已得太原，河北已得真定，两者乃两河领袖也。乘此之势，可先取两河，俟两河既定，徐图过河，以取东京不为晚矣。今若弃两河，先犯东京，苟有不利，则两河非我有也。兼太子（斡离不）昨已到京，不能取也。"

完颜希尹虽然只是西路军右路监军，但资历却高过斡离不许多。他当着所有人公然指责斡离不，斡离不虽心中恼怒，却也不便辩驳。

众人面面相觑，粘罕闻言拍案而起，将戴的貂皮帽子掷于地上，大声道："汴京城是宋朝根本，我认为不得汴京，就算是取了两河也守不住。如果占了汴京，两河不攻自下。之前没有攻陷汴京，是因为我不在的缘故。今若我行，得之必矣！"

斡离不想的只是与宋朝以黄河为界，并没有灭亡北宋的打算。而粘罕则较之更有野心，金太宗兵分两路侵宋，既是出于战略需要，也是出于平衡各方政治势力的考量。

　　斡离不本与粘罕不睦，二人各率一军。粘罕早就有心与斡离不一争高下，第一次侵宋时就想大出风头，无奈却被阻于太原城下。看到斡离不不费吹灰之力就兵临宋朝京师城下，迫使钦宗求和，获得金银财物无数。宋朝的怯懦软弱更刺激了粘罕的贪婪，所以第二次南侵，他萌生了灭亡宋朝的打算。

　　平定会议上，他与完颜希尹一唱一和地挖苦取笑斡离不，本是要杀一杀斡离不的威风。哪知道斡离不听了并没有生气，而是认可了他的说法，同意了粘罕灭宋的作战方案。

　　其余将领见两个主帅达成了共识，自然不再反对，金军上下一致通过了粘罕的提议。会后，粘罕与斡离不分别率领手下军兵，向宋朝发起了凌厉攻势。

　　宋朝上下张皇失措，试图割让黄河以北领土与金朝议和，结果没有成功。斡离不东路军于金天会四年（北宋靖康元年，公元1126年）十一月二十五日首先到达汴京，随后，粘罕率领的西路军也于闰十一月初二兵临汴京城下。两路金军对汴京形成了合围之势。

　　靖康元年闰十一月二十五日，汴京外城易手。率先攻破汴京城防线的，正是粘罕手下老将银术可。战后，为了奖励他与完颜希尹的军功，金太宗赐二人丹书铁券，"除长赦不原之罪，余释不问"。

　　可以说，正是250多天的太原攻防战，耗尽了北宋王朝的力量，也拉开了靖康之耻的沉重帷幕……

八千里路云和月

岳飞与岳家军抗金战史

作者 / 经略幽燕我童贯

岳飞的早年经历

岳飞，河北西路相州人（今河南省安阳市一带）。他出生于宋徽宗开始执政不久的崇宁年间。

宋徽宗是北宋政权的第八位皇帝，与第七帝宋哲宗同为第六帝宋神宗之子。宋徽宗是一个非常聪明的人，在书画艺术上有很高的造诣，是一位在艺术史上公认的"书画双绝"的封建统治者。但他没有把自己的智慧集中在他作为皇帝的主要工作上，是一件非常可惜的事。

宋徽宗自即位以来，可谓好大喜功、穷奢极侈。他一面发动对外战争，巩固了与西夏相接的横山边界，降服了青唐羌（吐蕃），兵锋直抵西域节占城（今新疆且末县）；另一面又为营造"丰、亨、豫、大"的太平富足景象，利用西城所、应奉司、（苏杭）造作局、营缮所、提举御前人船所、御前生活所等各种各样的服务机构营宫殿、缮舟船，日夜笙歌燕舞，醉生梦死。

统治者奢靡的生活，以及战争耗费，是需要巨额的财政收入来支撑的。为了最大限度地榨取天下财富，统治者自然就要想方设法地从土地和人口中多找出收入来。

例如，方田均税法本是熙丰年间检查大地主隐田漏税的有力措施，但到了宋

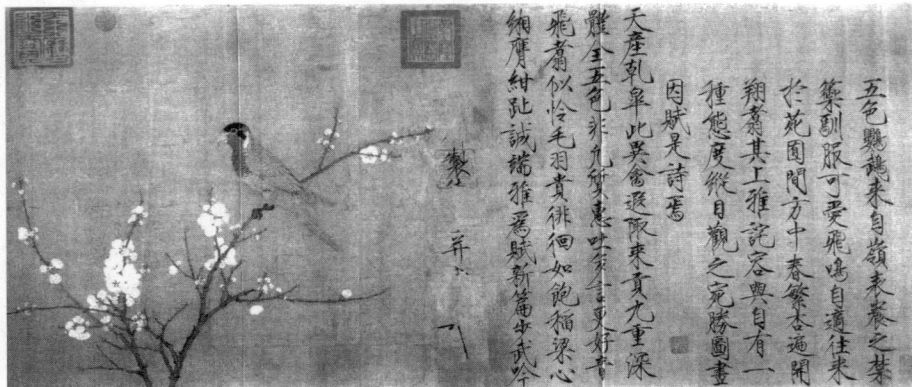

▲ 宋徽宗《五色鹦鹉图》（局部），现藏于波士顿美术馆

徽宗执政时期就一举变成敲诈勒索的
有用工具了。在有些地方，自耕农"有
租税一十三钱而增至二贯二百者，有
租税二十七钱则增至一贯四百五十
者"。同时，地主豪门的土地税赋
每检查一次则少一次，"有二百余亩
方为二十亩者，有二顷九十六亩方为
一十七亩者"。普通自耕农承担的税

▲ 出土宋钱

赋越来越重，因为他们不仅仅要承担自己应该缴纳的税赋，同时还要承担地方摊
派的税额中那些豪猾大户们的部分。可即使是这样，也往往不能满足朝廷的需求，
于是朝廷又在正常赋税之外，"加数以取于民"。在某些地区，"有至于纳加耗
米四石，仅能了常赋米一石者"！

　　岳飞的家庭是拥有数百亩贫瘠土地的自耕农，相对佃农而言，应该经济条件
尚可。但大的环境太过恶劣，在岳飞成年前后，其家庭的生计终于难以维持，岳
飞不得不背井离乡讨取活路。

　　宣和四年（1122 年），宋徽宗轻率盲动，丝毫不考虑实际的战略形势，发动
了旨在收复五代时沦落契丹手中的"燕云十六州"[1]的北伐。这次北伐不光动用了
自宋神宗与王安石变法以来积蓄的军储，还特意为保障经费，在全国范围内以丁
口人数为基准，计口而取费，要榨取高达 6200 万贯的"免夫钱"。这些钱一分一
毫都是劳动者的血汗，而统治者却以一纸公文为令，要在他们本来就直不起来的
腰上再加一重负担。

　　由于"征辽"所带来的举国动员的骚动，兼之为养家糊口，从小就跟随乡豪
周同学习武艺的岳飞在这一年参加了真定府招募的地方性质部队——"敢战士"。
岳飞从军后，自告奋勇，率领 200 名士兵剿灭了家乡相州附近的陶俊、贾进强盗团伙，
在军中有了名气。

---

①因已有两州被收复，实际还需要收复的是剩余的 14 个州。

但没过多久，岳飞就因为父亲去世，离开了军队。守丧结束后，他于宣和六年（1124年）再次投军，加入了驻扎在河东路平定军①的禁军，做了一名骑兵。

宣和七年（1125年），新崛起的金朝，在灭亡了北方的辽朝之后，撕毁了与宋签订的和平协议，发动了全面进攻。他们通过纵深突击侵占了黄河流域的广大地区，两次围困东京开封府，终于逼迫宋徽宗、宋钦宗父子出城投降，史称"靖康之耻"。

宋徽宗的另一个儿子赵构在陈淬、汪伯彦、宗泽等人的辅佐下，在军营中即位，宣布继承正统。但他却没有去援救当时还遭围困的东京开封府，而是命令陈淬、宗泽等人率领万人的偏师前去援救，本人则率领主力东逃。

宗泽率领部队在曹州（归仁府）、开德府与金军进行了十三次大大小小的交战，都取得了胜利。岳飞在一次战斗中，接连射死敌军两个强悍的旗手，又率先冲击敌军，取得战斗胜利。在曹州，他披头散发，持铁锏发动冲击，使宋军士气振奋，白刃打退了敌人，追杀金军30里。因为这些功绩，岳飞从一名普通的军士被提拔为从七品的武翼郎，在军中有了"敢战"的名声。

金军在靖康二年（1127年）四月携裹宋徽宗、宋钦宗和大批俘虏、财产北返，他们离开开封以前，立张邦昌为傀儡皇帝。由于不得人心，张邦昌主动将玉玺送往宋高宗处，自去帝号，宋高宗由此在南京应天府（今河南商丘）称帝，随即改元"建炎"。

在随后的人事任命中，宋高宗起用了朝野呼声颇高的主战派代表文臣李纲为右丞相，同时任命宗泽知开封府。李纲到任之后，立即弹劾张邦昌并进行了积极的军事部署。他着眼发动河北、河东地区的抗金力量，于是推荐了张所为河北招抚使，又推荐傅亮为河东经制使。在升任了东京留守的宗泽的支持下，朝野之间抗战派人士声气相通，使得河北、河东之间的抗金形势一下豁然开朗起来。

但时隔不久，李纲为黄潜善等人攻击而去职，抗战派顿失重心。虽然张所、傅亮、宗泽等人措置整备军队颇有成效，可失去了在朝廷统一策划的李纲，各地抗战力

---

① "军"是宋代的地方监察区域，如平定军、汉阳军等等，其地位与州相当。

量的整合都受到了影响。一直到金兵再次入侵以前，各地抗金力量都处于相对涣散的无组织状态中。

这个时期的岳飞由于看不惯黄潜善和汪伯彦的投降政策，又听说宋高宗准备往南方的扬州"巡幸"，觉得不可思议。他上书批评朝廷的投降主义路线，结果却被夺去官身并赶出军队。

岳飞愤愤不已，于是又去投奔主持河北西路招抚司工作的张所。张所见岳飞孔武有力，非常高兴，于是问岳飞：

> 闻汝从宗留守，勇冠三军，汝自料能敌人几何？（你在宗泽手下，勇气闻名军中，你自己估计能与几个人对敌？）

以为岳飞会像其他武人那样夸耀一番，谁知道岳飞却没有自夸，他这么回答：

> 勇不足恃也，用兵在先定谋。谋者，胜负之机也，故为将之道，不患其无勇，而患其无谋。（勇气是不能作为全部依靠的，用兵的关键在于先使用谋略，谋略才是胜负的关键。作为将领的根本法则，不是怕他没有勇气，而是怕他不会使用谋略）

他在谈话中表现出的阅历与见识，让张所极度惊讶。张所马上提拔他作为将级军官，与其他十个将级军官一起由王彦率领，渡过黄河去收复河北失地。

可由于宋朝内部的斗争，在朝廷主持政务的李纲罢职不久，主张抗金的张所也被革职。北上的这一支孤军顿时失去后援，不敌金军数万人的围攻，最终溃散了。

岳飞率领自己的小部队，从此开始了惨淡的游击生涯。他和他的小部队在太行山区与敌游击作战，虽然屡屡战胜在乡野之间劫掠的金军，也曾一次夺取过敌人几十匹战马，但毕竟后勤没有着落，境遇非常悲惨。

建炎元年（1127年），抗金名臣宗泽就任东京留守后，整顿了北方的抗金秩序，重新建设了城防和以开封为中心的防御体系，收编了流散在各地的原正规军溃军和民间武装，使得抗金形势有所好转。

▲ 出土宋代矛头

岳飞南下投奔宗泽，为宗泽赏识，从而得以隶属东京留守司。他在汜水关的战场上展现了自己的勇武，很快就被提拔为有独立成军资格的统制。之后，他更是奋勇作战，在胙城县、黑龙潭、官桥等地均取得战斗胜利，还俘虏了一名女真千夫长蒲察氏。宗泽对这个敢于执行困难任务，"每出必捷"的青年军官非常重视，在战斗间歇，他还特意召来岳飞，传授一些阵图，希望他能在军事水平上更进一步。

阵图以及使用阵图的阵法，正是传统概念中的兵法核心内容，是中国古典时代丰富的军事理论和军事实践最精辟的归纳和总结。用兵要有法，脱离阵图、阵法这些概念和工具是无法进行具体操作的。其核心要素是由士兵组成的各种作战队形"阵"，而关键原则是"法"。有了工具，有了使用原则，具体使用者就可以千变万化，如天马行空一般进行各种尝试和组合。

宗泽传授岳飞这些知识，说明对后者有所期望。他嘱咐岳飞说，其勇敢和武艺就算是古代的名将也不过如此，就是太喜欢当冲锋队长。宗泽自己年纪更长，所以告诫岳飞作为偏裨将校打野战未尝不可，可一个人的命运，不仅仅要看历史的运转，也要看个人的努力，如果以后要做大将，就不能因为年轻想得太简单，还是要学习更高端的指挥技能。宗泽的这些话，寄托了对这个青年军官的殷切期望。但他没想到，一个看起来粗鲁的青年军官竟然能说出流传千古的名言来。

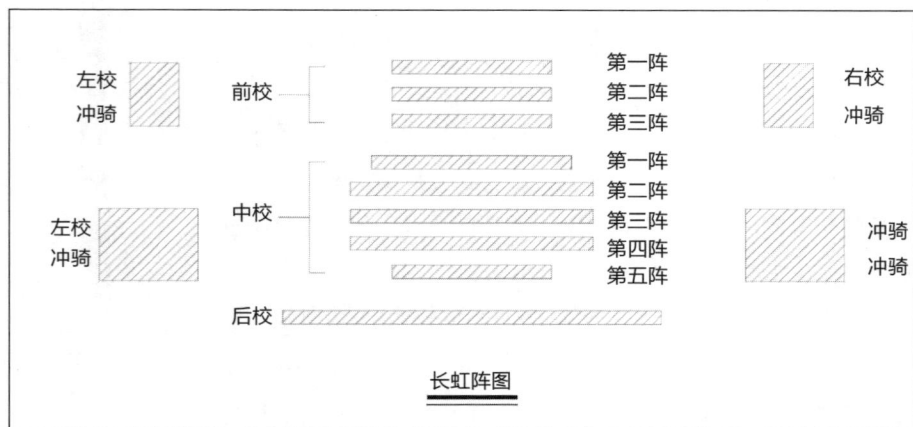

▲ 复原宋代阵图——长虹之阵

岳飞说："阵而后战，兵法之常，运用之妙，存乎一心。"

宗泽死后，继承东京留守职位的是原北京留守杜充。杜充完全反宗泽之道而行之，罢除一切抗金部署，放散已整编的民间武装。再加上他刚愎自用又喜猜忌的性格，使原本颇有战斗力的东京留守司诸军内部嫌隙不已，最终爆发兵变。

好不容易才平息了兵变，杜充自觉已无法在开封继续待下去，于是率领剩余的东京留守司部南下，一路奔逃到建康（今南京）。他南逃以前，还故意掘开黄河，制造了一起罕见的人间惨剧。

黄河脱离故道，一路东流，后汇入泗水，又经泗水南流，夺淮河河道而注入黄海。此后数十年间，"或决或塞，迁徙无定"。由此造成的人为水灾和饥荒，直接导致 20 多万人死亡，因颠沛流离和荒年而损失的人口更是不可胜数！此等无耻之徒，竟然还从东京留守的差遣扶摇直上，先是出任同知枢密院事，然后又当上了尚书右仆射同平章事。他竟然因为制造黄泛区拦阻了金军的"大功"，一步一步进入国家的决策中枢，地位越来越高。

建炎三年至建炎四年的战事

建炎三年（1129 年），金军大举南下。元月，金军占领了东部地区的战略要点徐州。完颜宗弼（金兀术）本人率主力牵制住淮阳军的韩世忠部，另派 5000 骑由完颜拔离速、马五等三名将领率领直插扬州，目标为宋高宗本人。

宋高宗此时尚在行宫中醉生梦死，得到金军已抵扬州外围的消息后，匆忙更换了衣甲与几名亲兵和王渊、张浚等少数人坐船逃到了江南。金军这次捕捉宋高宗的行动没有成功，就残害了从扬州准备南逃的 10 余万群众，将他们大部分赶入江中淹死。

当年七月，金军发动了第三次大规模南征。这次南征兵分东、中、西三路。其中，东路的主将是完颜昌（挞懒），他主要负责山东、两淮战场；中路的完颜宗弼则为渡江总指挥，负责江南战场的总体战局；西路的完颜娄室依然以关中地区为作战区域，主要是牵制消灭关中地区的残余宋军，以防止其向东发动反击。这次作战采取纵深进攻，核心兵力直奔宋的中枢地区，意图彻底摧毁宋朝。

同时，渡江的金军又分为东西两路。西路由完颜拔离速等人率领，进攻方向是长江上游的江州、洪州等地。东路则由完颜宗弼率领，主攻方向是当时南宋的心腹地区——建康、杭州。

金军西路军由黄州渡长江，在湖南、江西等地四处进攻，但这是一支偏师。这支偏师很明显是为了牵制宋军位于长江防线左翼的兵力，为真正

▲ 金军渡江旧址

在右翼发动的战略攻势做掩护。而就是这支偏师，竟然吓得驻扎在江西江州的刘光世率部望风而逃。

金军东路军从寿州南下，在采石、慈湖等地没有找到渡江的机会，于是顺江而走，在马家渡击溃了宋军水军，夺取了部分船只，从而强渡长江。

宋军主将杜充在得知金军已经渡江之后，方才派遣都统制陈淬率刘刚、岳飞等17将率领2—3万人出战，由另一大将王躞①率其部约1.3万余人作为后援，意图击溃金军。但由于获得消息过晚，金军已有相当一部分兵力渡过长江。

陈淬率领的前军与金军进行了激烈的战斗，双方自辰时打到未时，交手数次尚不分胜负。这时，王躞可能因与将领王珉素来不和，于是借机报私仇，本该应援却不发兵，反而率军逃走。他不仅仅自己逃走，还把路上遇见的辅逤部也给携裹走了。这支部队取道信州进入福建，一路抢掠，还沿途散布敌人大举进犯的消息，造成了很大恐慌。浙西制置使韩世忠得到消息后，将储备的物资器材都装上了海船，向江阴方向撤退，还算保存了一支水军。在马家渡作战的诸军失去支援，不能抵抗金军主力随后发起的攻击，于是纷纷被击溃，陈淬不屈而亡。幸而有岳飞率领其部断后，与敌人反复交战纠缠并将战斗拖至夜间，这才避免了2万来人被全军歼灭的命运。

---

① 音同"泄"，实字为左王右燮。

杜充听说阻击敌人渡江的作战失败后，果断决定出逃。他乘舟取道水门走奔，结果遇见群众的船只堵塞了水路，无法前进。他叫部下对群众喊话，声称自己是去迎敌作战，请大家让路。众人深知其为人，纷纷表示自己也是去迎敌作战的，不想让杜相公抢了先。结果杜充当天竟然就这样被困在建康了。

次日，杜充率领亲兵3000多人渡江北上驻扎在真州。完颜宗弼派人去劝降他，他没有过多考虑，果断决定投降了。

岳飞部作为马家渡之战断后的部队，当时驻扎在建康附近。杜充既已投敌，诸军又不能集合起来抵抗，岳飞也只能率领部下继续南下，以期获得效忠国家的其他机会。

在他们撤退到建康府句容县的时候，发生了这么一件事。当时，同为统制的另外两位军官刘经和扈成率领其部下四处转战，最终与岳飞会合了。为了这支残军的未来，三个军官不得不试图说服对方。岳飞认为应继续南下广德军，向临安方向前进，这样可以靠近朝廷所在。刘经对这个意见表示赞同，而扈成则阳奉阴违。后来，在岳飞和刘经出发以后，扈成率领部队前往建康下游的镇江府，结果在与另一统制戚方的火并中被杀。

岳飞一路辗转，交战6次，才抵达广德军。广德军是从建康南下临安的陆地要点，当时从陆路前往临安，必走溧阳—广德军—安吉这条道路。岳飞从建康南下抵达此处，自然是以靠近朝廷为第一目的。

但当时朝廷已经放弃抵抗，朝廷要员也分为两拨人马分散逃走了：宋高宗率领一部分人出海躲避，太后则率领枢密院和另一部分人往江西山区躲避，有组织的抵抗几乎不复存在。同时军中已无口粮，势必再难以维持下去了。有的人感觉坚持不下去，没有前途可走，士气一时非常低沉。有的军士转投他军，这还算好的，而有的还干脆从事盗匪的行径，甚至还有一些原杜充的江淮宣抚司的散兵游勇纷纷前来打探岳飞等人的消息，想共推岳飞为主去投降敌军。

这一点岳飞绝对不会答应。岳飞首先集结了自己和刘经的部下，在刘经的支持下，统一了众人的思想，大家都表示愿意继续战斗下去。然后他假意同意那些流散部队的意见，把他们全召集到自己的营地里，与他们各部中最强悍的军人比武并全部击败了他们。

最后，岳飞告诉他们："以尔等之众且强，为朝廷立奇功，取中原，身受上赏，乃还故乡，岂非荣耶！必能涤涤旧念，乃可相附，其或不听，宁先杀我，我决不能从汝曹叛！"于是大家都表示愿意听从岳飞的命令。这次潜在的变乱，就此平息下来。

但纪律能否得到维持和后勤的保障有着密切关系。大家达成共识之后，口粮问题还是要解决的，有饭吃才是硬道理。岳飞听说附近溧阳县的敌军兵力薄弱，于是派遣刘经将敌军驱赶走，恢复了溧阳县的秩序，从而获得了部分补给。

不过这个县的储备实在太少了，虽然执行了严格的纪律和伙食分配，部队还是没有完全脱离饥寒交迫的困窘局面。有些军人甚至不顾军纪的约束，偷偷出营骚扰群众，抢掠他们的口粮。对此，岳飞一时也没有什么办法，还一度想把军队带到一个绝地去驻扎，以约束人员进出。

在岳飞头疼的时候，附近宜兴县的知县钱谌听说有一支官军驻扎在附近，于是写信邀请岳飞率领官军进驻县城，保护居民。由于县里饱受马皋、林聚、张威武、郭吉等盗匪乱军的威胁，居民都很困扰，所以大家很期盼有一支官军前来维持秩序。最关键的是，县里的仓库里，有足够1万人消耗10年的口粮储备。岳飞闻讯后非常高兴，有了县里的支持，军队终于能得到比较稳定的后勤保障了。

光复建康的战役

在岳飞率领这支东京留守司的残军苦苦求存的时候，金军主力走陆路突破了溧阳—广德军—安吉一线，占领了临安。岳飞在广德军和溧阳县都尾随追击了金军的部队，但由于兵力不足，只能起到削弱敌人的作用，而不能阻挡敌人进攻临安。

在经过临安外围险要独松关的时候，因为没有遇见宋军抵抗，一向以严酷闻名史料的完颜宗弼难得开了个玩笑。他对亲随们说，南朝真是没有人才，假如有数百老弱军人在此防守，自己是绝对不可能这么随便就过关了的。当然，不过几个月之后，他就后悔说过这种话了。

占领临安之后，听说宋朝朝廷已转移至明州，金军于是又派遣4000骑由斜卯阿里和乌延蒲卢浑率领前往追击。这两位将领一路长途跋涉，所率军队非常疲惫，在早有准备的宋军的抵抗下，他们的追击暂时被击退了，宋高宗等人遂得以上船撤离。

金军抄掠了临安周边地区，又将明州城里的居民全部屠杀，并派兵在整个州境里抢掠烧杀，即使是深山也

▲《中兴瑞应图》局部

不漏过。但即便如此，他们还是无法得知远逃海上的宋高宗的具体行踪。随着天气渐暖，金军上下均开始不适应气候，于是决定撤退。金军由于抢掠所获的辎重财物很多，同时进军沿路的州县早已残破，所以决定不从原路返回，想利用宋朝在浙西开凿的运河来进行撤退。

金军在撤退前焚烧了临安城，屠杀当地居民，大火在他们撤退后燃烧了三天都没有熄灭，临安的居民也只剩下 20%—30%。这还不够，金军在撤退路上又在平江府杀人放火，火势延绵上百里，五天方才熄灭。经历过这一次兵灾之后，原本人烟稠密的平江府一地就有近五十万人丧生！

金军在撤退途中沿路杀人抢掠直奔常州。常州知州周杞知道以后，派遣岳飞当年在河北西路招抚司里的同僚赵九龄去邀请岳飞前来抵御金军，但岳飞还来不及出兵，周杞就因无法抵挡金军的进攻而逃到他的军中。岳飞只能带领军队对金军后卫部队展开追击，双方交手四次，岳飞都取得了胜利，活捉了"女真万夫长"主少孛堇等 11 人，歼灭了大量金军。

在岳飞的持续追击下，金军主力摸不清其兵力和动向，只能加快速度撤离。金军主将完颜宗弼抵达镇江后，才发现自己已处于前有韩世忠部水军拦截，后有岳飞部在内的多部宋军追击骚扰的境地中。

宋高宗这个时候已经从海上回来，任命了张俊为两浙西路、江南东路制置使，

并授权他"除刘光世、韩世忠外，诸将并受节度"，要求张俊想方设法击退金军，但张俊却始终没有行动。

金军想渡江北返，却被韩世忠的水军击败，而且金军重要将领完颜突合速抢掠的上千条船以及船上的物资和被掳群众都被韩世忠截回。完颜宗弼见韩世忠部的海船运转如飞，感觉很难突破，于是先后几次派人与韩世忠商量，希望以抢掠到的物资、金器为礼，向他借江路北返。考虑到韩世忠是武将，完颜宗弼还承诺另送一匹良马给他，但都被韩世忠严词拒绝了，他表示金军只有归还了宋徽宗和宋钦宗，并退出现在占领的宋朝土地，才有放他们走的可能。

金军在镇江无法突破韩世忠的防御，于是只能顺江向建康方向逆水而上，继续寻找渡江的机会。韩世忠则率领水军沿路跟随他们。金军与韩世忠部相持多日，始终无法突破韩世忠的堵截，最后甚至被赶入了一条叫"黄天荡"的死河道，有20多天无法突围而出。由于恰逢天气变化，野外也没有能抢掠的村落，金军缺乏口粮只能杀马充饥，这使金军损失了大量的辎重驮兽。

金军在不得已的情况下，好不容易才以重金收买到一名当地居民，挖开了早已湮没的旧河道，从黄天荡中逃了出去。但随后他们又被韩世忠部在建康附近阻截，还是无法渡江。这时岳飞已率领其部尾随而来，在多处袭击了金军后卫部队，造成部分损失。其他各部宋军，在主将张俊消极避战根本没有进行实际支持的情况下，也充分发挥了作战主动性。他们发现金军的力量逐渐衰弱之后，积极纠缠、骚扰金军，使其不得休息。尤其值得一提的是，岳飞先后采取突袭、偷袭、夜袭等手段，主动与金军反复交战，保持与金军的密切接触，掌握了他们的力量和部署。

可惜的是，完颜宗弼用重金收买到一名经营米店的王姓汉人，并在他的建议下，对简陋的船只进行了改造。他们在船板上开洞划桨，增强了防护能力，同时又准备了火箭。金军做好准备后，选择在无风的天气发动进攻。韩世忠的海船虽然巨大，但无风的条

▲ 福船模型，中国航海博物馆藏

件下行动很缓慢，被金军火箭攻击，损失很重。韩世忠的部将孙世洵、严永吉都战死了。江边的人民群众听说韩世忠战败了，纷纷团结起来，在崇福寺僧人的指挥下，发动了数百艘小船前来援助。人民群众在船上插了红旗，头上绑着红色头巾，声势浩大。金军不敢追赶，只得撤退到江北。

岳飞自开始追击金军撤退部队之后，就一路从西向东、由南而北地运动，先占据牛头山，又攻占雨花台、新城、靖安等地的金军营垒，歼灭金军留守部队。甚至在金军火攻韩世忠水军的时候，岳飞部也在南岸对金军后卫部队进行了追击。截止到收复建康，岳飞率领部队与金军反复交战累计达几十个回合之多，抓获万户、千户及以下的金军军官20多人、士兵300多人，斩下耳朵有环的首级不下3000级。最后收复建康也全是他的功劳。这次作战，虽是反击与追击作战，但体现了岳飞部敢于与敌军贴身硬战，同时又善于调动对手掌握主动权的积极作风。

这次渡江的经历，给金军主将完颜宗弼带来了很深的感受，史料记载，他"自江南回，初至江北，每遇亲识，必相持泣下，诉以过江艰危，几不免"，对于南下的经历似乎颇有悔意。虽然他前期势如破竹地破开了宋朝的江防，但是之后抢掠江南屠戮无遗的行径激起了人民群众的普遍反抗。他杀人愈多，抵抗愈强，以至于最后无法在江南立足。再加上韩世忠、岳飞等部的积极抵抗，差一点使他无法渡江而返。经过这次渡江的打击，完颜宗弼在之后的很多年里都不太愿意南下，每次完颜宗翰（粘罕）要派他进行渡江作战，他总是托以他事不愿意去，转头与宋朝的部队争夺四川、陕西。

建炎三年至建炎四年的战役组织分析

一直以来，针对金兵此次南侵前期势如破竹、后期狼狈不堪的情形，学者们大多从南宋上层腐败怯战来解释前期，用金军的暴行激起军民的反抗来解释后期。但实际上，如果不从军事本身来分析，如何能真正说清楚军事问题？

其实此次金兵南侵前期势如破竹，完全是南宋上层在战役组织上毫无建树，以及金军的战役组织水平着实可圈可点所致。何谓战役组织？战役组织是军务作业工作中非常重要的一个环节，是把整体的战略构想落实到战役布势这个过程中的工作。

在战役组织中，涉及后勤、组织、人事、部署等多方面的问题。如何去解决这些问题，规划好战役的进行过程，准备好需要的各种资源，是一个高级指挥员必须具备的能力，甚至从某种程度上而言是超过战场指挥能力的更重要的能力。

进入近代之后，由于建立了"总参谋部"这种军事组织实体，大部分的具体细节工作可以交由总参谋部来做，他们负责搜集情报、分析问题并提出意见。但在古典时期，军事工作的复杂程度和信息的传递速度，还不足以刺激出具有近现代性质的参谋部。因此在很大程度上，战役组织的工作基本依靠高级指挥员（以及他的幕僚）的情报分析、判断和组织调度能力。

战役组织过程中，需要指挥者识别整体战略构想的重点和非重点，从而集中主要军事资源在重点，以次要军事资源应付非重点。如果他发现不了重点，就无法保证在重点目标上投入绝对的主要资源，自然也难以保证战略构想的落实了。

我国的古典兵学，虽然并没有明确地把战术、战略、大战略这些军事工作的不同层次的概念和关系区分清楚，但是由于军事活动规模大，对抗实践内容丰富，所以积累了大量的案例和经验，为古典军事理论的升华、抽象提供了丰富的营养。这些经过升华和抽象的军事理论中，充满了大量的朴素主义辩证法的内容和对快慢（久速）、利害、多寡、主客、大小等不同概念的辨析。

这些相对的概念、"奇正相生"的转换逻辑、朴素主义辩证法的反复辩论，本质上是一整套理论工具，便于指挥者识别战役组织中的不同内外因素对结果的影响。优秀的军事工作者能使用这些理论工具，在不同的规划或实施阶段进行定性分析，在不同阶段中找到战役组织工作的重点。只有识别出重点之后，才能抓住重点牢牢不放，迫使敌人按照自己的意图来行动，最终掌握战略行动的主动权。

金军的战役组织相对宋军而言较为完备。除开牵制关中宋军的西线战场之外，他们将南下后的作战区域分为两个主要战场，即两淮战场和江南战场，分别由一位主要将领负责战役指挥工作，这一点非常值得称道。

自古以来，就有"守江必守淮"的说法。这里的守淮，不是单纯说守卫淮河，而是指南方政权要尽力以淮南为主要战场阻止敌人的攻势。具体而言，就有两种办法。第一种是在淮南与敌人对峙，消耗其攻击动能，最终逼迫其会战或撤退。第二种是在敌人与南方政权隔江对峙的时候，南方政权派遣战役集团由长江上下两翼分别向淮南方向发动反击，切断敌人的退路，逼迫敌人进行会战。无论采取哪一种具体的组织方法，决胜的关键都在淮南，而不在江南。因此，金军把两淮战场单独剥离出来，以专人负责，是非常有战略眼光的举措。

▲ 金军重步兵，此图乃宋人所绘，故而其装备皆为宋式

此外，金军在江南战场上又分为东西两个战役集团，一主一辅，一实一虚。西路是偏师，主要是牵扯江西、湖南等地的防御力量，将宋军的注意力拉到这边来。东路作为主力则直扑建康、临安，争取一次打垮南宋朝廷。

这种战役组织，能针对性地划分好主要战场和次要战场，同时又能在主要战场上划分好不同战役集团的作战任务，在此基础上还能适当地集中兵力，全力对核心目标进行打击。这种战役组织的策划，不能不说是相当简洁明了的，甚至可以说是相当漂亮的。

但相对进攻而言，金兵的撤退工作则组织得很不好。他们最先选择从镇江而不是建康方向撤退，我们认为从战略上来看是很正确的。作为一支机动性较强的军队，其后勤供应势必依靠就地征发或沿路抢掠，才能维持比较高的机动能力。一旦军队停止运动，必将在短时间内失去补给来源，逐步陷入衰弱。在撤退的路径上选择原路返回是非常不适宜的，因为来路早已残破不堪，无法给大队人马提供必要的后勤补给。顺运河向镇江方向撤退，在后勤运输上相对有利。

同时，宋军的各支部队都位于他们的背后，如果沿着原路撤退，那么这些宋军部队一旦得到有效的组织，就很容易以比金军更快的速度提前控制必要的道路，迟滞他们撤退的进程。

但是，金军的指挥官并没有掌握对行军道路沿线进行有规划的就地征发的后勤技巧，这给他们的行动带来了很大的困难。例如，在进军或进攻时，如果预先规定只对交通线一边的地区（左边或者右边都可以，但原则上只允许征发其中一

▲ 《中兴瑞应图》局部

边）进行征发来保障军队的补给，那么一旦遭遇不利，在没有其他的交通线可以撤退的情况下，至少他们还能利用发起进攻的交通线来撤退。因为这条道路还有一半的区域没有被征发过，是一个潜在后勤补给比较丰富的地区。但在历史上，由于金军在进军过程中沿路抄掠，这种有组织的后勤征发基本无法开展。这给他们的撤退带来了很大的困难，造成了很多不必要的损失。尤其是他们在镇江渡江不成功，又不得不重新回到已经被抢掠过的建康。他们在沿途因为后勤断绝而遭遇的损失，其实本来是可以避免的。

综合以上几个因素来看，金军的进攻组织得很好，而撤退则组织得很差。由于金军缺乏远征的经验，他们要保证撤退的顺畅，必然要重新选择一条路线，进入一个新的地区，通过抢掠来获得补给，从而保障军队的运动能力，同时避开宋军残余部队的骚扰。只要他们的队伍还能保持运动，那么他们是不会那么容易被宋军捕捉到自己的意图和行动方向的，因为他们的行动具有无限的可能。

宋军后期的胜利，其实绝大部分依赖于张俊名义上的部下岳飞和不受其管制的韩世忠等人。他们充分利用了自己的优势和敌人的劣势，积极而坚决地与敌人展开各种形式的军事斗争，在不同层次上沉重打击了敌人。

韩世忠利用水军较强的优势，在长江上堵截满载辎重财物而显得臃肿不堪的金军行伍，切断了金军的交通线，迫使金军不得不停留在一个非常狭小的地区而无法获得后勤补给。岳飞则利用部队较小的优势，充分发挥机动灵活的战术运动，先后在清水亭、牛头山、新城等不同地区捕捉到金军的兵力薄弱点进行痛击，随后又主动撤离进行下一次战术部署，继续捕捉机会。

韩世忠与岳飞，一个在水上一个在陆地，虽然两者并没有得到更高一级的指挥协调，但两者的作战实际上形成了一个前堵后塞断绝敌人通道的口袋。如果能对他们进行必要的支援，并对他们的行动进行协调，那么我们认为当时是有条件并存在对金军造成更大打击的可能的。

如果有一位具有战区战略眼光的高级将领，进行整体的战役组织规划，那么结果可能会完全不同。假设他以 3 万到 4 万的生力军及时投入作战，从镇江向建康方向贴上金军与其筑垒对峙，限制其行动，并对韩世忠和岳飞的行动进行组织协调——由韩世忠在镇江与建康附近的江面堵截金军，由岳飞从建康和镇江南部骚扰金军并与金军后卫部队进行缠斗，在进行这些作战的同时，主力部队拖延决战，延长与敌人的对峙时间，尽量长时间地将敌人限制在镇江、建康一带，敌人携带大量抢掠而来的辎重，在与宋军主力对峙的情况下，必然无力进入新的地区获得补给。只要注意避免过早决战，那么在长江边上歼灭性地打击金军一部，乃至沉重打击金军的可能性都是非常大的。但历史已经不容我们假设了。

收复襄阳六郡的战役

在收复建康之后，岳飞被朝廷任命为半独立性质的通泰镇抚使。但在这个时期，他最主要的工作却是在张俊、李纲等人率领下，弭平江南西路、荆湖南路、广南西路等地的变乱。

在建炎、绍兴时期，由于宋朝朝廷经历了一个从崩溃到重组的过程，社会秩序一度非常混乱。北方的溃兵、盗贼纷纷南下，骚扰南方地区，危害地方秩序，也威胁着南宋朝廷的存在。

岳飞先在张俊的率领下，逼降了戚方，击溃了李成，招降了张用，在张俊作为大将而第一次建功立业的作战中功劳最高。之后他又在靖康时期的名臣李纲的率领下，远征广南西路，剿灭了军贼曹成部。

因为岳飞立下的巨大功绩，朝廷超格提升其官职，并授予他"江南西路、舒、蕲州制置使"的新差遣，同时允许他在军情紧急时，可以不经批准按自己的意愿调动江南西路的所有军队。

绍兴三年（1133 年），伪齐①的李成部击溃了从襄阳一带向汝州、东京开封

---

① （1130—1137 年），国号"大齐"，为北宋叛臣、原济南知府刘豫在金朝扶植下建立的傀儡政权，后被废。

▲ 李纲造铁锏，现藏于福建省博物馆

府方向活动的抗金义军李横部，占据了襄汉地区的邓州、唐州、襄阳府、郢州、随州、信阳军等地，并伺机南下夺取鄂州，切断了江路，将南宋的两个核心控制区——川陕地区和江淮地区割裂开来。

襄汉地域自古以来就是依靠长江中下游地区立国的南方政权的要害，北方政权历来都是要牢固控制整个襄汉地区，才能确定对南方政权的战略优势。伪齐的李成部背靠伪齐控制的中原地区，自然是时刻从上游威胁南宋的存在。

时任宰相的朱胜非虽是张邦昌的连襟，却是个主战派。他从抗金全局的立场出发，力主出兵攻占襄汉地区，控制上游以保障政权稳定。宋高宗对于北伐并没有很大的兴趣，但事关政权稳定，因此态度还是比较积极的。重臣赵鼎（时加衔为参知政事）作为主守派也非常希望能消除下江地区受到的直接威胁。因此收复襄汉地区，成了决策核心中的主战派、主守派与统治者之间所能达成的一致意见中的"最大公约数"了。

宋高宗对新近崛起的岳飞甚有印象。这个青年将领一向忠勤地为朝廷服务，打了很多险仗、恶仗，从来不计较待遇的不公和人力物力的匮乏。他的品质被很多主战派大臣欣赏，李纲在给朝廷的报告中就称赞岳飞"年齿方壮，治军严肃，能立奇功，近来之所少得"，断言他"异时决为中兴名将"。于是，宋高宗提名由岳飞实际执行这次进攻性战役。赵鼎因在江南西路工作时与岳飞相熟，亦对此表示赞同。

由于朝廷高层在各方面的意见都空前统一，这次战役的准备工作也尤其仔细。朝廷对这次战役极度重视，特地降下了"画一指挥"作为总体战役意图和力量部署原则，其主要内容包括：

一、增重岳飞的事权。岳飞本有"江南西路、舒、蕲州制置使"的差遣，为便于岳飞对这次战役有进行管理和决策的最大优先权，朝廷特别再给他加上了"兼制置荆南、鄂、岳"的加衔。这样，岳飞在江南西路和舒州、蕲州、荆南府、鄂州、岳州等地，都拥有安排措置一切军务的权力，必要时可以先执行后汇报。

二、增加岳飞的兵力。荆湖北路安抚使司和荆南镇抚使司的部分军队，如颜孝恭、崔邦弼、辛太等人的部队，都并入岳飞的番号中以扩充其实力。

三、落实后勤保障。朝廷拨出 6 万石米、40 万贯钱作为必要的军费开支。为便于运输，40 万贯钱以同等价值的 10 万两银和 5000 两黄金来支付。为激励士气，除这些钱米以外，朝廷另外拨付现钱 20 万贯作为奖励基金，预备给有军功的军人发放奖金。

四、落实善后措施。允许岳飞在战役结束后，视情况措置安排当地的防务，岳飞本人则率领大军回江南驻扎。

五、协调部队关系。朝廷以宋高宗手诏的形式下达命令：周边各部队必须对战役进展进行支援，并满足岳飞对后勤和援兵的需求；要求淮西的刘光世、荆湖北路的刘洪道、江南西路的胡世将、荆南府（辖地含归州、峡州、荆门军、公安军诸地）的解潜等人尽量满足岳飞的需求，或尽可能地进行配合。

对以上五个部分分别进行了加强并准备了精心的组织安排之后，岳飞于绍兴四年（1134 年）四月十九日出动全军，自江州沿江而上抵达鄂州，随后自鄂州渡江沿汉水北上，发动了南宋有史以来的第一次大规模的进攻作战。

经过一天的交战，岳飞以全军发动的声威，在五月五日当天占领了郢州。郢州是汉水上的要塞，旧城就设在山崖之上，地势险要又能控制汉水。伪齐的郢州守将叫荆超，他在北宋末年曾是护卫宫廷的"班直卫士"。荆超武艺高强、作风勇猛，在军中历来有"万人敌"的绰号，但是他在岳飞面前只能乖乖落败，最终跳崖自杀。

在占领了汉水上游的要塞之后，岳飞以郢州为出发基地，采取离心运动，将军队分为两个部分。他本人率领主力继续沿汉水西上进攻襄阳，而徐庆、张宪等将领则率领偏师，东上进攻随州。

由于岳飞进军速度快，攻势猛，以闪电般的速度夺取了郢州，拔掉了襄阳在南面的要塞，李成猝不及防之下节节败退，不得不退出襄阳，向襄阳以北的邓州、唐州等地逃跑。他一面逃跑，一面集结兵力准备发动反击。

由于无重兵防守，岳飞于五月十八日进入襄阳府，完成了本次作战的核心目标。

次日，徐庆、张宪率领的部队也占领了随州，控制了随枣走廊的南部出口。随枣走廊是中国中部的南阳盆地与江汉平原之间由断续的丘陵地带形成的诸多道路中最重要的一条。具体来说，这条通道位于大洪山与桐柏山之间。在大洪山以西进入南阳盆地的要路是汉水，而在大洪山以东进入南阳盆地的要路则必是随枣走廊无疑了。掌握了这个区域，就掌握了随时进入南阳盆地的第二条通道，还能通过三关路（武胜关、九里关、平靖关）控制从信阳军直奔中原腹地的通道。

自此，岳飞与李成在襄阳和唐州—邓州一线形成对峙，双方都在调整部署，准备下一次的交战。

六月上旬，李成已集结好他的主要兵力，号称 30 万人，自新野方向对襄阳发动反攻。岳飞以本军统制王万以及拨隶本部的荆南府镇抚使司统制辛太为前锋，命令他们执行诱饵的使命。但辛太因畏惧敌人声势，率领其部乡兵 1200 人潜逃到峡州地区去了，还到处吹嘘是自己拿下了襄阳。幸好王万坚持作战，并配合岳飞率领的主力，击退了李成的第一次进攻。

李成经过重新调整，于六月六日再次发动进攻。在作战前的部署阶段，李成暴露了不懂战术的弱点，他将骑兵放置在阵形左翼靠近江滩边的狭小区域中，又将步兵放置在阵形右翼的开阔平地上。

岳飞发现了这一点，于是命令王贵率领长枪步兵，去攻击李成的左翼骑兵；命令牛皋率领骑兵，去包抄攻击李成右翼的步兵。

李成的骑兵由于地形狭窄而无法展开队形，不能发挥骑兵冲突的优势，被王贵的长枪步兵击溃了前列。前列的骑兵溃散中拥挤到阵形后方，把后列的骑兵拥挤入水，造成了很大的伤亡。李成的步兵缺乏骑兵的支持，也无法持久顶住牛皋骑兵的反复冲突，最后李成部的阵形彻底崩坏，被岳飞部追杀了 20 里。

▲ 襄阳古城墙

可能是伪齐政权知道李成能力有限，因此在接到李成的报告之后，马上就向金朝求援。当时，金军主力在完颜宗弼的率领下，于绍兴四年三月在仙人关被宋军吴玠部痛击，暂时无力来援。金朝只能派遣一位被称为"刘合孛堇"①的将领率兵前来援助。他率领的是从关中、河北等地区拼凑起来的数万人，并不是金军主力。刘合孛堇与伪齐的兵力会合后，在邓州采取防御姿态。

由于敌人兵力众多，宋朝朝廷担心一旦攻势失败会将已经获得的土地全部丢失，于是给岳飞下达了可以自由裁量是否需要继续攻占唐州、邓州、信阳军的命令，并告诉岳飞如果他认为继续执行之前的命令有很大风险，那么可以自主放弃剩下的战役目标。

岳飞经过一个多月的准备，迅速调整了战役部署。他以张宪部为主攻方向，率军出横林路直逼邓州，再以王贵部为次攻方向，出光化军绕至邓州侧后，从而使这两路军队形成对邓州的向心攻击。金齐联军为张宪的部队所诱，离开设防城市和城市的接近地，在邓州以南30里处与张宪对峙。在对峙中，王贵军从侧面的光化军方向抵达战场，给金齐联军的侧后联络线造成了威胁，逼迫金齐联军会战。

于是金齐联军被迫接受会战。会战中，宋军王万和董先两部发动突然袭击，配合主力的攻势击破了联军的抵抗，刘合孛堇只身遁逃。守护邓州城的伪齐高仲部据不投降，宋军士兵爬墙强攻，俘获了高仲，占领了邓州。随后，宋军又在唐州以北击溃敌人残余部队的防御，在七月二十三日收复了唐州、信阳军等地，完成了这次战役进攻。

在结束了所有作战之后，一贯拖沓的刘光世派遣的郦琼部5000人姗姗来迟，在当月二十七日抵达襄阳，他们没有赶上作战的尾声。

襄汉六郡的收复作战，自四月十九日开始，七月二十三日结束，前后历时约百日。宋军收复了汉水流域的大片领土，控制了襄阳重镇，将出入中原的随枣走廊掌握在手里，并将战略前沿从江北的汉阳军前推到河南的蔡州，使得整个中部地区塌陷的战局得到根本性的改观。由此不仅巩固了南宋的统治，更为将来的北伐提供了一个良好的出击基地。

战役取得胜利的消息传到临安，即使是宋高宗也颇受鼓舞，他对自己认可的青

---

① 此人在史料上记载甚少，在宋金对峙时期并不知名，有很大可能是比较次要的将领。

年将领取得的成绩极为满意。据史料记载，当时宋高宗不无兴奋地说："朕素闻岳飞行军极有纪律，未知能破敌如此。"履新签书枢密院事的胡松年当时侍奉在侧，他是主战派重臣，听说了消息之后也极为高兴，对宋高宗说："唯其有纪律，所以能破贼。若号令不明，士卒不整，方自治不暇，缓急安能成功？"

由于是"天子钦点"，又取得如此巨大的作战成绩，岳飞在32岁之时"建节"，被提升为清远军节度使。他是当时诸将中第五位节度使，也是最为年轻的一位。

在两宋时期，节度使除了在开国初的很短一段时间内拥有实权外，基本都是虚衔。从武官的官阶来说，节度使是"正任官"中最高的一阶，不轻易授予。如要授予，或有大功，或有天眷。在南宋初期，授此阶也是"希阔之典"，是朝廷对武官最高级别的褒奖方式之一。相对其他武官被授予节度使的年纪，岳飞在32岁这一年得授节度使，确实是两宋数百年仅有的特例了。当然，宋太祖赵匡胤在后周时期，在30岁时得授定国军节度使，年纪比岳飞更年轻，但这是两宋之外。即使考虑到宋太祖个人的情况，岳飞的提拔速度，也是可以用火箭来形容的。

但是，这次战役并不能算完全落幕。金朝朝廷没有派遣其主力部队前去支援伪齐政权，一方面是因为主力需要休整，另一方面则是有更多的谋划。他们早就决定，在入秋时节发动主力部队，联合伪齐的伪军一同南下，要"直捣僭垒，务使六合混一"。

但是，他们还没有行动，消息就已经泄露了出去。早在收复荆襄之前，岳飞就派遣了一位四川籍幕僚王大节前往伪齐朝廷潜伏侦察。王大节找机会混到伪齐皇帝刘豫之子刘麟的身边，做了一名颇受信任的属官。甚至有一次，他直接窥探到了金军的军事机密。刘麟曾因为其南方人的身份，向他咨询渡江南下进攻宋朝的军事策略。王大节自然不会透露他所知道的湖北、两淮的情况，因此就利用自己对四川地形非常熟悉的本土优势，向刘麟兜售了一个"武装大游行"的方案。

具体来说，金和伪齐先集结重兵从河南、河北出发，分别攻略黄河南北，两路并进，然后全部占领陕西诸路，控制住川口要道。整顿以后，两军再一举入川平定四川地区，之后利用上游优势，顺江而下从荆湖北路的心腹地带东征，夹江而下建康，乃至临安。单纯从战略上来谈的话，这巡游了大半个中国的作战路线，表面看起来确实是一条"妙计"。

在王大节的这个作战方案中，作战必须分为东西两个战场，使用东西两个主力

▲ 刘松年所绘的《中兴四将图》，左二为岳飞，左四为张俊，左五为韩世忠，右二为刘光世

兵团。一个兵团是征服川陕地区然后东向进攻的作战集团，暂且命名为西线集团；另一个兵团则是对长江下游保持军事压力的作战集团，暂且命名为东线集团。东线集团的主要作战目标是对长江中下游保持相当程度的压力，使南宋的注意力和荆湖地区的战略预备队（岳飞部）集中在这个地区。西线集团的主要作战目标则是利用强大的攻势击破西线宋军的防御，占领关中，破开蜀口，打通川陕通道，全面控制四川，然后顺江而下会攻南宋的心腹地区，与南宋决战。

这是一个颇有点"间接路线战略"风格的作战方案，很类似多年以后，蒙古军对南宋实施的"斡腹"行动。这个方案不涉及两个作战方向的转用兵力问题，虽有主次之分，但事实上两个战场并无直接联系，也不需要互相配合，可以各自由一个组织机构来实施，在作战指挥上比较简单。

但这只是看上去很美，实际上该作战方案有着很大的缺点。

从河南、河北集结兵力先进入陕西诸路，本身并没有大的难度。建炎四年（1130年），川陕宣抚处置使张浚发动的东征在"富平之战"①中遭遇失败，导致除少数州县之外，原陕西六路基本已落入金军的控制之中。但穿越秦岭入川的主要道路如武关道、库

---

① 富平之战是张浚本次东征中的主要会战。此次东征发动了 20 万人，装备了 7 万匹马，各种后勤物资堆积如山。但由于张浚的战略决策失误，会战失败，宋军东征部队几乎丢失了所有的辎重，只勉强保住大部分主力部队退往四川。

▲ 蜀道剑门关

谷道、子午道、傥骆道、褒斜道、陈仓道等尚被宋军控制在手里。尤其是易于大军通行的道路，有宋军王彦部、刘子羽部、吴玠部分别驻扎防御，守卫尤其严密。更不提有些道路还要翻越陇山（即今甘肃六盘山）才能使用，通行大军更是困难。

为打开入川的通道，从绍兴元年到绍兴四年左右，金军主力部队在川陕交界地区与宋军先后在和尚原、仙人关、饶凤关等地多次进行交战，但都被宋军川陕驻军击败或击溃，主将完颜宗翰的侄子不露孛堇等一批高级将领甚至被宋军俘获。在仙人关之战中，金军更是损失惨重，不但丢弃了全部辎重，还被宋军追杀上百里。

如果要按照王大节兜售的"武装大游行"方案进行战役组织，则势必要动员比之前更多的作战力量，来对战力强悍、兵源充足的川陕宋军进行攻击，夺取入川通道。此外还要能迅速冲破险峻的蜀道，用最快的速度进攻成都，控制住成都平原，如此才能有条件准备好后勤辎重，发动下一步自四川东出、沿江而下的作战。

可在历史上，即使宋军曾一度在饶凤关之战中丢失汉中（兴元府），金军还是会因为无法筹集到粮食而放弃进攻。在仙人关历时五个多月的作战中，由完颜宗弼率领的主力部队也不能突破宋军的防御，最后更是被彻底击溃。不难看出，如果不是宋朝方面自身出现崩溃，金军入川作战的难度就当时而言是相当高的，而且可能要付出极其巨大的代价，这种代价是金政权很难接受的。

例如，在之后的历史中，蒙古军实施的"斡腹"行动就很典型。蒙古军是从西北吐蕃民族的聚居区青藏高原与四川的边界，即阿坝、甘孜等地绕过南宋的蜀口防线，进入西南地区。他们经过非常艰苦的战斗，有时甚至"一日间二三战"，才灭了大理国，站住脚跟。根据元人记载，他们在作战中损失了约40万匹军马和8万名军人。

假定金军顶着这种损失，入川成功，那么接下来要面临的则是怎样自江路而下、东出荆湖地区的问题。金军顺江而下的首要障碍就是峡州（夷陵）。当年刘备的大军在附近的猇亭地区被陆逊率领的主力部队堵在山上，无法下到平地，兵力优势亦无发挥之所，最后被一把火烧了连营，败回白帝城。之后的蒙古军也是因为无法突破荆湖宋军在这个地区的防御，控制不住峡州的夔门要地[①]，才想出迂回云贵的"斡腹"行动计划的。如今驻扎在荆湖地区的是岳飞部，正是金军和伪齐极力避开的作战对象。岳飞部虽然驻扎在鄂州，但鄂州与上游水路相通。一旦遇警，岳飞部数日之内就可自长江上行至峡州（今湖北宜昌），在猇亭—夷陵故地，再次把从西面而来的敌军给堵在山上喂蚊子。

由此不难看出，这个"武装大游行"的作战方案很明显是不可取的。为了避开岳飞部而绕了个大圈子，最后还是要遇见岳飞部，那这个圈子就没有绕的必要了。另外，虽然这个作战计划中设立了东西两个集团，并各自有各自的任务，但东线集团在战役初期无法为西线集团提供兵力和直接援助，它能做到的只是吸引南宋在下江方向的注意力，却不能为西线集团提供分散川陕宋军注意力的帮助。在崎岖的地形上，西线集团既无法发挥骑兵的优势，又无法携带大量的辎重供使用，要发动全面进攻的难度非常大，可能要做好付出巨大牺牲的准备。同时，西线集团所攻略的地区在进入成都平原之前人烟稀少，要依靠以战养战的抢掠方式来给军队提供补给，条件并不充分，因此又不能长时间使用规模庞大的军团。

要达到战略目标，这个计划将会形成一个奇怪的圈。为突破川陕地区的抵抗，必须动员庞大的远征军，但大军在人烟稀少的复杂地形进行长期征讨，很难依靠旧有的抄略居民的方式来保障军需，军队所需的辎重和运输力量就必须大大提升。如不进行一年以上的作战，则必然无法击破川陕地区的抵抗。要解决这个问题，必须多加准备，发动相当规模的军队，携带相当数量的辎重，与川陕宋军决战，争取一次解决问题。可随之带来的辎重和运输力量众多的问题，往往使漫长的运输队伍在川陕交界的复杂地形上成为宋军袭击的目标。一旦金军如此准备了，宋军势必采取坚壁清野的措施，然后寻找各种机会烧毁、劫掠金军的辎重，再反过来逼迫金军决战。没有后勤物资的支持，金军往往只能撤退了事。

因此，在战役指挥层面上来看，这样一个"水多了加面，面多了加水"的作战计划是非常荒谬的。对这样一块庞大的、地形复杂的地区进行战略进攻，想通

---

① 即瞿塘关，在古白帝城附近，是长江自川入鄂的要路。

过一两次作战就达到目的，需要天时地利人和，再加上良好的战略机遇才有可能。通常情况下，这种作战必须通过长时间的反复交战削弱对方的战略潜力之后，才能进行。所以王大节推销这个作战方案，本质上就是忽悠金军。

刘麟对王大节推销的"武装大游行"方案不置可否，但他无意中对王大节透露了一个重要的情报：金齐联军准备取道两淮，然后渡江直扑临安。王大节立即表示反对，他指出这个计划的不利之处在于宋军随时可以放弃两淮而防御长江，金军如果不能顺利渡江，那么这么进攻就没有意义了。他再次兜售他的"武装大游行"方案，并吹嘘这个方案虽然迂回但是更加可靠。然而拥有最终决策权的不是刘豫或者刘麟，所以他的兜售也就没有什么效果。

王大节获得了这么一个优质情报之后，果断脱身南下，逃回鄂州向岳飞汇报，自此南宋完全知道了金齐联军的动向和意图。

绍兴四年九月下旬，金军由完颜宗辅、完颜昌和完颜宗弼三人率领，并联合刘麟指挥的伪齐军，分路渡过淮河，开始了对南宋的又一次征讨作战。

果不其然，真应了王大节的想法，南宋驻扎在两淮方向的刘光世、张俊、韩世忠等三将都先后退到长江以南固守。其中，刘光世一向遇敌先遁，直接放弃淮南南逃。张俊本一直驻扎在江南，这次更借口"坠马伤臂"拒不出兵渡江北上。只有韩世忠部在前锋战中取得数次胜利，但由于没有其他部队的支援，很难独立支撑下去，最终也只能退到江南。

宋高宗没有指挥军队作战的能力和威望，因此对这些军队先后撤退的行动也基本毫无制止之力。朝廷中有些官员已经开始置备行装，为逃跑做准备了。幸而还有赵鼎、李纲、沈与求等人坚持要与敌周旋。其中，李纲、沈与求都知道岳飞部的战斗力较强，两人不谋而合地建议以驻扎上游的岳飞部入援，威胁敌人的侧后，寻找战胜的机会。

宋高宗对战胜敌人没有信心，但是对岳飞部可以保住自己的性命还是有信心的。他给岳飞亲笔著札，叫岳飞日夜兼程率部队来援，并说"朕非卿到，终不安心"，还特意强调"卿宜悉之"，殷切盼望之情可谓跃然纸上。

岳飞接到命令之后，以徐庆和牛皋二人率领骑兵2000人为前锋，即刻前往援助淮西，自己则率领主力后继。徐庆和牛皋于十二月十八日抵达庐州，他们率领部队对敌人发动了冲锋，自申时打到酉时，彻底击溃了进犯庐州的敌军，追杀了30里方才停止。岳飞次日也率领主力抵达战场，彻底击败了这一路敌军。

同时，金军自身行动迟缓。完颜宗辅、完颜昌和完颜宗弼互相不配合作战，完颜宗辅一直到十月尚未抵达前线。再加上宋军防御江南比较严密，金军没有找到渡江的机会，耽误了不少时间。一直到年底，整体的战局再无大的变化。这时，后方传来金太宗病危的消息，加之后勤也出现了问题，不少军队已经断粮开始杀马为食，金军人心浮动。被强征来的汉人士兵还互相传话——如果渡江的话一定抓了酋领送给南宋，金兵亦叫苦不迭。在这种内外交困的情况下，十二月二十六日，金齐联军不得不放弃战役意图，逐步撤军。至此，这场由南宋岳飞部发动的襄汉战役才算彻底落下了帷幕。

襄汉战役的战役组织分析

从军事角度来说，襄汉战役是一次带有积极防御性质的进攻战役。之所以说是防御，是因为这次战略进攻的根本目的还是"遮蔽江路"，打通从下江地区通往四川地区的水运通道，将南宋的江南、川陕两个核心控制区连成一片。之所以说积极，是因为在这个"遮蔽江路"的基础上，南宋扩大了荆湖地区的战略回旋空间，把整个战略前沿从长江沿线前推至汉水——南阳盆地一线，整个凹陷的中部形势与长江下游的两淮前线、上游的川陕前线已大致拉平。宋朝还可利用秦岭及余脉大别山、长江下游的淮河等南北地理分界线，掌握中部地区南北交通的要害，形成较为稳固的"天然边界"，为以后的北伐行动和对上下游防线的支援，提供了很好的战略基础。

无论怎么讲，这次战役毕竟是一次性质比较积极的战略进攻，虽然根本目的是防御，但至少在相当程度上改善了南宋的战略形势，对南方地区的人民恢复劳动生产，促进生产发展，有一定的积极意义。

由于在加强防御这个最起码的出发点上，南宋朝廷中的主战派、主守派达成了一致意见，所以整个战役在战略规划向战役组织落实的过程中，不管是在组织、后勤上，还是在部署协调方面，都做了比较细致和全面的工作。

例如，为便于战役指挥者岳飞顺利开展工作，朝廷大大增加了他的兵力，给予他能进行作战部署的强大力量。其次，朝廷为保障后勤补给，除正常发放口粮之外，还额外配给了高额的奖金，而且是便于携带、使用的现金。这些保障措施使得军队作战无后顾之忧，军兵能集中精力在作战领域发挥自己的能力。第三，为便于进行战后的善后管理，朝廷加重了岳飞的事权，使岳飞作为实际作战负责人，能发挥其全部的能力措置军务，不用在来回请示汇报中浪费时间，提高了作战效率。第四，除岳飞外，南宋积极发动其他作战区域的将领展开行动，尽可能地分散敌人的注意力，使敌人不能进行全面动员。

从这一系列措施可以看出，实际的战略规划者朱胜非是一个有丰富基层工作经验的人，而且具有一定的战略头脑。这一系列措施周到全面，考虑到了发动这次战略进攻的各方面问题，既包括前敌指挥部的组织力量的健全，也包括实际作战中的权限限制，还照顾到作战过程中的资源消耗和管理，并对自己拥有的战略力量进行了有效分配。从战略规划的角度而言，可以说是点滴无遗了。

从具体战役组织上来说，从伪齐李成方面来看，其战役组织错漏频出。以他的表现是很难令人相信他有多年在一线从事军事活动的实际工作经验的。他占领襄阳之后，没有对襄阳加强防御，而只是以郢州作为自己的前沿基地，派遣了1万多人前去防御。他的本意大概是想以战略空间换取活动时间，在郢州与来进攻的宋军交战之时再进行襄阳的防御组织工作。这个想法本身没有错，但他并没有在襄阳—樊城—郢州这一区域进行紧密设防，也没有进行战略侦察，积极掌握就在郢州下游、鄂州方向的宋军动向。就连郢州本身也都没有前沿基地的战备状态，这座设防城市处在险峻的地形上，却在很短时间内就被岳飞部攻占了。

丧失郢州之后，李成放弃襄阳的行为更不可取。襄阳是汉水上最重要的要塞，一旦丢弃襄阳，随枣走廊的控制权就完全丧失掉了，等于主动放弃了战略主动权。他应该在现有条件下，从自己的纵深地域调集预备部队前来援助，而自身则率领部队利用汉水的屏障与岳飞部进行对峙，在外围与岳飞部争夺要点，待主力部队来援之后，再与岳飞进行战略决战。如兵力不足，他至少也应该保有汉水北面的樊城，而不应该将襄阳—樊城这个要塞体系全部拱手让给岳飞。

不过，他在丧失了战略主动权之后，试图发动主力攻击来扭转局势，这种积极与对手争夺主动权的作战意识是正确的。军事斗争中，对抗性历来处在第一位。在战术领域（战略领域则不一定），野战军必须充分贴近敌人，与敌人发生各种中小规模的交战，与敌人反复纠缠，如此才能掌握敌人的第一手信息，了解敌人的当面弱点。用句俗话说，就是贴上去打他们，让他们无暇分身去做任何其他事情，为我们的未来行动创造机会。但从五月中旬岳飞进入襄阳，到李成发动主力前来反击的六月上旬，中间有半个多月的时间，李成竟然没有连续对岳飞部采取各种对抗性动作，这实在不可取，等于白白浪费了半个月的时间。

即使他是想集中主要兵力，以发动强大攻势一次性打垮岳飞部为目标，但在岳飞没有暴露出弱点的情况下，这种没有明显针对性的战役组织方案也不能说是有必胜把握的。事实上，他确实没有获得成功。

在战术领域上，李成所展现的才具，也颇为有限。他把骑兵部署在汉江边，把步兵部署在远离江滩的平地，我们推测其本意，可能是想利用江水作为左翼的屏障，来保护骑兵部队的侧翼。他很有可能是想让岳飞集中兵力攻击他在开阔地形上部署的步兵，待岳飞的攻势稍稍缓和时，再调动骑兵来发动反击。这个思路，严格来说并不能说是错的。事实上，著名荷兰军事家"拿骚的莫里斯"也曾在尼尤港之战中采用过类似的部署，他把部分骑兵部署在靠近海岸的一边。但莫里斯在海上有海军的炮火进行支援，同时又把阵形布置为三线，使自己具有相当的纵深，因此就算他的骑兵处于不利的位置，对整体战局的影响也比较小。而李成的这种部署和莫里斯亲王在尼尤港的各方面条件是完全不同的。

作战队形的部署，往往有两种方式：第一种是初始的队形直接决定了其最终的形态，例如古希腊城邦底比斯的埃帕米农达发明的重步兵斜线阵；第二种是初始的队形分布比较平均，需要在作战中调整为其最终形态，例如迦太基的汉尼拔在坎尼部署的新月阵形。在这里，我们着重看第二种。设若汉尼拔一开始就将其最终要形成的两翼突出的队形落实为初始部署的话，那罗马军队还会集中兵力采取中央突破的方式，主动往陷阱里跳吗？不会！任何一个稍有军事经验的将领乃至一个聪明的读者，都会充分利用自己的兵力优势，直接去攻击他突出而薄弱的两翼的！

所以李成的计划要"成功"的一个重要前提就是岳飞能按他的猜想来，集中

P 长枪手
M 火枪手   　　左翼（预备线）　　　战线　　　　右翼（前锋线）

▲ 荷兰莫里斯亲王的阵形图

▲ 荷兰莫里斯亲王的队形图

兵力去攻击他的步兵集团，而用少量部队去牵制他的骑兵集团。只有这样，李成才能发挥这个战术部署的最大效果，用自己的步兵去疲敝岳飞的主要兵力，然后用养精蓄锐的骑兵决胜。可一旦岳飞识破了他的计策，并没有按照李成设想的"规则"去发动攻势呢？那这个部署就彻底失败了，一个有明显优点的阵形必然也是一个有明显缺点的阵形。

岳飞的步兵先行抢攻，他们行动迅速，将李成的骑兵集团压制在无法展开冲击队形的江边，最后将其击溃。李成的步兵集团由于得不到骑兵的支援，最终也失败了。由此看来，岳飞对李成"疏暗如故"的评价，是非常精当的。

从岳飞方面来看，岳飞正确识别出了这次战役进攻的重要目的在于控制作为南北交通要道的随枣走廊和南阳盆地，而不仅仅是收复襄汉六郡之地。因此他在夺取郢州之后，没有依照通常的军事规律继续集中兵力进攻襄阳府，而是果断采取离心运动，把部队分为主要和次要的两个部分，分别执行以打击敌人的有生力量为主、夺取随枣走廊为辅的作战任务。

同时，在主要的进攻方向上，岳飞在歼灭敌人有生力量的作战过程中，又能选择不同的作战线路进行向心进攻，成功地在战场上合围并歼灭敌军。而敌人的主要机动作战力量遭到歼灭性打击之后，岳飞

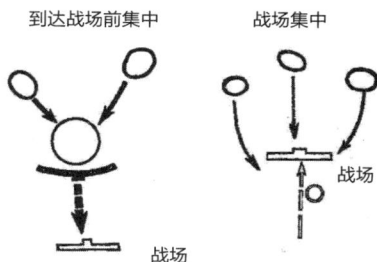

▲ 拿破仑式集中（左）与毛奇式集中（右）

自然就能达成最重要的作战目标了。例如，在夺取邓州的作战中，他让张宪与王贵分兵，一个出横林路，一个出光化军，分别前往邓州。分兵之后，张宪引诱金齐联军离开城市接近地和他对峙，随后让王贵部从邓州西北方向切入战场，两军成功会师，逼得李成只能会战，最终宋军取得胜利，收复了邓州。

近代著名军事家拿破仑最擅长的一招，就是将各军沿一条道路的各平行线路分别推进的分进合击。这种运动方式的本质是各军的向心行动，只是这个"心"，不一定是一个具体的作战地域或者城市。这种运动方式的关键是合击，战役的最后阶段要能形成诸路集结的会战，本质上还是向心攻击。在古典时代，一般还是以对固定目标的向心攻击为主，只是拿破仑通常以消灭敌人的有生力量为主要目标。在更晚一点的时间里，随着铁路和电报等技术力量的发展，军事工作者还可以更进一步，在预定战场上直接集中部队，而不用像拿破仑一样，在会战之前集中部队了，这里最典型的代表就是普鲁士的著名军事家赫尔穆特·卡尔·贝恩哈特·冯·毛奇（老毛奇）。岳飞在这一战中让张宪与王贵分兵作战的组织手法，颇有点拿破仑、老毛奇的神采。

总之，整个战役组织过程，体现了岳飞以控制随枣走廊、南阳盆地为核心目标，以歼灭打击敌人机动作战力量为主要手段的正确思想。岳飞不以城市和地域为中心，而是以打击敌人作战力量为作战目的，抓住了战略攻势的核心和重点，这也充分表现了他主次分明、目标明确、虚实结合、灵活应变、组织和贯彻能力强的作战指挥特点。

另外从战术领域来看，岳飞识破了李成的战术决心，于是反其道而用之，轻

轻松松就击溃了李成准备了半个多月的反击，充分体现了他游刃有余的战术指挥才能。他识破敌人的弱点和大胆发挥自身优点去克服敌人弱点的能力，则体现了他作为一名优秀军事指挥者的素质。岳飞在战役和战术两个层面上的作战指挥特点亦会在之后的历史中多次展现出来。

绍兴五年到绍兴七年的战事

收复襄汉六郡及援助淮西的战役结束之后，整个绍兴五年（1135年）的剩余时间里，岳飞都在处理与钟相、杨么（yāo）起义有关的事情。

钟相、杨么起义是两宋之交，发生在荆湖南北交接的洞庭湖地区的一次农民起义。钟相、杨么起兵之后，先后击溃了前来讨伐的宋正规军，控制了鼎州、澧州两个整州，还控制了枝江、松滋、石首、公安（均属荆南府）、益阳、宁乡、湘阴、安化（均属潭州），以及宜都（属峡州）、华容（属岳州）、沅陵（属辰州）等大批县域。他们基本上是以洞庭湖为中心，以湖区周边为辐射圈，建立起了封建割据政权。他们还曾同伪齐政权一南一北地互相呼应过，均以推翻南宋朝廷为目标。

起义军利用湖区水路纵横的优势，建立了一支强大的水军，有名号为"和州载""大德山""大药山""大钦山""大夹山""小德山""小药山""小钦山""小夹山""望三州""浑江龙"等大小车船十余艘，其中最大的车船据说有24车，次一等的也有22车。这些车船大的可载1000余人，小的可载数十到数百人，非常坚固。

车船，是我国古代劳动人民的智慧结晶，其行动原理类似于近代的明轮蒸汽船，只不过用来驱动车轮的是人力。船上设置了多道轴，每轴左右共安置带有桨叶的车轮一对，称为一"车"。车船原本是宋正规军用来进攻起义军的。但由于车船吃水比较深，不适合浅水地区作战，最后反被起义军引到浅水区域缴获，连设计制造车船的技术人员"都料匠高宣"等人也一并被俘获了。由此起义军掌握了车船的核心制造技术，并对其进行了进一步改造。他们在车船上安装了拍杆等利用杠杆原理进行物理攻击的近战兵器，大大提升了作战效能。

收复襄汉六郡后的绍兴五年二月，朝廷任命岳飞担任"荆湖南、北、襄阳府路制置使"，并除授张浚（时任右相兼知枢密院事）"都督诸路军马"的差遣，与岳飞一同前往荆湖南路对农民起义军进行讨伐作战。

这年荆湖地区发生大旱，湖区在盛夏时节的水位和正常冬季的枯水期一样，这使车船的出动受到了极大的

▲ 楼船与拍杆

影响。在作战中，岳飞部还在湖面上撒了大量的草木，搅住了车船的明轮，限制了车船的行动，最终俘斩了起义军的首领杨么，平定了这次起义。

在平定这次农民起义的过程中，还发生了这么一件事情。在张浚、岳飞率领部队抵达洞庭湖后不久，张浚发现对手依靠水势分兵到三十几个水寨中死守，便认为其在短期内很难平定。恰好朝廷来函要求他作为枢密院的负责人，尽快回去参加防秋①工作的专项部署会议。张浚当时准备先回朝去参加防秋会议，让岳飞率领部队先返回驻地，等以后再来进行这项工作。但岳飞把拟将采用的作战方案对张浚做了详细的介绍，并保证八到十日，就能让张浚放心回去开会。张浚虽然非常疑惑，但因为知道岳飞能力较强，有相当高的作战经验，而且不打诳语，所以答应暂缓回朝，等待讨伐结果。

果然，岳飞从六月二十五日抵达鼎州之后开始决战，到攻破起义军最强营垒，不过花了十来天时间，算上最后的收尾工作，前后也不过用了二十日左右。张浚知道起义军被平定之后，非常高兴，称赞岳飞有"神算"。因为这次作战，岳飞给张浚留下了很好的印象，使得一心以"光复旧土"为主要事业方向的张浚着意设法提拔、拉拢岳飞，为自己的北伐大计找一个合适的主将。

岳飞部在平定了钟相、杨么起义之后，将俘获的大量起义军将士编入军中，

---

① 调兵部署边疆，以防北方少数民族在秋高马肥之际南下发动战争。

▲ 《清明上河图》局部

兵力得到了极大的扩充，为下一步发动北伐作战打好了基础。

张浚回朝之后，因为内外的变乱已大致平息，决定开始推动北伐的相关工作。事实上，经历了建炎到绍兴五年的长期战争，宋金之间的战局已出现了明显的转折迹象。

川陕战场上，宋军已经从因张浚的拙劣指挥而导致的富平会战失败的阴影中恢复过来。金军进攻和尚原遭遇重大挫折。在饶凤关之战中，金军虽一度取得战术胜利并占领了兴元府（陕西汉中），但没有对宋军形成歼灭性的打击。他们还遭遇了后勤匮乏和疾病困扰，仅在饶凤关就损失了1.7万匹马，最后不得不放弃兴元府北撤。在绍兴四年的仙人关之战中，完颜宗弼所下决心相当大，自他以下的将领甚至把家眷都带到军中，准备一举入川。但金军强攻川陕宋军的防线并没有形成突破。如前面提及的那样，金军兵力损失非常惨重，最终被逐出战场，还被追杀了上百里，连秦、凤、陇等州也先后丢失了。至此金军的入川作战计划全部失败。

在荆襄战场，岳飞收复了襄汉六郡，将长期盘踞在此的伪齐李成部给逐至河南，并打退了金齐联军的反击。他还镇压并收编了盘踞在湖湘地区的钟相、杨幺起义军，初步恢复了荆湖南北地区纵深地域的秩序，使中部的战线得以稳固。之后，岳飞在中部战线之外，还反复北上进行作战，掌握了荆湖地区前往关中、中原地区的主要道路。他如要向中原地区发动战略反攻，道路方面已没有任何阻拦。

在两淮战场上，金军也没有占到什么便宜。绍兴四年前后，金朝受其傀儡政权伪齐的邀请，派完颜宗弼为前敌总指挥南下发动进攻，准备夺取南宋的江北地区。但由于宋军防线比较稳固，岳飞又从荆湖地区派遣部队前来遮断其作战线，金齐联军后勤匮乏，不得不杀马而食，最终只能放弃战役意图，渡淮北撤了。

由此不难看出，这场自北宋靖康年间开始的战争，其主动权已由金军完全掌握的阶段，进入到宋金争夺主动权的阶段，这说明双方的军事形势已从一边倒发展为逐步平衡，南宋已站稳脚跟，具备开始反击的客观条件了。

张浚虽然在建炎年间的东征中，因为自己拙劣的战略部署和作战指挥，导致了"富平之战"的惨败。但这次东征客观上起到了吸引金军主力注意力的作用，从而让长江下游的南宋朝廷有了喘息的机会，并趁机重建军备，讨伐各地的农民起义、军人变乱，逐步恢复了地方秩序。

现在，既然各方面的情况都已稳定下来，川陕、荆湖、两淮的军队都有了一定的作战经验，张浚认为发动北伐的战略时机已经成熟。

但发动北伐，总应有一个总体的战略规划，同时根据这个规划，还有落实军事行动方案、确定作战任务的主次、选择主将人选等诸多工作要做。张浚原本就对一向萎靡避战的刘光世、张俊二人非常不满，对积极敢战的韩世忠印象良好。这次与岳飞一同工作的经历，让他对岳飞的印象也非常好。回朝之后，他一再称赞这两个将领，说韩世忠忠勇、岳飞沉鸷，两个人都是可以"依办大事"的人。同时，他还因为都督前线军队，成功讨伐荆湖南部的农民起义军，得到了宋高宗的表彰。宋高宗给他写去亲笔手札，感慨地说："天其以中兴之功付卿乎？"这使张浚非常感动，更加坚定了推动北伐的决心。

为了便于开展北伐工作，绍兴五年十二月，在张浚的主持下，南宋朝廷对全国的军队进行了整编，将原有的神武军（下辖有前、后、左、右等多支军队）、神武副军、御前巡卫军、川陕各部宋军、各地零散部队等大小几十支各种编制的军队统一改编为行营护军和三衙军。其中，行营护军分为行营前护军（韩世忠部）、行营前护副军（王彦部）、行营中护军（张俊部）、行营左护军（吴玠部）、行营右护军（刘光世部）、行营后护军（岳飞部）。三衙军按北宋惯例，分为殿前司（杨沂中部）、马军司（解潜部）、步军司（颜渐部）。

此外，南宋对诸军的防区也做了调整：韩世忠部屯承、楚二州，张俊部屯建康，刘光世部屯太平州。他们这三部兵力加起来，兵额达到了20余万，主要任务是全力防护两淮和长江下游地区，保护南宋的心腹地带。岳飞部屯鄂州，主要负责从中部的襄、樊、邓、唐等地到鄂州地区的防务，保护长江的中游地区。吴玠部则屯川陕交界地区，护卫入川的各条通道。

在这些部队中，三衙军兵力寡弱。除殿前司兵力因为是从北宋末的辛永宗部逐步整编而来，兵力比较强之外，马军司的骑兵其实只有2000人，其余部队均是王彦、刘锜等人的零散部队，步军司的颜渐部按史料原文形容就是"乌合之众"。当时马军司和步军司的兵力加起来甚至不到殿前司兵力的一半。

行营护军的兵力则强盛得多，除张俊、刘光世、韩世忠①的二十来万军额之外，岳飞、吴玠两部加起来，兵力也达到了十六七万。因此，在具体的北伐战略上，必然是以行营护军为主要作战力量的。

按照张浚的规划，韩世忠部为两淮方面的进攻主力，其攻击方向是金朝的傀儡政权伪齐控制的淮阳军；岳飞部则进军到襄阳，威胁中原方向；刘光世部进军合肥作为疑兵；张俊部则屯盱眙军作为韩世忠部的预备队。

张浚的北伐总体部署是：以岳飞部和韩世忠部为主要进攻力量，分别从京西、淮东两个方向向北发动攻势。但这两个进攻方向主次不分明，有着明显的漏洞。例如，韩世忠部渡淮北上后，进军目标是淮阳军，岳飞部从襄阳方向出发，进攻方向必是京西路的汝州、蔡州、许州等区域。这个钳形攻势的主要目标不甚明了，因为处于这两个攻击箭头中间的区域非常广大，给了敌人很大的活动空间，使得敌军有在归德府②集中兵力，从亳州、宿州等地绕过韩世忠部的主要攻击方向，再从顺昌直逼合肥的可能。如果敌人这么干的话，那么刘光世部要以一军之力与敌人的主力对抗，很难占到上风。又或者敌军自宿州东进，以偏师牵制韩世忠部，使其不能马上回援，然后集中兵力攻击位于盱眙军的张俊部，张俊必不能抵挡。张俊一退，则韩世忠孤军在淮阳军就处于进退两难的局面了。

如果东线的攻势被瓦解了，仅靠岳飞在西线的攻势，是很难占据从京西到京东的广大区域的。岳飞再能战斗，也很难在此条件下与伪齐、金的主力对抗。而

---

① 韩世忠部兵额6万余，但实际兵力仅3万余。

② 即南京应天府，1130年伪齐皇帝刘豫将宋朝南京降为归德府。

敌军在开封固守，在陈州（淮宁府）与岳飞对峙，就可以与岳飞争夺对西京洛阳（即北宋时河南府）附近的控制，从而从三个外线方向威胁岳飞部的作战线。如果敌人能做到这一点，那岳飞部在战略上已明显处于下风，除非岳飞能着力打破开封或者陈州任何一个方面的防御，否则就只能以撤退来制造运动中歼敌的机会。

有人曾认为，张浚的这个计划不无成功的可能。他们的依据是，按张浚的规划，岳飞和韩世忠分别从外线东西两面形成一个巨大的钳形攻势，而处于中心地区的伪齐政权处于内线，只要韩世忠和岳飞两人能安排好

▲ 老毛奇

行动的次序，那么还是有可能将伪齐部队在内线充分调动起来，令其在东面和西面疲于奔命，最后予以击溃的。

这大致是 19 世纪中期的观点。例如，普鲁士著名军事家老毛奇就曾说过：

> 内线作战毫无疑问占优势的说法只是在一种情况下是正确的，那就是你保留了足够的空间，能够以一系列行军向某一股敌人推进，从而赢得时间来攻打和追击之，然后转而打击与此同时只是在观望的另外一股敌人。然而，如果这个空间过于狭小，以致你在进攻一股敌人的同时，无法规避另外一股敌人攻击你的侧翼或后背的风险，那么内线作战的战略优势就变成了在会战中被敌包围的战术劣势。

很明显，张浚这个计划的漏洞就在于两个攻击矛头的中央区域过大，外线的范围大，内线活动空间同样很大，这给予了敌人自内线转为外线，重新掌握战略主动权的机会，而这正是老毛奇分析内线和外线各自优劣的本意。同时，张浚的这个计划根本没有考虑金军发动主力部队，对伪齐政权进行支援，以攻为守来打

破南宋方面围攻的可能。

例如，由于东西两线的间距太大，金齐联军根本不与宋军东西两线的主力对抗，而是在开封、归德一带集中主力，自空虚的蔡州方向南下，取道信阳军，通过三关路就可抵达南宋的荆湖重镇德安府。之后金齐联军就可以视南宋的应对举措，考虑是南下直逼汉阳军，威胁鄂州，还是从舒州、池州一带渡江，逼近建康。如金齐联军是威胁鄂州，那么这就是数百年以后忽必烈率军南下围攻鄂州的预演；如金齐联军是逼近建康，建炎年间宋高宗手足失措，朝廷崩溃的乱象只怕也是要重演的。无论是哪一种方案，都会对南宋江防造成巨大压力，并直接威胁到南宋朝廷，打乱这次北伐的全盘部署。由此不难看出，这个作战计划过于粗陋，难有成功的希望。就算要实施，也需做很多的补救工作，基本是要全盘推倒再来。

其实如要按此意图来进行部署，至少应该将刘光世部从纵深的合肥向前部署至亳州、宿州一带，再把张俊部从盱眙军改部署至顺昌府作为刘光世部的预备队，而不是加强给韩世忠部。如此安排，则攻略河南的作战意图就非常明确了，给予敌人的活动空间也比较小，诸军两翼相接，中路有后援，这样十分利于速决作战。就算金军出动来援，与对手进行持久战的宋军也有弹性活动的空间。可惜的是，张浚并没有做这种考虑。

绍兴六年（1136 年），岳飞和韩世忠分别在东西两线展开了战略进攻。韩世忠在东线率先发动攻势，他从楚州出发，夺取了宿迁作为其左翼的屏障，随后进攻淮阳军。但由于敌军防御严密，金军的援助来得比较快，韩世忠部兵力有限，无法同时两线作战，因此只能退回到出发地。两个月之后，韩世忠从楚州出发，再次攻击淮阳军。考虑到上一次金军来援，自己的兵力难以独当两面，因此他通过张浚向作为预备队的张俊要求派兵支援。但由于张俊意图保存实力，怕自己的属下赵密部被韩世忠吞并，不愿派遣援兵，这次进攻又以无法突破敌人的防御而告终。

在西线，岳飞部从襄阳发动进攻。与以往采取向心进攻来集中兵力作战的作战方案不同，这次作战他采取了离心进攻的作战方案，以次要方向的作战来隐藏主要的作战企图。岳飞将作战部队分为东北、西北两个作战集团，其中，向东北方向进攻的作战集团不是主攻方向，但为了吸引敌人的注意力，依然由素有声望的牛皋率领。向西北方向进攻的作战集团将领人数比较多，有王贵、郝政、董先、杨再兴等人，主将为王贵。

进攻发起后，牛皋部从唐州出发，击败了伪齐的镇汝军守军，占领了汝州，抓获伪齐的前敌负责人薛亨。之后又继续向东攻击，经颍昌府向蔡州发动攻击，并占领蔡州，随后向南退回荆湖北路的宋军控制区。

王贵、郝政、董先、杨再兴等将在牛皋吸引住伪齐注意力后，发动了这次作战的主要攻势。他们取道汉水、淅水（汉水的主要支流丹江的分叉），分别展开兵力，夺取了商州、虢州等地，控制了从汉水流域进入关中的通道。这一支作战力量的前锋部队还夺取了伊阳县和西京洛阳的长水县，而伊阳县距离西京洛阳，已不过百里之遥。

商州、虢州、伊阳县、长水县等地，控制着河南西部的熊耳山脉以及黄河附近的重要通道。尤其是商州、虢州，分别控遏着从汉水流域前往关中、从关东地区前往关中的要路。虢州东北方向可通陕州，西北方向则路径尤绝。汉末三国时期，曹操出征西北马氏，就在虢州西北方向的黄巷坂设置过保障通道的部队。这个地方地势悬绝，道路狭窄，只用少数兵力，就可以防御很长的时间。

控制了这些地区，就等于人为将关中地区与河南地区切为两个部分，既可向西而举，又可向东而进，还便于渡河威胁敌人的后方。这是插入敌人纵深的一把尖刀，其意义不亚于数百年之后，刘邓大军南下大别山区，向敌人纵深开辟新的作战区域。

具体来说，如要配合川陕宋军的攻势而向西举兵，则可以南阳盆地的唐州、邓州为出发点，以次要兵力自虢州抢夺潼关，兵临渭水，吸引敌人的主力，而岳飞部主力则自武关方向进逼长安。如要向东而进，则可以主力出汝州、许州、蔡州等地，直奔东京开封府，而以偏师出奇兵自虢州东出，夺取陕州、西京洛阳。就算不取攻势，在敌人发动主力南下进攻襄阳、信阳军等地，威胁荆湖北路外围的时候，宋军也可以从此区域出兵威胁敌人的侧后，使敌不敢轻易深入。这次北伐作战有着极其重要的战略意义，这与其史料记载稀少，是极不相称的！而在这次作战中，宋军东西两路配合不力，东路的韩世忠与张俊更是内部矛盾重重，这直接反映出张浚的作战计划和组织管理有很大的问题。

由于后勤组织工作没有做好，这次北伐虽然取得了很大的成绩，但宋军最终不得不放弃一部分区域，撤回部队。不过商州、虢州的大多数主要地区被保存下来，得到了有效的防守。

敌军方面，仿佛是为了证明张浚的战略部署有问题似的，绍兴六年冬季，伪齐针对宋军的攻势做出了反击。结果敌军还没有到，刘光世、张俊等就准备逃跑了。刘光世准备从庐州南逃，张俊更是消极避战，准备放弃盱眙军。由于刘光世、张俊二人的假情报，搞得南宋朝廷内部一片混乱，宋高宗相信了假情报，准备召集在上游的岳飞率领部队顺江东下来勤王救驾，几年前的"朕非卿到，终不安心"的故事，眼看就要重演了。宋高宗甚至都开始认真考虑让部队退保长江，而自己再次出海躲避。但主持军务的张浚还算镇定，他对宋高宗分析了局势，稳定了宋高宗的情绪，并派使者前往刘光世、张俊等部督兵作战，甚至下了死令，如有一人退过长江则必斩之。刘光世、张俊等在朝廷派去的杨沂中部的支援下，硬着头皮与伪齐军作战，结果发现敌人战斗力很弱，接连取得几次战术胜利后，士气就高昂起来了。

伪齐进犯淮西不成，听说岳飞部已经出兵东来，于是转头往襄汉方向发动攻势。但岳飞半路折返，立即回师襄阳与敌对峙。在其积极防御之下，商州、虢州、唐州、邓州、襄阳府等地均击退了敌人的攻势，保护了防区没有丢失。由于伪齐屡次南下都没有获得什么成果，还在之前的作战中被岳飞部夺走了金朝支援他的1万匹战马，所以新登基的金熙宗和主持政务的完颜昌等对伪齐政权非常不满，开始考虑如何逐步废掉伪齐政权。

绍兴七年（1137年）春，张浚与几位大将再次商议北伐事宜。经过了绍兴六年的战事，诸将的态度已经表现得非常明显了。在会议上，韩世忠积极请战，刘光世消极避战，张俊没有表明个人态度，只说听张浚安排，唯独岳飞坚决表示不能随意发动北伐。张浚反复问岳飞为何会如此考虑，岳飞始终没有正面回答这个问题。

事实上，岳飞之所以没有回答，就是因为岳飞认为张浚的北伐规划存在很大的弊端，但他不便于在众人面前指出这一点，以免打击张浚的工作积极性，所以干脆不回答。

张浚的北伐计划，直接导致了绍兴六年金军的猛烈反击。同时又由于南宋朝廷的瞎指挥，导致岳飞部从襄汉出兵到江西九江之后，又不得不折返回襄阳地区，与从两淮前线撤回的敌人主力交战。幸亏留守的寇成等人发挥了主观能动性，与敌人反复周旋，这才在岳飞率领主力返回之后取得胜利，没有造成重大损失。

由此，岳飞认为张浚的北伐计划很不切实际。岳飞另做了一个战略计划，上呈给朝廷参考。这就是有名的《乞出师札子》。我们在这里不全部引用，只摘取这个计划中最核心的部分，来与张浚的北伐部署做一个对比：

> 臣揣敌情，所以立刘豫于河南，而付之齐、秦之地，盖欲荼毒中原生灵，以中国而攻中国。粘罕因得休兵养马，观衅乘隙，包藏不浅。臣不及此时禀陛下睿算妙略，以伐其谋，使刘豫父子隔绝，五路叛将还归，两河故地渐复，则金贼诡计日生，它时浸益难图。
>
> 然臣愚欲望陛下假臣日月，勿复拘臣淹速，使敌莫测臣举措。万一得便可入，则提兵直趋京、洛，据河阳、陕府、潼关，以号召五路叛将，则刘豫必舍汴都，而走河北，京畿、陕右可以尽复。至于京东诸郡，陛下付之韩世忠、张俊，亦可便下。臣然后分兵濬、滑，经略两河，刘豫父子断可成擒。如此则大辽有可立之形，金贼有破灭之理，四夷可以平定，为陛下社稷长久无穷之计，实在此举。
>
> 假令汝、颍、陈、蔡坚壁清野，商於、虢略分屯要害，进或无粮可因，攻或难于馈运，臣须敛兵，还保上流。贼定追袭而南，臣俟其来，当率诸将或铦其锐，或待其疲。贼利速战，不得所欲，势必复还。臣当设伏，邀其归路，小入必小胜，大入则大胜，然后徐谋再举。设若贼见上流进兵，并力来侵淮上，或分兵攻犯四川，臣即长驱，捣其巢穴。贼困于奔命，势穷力殚，纵今年未尽平殄，来岁必得所欲。亦不过三二年间，可以尽复故地。陛下还归旧京，或进都襄阳、关中，唯陛下所择也。

岳飞的战略设想，立足于这样一个前提：金朝扶持伪齐政权，意图让伪齐与南宋相争。这样，金朝就可以休养生息，恢复力量。

因此，岳飞设想，以自己为主要攻击力量，从荆湖地区向京西发动全面进攻，占据东京开封和西京洛阳，抓住河阳军（孟州）、陕州、潼关，切断关中与关东的联系，将伪齐政权赶至河北方向。由于只有一个主攻方向，岳飞的攻势必然可以吸引到敌人的主力，韩世忠、张俊等就可以乘虚占领京东东路、京东西路、京畿路等地。一旦局面稳定下来，再将兵力集中到河北西路的濬州和大名府路的滑州，就能稳据河南，考虑向河东、河北诸路进取了。河南形势一定，抽任一大将入关中，川陕宋军对向而进，则关中可定，陕西诸路亦可复。

岳飞还设想了敌人侦知以他主攻的战略意图的情况。如果敌人侦知岳飞部是主攻力量，那么可能会预先在汝州、颍州、陈州、蔡州等几个贴近岳飞防区的边缘州、军破坏仓库，收拢人民，搞坚壁清野。再在商於、虢州（此时部分区域被敌复占）等地集结兵力，利用这个区域地形复杂的优势把守要害通道，切断荆湖和关中的联系。这样岳飞得不到当地人民的支援，后勤就容易遭遇困难；同时在敌人潜伏在纵深的情况下，向京西发起进攻难度就很大；而向关中发起进攻还要与敌人争夺山地要塞，困难大不说，时间也不允许。

对此，岳飞的对策是采取运动中歼敌的作战方案，纵敌深入之后，设伏打歼灭仗，争取能歼灭性打击敌军一两次，这样形势就彻底扭转了。如果敌人不中计，不在此路深入进取，而是转头去攻击两淮地区，或者从关中进犯蜀口，那么岳飞就趁敌人兵力尽出的机会，一口气直捣其心腹，然后调转兵力至两淮或关中，与两淮宋军或川陕宋军对向而进，逼迫敌人会战，则胜利可期。

相对于张浚的北伐方案，不难看出，岳飞的作战方案更全面，目的也更明确。岳飞的方案中，既有主次分明的进攻步骤，也有针对敌人不同反应的预备方案，还考虑到了消息泄露之后，在敌人可能先发制人的情况下的应对策略。

但是，要进行如此积极的作战，仅靠岳飞本部的兵力是不够的，还需要有能在多个区域对几个战役集团进行联合指挥的权力。事实上，由于张浚对北伐的态度非常积极，南宋朝廷对增加岳飞的兵力，也曾有过安排。

例如，在绍兴七年春，宋高宗在张浚的劝说下，曾将"行在"（皇帝临时的驻扎地）转移至建康，当时是由韩世忠率亲兵护送的。宋高宗到达镇江和建康的时候，曾与岳飞两次见面，进行了秘密的谈话，其中一次还是在卧室里单独会谈的。

据岳飞事后对他的幕僚们所言，当时宋高宗对岳飞说：

> 中兴之事，朕一以委卿，除张俊、韩世忠不受节制外，其余并受卿节制。

此外，宋高宗还专门降了一道御笔诏书给刘光世部的王德等高级将校，告诉他们"今委岳飞尽护卿等"，来实施北伐大业，并在最后提醒将校们："听飞号令，如朕亲行，倘违斯言，邦有常宪！"

这之外，南宋朝廷还单独下了三道札子给岳飞，在第二道札子中，朝廷授予岳飞在北伐过程中，于紧急情况下"便宜施行"的权力；在第三道札子中，更将驻扎在淮西的刘光世部的将领清单详细列出，要求岳飞"密切收掌"。

将如此之多的兵力都交给一名将领指挥，这在两宋三百余年里是极为罕见的情形，亦是南宋主战派重臣们对岳飞军事才能的绝高评价。毫无疑问，他们认为岳飞是北伐不可替代的主将！

然而，右丞相兼都督张浚再次暴露出他志大才疏的缺点，他在整编刘光世的军队时，不仅人事关系没有理顺，也没有掌握基层情况，结果导致军内矛盾爆发。绍兴七年八月，淮西事发，天下震动。原刘光世主力部队 4 万余人被悍将郦琼率众将携裹投敌，史称"淮西兵变"。

在这次兵变之前，张浚曾与岳飞有过一番对话，张浚提到过几个职位的安排，并咨询岳飞的意见，看谁能在刘光世之后提领全军。岳飞从他了解的情况出发，分别指出了张浚考虑的几个人选如王德、张俊、杨沂中等人的弱点和容易导致的问题。但张浚当时心中已有成算，并没有听取岳飞的意见，两人不欢而散。

对此，其他人也提出了一些意见，例如张守就认为，换他人领导刘光世部，"须得闻望素高、能服诸将之心者乃可"，张浚的谋士张宗元也说，"琼等畏德如虎，今乃使（德）临其上，是速其叛也"。

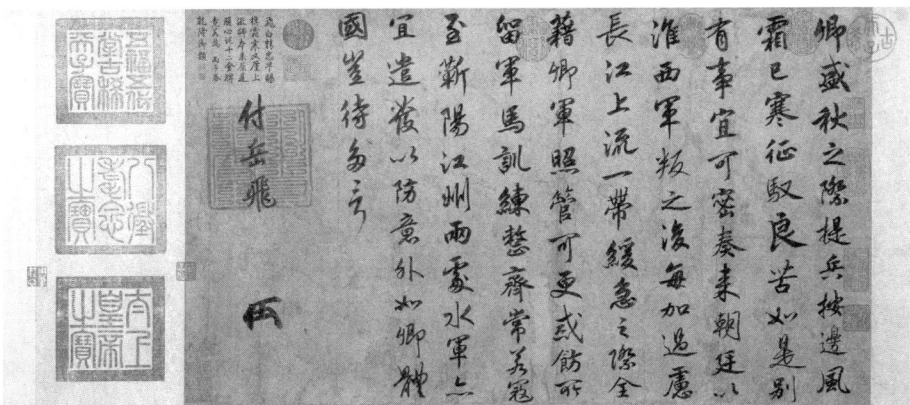

▲ 现存宋高宗手诏，发于淮西兵变后

张守是北宋崇宁元年的进士，当时是参知政事、权枢密院事，属于宰辅级别的重臣。张宗元则是张浚的核心幕僚之一，后升任枢密都承旨，他在四川时替张浚"主管机宜文字"，掌握了很多核心机密，是很受信任的谋士。这些人的意见，张浚都没有听进去。后淮西事发，果然和岳飞、张守、张宗元等人预见的一样，张浚任命的都统制王德与郦琼之间的矛盾公开化，王德的威望不够，不能服众。王德和郦琼两人互相看不顺眼，郦琼听说南宋朝廷派去监军的吕祉上书朝廷，要求解除自己的兵权，又听说自己将被调往南方，于是鼓动众多将领，杀死了吕祉，率领部队并携裹百姓10万余人渡淮投降了敌军。

这次兵变轰动了整个大江南北，宋朝的两淮方向出现了一个巨大的空档，敌人随时可以自淮西突入江防。宋朝的外交和政策方针由此有了巨大的变动。张浚以处置乖张去职，主战派势力受到沉重打击。作为主守派的赵鼎，因与张浚之间颇有嫌隙，既不以抗金大局为重，也不去考虑如何搞好不同集团之间的统一战线。相反，他为彻底打击主战派众臣的势力，援引在政治上本来已被打入另册的秦桧同为执政。

当时主持南宋政务的数人中，赵鼎主守，立场为不战不和的中间派；秦桧在金朝内部有人脉关系，因此一力主和；刘大中是墙头草，本质上主和，但在主战派势大的时候，也附和主战；只有枢密副使王庶坚决主战。

王庶以岳飞、韩世忠等人踊跃奋战的战果，以及建炎、绍兴以来逐步扭转的战局形势为例，极力反对其他三位宰执的求和或投降倾向，但毕竟独木难支。受到淮西兵变的打击，宋高宗本人对于收复中原已无积极态度，决议屈己求和。他先后罢免了在他看来立场不坚定的赵鼎、刘大中和王庶等人，一力支持秦桧向金朝求和。他屡次遣使或以其他渠道向金递出橄榄枝，意图求和偏安。由于金朝内部主战、主和两派议论不定，掌握与宋联络渠道的主和派暂时还不能在政局中占据绝对优势，因此双方一直处于前线激烈交战，后方积极和谈的局面。

这种情况一直持续到绍兴八年（1138年），当时负责具体信息传递工作的王伦回到南方，带来了"好消息"。因为这个时候，金朝方面也发生了残酷的政治斗争，政局有了很大变动。

女真民族在辽以前，已经形成了部落联盟。到了辽代以后，女真民族有了进一步发展，逐步建立了有国家雏形的城邦。此后，女真人中的完颜部逐步统一了女真各部，在公元 1115 年（金收国元年）正式宣布建国。他们迅速灭亡了契丹，占领了北宋的中心地区，控制了大面积的领土和众多的民族，从此崛起成为东亚地区的强权势力。但女真民族的生产水平，相对契丹、宋朝毕竟落后些，在崛起之前还只是处于奴隶社会晚期阶段，其国家体制不完备，生产关系还有待充分发展。在这种情况下，面对需要统治的大面积领土和众多人民，自然而然就出现了各种消化不良的症状。在是否推行汉化、是否要取得汉族知识分子的支持、是否仿照中原王朝搞中央集权的政权组织形式等问题上，因现实需求和政治理念的不同，统治阶层产生了分歧，导致金朝上层之间的矛盾迅速激化。金太宗死后，太祖系的将领与太宗系的将领，围绕国是（国家的方针政策）、继承、汉化等问题发生了分化对立。完颜昌、完颜宗磐、完颜宗隽等人为一派，完颜宗干、完颜宗翰、完颜希尹、完颜宗弼等人为另外一派，彼此争斗不已。

其中，完颜宗磐即蒲鲁虎，是金太宗吴乞买的嫡长子；完颜昌即挞懒，他辈分较高，是金太祖的叔父盈哥之子，与金太祖、金太宗等人是堂兄弟；完颜宗隽即讹鲁观，他是金太祖的儿子，排行第六；完颜宗干即斡本，是金太祖的庶长子，值得注意的是，他有个儿子叫完颜亮，即后来的海陵庶人，他还有个继子叫完颜亶，就是后来的金熙宗；完颜宗翰即黏没喝，他很有军事才能，在汉文史料中，以"粘罕"这个小名知名；完颜希尹即兀室，此人颇有心智，女真大字就是他创造的；完颜宗弼即金兀术，因是金太祖第四子，俗称"四太子"，由于各种原因，他在我国民间比较知名。

金太宗过世以后，金熙宗即位，金朝内部发生了政治变乱。完颜宗翰派系政斗失败，其心腹干将高庆裔被杀，本人亦在被剥夺军权之后愤懑而死。完颜昌、完颜宗磐、完颜宗隽等主和派主持了金朝朝政。他们非常了解宋金之间战争形势的变化趋势，知道金朝也需要时间来消化从辽朝、宋朝夺取的广大领土，还需从关外地区移民更多的女真人前往河北、中原地区，方能建立巩固的统治。出于这个目的，他们对于招降南宋是有迫切需要的。事实上，完颜昌就是纵秦桧南归的重要人物，他是秦桧在金朝的倚仗和最大的人脉关系。

在完颜昌的操纵之下，金朝朝廷表现出一定的和解欲望。因为伪齐胜少败多，金朝表示愿意放弃继续扶持这个傀儡政权，废除伪齐，将其控制区（大致在今河南、陕西地区）转交南宋管理，并归还宋高宗的生父宋徽宗的灵柩，还让其生母韦氏回国。但作为条件，南宋必须向金称臣并自销国号，放弃对北方其他领土的统治要求。经过几个回合的往来交涉，双方最终在绍兴八年年末达成协议。

事实上，对这一纸和约，南宋朝廷内部反对意见非常强烈，文职官员纷纷表示反对。在当时的文献中，曾保留了一个反对名单。

台谏系统：张戒（殿中侍御史）、常同（御史中丞）、方庭实、辛次膺；

侍从官系统：梁汝嘉（户部侍郎）、苏符（中书舍人）、楼炤（给事中）、张九成（权尚书礼部侍郎兼侍讲）、曹开、张焘（权吏部尚书）、晏敦复（吏部侍郎）、魏矼（权吏部侍郎）、李弥逊（户部侍郎）；

郎官：朱松、胡埕、张广、凌景夏；

宰执级的重臣：赵鼎、刘大中（此人立场多变）、王庶；

退休的宰执：李纲、张浚、朱胜非；

其他官员：林季仲（中书门下省检正诸房公事）、范如圭（秘书省正字兼史馆校勘）、常明（秘书省正字兼史馆校勘）、胡铨（枢密院编修官）、许忻（校书郎）、赵雍（枢密院编修官）、潘良贵（中书舍人）、薛徽言（起居舍人）、尹焞（礼部侍郎）、陈刚中（太府寺丞）、冯时行（奉礼郎）、连南夫（此人字与岳飞同为"鹏举"）、汪应辰、樊光远（秘书省正字）。

这个名单其实并不全面，事实上还有大量的反对者没有被列进去，例如喻樗、毛叔度（临安府司户参军）、元盟、韩纵（澧州军事推官）、张行成（迪功郎）……

武将们也先后表达了极其激烈的反对意见。主管三衙的三位主兵将领杨沂中（主管殿前司公事）、解潜（权主管马军司公事，"权"即代理）、韩世良（权主管步军司公事）前去拜见秦桧，他们都露骨地威胁秦桧，一旦因为和约导致人民群众情绪激动，"军民汹汹"，他们是"弹压不得"的。然后他们三人又去见了在和议往来事务中出谋划策的勾龙如渊，除了之前那些话，他们又说，如果以后在外领兵的三大将（岳飞、韩世忠、张俊）就这事追问起来，他们是不负责的。至于岳飞、韩世忠的态度，则更不用说了。

当时南宋的诸多官员和军人，大多是从北方地区搬迁而来，与金军或有血债家恨，或有骨肉分离之痛，此仇不共戴天。在听说了要与敌人和谈的消息后，社会各个层面都沸腾起来了，"秦相公是细作"的标语传遍了临安内外。

很明显，这是一次声势浩大的"非组织政治活动"，一时之间，内外压力都向朝廷涌来，就连秦桧也一度承

▲ 宋朝建筑

受不住，向宋高宗提出辞职。但宋高宗一力全部接下，他展现了封建统治者的绝对大权，罢免了对和议态度不是很积极的赵鼎以及摇摆不定的刘大中，表明了自己一定要屈己和谈的想法。

绍兴八年年底，在举朝愤懑不平的背景中，宋高宗以去国号对金称臣，且放弃其他北方沦陷地区的所有权为代价，换得了一纸屈辱的和约。

宋高宗以"迎梓宫"的孝道为借口，压制了满朝文武大臣的非议，一心与金称臣求和。在和平确立以后，他派遣一位重要的宗室重臣齐安郡王赵士㒟（音同"鸟"）、兵部侍郎张焘一同北上，祭扫诸位先帝的陵寝。在祭扫完后，他们回到临安，与宋高宗进行了一番谈话。

宋高宗问诸先帝的陵墓情况，张焘回答说："金人之祸，上及山陵，虽殄灭之，未足以雪此耻，复此仇也。"宋高宗还不死心，又追问"诸陵寝如何"，张焘则再不愿回答，只说"万世不可忘此贼"！在这样强烈的控诉面前，无耻如宋高宗者，也不得不以沉默相对了。

可是，即使委曲求全到这种地步，付出如此巨大代价的和约，最终仍是靠不住的。正当宋高宗和他的主要帮凶秦桧为这个屈辱的"和议"洋洋自得的时候，金朝内部的政治斗争正在持续发酵。

绍兴十年的河南战役

绍兴九年（1139 年），金朝内部政局发生了剧烈变动。主战派的重要领袖完颜宗弼对和谈极度不满，遂联合完颜宗干等发动政变，杀掉了主和派的完颜宗磐、完颜宗隽、完颜昌等人，完全控制了金朝的政局。他发动政变的根本原因，就是对主和派众臣"容让南朝"的举动表示不满，决心撕毁和约，与南宋继续较量下去。

政变得到了金熙宗的全力支持，从而具有了法律上的正义性。政变成功后，金熙宗授予完颜宗弼军政实权，拜其为"都元帅兼领行台尚书省"，并命令诸州军事皆决于帅府，民讼、钱谷等行政事务决于行台尚书省。这等于说，完颜宗弼实际上掌握了金政权的行政大权。

金天眷三年（宋绍兴十年，1140 年）五月，金朝撕毁和约，调集大军从陕西、河南两个战略方向对南宋发动全面进攻，要"兴师问罪，尽复疆土"。

这次作战，主要分东西两个战场，东部战场率领主力的是完颜宗弼，这一路军队以完颜宗弼本人率领的部队为主力，并以聂黎孛堇和李成两人的部队为左右两翼展开，从开封方向向两淮防线进行进攻。另外一路则由左副元帅完颜撒离喝率领，部队进军川陕。但与之前几次金军南下的盛况相比，这次金军虽然也是倾巢而出，但由于多年内斗，诸多开国将校或政斗失败被杀，或病死，或退休，这次南下的指挥层无论在将领的素质和能力上，都已经无法与开国时期相提并论了。人才的匮乏，导致完颜宗弼不得不开始重用李成、郦琼、孔彦舟等降人来独当一面，其中李成、孔彦舟等甚至被南宋军队多次击败过。

但由于南宋在河南并没有驻守部队，因此金军在初期还是取得了不少战果。五月十一日，金军抵达东京开封府城下，次日守臣投降。同月十三日，金军占领拱州。十四日，金军占领南京应天府①。十六日，金军占领西京河南府。之后出现了雪崩效应，兴仁府、淮宁府等原伪齐控制的大批州县纷纷开城投降。

---

① 自绍兴八年宋金第一次达成和议后，归德府还宋，复名应天府。1140 年金军再次占领应天府，其后一直以归德府之名被金统治。

关中方面也出现了类似的情况，完颜撒离喝率军自河中府渡河，直扑永兴军。包括永兴军在内的大批伪齐州县皆开门迎金军入城，金军比较顺畅地占领了凤翔府。而这仅仅是金军一个月之内取得的辉煌战果。

这次事变让宋高宗以及秦桧颜面尽失，因为政变导致和约被废除，但这却是他们二人互相扶持，付出巨大屈辱和代价才签订的，他们实在是无法向全国军民解释所发生的这一切了。

由于宋高宗和秦桧主持下的南宋朝廷对"和平"之后的国防措置毫不用心，导致被"光复"的河南地区的"领土"迅速被金军占领，原有的伪齐官吏或降或走，形势一时非常严峻。在这种情况下，宋高宗为求自保，不得不抛弃和议的废纸，要求众将进行抵抗。

时任东京副留守的刘锜，在率领2万"八字军"士卒前往驻地东京开封府的路上，听说金军已占领河南，于是不得不停留在顺昌府迎战金军主力。在顺昌地区的战斗中，他率领"八字军"挫败了完颜宗弼南下进攻的主力，取得了顺昌之战的胜利，使得整个金军南下的势头有所减缓。

此外，淮东的韩世忠收复了海州，淮西的张俊派遣属下将领王德收复了宿州、亳州，四川的吴璘坚守了蜀口。各路宋军都进行了坚决的作战，沉重打击了金军的士气，使金军一时之间反而陷入战略防御的态势中。

顺昌激战正酣之际，宋高宗的六封亲笔御札送到了鄂州，要求岳飞迅速援助刘锜。在手札中，高宗对岳飞说："此乃中兴大计，卿必已有所处，唯是机会，不可不乘！"同时，他又授予岳飞对"可趁机取胜"的事情，都有"从宜措置"的权限。岳飞立即展开了准备多年的"连结河朔"的战略计划，在援助刘锜的同时，以光复河南为主要战役目标，进行了战略部署。

首先，他安排张宪、姚政率领一部精兵援助刘锜。其次，他派遣在河北地区很有声望的董荣、牛显、张峪、梁兴、赵云、李进等人分别率领精干的小部队潜入河北，配合原本就在敌后活动了很长时间的李宝部，发动在敌后活跃的抗金民间武装，截断金军主力的各条后勤联络线。再次，岳飞派遣武赳、郝义等将领率领其部，自襄阳、樊城方向前出光复虢州，与陕州、商州地区坚持武装斗争的宋军将领和官员如吴琦、邵隆等人取得联系，将河南方向与关中防线连成一片。这

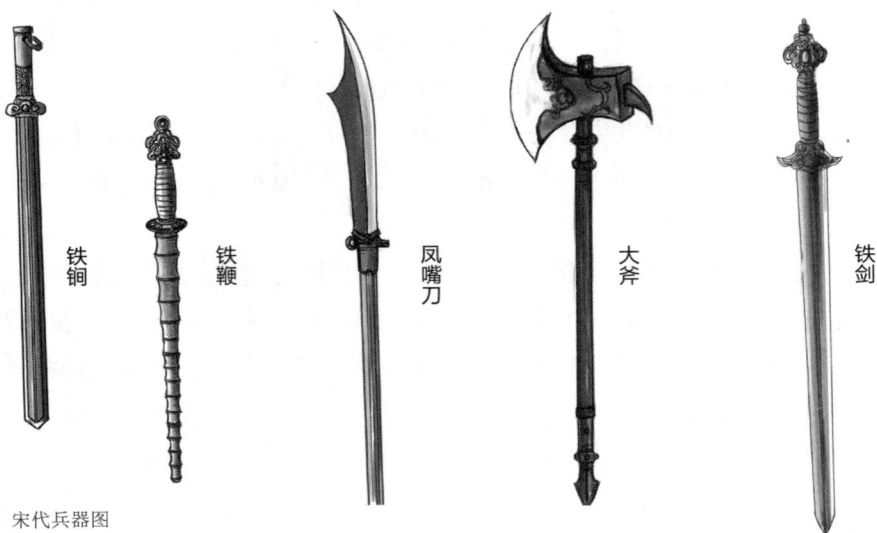

铁锏　　铁鞭　　凤嘴刀　　大斧　　铁剑

▲ 宋代兵器图

一切准备停当之后，他率领其主要部队和军官渡过长江，开始向河南地区进军。他将自己的作战部署通知了川陕地区的军政总负责人胡世将，以期获得川陕宋军的支持。

由于刘锜很快就取得了顺昌大捷，击退了金军的攻击。因此张宪并没有赶上这场战斗，只能在路上顺手夺取了蔡州，一面观望形势，一面等待岳飞所率的主力前来，然后进行下一步的作战。

岳飞在德安府集中了部队之后，继续沿德安府方向的大路出发，在蔡州地区与张宪会合。在这里，岳飞仔细观察了形势，并收集情报，为下一步行动做准备。

完颜宗弼在顺昌战败后，由于兵力损失较大，因此从顺昌撤退回开封，等待由"盖天大王"完颜宗贤（赛里）率领的预备队赶来补充自己的兵力，恢复实力。这支预备队是由河北地区调来的。完颜宗弼安排汉军大将韩常镇守颖昌府、一位姓翟的将领镇守淮宁府、三路都统完颜阿鲁补镇守归德府，以便从三个方向控制开封的外围和接近地。他自己则与"龙虎大王"完颜突合速在东京开封府继续谋划下一步的军事计划。

岳飞则对作战做出了总体性的部署，开始了作战的第一阶段。六月十三日到二十三日，牛皋部与孙显部均取得战术性胜利，将前锋推进到蔡州与淮宁府中间。闰六月十九日，张宪部在颍昌府外40里的地方击破金军大将韩常部，张宪一路追杀，次日夺取了颍昌府。

张宪部分兵留守颍昌府之后，继续进攻淮宁府。闰六月二十四日正午，张宪部在淮宁府外分进合击，击破金军大阵，占领淮宁府。淮宁府即陈州，距离蔡州不过200多里路，向东与归德府接壤，掌握住此处，就能形成与在亳州的张俊部左翼相接的右翼，直接保护住了岳飞部取道信阳军北上的作战线，同时也可以利用在纵深的顺昌府驻扎的刘锜部作为预备队了。

闰六月二十五日，金军的韩常部率领开封府方向派来的援军，准备收复颍昌府，但在颍昌府外的七里店被留守的宋军董先部和姚政部击溃，被追杀了30余里方才止住溃退。

闰六月十五日，王贵部的杨成率领部队进攻郑州，击破了金军万夫长漫独化的抵抗，占领了郑州。郑州是东京开封西面的重镇，距离开封不过120里。

同月二十九日，宋军刘政部夜袭了临时设置在开封府中牟县的漫独化部的营地，金军大败，漫独化不知所终。中牟县距离开封已不过一天行程。

原本在敌后活动的原翟兴部将领李兴也起兵配合岳家军的作战。他和另一名军官李靓在西京河南府附近与金军反复交战。

王贵属下的郝晸部在七月一日击破金军李成部的抵抗，一路追杀至河南府城下。李成是岳飞的手下败将，他畏惧岳家军的强悍，连夜弃城逃走。宋军次日收复了西京河南府。李兴、李靓（后战死）、苏坚则率部收复了河南府另外五个县，在河清县击败了金军，还收复了汝州。值得一提的是，李兴作战极其顽强。李靓战死后，他继续作战，一度身边只剩下骑兵七人。他从天津桥转战到定鼎门，因头部受伤才倒下。他昏迷到半夜方才醒来，苏醒后又立马前往伊阳、福昌、永宁三县发动人民群众，组织了一支队伍继续作战。

至此，岳飞已收复了颍昌府、淮宁府、河南府、郑州、汝州、蔡州、陕州、虢州等地，击破了以上所有地区的金军。此后，岳飞除留下少量防守兵力外，麾下兵力纷纷在郾城县与颍昌府集中，与开封的金军进行对峙。

在岳家军与金军主力进行激烈战斗的同时，在敌人的后方，广大的人民抗金武装也纷纷活跃了起来。

活跃在京东路的岳家军"忠义军马"[1]李宝、孙彦部在五月二十四日夜袭了宛亭县，击溃了金军4000多骑兵，砍死4名千夫长，阵斩主将"都元帅、越国王、前军四千户完颜鹘旋（此人为宗室）"。大量金军被赶入黄河淹死，战马被宋军俘获1000多匹。六月二日，他们又击败了从开封来援的另一位宗室万户所率领的大批金军，并追杀30余里，缴获了大量兵器、铠甲。

"忠义军马"孟邦杰部则占领了永安军，并在七月四日夜间偷袭了南城军，斩杀了毫无防备的金军3000多人，把大量敌军赶入黄河淹死，还缴获了许多武器、铠甲、舟船、军旗等。

在河东路的王忠植率领民间武装收复了岚州、石州、保德军等十一个州、军，陕州忠义统制吴琦的部下侯信突袭解州，杀金军千夫长乞可，破金军7000多人。

从鄂州被派到敌后的董荣、牛显、张峪、梁兴、赵云、李进等人分为两部，董荣、牛显、张峪三人为一部，梁兴、赵云、李进为另外一部，两部互相掩护地开展活动。他们在七月二日渡过黄河，占领了绛州垣曲县，俘获了金军千夫长。四日，他们击溃金军，占领了京西路孟州王屋县。六日，他们在济源县西的曲阳与5000金军激战一个上午，不仅击溃了敌人，还追杀上十里。不待休息，他们又遇见了从怀州、孟州、卫州前来援助的金军万余人。于是大家又奋力血战了一个下午，歼灭了敌军步兵的八成，击溃了敌军。

他们在战胜之后，充分发动了人民群众，依靠人民群众的支持，声势日盛。随后他们又先后占领了绛州翼城县、泽州沁水县，并在河北路方向深入怀州、卫州。"忠义军马"赵俊部与另一"忠义军马"乔握坚部从卫州北上，收复了庆源府。一时之间，磁州、相州、开德府、冀州、大名府、泽州、隆德府、平阳府、绛州、汾州、隰州等地的人民群众纷纷响应，北方抗金的声势一下子就壮大起来了。

梁兴将他们扩充发展民间武装和击破敌人的情况写信告诉了岳飞，"河北忠

---

[1] 以"忠义"为军号的民间武装。

义四十余万，皆以岳字号旗帜，愿公早渡河"。那么，现在唯一放在岳飞面前的，就只有敌人主力聚集的开封了。

河南地区纷纷落入岳飞的控制之中，在东京开封府的完颜宗弼非常清楚形势有多么严峻。但他一直按兵不动，因为他要做好充分的准备，争取能捕捉住岳飞主力部队的踪迹，以强大的骑兵优势一次性打垮岳飞，从而扭转整个局面。他召集了驻守在各地的军队①集中在开封，准备这次决定性的攻势。

时间进入七月份后，金军经过反复的侦察，发现岳飞军的指挥部和一部分主力驻扎在郾城县境内。他们决心在这里撕开宋军的防线，重新夺取战略主动权。只要能击退岳飞，从西京洛阳到淮宁府的连贯防线就会出现一个巨大漏洞，金军就可以集中兵力从郾城这里随意向东或向西卷击一字排开的宋军诸部。他们调拨了 1.5 万精锐骑兵前来发动突然袭击，同时发动步兵作为第二攻击波，整个攻势达到 10 万人的规模。七月八日，他们的前锋部队避开了大路，原本准备走小路发动偷袭，但在城北 20 里的地方被岳飞部侦察兵截获。动向彻底暴露之后，金军猛扑郾城而去。

此时，岳飞身边只有亲军背嵬军和另外一军游奕军（只有部分部队），兵力精干但比较薄弱。面对强敌，想要取胜就只能精心部署，摧敌正锋了。

金军这次进攻，以精锐骑兵"铁浮屠"为主要突击集团，同时还将精锐骑兵配置在两翼，采用"拐子马"战术包抄夹击。针对这种情况，岳飞做出如下部署：他安排自己的儿子岳云率领精锐骑兵作为突击集团，向金军前锋发起反击，并告诉他："必胜而后返，如不用命，吾先斩汝矣！"然后又展开自己的步兵部队，让这些步兵部队持麻扎刀、大斧等兵器，与金军铁骑进行贴身近战。

开战之后，岳云率领精锐骑兵与金军骑兵反复冲突对打，双方交战了几十个回合都无法分出胜负。这时，宋军步兵排成严密的队形冲上前去，与敌军骑兵缠斗在一起。

---

① 防御归德府的完颜阿鲁补没有应召前去会合，这引起了当时在金军中的完颜亮的不满。多年后，完颜亮当政时，这成了阿鲁补的死因。

▲ 岳云突击

　　战斗最终发展到岳飞本部与敌人全军相接。敌人兵力源源不绝，而宋军的兵力却没有办法增加。在这个危急关头，岳飞亲率40骑精锐骑兵准备做最后一搏。都训练（都训练为军职）霍坚，看到岳飞准备亲自出战，非常担心。他上前牵住了岳飞的战马，对岳飞说他不能做这种以身犯险的事。但岳飞只是责备他不懂形势的严峻，就率领卫士们出阵冲杀去了。

　　主将以身作则，亲身上阵搏杀，士兵们也纷纷鼓舞起来，他们"手拽厮劈"，将敌军骑兵从马上拖拽下来进行肉搏，一时间战况非常激烈。金军发现宋军抵抗十分顽强，于是投入了铁浮屠重骑兵进行冲锋，希望能一锤定音，打垮宋军最后的抵抗。但宋军士气高昂，不为敌人的冲锋所撼，他们使用麻扎刀、大斧等砍掉金军骑兵没有铠甲保护的马足，将铁骑纷纷砍倒，限制了敌人的骑兵冲突，金军顿时大乱，冲锋失去了效果。双方从下午2点多一直打到傍晚7点多，天色昏暗之时，金军终于支持不下去，撤离了战场。

这次作战的特点，在于两个方面。

首先，岳飞派遣岳云率领骑兵向敌人前锋发起反击，并嘱咐岳云说"必胜而后返"，这应该不是简单地要求必须打胜仗才能回来。他是要岳云谨记，击溃敌人一部之后不能追击离开战场，而是要返回战场继续作战。金军开始使用的是拐子马战术，即在两翼使用骑兵进行包抄，然后向心进攻。岳飞部骑兵较少，必然是要集中使用，先打垮敌军一翼之后，再去打垮敌军另外一翼，而不能把本来就很少的兵力分散成两个集团来使用。这种击溃对方骑兵之后，不进行追击而是返回战场继续作战的战术部署，在历史上颇为多见。

例如，在第二次布匿战争的坎尼会战中，迦太基军事家、战略家汉尼拔就部署他的伊比利亚骑兵和高卢骑兵击溃罗马骑兵之后，不要追击，而是返回战场继续作战。在会战中，伊比利亚骑兵和高卢骑兵按战前部署返回了战场，在另外一翼协助努米底亚骑兵击败了剩余的罗马骑兵，从而奠定了胜利的基础。

在同一场战争的扎马会战中，罗马军事家、战略家大西庇阿对阵汉尼拔，也采用了类似的部署，要求罗马骑兵驱逐了迦太基骑兵之后，一定要记得返回战场继续参加作战。而汉尼拔则要求他的骑兵尽量将罗马骑兵引离战场。但最终胜利的，是牢记战前部署的罗马骑兵。在这两次战役中，返回战场继续作战的骑兵都起了很大的作用。

而在马其顿和波斯之间的高加米拉会战中，已突破了马其顿左翼防线的波斯铁甲骑兵竟然没有向中心方向进行卷击，而是直奔在后方的马其顿大营。这个失策的战术动作是导致波斯军队从上风转为下风的关键所在。

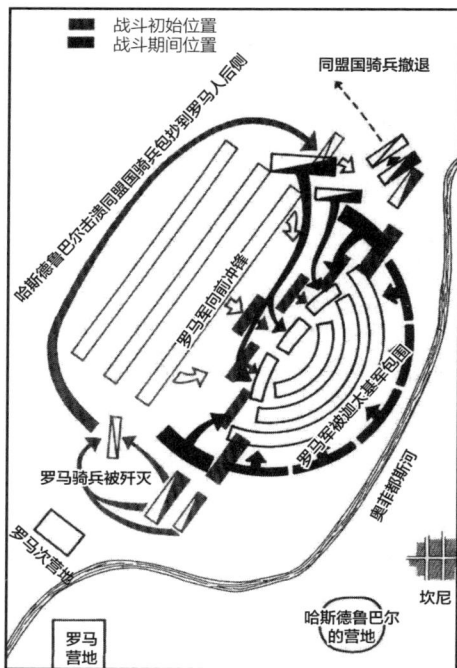

▲ 坎尼会战（公元前216年）

·471

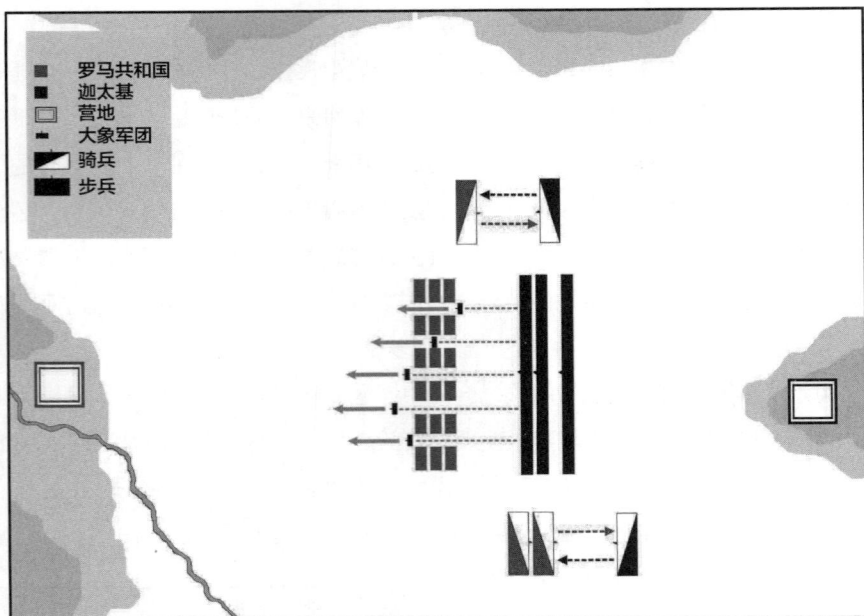

▲ 扎马会战（公元前202年）

同样的道理，正因为岳云重返战场，分别击溃了拐子马的两翼，金军才不得不出动铁浮屠重骑兵，希望能发动最后的突击。这也就是为什么战报中称金军是"以重骑冲坚，以为奇计"了。

其次，在敌人出动了铁浮屠骑兵之后，岳飞部进行了战术组合。按照宋代的编制，指挥级编制之下，还有都级编制，都级编制之下，还有战队级编制。理论上而言，一指挥为500人，类似今天的营级单位。一都为100人，类似今天的连级单位。一战队则有30—50人。但依《武经总要》来看，战术训练只到"都"这一级别，下面的战术不再细分。而在这次会战中，岳飞很有可能采用了将都级单位细分为以战队乃至更小单位为基础的战术组/群。

《紫微集》中记载的"或角其前，或掎其侧，用能使敌人之强，不得逞志于我"，应就是这种小型战术组/群战术的体现。这种小型战术组/群组成各种小的作战单位，迫使敌人无法冲突起来，从而形成数人对一骑的贴身作战状态，才有了"手拽厮劈”的细节描绘。

类似这种战术组/群的应用，在南宋之后的记载中也有出现。例如在《宋史·卷四百零三·张威传》中，就有这种专门针对铁骑的战术：“分合不常，闻鼓则聚，闻金则散。骑兵至则声金，一军分为数十簇；金人随而分兵，则又鼓而聚之。倏忽之间，分合数变，金人失措，然后纵击之，以此辄胜。”

类似的战术还曾在欧洲历史上出现过，中世纪时期，以纪律闻名的瑞士步兵就擅长使用阵形分散之后，以老兵为中心集结各自作战的战术。这种战术最先只是瑞士步兵的一种习惯性的组合，后来随着战争进程的发展，最终成为一种固定的战术。

要使用这种战术，显然得需要精悍的士兵。而岳飞对自己部下士兵经过严格训练后的素质，一向是有信心的，他曾略带自夸地说过：“某之士卒真可用矣！”

这次进攻之后，过了两日，金军又派遣骑兵1000多骑，在郾城外围活动侦察。但是他们的行踪又被宋军侦察人员发现。正在进行作战侦察的宋军将领王刚与麾下骑兵50人，遭遇了这股敌军。王刚积极求战，率领大家发动突击，阵斩了敌人的主将，将这支敌军部队击溃。事后在敌将身上找到一个牌子，才确认原来是敌军悍将阿李朵孛堇。

郾城大战中，金军的拐子马战术和铁浮屠精兵都被岳飞部击破，完颜宗弼不由哀叹：“自海上起兵，皆以此胜，今完矣！”宋军胜利之后，消息传到临安，宋高宗也不由得激动起来，他在亲笔御札中不无兴奋地写道：“自羯胡入寇，今十五年，我师临阵，何啻百战。曾未闻远以孤军，当兹巨孽，抗犬羊并集之众，于平原旷野之中，如今日之用命者也。盖卿忠义贯于神明，威惠孚于士卒，暨尔在行之旅，咸怀克敌之心，陷阵摧坚，计不反顾，鏖斗屡合，丑类败奔。”

郾城战败之后，完颜宗弼认为在此处很难扭转战略形势，于是决定将突破口定在其他宋军部队身上。他在郾城战败后一两天时间内便整顿好部队，转向颍昌府方向准备杀个回马枪，意图歼灭驻扎在此的王贵部。为防止岳飞部前往颍昌府增援，他还另外派遣8000多人驻扎在颍昌府与郾城县之间的临颍县，截断岳飞部与王贵部的联系，保护自己的侧后。他的意图无非是歼灭性地打击王贵部之后，再回过头来打击岳飞。

▲ 金军铁浮屠

综合各种情况，尤其是敌人失败后没有进行反扑的举动，岳飞敏锐地觉察到敌人可能去进攻王贵部了，于是派遣岳云率领部队立即前去援助王贵，并命令在淮宁府休整的张宪部迅速从右翼向左翼靠拢，争取形成在外线包夹金军的态势。

七月十三日，已平定了淮宁府等地的宋军将领纷纷集结，待以张宪为主将的战役集团休整完毕后，该军开始出发前往临颍县，打通与王贵部的联络通道，并意图与王贵部会合。

将领杨再兴与王兰、高林、罗彦、姚侑、李德等军官率领的300骑兵作武装侦察，结果在临颍县附近的小商河地区遭遇金军主力一部。杨再兴率部拼死决战，想拖住敌人，为正在率领主力前来临颍县的张宪争取时间。但由于兵力相差巨大，最后杨再兴及其部下全数战死，杨再兴本人被射死在小商河中。不过敌军也付出了相当的代价，被消灭2000余人（含万户长撒八孛堇及以下军官百余人）。张宪率领主力赶到战场后，击破了这支敌军，并将敌人追赶了30里，占领了战场，收敛了杨再兴等将士的尸骨。杨再兴的尸骨火化以后，遗骸中竟然能挑出两宋升的敌军箭头来。当然，这些箭头有一些可能是从杨再兴穿的衣甲中烧化而来，即使如此，依然可见这一战中宋军官兵的顽强。

七月十四日白天，完颜宗弼与完颜宗贤、完颜突合速、韩常等重要将领率领步骑十数万人抵达颍昌府，在舞阳桥以南摆开阵势，逼迫宋军决战。

这时在颍昌府驻扎的王贵部加上岳云率领的援军，一共只有5个不完整的军，兵力对比相差依然很大。到底是出城作战还是采取防御，王贵与岳云以及其他将领的考虑过程我们已不得而知。

我们猜测王贵的想法，可能是想先与敌人作战，如果实在无法取胜，再退回城中固守，等待张宪的援军到来。因此他没有命令全军出城战斗，而是安排董先与胡清两人分别率领踏白军和选锋军守城，自己则和岳云率领其他三个残军出城与敌交战。他没有预见到的是，他的这个部署，最后恰好成为取得决定性大胜的重要举措。

岳云与在郾城大战中一样，率领了800名精锐骑兵作为前锋发动突击，王贵则与其他将领一起将部队在两翼展开。他们先后投入到与敌军步骑兵的交战中。双方持续交战，对打了几十个回合还是没有分出胜负来。岳云率领的突击部队都杀得"人为血人，马为血马"了，但仍旧奋勇突击，与敌对打。战局的僵持不下，让见惯了杀场的王贵也禁不住胆怯了，甚至想放弃战斗。因为史料记载的匮乏，我们很难知道，作为岳飞的同乡，在岳飞独立成军的早期就常常代替岳飞率领全军的王贵，因为什么事情而想放弃战斗，率领部队撤回城中固守待援。可能是因为敌军数量太多，双方对比"势殊悬绝"，更可能是因为期待中的张宪的外线部队[1]迟迟没有赶到战场。但是最后，岳云的努力奋战和斥责让他重新恢复了勇气，继续率领部队在前线搏斗。

这一战从早上打到午后，胜负依然不明朗，宋军在城外的部队已全部与敌进行了交战，却始终无法将敌人打退。在城中的董先与胡清两人觉得形势非常危急，再打下去可能无法取得胜利，反而会被敌人歼灭。两人商量之后，决定最后赌上一把，拼死一搏。他们合兵一处偷偷出城，在战场外绕到敌军背后，看准时机发

---

① 临颍县距颍昌府不过五六十里路，大军约半日到一日即可抵达。

▲ 南宋城市防御

动突然进攻。

这次突袭大出金军意料，一下子将金军的作战序列全部打乱。金军阵营被宋军生力军冲垮，前线部队失去支援也纷纷撤退下来。王贵、岳云等人发动反击，终于将金军从撤退打成溃退，并一路追杀，取得了丰硕的战果。

这一战中，宋军杀死金军5000多人，俘获2000多人，缴获战马3000多匹，此外还收获了大量其他军用物资，阵斩了统军进行前敌作战的敌军重要将领——一名汉姓为"夏"的金吾卫上将军，还将副统军粘汗孛堇打成濒死（后在开封死亡）。在战后进行的初步清点中，千夫长王松寿、千夫长张来孙、千夫长阿黎不、左班祗候承制田瑾等不同级别的军官就俘获了78人之多，还不算斩首的4名千夫长。

这两次作战的失败，意味着金军试图与宋军争夺战略主动权的行动宣告破产。

由于正面战场已无力打破岳飞的进攻，背后又有活跃的"忠义军马"，金军内部本来就有的民族矛盾顿时迅速扩大。金军大将完颜突合速的合扎亲兵千夫长纥石烈和一些其他民族的军官，都先后投降或者叛逃到宋军方面来。战败后驻扎在长葛县的金军汉军大将韩常也派来密使与岳飞接洽，商量投诚事宜。

当然，作为从天会年间就参与金政权，多次在战场上救过完颜宗弼的重要将领，韩常的所谓投诚是非常可疑的。这可能只是金军的缓兵之计，以争取一部分时间，让岳飞不能迅速展开追击。

当时完颜宗弼还准备在河北签军，抽壮丁补充军队。但这时金军才发现，北方州县之中，早已是义旗飘飘了。在幽州以南，金朝的法令已几乎无法执行下去，"河北诸郡无一人从者"（《三朝北盟会编》卷二〇二《汪若海札子》）。金朝大臣乌陵思谋曾出使过南宋，在南宋态度非常嚣张。他当时镇守重镇怀州，听说太行山上的义军都下山来活动，还攻破了万善镇，距离怀州不过20里，居民们都蠢蠢欲动。他不得不安抚居民，叫他们不要生事，并对大家表态，自己只待岳飞部到来就开城投降。

当时，整个北方都在风传，南宋的皇帝发动了亲征，攻势很猛。河北、河东的人民群众都开始互相串联，偷偷准备军用物资，以供北伐军使用。有的州县甚至白天都没有人开市，大家都忙着迎接北伐军的事情了，于是没有人去市场进行买卖，晚上还安排人值班，时刻等待北伐军的到来。

这几次作战的胜利，消息传得相当远，连在关外的被俘宋人都颇有耳闻。当时出使在北方，遭金朝扣押的南宋使臣洪皓在家信中告诉家人，自金军在顺昌败后，岳飞的攻势让他所在的东北地区都震动起来，在后方的金朝人都不知道该怎么办才好，这让他非常震动。多年以后他回到南方，在宋高宗面前谈及此事，竟然还忍不住潸然泪下："忠宣还，因奏事，论至公死，不觉为恸。""忠宣"是洪皓的谥号，"公"指的是岳飞。甚至连被俘的南宋皇族也都知道这个消息。宋高宗的生母韦后在绍兴十年南返后，就曾点名要见岳飞。

北方糜烂到这个地步，统治动摇，人心离散，导致签军补充军队不得，幽州以南号令又不行，最佳的做法自然就是走为上策。完颜宗弼先发遣家眷老小等数千人渡河北上，之后又开始将军队逐步发往河北，做撤退的准备。

韩常的缓兵之计没有使岳飞上当，大战之后不过四日，即七月十八日，王贵、张宪等人分别率领部队，开始对开封的接近地展开冲击。后来，牛皋因为这段时间的作战成绩，官阶被提升为成德军承宣使，距离建节只有一步之遥，可见战斗的重要性。宋军前锋抵达了开封外围的朱仙镇，驻守在朱仙镇的金军虽有重兵但也只能撤往开封。

这是历史上罕见的一幕，以至于让人难以想象岳飞是如何让500骑去向金军重兵发动挑战的。但是仔细想想在郾城、小商河、颍昌这几次战斗中，宋军少者不过四五十骑，多者不过300或800骑，以如此薄弱的兵力就敢不计生死地对敌人发动突击，也就不难理解发生在朱仙镇的事情了。事实上，在金军刚崛起的时候，也曾有以17名骑兵对数千宋军发动突击并将其彻底击溃的战例。金军指挥官也许认为，这500骑的背后，还有岳飞部的主力部队正在前来发动进攻。同时，完颜宗弼已开始逐步将主力部队撤离开封，在朱仙镇的可能只是金军的断后部队。在这种情况下，为避免遭遇歼灭性的打击而撤往开封，也是人之常情。

有不少人根本就不相信朱仙镇这一战的真实性，那么我们顺带谈一点当代正在发生的历史。2014年6月16日，伊拉克政府军3万人在ISIS恐怖分子800人的进攻面前一败涂地。在恐怖分子的电视镜头中，政府军的战俘站满了一条公路。古代的历史，也许我们不能理解，而今天有了电视，有了网络，正在发生的事情却能让我们看了无话可说。

当然，如果单纯谈军事，也有人不理解，为什么要派部队在开封方向展开追击。事实上，在击退敌人之后，都必须采取追击的手段。追击的目的是不让敌人休整、恢复，重新建立编制，形成可以再次投入到战役中的作战力量。在历史上，类似的情况很多。

例如，在林尼会战中击退了普鲁士的布吕歇尔之后，拿破仑派格鲁希率领3万人向纳穆尔方向前进，目的就是追击并打散普鲁士军，使普鲁士军不能重新编组，再次与英军会合。只是由于普鲁士军的集结点不在纳穆尔而在瓦佛，避开了格鲁希的搜索，从而使普鲁士军在30个小时之后重新集结起来，向英军靠拢，参加了滑铁卢会战。假如当时格鲁希在瓦佛成功追击到普鲁士军的话，那么滑铁卢战役拿破仑有很大希望取得胜利，而不是失败。

当然，即使我们不谈理论，不谈类似战例，甚至不去谈朱仙镇存在与否，我们亦需注意到在当年的闰六月二十九日，王贵部下的刘政早已从郑州方向抵达开封外围的中牟县，距离开封不过一天行程。

但是，一心只想着苟且偷安的宋高宗和执掌国政的秦桧是看不到这一点的，或者说，他们中有人其实根本不愿意看到这一点。在七月下旬，岳飞兵指开封之时，一封要求军队撤退，并让岳飞优先赶回临安朝见宋高宗的

▲ 图中白衣持弓者为宋高宗

命令传到军中。岳飞拥有"便宜从事"的战地指挥权,可自行决策战场上军队的部署与行动。为防止出现岳飞使用战地指挥权忽视这道命令,宋朝朝廷还另外给出征的各军级指挥官各自发了一道要求撤退的命令,这就是所谓的"十二道金牌"。金牌,即金字牌,在沈括的《梦溪笔谈》中,就明确记载过这种传递御前命令的权威工具是如何运行的。

> 驿传旧有三等,曰步递、马递、急脚递。急脚递最遽,日行四百里,唯军兴则用之。熙宁中,又有金字牌急脚递,如古之羽檄也。以木牌朱漆黄金字,光明眩目,过如飞电,望之者无不避路,日行五百余里。有军前机速处分,则自御前发下,三省、枢密院莫得与也。(《梦溪笔谈》)

在这种情况下,即使岳飞能忽视这道命令,要求各军继续行动,但其他指挥官没有权力违背来自宋朝朝廷最高级别的命令。可见,违背最高统治者命令的代价会是非常沉重的,在不得已的情况下,岳飞只得命令撤退。

收复区的人民群众都很不理解,为什么大好形势不把握住,还偏偏要撤退?岳飞只能对他们解释其中的原因。大家都号哭不已,但又不得不接受这一点。岳飞决定临时再留五天,保护愿意南下的群众迁徙到南方去。

七月下旬,岳飞班师回朝。派往敌后坚持作战的梁兴、李宝、赵云、李兴等,也只能率领部下四处转战南下,有的甚至转战一两年之久才回到鄂州。北方的其他义军,如河南、河东的很多民间武装,由于没有正规军的支持,在敌军的强大攻势面前,也逐步败退了。在这一过程中涌现出了很多值得歌颂的英勇事迹,但他们的努力在失败面前显得如此的渺小,实在是令人痛惜。

绍兴十一年(1141年),金军主帅完颜宗弼率领大军南下为前一年的战败复仇。他有意避开了与他交战最多的岳飞的防区,而是去征讨淮南地区,但被张俊、杨沂中、刘锜、王德等人率领的联军在柘皋会战中击溃。完颜宗弼采用了诱敌深入的战术,在濠州击溃了追击而来的王德和杨沂中率领的宋军,一时之间,两军在淮南地区形成了对峙的局面。由于岳飞、韩世忠各自率部来援,完颜宗弼眼看已无突破的机会,这才北撤而去。于是,自绍兴十年以来双方的战端,这才算真正告一段落。

绍兴十年河南战役的战役组织分析

绍兴十年夏秋之间的这次河南战役，很大程度上是岳飞的一次独舞，充分展现了岳飞的军事才华。为进行具体分析，我们必须将岳飞部以及配合他作战的"忠义军马"各部在这个时期的主要活动和时间排列成下表：

序号	时间	部队	地点	交战情况	备注
1	五月二十四日	李宝部（部下孙定、王靖、曹洋等）	兴仁府宛亭县	击破都元帅、越国王、前军四千户完颜鹘旋，斩之	俘获战马1000匹
2	六月二日	李宝部（部下孙定、王靖、曹洋等）	兴仁府宛亭县？	击破开封援军金牌万户	该万户持金牌，应为宗室
3	六月十三日	牛皋部	汝州地区	取得战术性胜利	收复鲁山县等地
4	六月二十三日	孙显部	蔡州至淮宁府区域	击破金军千户裴满部	——
5	闰六月十五日	杨成（属王贵部）	郑州	击破金军万户漫独化	收复郑州
6	闰六月十九日	张宪部（部下傅选等）	颍昌府外40里	击败金军韩常部	闰六月二十日收复颍昌府（有说二十四日，待考）
7	闰六月二十四日	张宪部	淮宁府	击败金军翟将军	收复淮宁府（俘王太保）
8	闰六月二十五日	董宪、姚政（属张宪部）	颍昌府外七里店	击败金军韩常部	击退金军反击
9	闰六月二十九日	刘政（属王贵部）	开封府中牟县	击败金军万户漫独化部，漫独化失踪	距开封不过70里
10	七月一日	郝晸（属王贵部）	西京洛阳附近	击破金军李成部	追击至西京洛阳外
11	七月一日？	李兴、李觊、苏坚等	河清县（西京洛阳附近）	击破金军	收复西京洛阳（河南府）、河南府另外五个县、汝州
12	七月二日	郝晸（属王贵部）、张应、韩清	西京洛阳	进入西京洛阳	收复西京洛阳
13	七月二日	梁兴部（部下赵云、李进等）、董荣部（部下牛显、张峪等）	绛州垣曲县	击破金军	收复垣曲县
14	七月四日	孟邦杰部（部下杨遇）	南城军	击破金军	收复永安军、南城军
15	七月五日	梁兴部（部下赵云、李进等）、董荣部（部下牛显、张峪等）	孟州王屋县	击破金军	收复王屋县
16	七月六日	梁兴部（部下赵云、李进等）、董荣部（部下牛显、张峪等）	曲阳（济源县西）	击破高太尉所率淮、孟、卫等州守军	收复绛州翼城县、泽州沁水县，杀阿波那孛堇，入怀、卫州地界
17	七月八日	岳飞本部（包括岳云）	郾城	击退完颜宗弼、韩常等	击退敌军长期准备后发动的主要攻势
18	七月十日	王刚（属岳飞部）	郾城外	击退金军偏师	击退金军侦察部队

序号	时间	部队	地点	交战情况	备注
19	七月十三日	杨再兴部（侦察分队）	临颍县南小商河	杨再兴部被歼灭	遭遇金军主力被歼
20	七月十四日	张宪全军？	临颍县	击破金军留守部队约8000人	收复临颍县
21	七月十四日	王贵、董先、胡清、姚政、岳云	颍昌府	击破完颜宗弼与完颜宗贤、完颜突合速、韩常等金军主力	击退敌军自郾城方面转进而来的主要攻势
22	七月十八日	张宪（部下徐庆、李山、寇成、傅选等）	临颍县东北	击破金军骑兵五六千人	张宪部开始沿大路向开封展开冲击
23	不明	赵俊部、乔握坚部	庆原府	不明	磁州、相州、开德府、泽州、隆德府、平阳府、绛州、汾州、隰州等地纷纷响应起兵
24	不明	王忠植部	岚州、石州、保德军等十一州军	击破金军	从绍兴九年冬战斗至绍兴十年八月
25	不明	"忠义军马"	大名府	击破金军	收复大名府
26	不明	"忠义军马"	冀州	击破金军	收复冀州

注：表格中的问号表示不确定。

　　根据这个表，我们将这次河南战役分为岳飞本部、张宪部、王贵部和民间武装"忠义军马"①几部分，然后按时间先后将其部队序号排列如下：

　　"忠义军马"：1、2、11、13、14、15、16；

　　王贵部：3、5、9、10、12、21；

　　张宪部：4、6、7、8、19、20、21；

　　岳飞部：17、18、21。

　　我们再将这些工作，按日期标识在地图上，就可以勾勒出岳飞部这次战役的基本行动过程了②。

　　北伐的第一阶段，是以张宪、王贵两部的积极活动展开的。

---

　　①民间武装"忠义军马"互不统属，行动关系没有先后，所以不便进行分析。
　　②限于地图篇幅有限，某些部队的作战行动，如序号为第22、第23、第25的部队，其行动就无法标注在地图上。

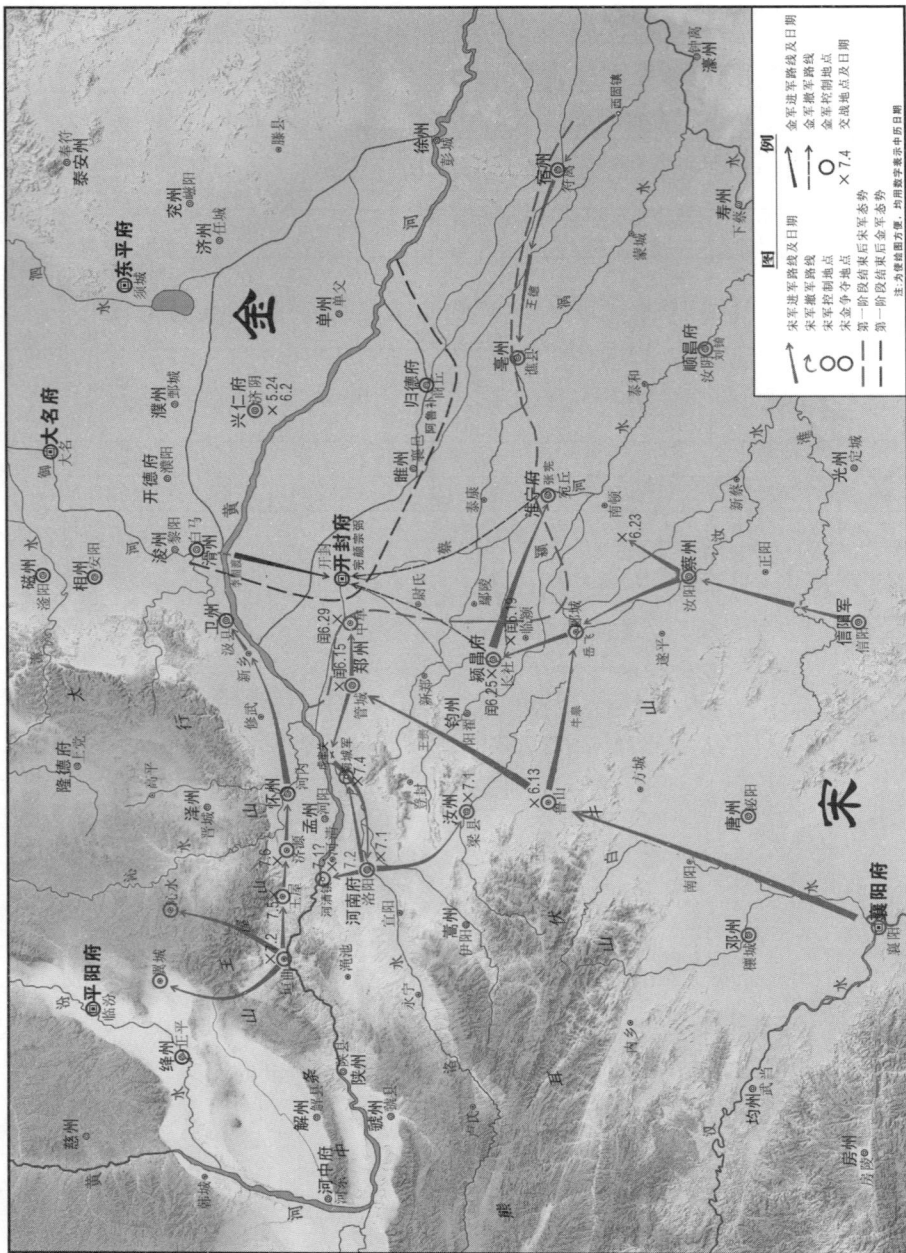

▲ 北伐作战行动图（阶段一）

绘制：王晓明

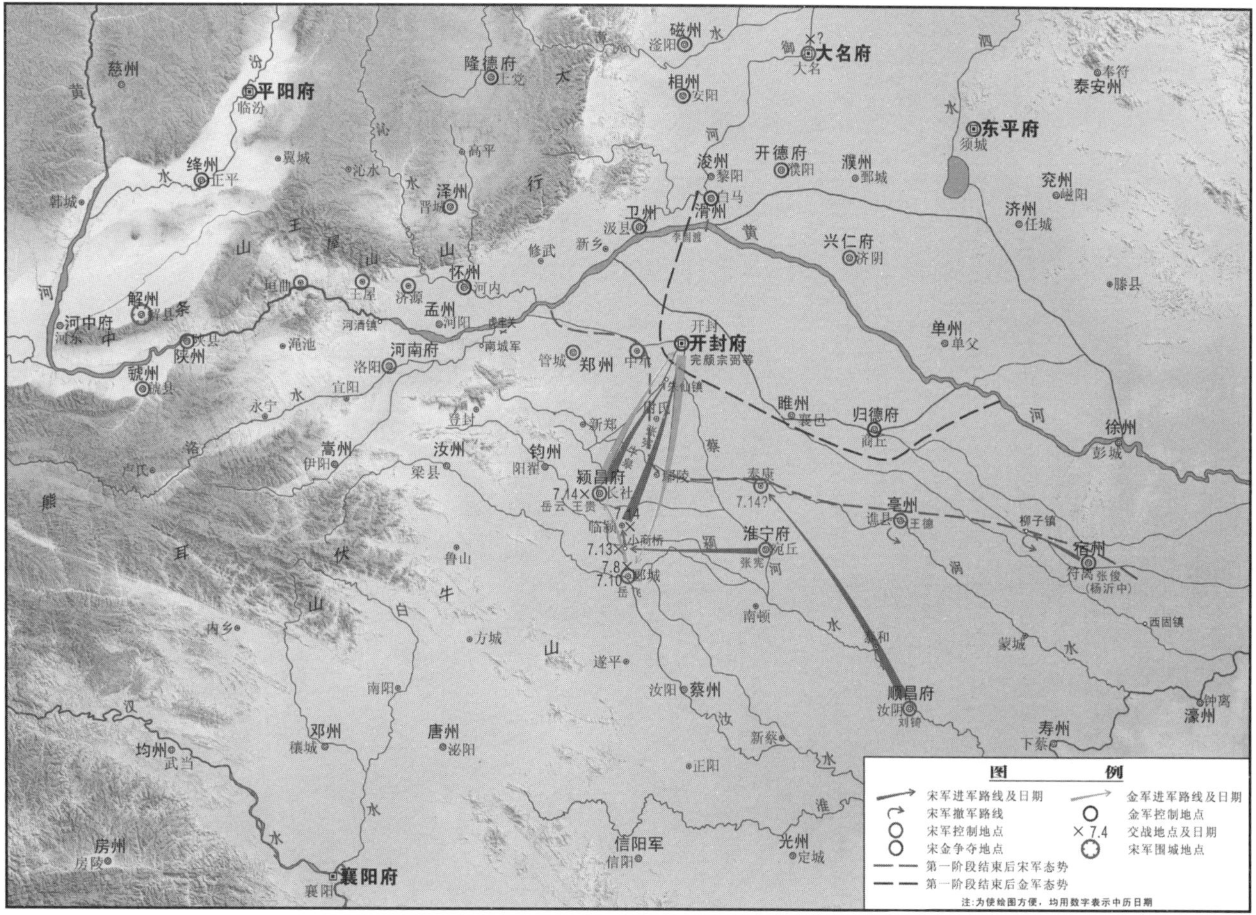

图例
宋军进军路线及日期
宋军撤军路线
宋军控制地点
宋金争夺地点
第一阶段结束后宋军态势
第一阶段结束后金军态势
金军进军路线及日期
金军控制地点
交战地点及日期
宋军围城地点
注：为便绘图方便，均用数字表示中历日期
开封府
完颜宗弼等
大名府
东平府
平阳府
河中府
河南府
颍昌府
淮宁府
顺昌府
归德府
襄阳府
郑州
亳州
宿州
蔡州
徐州
7.14
7.13
7.8
7.10
岳飞
岳云
王贵
张宪
刘锜
张俊
(杨沂中)
王德

▲ 北伐作战行动图（阶段二）

张宪部在夺取了蔡州、颍昌府、淮宁府这几个要点之后,一直到七月上旬,实际上都发挥着战役总预备队的作用。夺取了淮宁府,客观上将身在顺昌的刘锜作为了战略预备队,并与占领了亳州的王德部(原刘光世部下,后属张俊)形成战线。夺取了颍昌府,则实际上为王贵部跃进西京洛阳创造了条件,并对东京开封府构成威胁。

王贵部在张宪部夺取颍昌府之前,收复了汝州鲁山县、郑州,并进逼至开封外围的中牟县,行动可谓神速。他的部队在张宪部夺取颍昌府之后一周左右,就联合当地起义军收复了西京洛阳。在收复了西京洛阳之后,北方的起义军开始活跃起来,相继在太行山两翼举起义旗,响应北伐。如果对照一下岳飞当年起草的《乞出师札子》,不难看出,这根本就是岳飞谋划了多年的"连结河朔"战略规划的具体体现。

何谓"连结河朔"?其实此谋划的根本不在于史料中记载的黄纵与岳飞所议论的正兵、奇兵由何组成,而在于中国的地形条件。

在晚唐、五代、北宋时期,中国的经济中心已逐步从关中地区转移到关东地区的黄河中下游平原,因此政治中心也随之转移,从长安、洛阳、开封逐步向东移动,是以护卫黄河中下游平原的核心经济区,成了中原王朝最重要的工作。北宋立国以来,为了能掌握燕山山脉这条"天然边界"而发动的两次北伐,其目的都是抢据燕山山脉的地理要点,将敌军遏制在统治中心区之外。但由于多次北伐均因各种原因没有达成战略目标,河北平原一直处于契丹铁骑的威胁之下。收复燕山南北诸州,全据燕山来形成"天然边界",一直以来都是北宋朝廷着力考虑的事情,而这就是导致靖康之祸的远因。

事实上,对"天然边界"的追求,于任何一个大国而言,都是必然的。例如,欧洲大国法国便是如此。法国著名政治家黎塞留在其执政期间,一直致力于对"法兰西天然边界"的获得。1627年,作为政府御用绘图家的尼克莱斯·萨松在绘制一幅高卢地图时将莱茵河作为东部边界,同时将阿尔卑斯山、比利牛斯山和大西洋作为高卢边界,他因此得到了黎塞留的褒奖。

如果把这种对地理形胜的追求认为是一种错误的话,那就是无法理解地理形胜作为国家战略的重要价值了。假使南宋北伐成功之后,最终要成为巩固的国家,也必然要以"全据燕山",获得天然边界为战略目标。要达到这个战略目标,则必然要控制河南、河北诸地,并能将敌军驱逐出河北。如何才能办到呢?那自然是要歼灭性地打击敌方有生力量。

从河南中部到河北东部,这个区域平原多,利于骑兵驰突,不利于步兵进攻。如要以步兵为主力发动北伐,则必须想办法集中突击力量,从河南西部的山地下手,以襄阳、洛阳方向为作战线,一口气完成进攻。只要能控制这一线,就能掌握住河南这个作战地区的整个侧面,把从蔡州向北推进的与开封—归德防线持平的作战线,拉成与开封—归德线相交的斜线。如果能辅以从蔡州—顺昌府—濠州挺进至郾城—淮宁府—亳州的战线,对敌军扼守的开封—归德线进行压迫,则敌人既不能集中兵力去收复洛阳,也无法长期困守这条战线,他们所能做的要么是孤注一掷,集中主要兵力,与宋军决战,打破这条由洛阳—颍昌府—郾城—淮宁—亳州—宿州形成的L形战线;要么是撤退到河北,堵塞河防,准备再战。但无论是采取哪种方式应对,事实上他们都已失去战略主动权。欧洲历史上类似这种情况,19世纪的著名军事理论家、拿破仑式战争的权威研究者,安托万·亨利·约米尼在《战争艺术概论》中就曾分析过。

当然,如果敌人不选择争夺战略主动权,而是撤退回河北,那么接下来的问题将比较复杂。因为若敌人选择放弃对河南地区的控制,保存实力退回河北,他们还能控制河北平原并以其作为依靠,发动人力物力来经营河防,消耗宋朝北伐军的实力,再意图反攻。

河北平原是被燕山山脉和太行山脉包围的一个大型平原,如果金军在河北平原夹黄河与宋朝北伐军对峙的话,其侧面的太行山脉就是重点。谁能控制太行山脉,谁就能掌握从侧面随意进击河北平原的通道。在历史上,黄纵与岳飞讨论北伐计划的时候,所提到的"奇兵乃在河北"就是这个道理,而这也切中了岳飞的心怀。

将在河南地区的作战线规划,与发动太行山各地人民群众的计划,联系起来看作整体,这才是岳飞"连结河朔"计划的全貌。"连结河朔"的重点,就是从哪里连接,和与谁连接这两个问题,本质上就是一个正面战场和敌后战场的配合问题。在这个计划中,既有正面战场直接与敌人作战,打击敌人的主要力量,又有敌后战场对敌人战争潜力进行破坏,使敌人更加虚弱,两者互为奇正,互相辅助。以正面作战吸引敌人注意力，消耗敌人有生力量作为主要手段，以敌后群众武装的活跃出击作为决胜基础，正应了《孙子兵法》中"以正合，以奇胜"的道理，也符合西方著名战略家利德尔·哈特的"间接路线战略"的原理。

即使我们不去看这些军事理论，而是看自古以来的军事实践，也不难发现英雄人物果然是"君子所见略同"。例如，南北朝时期，东晋的著名将领桓温在公元356年发动的北伐中，也采取了类似的作战部署。他"遣督护高武据鲁阳，辅国将军戴施屯河上，勒舟师以逼许洛，以谯梁水道既通，请徐豫兵乘淮泗入河"。鲁阳即宋时鲁山，对应前面的表格，即为序号为3的牛皋队的工作。前表中序号为5的杨成部的工作——占领郑州也由王贵部完成，可谓"屯河上"。至于请"徐豫兵乘淮泗入河"，则是岳飞一直在努力要求朝廷派遣的淮西张俊部、刘锜部并力前进直取归德府的攻势了。

事实上，在外线对内线发动进攻的时候，为避免敌人跳出内线转为外线，必须在作战时间和步骤上进行统一，规定不同部队的作战时间和实际停止行军的地域。在各部分抵达利害转换线之后，方可发动联合进攻。而在此时机之前，各路作战集团要一直逼迫敌人不能从我方多路进攻的间隙中突破。

我们常说的"齐头并进"，其实就是"攻击—停止线"概念实际运用的表现。到一定时间，必须停留在一定地域（可以有弹性范围）不得超过。等大家都走到某个地域后，就可以灵活发挥了，这个地区即为利害转换线。过了这个区域，敌人的弹性活动地区就很小了，可逼迫敌人与我方决战。

"攻击—停止线"作为近代以来逐步发展成熟的作战指挥方法，是必须有大量的参谋作业作为基础的，同时还要使用通信手段来进行保障。但是在古典时代，通信不畅的时候，要执行这种指挥方法，就只有靠战前命令。

在史料中常常看到的"失期必斩""以逗留得罪"的记载，就是要通过事后控制的方法，来保证不同部队的指挥官在规定时间走到规定位置。如该指挥官在后一个阶段还逗留在前一个阶段的位置，那就会暴露一个大空档，给在内线活动的对手提供一个打通外线的机会。所以古代军法中对"失期"和"逗留"的处置特别严苛，动则斩人，其根本原因就在这里。因为这是针对通信落后的没办法中的办法。

同时，为避免敌军在一定范围内的侦察，作战发起方还可以在战役组织上采取不定期出发的办法，划定不同的作战停止线，最后在利害转换线里调整时差。这些作战指挥的方法，都是刺激并最终导致参谋指挥体系出现，以及总参谋部或类似总参谋部的组织实体出现的原因。古代人在军事上懂得的比我们想象的要多很多。

为什么在岳飞的计划中，取得了淮宁—郾城—颍昌—郑州—洛阳这一线之后，张俊、刘锜等还必须被督促着继续前进呢？这是因为在这个区域内，金军的活动已完全被岳飞部吸引。完颜宗弼甚至把战役预备队完颜宗贤部都调至开封，使金军主力基本在开封集结，预备与岳飞部进行决战，重新夺取战略主动权。如果在岳飞与完颜宗弼进行主力会战时，刘锜、张俊能继续进发，张俊部自亳州、宿州经柳子镇（这是运河通道）逼近归德府与完颜阿鲁补对峙，遣偏师与刘锜西向而进，与岳飞部会师，则可能逼迫完颜宗弼会战。这时开封就会成为一个在太行山和宋军控制的黄河南部诸州中的孤独的突出部。就算完颜宗弼不与岳飞会战，而是退走河北，由于河北的要害大名府、兴仁府、冀州、磁州、相州都丢失了，向幽州撤退的两条大道也被切断，怀州—卫州一线的主要州军都有民间武装活动，不管他从哪里撤，都将面临一个巨大的挑战。

就算不对完颜宗弼部进行追击，那么由张俊、刘锜负责河防，岳飞只需留下张宪或王贵任一人在郑州留守，举兵循陕州、虢州[①]叩关入陕，兵临渭水，则金军西路的撤离黑部5万余人，该如何在与当面拖住他不放的川陕宋军对峙的同时，又与岳飞部对抗呢？就算他要撤，还有个时间来不来得及的问题。

正因为诸路协调进军对这次北伐非常重要，岳飞在七月五日和十八日连续发出两条意见，要求南宋朝廷迅速派遣其他军队抓住自己已盯住完颜宗弼的机会，在外线同时展开行动：

> 是陛下中兴之机，乃金贼必亡之日，若不乘势殄灭，恐贻后患。伏望速降指挥，令诸路之兵火急并进，庶几早见成功。（《乞乘机进兵札子》）

[①] 陕州被川陕"忠义军马"控制，虢州被岳飞部控制。

▲ 岳王庙壁画——被迫班师图

今豪杰向风，士卒用命，天时人事，强弱已见，功及垂成，时不再来，机难轻失。臣日夜料之熟矣，惟陛下图之。（《乞止班师诏奏略》）

岳飞的意思是，张俊、刘锜他们必须利用这个时机，去挤压冲击金军在开封府——归德府形成的防线，将敌人的活动区域进一步缩小。最终形成以我方占绝对优势的兵力，逼迫敌人在我们选择的狭小战场上，与我军各路主力决战的态势。做到如此地步，则宋朝中兴必无忧虑了。

在历史上，宋高宗虽然签发了要求岳飞退兵的命令，但那是他看到郾城、颍昌等地的战斗报告之前（七月五日至十四日）。当他看到新的战斗报告之后，发现整体战局尚佳，于是命"杨沂中除淮北宣抚副使，于今月二十五日起发"，并"札与岳飞照会"。此外还推翻了要求岳飞撤退的命令，叫他"且留京西，伺贼意向，为牵制之势"。

但可惜的是，由于这些指令传递得太慢，当它们被送到岳飞手上的时候，岳飞已按照之前的严令收拢部队，丢弃辎重，全军返回出发区域了。

"所得诸郡，一旦都休！社稷江山，难以中兴！乾坤世界，无由再复！"千载之后，我们对着地图来复盘这次战役，也许能体会到岳飞心中痛苦的万分之一吧！

尾声

绍兴十一年，秦桧获得宋高宗的支持，发动了政界、军界大清洗。坚持反对和议的重要将领韩世忠因为岳飞竭力保全，被检举之后罢黜。岳飞本人则因"莫须有"的几个罪名关押起来进行审查。十二月二十九日，作为又一次达成的"和议"的祭品，岳飞被冤杀在临安的大理寺中，他的重要助手张宪和他的长子岳云均被斩首示众。

为防止最有战斗力的岳飞部发生变乱，庸才张俊派遣更为平庸的田师中主持军务。田师中率领几千亲兵弹压军人，毒死了岳飞部中声望最高的牛皋，又对军队进行反复的清洗。南宋将徐庆、于鹏、孙革、朱芾、李若虚、高颖、王良存、夏琪、党尚友、张节夫等诸多岳飞生前信赖的文武幕僚纷纷予以迫害，不是贬责、革职，就是流放岭南。其中不少人最终屈辱地死于岭南荒芜之地。此外，只是短暂归岳飞调遣过，后长期在广南率领地方军——摧锋军的韩京竟然也被整肃了。

摧毁了这样一个曾在中原呼风唤雨、撒豆成兵的作战集体之后，张俊等人还嫌不够，又对岳飞部进行了缩编，兵力由原先的十多万人缩减到只有一半左右。

但这只是在军界的清洗，在政界的迫害之潮才刚刚开始。已罢去的宰执重臣如张浚、赵鼎（被逼自杀）、王庶（被贬死）等人自不必说，知宗正寺赵士㒟、徽猷阁待制刘洪道、大理卿薛仁辅、寺丞李若朴与何彦猷等诸多官员或贬死，或流窜，或夺职。更不提之前反对和议名单中的张九成、凌景夏、陈刚中、喻樗、樊光远、毛叔度、元盟等，连秦党援引入朝，甚至还弹劾过岳飞的何铸，因为在担任岳飞案的一审法官之后秉公执法，力证岳飞冤屈，不从秦党的意，也被贬谪。还有很多人受到牵连，遭遇到非常悲惨的命运。这次清洗将政界、军界上下层中稍有良知，不愿屈从和议的人，可谓一网打尽。

在进行了清洗和裁撤之后，统治

▲ 岳王庙壁画——风波冤狱图

▲ 岳飞墓前题词：青山有幸埋忠骨，白铁无辜铸佞臣

者们终于感觉到心安了。他们没有想到的是，岳飞的声望在荆湖地区却丝毫没有因为他的死亡而衰减。绍兴三十一年（1161年），金主完颜亮南征之时，宋朝朝廷派来搞动员工作的御史中丞汪澈，还能亲眼见到荆湖地区的部队保持的军事素养。

他当时"周行旧垒，见其万灶鳞比，寂无欢哗，三军云屯，动有纪律"，不禁叹道："良将之遗烈盖如此！"诸军校们还向汪澈申诉他们故帅的冤屈，希望能为岳飞平反。汪澈保证一定会将他们的意见报告给朝廷之后，老兵们顿时哭声如雷："为我岳公争气，效一死！"

正所谓"国难思良将"，大兵压境之时，宋高宗开始后悔当初处置岳飞等人的决定，史料记载：

> 绍兴三十（一）年，北虏犯边，连年大举，上思曰："岳飞若在，虏军岂容至此。"即时下令修庙宇云。

他还对主持政务的主战派大臣陈康伯表达过悔意，言及自己早年"不修德"。

而将这"不修德"列为罪名之一，最后杀害了岳飞的决策者，恰恰就是他自己。

岳飞死后，过了好几十年，鄂州的老少百姓还张挂岳飞的遗像，奉祀不衰。他的旧部下属依然结庐而居，传习他们祖上的忠义故事和勇武作风，从而有了一个独特的称呼——"岳飞旧部"。在这个以英雄人物的名号联系起来的群体中，诞生了在绍兴晚期大放光芒的李宝、南宋中期的名将毕再遇（其父为岳飞卫士）、南宋晚期著名的军事家孟珙（曾祖与祖父均为岳飞部下）等在南宋军事领域很有盛名的人才。甚至到了南宋晚期，主持荆湖防务的大臣李曾伯还向朝廷汇报说岳飞旧部的子弟多有骁勇之士，只是不愿意从军为兵，希望国家能多加鼓励奖掖。

自此，这个英雄群体的故事，可以说告一段落了。这个群体因岳飞而集结在一起，也因岳飞而遭受到严重迫害，甚至还因岳飞被打上了一个深深的烙印。之所以如此，是因为岳飞的个人境遇，是两宋时期中国人民中最杰出的一群爱国者命运的集中体现。在他身上，民族主义和爱国主义的热情、"家天下"的封建独裁体制的阴毒，都展现无遗。这两者的对立和矛盾，使得他的个人悲剧，有了一个近乎完美的注解，成为封建国家以及统治者永远洗刷不掉的耻辱。

"逝者如斯夫，不舍昼夜"，除了那一泓江水奔流向东、一去不返，还有那流不尽的英雄血。正是这股血脉，滋养我们近千年，使我们得以一直延续到今天。

美国政治家、外交家亨利·艾尔弗雷德·基辛格在他的《论中国》中曾这么感慨道（大意）：

（中国）一直都被最英勇的群体保护得很好，从古到今都是如此。

这也许是对岳飞的事业最好的注解。

附：岳家军的兵力与军队编制

兵力

岳飞在河北招讨司工作时，即已成为军中将领，并在王彦的率领下进军河北，立下不少战功。但由于当时王彦率领的河北招讨司所辖部队兵力不过 7000 余人，作为属下将领的岳飞，统率的兵力应当是非常有限的。

后岳飞与王彦为优势金军包围，不得已之下众将各自突围，从此岳飞就率领自己属下的官兵开始了独立作战的历程。他先是在河北地区进行游击作战，后又南渡黄河，参加了宗泽组建的东京留守司军，在开封周边与金军强大的骑兵进行了反复交战，遏制了金军对开封的攻势。

宗泽死后，杜充接替其职，负责东京留守司的工作。杜充与岳飞是同乡，因此对岳飞非常信任，并引以为依靠。岳飞此时率领的部队，兵力约在 2000 人左右，是杜充的重要部队。后由于杜充安抚不善，北方形势大变，金军长驱直入，摧毁了一切无组织的抵抗，并在建炎三年渡江南下追击宋朝朝廷。杜充在南京投降金军之后，其主要将领都统制陈淬战死，诸军离散互不能救。

当时，作为断后部队的负责人，岳飞率领部队转战江南，与金军反复纠

▲《村医图》，南宋李唐绘

缠拉扯，拖延了其进军的时间，最后与其他宋军和民间武装一起将金军逼退至江北。在这个转战于建康、宜兴等地惨淡经营的时期，岳飞通过吸收残兵游勇和民间武装的精华，兵力有了大大的扩充。根据时人介绍，当时其军"精锐能战之士几二万人，老弱未壮者不在此数，胜甲之马亦及千匹"。但是这个数字可能有所夸大，因为在建炎四年（1130 年），岳飞就任通泰镇抚使时，自述其兵力"见带军马万余"。兵马万余人和精兵近两万人，数字缺口可谓不大。在这个时期，岳飞没有遭遇过惨重的失败以致被消耗掉兵力，也没有因后勤的难题和疾病的困扰而使军队大量逃亡，因此原先描述其精锐能战之士几近两万，应是将其军中的后勤辎重人员和逃亡群众中的青壮年都计入统计的结果，而并不是其属下持兵披甲的军人数量。

"今张俊军三万，有全装甲万副，刀枪弓箭皆备；韩世忠军四万；岳飞军二万三千；王㬎军一万三千，虽不如俊之军，亦皆精锐；刘光世军四万，老弱颇众，然选之亦可得其半。又神武中军杨沂中，后军巨师古，皆不下万人。而御前忠锐如崔增、姚端、张守忠等军，亦二万。"（《建炎以来系年要录》卷六十）

从兵力 1 万余人，发展到兵力 2.3 万人，扩充了近乎一倍，可见岳飞在征讨曹成的过程中，获得了不少精兵健马。例如，以力战而亡闻名史册的著名将领杨再兴，就是岳飞从曹成的败军中赦免提拔而出的军事人才。

由于韩京被调任广南东路担任新组建的摧锋军统制，时任神武副军都统制的岳飞又奉命派遣 3000 人及其家属南下加强韩京的实力。

"诏神武副军都统制岳飞选兵三千人移戍广州。"（《建炎以来系年要录》卷六十七）

经过调整之后，岳飞兵力略有减少，总兵力大约为 2.1 万人。

"今计岳飞兵数二万一千有余，除火头、辎重、守寨、疾病人外，实得战士一万五六千人。"（《忠正德文集》卷二）

绍兴三年，按照朝廷的规划，岳飞先后收编了由北方义军、伪齐溃军等杂牌部队转为官军的李山部、傅选部、牛皋部、董先部、李道部等小股军队，兵力又有所增加。

"飞今见管军马，兼拨到牛皋、董先两项共一千余人，合飞本军都计二万八千六百一十八人，辎重、伙头占破在内。"（《金佗粹编》卷一十八》)

绍兴四年，岳飞率领经过加强后的兵力，出兵荆湖北路，击败了军贼李成与金军的联军，收复了襄阳、郢州、随州、唐州、邓州、信阳军等"襄汉六郡"之地。战后岳飞的差遣升级为"湖北路、荆、襄、潭州制置使"。由于防区面积变大，原有的3万部队要同时满足对抗金军和平定叛乱的目标，就开始显得过于紧张了。

但是情况很快有了明显改观，绍兴四年，岳飞讨灭勾结伪齐意图威胁下江防线的钟相、杨么起义军（时钟相已死），"得丁壮五六万人，老弱不下十余万"，兵力遂得到极大的补充和增加。此外，在作战前后，南宋朝廷还将荆湖南路安抚司的任士安部、郝晸部、王俊部、焦元部，以及江南西路安抚司的祁超部、高道部、丘赟部，还有张浚都督府的左军杜湛部等共计两万数千人均补入神武后军番号之中，由岳飞统率。此时岳飞统率的兵力已经达10万人左右。

之后，岳飞部的兵力大体在10万左右浮动，再无大的变化。例如《独醒杂志·卷七》就记载：

"绍兴六帅皆果毅忠勇，视古名将。岳公飞独后出，而一时名声几冠诸公。身死之日，武昌之屯至十万九百人，皆一可以当百。"

岳飞部兵力之雄厚，对比一下同时期其他将领的军队，不难看出差别来。

先以与岳飞齐名的韩世忠为例。韩世忠在绍兴二年时，有兵约4万人，岳飞其时尚只有2万余人。绍兴三年，韩世忠的兵力在4.4万到5万人之间，岳飞其时尚只有2.8万。绍兴五年，王躞罢职，其军1.5万人归属韩世忠统领，其时韩世忠的兵力应该在 5.9 万到 6.5 万人之间，至少也有 6 万上下的兵力，而岳飞的兵力则已达到 10 万之众。绍兴十一年，岳飞在点检韩世忠其军的兵籍时，发现韩世忠部实际兵力只有 3 万人左右。之所以出现这种差异，可能是韩世忠虚占兵籍或把老弱计算在内的缘故。

再来看同为"中兴四将"的刘光世的兵力。刘光世乃西军将领刘延庆之次子，但其拖拉的作风害死了其父刘延庆、其兄刘光国，时人呼其为"三将军"。他病退时，兵力约为 52312 人。

最后一位"中兴四将"是张俊。张俊部在绍兴三年有兵力 3 万左右，是诸军中仅次于韩世忠 4 万人的部队，该部武装情况较好，铠甲、弓弩等均比较齐备。绍兴三年到绍兴四年，他先后收编不少散兵游勇，兵力至少扩充了 2.3 万多人。在绍兴七年，他又收编了王德部 8000 人。至其

▲ 岳王庙里的岳飞塑像

上缴兵权前往朝廷任职时，其部总兵力有8万人之多，为数亦不算少。

除开当时位列"中兴四将"的岳飞、韩世忠、刘光世、张俊外，能成为"中兴名将"的还有吴玠（弟吴璘）、刘锜、杨沂中等人。此数人中，以吴玠部兵力最为雄厚，他收拢了富平之战后北宋关中地区的西军残兵，总兵力达到七八万人。刘锜部的主要来源是另一位抗金名将王彦的部曲"八字军"，其军中战士连同辎重、伙头、老弱家属在内共计2万人，实际作战人员不到1万人。杨沂中则情况比

▲ 宋甲士图

较特殊，他最初统率神武中军时兵力不过5000，但由于他亲近宋高宗赵构，其部被赵构当成亲信卫兵，兵力迅速膨胀到3万人以上，甚至可能达到了5万至6万人。绍兴十一年后，其他诸军都被削减兵额，唯独其部兵力继续增加，最终达到了7万人左右。

由此不难知道，岳飞部兵力10万余人，在中兴诸将中是最为强悍的。同时他设防的荆襄地区又位处建康、临安上游，自古以来就是南方政权的"上流利害"之处。在历史上，每次金军进军淮西，南宋朝廷均急切召唤位处上游的岳飞率部来援。南宋晚期遭遇军事灾难，防线无法维系，也是因为丢失了荆襄地区，导致京湖、两淮、川边一体化防线出现无法

填补的巨大空档。因此，能镇守此处的，历来是经过精心挑选的将领和军队。由此不难看出朝廷对岳飞倚重之深。

难怪在岳飞去世多年以后，经历过靖康国乱并在宋孝宗时任吏部侍郎的李椿如此感慨：

"昔年岳飞一军，纪律最严，隐然若长城。"（《历代名臣奏议》卷八十九）

军队编制

南宋与北宋，虽名号法统相继，统治者的血缘一脉相承，但若具体到军政的体制，就有一定的区别了。例如，北宋时的军政，沿袭五代后周的体制，以枢密院掌军政，三衙掌军令，互相牵制。枢密院掌握人事、福利、战略规划、情报、后勤、军事合作（盟友）等军务工作，其形态和组织方式颇为类似近世总参谋部的雏形。三衙则直接掌握实兵，负责部队的日常训练、作战等军务工作。国内禁军多以"驻泊""屯驻""就粮"等组织形式（中后期则为"系将""不系将""在京"等组织形式）分为不同军号，并归属三衙。

然而，由于靖康之变，北宋政权崩溃，原驻扎在东京、河北、河东、陕西等六路的禁军的管理体制大多不复存在。南宋朝廷不得不在几乎为零的基础上，以残余部队和各地自发进行抵抗的民间武装为核心，重新编练新的军队，由此带来了全新的军政体制。

原有的三衙体制以及军号大多得到了恢复，但三衙不再掌握南宋国防军的全部兵力，而是仅仅掌握其编制内的兵力，作为国防军的一部分存在。同时，国防军的主力则是由驻扎在各地的"驻屯大军"组成。因此，南宋的军官编制自然就呈现出与北宋迥然不同的形态来。

以下是南宋中期三衙诸军和在镇江地区驻扎的两支驻屯大军的详细编制表：

南宋中期殿前司的详细编制

序号	番号	兵种	兵力	将佐编制	驻地	注解
1	捧日指挥	不详	不详	不详	临安	北宋旧制
2	天武指挥	不详	不详	不详	临安	北宋旧制
3	拱圣指挥	不详	不详	不详	临安	北宋旧制
4	骁骑指挥	不详	不详	不详	临安	北宋旧制
5	宁朔指挥	不详	不详	不详	临安	北宋旧制
6	广勇指挥	不详	不详	不详	临安	北宋旧制
7	前军	马步混成	不详	不详	临安	新立
8	右军	马步混成	不详	不详	临安	新立
9	中军	马步混成	不详	不详	临安	新立
10	左军	马步混成	不详	不详	临安	新立
11	后军	马步混成	不详	不详	临安	新立
12	护圣军	马步混成	不详	不详	临安	新立
13	选锋军	马步混成	不详	不详	临安	新立
14	策选锋军	马步混成	不详	不详	临安	新立
15	游奕军	马步混成	不详	不详	临安	新立
16	神勇军	马步混成	不详	不详	临安	新立
17	浙江水军	水军	10000 人	不详	临安	新立

注：序号 1—6 的部队总计 2000 人。序号 7—16 的部队（不含水军），在乾道元年（1165 年）时总计有 73000 人，乾道七年（1171 年）时有战马 4800 匹，绍熙五年（1194 年）时有战马 10700 匹（缺 2200 匹），嘉泰四年（1204 年）时有战马 10900 匹（缺马 2000 匹）。序号 17 的部队在宝祐二年（1254 年）时有 2800 人，咸淳四年（1268 年）时增加 7200 人，总计 10000 人。

南宋中期马军司的详细编制

序号	番号	兵种	兵力	将佐编制	驻扎地	注解
1	龙卫指挥	不详	不详	步帅统领	临安建康	北宋旧制
2	云骑指挥	不详	不详	步帅统领	临安建康	北宋旧制
3	武骑指挥	不详	不详	步帅统领	临安建康	新立
4	前军	马步混成	3000人600匹马	统制1人统领1人正将3人副将3人准备将3人	临安建康	新立
5	右军	马步混成	5500人800匹马	统制1人统领2人（正、副、准备将共17人）	临安建康	新立（将领编制不详）
6	中军	马步混成	5200人800匹马	统制1人统领2人正将6人副将6人准备将6人	临安建康	新立
7	左军	马步混成	5200人800匹马	统制1人统领2人正将5人副将5人准备将5人	临安建康	新立
8	后军	马步混成	5200人800匹马	统制1人统领2人正将5人副将5人准备将5人	临安建康	新立
9	选锋军	马步混成	3500人800匹马	统制1人统领2人正将2人副将2人准备将2人	临安建康	新立
10	水军	水军	不详	不详	临安建康	新立

注：序号1—3的部队总计1000人。序号4—9的部队，在乾道六年（1170年）时总计有30000人、2700匹马，初驻临安，乾道七年（1171年）时改驻建康。

南宋中期步军司的详细编制

序号	番号	兵种	兵力	将佐编制	驻扎地	注解
1	神卫指挥	不详	不详	不详	临安	北宋旧制
2	左虎翼指挥	不详	不详	不详	临安	北宋旧制
3	右虎翼指挥	不详	不详	不详	临安	北宋旧制
4	床子弩指挥	不详	不详	不详	临安	北宋旧制
5	飞山指挥	不详	不详	不详	临安	北宋旧制
6	厢军指挥	不详	不详	不详	临安	北宋旧制
7	御营喝探指挥	不详	不详	不详	临安	北宋旧制
8	前军	马步混成	不详	不详	临安	新立
9	右军	马步混成	不详	不详	临安	新立
10	中军	马步混成	不详	不详	临安	新立
11	左军	马步混成	不详	不详	临安	新立
12	后军	马步混成	不详	不详	临安	新立
13	选锋军	马步混成	不详	不详	临安	新立

注：序号1—7的部队总计4600人。序号8—13的部队，成立于绍兴二十九年（1159年），乾道二年（1166年）时有21000人，后增至23000人；绍熙五年（1194年）时，有战马2500匹；嘉熙二年（1238年）时，本司共有13600人，另有老弱、疾病、借调、出差的5000人，驻采石3000人。

南宋中期建康府驻扎御前游击诸军都统制司的详细编制

序号	番号	兵种	兵力	将佐编制	驻扎地	注解
1	前军	步兵	不详	统制1人 统领1人 正将1人 副将1人	建康	兵种推测
2	右军	步兵	不详	统制1人 统领1人 正将1人 副将1人	建康	兵种推测
3	中军	步兵	不详	统制1人 统领1人 正将1人 副将1人	建康	兵种推测

序号	番号	兵种	兵力	将佐编制	驻扎地	注解
4	左军	步兵	不详	统制1人 统领1人 正将1人 副将1人	建康	兵种推测
5	后军	步兵	不详	统制1人 统领1人 正将1人 副将1人	建康	兵种推测

注：序号1—4的部队，宝祐四年时的兵额总数为4000人，开庆元年增募，含序号5的部队总计有12412人。

南宋中期建康府驻扎御前诸军都统制司的详细编制

序号	番号	兵种	兵力	将佐编制	驻扎地	注解
1	前军	步兵	不详	统制1人 统领1人 正将5人 副将5人	建康	兵种推测
2	右军	步兵	不详	统制1人 统领1人 正将5人 副将5人	建康	兵种推测
3	中军	步兵	不详	统制1人 统领1人 正将5人 副将5人	建康	兵种推测
4	左军	步兵	不详	统制1人 统领1人 正将5人 副将5人	建康	兵种推测
5	后军	步兵	不详	统制1人 统领1人 正将5人 副将5人	建康	兵种推测
6	游奕军	步兵	不详	统制1人 统领1人 正将5人 副将5人	建康	兵种推测

注：该部队在乾道六年（1171年）时兵额总数为50000人，有马5087匹。淳熙十二年（1185年）检点时，在籍46296人，马6370匹；后又检点，实际校阅11458人，马2000匹。

▼持斧宋甲士

通过以上统计，我们可以计算得知，三衙诸军的总兵力约为 143600 人（含殿前司水军）。除开因为仪式性的需求而保留的"北宋旧制"的 7600 人以外，其余的三衙诸军总兵力为 136000 人。这些兵力分属 23 个军级单位。以记载比较详细的马军司为例来看，每个军有统制一人为总负责人，其助手为统领，各军下还有将级编制单位，其下大致有正将、副将、准备将各一人。

但是，三衙只辖有其编制内的 23 个军级单位，并不对其他的驻屯大军有直接的管辖关系。例如后面举出的"建康府驻扎御前游击诸军都统制司"与"建康府驻扎御前诸军都统制司"辖有的 11 个军级番号，均归其各自的都统制率领，有各自的都统制司，其属下的各将级单位中的正将、副将、准备将等，也与三衙没有直接的管辖关系。

岳飞执掌的部队，在绍兴年间改编成为鄂州驻屯大军，按现存的记载来看，其军级单位的番号有12个，分别是：背嵬军、前军、右军、中军、左军、后军、游奕军、踏白军、选锋军、胜捷军、破敌军、水军。

　　如按照前面我们分析的军官编制来推测，岳飞部在拥有10万人的情况下，有12个军级单位，则应有统制级军官12人，统领级军官12人，总计24人。

　　但根据文献记载，岳飞部在绍兴九年有统制22人、统领5人，总计27人，略大于我们的推算。这可能是有些军没有设置统领，而以统制级的"同统制"军官作为统制助手的缘故，由此不难推断，这些军级单位兵力并不平均，兵力或多或少，主官的级别也或高或低。

　　还是在绍兴九年，岳飞部有将级军官252人，按照一将级单位编制3人，正将、副将、准备将各1人的规律，则不难推测出岳飞部有84个将级单位，全军10万人且在将级单位兵力分布比较平均的情况下，一将级单位兵力则为1190左右，大约相当于北宋后期的3个指挥[①]。而将级军官，则约略相当于北宋时期的营级军官"指挥使"。

　　至于将级军官之下的部将、队将等，则约略相当于北宋时期指挥使下属的都级单位以及都级单位下属的战队级单位的指挥官，属于军队指挥系统中的基层军官乃至军士。

---

　　① 指挥是营级单位，北宋中晚期步兵指挥有所缩编，从建国初的500人减少到400人。

参考文献

原始文献：

《宋史》《建炎以来系年要录》《建炎以来朝野杂记》《三朝北盟会编》《类编皇朝大事记讲义》《金史》《大金国志校证》《秀水闲居录》《朱子语类》《中兴小纪》《梁溪全集》《鄂国金佗稡编、续编校注》《朱文公文集》《梦溪笔谈》

现代文献：

邓广铭《岳飞传》、王曾瑜《岳飞新传》、王曾瑜《岳飞和南宋前期政治与军事研究》、漆侠《宋代经济史》、沈松勤《南宋文人与党争》、游迅《南宋荆襄战区军事地理初探》、锦鹏《南宋交通史》、黄宽重《南宋史研究集》、黄宽重《南宋地方武力——地方军与民间自卫武力的探讨》、黄宽重《南宋时代抗金的义军》、黄宽重《南宋军政与文献探索》、王世宗《宋高宗朝变乱研究》、周宝珠《南宋对金和战斗争中的主守派与赵鼎》、吴松弟《北方移民与南宋社会变迁》、张超《张俊研究》、费尔南·布罗代尔《法兰西的特性》

军事文献：

拿破仑《拿破仑书信文件集》、安托万·亨利·约米尼《战争艺术概论》、阿彻·琼斯《西方战争艺术》、利德尔·哈特《战略：间接路线》、安德烈·博福尔《战略入门》、彼得·帕雷特《现代战略的缔造者：从马基雅维利到核时代》、叶征《陆军战役学》、瓦尔特·戈利茨《德军总参谋部：1650—1945》

《世界军服图解百科》丛书

巨资引进，专业翻译
众多历史学家、考古学家、军事专家、作家、画家、编辑历时多年深度还原

史实军备的视觉盛宴
千年战争的图像史诗

本书用600多幅插画展示了罗马世界的甲胄、兵器、舰船、攻城器械与防御工事。

罗马世界
甲胄、兵器和战术图解百科

罗马世界甲胄、兵器和战术图解百科，罗马军队及其敌人的
装备详解，包括伊特鲁里亚人、撒姆尼人、迦太基人、凯尔
特人、马其顿人、高卢人、日耳曼人、匈人、波斯人和突厥人。

罗马世界甲胄、兵器和战术图解百科：罗马军队及其敌人的装备详解》
美国独立战争军服、武器图解百科（1775—1783）》
拿破仑时期军服图解百科：革命战争与拿破仑战争中的官兵（1792—1815）》
19世纪军服图解百科：克里米亚战争、德意志与意大利的统一、美国南北战争、布尔战争、殖民战争》
第一次世界大战军服、徽标、武器图解百科：英国、法国、俄国、美国、德国、奥匈及其他协约国与同盟国》
第二次世界大战军服、徽标、武器图解百科：英国、美国、德国、苏联及其他盟国与轴心国》

扫一下，了解详情

指文图书®
ZVEN BOOKS

战争艺术

—— 国外古战研究名家名著 ——

战争是一种令人恐怖、充满激情的艺术，
战争艺术诞生于少数伟大统帅头脑中
谁掌握了战争艺术，谁就掌握了胜利！

骑兵论

战略

战斗研究

1870年普法战争

战术

汉尼拔

古斯塔夫大战史

恺撒战史

亚历山大战史

战 Taktiká

中世纪战争艺术史（第一卷）

指文 战争艺术文库／005

中世纪
战争艺术史
（第一卷）

A HISTORY OF THE
ART OF WAR IN THE
MIDDLE AGES

从罗马帝国衰落
至十字军东征

［英］查尔斯·威廉·欧曼 著
王子午 译

亚历山大战史

战争事典

我们只做军事

指文图书
ZVEN BOOKS

东线文库
二战苏德战争研究前沿

云集二战研究杰出学者

保罗·卡雷尔、约翰·埃里克森、戴维·M.格兰茨、尼克拉斯·泽特林、普里特·巴塔、斯蒂芬·巴勒特、斯蒂芬·汉密尔顿、厄尔·齐姆克、艾伯特·西顿、道格拉斯·纳什、小乔治·尼普、戴维·斯塔勒、克里斯托弗·劳伦斯、约翰·基根……

（扫码获取更多新书书目）

指文图书®
ZVEN BOOKS

海洋文库

世界舰艇、海战研究名家名著

"谁控制了海洋，谁就控制了世界。"
——古罗马哲学家西塞罗
英、美、日、俄、德、法等国海战史及
舰艇设计、发展史研究前沿

从无畏舰到斯卡帕湾
[英]阿瑟·J·马德尔 著 杨坚 译
英国皇家海军
1904—1919
第一卷
通往战争之路，1904—1914

英国皇家海军战舰
[美]大卫·K·布朗 著 李英 译
设计发展史

英国皇家海军战列巡洋舰

德国战列舰
[瑞典]尼克拉斯·泽特林&米凯尔·塞梅兰德 著 邓毅良 译
"俾斯麦"号覆灭记
BISMARCK
THE FINAL DAYS OF GERMANY'S
GREATEST BATTLESHIP

日俄海战
1904—1905
侵占朝鲜和封锁旅顺
MARITIME OPERATIONS
IN THE RUSSO-JAPANESE WAR
VOLUME I
[俄]朱利安·S·科贝特 著 陈天宇 译

（扫码获取更多新书书目）